2019年第1辑

（总第10辑）

法大研究生

Journal of Postgraduate.CUPL

李曙光／主编

中国政法大学出版社

2019·北京

图书在版编目（CIP）数据

法大研究生. 2019年. 第1辑/李曙光主编. —北京：中国政法大学出版社，2019. 12
ISBN 978-7-5620-9415-9

Ⅰ. ①法…　Ⅱ. ①李…　Ⅲ. ①社会科学－文集　Ⅳ. ①C53

中国版本图书馆CIP数据核字(2020)第007525号

出 版 者　中国政法大学出版社
地　　址　北京市海淀区西土城路 25 号
邮寄地址　北京 100088 信箱 8034 分箱　邮编 100088
网　　址　http://www.cuplpress.com (网络实名：中国政法大学出版社)
电　　话　010-58908289(编辑部) 58908334(邮购部)
承　　印　固安华明印业有限公司
开　　本　720mm×960mm　1/16
印　　张　44.5
字　　数　755 千字
版　　次　2019 年 12 月第 1 版
印　　次　2019 年 12 月第 1 次印刷
定　　价　125.00 元

解放思想
质量第一
根除剽窃

公正为人类之共同价值追求；

法治为当代之共同生活方式。

陈光中

業精於勤
積學待用
張晉藩

法治是法大人的“中国梦”。

李树忠

宝剑锋从磨砺出，
梅花香自苦寒来！

博观而约取，
厚积而薄发！

应松年

主编寄语

“随风潜入夜，润物细无声。”于无声处，《法大研究生》已经走过了五个春秋。五年来栉风沐雨，五年来征途漫漫。在这五年里，我们秉承“开放、交流、思考、进步”的办刊宗旨，兢兢业业，为青年学子和青年学者搭建起了施展才华的舞台，为学术星空贡献了一片属于我们的光辉：

第一，提供交流平台，培育学术新人。青年学子和青年学者具有敏锐的洞察力并且有充足的时间、旺盛的精力，是关注新变化、研究新情况、解决新问题的重要力量。自创刊以来，《法大研究生》以提供平台、培育新人为努力方向，每年出版两辑，此前已连续出版9辑。在这些刊发论文的作者中，绝大多数是青年学者和硕博研究生，这表明，《法大研究生》已确实成为青年学子和青年学者“指点江山，激扬文字”的学术阵地，这同时也表明，我们的办刊取得了显著效果。

第二，贡献学识智慧，繁荣学术发展。五年来，从党的十八届三中全会到十九届三中全会，社会的变革从未止步，快速发展的社会经济和纷繁复杂的社会生活不仅仅给社会带来了持续更新的动力，同时也给社会制度不断地提出新的挑战。众多新变化和新问题亟待研究和解决。长期以来，《法大研究生》很好地发扬了“关注重大问题，研究前沿理论”的优良传统，前后涌现出大量的高质量研究成果，在这些成果中，有对“一带一路”相关法律问题的有益探讨、有针对《民法典》编纂问题的交流、对《刑事诉讼法》修改的建议，以及国家知识产权战略的实施等问题。无疑，本刊呈现的这些由作者贡献的学识和智慧，对于繁荣学术、解决社会现实问题，均大有裨益。

“木欣欣以向荣，泉涓涓而始流。”任何的繁盛都不可能由一人造就。《法大研究生》取得的以上成就，得益于广大作者、编辑部和各位读者的奉献。

在此，感谢向我们惠赐稿件的每一位作者，你们的学识和智慧的奉献，是我们发展的基础；感谢应往届编辑部的所有同学们，你们甘居于“幕后”，默默的耕耘和无私的奉献，使每辑刊物似如期盛开的繁花，特别美丽；感谢本刊的广大读者，你们的关注，是我们不懈努力、精益求精的动力；最后，同样重要的，感谢与《法大研究生》产生联系的每一个人，在广袤的书海里，相遇不易，我们珍惜每一份遇见。

“雄关漫道真如铁，而今迈步从头越。”所有的发展都是面向未来的。作为由中国政法大学主办，研究生院承办的哲学社会科学类系列出版物，《法大研究生》始终以高标准和严要求砥砺自身。在此，为进一步发挥《法大研究生》培育学术新人、推动学术进步的作用，希望青年学者和同学们一如既往，初心不改。

首先，继续以“敬畏科研，崇尚学术”的理念指导自身研究工作。真切的投入和锤炼都是源自内心的认同，科研是需要“静得下，坐得住”的工作，做好科研的开端一定是敬畏和崇尚。近日，基因编辑的消息屡见报端，科研伦理的话题引起热议，这告诉我们，从事科研工作是需要怀有一颗敬畏之心、公义之心的，这样所做的工作才能真正有益于社会的发展和人类的进步。同样，从事社会科学研究工作也是如此，我们的青年学子，应抱有敬畏和崇尚之心，彻底摒弃“做论文就是文字的拼拼凑凑”这种思想，孜孜以求，研究真问题，提出新思路，保障学术质量，努力使自己的研究成果有助于推动学术进步。此外，编辑部的同学们也要严守学术道德底线，在我们初审和外审双重匿名审稿制度和学术打假制度的保障下，严格遵守审稿流程，以学术水平和学术价值为衡量论文的标准，甄别出优秀的作品以供刊发，为推动学术发展贡献一己之力。

其次，继续以“扎实基础，开阔视野”的认知引领自身为学治学。“冰冻三尺，非一日之寒”，任何优秀的作品，都历经了不断地淬炼；任一名家学识的汇集，都经历了岁月的沉淀。在学术研究的道路上，一定要沉心静气、脚踏实地，广泛阅读文献资料以扎实学术基础，而不能心浮气躁、浅尝辄止，希望通过捷径走上学术的康庄大道；同时，广泛交流，通过各种方式开阔学术视野，既要汇通中西，又要贯通古今，而不是坐井观天、固守一隅，思维狭隘的认识和研究问题。在此同时希望编辑部的同学们能够以更高的标准要求自己，以提高自身学术品鉴能力，甄别出更多的学术精品，助推学术的进步和问题的解决。

最后，继续以“关注热点，研究前沿”的方式贡献自身学识智慧。真问题是一切研究的逻辑起点。我们现今正处于全面深化改革的关键时期，经济社会在取得显著成就的同时也给我们提出一系列的挑战。在科技领域，人工智能、大数据、云计算以及渐趋成熟的区块链技术等，科技的发展不仅需要前沿技术的支撑，还需要伦理和制度的保障，这些都亟待我们社会科学领域学者加以研究。在作为经济核心的金融领域，金融科技的发展，致使监管失灵不断，已经倒逼监管机构不得不面临新问题，改革监管方式。在全国上下关注的国企改革领域，央企和地方国有企业混合所有制改革已经进入深水区，需要进一步的探索。党的十九大以来，社会主要矛盾发生深刻变化，人民日益增长的美好生活需要和不平衡不充分的发展之间矛盾的解决，需要我们全面且深入的研究，为社会问题的解决和国家的进步建言献策，提供智力支持。青年一代作为民族之希望、社会之栋梁，应摒弃固守象牙塔之思维，广泛接触社会，持续关注社会热点和现实问题，将理论与实践结合，深刻分析问题和解决问题，担负起青年学子应尽的社会责任。

春华秋实，又至辞旧迎新季。过去的一年，改革开放在四十周年的盛典中总结回望，祖国的美好蓝图正渐次展开。与此同时，我们的学术研究也迎来了大发展、大繁荣。在此，希望青年学子继续以真知为方向，坚持不懈，奋发有为，为学术的发展和繁荣奉献自己的一份力量；也希望编辑部的同学们不忘初心，继续秉承“开放、交流、思考、进步”的办刊宗旨，站在前人的肩膀上，让《法大研究生》在学术的时空里绽放出更加璀璨的光辉。

李曙光
中国政法大学研究生院院长
中国政法大学钱端升讲座教授
2019 年 4 月 20 日

目录

公法研讨

刑事论坛

诉讼论丛

私法纵横

国际法研究

交叉视野

专题策划：技术变革中的法律

大数据时代信息披露制度的改良：偏好型信息披露制度*

孟铂林**

摘　要：在大数据时代背景下，作为解决信息不对称问题重要手段的信息披露制度已然出现广泛失灵，且失灵问题正在不断加重。信息“超负荷”和“不断堆积”的问题日益加重披露相对方吸收并运用披露信息进行决策的负担，加之披露信息愈发晦涩难懂，传统信息披露制度亟待改良。立足于“法律+技术”的视角，结合偏好理论，可以搭建偏好型信息披露制度的理论和实践框架。通过构建线上个体偏好型信息披露制度和线下群体偏好型信息披露制度，可以缓解信息披露制度失灵的问题，提升披露信息的运用效率，提高信息披露制度的监管效果。

关键词：偏好型信息披露制度　大数据　隐私权保护　自治权

---

*　本文是中国政法大学博士研究生科研创新项目“大数据时代强制披露制度的改良研究”（2017BSCX07）的结项成果，感谢恩师席涛教授的悉心指导。

**　孟铂林，男，中国政法大学法学院法与经济学专业2017级博士研究生（100088）。

引 言

市场失灵作为政府干预市场的前提条件，其形成原因主要包括：垄断、信息不对称、负外部性和公共物品短缺四个部分。〔1〕其中信息不对称（Asymmetric Information）指的是“合约各方当事人无法拥有同等信息的事实”。〔2〕信息不对称根据其发生阶段的不同会导致市场的逆向选择问题和道德风险问题。2001年度诺贝尔经济学奖获得者阿克尔洛夫（George A. Akerlof）在其著名的文章中对信息不对称所引发的逆向选择问题作了详细的阐释;〔3〕阿诺特（Richard J. Arnott）和2001年度的另一位诺奖获得者斯蒂格利茨（Joseph E. Stiglitz）研究保险业的相关问题时，详细阐释了信息不对称所引发的道德风险问题。〔4〕为了解决由于信息不对称所导致的市场失灵问题，信息披露制度应运而生，该制度旨在强制或激励优势信息的一方披露其所拥有的相关信息，以帮助弱势信息的一方做出更好的决策。信息披露制度从出现伊始便饱受青睐，因为其不仅直接促进了信息从优势的一方流向弱势的一方，由此实现了信息公平，而且该制度的成本还十分低廉。因此信息披露制度一直以来都处于不断扩张的状态，随着大数据时代的来临，信息披露的成本更加低廉，披露方所需披露的信息量愈发膨胀，各行各业的披露信息汇合成了一片信息的海洋。

---

〔1〕政府监管的边界在于市场失灵，而市场失灵的主要原因包括：垄断、负外部性、信息不对称和公共物品短缺这四个部分。参见席涛：《法律、监管与市场》，载《政法论坛》2011年第3期，第47~65页。

〔2〕值得注意的是，米什金在书中关于信息不对称的定义是从金融监管的视角出发，界定的是金融市场中信息不对称的含义。参见［美］弗雷德里克·S. 米什金：《货币金融学》（第11版），郑艳文、荆国勇译，中国人民大学出版社2016年版，第181页。

〔3〕该文章的中译名为《柠檬市场：不确定的质量与市场机制》，阿克尔洛夫在其中通过研究二手车市场中的信息不对称问题得出结论：在信息不对称的市场中会出现市场逆向选择的问题，优质二手车（cherries）和中等二手车会逐渐退出市场，最终市场中会只剩下劣质二手车（lemons）。See George A. Akerlof, “The Market for ‘Lemons’: Quality Uncertainty and the Market Mechanism”, *Oxford Journals*, Vol. 48, No. 3, pp. 488-500.

〔4〕所谓道德风险指的是：在市场中，一方主体所面临的可能是因另一方主体的行为变化而受到利益损失的风险。亦即若一方主体的行为后果不必完全由其自身承担，则对于该主体来说便有了审慎意识下降的激励，从而可能给另一方主体造成利益损失。斯蒂格利茨和阿诺特在对保险制度进行研究时发现了这一问题。See Richard J. Arnott, Joseph E. Stiglitz, “The Basic Analytics of Moral Hazard”, *The Scandinavian Journal of Economics*, Vol. 90, No. 3, pp. 383-413.

一、关于传统信息披露制度的反思

（一）传统信息披露制度的失灵

现今，信息披露制度已经成了市场监管制度中极为重要的组成部分。无论是在金融交易、医疗、食品领域中，还是在保险、电商、汽修领域中，该制度均承担着极为重要的监管职能。一直以来，信息披露制度的有效性并未受到过太多质疑，学界关于该制度的讨论主要集中于如何提升信息披露制度的效率、准确性以及如何优化披露信息等。然而，随着市场的不断发展，尤其是大数据时代的来临，不断扩张的信息披露制度、不断膨胀的市场相关信息，以及愈发高效的信息披露手段等，导致披露信息的数量愈来愈多且增长速度愈来愈快，呈现出了信息爆炸的趋势，加之披露信息的复杂程度愈来愈高，因此人们在决策时，很难甚至是不可能在有限时间内接收并理解全部的相关披露信息，更不要说运用这些信息来帮助决策了。欧姆瑞·本-沙哈尔（Omri Ben-Shahar）和卡尔·施耐德（Carl E. Schneider）对此进行了充分翔实的研究，认为当今的信息披露制度存在着“超负荷”（overloaded）和“不断堆积”（accumulating）的问题，披露信息的数量和复杂程度大大超过了披露相对方接收信息和运用信息的能力范围，而且立法者在制定信息披露要求，披露方在解读披露要求、合规披露以及披露相对方在获取、分析和运用披露信息的过程中均面临着重重困难，几乎每一个环节都不可能充分实现。此外，强制披露制度实际上成本很高，而且会带来意料之外的不良后果，[1]“因此必须摒弃通过强制披露制度来表面上促使人们自主进行抉择的方式是在保障人们的自治权的观念”[2]。

（二）我国信息披露制度的发展历程

信息披露制度的失灵问题具有普遍性，我国的信息披露制度亦存在着失灵的问题。纵观我国的信息披露制度的发展历程可以发现：我国的信息披露制度虽然产生和发展的时间较短，但与该制度相关的法律、法规、规章、规定以及行业规范等数量众多，所要求披露的信息数量亦极为庞大。我国的信息披露制度与我国金融领域监管制度的发展具有密切关联。而基于北大法宝

---

〔1〕 See Omri Ben-Shahar & Carl E. Schneider, “More Than You Want to Know: The Failure of Mandated Disclosure”, *University of Pennsylvania Law Review*, Vol. 159, pp. 647-749.

〔2〕 Omri Ben-Shahar & Carl E. Schneider, “More Than You Want to Know: The Failure of Mandated Disclosure”, *University of Pennsylvania Law Review*, Vol. 159, p. 749.

所披露的数据进行分析可以发现，在金融领域的信息披露制度中，证券业的信息披露制度是比重最大、最具代表性的组成部分（见图 1）。因此，以证券市场信息披露制度的发展为参照，可以将我国信息披露制度的发展大致划分为三个阶段。

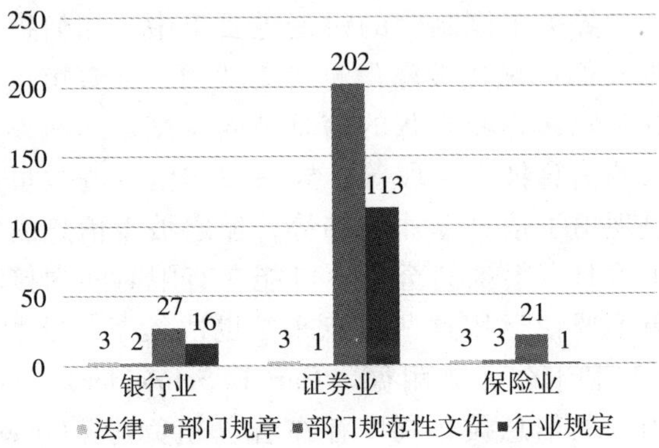

图 1　我国金融领域的信息披露制度

1992 年至 1997 年是我国信息披露制度的初建阶段。该阶段构建相关制度的首要目标是满足证券市场初期对上市公司信息的基本需求。1998 年至 2000 年是我国信息披露制度的发展阶段。在该阶段，我国陆续出台了一系列的法律法规及规范性文件，如《证券法》《上海证券交易所股票上市规则》《深圳证券交易股票上市规则》等。与前一阶段注重解决基本信息需求问题不同，此阶段信息披露制度已经形成了层次化的制度体系。随着信息披露制度体系框架的逐渐明晰，相关制度走上了以基本法律为核心，以行政法规、部门规章和自律性规范等为配套的层次分明、协调发展的道路，以往制度中可操作性差的问题由此得到了一定程度的缓解。2001 年至今是我国信息披露制度的完善阶段。在此阶段，保障信息披露制度的实效性，确保披露信息的真实性、准确性、完整性和及时性成为立法者关注的核心问题。信息披露制度的维护金融市场秩序、保障投资者利益的宗旨更加突出。以证券市场信息披露制度的发展路径为参考，我国的信息披露制度整体上亦经历了上述三个阶段，即由最初满足基本信息需求的较为零散的信息披露规定逐渐发展成为以基本法律为核心，以行政法规、部门规章和自律性规范等为配套的较为完整、层次分明、覆盖面广、重实效性的制度体系。在这一体系构建的过程当中，信息披露制度所秉承的基本理念一直是：更多的披露信息能够更好地解决信息不对称的问题，能够更好地实现监管目标，能够更好地保护市场中信息弱势一方的基本权益，能够帮助人们作出更好的决策。然而，随着披露信息的不断增加，尤其是大数据时代所产生的信息“大爆炸”，更多的披露信息并不必然带来更高质量的监管，也不必然会为信息弱势一方提供更好的保护，亦不必然会提高人们的决策水平。

（三）我国的信息披露制度亟待改良

我国的信息披露制度发展至今亦出现了“超负荷”和“不断堆积”的问题。而在面对信息披露制度的失灵问题时，我国的应对方式与美国类似，亦是坚持信息披露制度理论本身的正确性，认为“即使一种信息披露制度失灵了，也只是仅仅意味着该项制度尚需提升”，〔1〕进而要求披露更多的信息，这便形成了促使我国披露信息不断增加的“单项棘轮效应”。于是，我国的披露信息一直在增加，而几乎没有减少过。这种发展路径不可避免地不断加重我国信息披露制度的“超负荷”和“不断堆积”的问题。愈来愈多的披露信息增加了人们的阅读负担和接收压力，从而削弱了人们利用这些信息进行决策的效果，这在重要的信息披露领域——金融、食品和医疗保健领域都有着非常鲜明的体现。〔2〕但是目前实务界和学术界对于该制度的研究仍然主要着眼于强制披露制度的适度问题、〔3〕强制披露制度的强制界限等一般性问题

---

〔1〕 Omri Ben-Shahar & Carl E. Schneider, “More Than You Want to Know: The Failure of Mandated Disclosure”, *University of Pennsylvania Law Review*, Vol. 159, p. 682.

〔2〕 以食品领域为例。目前，我国食品安全监管法律体系是由作为基础的《中华人民共和国食品安全法》（以下简称《食品安全法》）、《中华人民共和国农产品质量安全法》（以下简称《农产品质量安全法》）和《中华人民共和国消费者权益保护法》等大量关于食品质量方面的法律、行政法规、国务院部门规章，加之各省、市、区众多的地方性法规、规章及规范性文件等共同组成的。已经形成了以《食品安全法》《农产品质量安全法》为主导，相关行政法规、规章、地方性法规、司法解释为补充，其他法律如《中华人民共和国刑法》等相配合的食品安全法律体系的基本框架。自 2009 年《食品安全法》发布和实施以来，国家从顶层设计的角度出发，规定了强制规定食品安全标准外，不得制定其他的食品强制性标准，开始统筹食品行业的安全标准。截至 2018 年，我国已经制定并发布了 1260 项食品安全国家标准，涉及的食品安全指标超过 20 000 项，已经涵盖了人们日常消费的所有主要食品品种。

〔3〕 强制披露制度的不断发展可能会带来披露信息过量、信息成本过高和披露方激励不足等问题。参见王雄元、严艳：《强制性信息披露的适度问题》，载《会计研究》2003 年第 2 期，第 13～19 页。

上，或是着眼于某一领域的相关披露制度的研究，如医疗服务领域强制披露制度的研究、[1] 知情同意制度的研究、[2] 食品安全信息披露制度的研究、[3] 食品企业社会责任信息披露制度的研究，[4] 等等。这些研究的结论往往都是应该进行信息披露、应该披露更多的信息和应该披露更为准确的信息等，这无疑会加重上述“超负荷”和“不断堆积”的问题。诚然，如今几乎不可能找到一种替代信息披露制度的方案，信息披露制度依然是解决由于信息不对称所导致的市场失灵问题的根基性制度。但是我们可以对如今的信息披露制度进行改良，构建起一种新型的信息披露制度，这或许可以缓解上述信息披露制度失灵的问题。笔者在本文中提出了“偏好型信息披露制度”这一概念，即在大数据时代，构建一种更具针对性、更加尊重个体和群体差异性、融合了个体或群体偏好的信息披露制度，从而减轻人们阅读、吸收并运用披露信息的负担，提升披露信息对人们决策的帮助效果。

二、偏好型信息披露制度的理论阐释

（一）偏好型信息披露制度的概念

所谓偏好型信息披露制度，是指以传统信息披露制度为制度基础，以大

---

〔1〕 对于医疗领域中信息披露制度的研究亦是比比皆是。例如有研究表明，从经济学的视角来看，医疗服务领域的垄断性质和信息不对称是医疗服务市场缺陷的根源，因此强制披露制度从监管层面上削弱了信息不对称的程度，并且降低了人们搜集信息的成本，从而认为该制度“不仅是遏制过度医疗服务的现实选择，也是规范调节医疗服务市场不可或缺的制度安排”。参见钟国伟、钟仁昌：《医疗服务市场缺陷与强制披露制度的经济学分析》，载《卫生经济研究》2002年第11期，第15~16页。

〔2〕 我国学者亦对医疗领域中的知情同意制度进行了研究，如冯玲和竺伟东梳理了美国知情同意制度的由来和判断标准，并以《中华人民共和国侵权责任法》第七章第55、56、57条为切入点，论述了美国的知情同意原则对于我国立法的启示。参见冯玲、竺伟东：《美国医疗知情同意原则对我国的启示》，载《湖北警官学院学报》2013年第6期，第93~95页。

〔3〕 在对食品安全领域的信息披露制度进行研究时，有学者以信号博弈的基础理论为依据，运用迈克尔·斯宾塞（A. Michael Spence）创设的信号传递模型来进行博弈分析，最终得出结论：高质量企业需要披露足够多的安全信息才能有效地将自身与低质量企业进行区分，因此应该引导高质量企业进行更多的安全信息披露；要开展企业与消费者之间的食品安全信息交流；要落实食品安全信息的披露制度，防止市场出现因逆向选择所导致的“柠檬问题”。参见古川、安玉发：《食品安全信息披露的博弈分析》，载《经济与管理研究》2012年第1期，第38~45页。

〔4〕 相关研究显示，假设企业社会责任信息的披露情况与企业规模、财务绩效、独立董事比例和财务杠杆有关，通过实证结果分析，得出启示：国家应该鼓励上市公司进行社会责任信息的披露；大规模的食品企业要继续保持带头作用；应有侧重地增加强制性的社会责任信息的披露要求。参见朱晋伟、李冰欣：《食品企业社会责任信息披露影响因素研究》，载《经济与管理研究》2012年第5期，第123~128页。

数据时代信息披露方式为切入点，利用大数据时代的数据分析和处理技术，从线上和线下两个维度，对个体和群体的偏好进行分析，并以此为根据对特定个体或群体进行具有针对性的信息披露所形成和依靠的规则。偏好型信息披露制度中的披露方法是偏好型信息披露方法，而偏好型信息披露制度就是改变传统信息披露制度中的披露方法的产物。

在新古典主义经济学体系中，偏好理论占据着举足轻重的地位。根据新古典主义经济学的理论，"个体的行为被描述为在给定约束条件下追求偏好目标（效用）的最大化"〔1〕，而偏好则是"个体对可能产生的结果的一系列事件所做选择的排序"〔2〕。由此，偏好本身就带有着差异性的特征，其与决策息息相关，"共同构成了人类一切经济行为的起点"〔3〕。但是新古典主义经济学中抽象化的，具有普遍性、稳定性和可传递性的偏好理论愈来愈不能很好地解释诸多现实生活中和实验中人们的具体行为。新古典主义经济学中的偏好理论不断受到了诸如"占便宜悖论""赢者的诅咒"等的挑战，其客观效用最大化的理论模型不断地受到人们的质疑。随着行为经济学的不断发展和神经元经济学的不断进步，偏好理论日益充实。纵观至今的研究成果，愈是固化的偏好模型便越偏离现实生活中的实际现象，而愈是强调个体差异化的偏好研究结论便越贴近于现实生活中的实际现象。但是愈是抽象的偏好模型愈方便计算，而愈是个体化的偏好分析便愈难以进行。

笔者在本文中重点强调的是偏好的差异性，但值得注意的是，偏好型信息披露制度中的偏好并非绝对指个体偏好，而是指一个独立个体或是一个相对独立的群体在进行决策时所具有的选择倾向，其中包含了群体偏好的内容。因此，偏好型信息披露制度在制度构建中便分为了线上和线下两个维度，分别规制基于独立个体和特定群体在进行决策时对于信息的选择倾向，而向该个体或群体披露符合其倾向的相关信息的信息披露行为。

（二）偏好型信息披露制度的现实意义

偏好型信息披露制度的构建在当今大数据时代已经有了丰富的理论依据和显著的现实意义。新古典主义经济学中的偏好理论认为个体在面对选择时

---

〔1〕 黄凯南：《个体偏好稳定与变化的关系分析》，南京理工大学 2004 年硕士学位论文，第 1 页。

〔2〕 黄凯南：《个体偏好稳定与变化的关系分析》，南京理工大学 2004 年硕士学位论文，第 1 页。

〔3〕 蔡志明：《风险决策与个体偏好的实验研究——实验经济学的挑战与贡献》，载《复旦学报（社会科学版）》2000 年第 1 期，第 62 页。

具有稳定的偏好，即在面对不同的选择时，总是会做出最符合自身偏好的选择。且该理论中的重要内容即为人的自利性，即认为人在面对不同的选择时，总是会理性地做出能够使自身客观效用最大化的选择。但是，“当个体处在复杂、不确定性、不存在概率场景中时，个体对于事件发生概率的估计往往会系统地背离期望效用函数中的‘大数定律’，同时，事件的概率与个体主观效用之间的关联也不会呈现出如期望效用函数中所简化的线性关系；场景的信号对于个体而言不仅仅起到新古典意义上的信息作用，还涉及个体对其‘意义’的主观理解和体验。”〔1〕传统的信息披露制度在面对个体或特定群体偏好的差异性、可变性时显得过于刻板化。传统的信息披露制度是基于专家的认知和分析而构建的、有助于理性人进行抉择的制度。这种披露制度天然地存在过于僵化的问题。这种一以概之的信息披露制度并没有很好地尊重个体间和群体间偏好的差异，而是将全部有利于信息弱势一方的信息进行不断堆积，最终必然导致“超负荷”和“不断堆积”的问题，以致逐渐失灵。

基于上述原因，偏好型信息披露制度则强调个体间和群体间偏好的差异，差别对待不同的披露相对方，力求更好地、更有针对性地向不同的信息接收者着重披露其所希望了解的信息，同时亦要保证披露信息的全面性和准确性。

（三）偏好型信息披露制度的宗旨

偏好型信息披露制度所规制的是偏好型信息披露模式，其不仅旨在解决市场中的信息不对称问题，保护信息弱势一方的基本权益，而且更加注重缓解披露相对方的阅读和吸收负担，提升披露信息的运用效率，提升信息披露制度的监管效果。而这些恰恰是解决信息不对称问题、保护信息弱势一方根本权益的直接途径，若不能实现这三项宗旨，解决市场中的信息不对称问题、保护信息弱势一方的基本权益这两项宗旨便无法实现。

值得一提的是，偏好型信息披露制度并不一定保证披露相对方必然做出更加明智的选择。〔2〕但是从个体主观角度来看，偏好型信息披露制度可以使披露相对方从决策行为中收获更大的主观收益。而且在偏好性信息披露制度的背景下，披露相对方能够节省大量的时间和精力，因此大大降低了决策的成本。由是，即使披露相对方没有做出客观上更加明智的选择，其成本-收益

〔1〕黄凯南：《个体偏好稳定与变化的关系分析》，南京理工大学2004年硕士学位论文，第2页。

〔2〕此处所谓的“更加明智的选择”是指基于新古典主义经济学中的“自利主义”理论来进行判断，客观上更有利于选择做出者的选择。

分析（Cost-Benefit Analysis）中决策成本的降低和主观收益的增加亦能够有力地证明该制度的正当性和有效性。

最后，偏好型信息披露制度的宗旨中隐含了对于弱势信息方隐私权的保护。偏好型信息披露系统的构建离不开对于个体信息的搜集和处理，这便与个体隐私权的保护紧密相关。传统的信息披露制度由于建立在单向信息披露模式的基础上，因此不涉及披露相对方隐私权的保护问题，但是偏好型信息披露制度由于建立在个体偏好分析的基础上，所以与个体生活信息和网络足迹直接相关，且分析后的结论更是直接揭示了个体的个人喜好、健康状况、性格特点和行为倾向等个体隐私中极为重要的内容。由是，偏好型信息披露制度在制度设计层面必须考虑对披露相对方信息搜集、处理，以及结论生成、运用到最终披露的全过程的隐私权保护问题，以保证在减轻了披露相对方阅读、吸收和运用披露信息的负担的同时，能够令其放心、安心。

三、偏好型信息披露制度的建构要求和基本路径

（一）构建偏好型信息披露制度的要求

偏好型信息披露制度在立法技术层面上有着更高的要求。其要求在以往监管单向信息披露行为的基础上，增加对披露相对方隐私权保护的相关内容，其中包括两个非常重要的方面：确保披露方对披露相对方隐私信息的全程保护和保障披露相对方对自身隐私信息的自治权。因此在构建偏好型信息披露制度的过程中，必须严格监管披露方获取披露相对方信息的途径；仔细、明确地辨析隐私信息与非隐私信息；严格规范披露方的信息保护机制，确保披露相对方的隐私信息不被泄露；必须保障披露相对方的信息自治权，即披露方不得在未经披露相对方允许的情况下搜集、处理和使用其隐私信息；此外，必须构建完善的侵权问题解决机制，包括侵权投诉、举报、起诉、处罚和赔偿机制，等等。上述机制的构建不是一个个单独的工程，而是要考虑彼此之间的紧密关联，环环相扣，形成一个和谐、完整的制度体系。

偏好型信息披露制度在技术层面上有着具有时代性的更高要求。偏好型信息披露制度规制的是偏好型信息披露模式，该模式立足于大数据时代的技术背景，通过偏好分析的方法，运用数据处理技术，对浩如烟海的信息进行分类、整合和精简，以缓解个体接收、吸收和运用信息进行决策的压力。构建偏好型信息披露制度必须注重法律与技术的结合，及时将偏好型信息披露模式中所涉及的技术手段纳入到法律规范的体系中来，即及时地完成“技术

的法律化定性”[1]。在构建偏好型信息披露制度中，通过法律规定构建起偏好型披露模式和保护披露相对方的隐私权是两部分重要的内容。其中无论是偏好型披露模式的构建，还是对披露相对方隐私权的保护都离不开技术的运用。大数据时代的技术条件使得偏好型信息披露模式具有实现的可能。目前我们已经可以利用数据挖掘技术，通过人们的网络足迹等信息分析出其偏好特征，并在此基础上加入其地理位置信息，实现基于特定个体偏好特征和地理位置信息的即时推送。[2] 这种技术现已广泛应用于互联网搜索平台和电商平台之中，我们在日常生活中经常使用的百度、谷歌、淘宝和京东等互联网搜索平台和电商平台都会基于对客户的偏好分析来推送信息。此外，在隐私权保护方面，大数据时代的信息大爆炸虽然增加了其难度，但是大数据时代的技术进步亦为解决相关问题提供了可能。网上实时监管的实现、更加严密的防火墙系统的诞生以及网上电子协议和网上授权的日益普及都能够很好地起到保护披露相对方隐私权的作用。因此在技术层面上，我们已经具备了构建偏好型信息披露制度的技术基础。

（二）构建偏好型信息披露制度的基本路径

在思路确定和技术成熟的基础上，偏好型信息披露制度应如何建构是笔者研究的又一重要问题。我国现今信息披露方式主要分为线上披露和线下披露两种。这两种披露方式在技术运用、传播速度和信息载量等方面都有着巨大的差别。因此在构建偏好型信息披露制度时，应进行线上和线下二分处理，结合其不同特征，分别进行设计。

线上偏好型信息披露制度应设计为个体偏好型信息披露制度，即规制个体偏好型信息披露模式的相关规则。所谓个体偏好型信息披露模式，指的是针对披露相对方中每一个独立的个体的偏好分析来进行有针对性的信息披露、重点标注和内容提要的模式。该模式的首要建构条件是实现大数据时代信息的交互，即整合个体信息，将个体在互联网上的信息整合至一个大的交互平台上来。在此基础上，再对这些信息进行进一步的整合、处理与分析，利用现今已经成熟的数据整合技术、数据挖掘技术、文本分析技术和云计算技术

[1] 孟铂林：《“互联网+”时代的数字音乐版权法律保护问题新论》，中国政法大学2017年硕士学位论文，第34页。

[2] 参见刘思源：《基于Android的信息分享系统及个性化推送的设计与实现》，北京邮电大学2012年硕士学位论文。

等来进行个体偏好分析，最终得出该个体的偏好分析结果，再根据该结果进行有针对性的信息披露。实际在目前的电商领域和广告推送领域，类似的机制已然广为流行。如淘宝、京东等购物网站上的商品推送以及广告推送等利用的都是类似的模式。因此，构建线上偏好型信息披露制度时，必须针对上述模式进行制度设计，充分运用“法律+技术”的方法，[1] 实现相关技术的法律化定性，并将基本的法律思想、价值观念和平衡机制融入上述模式的全过程当中，在此基础上逐渐形成具有针对性的规则体系。值得一提的是，在该制度的构建中必须解决两个重要问题：用户的个体确定问题和隐私权的保护问题。首先，该模式的运作前提是线上作为披露相对方的个体是确定且同一的，即大数据系统必须能够确定哪些信息是来自于现实生活中的某一特定个体的，而且此处的特定个体并不等同于网上的某一用户账号，因为现实生活中的特定个体往往存在多个网络账号，而且存在多人使用同一个账号的可能。[2] 因此，在构建线上个体偏好型信息披露制度时，必须首先完善网络实名制度。通过网络实名制度，我们可以较为准确地区分出哪些账号归属于同一个体，并在此基础上较为准确地得出该个体的偏好分析结果。诚然，即使是在实名制条件下，仍然存在着多人使用同一个账号的可能，这亦会影响个体偏好分析结果的准确性，但是不可否认，实名制确实有利于提升个体偏好分析的准确性，且能够节约对于同一个体重复分析所造成的资源浪费，有助于提升偏好型信息披露制度的效率。其次，我们必须解决个体隐私权的保护问题。对于个体信息的整合、处理和分析，对于个体数据的存储和管理，加之完善实名制度等自然会引发人们对于隐私权的担忧，没有进行复杂加密处理的大数据信息很有可能会导致人们隐私的泄露。因此，在构建线上个体偏好型信息披露制度时必须构建起严密的隐私权保护制度，必须明确隐私信息与非隐私信息的区分标准，必须在个体信息搜集、传输、汇总、处理、分析和结果生成的全过程中均构建起严密的隐私保护制度，必须构建起个体隐私信息在结果生成后的保护机制，保障个体隐私信息的存储安全、使用安全和

---

〔1〕“法律+技术”指的是“技术的法律化定性+相关配套措施”和“法律的技术化运用+相关的跟进性解释”。参见孟铂林：《“互联网+”时代的数字音乐版权法律保护问题新论》，中国政法大学2017年硕士学位论文，第34页。

〔2〕笔者在这一部分的讨论中，尚未讨论如何解决多人使用同一个网络账号对个体偏好分析结果产生影响的问题，而是讨论了通过完善实名制度解决一人拥有多个网络账号对个体偏好分析结果产生影响的问题。

传输安全，以及当隐私信息会存储在披露相对方的设备内时，该隐私信息存储位置的安全性。此外我们必须构建起完善的侵权问题解决机制，切实保护好个体的隐私权。

线下偏好型信息披露制度应设计为群体偏好型信息披露制度，即规制群体偏好型信息披露模式的相关规则。所谓群体偏好型信息披露模式，指的是基于对披露相对方中的某一具有相似特征的群体的偏好分析来进行有针对性的信息披露、重点标注和内容提要的模式。该模式在建构方式和运作流程上与个体偏好型信息披露制度十分相似，但是该模式将个体替换成群体，加入前置性的个体归类处理，在偏好分析中需进行群体共性的整合，并剔除掉标准差过大的群体特点。该模式主要应用于线下的信息披露行为之中，大致可以分为两种方式：前置问题型信息披露和群体划分式信息披露。前置问题型信息披露模式主要适用于能够确定披露相对方的情形，如实地面对面的披露、披露相对方在披露方的指定地点等情形，该模式较为适宜采用电子问卷的形式，先行向披露相对方提出几个选择性问题，而后根据披露相对方的选择来进行偏好分析，从而进行具有针对性的信息披露。现今的网易新闻APP等软件都已经采用了类似的模式来进行群体偏好型的信息推送。群体划分式信息披露相对而言历史更为悠久一些，亦更为人们所熟知，即基于大数据信息的处理和分类，披露方对其预期的披露相对方进行群体划分，而后根据对于该群体的偏好分析来进行具有针对性的信息披露。群体偏好型信息披露模式相较于个体偏好型信息披露模式在个性化和准确性方面都有差距。但是其诚然可以适用于实地披露的情形和披露对象不确定的情形。针对群体偏好型信息披露模式，我们在构建相关制度时主要要确保披露信息的完整性、准确性和及时性，当然亦要保护好披露相对方的隐私权，此外还要针对群体间偏好的差异，制定群体偏好型信息披露的相关要求，既要保证信息披露的差异性，又要保证内在标准的统一性，一定要确保制度的公平和公正。构建群体偏好型信息披露制度的具体细节问题尚需进一步的研究和讨论，但是可以确定的是，构建该制度必须充分运用“法律+技术”的方法，[1] 使得制度本身与群体偏好型信息披露模式相贴合，凸显出群体偏好型信息披露制度的自身特点。

最后，无论是个体偏好型信息披露制度还是群体偏好型信息披露制度都

---

〔1〕 孟铂林：《“互联网+”时代的数字音乐版权法律保护问题新论》，中国政法大学2017年硕士学位论文，第34页。

必须充分尊重披露相对方的自治权。在制度构建中必须保障披露相对方自愿参与（opt in）和自愿退出（opt out）的权利，保证披露相对方能够自主决定自己的相关信息是否可被用于偏好分析，保证披露相对方能够自主选择信息披露的形式，充分保障披露相对方的知情权和自由意志。

结　语

在信息大爆炸的今天，传统的信息披露制度逐渐失灵。然而在没有信息披露制度的替代性方案的情况下，为了解决市场中信息不对称的问题，改良现有的信息披露制度，缓解现今信息披露制度的失灵问题或许是当下的最优选择。偏好型信息披露制度能够有效弥补传统信息披露制度的不足，减轻披露相对方阅读、吸收和运用披露信息进行决策的负担，从而缓解传统信息披露制度失灵的问题。大数据时代的数据量之大和技术水平之高已然满足了构建偏好型信息披露制度的相关要求，线上线下二分的偏好型信息披露处理模式亦可以适用于绝大多数信息披露的情形。笔者谨借此文阐释和论述了偏好型信息披露制度的概念、现实意义、宗旨、要求和基本路径，而该制度的具体建构方案尚需进一步的研究和讨论。

（初审人：王宾）

网络用工劳动关系的认定困境及其解决路径

马晓明*

摘　要：互联网共享经济的发展催生了灵活用工现象，这也使传统的劳动、劳务关系二元模式受到挑战。我国现行的劳动关系标准并不适合于网络用工。互联网平台与从业者之间普遍没有书面劳动合同，网络用工形式的多样性和复杂性致使司法实践对新型用工方式的认定存在不确定性。网络劳动关系的二元模式也造成价值选择与利益平衡无法周全的困境。在立法上，应尽早确立“三元模式”的劳动框架，引入类似劳动者概念进行部分倾斜保护。但在立法落地前应该适度从宽地认定劳动关系及构建互联网企业创新保险方式化解雇员社会问题的解决思路。

关键词：网络用工　劳动关系　类似劳动者　权益保护

互联网发展，尤其是共享经济，使网络用工现象成为热点问题。互联网公司在技术革新的同时也在进行新型劳动方式的创新，使得生态链上的各主体之间共享平台

---

* 马晓明，女，中国政法大学刑事司法学院网络法专业2019级博士研究生（100088）。

的数字创新带来的发展红利。网络用工基于劳务的“零工”的专职化，从业者把原来的空闲时间专职化为“计件式”接单服务、固定化的打零工形态。从业者与网络平台并未事先签署书面的劳动合同，一旦发生争议，从业者会诉请确认与网络平台之间的劳动关系。争议的起因一方面集中在从业者和网络平台之间因为解除用工关系经济补偿、人身伤害的赔偿金给付、工资、休假福利等事项上。另一方面多发于从业者在劳动过程中造成第三方损害，如快递、外卖小哥成为“马路杀手”，交通肇事后对受害人的赔偿责任承担中，从业者认为应当由网络平台对受害人承担赔偿责任。

2018 年《中国共享经济发展年度报告》显示，滴滴出行平台为去产能行业（煤炭、钢铁、水泥、化工、有色金属）职工提供了 33.1 万个工作和收入机会，为复员、转业军人提供了 178 万个工作和收入机会。截至 2017 年年底，美团外卖配送的活跃骑手超过 50 万人，其中 15.6 万人曾是去产能行业工人。[1] 互联网平台对劳动就业和社会资源优化配置的贡献毋庸置疑。网络用工从业者劳动权益的保障与共享经济的发展应当并重。目前法律规定及司法实践对网络用工劳动性质的认定存在不确定性，如何在兼顾互联网平台经济发展的前提下，保障网络主播、外卖骑手、快递小哥、滴滴司机等网络用工从业者的劳动权益成为新型经济方式不得不面对、且亟须解决的问题。

一、互联网平台的用工形态的积极变革

互联网是轻资产的经济模式，平台化的经营要求一切与数字技术创新不直接相关的职能均由第三方完成。尤其是共享经济下的用工模式，将社会上的闲置资源进行化零为整的整合，成为“在用资源”。基于网络用工劳务的“零工”的专职化，从业者把原来的空闲时间专职化为“计件式”接单服务，固定化的打零工形态，既可以获得劳动报酬又可以享受时间的自由，平衡家庭与工作的关系。

网络用工是指按照互联网平台的信息预约提供劳动的劳动者，既包括平台企业内部的劳动者，也包括与平台企业有合作关系的企业等组织所属的劳动者，还包括与平台企业有合作关系的个人劳动者。[2] 本文聚焦的仅限于与

---

〔1〕 国家信息中心分享经济研究中心、中国互联网协会分享经济工作委员会：《中国共享经济发展年度报告（2018）》，第 10 页。

〔2〕 王全兴、王茜：《我国“网约工”的劳动关系认定及权益保护》，载《法学》2018 年第 4 期，第 58 页。

网络平台没有签订劳动合同，仅具有合作关系的个体劳动者。

网络用工呈现多样性，根据客户消费信息与从业者获取具体工作匹配方式不同，网络用工可分为指派业务型、竞争业务型、混合型等多种类型。[1]指派业务型是指用户的消费指令信息直接发送给网络平台，网络平台根据大数据计算结果，优化配置指派给某个特定的从业者，从业者按照用户的消费指令完成任务。竞争业务型则是指抢单模式，用户将消费指令提交网络平台，平台将任务信息按照一定的标准（如距离 5 公里以内）在从业者终端中共享，由从业者按照时间先后、距离远近等标准进行竞争。混合型则是既有指派业务也有竞争业务，从业者完成一定的指派业务之余可以参与抢单。

根据从业者报酬获取方式，网络用工可以分为平台支付型和客户支付型。平台支付是用户支付给平台，平台统一结算给从业者；而客户支付则是客户支付到从业者账户，平台费用从从业者的预交款项中扣除。

根据从业者与平台建立用工关系的合意方式上，网络用工可以区分为劳动合同、劳务派遣、合作协议、注册协议等方式。

三种维度的分类方式的交集可能产生多种变化。互联网平台用工形式的特点包括：

第一，以劳动任务为中心。从业者劳动本身是简单劳动，通常以从业者自身的劳动工具和劳动能力完成劳动任务，一般无需网络平台的配合及协助。单一平台也存在多种任务分配方式，可以按照大数据的计算方式指派业务，也可以按照信息共享、距离远近、时间先后等标准进行抢单分配。

第二，从业者参与的灵活性。相比较于传统劳动方式，网络用工最大的特点是从业者灵活参与。从业者可以自主决定是否工作、工作形式和工作时间，劳动者具有更多的自主参与、灵活选择的空间。

第三，劳动规则制定的合意性。网络用工从业者与网络平台事前围绕收入分配签署处罚规则协议，确定劳动报酬的计算方法及处罚规则，从业者是在知悉自己权益的情况下自愿签订。

第四，从业者获取劳动报酬的多样性。网络用工平台居中撮合的特征明显，从业者不仅仅可以与平台结算报酬，也可以逆向结算，从业者先从消费者处收取报酬，然后按照约定的比例提成，或者扣除预售的押金等形式返还

---

[1] 《互联网平台用工劳动争议审判白皮书》，载微信公众号“朝阳法苑”，https://mp.weixin.qq.com/s/rEcWRr8NQ2ABJwqVqQpJ4g，最后访问日期：2019 年 4 月 6 日。

给网络平台。

第五，平台管理规则的差异性。互联网平台对从业者进行劳动管理的强度存在差异，并非一律不加监管。许多平台的管理规则具有“劳动用工”的管理色彩。比如，一是时间及地域限制，平台管理规则可能对不同的从业人员提出不同的工作时间，如上、下线时间，和工作地域范围的要求；二是业绩考核要求，对从业者的服务质量和服务水平进行用户满意度的考核；三是处罚规则和纪律要求，这些规则实质上影响到从业者的劳动任务种类和时间自由的选择程度。

二、互联网平台劳动关系认定的立法困境

（一）传统的劳动、劳务二分法的困惑

传统的劳动关系下，由于作为给付内容的劳动与劳动者不可分离，劳动者给付劳动的同时，其本人也进入高度服从雇主及其意思的从属关系中，受雇主的指挥、监督和管理，工作时间和工作地点由雇主决定，融入雇主的组织中，具有极强的从属性特征。〔1〕该从属性特征是劳动关系区别于劳务关系的核心特征，也是我国劳动法对劳动者进行特殊保护的重要考量因素之一。在此基础上，大陆法系发展出以人格从属性和经济从属性为核心，同时考量组织从属性的标准，用以审查是否构成劳动关系。人格从属性是指“劳工提供劳务之义务的履行系受雇主之指示，雇主透过劳动契约将劳工纳入其商业组织之中，并决定劳工劳务之给付地点、给付时间与给付量等”〔2〕。经济从属性“通常指劳工在资力上处于相对弱势，以致于必须依赖雇主提供劳务获得工资以求生存，或藉以寻求更多的收入，累积更多的财富”〔3〕。组织从属性则是指在劳动关系下，用人单位对劳动者进行指挥、监督和管理。劳动者从劳动中获得收益，具有从属性，缺乏充分的自主权。基于此，法律对劳动者进行特别保护，通过雇主责任、社会保障等方式将劳动者致人损害或者自己遭受的损害转嫁给用人单位承担。

现行的《中华人民共和国劳动合同法》并没有明确的劳动关系的认定标准。理论界普遍认同原劳动和社会保障部发布的《关于确立劳动关系有关事

〔1〕 史尚宽：《债法各论》，中国政法大学出版社 2000 年版，第 291 页。

〔2〕 台湾地区劳动法学会编：《劳动基准法释义——施行二十年之回顾与展望》，新学林出版股份有限公司 2005 年版，第 54~57 页。

〔3〕 台湾地区劳动法学会编：《劳动基准法释义——施行二十年之回顾与展望》，新学林出版股份有限公司 2005 年版，第 54~57 页。

项的通知》[1]（以下简称《通知》）给出的未签订书面劳动合同时认定“事实劳动关系”的标准：符合主体资格；用人单位对劳动者适用规章制度进行劳动管理；安排有报酬的劳动；该劳动是用人单位的业务组成部分等。该《通知》体现了“主体资格+从属性”的思路，被司法实践所援用，实务中重点考察劳动者是否受雇主指示、管理和监督，是否遵从企业的规章制度，是否服从企业的工作时间、任务安排，是否获得劳动报酬并以此为主要生活来源等。但是该认定方法仍然是对典型性劳动合同的认定标准。有学者认为《通知》第4条[2]是对可归属于非典型劳动关系的确认。可以类比于网络用工的用工关系。但是该条款并没有在司法实践中被广泛地引用。

（二）网络用工特点中从属关系的模糊性

劳动关系认定的核心标准是人格从属性、经济从属兼顾组织从属性。[3]综合上述对网络用工方式的分析，各种用工模式中，平台指派型的人格从属性明显，其他常见的互联网用工类型则在人格从属性、经济从属性及组织从属性方面均相对弱化。

1. 人格从属性

一方面，从业者可以自主决定工作时间、时长和场所，较少受到平台企业内部规章制度的管理；另一方面，平台也会制定服务标准，对从业者进行规范，如统一的服务流程、服装、标识等，从业者不符合服务标准或者用户评价过低时，可能面临惩戒甚至封号等后果。

2. 经济从属性

一方面，从业者的报酬与传统的由企业统一收支并分发到个人的模式相异，报酬收取方式包括用户直接给付给从业者和用户给付给互联网平台多种类型，从业者与平台约定按照比例分成，从业者获取报酬并非单纯出于为他人营业之目的；另一方面，报酬标准通常由平台统一规定，且平台在合作协

[1] 原劳动和社会保障部《关于确立劳动关系有关事项的通知》第1条规定：用人单位招用劳动者未订立书面劳动合同，但同时具备下列情形的，劳动关系成立。①用人单位和劳动者符合法律、法规规定的主体资格；②用人单位依法制定的各项劳动规章制度适用于劳动者，劳动者受用人单位的劳动管理，从事用人单位安排的有报酬的劳动；③劳动者提供的劳动是用人单位业务的组成部分。

[2] 原劳动和社会保障部《关于确立劳动关系有关事项的通知》第4条规定：建筑施工、矿山企业等用人单位将工程（业务）或经营权发包给不具备用工主体资格的组织或自然人，对该组织或自然人招用的劳动者，由具备用工主体资格的发包方承担用工主体责任。

[3] 王全兴：《劳动法》（第4版），法律出版社2017年版，第35~36页。

议中多约定禁止从业者在其他同类平台提供类似服务；此外，还存在从业者全天候基于平台信息提供劳务，以该报酬作为主要劳动收入来源的情形。

3. 组织从属性

从业者通常自行配备生产资料（如交通工具），其劳务给付并非平台企业登记的经营范围，平台在劳务给付过程中提供信息促成从业者与用户的对接。可见，互联网平台用工模式对传统的劳动关系判断标准提出挑战，适用劳动关系从属性标准进行审查时，一些特征指向构成劳动关系，另外一些特征则相反，尤其是作为核心判断标准的人格从属性，如工作时间、工作场所、内部管理等，表现出一定的矛盾性。总体上互联网平台用工模式呈现出“去劳动关系化”的特征，以劳动关系和劳务关系之间的“去劳动关系化”为主流用工形式，这种从属劳动在“互联网+”背景下得以迅速发展，成了劳动关系和劳务关系之间的“夹心地带”。

三、司法实践采取的解决路径——以“闪送案”“网络主播案”为例

（一）司法实践的困惑

互联网平台颠覆传统用工形式，呈现出形态多样性及复杂性，在劳动关系的确认规则上，我国目前的法律适用规范仍然是劳动劳务二元模式，造成了司法裁判的不确定性。以下列举了两个典型案例，通过对比分析司法实践中对于网络用工劳动关系认定标准的考量因素。

1. 闪送员李某诉闪送劳动纠纷案

北京同城必应科技公司为“闪送”平台的运营方。李某自主下载“闪送”APP 并注册成为闪送员，自 2016 年 5 月起开始接单，后李某在进行闪送业务时发生交通事故致腿部骨折。[1]

李某起诉闪送要求确认 2016 年 5 月至 2017 年 3 月期间其与同城必应科技公司之间存在劳动关系。同城必应科技公司辩称双方间为合作关系，并主张公司业已为李某等快递员投保商业保险。2018 年 6 月 6 日，北京市海淀区人民法院一审认定闪送员与互联网平台之间构成劳动关系，引发广泛讨论（该案以下简称“闪送案”）。

2. 游戏主播贺某与熊猫直播劳动争议案

贺某是网络游戏主播，其于 2015 年 12 月与上海熊猫互娱文化有限公司（以下简称“互娱公司”）签订《熊猫直播主播独家合作协议》。协议约定，

---

〔1〕 参见北京市海淀区人民法院：一审民事判决书（2018）京民初字 10229 号。

贺某将互娱公司直播平台作为互联网直播独家分享平台，并约定了贺某与平台收益分成，贺某不得为互娱公司指定或者认可的范围以外的游戏进行直播、视频发布及解说，未经同意不得介绍其他产品、不得承接任何竞争平台的任何商业活动等。

后双方因合同性质产生争议，贺某主张自己和公司是劳动关系。2018年1月，上海市第二中级人民法院二审判决结合双方签订的《熊猫直播主播独家合作协议》，根据协议内容和贺某的工作实际情况来看，贺某的工作时间、工作地点、工作内容均符合网络直播的行业特性。贺某与上海熊猫互娱文化有限公司之间的关系松散，其工作的形式及双方间利益分配的方式亦有别于普通劳动关系，故难以确认双方之间存在劳动法律意义上的劳动关系（该案以下简称“网络主播案”）[1]。

（二）司法实践中对两案考量因素分析

上述案件均涉及网络平台与从业者劳动关系的认定问题。对比两案中，法院对网络平台和从业者之间是否构成劳动关系的考量因素分析如下：

表1 闪送案和网络主播案劳动关系认定考量因素比较

考量因素	闪送案	网络主播案
主体资格	符合	符合
人格从属性	闪送员自行抢单（非指派）；无工作量、在线时长、服务区域的限制和要求；但对每单配送时间有具体规定，超时、货物损毁时罚款；服务时需要佩戴工牌，按服务流程的具体要求提供服务。	主播可以自行安排直播的时间、时长和地点；但主播必须将该直播平台作为互联网直播独家分享平台；不得为直播平台指定或者认可的范围以外的游戏进行直播、视频发布及解说。

〔1〕 参见上海市第二中级人民法院：二审民事判决书（2017）沪02民终11631号。

续表

考量因素	闪送案	网络主播案
经济从属性	平台规定货物运输合同的权利义务关系，包括服务标准、收费标准等；无底薪；快递员与平台就每单报酬按比例分成（80%归从业者，20%归平台）；快递员不得同时为其他平台提供服务。此外，本案中闪送员并未从事其他工作，闪送获得报酬是其主要劳动收入。	协议约定主播与平台收益按比例分成；未经同意不得为其他产品介绍、不得承接任何竞争平台的任何商业活动等；若月直播天数、月日均直播人次、月直播时长达到《协议》约定标准将获得7000元。
组织从属性	平台注册经营范围不包括货物运输。但法院认为，被告不是一家信息服务公司而是从事货物运输业务经营的公司，闪送员提供的劳动是平台公司业务的组成部分；闪送员自行购买配送车辆；平台提供用户需求信息。	
利益衡量	平台从闪送员提供的劳动中获益，应当承担相应的法律责任及企业之社会责任。	网络游戏主播行业竞争的特殊性，直播平台因管理需要对主播权利义务进行限制的约定符合行业惯例。
当事人意思表示	根据事实和法律判断当事人之间的法律关系；当事人不可以协议约定的方式排除劳动法的适用。	利用举证责任分配原则，主张存在劳动关系的原告承担举证责任。
其他因素	确认劳动关系的目的在于受伤的“闪送员”能够享受工伤保险。	确认劳动关系在于缴纳社会保险等目的。
判决结果	构成劳动关系	不构成劳动关系

从案件事实看，两件案件均在人身从属性、经济从属性方面表现出一定的弱化，从业者均可以自主决定工作时间、时长、地点等，平台对从业者进

行一定程度的规范；平台与从业者均约定按比例分成；双方均签订《合作协议》而非《劳动合同》等。但也存在区别，“闪送案”中，平台确定服务标准、收费标准，对每单配送时间有具体规定，超时、货物损毁时进行罚款，闪送员服务时需要佩戴工牌，按服务流程的具体要求提供服务等，这些规制使得“闪送案”中互联网平台在服务进行中对从业者的控制较之“网络主播案”更强。

从审理思路看，两案均以从属性为核心审查标准，但也存在差异，“网络主播案”中，一二审法院均从劳动管理（人格从属性）和利益分配（经济从属性）入手，兼顾网络直播行业的特殊性。首先，鉴于网络主播可自行安排直播时间、地点、内容等，法院认为主播与直播平台的关系较为松散，欠缺指挥、管理等人格从属性特征；其次，考察主播与平台的利益分配模式，法院认为其不符合经济从属性的特征；最后，两审法院均考虑到互联网直播行业的特殊性从而认可平台对主播所做出的一定程度的限制，如独家主播、由平台决定或认可直播范围、不得在其他同类平台进行商业活动等，最终认为不构成劳动关系。“闪送案”中，法院从当事人之间合同的效力、平台的性质及其在劳务给付中的角色、主体资格、当事人之间的人格从属性（按照平台的规定服务）、经济从属性、从业者权益保护的必要性、平台获益等进行判断。法院指出，互联网用工相对灵活性的特征不能阻却双方劳动关系的判定。针对闪送员可以自主决定工作时间、区域，无需考勤等使人身从属性弱化的问题，通过考量其他因素进行补足，如闪送员在服务过程中需遵守服务流程的具体要求，将网络平台认定为经营运输业务的公司，闪送员提供闪送服务是平台业务组成部分，平台提供作为主要劳动资料的信息，平台从劳动中获利，以及本案中闪送员专职化从事闪送服务并以此为主要收入来源等情形。但这些补足性的说理存在一定的探讨空间，笔者认为，在“全有”或“全无”的劳动保障模式下，面对诸如本案等从业者利益需要保护的情形，更多的是对从业者利益保护的考量。

（三）司法实践的思考

从上述案例对比中可以肯定的是，即使在互联网平台用工模式下，法院也强调运用从属性标准对双方是否为劳动关系进行实质性审查，但不限于从属性，尤其是当从属性表现要素出现模糊甚至矛盾指向时，应以人格从属性为核心，结合个案事实综合考量保护法益的必要性、劳动报酬的等价性、平台获利、劳动力主要收入来源的单一性、平台是否为核心生产资料的提供方、劳动者提供的业务是否为平台的业务组成部分、当事人合意等多种因素。

网络平台与从业者之间是否存在劳动关系，除关涉当事人双方的劳动权益保护，更多直接影响平台的责任承担范围，如网络用工在劳动过程中造成他人损害、侵害他人知识产权、人格权等，劳动关系确认意味着职务行为的成立，这是处理诸多问题的关键。在司法判例的取向上，从尊重共享经济用工模式理念的角度，在劳动争议案件中，倾向于不认定劳动关系，更看重用工平台和从业者之间事前的合意。但是在用工者自身人身损害或者致第三人损害的案件中，倾向于认定劳动关系，保护受害人的利益。这种思路其实与“从属劳动关系”的立法设计在某种程度上不谋而合。

四、现阶段网络用工存在问题的解决思路

（一）网络用工劳动关系认定的价值选择与利益衡量

网络平台的轻资产的经济模式，在劳动合同和劳务合同的界限上，网络用工方式成了“夹心类型”。当然这种中间类型的用工关系并非产生于互联网时代，只是在网络经济蓬勃的基础上得以迅速扩张。网络用工的规模越来越大，其劳动关系的认定不但是网络用工是否受到劳动法保护的问题，而且是平台经济的利益分配问题。〔1〕当前我国各项社会保障、劳动基准保护以存在劳动关系为前提，如工伤保险、侵权责任承担等。如果从业者与互联网平台构成劳动关系，则可享受劳动和社会保障，如不构成劳动关系，则无权享受劳动和社会保障。〔2〕这种“全有”或“全无”的模式，缺乏中间过渡地带，司法实践中保护互联网平台的利益与保护从业者权益变成二选一，造成价值选择与利益衡量时无法周全的困境。〔3〕有些国家对劳动者的保护做了“三元框架”的立法安排，即在劳动关系和劳务关系之间设计了一定程度倾斜保护的制度，着眼于用工关系中劳动者人身权益和第三者侵害责任的保护，以此弥补劳动关系过于严苛和劳务关系保障不足之间的“夹心地带”。比如德国劳

---

〔1〕 胡凌：《探寻网络法的政治经济起源》，上海财经大学出版社 2016 年版，第 31 页。

〔2〕 《互联网平台用工劳动争议审判白皮书》，载微信公众号“朝阳法苑”，https://mp. weixin. qq. com/s/rEcWRr8NQ2ABJwqVqQpJ4g，最后访问日期：2019 年 4 月 6 日。

〔3〕 于莹：《共享经济用工关系的认定及其法律规制——以认识当前“共享经济”的语域为起点》，载《华东政法大学学报》2018 年第 3 期，第 50~61 页 。

动法中的“类似劳动者”[1]，日本法上的“契约劳动”[2]。

德国法上的“类似劳动者”和日本法上的“契约劳动”，均具有相同的本质特点，即从业者和企业之间人格从属性弱于劳动关系，但是其以自然人身份持续的提供劳务并获得报酬的本质属性（经济从属性）并没有发生根本性变化。因此，可以按照劳动法进行区别对待的调整。譬如，让其“部分适用”或“变通适用”劳动法的一般规则，不必对其提供与一般劳动者相同的保护。[3]

面对新的用工形式变革，对网络用工从业者权益的保护应当利益兼顾。一方面不应拘泥于立法，对劳动关系认定过于泛化，从而重创平台经济和分享经济的发展；另一方面无论网络用工从业者是否签订劳动合同，其基本的劳动权益应当得到保障。与此相对应的立法模式也应当从二元模式向“三元框架”进行转变。

（二）网络用工立法的设计

“互联网+”经济下的新型用工方式对传统的劳动关系认定标准提出挑战。一方面，传统劳动关系认定标准中的人格从属性、经济从属性及组织从属性特征在互联网平台用工方式下相对弱化，但平台为了增强市场竞争力，往往对从业者进行一定程度的规范或管理，使得劳动关系存在与否的认定存在模糊性；另一方面，“互联网+”经济模式与从业者的合法权益均应得到保障，而我国劳动关系与社会保障采“全有”或“全无”的模式，缺乏中间性的过渡地带，这是劳动关系认定案件出现司法分歧的重要原因之一。如果能够寻求立法的突破，对二元的用工形式进行变革，无疑可以从根本上解决目前互联网的用工困境。将网络用工的作为非典型性劳动关系、准从性的独立劳动分别纳入劳动法、民法范围。[4]

1. 明确的劳动关系的认定标准

现行的《中华人民共和国劳动合同法》并没有明确的劳动关系的认定标

---

[1] ［德］雷蒙德·瓦尔特曼：《德国劳动法》，沈建峰译，法律出版社2014年版，第46页。

[2] 田思路、贾秀芬：《契约劳动的研究——日本的理论与实践》，法律出版社2007年版，第1~2页。

[3] 参见谢增毅：《我国劳动关系法律调整模式的转变》，载《中国社会科学》2017年第2期，第71~77页。

[4] 王天玉：《基于互联网平台提供劳务的劳动关系认定——以“e代驾”在京、沪、穗三地法院的判决为切入点》，载《法学》2016年第6期，第52~62页。

准。因此在劳动关系的判断上缺乏清晰的规则。通过对劳动关系认定立法和司法实践的分析，在互联网用工关系上，劳动关系的认定首先应当尊重双方的合同约定，双方签署了书面劳动合同的应当认定为劳动关系。其次在没有劳动合同的情况下，劳动关系认定建议严格按照“从属性”标准，从属性中又以人格从属性和经济从属性为主，辅之以组织从属性，以此来考核从业者是否对于网络平台具有人身依附关系。明确了典型劳动关系的认定标准，才能在劳动关系和“类似劳动者”之间划出清晰的界限。

2. 对从属性程度不同的劳动关系给予差别性的劳动权益保障

当前，我国各项社会保障、劳动基准保护均以存在劳动关系为前提，如工伤保险、侵权责任承担等。如果从业者与互联网平台构成劳动关系，则可享受劳动和社会保障，如不构成劳动关系，则无权享受劳动和社会保障。[1]“类似劳动者”的保护设计即在劳动关系和劳务关系之间设计了一定程度倾斜保护的制度，着眼于用工关系中劳动者人身权益和第三者侵害责任的保护，以此平衡劳动关系过于严苛和劳务关系保障不足之间的“夹心地带”。根据社会利益的平衡选择予以倾斜性保护，即类似劳动者可以参照劳动关系配置社会保障措施，法律根据网络用工的特点和参保意愿采取强制和提倡相结合的制度设计。对于网络用工从业者的劳动条件保障、人身和健康关系密切的保障以及第三人损害赔偿相关的社会保障如工伤保险、第三者商业保险和劳动基准采取强制性制度设计，而参保意愿不强但与个人利益相关性更高的养老、医疗、生育保险等社会保险则采取提倡性的制度设计。也有学者建议我国工伤保险法律制度应当突破工伤保险与劳动关系捆绑的理论桎梏，将网约工纳入其制度范畴，构建共享经济平台网约工工伤保险法律制度。[2] 或者建议网络平台和从业者各自承担一部分养老保险和医疗保险。[3] 三种用工关系在社会保障制度方面的设计差异如下：

---

〔1〕《互联网平台用工劳动争议审判白皮书》，载微信公众号“朝阳法苑”，https：//mp. weixin. qq. com/s/rEcWRr8NQ2ABJwqVqQpJ4g，最后访问日期：2019 年 4 月 6 日。

〔2〕 王显勇、夏晴：《共享经济平台下的网约工纳入工伤保险的理论依据与制度构想》，载《中国劳动》2018 年第 6 期，第 53 页。

〔3〕 朱鸣：《“网约工权益保障研讨会”综述》，载《工会理论研究》2017 年第 3 期，第 13~18 页。

表2 三种用工关系在社会保障制度上的差异化设计

差别性的保障制度	典型劳动合同	类似劳动者	劳务关系
养老保险、医疗保险、生育保险等社会保险	必须	非必须	无
工伤保险	必须	必须	无
劳动保障条件	必须	根据用工形式提供基本保障	根据用工形式提供基本保障
第三者商业保险	非必须	必须	非必须
劳动基准	必须	必须	非必须

（三）现阶段的解决思路

在劳动关系和劳务关系的界限上，新的用工方式处于模糊地带，劳动法在互联网经济下的二元划分模式无疑显示了其滞后性。鉴于在立法层面上调整目前的劳动、劳务二元制度需要立法设计，并非一日之功。如何解决目前大量的“互联网平台用工”争议，应对之策尤为重要。

1. 从严认定劳动关系

如何回应新经济下“自由工作者”对时间支配的自由度对传统劳动法的挑战，如何为平台的管理规则对“自由工作者”的约束效力划定界限都是今后劳动法需要回答的问题。

劳务与劳动者的不可分离性使得劳动关系下的劳动者具有从属性，受雇佣者的指示、管理和监督。从属性是判断劳动关系存在与否的关键，其内涵包括人格从属性和经济从属性，具体到个案，需要基于合同条款及实际执行情况，判断雇主是否对劳动者进行了指示、监督、管理，劳动者是否被纳入企业组织并接受企业规章制度管理，是否依赖于企业薪酬等，并非一概而论。比如互联网用工中直播行业具备超强流量带动性的主播成为平台之间的核心竞争要素，相应的，平台往往在协议中对主播的权利义务进行限制，如这种限制尚未到达劳动合同意义上的从属性程度，不能就此认定直播主播与平台之间存在劳动关系。同理，也不能因为共享经济平台和骑手、快递小哥、滴滴司机之间的有协议约束，就当然地认定平台与从业者之间建立了劳动关系。

因此，即使是在互联网用工的情景下，认定构成劳动关系从而进行损害转移的核心仍在于劳动者的从属性（用人单位对劳动者的控制程度），需要在复杂的表现形式中提取核心要素——指挥、管理、监督和控制，但不能局限于从属性标准，还需根据个案事实结合其他因素进行综合考量。在个案的认定上需要司法机关在个案中兼顾各方利益，合理划定劳动关系的界限，避免劳动法保护范围的越界或过窄，为产业发展提供适当空间，确保我国互联网经济的健康有序发展。

2. 充分发挥互联网平台化解社会保障问题的作用

法律对劳动关系下劳动者进行特别保护，目的就是通过雇主责任、社会保障等方式将劳动者致人损害或者自己遭受的损害转由用人单位承担。互联网企业在创新商业模式的同时也需要考虑如何解决互联网用工雇员的雇主责任及社会保障问题。

网络用工的快速发展，带来的平台监管责任问题显现，比如快递小哥、外卖小哥成为“马路杀手”，交通肇事后的逃避责任的行为多发，这体现了平台监管的缺失。互联网平台应该创新监管模式，对网络用工的管理可以通过协议约定的方式进行，把日常管理转化成平等主体之间的民事协议，将对网络用工雇员的监管转化成履行合同所需要承担的义务。

在社会保障体系方面，无论将网络用工认定为劳动关系还是劳务关系，从业人员最基本的社会权益保障是必须保护的。很多网络用工的雇员均具有当地的居民医疗或者社会保险，在从业者原有的社会保险之上，互联网平台公司可以通过商业保险的方式来补充和加强。比如通过商业化的保险方式给予从业者充分的人身保障，通过商业第三者责任险使得第三人受到雇员的损害可以得到及时、充分的补偿。

五、结论

我国现行的劳动关系二元模式认定标准缺乏中间性的过渡地带，造成价值选择与利益平衡无法周全的困境。无法解决网络环境下用工形式的多样性的问题，这是劳动关系认定案件出现司法分歧的重要原因。我们应该寻求立法的突破，对二元的用工模式进行变革，尽早确立“三元模式”的劳动框架，引入“类似劳动者”的概念，分类进行保护。对于网络用工从业者的劳动条件保障、人身和健康关系密切的保障以及第三人损害赔偿相关的社会保障如工伤保险、第三者商业保险和劳动基准采取强制性的制度设计，而参保意愿不强但与个人利益相关性更高的养老、医疗、生育保险等社会保险则采取提倡性的制度设计。但在立法落地前应该适度从严的认定劳动关系并充分发挥互联网平台解决社会保障问题的作用。

（初审人：邓经超）

私法视域下智能合约之“能”与“不能”

朱　婷[*]

摘　要：借助区块链技术的力量，智能合约实现了从空想到落地，并成为区块链2.0阶段的重要表征。区块链赋予了智能合约超越传统的崭新内涵，使智能合约有着广泛的应用前景。以私法角度观之，智能合约是区块链2.0渗透到法律领域的产物。作为新兴事物，它一方面突破了人们对传统合同的想象，从表现形式、适用范围、成立、履行到救济方式实现了颠覆，此之谓“能”。另一方面智能合约并非“全能”，也有自身的局限性，特别是在与传统法律进行互动的过程中暴露出技术驱动型事物的通病。在“能”与“不能”之间，私法规制路径何去何从则涉及技术价值与法律价值的重构问题。

关键词：智能合约　区块链　法律难题　技术与法律

一、引言

“新技术的兴起和因此释放出来的人类智慧标志着人

---

* 朱婷，女，中国政法大学比较法学研究院比较法学专业2018级硕士研究生（100088）。

类的进步”，英国政府 2016 年名为《分布式账本技术：超越区块链》的报告中如是写道，一语道破区块链的时代意义。几乎同一时期，美国、欧盟、日本、澳大利亚等国家和地区组织也相继以发布研究报告、给予产业补贴的形式关注并支持区块链技术的发展。此次浪潮中，我国敏锐地把握到了变革的先声，国务院《“十三五”国家信息化规划》里首次出现了关于区块链的内容，该规划将区块链定性为战略性前沿技术。随后，《中国区块链技术和应用发展白皮书》在工信部的指导下发布。

可见，区块链已成为全球范围内当下公认的重要关键技术革新之一，其地位或可比拟前几次产业革命的蒸汽机、电力、互联网，足以引爆下一轮产业革命。世界经济论坛创始人兼执行主席克劳斯·施瓦布（Klaus Schwab）在其著作《第四次工业革命：转型的力量》中预言，“从本质上来说，凡可以用代码表达的交易都可以用区块链技术进行登记”〔1〕。这意味着区块链作为一门基础且普适的底层技术，或将塑造新兴的商业模式和形态，刷新人们的认知。

根据技术的发展程度，业内提出了区块链 1.0、区块链 2.0 和区块链 3.0 三个不同的阶段概念。〔2〕以比特币为首的数字货币是区块链 1.0 阶段的典型产物，该阶段主要实现了金融领域货币与支付手段的去中心化。随着区块链的影响范围超出技术和金融领域，区块链 2.0 从更宏观的角度描绘了市场去中心化的可能，智能合约平台以太坊为代表的分布式系统的兴起便属于该阶段的表征。而区块链 3.0 则面向未来社会，更多的内容尚属概念性的理论构想。倘若能够实现，现实与虚拟、人类与社会乃至万物之间的关系重构计日可期。

目前一般认为区块链技术尚处于 2.0 阶段的初期，智能合约属于该阶段区块链的典型应用。由于名称的法律含义，智能合约引起了法律学者的关注，甚至被悲观主义者认为这可能对传统合同法乃至法律工作者的职业造成一定威胁。〔3〕尽管如此，也有学者满怀信心地称“法律是区块链的必由之

---

〔1〕［德］克劳斯·施瓦布：《第四次工业革命：转型的力量》，世界经济论坛北京代表处、李菁译，中信出版社 2016 年版，第 20 页。

〔2〕参见杨东：《链金有法：区块链商业实践与法律指南》，北京航空航天大学出版社 2017 年版，第 23~27 页。

〔3〕Alexander Savelyev，“Contract Law 2.0：‘Smart’ Contracts as the Beginning of the End of Classic Contract Law”，*Information & Comunications Technology Law*，vol. 26（2017），pp. 116-134..

路”〔1〕，笔者亦坚信，新技术对法律的挑战固然存在，但是其依然要遵守既有的游戏规则，这是秩序作为法的基础性价值所提出的基本要求。那么从法的另一个价值维度——自由来看，同样可以找到这一必由之路的证成逻辑：技术将人类从有限的时空、从自身的枷锁中解放出来，却又在一味追求效率的异化进程中重新给人们带上镣铐。“技术活动越多，人的自主性和主动性就越少”成为一种社会现象,〔2〕而保护和扩大自由是法律的重要目的，其中私法尤甚。因此，本文将从私法视角审视智能合约及其背后的区块链技术，洞察其蕴含的原理，评估其在法律价值层面的创造力和局限性。

二、基于区块链的智能合约

（一）作为底层技术的区块链

2019年，我国国家互联网信息办公室公布的《区块链信息服务管理规定》于2月15日正式施行。该规定是我国目前首个涉及区块链内容的法律文件，却没有给出区块链的法律定义。〔3〕

要了解区块链究竟为何物，还需回溯到中本聪（Satoshi Nakamoto）写的一篇名为《比特币：一种点对点的电子现金系统》（Bitcoin：A Peer-to-Peer Electronic Cash System）的论文。该论文的研究重点虽在比特币，但是由于比特币的技术基础在于区块链，故区块链的概念在该论文中首次得到阐明。中本聪将区块链描述为记录比特币交易的点对点的记账系统，可以实现比特币交易的去中心化和信息的加密传输，然而区块链的应用场景远远不止比特币。

从技术角度看，区块链有广义和狭义之分。广义的区块链是一种由加密链式区块结构、分布式节点共识算法和自动化脚本代码组成的“去中心化基础架构与分布式计算范式”；狭义的区块链是一种数据区块按照时间次序、以链条形式组成特定数据结构，并依托密码学原理实现数据不可篡改的“去中心化共享总账”（Decentralized Shared Ledger）。〔4〕因此，这一技术并不全然是新事物，而是对既有原理的组合运用，可肢解为几点关键技术要素：动态

〔1〕［美］凯文·沃巴赫：《信任，但需要验证：论区块链为何需要法律》，林少伟译，载《东方法学》2018年第4期，第83页。

〔2〕Larry A. Hickman, *Technology as a Human Affair*, McGraw-Hill College, 1990, p. 67.

〔3〕《区块链信息服务管理规定》第2条只规定了何为区块链信息服务，称其是指基于区块链技术或者系统通过互联网站、应用程序等形式，向社会公众提供信息服务。

〔4〕袁勇、王飞跃：《区块链技术发展现状与展望》，载《自动化学报》2016年第4期，第482页。

组网、链式结构和共识机制。[1]

动态组网基于P2P技术来组织全球网络节点，各节点的参与者实时参与数据的记录与验证，他们既是数据提供者又是数据获取者，因此整个网络没有中心节点，这赋予了区块链去中心化的特性。链式结构表现为，加盖时间戳的数据区块经由哈希算法连接成链状，从创世区块到当前区块形成的最长主链上记录着数据的全部历史，保证了数据的可追溯，同时也使得数据的改动牵一发而动全身，故篡改几乎成为不可能。共识机制则依托密码学原理，解决去中心化网络中各方的协作问题，目前发展出的机制有工作量证明机制、权益证明机制和授权股份证明机制。这些机制使得不同节点的数据具有一致性，避免了数据在系统中出现冲突。[2]

基于上述原理，不难理解为何区块链被形象地称为分布式账簿技术：每个节点都相当于一本记录交易信息的账簿，各节点通过共识机制保持数据的一致性。由于数据不可篡改，账簿上的信息具有唯一可信性，且数据交互只需遵循特定的算法，交易对手互动无须公开自己真实的身份信息也可产生信任。综上，区块链的特点可以被归纳为：去中心化、可追溯、难篡改、可信任。

（二）智能合约从概念到落地

目前公认智能合约的技术基础是区块链，但是智能合约作为一种概念，出现的时间却早于区块链，可以追溯到20世纪末。

20世纪90年代，互联网发展尚处于起步阶段，精通法律的计算机专家尼克·萨博（Nick Szabo）就创设了这个术语。根据他的设想，智能合约（Smart Contract）是一套以数字形式定义的承诺（promises），包括合约参与方可以在上面执行这些承诺的协议。[3] 尼克·萨博还借助自动售货机的概念来解释智能合约，并称智能合约对自动售货机的超越之处在于将合约嵌入各种

---

〔1〕 参见杨东：《链金有法：区块链商业实践与法律指南》，北京航空航天大学出版社2017年版，第12页。

〔2〕 参见袁勇、王飞跃：《区块链技术发展现状与展望》，载《自动化学报》2016年第4期，第487页。

〔3〕 参见高航、俞学劢、王毛路编著：《区块链与新经济：数字货币2.0时代》，电子工业出版社2016年版，第343页。

数字化控制的有价资产，且可以实现各方交易的同步性。[1] 据此可以解读出，智能合约本质上是“一套形成关系和达成共识的协定”[2]。可惜的是，这个想法受到当时科技发展水平的限制只停留在概念层面，并没有落地。

二十年后，维塔利克·布特林（Vitalik Buterin）受比特币实践的启发，抓住了区块链最重要的去中心化概念，创立以太坊平台，将其定位成“为去中心化应用程序而设的安卓系统”[3]。该平台最重要的功能就是为广大编程人员提供特殊的编程语言以实现智能合约的创建和运行。在名为《下一代智能合约和去中心化应用平台》的以太坊白皮书中，维塔利克·布特林将智能合约描述为“根据预先设定的规则自行转移资产的系统”[4]。尽管智能合约的主要功能是实现资产的自动转移，但是智能合约的内容远非如此。无论如何，萨博的构想至此终于落地。

目前，智能合约的定义依然不统一。在区块链技术蓬勃发展的日本，专家们将智能合约定义为用计算机程序编辑、无需人类判断就会自动遵循计算机算法来履行契约的合约。[5] 我国计算机学者在梳理区块链系统的基础架构模型时将整个系统划分成数据层、网络层、共识层、激励层、合约层和应用层，智能合约被放置在作为编程基础的合约层而非应用层。[6] 这意味着智能合约与其说是区块链的具体应用，不如说是作为区块链系统的核心构成要素，起到承上启下的作用：一方面通过可编程机制和算法调动起底层静态的数据，另一方面为构建上层宏观的具体应用奠定了基础。这种定义强调了智能合约是一种“部署在区块链上”的“去中心化、可信共享”的“嵌入式程序化合约”，[7] 指出了智能合约与区块链技术的联系。从法律上来看，美国亚利桑

---

〔1〕 Nick Szabo, “Smart Contracts: Formalizing and Securing Relationships on Public Networks”, *First Monday*, 2, 9 (1997).

〔2〕 参见长铗、韩锋等：《区块链：从数字货币到信用社会》，中信出版社2016年版，第116页。

〔3〕 ［美］保罗·维格纳、［美］迈克尔·凯西：《区块链：赋能万物的事实机器》，凯尔译，中信出版社2018年版，第84页。

〔4〕 Vitalik Buterin, “A Next Generation Smart Contract and Decentralized Application Platform”, *Ethereum White Paper*, 1, 1 (2013).

〔5〕 ［日］《区块链冲击》编辑委员会编著：《区块链冲击：改变未来产业的核心技术》，鲁维琼、魏宁译，曾丹华审译，中国人民大学出版社2018年版，第7页。

〔6〕 参见袁勇、王飞跃：《区块链技术发展现状与展望》，载《自动化学报》2016年第4期，第484页。

〔7〕 袁勇、王飞跃：《区块链技术发展现状与展望》，载《自动化学报》2016年第4期，第491页。

那州 2017 年通过的有关区块链和智能合约的法案也遵循了类似的定义模式。该法案将智能合约定义为一种由事件驱动的程序，运行于分布式、去中心化、可共享和可复制的账簿之上，且能监管和指示账簿上的资产转移情况。[1] 该定义可资借鉴。

三、智能合约之“能”

从智能合约的创设理念来看，其内核与一般合同别无二致，均秉承意思自治，充分尊重人的自由意志，最大限度地发挥人作为理性主体的能动性。从智能合约的运作机制来看，智能合约是法学与计算机科学深层次、嵌入式互动的产物，而不只局限于区块链上运行的电脑程序这一内涵。

智能合约在私法层面的价值创造显而易见。作为以调整交易与流通为主要内容的法域，私法对效率的追求是其天然使命和重要目的，智能合约能在遵循私法原理的基础上为效率插上技术的翅膀。同时，私法活动还是人与人基于信任开展的活动，诚实信用原则从道德原则上升至私法中的帝王条款，强有力地佐证了信任机制是私法活动运行的基础。具体来说，智能合约之“能”表现如下：

（一）赋能效率

1. 表现形式

传统合同按照合同自由原则，既可以口头约定也可以书面订立，且实践中以不要式为原则，故合同的成立与否本身很多时候就是一个法律问题，往往有待举证。而智能合约以数字化的形式出现，采用类似 if-then 的控制语句写入合同的条款内容，目的之实现依托于计算机程序的运行，是高度有形、可视化的。区块链上数据不可篡改的特点使得当事人在证明合同是否存在以及是否成立问题上较为容易。

2. 适用范围

智能合约因其程序本质，依据的是密码学等计算机科学，由于科学原理具有客观、精确的特点，因此智能合约具有极强的可预测性、普适性，甚至可以突破主权管辖和地域范围的限制，符合全球化的趋势。而传统合同的适用依据是各主权国家的法律，即使是适用国际法的情况下也常受到转化和保留条款的限制。法的国家意志性决定了同一份合约在不同主权的管辖下可能会取得不同的法律效力和适用结果，法律语言的模糊性则给法律适用者留出

---

[1] U. S. Arizona Revised Statutes, Act HB 2417, § 44-7061 (2017).

主观解释和自由裁量的空间，立法者的有限理性也决定了法律规则无法避免地存在漏洞，这些都增加了法律适用结果的预测难度和不确定性。

3. 成立方式

传统合同在成立环节，围绕要约与承诺会产生诸多法律问题，比如要约与承诺的到达与生效问题都直接决定了对一个合同是否成立，以及成立时间和地点的判断。合同若不成立，还涉及是否产生后续缔约过失责任的判断，构成对资源的浪费。与此相反的是智能合约中，交易双方只需预设好符合自己期望的条件，写入程序，算法就会将符合条件的要约与承诺进行自动匹配，要约与承诺在时间维度上的差距缩小乃至消失，合同返璞归真，成为真正意义上的意思表示之合致。同时，智能合约的代码化和其突破地域的全球普适性，更是大大减少了合同因传统磋商所产生的交通、翻译等必要费用和时间成本。

4. 履行方式

区块链的去中心化赋予了智能合约履行过程自治性的可能，即无须中心化实体来保障其履行。〔1〕预设的条件一旦被触发，合约就会成立进而自动履行，不再像传统合同那样需要依靠第三方力量，诸如律师、会计师、法院、仲裁等来保证履行。当事人的真实履行情况还可以借助区块链技术保存下来，在出现争议时以电子证据的形式清楚地回溯、展示交易方的义务履行情况。特别是在区块链电子证据的法律效力已经得到我国最高人民法院认可的背景下，〔2〕可以预见，智能合约的履行将极大减少诸多环节的交易成本，节约时间、人力、物力、财力。设想未来成对的交易可以在全球范围内形成自发性的网络，贸易摩擦和投资壁垒大大减少，政治风险带来的不确定性得以冲抵，资本的跨国流动更为畅通，真正意义上的经济全球化指日可待。

5. 违约救济

传统合同的救济一般是事后的、依当事人请求的，与违约事实的发生具有一定的时间差，主要是依靠实际履行、适用违约金或定金罚则、赔偿损失、减少价金等方式来向非违约方承担责任。然而智能合约可以实现违约救济的

---

〔1〕 Melanie Swan, *Blockchain: Blueprint for a New Economy*, O'Reilly Media, 2015, pp. 96-97.

〔2〕 《最高人民法院关于互联网法院审理案件若干问题的规定》第11条第2款规定：当事人提交的电子数据，通过电子签名、可信时间戳、哈希值校验、区块链等证据收集、固定和防篡改的技术手段或者通过电子取证存证平台认证，能够证明其真实性的，互联网法院应当确认。

即时化和自主化，这主要是通过将违约救济条款事先写入程序，满足一定的违约条件和损失事实即触发相应的救济手段，特别是涉及财产性的违约责任承担方式，几乎可以无时间差地对非违约方进行救济。从这一点上来看，对于解决当下我国法院普遍存在的执行难问题，智能合约也有非同小可的意义。

（二）重塑信任

由于区块链被称为“信任机器”，智能合约被视为未来社会重塑信任的新型方式。在私法实践中，担保是在防范风险方面常用的信任机制，因此有学者认为智能合约的本质是担保，且在性质上接近于独立担保工具。[1] 通过区块链的数字化编程，智能合约所涉的财产利益在相关条件触发时即可实现自动转移，相当于提高了债务人责任财产的优先级，体现了担保的属性。区块链去中心化、不可篡改的特点则赋予了智能合约类似于独立担保工具的独立性、单据性和不可撤销性，从这一意义上来说，智能合约应当被视为传统合同的履行辅助工具。

以电子商务为例，目前的电子商务主要依赖于亚马逊、阿里巴巴、京东等中心化平台服务器的处理。平台的存在固然便利了交易，但是资金流的汇集、信息池的形成造成了私营组织力量的日益膨胀和垄断性局面。从交易规则的设定到交易争议的解决，平台在干涉的可能性和便利性上，事实上拥有相较于监管机构更为直接的话语权。此外，卖方的竞价排名、定向广告的精准投放、恶意的刷单行为等商业现象妨碍了买方对真实交易信息的准确把握，用户的个人信息和财产的保护依赖于平台举措，各方力量的不均衡造成信息的不对称，平台作为交易中介的公信力已不比往昔。智能合约则突破了这一点，用户作为区块链网络中的节点可以自主创建合约，设定交易条件，进行点对点的直接磋商，在没有第三方中介平台的情况下同样可以实现安全交易。实践中已经出现了这样的去中心化电子商务交易市场，如OpenBazaar。这种将交易自由重新还给用户，利用智能合约担保信用的去中心化交易模式有利于保护用户的个人信息、财产和其他权利，不失为破解平台垄断及化解信任危机的一条出路。

综上，智能合约以焕然一新的表现形式，拓展了合同在去中心化社会适用的边界。从成立到履行再到救济，基于高度透明和自治化的特性，智能合

---

〔1〕 Stephan McJohn, Ian McJohn, “The Commercial Law of Bitcoin and Blocktrain Transactions”, *Suffolk University Law School Research Paper Series* , No. 16-13 (2016).

约可以提升效率、降低费用。对于重塑信任，智能合约亦大有可为。因此，智能合约并非传统合同与区块链技术的简单叠加，而是深层次、嵌入式、颠覆性的融合。

四、智能合约之“不能”

虽然智能合约在不少领域的应用已经初露锋芒，但是它并非全能。一方面，智能合约及其底层技术的特性决定了其在某些方面受到局限，因此智能合约与具体规则存在不容忽视的兼容问题。另一方面，当揭开智能合约由代码编织而成的技术面纱后，将不可避免地涉及新时代技术与法律关系之讨论，智能合约何以“不能”亦将成为法理学层面的终极话题。

（一）与具体规则的兼容问题

1. 民事行为能力之识别

基于区块链的数据交互特点，链上的地址标识不能指向用户的真实身份信息，除非被专门的反匿名甄别技术重点识别，智能合约中的当事人信息一般来说会表现为相当程度的匿名性。这虽然被视为是一种对个人隐私的保护，但是也可能造成一方的民事行为能力无法为对方所识别，从而造成后续关于合同效力的纠纷问题。无民事行为能力人与限制民事行为能力人缺乏法律行为所必要的意思能力，出于保护其合法权益、维护交易秩序的目的，法律规定无民事行为能力人订立的合同无效，限制民事行为能力人订立的合同为效力待定。按照新颁布的《中华人民共和国电子商务法》第 48 条，除非有相反证据，推定当事人具有相应的民事行为能力。该规定虽然有利于提高交易效率，但是从另一方面看，不利于对民事行为能力有瑕疵的当事人进行保护。特别是随着网民的低龄化和未成年人心智的早熟化，在难以识别当事人民事行为能力的情况下，可能会出现大量事实上由无、限制民事行为能力人订立的智能合约。在存在中心化平台的情况下，由于平台掌握用户的信息，至少还可以令平台负担一定的身份审查注意义务，而去中心化的区块链网络中，应当由谁来负责对当事人民事行为能力的审查，将是一个较为棘手的问题。

2. 意思表示之形成与解释

智能合约的意思表示在载体上是技术形式的代码，具体而言依赖于编程语言来实现。建立在 0 与 1 基础上的编程语言是高度精确的，而法律语言则表现为一定程度的模糊性，比如“合理的注意义务”“合理期限”。语言的模糊性虽然会增加结果的不确定性，但是也赋予了合同适用更多的弹性，尤其符合瞬息万变的现代社会实践。编程语言在这种转化上显然是无力的，也阻却了相关意思表示的形成。即使意思表示的内容成功转化成为智能合约的主要条款，没有受过计算机专业知识训练的法律工作者在解释上也会遭遇障碍。而意思表示的解释对于法律适用非常重要，因为意思表示的所有问题——发出、到达和效力等均建立在解释的基础上,〔1〕意思表示的“解释、理解、适用系‘三位一体’的共生过程”〔2〕。此外，如果智能合约涉及格式条款，即使提供格式条款的一方采取合理方式履行了提示说明义务，欠缺计算机专业知识的另一方未必能理解其中含义。这不仅对一般公众的计算机知识提出了较高的要求，还为法律工作者增加了额外的负担，造成实质正义的缺失。

3. 意思表示之救济

区块链的不可篡改性历来被视为其高度可信任特性的背书，但是从另一个角度看，不可篡改的特征可能使常见的意思表示之救济变得异常艰难。以生活中常见的意思表示错误为例，传统私法认为意思表示错误是指意思与表示的不一致。〔3〕意思表示出现错误的救济方式是赋予表意错误人以撤销权，但是在智能合约中，区块链上数据的不可篡改性使意思表示的可撤销存疑。即使未来通过技术方案可以实现错误条款的撤销，其成本预计也会非常高，毕竟智能合约中要约与承诺合致的时间差极短，可能撤销意思表示的通知尚未到达相对人，该合约就进入了自动履行阶段。况且，由于智能合约中当事人的意思表示需要借助于特定的计算机程序来实现，导致错误的原因可能在当事人也可能在计算机程序，而两者的关系将直接影响过错的认定，进而影响撤销后的损害赔偿责任问题。在这方面，我国国内法的规定尚处于空白。国际上，美国《统一计算机信息交易法》和联合国国际贸易法委员会《统一电子签名规则》虽然设立了“电子代理人”的概念以解释这种自动化执行的计算机程序，但是没有明确其缔约能力。据此，智能合约中执行当事人意思表示的计算机程序在法律上没有独立的人格，无法作出自己的意思表示，难以用传统的代理制度去解释。所以程序错误的后果需由当事人承担。〔4〕此外，按照我国于2005年签署的《联合国国际合同使用电子通信公约》中有关“电子错误”的规定，撤销只限于输入错误，且只有在系统未给当事人提供更

---

〔1〕 Dieter Medicus, *Allgemeiner Teil des BGB*, Rn. 312 ff (10. Aufl., 2010).

〔2〕 朱庆育:《民法总论》(第2版)，北京大学出版社2016年版，第215页。

〔3〕［德］维尔纳·弗卢梅:《法律行为论》，迟颖译，法律出版社2013年版，第522页。

〔4〕 孙玉荣主编:《科技法学》，北京工业大学出版社2013年版，第221页。

正错误机会的前提下，当事人才有权撤销。[1]《中华人民共和国电子商务法》延续了这一做法，该法第50条规定用户可以更正的只限于输入错误。除此以外，我国并没有相关法律规制计算机程序中意思表示错误的救济问题，这也加剧了智能合约中意思表示救济的困难程度。

二、管辖之确定

尽管智能合约因计算机语言的普适性，在适用范围上突破了地域边界，满足了跨国交易的需求且迎合了全球化的时代潮流，但是目前来看，这仍然是一个脱离国家、社会因素的乌托邦式的构想。如果当事人对智能合约的履行产生争议，在相关国际法规则缺位而主权国家和超国家组织日益争夺司法管辖权乃至发展出长臂管辖原则的背景下，不免会涉及管辖之确定。再者，智能合约的履行将关乎跨国数据的收集、存储、传输和处理等问题，而当下关于国家数据主权和公民个人数据保护之重要性的讨论广泛开展，管辖问题正变得更加复杂。以欧盟《一般数据保护条例》（General Data Protection Regulations，简称GDPR）为例，其旨在强化对欧盟居民的个人数据和隐私保护采取属人管辖，只要企业提供的产品或者服务涉及欧盟居民的个人数据就会落入其管辖范围。这使得管辖之确定远远超出了当事人可能预料的范围，从而增加了交易的不确定性。最后，即使智能合约的跨国应用问题可以通过国际公约、政府协议等形式解决，如何介入去中心化的智能合约也考验着监管部门和司法机关的技术智慧，特别是在智能合约内容存在违反效力性强制性规定时，由于网络节点分布的广泛性，传统国际私法的准据法规则难以适用，智能合约的管辖势必成为全球性难题。

（一）代码即法律的迷思

早在19世纪末第二次工业革命初显成效的年代，美国法学家霍姆斯就担忧道，未来的法律或许不再属于“白纸黑字”的法律工作者。[2] 同一时期，韦伯也表达了类似的忧虑，担心未来的法官会以自动售货机的方式处理案件。[3] 直到一个世纪后，莱斯格大胆提出，代码即法律，代码作为网络空间的基石，有能力通过技术手段规范个人行为。[4] 这些言论，不免使人心生困

---

[1] 孙玉荣主编：《科技法学》，北京工业大学出版社2013年版，第222页。

[2] Oliver Wendell Holmes Jr.，“The Path of the Law”，*Harvard Law Review*，vol. 10（1897），p. 457，469.

[3] Max Weber，*On Law in Economy and Society*，Harvard University Press，1954，p. 303.

[4] Lawrence Lessig，*Code and Other Laws of Cyberspace*，Basic Books，2006.

顿：法律真的会被取代吗?

显然，代码即法律的观点有被自由主义者和无政府主义者过度解读和夸大的倾向。以去中心化自治组织 The DAO 项目为例，该项目的创始人是一群技术崇拜的无政府主义者，他们旨在建立一种代码自治化的公司治理机制，即实体组织完全由代码治理，摒弃一切类似董事会、监事会等中心化的组织架构。〔1〕 然而，2016 年 The DAO 遭攻击的案例却使人们认清了现实：代码治理远比想象的要不可靠。智能合约确实根据代码设定的规则在有序运行，但是黑客恰恰利用了系统运行规则的漏洞，成功盗取高额资产。最后，代币持有者在寻求救济时，无法在去中心化的组织中找到法律意义上的负责人，只得将创始人作为适格的被告。而创始人本想以此建立自己的规则帝国，创造一个平行于物理世界的赛博空间，却最终溃败于自身规则的漏洞，为物理世界的规范所穿透。那些声称智能合约“是法律体系的技术替代品”〔2〕、“按照自己的规则运行而超越法律界限”〔3〕 的观点自是不攻自破。

另外，“代码即法律” 的观点并非全无启发意义。如果将智能合约从技术角度进行肢解，它将归于代码的编排组合。从这个意义上看，可以说代码是赛博空间的法律，当事人选择何种代码也就选择了自己的行为规范。实际上，这便是私法中意思自治的精髓，只是意思自治绝不是个人的随心所欲。在社会共同体中，私法给予个人的自由永远是相对的而非绝对的，因为“任何自由都容易被肆无忌惮的个人和群体所滥用……如果自由不加以限制，那么任何人都会成为滥用自由的潜在受害者”〔4〕，所以自由的边界处矗立着私法的强制性规定，自由始终受到禁止权利滥用、诚实信用、公序良俗等原则的限制。

在代码指令日益作为人们行为规范的实践中，应当这样解读莱斯格的本意：代码在一定程度上拥有法律的品质，譬如在当事人达成共识的情形下，

---

〔1〕 参见［美］保罗·维格纳、［美］迈克尔·凯西：《区块链：赋能万物的事实机器》，凯尔译，中信出版社 2018 年版，第 49 页。

〔2〕 Alexander Savelyev, “Contract Law 2.0: ‘Smart’ Contracts as the Beginning of the End of Classic Contract Law”, *Information & Comunications Technology Law*, vol. 26 (2017), p. 21.

〔3〕 Kevin Werbach, Nicolas Cornell, “Contracts Ex Machina”, *Duke Law Journal*, 67 (2017), p. 313, 316 .

〔4〕 ［美］E. 博登海默：《法理学——法哲学及其方法》，邓正来、姬敬武译，华夏出版社 1987 年版，第 276 页。

代码生成的指令构成约束双方行为的基础，代码设定的规则是当事人之间最优先适用的规则。而在一方越界乃至共识崩塌的情形下，代码失灵，法律恰恰是那个终极的善后者和秩序重建者。技术批判哲学家哈马贝斯（Jürgen Habermas）从“劳动和相互作用之间的根本区别”出发，[1] 认为技术社会中的行为规范体系可分为技术规则和社会规范，两者在定义、机制、功能等方面均存在明显差别。技术规则适用于目的理性、工具的、战略的活动系统，而社会规范适用于以符号为媒介的相互作用的交往活动系统。技术规则以经验知识为基础，规定有条件的预测和绝对命令，而社会规范体现了主体相互的行为期待。因此，技术规则的有效性取决于经验的真实性或命题的正确性，而社会规范的效力来自于人们的理解和承认，且通过义务的普遍遵守得到保障。[2] 可见，代码作为技术规则的组成部分，法律规范作为社会规范的一种形式，两者在作为行为规范时存在根本区别。精确、可预测的代码无法实现法律语言模糊的那一部分，意图事前树立绝对秩序的代码也无法承载法律事后化解纠纷的功能。遑论被私主体掌控、操纵的代码在多数情况下仅代表着个别的、少数人的利益，而经过民主程序制定的法律却可以实现公共利益的最大化，这是两者作为行为规范基础的根本差异。

五、游走于“能”与“不能”之间——私法的应对

在谈论智能合约的“能”与“不能”时，人们已经觉察到了技术价值的多样性。一方面，技术创新是如此令人鼓舞振奋，它解放和服务于人类，描绘出未来社会的蓝图；另一方面，技术变革引起狂热者激进的崇拜和盲从的认知，稍有不慎便可能反噬文明社会的民主制度。尽管传统观点认为，技术只是工具，服从于使用者的目的，因而技术是中性的，不承载任何价值。2016 年的“快播案”中，快播公司主张的“技术无罪”曾一度赢得舆论共情，但是技术真的是中立的吗？

对于这一问题，早在 20 世纪计算机技术引发第三次产业革命时期，哲学家们就已经论述过类似的忧虑，这些批判并未过时。德国哲学家海德格尔（Martin Heidegger）在《技术的追问》一文中提出，技术其实是一种“解蔽方

---

〔1〕 ［德］哈贝马斯：《作为“意识形态”的技术与科学》，李黎、郭官义译，学林出版社 1999 年版，第 48 页。

〔2〕 参见［德］哈贝马斯：《作为“意识形态”的技术与科学》，李黎、郭官义译，学林出版社 1999 年版，第 49~51 页。

式”,〔1〕即技术使事物呈现了它们自身的本质。受其影响的法兰克福学派代表学者马尔库塞（Herbert Marcuse）在此基础上对技术中立观进行了批判，他认为“技术成了社会控制和社会团结的新的、更有效的、更令人愉快的形式”〔2〕，“价值中立仅仅是一种带有偏见的方式”〔3〕，“工业技术社会是一种已经在各种技术的概念和构成中运转的政治制度”〔4〕，因此技术在现代社会不是中性的，技术甚至带有意识形态。马氏的观点未免太过激进，这与他当时所处的时代背景不无关系：一个笼罩在核震慑阴影下的冷战年代，技术常沦为冰冷的政治统治工具。时过境迁，技术的政治意义随着东西方对抗的结束逐渐淡化，并克服了“离心的社会力量”。〔5〕基于此，法兰克福学派的后继学者对马氏的观点进行了一定程度的修正。比如芬伯格（Andrew Feenberg）意识到，在技术和社会“共同构建”的领域中，技术理性与社会经验之间互相纠缠。〔6〕这意味着，技术一旦进入社会领域，必然受到社会价值判断的影响，因此技术中立是一个伪命题，技术不可能逃脱法律的评价体系。那么，私法应当如何回答以智能合约为代表的全新技术呢？

首先，应承认人类成文理性的有限性，这是相对技术发展的无限性而言的。虽然法典万能主义已经成为过去时，但是私法学者的法典情结依然没有消弭。以欧陆大陆法系为代表的法典化传统是如此深刻地影响了后世，以至于追随大陆法系传统的私法学者们普遍对法的概念体系、先验理性、形式逻辑有着宗教般的狂热信仰。然而现代技术社会的实践性品格要求人们更多地认识到法律规范的经验理性和历史面向，毕竟技术的发展永无止境。在承认

〔1〕参见［德］马丁·海德格尔：《演讲与论文集》，孙周兴译，生活·读书·新知三联书店 2011 年版，第 3~37 页。解蔽意味着使存在者进入无蔽状态的发生领域，进入某种特定的领域。解蔽方式意味着进入无蔽状态的方式，或者说可能性开启的方式。“菜刀理论”就体现了该观点：刀在切菜时是菜刀，而被拿来杀人时成了凶器。

〔2〕［美］赫伯特·马尔库塞：《单向度的人——发达工业社会意识形态研究》，刘继译，上海译文出版社 1989 年版，第 111 页。

〔3〕参见［加］安德鲁·芬伯格：《在理性与经验之间：论技术与现代性》，高海青译，金城出版社 2015 年版，第 225 页。

〔4〕［美］赫伯特·马尔库塞：《单向度的人——发达工业社会意识形态研究》，刘继译，上海译文出版社 1989 年版，第 129 页。

〔5〕易继明：《技术理性、社会发展与自由——科技法学导论》，北京大学出版社 2005 年版，第 42 页。

〔6〕参见［加］安德鲁·芬伯格：《在理性与经验之间：论技术与现代性》，高海青译，金城出版社 2015 年版，第 225 页。

人类理性的局限性基础上，建构一个灵活开放、与时俱进的私法体系势在必行。

其次，成文理性的让步和妥协不意味着肢解原有的金字塔体系。一方面，我们应认识到智能合约的辅助性角色，它主要实现的是合同中数字化财产的转移内容，合同还有大量内容需要在线下履行，因此传统私法规范的生命力依然强大。从新型的、看似复杂的合约关系中剥离出传统法律关系的本质并定位到相关请求权基础，将事实涵摄到既有的法律规范以明确各方责任。另一方面，根据摩尔定律，技术的更新周期大约在两年左右，而法律出台过程中力量的博弈是如此艰难，从起草到通过的平均周期在三到五年，长达十年亦不罕见。〔1〕可见，纵使技术日新月异的发展使得各方权力此消彼长，由于法律具有滞后性，规则不可朝令夕改，故最为迫切的不是立法改进，而是在瞬息万变的形势下坚守源远流长的私法原理，赋予其与时俱进的内涵。为此，应发展私法的理论解释体系，其中尤以对意思自治、诚实信用等基本原则的解释最为精要。毕竟在遭受外来变革的冲击时，抽象的法律原则总是表现出比具体法律规则更强的适用弹性和兼容性，且最难为取代。

最后，私法要回应技术发展，本质问题是“技术价值世界与法律价值世界的相互构建”，有学者总结为管制、回应和重构三种模式。〔2〕其中，管制模式带有强烈的公法色彩，将技术和法律均视为工具，在私法中表现为以强行性规范预设好价值判断和责任后果。回应模式则做到了对技术实践的进一步洞察，主要表现为以设定构成要件并辅之以例外规定的形式豁免特定行为的法律后果，但这依然避免不了人类理性的局限性。而承认法律滞后性的重构模式并不企图提供唯一正解，而是将技术价值纳入到法律的价值世界，同时法律也针对技术价值调整自身的价值。〔3〕具体到智能合约这一问题上，应构建一种可以理解区块链技术逻辑的新型互动治理方式，搭建技术与法律沟通的桥梁。在这方面，源起金融监管领域的“监管科技（RegTech）”不失为一种新的规制思路。该概念为英国金融监管局首创，作为“Regulation”与

〔1〕 吴志攀:《“互联网+”的兴起与法律的滞后性》，载《国家行政学院学报》2015 年第 3 期，第 40 页。

〔2〕 郑玉双:《破解技术中立难题——法律与科技之关系的法理学再思》，载《华东政法大学学报》2018 年第 1 期，第 89 页。

〔3〕 郑玉双:《破解技术中立难题——法律与科技之关系的法理学再思》，载《华东政法大学学报》2018 年第 1 期，第 93~94 页。

“Technology” 的复合，其初衷是利用技术手段实现有效监管。尽管这一手段盛行于金融监管领域，但其内在理念已经把握到了当下技术与法律互动的精髓，即进行价值上的融合与重构，而不再是原先僵化的分离与对立。质言之，利用技术带来的机遇，以技术思维去规制技术，实现法律规范的代码化，将技术价值嵌入法律价值，将成为技术规制现代化的必由之路。

六、结语

基于区块链技术的原理和特点，智能合约从空想式的概念经由以太坊发展落地成为现实，具有广泛的应用前景，为法律痛点提供了可能的解决方案。而智能合约因名称所具有的法律含义，引起了法律界的关注。本文主要着眼于私法视角，梳理智能合约的“能”与“不能”，探究其本质、潜力和局限。

智能合约遵循私法的意思自治。在此基础上，作为一种嵌入式的程序化合约，智能合约从表现形式、适用范围、成立方式、履行方式到违约救济都显示出超越乃至颠覆传统合同之“能”，并且有着重构信任的巨大潜力，这是由其底层的区块链技术所赋予的。

然而，智能合约也并非全能。其“不能”之处一方面受制于底层技术特性，另一方面来自于外在限制与冲突。在其与私法规范的具体兼容问题上，主要表现为当事人的民事行为能力难以识别，意思表示形成、解释与救济更为复杂，管辖难以确定。而代码即法律的自由主义和无政府主义更是构成对私法规范的挑战。基于此，在智能合约的“能”与“不能”之间，技术中立观和技术批判重新进入人们的视野。从私法角度来看，应当重新审视私法的传统规制路径，坚守基本原理，丰富基本原则的内涵，此外还应探索基于技术和法律重构模式的新型规制路径，将技术价值嵌入法律价值。

（初审人：邓经超）

监管科技升级传统金融监管框架

——监管科技的理论基础与制度构建

张彧通[*]

摘　要：监管科技来源于监管竞争、商业模式创新，也来自于不同法域监管机构对于被监管对象的监管创新。经过数年发展，其逐渐成为一个被广泛认可的概念。监管科技指的是运用技术提高监管与合规有效性的理念与实践。监管科技对金融监管法律关系的影响是，监管科技新增一个法律主体；强化原有主体的法律责任；改变监管模式。其理论基础来源于演化博弈、精益化监管以及监管模式微观升级。监管科技制度要考虑监管科技参与者、监管科技监管实践、监管科技所采纳的技术，构建主体制度和客体制度。

关键词：监管科技　演化博弈　精益化监管

和“金融科技”一样，“监管科技”同样是舶来品，源自英文单词“RegTech”，是“Regulation Technology”的缩写。其诞生至今不过4年，最早于2015年3月出现在英国政府科学办公室的研究报告——《金融科技未

[*] 张彧通，男，中国政法大学中欧法学院经济法学2013级博士研究生（100088）。

来——作为全球金融科技行业领导者的英国》（FinTech Futures：The UK as a World Leader in Financial Technologies）[1] 中。该报告第六章论述了“监管科技”对金融监管的裨益，以及如何将技术运用在金融监管中。在这之后，英国金融行为监管局（Financial Conduct Authority，简称 FCA）作为英国金融监管执法机构，根据《英国 2015 年度财政预算报告》[2] 的要求，从 2015 年开始具体开展和实施了与“监管科技”相关的研究和实践，形成了《支持监管科技发展和应用》（Supporting the development and adoption of RegTech）和《运用技术实现更加智能化监管保送》（Using technology to achieve smarter regulatory reporting）两项“公共意见征询”（Call for Input），以及一项针对支持“监管科技”发展和应用的反馈文件[3]。正是因为英国政府在金融科技和“监管科技”方面的推广，“监管科技”被各类机构和研究人员熟知，并广泛传播。近几年来，“监管科技”逐渐发散，并被赋予了多重含义，其学术含义、理论基础以及制度架构都有待厘清。

一、“监管科技”的起源与流变

（一）“监管科技”的来源与提出的背景

“监管科技”首先是作为一项“促进金融科技行业发展”的基础设施出现的。“监管科技”出现在英国政府研究报告和相关研究中并不是偶然，也远非学术中立，而是建立在奠定英国“金融科技行业”全球领先地位的意图之上。金融行业是英国的重要支柱产业之一，伴随着全球经济不景气以及英国脱欧等地缘事件的发生，近年来英国渐趋衰落。宏观上，英国非常看重金融科技行业的发展，意图维持其在金融业的产业支柱地位。从《金融科技未来》报告中就可以看出其布局金融科技的蓝图与雄心。微观上，英国金融行为监管局也始终在配合进行监管的改造与创新，服务打造金融科技领先国的目标。

“监管科技”的另一个来源是从事合规服务的创业公司对其所属行业的描

---

〔1〕 Government Office for Science，“FinTech Futures：The UK as a World Leader in Financial Technologies”，at https：//assets. publishing. service. gov. uk/government/uploads/system/uploads/attachment _ data/file/413095/gs-15-3-fintech-futures. pdf，last visited in December 11，2018.

〔2〕 HM Treasury，“Budget 2015”，at https：//assets. publishing. service. gov. uk/government/uploads/system/uploads/attachment_data/file/416330/47881_Budget_2015_Web_Accessible. pdf，last visited in November 1，2018.

〔3〕 See FCA，“Regtech”，at https：//www. fca. org. uk/firms/regtech，last visited in November 1，2018.

述。实践中，作为行业类型的“监管科技”广义上包含了金融服务、医疗健康、信息安全、背景调查，等等；而仅金融监管科技这一类别，就包括了反洗钱反恐怖融资、了解客户、数字货币、金融机构风险管理、量化分析、监管报告、税收管理、交易监测，等等。[1] 其基本内涵是运用技术手段、创新业务模式为金融机构提供合规服务。

随着行业发展与研究的深入，“Regtech”被更多地指代为合规科技，而“SupTech”成为不少研究报告中指代监管机构运用技术手段进行金融监管的名词。“SupTech”来自于国际清算银行（Bank for International Settlements，简称 BIS）下设的金融稳定研究所（Financial Stability Institute，简称 FSI）于2018 年 7 月发布的报告《金融监管中的创新技术（监管科技）——来自早期用户的经验》（Innovative Technology in Financial Supervision (Suptech) - the Experience of Early Users)。[2] 国内有学者将“Suptech”翻译成“监督科技”。[3] 本文认为，不论是监督科技还是监管科技，其本质均是监管机构运用技术手段进行监管。由于舶来概念的约定俗成，监管科技在中文语境下具有丰富的内涵。

一方面，监管科技包含了面向金融机构提供合规服务的商业创新；另一方面，监管科技也包含了金融监管机构运用科技手段提升监管。2017 年 5 月，中国人民银行成立金融科技（FinTech）委员会，专门提出“要强化监管科技(RegTech）应用实践，积极利用大数据、人工智能、云计算等丰富的金融监管手段，提升跨行业、跨市场交叉性金融风险的甄别、防范和化解能力。”[4] 与英国主动布局金融科技与监管科技不同，我国对于监管科技的关注相对被动。在我国整治互联网金融乱象的过程中，监管科技被认为是重要的治理手段。这是我国监管科技演变过程中的一个重要背景。在此之后，监管科技逐渐引起了我国监管机构、学术界以及企业界的重视。

---

[1] See CB Insights, “Regtech Market Map: The Startups Helping Businesses Mitigate Risk And Monitor Compliance Across Industries”, at https: //www. cbinsights. com/research/regtech - regulation - compliance - market-map/, last visited in November 1, 2018.

[2] See FSI, “Innovative Technology in Financial Supervision (Suptech) - the Experience of Early Users”, at https: //www. bis. org/fsi/publ/insights9. htm, last visited in November 1, 2018.

[3] 参见傅强:《监管科技理论与实践发展研究》，载《金融监管研究》2018 年第 11 期，第 32~49 页。

[4] 《中国人民银行成立金融科技（FinTech）委员会》，载中国人民银行网站，http: //www. pbc. gov. cn/goutongjiaoliu/113456/113469/3307529/index. html，最后访问日期：2018 年 12 月 1 日。

所以从起源上来看，监管科技既是制度竞争的产物，又是以金融监管与金融合规为服务场景的商业创新。词源意义上的“监管科技”本身具有多重含义。而在不同的法域，监管科技的起源和发展经历的路径不同。

（二）监管科技来源于金融监管的需求

有学者将监管科技的历史发展分为两个阶段：第一个阶段由大型金融机构推动，以内部流程、内部风险管理系统为代表；第二个阶段由监管科技公司推动，以内部风险管理、外部合规技术为代表。〔1〕这样划分的原因主要有两个：第一，2008年金融危机后全球金融监管的理念和具体规制发生了转变，监管科技相应地发生了变化。〔2〕例如《巴塞尔协议》的严格规定推高了金融行业的合规成本。第二，在监管日趋严格的背景下，大数据、人工智能等新技术提供了高效率、低成本的金融机构合规解决方案。本文认为，这种划分方式却存在两个不可回避的问题：第一，无法解释监管机构发展监管科技的另一个原因——在监管目标的推动下进行“科技执法”。在金融监管规则日趋严格的背景之下，被监管机构有选择科技手段辅助其实现监管合规目标的动力；金融监管机构本身也并没有停留在仅仅将金融监管规则复杂化的程度。金融监管机构与被监管机构之间的“猫鼠游戏”增加了一个维度——科技手段。监管机构都在努力尝试利用各种新技术手段提升事前、事中以及事后监管的效果。这尤其表现在监管机构面对一些金融创新活动时，由于缺乏严密的法律规范和有效的执法经验，传统监管的效果差强人意，导致风险事件频发。科技手段自然成了金融创新监管的一项可能选择。第二，无法说明在2008年金融危机之前科技手段就已或多或少地被运用在金融监管领域的事实。20世纪70年代，程序化交易开始在美国金融市场大量出现。自此，美国证监会（U. S. Securities and Exchange Commission，简称SEC）、美国商品期货委员会（U. S. Commodity Futures Trading Commission，简称CFTC）以及美国金融业监管局（（The Financial Industry Regulatory Authority，简称FINRA）等监管机

〔1〕 参见杨东：《监管科技：金融科技的监管挑战与维度建构》，载《中国社会科学》2018年第5期，第69~91页。

〔2〕 国内许多学者不约而同地将此事件作为判断标准。参见杨东：《监管科技：金融科技的监管挑战与维度建构》，载《中国社会科学》2018年第5期，第69~91页；吴燕妮：《金融科技前沿应用的法律挑战与监管——区块链和监管科技的视角》，载《大连理工大学学报（社会科学版）》2018年第3期，第78~86页；傅强：《监管科技理论与实践发展研究》，载《金融监管研究》2018年第11期，第32~49页。

构以及自律组织纷纷针对各类金融行为开展技术性的监测[1]，并在1980年到2008年之间诞生了许多成熟的技术监管手段，例如美国证券交易商协会（National Association of Securities Dealers，简称NASD）的订单审定追踪系统（OATS）和交易报告比较系统（TRACS）、纳斯达克公司的自动交易确认系统，等等。[2] 可见，与2008年相同，金融监管机构出于强化监管效果的需求选择运用了在当时来说较为先进的科技手段。

那么监管科技手段真正满足了监管机构以及被监管对象的需求了么？面对大量的监管规则与监管行为，一方面，监管机构利用技术手段解决了监管过程中“数据粗放性（extensive）和集约性（intensive）程度不断增加”[3]的问题，克服了原来金融监管事中监管不足的弱点，提升了监管的实时性和有效性。另一方面，被监管机构利用技术手段解决了被监管过程中规则繁复、监督严密等合规痛点，改变了以人力为主要驱动方式的不足，降低了由于合规需求带来的大量成本。

（三）监管科技的定义与定位

从监管科技发展的过程来看，其内涵不断丰富和完善。英国《金融科技未来》报告将监管科技定义为“可以适用于监管，尤其是那些可以用于提高监管效率与透明度的技术创新”。[4] 英国财政部与金融行为监管局将监管科技定义为“促成监管目标实现的新技术”，并明确了两个特点：其一，监管科

---

[1] Lawrence G. Baxter, “Adaptive Financial Regulation and Regtech: A Concept Article on Protection for Victims of Bank Failures”, *Duke Law Journal*, Vol. 66, 2016, p. 597.

[2] 美国证券交易商协会（NASD）是美国金融业监管局（FINRA）的前身。在FINRA成立之前，其承担着重要的金融行业自律监管职责。其开发并使用的多套科技监管系统一直延续到FINRA时代。有关FINRA与NASD, see “About FINRA”, at http://www.finra.org/about；相关科技监管措施，参见2003年FINRA给美国证监会有关“在纳斯达克上市证券的监管”主题的评论信件，载http://www.finra.org/sites/default/files/Industry/p014869.pdf.

[3] 伍旭川、刘学：《监管科技的作用及应用》，载《清华金融评论》2018年第3期，第27~28页。

[4] Government Office for Science, “FinTech Futures: The UK as a World Leader in Financial Technologies”, at https://assets.publishing.service.gov.uk/government/uploads/system/uploads/attachment_data/file/413095/gs-15-3-fintech-futures.pdf, last visited in December 11, 2018.

技是金融科技的一个子集；第二，其重点关注更加高效的新技术。[1] 国际金融协会（The Institute of International Finance，简称 IIF）的定义——“运用新技术以更有效地实现监管与合规要求”[2] ——则重点关注监管，而非技术。

本文认为，要清晰地指明监管科技的内涵，还需厘清两个问题。第一，要把作为实践的监管科技和作为学术理念的监管科技分开。监管科技起源于行业实践，包括了商业创新和监管创新。但是在学术视野中，需要明确监管科技和金融监管的理论关联。第二，是要把监管端和被监管端的监管科技融合。监管科技对监管机构和被监管对象的作用不同，这可能会导致监管科技理论出现两条分支。但是站在统一理论的层面上考虑，这两类监管科技如何统一在一起值得考量。

有学者将监管科技和金融科技做了范畴的区分，解决了第一个问题。[3] 也有学者利用狭义和广义的方式将监管和合规金融融合，试图解决第二个问题。[4] 本文认为，监管科技的学术定义应当至少做到两点：第一，能够有效回应上述两个问题；第二，在中英文的语境中都保持着相同含义，便于理解。据此，监管科技的学术定义应当是：运用技术提高监管与合规有效性的理念与实践（concept and practice compressing of increasing regulation effectiveness by using technologies）。这种理念和实践既来源于监管部门，也来源于被监管对象。这里的技术不仅仅指的是人工智能、大数据等各类新兴技术，而包含了更广泛的技术手段。狭义的监管科技指的是金融监管科技，广义的监管科技应当包括了所有需要行业监管的部门。一般采用监管科技这一表述的时候，主要指的是金融领域的监管科技。

---

〔1〕 HM Treasury，“Budget 2015”，at https：//assets. publishing. service. gov. uk/government/uploads/system/uploads/attachment_data/file/416330/47881_Budget_2015_Web_Accessible. pdf，at https：//www. fca. org. uk/firms/regtech. 在这些文档中，FCA 引用了 2015 年英国预算报告，作为其对于监管科技的定义。

〔2〕 See IIF，“Regtech”，at https：//www. iif. com/Innovation/Regtech，last visited in December 1，2018.

〔3〕 See Douglas W. Arner，Janos Nathan Barberis and Ross Buckley，“FinTech and RegTech in a Nutshell，and the Future in a Sandbox”，*CFA Institute Research Foundation*，Vol. 3，2017，p. 20.

〔4〕 参见杨东：《监管科技：金融科技的监管挑战与维度建构》，载《中国社会科学》2018 年第 5 期，第 69~91 页。杨东教授把监管科技的定义划分为狭义与广义的两类，狭义指的是金融机构内部的技术创新；广义指的是监管机构的技术创新。笔者认为，两类情形各有不同，如果从严谨的学术定义角度来说，前者属于合规解决方案，后者属于监管科技。

之所以如此定义，不仅是因为监管科技的学术意义超越了“提高监管效率的工具”这一定位，更在于监管科技体现了金融监管的理念变迁与范式转变（faradigm shift）。[1] 对于监管机构来说，监管科技除了提高监管效率以外，还能够不断推动强化事中的实时监管和前瞻性监管。对于被监管机构来说，监管科技是其参与金融监管的一种主动表现。不论是自动化报告的报送，还是内部风险控制，金融监管行为似乎正在通过技术手段不断渗透。从短期来看，监管科技会更多地以监管辅助的角色出现；而从中长期来看，伴随着技术手段的成熟和监管思路的培育，监管科技会成为金融监管的“新常态”，即监管科技本身。

二、监管科技的理论基础

（一）监管科技的技术实践丰富

按照使用技术手段的主体不同，监管科技的运用可以分为监管端的监管科技和合规端的监管科技。按照国际清算银行的划分方法，监管端的监管科技包括了运用于数据收集和运用于数据分析两种。前者指的是监管机构在数据收集环节可以实现的监管手段，主要有形成报告（reporting）、数据管理（data management）；后者指的是监管机构在数据挖掘与数据分析环节可以实现的监管手段，主要有虚拟助手（virtual assistant）、市场监管（market regulation）、不端行为监测分析（monitoring and analysis of misconduct）、微观审慎监管（micro prudential supervision）和宏观审慎监管（macro prudential supervision）。[2] 根据本文的定义，传统上利用数据库以及其他 IT 技术所实现的科技监管（例如上文提及的各类美国监管机构已经使用多年的监测系统）也应当包含在监管科技的实践中。参照京东数科研究院的研究，合规端的监管科技包括了三方面，共八种内容：第一，数字化方面的运用。这是监管科技最基础的运用，指的是按照监管要求实现文本的数字化，包括：数字化的监管协议和数字化的监管材料。第二，数据识别与分析方面的运用。这是在数字化基础之上对于数据的相对复杂运用，包括：形成监管报告、风险管理、身份认证管理控制、交易监控，等等。第三，数据加密和传输方面的运用。这

---

[1] See IIF, “Regtech”, at https: //www. iif. com/Innovation/Regtech, last visited in December 1, 2018.

[2] 参见 FSI, “Innovative Technology in Financial Supervision (Suptech) -the Experience of Early Users”, at https: //www. bis. org/fsi/publ/insights9. htm, last visited in November 26, 2018；京东金融研究院：《监管科技系列报告之一——Suptech：监管科技在监管端的运用》。

是在运用数据过程中应当需要注意的数据安全合规，简单来说包含了数据加密以及数据传输等安全问题。[1]

监管科技实践开展的思路主要有两点：第一，运用技术手段实现重点监管目标。对于监管机构和被监管对象而言，流动性风险识别、反洗钱反恐怖融资、宏观审慎监管等都是金融监管的重点。第二，运用技术手段实现金融创新监管。例如不端行为监测、身份认证管理控制等对于 P2P、互联网银行等创新行为的监管十分有效。

（二）监管科技改变了金融监管法律义务关系

著名会计师事务所德勤曾经在报告中分析了监管科技相比较传统监管的四大优势[2]。这四大优势实际上都是技术手段带来的。与传统技术手段相比，最近十年发展起来的大数据、云计算、人工智能等技术，不仅在效率方面做出了优化，而且正在逐渐地改变着金融监管法律关系。主要表现在以下三个方面：

第一，新增一个法律主体。伴随着技术手段的运用，监管科技技术服务商成为为金融监管机构、被监管对象提供技术服务的一类主体。在人工智能技术还没有运用于金融监管的时候，这类技术服务商基本不会对金融监管法律关系产生影响。但是在包含人工智能技术在内的新技术大量、全面地运用于金融监管的情况下，这些提供相应技术解决方案的主体就被动地卷入了此类法律关系。算法与模型等风险可能会超越技术风险本身而成为严重的系统性风险。例如算法黑箱会导致人工智能技术在运用过程中超出其应有的监管功能，从而“替代”监管机构；算法黑箱还可能使得合规方案无法实现设计目的，从而导致被监管机构出现严重风险。人工智能算法的“变异”无法苛责，解决这类问题最好的办法是将提供监管科技解决方案的主体本身纳入到监管体系中，成为受监管的一类法律主体。例如，要求提供技术解决方案的主体向监管机构报备算法透明性、应急预案，并承担算法缺陷导致的损失。

第二，增加原有主体的法律责任。技术运用一方面提升了监管机构的效

---

〔1〕 参见京东金融研究院：《监管科技系列报告之二——Comptech：监管科技在合规端的运用》。

〔2〕 See Deloitte, “RegTech is the New FinTech—How Agile Regulatory Technology is Helping Firms Better Understand and Manage Their Risks”, at https: //www2. deloitte. com/ie/en/pages/financial-services/articles/RegTech-is-the-new-FinTech. html, last visited in November 23, 2018. 报告认为，监管科技的优势有：对大数据进行快速解耦合组合的敏捷性；及时生成解决方案的效率；集合众多要求形成统一合规标准的能力；以智能方式挖掘信息的分析能力。

率，另一方面降低了被监管对象的成本。在这个过程中监管科技还强化了这两类主体的法律责任。具体来看，对于被监管机构来说，其一，其需要更多地与监管机构沟通如何部署技术方案，如何按照监管机构的标准从事数据报送、报表生成；其二，技术手段表现得越出色，被监管机构可能被越多地要求部署方案防范风险（某些风险可能还是技术带来的，例如数据泄露、被盗取的安全性风险）。对于监管机构来说，其首先要实现的就是监管机构的数据开放。监管数据的开放对于完善整体监管科技的构建十分重要，这无疑强化了监管机构所在的政府部门或者自治组织的职责。

第三，改变监管模式。监管科技与传统的金融监管模式的不同主要体现在三点。其一，监管科技改变了中央和地方金融监管的执行模式。尽管不同法域的央地二元监管模式有所不同。但是相同的是，地方更加趋向于行为监管。监管科技可以有效地提升地方金融监管效率，从而解放中央监管的压力，使其可以更加集中在审慎监管上。其二，监管科技促进了分业和混业监管的融合。监管科技构建有效的算法模型，可以更加突出功能性监管。这在实质上改变了分业或者混业监管的态势，实现二者融合。其三，监管科技强化事中监管，完善事前到事后的闭环。监管科技能够实现金融行为的实时监测，强化以往金融事中监管的薄弱；同时，数字化监管方式使得事前监管更加规范，事后监管效率更高。

（三）监管科技的理论出发点

从监管科技的学术含义出发，可以挖掘出监管科技的三条理论出发点，涉及监管、创新以及科技三者之间的关系。宏观上，科技手段成为金融监管与创新演化博弈中的重要元素；中观上，技术手段可以实现精益化监管；微观上，科技实现在监管原则和监管规则涉及的多个方面进行数字化升级。精益化监管和数字化升级都是宏观演化博弈理论在监管科技发展过程中的具体表现形式；中观上，监管伴随着金融科技创新而选择监管科技创新；微观上，监管本身具备着数字化发展的需求，可以填补原则、规则与监管实践的不足。

第一条理论基础是：监管科技是监管与创新演化博弈的重要载体。演化博弈指的是有限理性的博弈双方不断试错、优化策略的动态博弈。[1] 在博弈中，技术扮演的角色超越了演化博弈中的“突变角色”，更加基础。监管与金

---

〔1〕 有关演化博弈的更多分析，请参见［英］约翰·梅纳德·史密斯：《演化与博弈论》，潘春阳译，复旦大学出版社2008年版。

融创新之间始终存在着一个博弈的过程。这个过程中，双方互为要素，不断试错，优化策略。从技术的角度上来说，进入数字化时代，数据成为二者表达的共同方式。这意味着，监管与创新都是二进制的表达公式。通过计算的演绎，这些公式之间会存在更多的关联。其实在数字化科技被运用于金融监管之前，大量的科技手段已经被用于监管，关键是能否提高监管效率。例如20 世纪 70 年代成立的纳斯达克就通过电子报价的实时系统第一次规范了场外证券交易市场。不论金融监管如何转变，科技手段一直是监管应对金融创新的重要方式。从远期来看，技术就是监管本身。这一理论基础引申出两个重要的立场：第一点，要引导科技与监管的合理融合。科技不应当加剧监管的复杂程度，不应当偏废监管的价值取向，实现效率和公平的兼顾。第二点，要防范科技手段本身带来的不可测风险。科技在解决传统问题（例如信息不对称）时也可能会带来新的问题（例如数据安全、算法伦理，等等）。所以科技的运用要符合一般道德和金融职业伦理以及技术伦理。

第二条理论基础是：科技化是精益化监管（Lean Regulation）的必要条件。精益化监管与精益化发展（Lean Approach）相对应，指的是跟随着市场发展而迭代的监管方式。[1] 例如，在金融行业发展严重滞后的肯尼亚，依靠手机发展起来的移动银行（Mobile Bank）体系十分发达。该国的移动银行监管相对来说非常完善，而传统银行体系与监管完全缺失。这说明，监管方式会跟随着市场发展的情况做动态调整。这也是宏观演化博弈在中观迭代方面的表现。从精益化监管的视角看，监管科技的出现沿袭数据分析的路径。即针对行业中数据收集和整理，数据挖掘和分析的实践，对应展开了以数据为核心的监管。具体到行业中，监管科技的逻辑进路是：从政府数据开放到算法监管，再到跟随市场的精益化监管。这条进路是英美国家在数据和算法领域发展思路的自然延伸。其中，政府数据开放是前提也是灵魂，算法监管是基础。这两者搭建了与金融创新相匹配的基础设施。在此之上，金融监管才能有的放矢。据此，本文认为，精益化监管理论基础指导下的监管科技至少包含三个要素：数据与算法基础设施，运用技术实现响应式监管和市场发展同步迭代。

---

〔1〕 See Kerry A. Dolan, "M-Pesa And GCash: Can 'Lean Regulation' Be a Gamechanger for Financial Innovation?", at https://www.forbes.com/sites/kerryadolan/2013/10/03/m-pesa-and-gcash-can-lean-regulation-be-a-gamechanger-for-financial-innovation/#1e5ff7317400, last visited in November 5, 2018.

第三条理论基础是：监管科技是监管模式微观升级的必由路径。尽管《金融科技未来》首次提出了监管科技的概念，但是监管科技的理论雏形在更早时候就已经出现。[1] 这些研究的共同特点是：从分析金融监管模式入手，探究科技的作用。例如，近十年来，金融监管模式经历了从规则到原则的转变。在此过程中，科技手段就像“计算公式”一般，有助于监管的定量，弥补了监管原则的过于抽象化、概括化和弹性化的缺陷。这是监管发展到数字化时代的内生动力。值得注意的是，监管科技可以看作是金融监管的高级形态，但是其内核仍然是金融监管与合规。对于科技手段来说，技术的新旧有时效性，可能有些技术手段适合当时的监管现状，但是它不会始终有效。监管科技可以实现理念和实践上的监管升级，但是金融监管不能转向“唯技术论”或者“科技治理”。监管科技是科学治理的体现，其科学性体现在不断运用科技、激励等理论，目的是提高监管效率提高与实现监管公平。

三、监管科技的制度构建

（一）监管科技制度构建的原则

2017 年 5 月，反洗钱和反恐融资的全球监督机构（Financial Action Task Force，简称 FATF）在美国加利福尼亚州圣何塞召开会议，通过了以解决新技术带来的挑战为目的的“圣何塞原则”。[2] 这些原则中既有传统金融监管需要遵循的原则，例如以反恐怖融资和反洗钱为目标，鼓励公共部门和私人部门合作，以及构建公平和一致性规则，等等；也有针对监管科技的创新性原则，包括：实现积极和负责任创新，制定清晰的监管预期和解决风险计划以及允许创新的智能监管。[3] 这些原则照顾到了金融监管的传统需求，同时也把新技术带来的挑战考虑在内，但是范围仍然稍显狭窄。本文认为，监管科技制度构建的原则总共八项，分为人、事、物三个环节，分别对应监管科技参与者、监管科技监管实践和监管科技所采纳的技术。

---

〔1〕 See Chris Brummer and Daniel Gorfine, “FinTech: Building a 21st-Century Regulator's Toolkit, Center for Financial Markets, Milken Institute”, at https://assets1b.milkeninstitute.org/assets/Publication/Viewpoint/PDF/3.14-FinTech-Reg-Toolkit-NEW.pdf, last visited in December 5, 2018. 这篇文章也是诸多分析金融监管有原则和规则两类方式的文献之一。

〔2〕 See “FATF FinTech and RegTech Forum 2017”, at http://www.fatf-gafi.org/publications/fatfgeneral/documents/fatf-fintech-regtech-forum-may-2017.html, last visited in November 20, 2018.

〔3〕 参见张峰：《金融行动特别工作组（FATF）关于金融科技（FinTech）和监管技术（RegTech）系列会议内容概述及启示——基于反洗钱和反恐怖融资（AML/CTF）视角》，载《时代金融》2018 年第 30 期，第 72~74 页。

就监管科技参与者来说，包括两个原则。第一，培育监管科技人才，包括技术人才、专业人才的培养。技术人才指的是懂得开发、维护监管科技技术的人员；专业人才指的是懂得监督、使用监管科技监管的人员。这两类人才是监管科技得以存在、运行的基础。第二，打造参与者之间可以互动的激励机制。正如前文所述，监管科技的出现使得金融监管法律关系中多了一类不可或缺的主体——技术服务供应商。此类主体的身份特殊，既可能是监管机构的助手，又可能是被监管对象。构建一个多方主体互动的激励机制的目的是使主体行为更加可预测，从而防范潜在的行为风险。

就监管科技监管实践来说，包括三个原则。第一，传统金融监管的原则不能变。这要求，其一，传统金融监管追求的公平与效率原则依然适用；并且在技术发展的背景下，还要考虑技术带来的有悖于公平与效率价值追求的风险。其二，反洗钱反恐怖融资等金融监管基础性原则不能动摇。其三，各类风险防范仍然是金融监管的核心。有所不同的是，借助监管科技，金融风险防范的效率应当更高。第二，监管科技本身要有所创新。这类创新体现在方式方法上和理念上。前者基于监管科技的理论基础，具体方式方法需要不断迭代，跟随业务监管的需求不断创新。后者基于效率提升的朴素观念，形成配合的监管理念。第三，监管科技的监管效果应当能够经受检验。与商业创新不同，金融监管的“试错”成本很高。所以在部署监管科技运用的时候应当始终保持谨慎。技术的部署存在一个悖论——使用监管科技之后，如果没有发生金融危机，如何证明是监管科技的作用？如果发生金融危机，如何证明监管科技的使用是正确有效的？为了解决这个问题，可以鼓励公私部门开展合作，其目的是以“试验”（pilot）的方式共同研究监管科技的效果，同时将监管科技的成本分摊给被监管金融机构和技术服务提供商，间接提高其违约成本。

在监管科技所采纳的技术方面，包括三个原则。第一，监管科技要求实现数据和算法的有效性和可解释性。数据体量增大并不一定必然带来监管科技效果的提升。这要求数据本身是有效的，从而降低误差值。此外，算法的可解释性原则需要指导算法黑箱和算法歧视问题的解决。第二，监管科技要求运用成熟的技术手段。金融监管的效果牵一发而动全身。成熟的技术手段才能保证监管体系的稳定、安全。在具体运用时，争取成熟一项技术运用一项技术，以此防范不可控风险。第三，打造通用于不同监管机构的监管科技技术标准。技术标准的统一十分必要。其优点在于：数据的利用畅通无阻、沟通的成本显著降低，实现监管机构监管效率的提升。

（二）监管科技的主体制度

监管科技的三类主体包括监管机构、被监管机构、技术服务商。面对这三类主体应当构建完善的主体制度，囊括各主体的权利、义务，构造监管科技理念指导下的主体制度。这一套制度与传统金融监管主体制度的最大差别在于：第一，新增了一个主体——技术服务商，该主体同时还可能成为被监管的对象。因此相应的主体制度权利义务复杂。第二，各主体的数据成为十分重要的资产，增加了各主体尤其是监管机构的义务与职责。

具体来看，监管机构要恪守传统监管的审慎理念，同时要重视监管的负责任创新。在达成监管目标（提供合理行为预期）的前提下，要有专门的机构对接金融创新业务的监管。而该创新监管部门应当遵从负责任创新、敏捷开发等理念，并且规范其数据收集、清洗、挖掘、分析、运输、共享、聚合等行为。值得一提的是监管机构应当开放可以公开的数据，这不仅是行政法的要求，而且是监管科技数据开放的理念要求。另外，负责任的监管创新需要做到：不增加被监管对象的无效成本；平衡个人的隐私权益和社会公共利益，等等。因此，沙盒监管（或者试点监管）等各类创新监管需要经过有效性评估，而不能一刀切地认为沙盒监管就是适合金融科技创新的方法，坚决杜绝为了监管创新而创新。

被监管机构与监管机构是相辅相成的关系——被监管机构要严守传统监管带来的合规要求，包括反洗钱反恐怖融资；“了解你的客户”；注重金融消费者权益保护，等等。尤其是在开展金融创新的过程中，被监管机构同样需要遵循负责任创新、敏捷开发等理念，以实现风险可控。此外，被监管对象的数字化会带来比监管机构更多、更广、更全面的数据使用，这要求他们还要额外注重数据合规，不得侵犯个人隐私、财产等权益。

技术服务商的角色应当分为两面。一方面，技术服务商为监管机构的监管科技提供技术解决方案，首先，服务商需要拥有相关资质牌照，即满足监管机构对服务商的主体资格要求，包括研发力量、内部风控措施、资金实力、股东背景、高管资历，等等；其次，服务商需要承担一定的责任，即在评价监管科技运行效果时，如果监管科技方案带来了风险与不可控后果，技术服务商要承担相应后果。另一方面，技术服务商为被监管机构提供合规解决方案时，角色就相对简单。两者之间是相对纯粹的技术服务合同关系。法律制度也不需要额外科以严格要求，只不过该技术服务需要根据监管机构确定的技术标准、服务标准开展。

（三）监管科技的客体制度

监管科技的客体制度要解决监管科技管什么的问题。与传统监管相同，监管科技的客体制度应当包括行为监管科技和功能监管科技。至于这两者适用监管科技的表现，需要搭建一套制度方便对其进行评价。不论是行为监管还是功能监管，监管科技制度要明确：第一，哪些行为或者功能需要使用监管科技对其进行监管。这其实是一个传统金融监管与监管科技相衔接的问题，要明确需要增加的新监管指标和需要替换的旧有监管指标分别是什么。本文认为，监管科技要量化传统监管指标，探索有效的宏观审慎指标、微观行为指标体系，包括协同交易、可疑交易、一致性交易、市场操纵、内部交易等。另外还要新增一类指标——技术服务品质指标〔1〕。该指标用于评估监管科技的效果。在不同的监管场景中，可以设计不同的品质指标。例如针对智能投顾监管，可以设立投资策略生产的数量能力、投资建议的适当性匹配度等指标。〔2〕第二，对不同行为或者功能的监管应当采用什么样的技术方案。这其实是怎样选择技术方案以运用于不同监管目标的问题。原则是根据监管的需求来确定的。例如大量监管数据的可视化展现有助于监管机构判断风险情形，又如数字化报送可以节约监管机构的人力成本。第三，如何与传统监管制度实现配合。由于监管科技促使金融监管朝着事中实时监管的方向转变，原来的事中监管（例如现场检查和非现场检查）应当相对应地进行升级；在监管科技尚无法完全替代事前和事后监管所需要的人力和监管判断时，应当注重监管科技和传统监管方式的衔接，例如通过技术手段发现风险事件后，仍然要按照传统方式进行核查、执法。

此外，一套金融技术基础设施制度十分必要，这些技术设施包括IT架构基础、数据全生命周期的管理方法和标准以及相关的算法监督，等等。在数据和算法越来越多地运用到监管科技中来的背景下，技术基础成为监管科技开展的重要前提。一套完善的监管科技制度必然需要包括数据和算法的监管制度。对于数据设施来说，需要处理好个人信息保护、数据安全规范、明确

---

〔1〕 张家林：《监管科技（RegTech）发展及应用研究——以智能投顾监管为例》，载《金融监管研究》2018年第6期，第76~92页。

〔2〕 参见张峰：《金融行动特别工作组（FATF）关于金融科技（FinTech）和监管技术（RegTech）系列会议内容概述及启示——基于反洗钱和反恐怖融资（AML/CTF）视角》，载《时代金融》2018年第30期，第72~74页。

数据权属、数据管理等重要问题的关系；对于算法来说，需要明确算法的可解释性和可透明性，并且在此基础上防范可能给金融行业带来的额外风险，例如算法同质化会加剧市场的一致性预期。

（初审人：张泽斌）

以区块链破解著作权网上侵权和交易难题

吴　坤*

摘　要：当前网上作品传播和运营都受到侵权行为的严重影响，司法审判迫于行为人主观状态认定困难，用间接侵权和连带责任施加网络服务提供商以过重责任，抑制了市场活力，违背了著作权法激发作品社会效用的初衷。区块链技术凭借去中心、灵活、可信特点恰能解决这一困局。通过分析区块链与智能合约的优劣，可以探讨设计一种法律与技术相互融合、相互促进的网络著作权交易模型，

关键词：著作权　侵权　区块链　智能合约

网络技术将著作权〔1〕传播力提升到了前所未有的程度，但数字化市场规模未达预期，一方面，权利人在著作权法之外依靠合同和技术措施扩张"领地"，另一方面，侵权使用成为常态，以法不责众为借口的背后是著作权法设计的控制中心节点已使拟制权利现实化的制度设计濒临崩溃。寻找一种符合当下环境的新技术与法律共

---

* 吴坤，男，中国政法大学民商经济法学院 2014 级博士研究生（100088）。

〔1〕 本文不严格区分"著作权""版权"用法，统一为"著作权"。

同治理，是平衡各方利益，匡正著作权法促进文化发展、维护公共利益诉求的明智之举。

一、网络环境下著作权侵权问题

（一）连带责任适用困局

首先，网络环境下著作权侵权行为因隐蔽性、技术性、分散化而呈现出主体泛化特点。网络中信息的生成、传递、存储都摆脱了实物载体，使侵权难以被察觉。当网络进入 2.0 和“互联网+”时代，更多用户需要通过对现有信息进行攫取、加工后向外界表达自由意志，对受著作权保护的作品的使用，使每个用户都成为潜在侵权者。其次，泛化引起追偿困难。单一侵权金额普遍较小，追查、索赔成本高，加之偿债能力不足使作者维权不愿以普通用户为靶向。低被诉可能乘以低偿还额得出的低违法成本客观上助长了侵权风气，鼓励了大量不法经营者冒充普通用户试图逃避责任，进一步增加了网络环境下著作权侵权问题的复杂性。作品的独创性使其市场价值无法找到确切的参照物比对，对内容的喜好程度因人而异、随时代变化，法院只能参照以往案例判决，越优秀的被侵权作品越可能赔偿不足。加之责任分担方面，如何区别首次改变传播渠道行为与后续扩大传播范围行为原因力亦是难题，其根源在于行为与结果的脱节，作品一旦进入非受控网络就如同脱缰的野马，传播难以控制。

为弥补权利人损失，我国沿袭共同侵权理论以网络服务提供商（Internet Service Provider，简称 ISP）构成教唆、帮助侵权为由，用连带责任突破按份责任和补充责任原则，又引入惩罚性赔偿，不断将利益天平偏向受害人。“深口袋”解决了权利人求偿问题，但有忽视公平正义之嫌。连带责任将风险由受害人完全转移给部分行为人，在共同侵权认定由严格的意思联络向客观化扩张的背景下其合理性值得重新考量，不能严格区分行为人的过错大小而一律要求其整体担责并不是精细的立法方式。网络信息传播力会借助其他用户产生涟漪效果，随时间增长，传播范围呈指数倍扩张，用户责任、后续非法扩散责任难以受被告控制但由被告完全承担显失公平；主观过错认定难亦是连带责任适用的核心问题。“避风港”规则认为 ISP 在侵权中只起到传播媒介作用，主观过错一般是以收到通知后不履行移除义务来论证，恰说明了其技术中立的非可责性。将责任归结到 ISP 一方只是出于体量大而具备更强的赔偿能力的考虑，实际上不如按份责任更能体现公正性。

上述问题的根源在于著作权法始终秉持的“守门人”理论在网络环境濒

临失守。机械复制时代的高昂成本使大规模复制能力只为极少数大型资本实体拥有，利益纷争围绕着著作权人和印刷厂展开。录像带、磁带代表的模拟复制技术普及后直接侵权人转为一般用户，但著作权人仍然通过引入间接侵权、征收设备附加费用等方式努力提高设备提供商侵权成本。当数字复制和信息交互网络时代来临，基本上作品复制与传播摆脱了质量下降困局，成本趋向于零，每个人都具备了曾经最大的印刷厂尚不具备的复制和扩散能力，"守门人"面临巨大挑战。所幸网络去中心化的构想没能迅速改变全社会行为习惯，用户在初期面对海量信息无从选择时仍然需要借助中心节点——网络服务提供商，这给了著作权人继续管控"守门人"钳制侵权的便利。随着侵权与维权矛盾激烈，ISP 们承受了沉重的间接侵权风险不堪重负，纷纷选择正版化或自建内容，用户也转向更便利的 P2P 模式[1]交互，其爆炸性发展速度与日益丰富的应用创新清晰预示出网络的未来。至此，"守门人"即将谢幕。权利人曾经尝试追究最终用户侵权责任，但一来成本与获赔不成比例，二来全民侵权带来的抵制情绪和道德危机也不可小觑。权利人即使借助集体管理组织抱团维权，如何准确发现侵权用户、如何保留证据等问题也难以解决。

（二）惩罚性赔偿饱受争议

间接侵权未能解决的问题，权利人希望借助惩罚性赔偿完成。惩罚性赔偿除了弥补权利人损失外，功能重点在于对侵权人的惩戒，从而提高其注意水平。《中华人民共和国著作权法（修订草案送审稿）》（以下简称"送审稿"）确立了"故意"和"两次以上"要件，首先就要理解"故意"的含义。最高人民法院刊发的《中国法院知识产权司法保护状况（2011年）》中阐释"故意"为："侵权行为人明知损害结果可能发生，主观上希望并且放任该结果发生的一种心理状态。"[2] 学界普遍认为主观故意达到"恶意"程度方可适用。"恶意"在《布莱克法律词典》中指事实或法律上通过伪装、误导或欺骗他人疏于或拒绝执行基于法律或合同产生的义务。[3]《牛津法律大辞典》解释为："恶意是用于行为人不诚实心理状态的一个术语，即其明知缺乏权

---

〔1〕 Peer to Peer，对等计算的简称。通过直接交换来共享计算机资源和服务。在 P2P 网络环境中，成千上万台彼此连接的计算机都处于对等的地位，整个网络一般来说不依赖专用的集中服务器。网络中的每一台计算机既能充当网络服务的请求者，又能响应其他计算机的请求，提供资源和服务。

〔2〕 最高人民法院：《中国法院知识产权司法保护状况（2011年）》（法［2011］154号）。

〔3〕 Henry Campbell Black, *Black's law Dictionary*, West Publishing Corporation, 1979, p. 127.

利，或者相反，不相信他的行为具有合法正当的理由。”[1] 可以看出两个定义都对主观明知行为非法，提出了很高的证明标准。送审稿“两次以上”要件是为限缩惩罚性赔偿覆盖范围，防止过于严厉的民事责任影响社会经济交往活力。另外送审稿规定在满足主客观“故意”和“两次以上”条件后法院“可以”而非必然对侵权行为人处以惩罚性赔偿。从立法者对惩罚性赔偿的慎之又慎，不难发现这是受限于司法技术水平而作出的不得已的政策选择，通过外在表现反推主观态度进而影响判决也容易引起实质失衡。

（三）学理困境

侵权司法中遇到的上述问题反映出学理困境。通过对著作权法正当性的法哲学分析发现，抽象物由法律创造并保护的稀缺性并不能完全论证非授权接触作品的可责性。劳动价值论认为对人类共有之物添附劳动，保证他人不因某一权利产生而陷入不利益是所有权之源，否定了非授权接触需要付出的劳动和这种劳动对社会的正面价值；抽象物缺乏占有环节和公示效用无法论证非故意侵权人的主观过错；消极社区假设面对互联网积极社区特性的矛盾[2]也无法忽视。人格理论在著作权范畴内重视作品产生过程反映出的作者独立人格，却选择性无视他人在接触和利用作品时的人格体现，而这恰是使用者权正当性的依据。功利说缺乏对公共利益的考量，也始终停留在理论层面，难以找到实证数据支撑，但有证据表明接近成本利于真正有价值的作品获取高回报。从经济分析看，非授权使用对于文学艺术传播涉及的搜寻、谈判、执行等成本，对社会管理成本（假设作品可以自由接近）都有拉低作用。正是理论层面的缺陷模糊了著作权的权利边界，侵权合理的呼声伴随普遍性侵权现状在互联网人人平等、资源共享的感召下甚嚣尘上。解决学理困境首先要在实践中寻回利益平衡。

历史表明著作权与技术发展同步，法律绝非万能，它来源于生活又作用于生活，在密织的权利诉求中寻找平衡创造社会效益最大化，当前法律沿用过往原则已不足应对网络环境下著作权普遍侵权现象。叠床架屋地引入连带责任、惩罚性赔偿等手段又引起了新的利益失衡，立法、司法处于两难境地。

---

〔1〕［英］戴维·M. 沃克：《牛津法律大辞典》，北京社会与科技发展研究所译，光明日报出版社1988年版，第114页。

〔2〕劳动价值论消极社区：共有物最初并不属于任何人，劳动带来专有性；知识产权语境下的积极社区：每个用户都有权接触并利用共有知识，想从中分割出专有部分必须经过所有人同意。

回望技术与法律变迁演进过程，法律始终处在追逐者角色，当利益分配已明显失衡，技术发展方向又相对明确之时，法律应当积极接受并发挥指引作用，放弃单独依靠自身管理社会的偏执，主动迎合技术，做到相互促进、共同服务社会发展。区块链恰恰给破解著作权网上侵权和交易难题提供了可行技术手段。

二、区块链技术简介

狭义上的区块链仅代表基于密码学的一种特有数字结构，具有时序性的数据块前后紧密联系，结合账目被不限于交易方的全体参与者记录以防止私自篡改信息。广义上的区块链是指网络环境下利用上述数据结构和分布式记账特点进行数据传输、存储、验证的实现方法。〔1〕区块链首先出现于中本聪（Satoshi Nakamoto）的论文《比特币：一种点对点的电子现金系统》（Bitcoin：A Peer-to-Peer Electronic Cash System）中，该论文描述并论证了新型点对点的电子形式一般等价物——比特币，它的成功〔2〕证明了区块链技术的可行性。区块链符合互联网去中心化发展理念，完成了从信息交互到价值交互去中心化的跨越，〔3〕使网络中陌生人间的信用问题迎刃而解。区块链从理念到结构都颠覆了以往技术范式，表现为如下特点：

（一）去中心化

去中心化是指网络中信息传递不再依赖这些大型节点，强调所有节点的自治能力，用户之间可以点对点形成链路，分发或对多转发时任意节点都可以成为临时中心，但不能成为永久中心也不具备过强的控制力，网络开始真正属于每一个用户。互联网的建设构想是以电信号消除时滞和地域差别实现人与人无障碍信息传递的新途径。出于技术和成本原因，发展至今仍然以中心拓扑为主，即实体上一个中心节点分别连接众多用户，中心节点安全性、

---

〔1〕 袁勇、王飞跃：《区块链技术发展现状与展望》，载《自动化学报》2016 年第 4 期，第 482～484 页。

〔2〕 2009 年 1 月 3 日，中本聪在位于芬兰赫尔辛基的一个小型服务器上挖出了第一批 50 个比特币，此后又过了 16 个月，直到 2010 年 5 月 21 日才出现第一次比特币交易：佛罗里达程序员 Laszlo Hanyecz 用 1 万 BTC 购买了价值 25 美元的披萨优惠券。这项交易诞生了比特币第一个公允汇率 1（BTC）：0.0025（USD）。2011 年 2 月 9 日，BTC 价格首次达 1 美元，与美元等价。截至北京时间 2017 年 8 月 17 日 10 点，1 比特币价格约为 4348 美元，日成交额约 44 亿美元。比特币自诞生以来保持了大幅波动、总体走高的态势，有分析预测 2018 年其价值将突破 6000 美元。

〔3〕 林小驰、胡叶倩雯：《关于区块链技术的研究综述》，载《金融市场研究》2016 年第 2 期，第 98 页。

效率决定了网络整体状况。随着网络的发展链路不断丰富，即便专业人士也难辨别数据包的具体路由，但数据汇总于一点再转发的模式未变，所以说中心型的硬件建设方式也潜移默化地影响了网络服务运行方式。技术的发展使中心作用转变，当信息传递时限要求提高到毫秒级别，中心节点的存在将延迟大大提升，互联网平等、共享的理念由于信息化能力的差异被破坏。而且中心节点和普通用户的差异深植于基础架构为数据霸权埋下了隐患。

（二）高可信度

区块链去除了信息交互中心化，还在价值交互中实现了分布式模型，从而奠定了未来网络可信化基础。以往信用体系建立于垄断之上，基于行政授予的唯一央行地位信赖人民银行管理的征信系统，基于阿里巴巴集团在网络交易中的垄断地位信赖支付宝，这种信赖关系又传递到了支付宝的用户之间。信任与垄断程度成正比，与传递层级成反比。区块链采取分布式账本，所有节点都保留有完整且不断更新的副本，交易前对比副本是必经环节。这样消除了信息不对称情况，所有交易历史均可查验且需用私钥签名保证了不可抵赖性，在主观层面给潜在违规者以不可抹除的诚信压力，实现了不依赖源头的信用体系。加之基于时间函数的区块链接方式使区块之间相互监督，保持了过往数据稳定性和新数据的可扩展性，客观上避免个别节点被篡改的欺诈可能，所以双方只需要按照规则进行就能在全网监督的高度互信中交易。

这种基于匿名环境下建立起的信用机制被称为“关系型合同”（Relationship Contract）。关系型合同保持了私权自主原则，交易各方可以在法律框架内任意设定权利义务关系，行为的规范性约束依靠自我理性。回顾交易发生过程，承诺与履行、先履行与后履行之间的时间差理论上给当事人以违约获利可能，但绝大多数合同能够依约完成是因为重复博弈中对自身信用维护的利益大于投机行为，这符合在有限次重复博弈中，囚犯困境博弈的纳什均衡是参与者的不合作的解。将上述封闭范围内的关系模型推而广之，区块链将一切信息记载于固定数据结构中并向全社会公示，有限个体行为受到广泛监督，客观形成了任何一方与信用监督机制的重复博弈，强化的自我约束激励给法律以“减负”可能。

（三）交易灵活

区块链迅速发展的一个重要原因被认为是智能合约的成熟。提出智能合约这一概念的是尼克·萨博（Nick Szabo），他给出的定义是：一个智能合约是一套以数字形式定义的承诺（promises），包括合约参与方可以在上面执行这些承诺的协议。简单来说可以将其视为一个自动担保账户，预设条件（承诺）满足（执行）时资金自动转移（交易达成）。DRM[1]中的协议包含有类似原理，区别是与区块链结合的智能合约条款假设在区块链上，摆脱了中心型管理机构的设立、审核束缚，内容公开，可信，可追溯；不同的内容之上附加各自的智能合约不会对服务器和管理者施加难以承受的负担；源于区块链分割链接存在的天然特性，未来甚至可以对细分内容分别设立合约条款，降低了合同的不确定性，也提升了交易灵活性。

（四）著作权领域应用探索

区块链首先与数字货币一同进入大众视野，构建出去中心化的数字收支方式，货币流通不再受国别、币种的限制，也不再依附于政权，被称为区块链初创阶段。随后的区块链2.0在此基础上将应用领域扩展至金融市场，如数字资产转移。进入3.0后，区块链作为颠覆性基础技术走入产业化阶段，用于配置各种资源，如医疗、选举、信息安全、鉴定与公证等，可以说区块链已经开始改变我们的生活，也进入了著作权领域。

国外有由普赖尔·卡什曼（Pryor Cashman）推出的专门针对音乐作品的Monegraph、Colu与Revelator合作的所有权管理API，针对影视作品的SingularDTV，泛版权保护的Blockai等，国内也有“忆书”“纸贵”“数字版权唯一标识”（Digital Copyright Identifier，以下简称DCI）等项目或团队崭露头角，并且获得了资本支持，很多都完成了千万级别的融资。

由中国版权保护中心和华夏微影文化中心等推出的微电影微视频区块链版权（交易）服务平台迎合细分产业供需增长旺盛，但仅仅依靠广告和流量分成不能带来作品本身价值变现的问题。借助区块链技术，该平台通过作品实名登记，公信确权、定价、分发、结算，完成了从影视拍摄到网络传播再到收益回归的循环。举例说，微电影微视频著作权人实名认证后填写作品权利的相关信息完成上传，设定观看价格和分享人的收益分成比例，观众借助电子支付手段在线完成所有流程。“原本”“忆书”将重心放在确权登记，以区块链为在线作品附加不可抹除的权利声明便于监控传播过程，方便线下公证、律师等法律实体收集证据和确定侵权者。同样建立于DCI体统上，“版全

[1] 数字版权管理（Digital Rights Management），是指通过限制授权人对电子内容的行动保护电子内容的所有权/版权。数字版权管理给数码内容出版者权力，让他们安全地发放具有价值的内容譬如期刊、书本、照片、教育资料、影像和研究，以及有效地控制内容的使用，阻止未经授权的流通。

家”同样关注作品权属与用户信息留存对侵权后维权的作用。“赞赏”做法更为细致，接触作品前有权利声明和收费说明，点开内容视为接受合约。按照用户精确到字数的阅读量计费，用户也可以向他人推广作品并获取一定收益。业内一位企业负责人认为：区块链不可篡改地记录了作品从灵感到成型的全过程，再以智能合约降低交易成本，为版权市场提速。[1]

据统计，我国基于区块链保护、运营的作品每月排行前三名浏览量已经稳定上亿，市场前景可观。可行的商业模式背后是著作权保护与利用在互联网环境中前所未有地取得了一致。

三、区块链应用于著作权领域展望

（一）区块链应用于网络著作权交易的优势

通过博弈论分析可以发现降低维权成本相较于其他手段更有利于抑制侵权，而区块链引入网络环境对于保护著作权而言最直接的好处是侵权认定难度大大降低，是否达到复制标准、主观恶意性、直接/间接侵权人原因力辨别与对应的赔偿数额都将得以明确，这将极大减轻举证负担。

主观恶意性判断明确。判断作品是否复制于他作一直以来遵守着“接触+实质性相似”的标准，诸多案例显示当前“接触”的认定较为宽容，被告只要满足时间、空间与原告作品有一定程度上逻辑相关性即可。条件的模糊给审判和公众行为预判都带来了不确定性。区块链引入后，作品传播途径可以被逐一记录在案，用户是否持有过某一作品，持有后是否打开，打开后曾经阅读过哪些部分都有据可查。使行为人与作品有过密切联系，但确实没有抄袭的情况下无须举证证明不侵权，而这种证明几乎是无法做到的。合约内容必须展示的要求排除了过失侵权，主观恶意性体现在明知接触作品应当付出对价却无正当理由拒绝履行。对于承受间接侵权责任的 ISP 来说，用户接收作品与接触作品内容的分割使单纯介绍某些作品并提供文件中转服务可以彻底免责，侵权与否只在于最终用户是否依照智能合约履行付偿义务。这样使得 ISP 只需要查看区块链技术在作品上是否完整有效即可，针对内容审查义务的争议终于可以告一段落。

侵权责任承担有据可查。不能排除部分作品或未加入区块链，或遭破解未附带权属信息、智能合约，但作品权利人相对容易确定，合约内容可以参照其他副本执行，只要分布式记账不被破坏就可以查询到作品传播的路径。

---

[1] 陈莹：《“区块链+版权”率先突围》，载《中国出版传媒商报》2017 年 4 月 25 日，第 11 版。

例如初始上传者将作品置于A、B两个网站，A站疏于对区块链审查或置之不理，就要对从本网站获取非法作品用户的侵权行为承担责任，假如存在后续转发，那么后续网站也要承担部分责任，但比例应当逐级降低。假设B站也存在类似情况，但两站规模存在差异，传播力也不同，涉及的侵权情况可以分别加总得出，而且众多网站所处传播链层级区别也可以清晰看出，由此侵权相关方原因力不再模糊。当前网络环境下著作权侵权以追究间接侵权人ISP的连带责任为主的现状有望改变，当技术手段保证了侵权各主体明确，原因力分配公信可靠，将连带责任一概承担全部赔偿义务的方式改为依照过错与结果综合判断的按份责任是法律精细化的进步，也给承受过重义务的ISP们松了绑。但考虑到长尾效应又不会过分减轻其审慎义务，毕竟仍要为后续传播分担责任。

以往著作权侵权往往出现ISP代替身份不明确的最终用户与代表个体权利人的集体管理组织对簿公堂局面，本来的民事诉争变为“公对公”，著作权的私权属性一再被质疑。通过对侵权责任要素的分析可以看到区块链对事实认定的巨大帮助，权利人掌握更强的诉讼能力，侵权人身份更易确定，都将有助于强调著作权私权属性。

区块链的引入可以给著作权人带来切实的收益。从作品接触与付费挂钩以来，作者就面对一个悖论：经济收益与精神收益不可兼得。高昂的收费和严格的侵权打击会抑制作品传播，作者希望思想被接受的期待无法实现，反之经济收入的降低则会影响后续作品创作，正是这样的矛盾使很多作者容忍了侵权作品有限的传播，现行著作权法似乎也应对乏力。在区块链的帮助下作者对作品有了更精确的操控力，众多的网络用户皆为潜在读者，作品单价会被拉低，区块链强安全性的保证使作者更敢于投放整部作品。同时作品可以有更多更灵活的授权方式，如设定部分免费章节供试阅、分割作品采取分别授权、章节定价与阅读数量挂钩等，尽管现有技术措施也能实现类似效果，但较为粗放，只能笼统地对所有用户采取一致策略。基于区块链具备的逐一用户行为登记能力，试阅可以自由选择任何部分——当然作者也可以阻止核心内容被试阅，主动选择感兴趣的内容无疑能给用户更大满足感，转化为付费用户可能性大大提升。而且作者也可以综合用户以往阅读偏好、消费能力和意愿等信息给予不同数量的试阅权限。作者也可以设定根据阅读数量上升而逐步降低的定价模式，分布式记账、网络支付保证了数据公开可信且具备实施可能。除了用户可能以更低价格获取作品，或需要的部分作品，作者也可以从精确化的交易数据中获益，发现更受欢迎的章节有利于为后续创作指引方向。上述仅是一些商业模式的预测，区块链给作品供需双方的好处只有在实际运用中才能更好地彰显。

（二）区块链应用于网络环境下著作权交易的模型设计

借助区块链优势，探讨建立网络环境下著作权运营平台（如下图）。考虑到本文研究方向，此部分不对技术细节做详细说明。

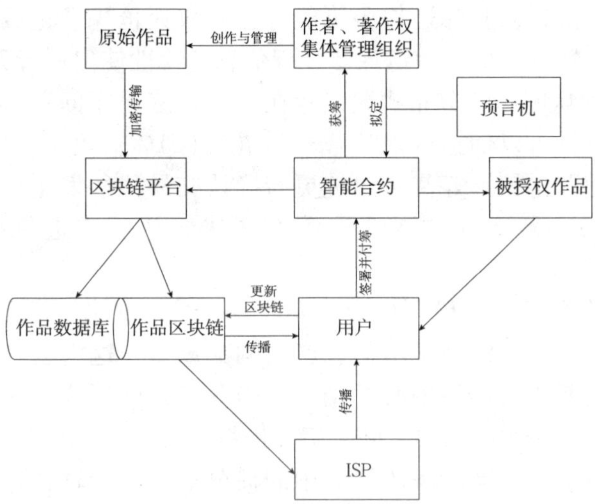

区块链应用于网络环境下著作权交易的模型设计

首先作者经过身份和权属鉴定，将创作完成的原始作品[1]上传至区块链平台。同样地，“孤儿作品”或全权委托作品可以由著作权集体管理组织作为代行权利人完成作品上链提交，并设定智能合约，同时可借助预言机[2]在智能合约中加入相关法律条款。区块链平台对每一作品生成一条区块链，将作品加密存储于数据库中，并形成区块链、作品严格的对应关系。其后 ISP 获取作品区块链向用户推广，用户确定欲购买作品后无须登录区块链平台或 ISP

〔1〕 受限于技术规范和计算能力，当前只能满足已完成作品基于区块链的著作权在线交易，待技术完善后可以尝试完全基于链上的创作。

〔2〕 预言机自身也是一种智能合约，可以视为一个提供外部信息的平台，它允许区块链连接到任何现有的 API。

网页，可以直接查看区块链上的智能合约，认可并付款视为接受要约合同成立。用户取得作品数据库中对应作品的被授权版本，达成欣赏目标。同时用户、ISP 与作品接触时包括交易、传输等在内的全过程均有各自签名保证不可抵赖性，记录于新的区块上做到全程留痕，如此就形成了一次完整的在线作品交易流程。

其中一些步骤需要详细说明：

（1）权利人身份问题。作者、著作权集体管理组织基于自创或授权取得作品处置权自不待言，实际运作中可能存在侵权人抢先登记或略作修改登记于区块链平台的情况，但区块链保留全程信息的特性使侵权者无处遁形。

（2）交易确认问题。分布式记账存在“拜占庭将军问题”困境，理论上掌握了过半算力就可以伪造区块达成“双花”（51%）攻击，[1] 所以模型中签署智能合约随即付款，等待区块链更新确认交易往往发生于大量小额交易场景，大额交易一般会在被 6 个连续新区块确认后方进行权利转移完成交易。[2]

（3）传播途径问题。模型中只展示了一个完整的作品确权、交易流程，用户经过 ISP 取得链上作品基本信息产生购买欲望，这沿袭了当前网络拓扑下 ISP 作为网上著作权传播中心的结构。当分布式网络成为主流，作品主要依赖区块链技术流转时，用户之间直接传播将更普遍，ISP 影响会弱化，功能局限于作品介绍。这有助于解决当前中间商分成过高、存在帮助侵权隐患等弊病。

四、区块链技术与法律的衔接

（一）区块链的局限性

作为新兴技术，区块链不可避免地面临与现有技术、社会运行规范协调的挑战。

1. 技术面临突破

区块链是在密码学、数据库、互信模型、网络交换等技术基础上综合形

---

〔1〕 这一理论攻击可能已经变为现实，多家机构和交易所确认，加密数字货币 ETC 接连遭遇 51% 攻击。2019 年 1 月 7 日凌晨，仅在 Gate. io 加密数字货币交易所，攻击者在 4 个小时内，用超过 51%算力花了至少 4 笔总计 54 200 个 ETC，时值 27. 1 万美元。这也是主流加密货币首次遭遇并达成的 51%攻击。

〔2〕 基于当前技术条件，数学上已证明 6 个连续新区块确认后区块链分叉与回滚概率可以忽略不计，交易安全性得到保障。

成的上层应用，其底层技术自身和相互间融合仍有待完善。不依靠中心节点结算的网络结构下由每一位用户提供算力维持系统运转，为争取奖励，用户间的运算竞争不断推高能耗，但增长的算力未必能平衡区块高度带来的运算和存储压力，趋向集中的算力带来了类似"拜占庭将军问题"〔1〕的51%攻击，且基于安全考量的全账本公开模式极大限制了交易速度，只能达到传统中心化结算能力的万分之一，〔2〕由此产生的交易抗压能力和迟延都阻碍其成为主流交易手段。解决去中心化、低能耗、高可靠三者矛盾的核心是强化技术力量。

2. 制度障碍

这主要表现在智能合约适用性方面。①意思表示瑕疵。当交易中存在重大误解，如对行为方式、性质、对象等内容理解不当，可能造成当事人或公共利益巨大损失时，法律可基于诚实信用原则予以纠正。《中华人民共和国合同法》（以下简称《合同法》）、《中华人民共和国民法典合同编（草案）》中都将重大误解列为可撤销或可变更事由，但这一原则面对编码错误将难以适从，将合同从文字转化为只能以代码形式存在的智能合约，错误表达风险大大增加。本文不同意部分学者所认为机器语言准确性将消除当事人对合同理解的歧义这一论断，〔3〕恰恰相反，代码并非日常语言的文字化，其非直观性和专业性对包括法官在内的大多数人造成了阅读和理解障碍，智能合约的形成需要依赖专业技术人员，更多人的参与带来了更多理解偏差和翻译错误的可能。②合同的订立与违约责任。合同的订立需经过要约和承诺步骤，传统环境下交易物明确可见，而区块链上的数据往往被智能合约保护，公众只有接受合约方能接触有价信息，不符合《合同法》承诺内容应与要约相一致的要求。传统合同中的违约责任在智能合约中难以存在。虽然智能合约在条件达成后的自动履行属性带来了表面上的执行完毕，但考虑到本段提及的可能

〔1〕 拜占庭将军问题（Byzantine failures），单个邻邦入侵拜占庭帝国都会失败并被其他邻邦掠夺。至少要有一半以上邻邦同时进攻才能攻破。如果其中的一个或者几个邻邦答应一起进攻而没有实际执行，入侵者便会被歼灭，于是每一方都不敢轻信邻国。其核心问题是所有将军如何能够达成共识。莱斯利·兰伯特（Leslie Lamport）由此提出，在存在消息丢失的不可靠信道上试图通过消息传递的方式达到一致性是不可能的。

〔2〕 当前比特币每秒只能处理7笔交易，支付宝峰值却能达到9万笔。

〔3〕 周晓靖：《以法律视角探究区块链下智能合约的发展前景与局限》，载《法制博览》2018年第15期，第1~5页。华劼：《区块链技术与智能合约在知识产权确权和交易中的运用及其法律规制》，载《知识产权》2018年第2期，第13~19页。

问题，合同变更、撤销或者其他救济措施仍必须存在，难点在于当前区块链技术并没有关注中立机构裁判的重要性，相关责任只能依靠自力救济实现。况且数据回溯需要的计算量和时间也对现有技术提出了严峻考验。③情势变更。基于“合同受挫”理论发展而来的情势变更原则，在出现非当事人错误的意料之外重大变化可能造成履行不能或显失公平时，法律予以救济。但智能合约是更加封闭的系统，其自动执行属性没给当事人留有修改的机会，更没给公权力监管的空间，“单行道”般的意思自治破坏了公平正义，于私于公皆受损失。这也反映于比特币作为一般等价物应用的最多场景是暗网（Deep Web）〔1〕的非法交易现状。

（二）法律对区块链技术的接纳

传统著作权领域内，权利的获取与行使皆按照法律规定，创作激励与接触机会，传播途径与控制能力，效率与安全等伴随著作权发展的永恒矛盾在数字时代迎来了新的命题。法律仍然划定了权利基本边界，新技术又给权利人和公众此消彼长的技术比拼空间，加密与数字化规则伴随作品的数字化应运而生。技术护盾强于法律也先于法律形成了事实上的“超版权法”，甚至如劳伦斯（Lawrence Lessig）教授所言“代码即法律”。〔2〕权利人也试图借技术突破权利边界以交易自由之名获最大利益，但完全脱离法律的机制受技术和理性良知制约终会使公共利益受损。区块链与智能合约没有超出技术措施范畴，它们既可以作为文化繁荣助推剂和利益平衡稳定器，也可能被利用打破均衡，所以法律与技术相协调的制度设计是必然选择。同任何刺激著作权发展的新生技术一样，技术本身不具有价值倾向性，法律选择决定了其社会作用。The DAO 事件〔3〕也表明单纯依靠技术治理的狭隘性，区块链必然将走过从冲击法律框架到被约束，最终与法律协调一致的过程。

回到上节区块链应用于网络环境下著作权交易的模型分析，规划过程中我们能感觉到理论构建虽易，但设想实践应用中的诸多不恰单凭技术却实难完备——况且这仅停留于设想阶段。应该利用现有法律规则证明技术合法性，探讨法律随新技术变革的方向，达到两者良性互动。

---

〔1〕 暗网（不可见网，隐藏网）是指那些存储在网络数据库里、但不能通过超链接访问而需要通过动态网页技术访问的资源集合，不属于可以被标准搜索引擎索引的表面网络。

〔2〕 Lawrence Lessig, *Code and Other Laws of Cyberspace*, Basic Books Press , 2006, p. 18.

〔3〕 攻击者利用区块链逻辑漏洞获取了大量虚拟货币，由于攻击行为没有改变智能合约内容，没有违背 The DAO 的组织宗旨，其行为本身违法性难以界定，故未被起诉。

1. 认可智能合约的合同属性

智能合约以代码而非自然语言形式出现，根据达成条件自动执行资产处置，其与传统合同的区别引起了合同效力的争议。《合同法》第10条规定当事人订立合同，有书面形式、口头形式和其他形式。《最高人民法院关于适用〈中华人民共和国合同法〉若干问题的解释（二）》第2条，将书面或头口形式订立合同，且能推定有订立合同意愿的情形纳入其他形式，但区块链中的代码形式是否符合上述规定尚无定论。

本文认为，智能合约具备合同基本要素，但仍需法律予以明确。首先，从缔结程序看，合同满足要约与承诺视为双方合意，网络环境下通常将条款展示视为要约，"浏览"并"点击"的触发视为承诺，区块链技术并未改变这一流程，且交易双方意思表示能够被完整记录、验证，增强了要约和承诺效力。从功能效果看，伴随人类交往方式和技术水平的变迁，合同经历了口头约定、书面契约、电子合同等不同阶段，互联网极大扩展了个体交往能力，同时也迫切需要在陌生人间建立完全自动化的可信交易渠道，区块链迎合了这一需求，其本质仍然是交易双方意思自治的接洽，符合合同法理。合同由口头到书面，表达方式转化曾经带来的意思偏差和理解困难被内容确定性优势平衡，区块链同样以理解难度为代价换取便利性和可靠性，亦应当被认可。

2. 规范智能合约内容构成

美国联邦第二巡回法庭在 Nicosia v. Amazon. com，Inc. 一案中提出了电子合约满足合意的三要素：①合约条款须足够明确、明显地送达用户；②条款约束力须被明确告知；③用户有明确的行为表示接受条款内容和约束力。这三条原则值得借鉴。

首先是合约条款应补充法律内容，避免绝对意思自治。区块链上交易具有更强自主性和自由性，放任的自由即不自由，应对其附加高于传统合约的强制性约束。区块链和智能合约价值在于条件达成时预期结果的产生，法律则可以保证对意外的补正，两者并非对立。如李嘉图合约（The Ricardian Contract）将法律和智能合约相关联，可以起到法律责任释明、抵制不良交易和解决跨国交易适用法律冲突等问题的作用。其次，沿用"浏览"并"点击"的承诺方式能够满足上述三要素后两条，但需要法律作出保底要求，如必须向缔结方完整、显著地展示交易内容和法律条款，为接受条款设计单独的确认程序等。

3. 平衡权利自治与公权力监管关系

理论上去中心化的结构并不必然带来个体均势，相反区块链上交易难以反悔，权利人设立的智能合约类似制式合同，只能选择接受与否，留给用户极少交涉空间，都可能造成权利失衡。所以公权力的介入并不破坏著作权私权属性，恰是维护交易公平的必须。

公权力必要性首先体现在确权环节。考虑到作品较低的取得门槛和丰富的数量，《保护文学和艺术作品伯尔尼公约》和我国的著作权法都规定了著作权自动取得原则，注册登记主要起到公示效用，作为纠纷维权的初步证据。但登记机构只做形式审查，证明力不足。目前国家版权局和大量商业实体共同提供著作权登记服务现状也未必合适，基于区块链的作品传播、交易方式的特性，应当设立唯一的区块链平台。①信息化手段带来了极高的工作效率，权利人自行提交作品产生区块链不再是难题；②多种区块链平台带来的数据格式、交易方式不兼容性会分割著作权市场，违背了利用新技术繁荣文化发展初衷，更给侵权人以可乘之机；③公权力管理的平台并不妨碍相关商业运行，该平台可以只作为底层服务，与公众接触的应用层和附加服务仍然由开放竞争。由此可以保证网络环境下著作权市场的有序竞争。

公权力必要性体现在用权环节。在线著作权交易也可能涉及线下权利义务关系变动，这给当事人带来了新的信用风险。可能发生的钱财损失局面客观上需要公权力或公共服务组织起到类似仲裁的效用。对此问题怀特（Wright）和德·费里皮（De Filippi）提出了一种解决模型，交易双方和中立机构持有三把“钥匙”（秘钥），取得其中任意两把就可以完成交易。交易顺畅时，无需中立机构介入。如产生争议，中立机构作出判断选择与无过错方继续或终止合约。还有一种奥古尔（Augur）系统，要求交易发起人或非在线义务人提交一定保证金，它也需要中立机构的存在。

公权力必要性体现在维权环节。上述用权阶段模型截断了区块链完整交易过程，实际应用中是否可行仍待考察，根源在于区块链基本不可能的交易回退给权利救济造成了很大困难，根据智能合约自动完成的交易只有通过诉讼或行政手段等公权力救济才有可能给与补偿，回复权利完满状态。

此外，如果在区块链环境下出现因当事人恶意串通，损害国家、集体或者第三人利益致合同无效的情形，财产返还往往不可行，也需要公权力裁判和纠偏。

4. 保障合理使用

不同于传统环境下作品固化于实体载体，非授权接触作品对著作权人影响有限，电子形式作品无限复制性和侵权隐秘性迫使技术措施成为法律之外的又一道防线，但著作权法为合理使用预留的空间被技术措施逐渐侵蚀是不争事实。区块链将作品完全加密，可能对合理使用原则以更大破坏。保障合理使用需要法律明确包括区块链在内的一切技术措施须预设规避渠道，这在以往技术条件下难以实现，会导致技术防御形同虚设。区块链条件下普通用户、合理使用者等都会留痕，给事后监管以可能。当然合理使用人也应在事先表明身份，履行接受监督的义务。

5. 认可区块链信息司法证明力

我国《著作权法》第 48 条第 6 项是对技术措施合法性的认可，《信息网络传播权保护条例》也作出了类似规定，且都有开放式的但书条款，将法律、行政法规另有规定的情形除外。通说认为保障合理使用原则是但书的主要目的之一，基于前述理由，建议本条明确“符合法律、行政法规另有规定的，可以选择回避技术措施，但应符合相关程序性要求”。针对区块链，此处所提程序性要求就应当包括以合理使用人身份签署智能合约但不必付酬，完善个人信息，告知使用方式等内容。同样地，法律也应当认可区块链上的信息作为证据，创造出在线著作权个人交易中的“避风港规则”。2018 年 9 月，《最高人民法院关于互联网法院审理案件若干问题的规定》印发并开始实施，其中第 11 条第 2 款明确：“当事人提交的电子数据，通过电子签名、可信时间戳、哈希值校验、区块链等证据收集、固定和防篡改的技术手段或者通过电子取证存证平台认证，能够证明其真实性的，互联网法院应当确认”。更早一些的 2018 年 6 月底，区块链存证第一案在杭州互联网法院一审宣判，法院认可了原告借助第三方平台自动抓取并保存于区块链上的证据效力。可见司法领域已经开始尝试认可区块链信息的有效性，但从司法解释到正式法律，从仅适用于互联网法院到全国通行，从纯粹网上纠纷到影响线下权利义务关系，仍需要理论界和实务界的共同摸索。

结　语

技术对著作权提出挑战，其本身也是天然的问题解决者。将区块链和智能合约技术应用于网络环境下著作权交易中，可以充分利用其去中心、高可信和交易灵活等优点，辨明作品接触者主观恶意性，清晰划分责任范围，解决当前困扰司法领域的连带责任适用和惩罚性赔偿带来的利益失衡，进而缓解权利人、公众间权利冲突，重塑著作权正当性和私权性。

但单纯强调技术对抗可能忽视公众利益，区块链更不可能无视法律建立起的基本社会运行规范而存在。通过认可智能合约合同属性与内容，明确链上信息证明力，避免任何一方绝对意思自治，并从确权、用权、维权等环节接受公权力监管，促成平等交易保障合理使用，方能最终达到技术与法律调适互动共同服务于信息社会。

（初审人：施小雪）

经济法视角下数据交易的监管理念与制度安排

贾东明*

摘　要：我国已进入大数据时代，为保障数据交易的交易安全和效率，必须以经济法的理论视角探析数据交易的监管。基于数据交易行为的社会公共性，私法难以有效调整，对数据交易进行监管契合经济法的价值目标。在数据交易的监管理念选择上，应坚持独立监管理念、市场化监管理念与适度监管理念。在监管立法缺失的背景下，数据监管面临着监管体系未确立、监管规则不完善、交易所法律地位模糊与交易主体法律责任不明等诸多现实困境。为促进数据交易的有序发展，须明确数据交易的专门监管机构、强化数据交易所的自律监管、推进数据交易的监管立法与完善数据交易的法律责任体系。

关键词：数据交易　监管理念制度安排

引　言

我国已进入大数据时代。数据的价值已得到社会的广泛认可，“数据的重要地位使得越来越多的人将数据看

---

* 贾东明，男，中国政法大学民商经济法学院经济法学专业2016级博士研究生（100088）。

作是继土地、资本和劳动力之后的第四种生产要素。”〔1〕数据交易将数据作为一种资产商品化后进行交易，〔2〕已成为数据流转和价值实现的主要途径。自国务院2015年发布《促进大数据发展行动纲要》（国发〔2015〕50号）以来，全国各地数据交易平台相继成立，〔3〕数据交易产业快速爆发，市场交易规模屡创新高。据预测，我国数据交易市场规模2020年将达到545亿。〔4〕数据交易如火如荼发展的同时，数据交易市场准入、数据安全、数据滥用、非法数据交易、数据交易纠纷等问题频出，亟待完善的法律制度安排为其有序发展保驾护航。这其中，数据交易的监管制度安排是关键的一环。

本文以经济法的理论视角，在探析数据交易监管的经济法理论基础上，明确数据交易的监管理念选择，并结合监管缺失背景下数据交易监管面临的诸多现实困境，探索数据交易的未来监管方向，针对性地提出数据交易监管的制度安排。

一、数据交易监管的经济法基础

数据交易是在互联网信息技术发展下以数据为交易对象的交易形式，数据交易行为具有社会公共性，难以适用私法“意思自治”“契约自由”予以调整。经济法以维护社会公共利益为其价值追求目标，有必要将数据交易纳入经济法的监管视野，引入监管对数据交易中的私权利加以限制，防范交易风险、确保交易安全。

（一）数据交易行为具有社会公共性

一方面，数据交易的对象——数据，兼具人格属性和财产属性，其背后隐含着网络信息安全和个人隐私保护；数据的范围涵盖教育、医疗、交通、通信等社会公共领域；数据相对集中在政府、互联网平台手中，与个人生活息息相关，涉及不特定多数人的利益；“在大数据背景下，公民个人信息隐私

〔1〕 吴江：《数据交易机制初探——新制度经济学的视角》，载《天津商业大学学报》2015年第3期，第3页。

〔2〕 数据交易的流程大致如下：首先，通过收集数据、加工处理数据、分析得出结论，使数据成为产品；其次，结合商业应用场景对产品经过再处理、再分析得出可视化结果；最后，通过合理的数据交易规则将数据产品和可视化结果出售给数据需求方。

〔3〕 如贵阳数据交易所、上海数据交易中心、武汉东湖大数据交易中心、华东江苏大数据交易平台、重庆大数据交易市场、长江大数据交易中心、浙江大数据交易中心、哈尔滨数据交易中心、华中大数据交易平台、钱塘大数据交易中心、数据堂、北京大数据交易服务平台、优易数据，等等。

〔4〕 贵阳大数据交易所：《2016年中国大数据交易产业白皮书》，载 http：//www. gbdex. com/website/resources/download/2016. pdf，最后访问日期：2019年1月10日。

的私人性减弱，而其社会性和公共性增强”。〔1〕因此，数据一定程度上具有社会公共产品的属性。数据的社会公共性极易衍生“公地悲剧”。〔2〕基于社会公共利益的需要，数据不能由某个主体垄断或者专享，数据交易行为理应受到监管。对数据交易进行监管“将不是个人和企业之间基于私权保护而产生的义务，而是成为国家为了国家安全和公共利益而需要承担的规范社会成员使用公共物品的行为”。〔3〕

另一方面，数据交易行为高度复杂，涉及多方主体。作为数据交易的对象——数据，其来源多样化，自然人、企业以及政府都是数据的提供方；作为数据交易的平台，交易所承担数据托管、交易监管、技术服务等多种功能；作为数据交易的卖方，需要对采集的原始数据进行“清洗”、挖掘分析，方能进行数据交易；作为数据交易的买方，无法买断数据的所有权和使用权，数据权利可以共存。〔4〕各方主体在数据交易过程中的参与程度、承担角色和利益诉求各不相同，数据交易行为已不再是简单的、一对一的你卖我买，而是高度复杂的、具备社会公共性的商事交易行为。此外，数据交易行为可能牵涉到个人安全、经济安全甚至国家安全，亦需对危害国家利益或者社会利益的数据交易行为做出一定限制或者监管。

（二）私法难以有效保护数据交易行为

“当具体、现实的利益无法经由自身完全实现而产生一种外力的需要时，国家干预方为正当。”〔5〕数据交易正是面临着市场主体无法自我保护和私法救济机制局限的境地，因而需要国家的监管。一方面，数据交易实质上是对原始采集的数据进行加工后的后续利用。由于数据极易被复制、传播，一物多卖成为普遍现象，买方无法独享数据权利。而私法上的买卖合同，对于数

---

〔1〕 王学辉、赵昕：《隐私权之公私法整合保护探索——以“大数据时代”个人信息隐私为分析视点》，载《河北法学》2015 年第 5 期，第 65 页。

〔2〕 “公地悲剧”是 1968 年美国学者哈定于《科学》杂志上发表的题为《公地的悲剧》一文中提出的名词，用于描述公共物品因产权难以界定而被竞争性地过度使用或侵占的现象。当资源或财产有许多拥有者，他们每一个人都有权使用资源，但没有人有权阻止他人使用，由此导致资源的过度使用，即为“公地悲剧”。

〔3〕 吴伟光：《大数据技术下个人数据信息私权保护论批判》，载《政治与法律》2016 年第 7 期，第 130 页。

〔4〕 上海数据交易中心《流通数据处理准则》第 4 条第 4 款：持有合法正当来源的相同或类似数据的数据持有人享有相同的权利，互不排斥地行使各自的权利（数据权利可共存原则）。

〔5〕 李昌麒、陈治：《经济法的社会利益考辩》，载《现代法学》2005 年第 5 期，第 18 页。

据的"一物多卖"只能通过适用善意取得制度和物权公示制度来解决，物之所有权只能赋予特定对象。〔1〕数据交易合同一旦被确认无效后，也很难适用私法上合同无效后"恢复原状"的救济措施，只能采取其他补救措施。另外，由于数据交易的技术性和隐蔽性，当侵权行为发生时，很难确定交易的数据是否被侵权，侵权人、侵权方式、因果关系也不明晰，传统的私法自我救济保护难有实际效果。加之由于数据交易行为之"债的相对性"，如果没有相应合同的约束，侵权行为也难以得到制止。因此，数据交易已很难用简单的合同通过私法来调整。

另一方面，在数据交易行为中，如何界定数据的法律性质是一个难题。数据兼具人格属性和财产属性；数据不具有独立性，只能存在于网络环境下；数据极易被复制、传播，其主体常常呈现多元化局面；"数据的交易价值体现在数据控制人的自我控制措施上"；〔2〕在和知识产权进行类比时，数据创造性、新颖性不足也使得二者有本质上的区别。〔3〕主体非排他性、缺乏独立性，价值实现途径的局限，等等，使得数据很难在私法上被认定为传统意义上的财产权利。数据交易纠纷一旦发生，很难寻得私法救济保护的请求权基础和法律依据。

（三）数据交易监管契合经济法的价值目标

"经济法维护的是社会公共利益，这种利益是普遍的、终极性的、个人性的、经济性的、公共性的利益，社会公共利益本质上就是普遍的每个人的利益"。〔4〕如前文所述，数据交易行为具有社会公共性，难以适用私法"意思自治""契约自由"予以调整，理应纳入经济法的调整对象。在迅猛发展的数据技术时代，数据采集和利用过程中以私法最为核心的"意思自治"原则架构的"知情同意"机制，本应"强调信息主体的自主支配和自主决断"〔5〕，但"个人信息流转的多元复杂性为机构在隐私声明中清晰阐述带来严峻挑

〔1〕 在善意取得制度下，物权归属于善意取得人；在物权公示制度下，物权归属于权利登记人。

〔2〕 李雅男：《数据保护行为规制路径的实现》，载《学术交流》2018年第7期，第65页。

〔3〕 参见张阳：《数据的权利化困境与契约式规制》，载《科技与法律》2016年第6期，第1102～1105页。

〔4〕 王保树、邱本：《经济法与社会公共性论纲》，载《法律科学》2000年第3期，第73页。

〔5〕 吴泓：《信赖理念下的个人信息使用与保护》，载《华东政法大学学报》2018年第1期，第27页。

战"[1]。更遑论，在互联网平台的强势下，同意成为唯一选项，知情同意机制已被虚置，[2]对于数据交易的保护亦捉襟见肘。有必要在维护数据交易市场主体“意思自治”私权的前提下，以经济法的监管体系对私权利加以限制。数据监管行为纳入到经济法的监管视野中，契合经济法追求的价值目标。

对数据交易进行监管有利于维护社会公共利益，有利于实现社会效益和积极效益的均衡。“国家以社会利益为价值诉求，实为回应社会成员满足其自身具体、现实的利益的需要，在规则之外综合各种政策分析、价值观念与道德评判因素在内对经济生活的介入，以此实现实质正义。”[3]此外，数据交易监管有助于防范数据交易风险，维护数据交易安全，提升数据交易效率。在高度复杂的数据交易行为中，若监管缺位，放任市场主体“意思自治”，整个数据交易市场会呈现无序竞争的混乱状态，充斥着非法数据、数据滥用、欺诈侵权等各种乱象，有损交易安全和交易效率。

二、数据交易的监管理念选择

通过对数据交易监管的经济法理论基础的分析可以看出，对数据交易的监管是促进数据交易市场规范发展和防范数据交易风险、维护数据交易安全的重要途径。“所谓监管，是指市场监管主体对市场活动主体及其行为进行限制、约束等直接干预活动的综合。”[4]“监管的目标是控制市场风险、保障市场安全。”[5]我们所要选择的监管理念是既要防范数据交易风险、维护数据交易安全与提高数据交易效率，又要促进数据交易市场的规范发展。

（一）独立监管理念

基于数据交易的专业化和复杂性，加之市场主体的多元利益平衡考虑，数据交易监管必须坚持独立监管理念。所谓独立，应被界定为“监管机构可

---

〔1〕 范为:《大数据时代个人信息保护的路径重构》，载《环球法律评论》2016 年第 5 期，第 93 页。

〔2〕 据全国人民代表大会常务委员会执法检查组调查，有 61.2%的人遇到过有关企业利用自己的优势地位强制收集、使用用户信息，如果不接受就不能使用该产品或接受服务的“霸王条款”。参见王胜俊:《全国人民代表大会常务委员会执法检查组关于检查〈中华人民共和国网络安全法〉〈全国人民代表大会常务委员会关于加强网络信息保护的决定〉实施情况的报告》，第十二届全国人大常委会第三十一次会议，北京，2017 年 12 月 14 日。

〔3〕 李昌麒、陈治:《经济法的社会利益考辩》，载《现代法学》2005 年第 5 期，第 18 页。

〔4〕 王卫国、李东方主编:《经济法学》，中国政法大学出版社 2008 年版，第 290 页。

〔5〕 吴弘、胡伟 :《市场监管法论——市场监管法的基础理论与基本制度》，北京大学出版社 2006 年版，第 2 页。

以不受政治或者商业干预而运作的能力”。[1]监管者应作为数据交易利益冲突中的裁判者，身处监管之超然中立地位，而非参与其中并借此谋利。监管者掌握着数据交易的信息优势，其对任何市场主体的偏向都会导致数据交易秩序的失控。因此，独立监管理念应成为数据交易监管制度安排的依据和立足点，也是获取各方认同数据交易监管和实现数据交易有效监管的前提。“独立监管职能以及相应机构的独立性，主要在三方面满足人们的价值需求：一是因为独立而深化分权，二是因为专业而更趋科学，三是因为参与而促成民主。”[2]

独立监管理念，其一，要求设立专门的监管机构。与专门监管机构相对应的是多部门监管机构。多部门监管虽可以全方位加强对数据交易的监管，提高监管的广度，但存在着监管职责不明确、监管协调不一致、监管标准和手段不统一等弊端，极易造成监管真空、监管套利等严重问题。设立专门的监管机构完全可以避免上述问题，实现既定的监管目标。其二，独立监管理念要求监管机构的主体和职能要独立。为了获得市场主体对于监管规则的制定和执行的认同，首先应把政府的主管职能与监管职能彻底地区分开来，将数据交易行业的战略规划、产业政策交由相应政府主管部门负责，将行业准入、交易监管等职责赋予监管机构执行。真正做到坚持独立监管理念，使数据交易监管机构成为数据交易市场主体认可的公正裁判员。其三，优化监管与行业自律权力配置，也是数据交易监管践行独立监管理念的应有之义。监管权力应该尊重行业自律的独立性，鼓励数据交易市场主体积极参与行业自律管理；除适当规范和限制行业自律的自利性倾向外，不应过度干涉行业自律，避免行业自律的虚化。

（二）市场化监管理念

在数据技术创新发展和行政监管放松的市场化改革背景下，对于数据交易的监管，应摒弃传统的行政监管思维，坚持市场化监管理念，发挥市场本身在监管上的积极作用，建立起更富有弹性的市场化监管制度。在传统的行政监管思维下，监管机构以公权来行使原本属于市场的私权，“将会破坏私权

---

〔1〕 Alicia Novoa and Steven Seelig, “Governance Practices at Financial Regulatory and Supervisory Agencies”, *IMF Working Paper*, WP/09/135, July 2009.

〔2〕 唐祖爱：《论政府微观监管职能独立化》，载《武汉理工大学学报（社会科学版）》2007年第3期，第376页。

自治的法则，制约市场主体的行为自由，挤压市场的发育空间，不能充分发挥市场自我发展、自我调控的机制，影响市场的健康发展”。[1]而数据交易有其自身的特点，其“共享、开放”精神与传统的行政监管思维格格不入。我们更应强调市场化监管理念，建立以法律约束和行业自律为核心的监管体系，还权于市场，充分发挥市场的自我管理和完善功能。

要实现数据交易的监管市场化，首先是监管目标要体现市场化导向，坚持防范系统风险的宏观审慎监管思维，避免对市场交易主体的微观干预；侧重数据交易市场的系统风险防范，加强数据交易的过程监管和风险监测，采取更加市场化、更具弹性和灵活度的监管手段。其次是监管规则的制定必须切合市场的发展阶段和行业需求，针对当前呼声较高的数据交易的交易范围、数据交易的定价机制、数据质量标准等，出台相应的监管规则；只有这样，才能更好地激发市场活力，保障市场安全。最后是市场化监管理念要求，在监管目标和监管规则明晰的基础上，应充分发挥行业自律监管的积极作用。数据交易的日常监管应交由行业自律监管机构负责，政府监管机构则应更加注重数据交易监管制度的设计和监管规则的完善，确定市场主体准入门槛，制定保障交易安全、效率的监管规则，建立责任追究和救济制度。只有市场“无形之手”和监管“有形之手”合力，方能实现数据交易市场的长效发展。

（三）适度监管理念

“一个真正自由的、竞争性市场处在缺乏规则与过分管制之间的某个适当尺度。”[2]数据监管同样需要坚持适度监管理念。在当前我国数据交易的起始阶段，过度监管必然会导致主体沉溺于监管提供的市场安全的虚幻泡影中，削弱交易主体的市场参与能力，导致数据交易市场发育的“胎死”或者不健全；同时数据交易监管的扩张受限于有限的监管资源，其难以保证监管有效性。对数据交易的监管不是妨碍甚至阻却其发展，而应是促其有序发展，达致监管与发展的协调统一。

数据交易的适度监管理念要求监管主体自我约束，尊重市场。核心在于监管部门监管要有“度”，既要有所作为，又要有所不为，在合理范围内行使

---

〔1〕 高西庆：《论证券监管权——中国证券监管权的依法行使及其机制性制约》，载《中国法学》2002年第5期，第9页。

〔2〕 ［美］拉古拉迈·拉詹、［美］路易吉·津加莱斯：《从资本家手中拯救资本主义——捍卫金融市场自由，创造财富和机会》，余江译，中信出版社2004年版，第259页。

监管权。“市场机制的运行边界构成了政府干预的最大限度和范围，即政府干预不应以损害市场机制的正常运行基础为极限。”[1]这里的“度”主要包括监管的广度、深度与强度。监管的广度是指对于数据交易的监管必须严格限制在法律规定的监管权限内，不能任意扩大或者缩小监管范围，更不能突破“法无授权不可为”原则去干涉数据交易参与主体的各项正常业务。监管的深度要求监管机构对于数据交易行为要有所容忍，不能一涉及监管问题就去干涉；数据交易仍处于行业起始阶段，其存在的弊病可以通过不断发展自我解决；监管机构不是主管部门，凡是应该由市场和市场参与主体解决的问题，监管机构不用越俎代庖。对数据交易进行监管目的是为防范风险，助其有序发展，绝不是监管越多越好。监管的强度要求是指对于数据交易的监管应因地制宜、因时制宜，采取差异化的监管方式；依照数据交易中出现的监管问题的性质、程度和范围等因素配置不同类型的监管措施；监管措施实施的强度亦应充分考虑行业发展阶段、交易主体风险承受能力、业务创新水平以及监管配合程度等而确定。当然，“适度监管”中“度”也不是一成不变的，它是动态的、辩证的，应当依据数据交易的技术发展、市场变化等适时做出调整。

三、数据交易监管的现实困境

如前文所述，为保障数据交易的交易安全和提高数据交易的交易效率，有必要将数据交易纳入监管视野，不能仅考虑促进数据产业的创新发展而忽视监管制度的建设，否则数据交易市场必会陷入无序竞争状态。然而，遗憾的是，我国尚未在立法层面确定数据交易的监管制度。在监管立法缺失的背景下，我国数据交易监管面临诸多现实困境。

（一）数据交易的监管体系未确立

当前，各政府部门依据其职能权限在其各自职责范围内对数据交易环节中所涉及的网络安全、个人隐私保护等出台相应监管内容，如国务院电信主管部门、公安部门在各自职责范围内负责网络安全保护和监督管理工作；中国人民银行负责组织商业银行建立个人信用信息基础数据库，并负责设立征信服务中心，承担个人信用数据库的日常运行和管理等，这些远远不能涵盖数据交易的所有环节。数据交易多头监管、分散监管的现状，更是极易造成

---

[1] 王建文：《论中国证监会的主体属性与职能定位——兼及我国证券监管体制的优化方向》，载刘俊海主编：《中国资本市场法治评论》（第2卷），法律出版社2009年版，第100页。

监管空白，降低监管的有效性。自国务院2015年发布《促进大数据发展行动纲要》（国发〔2015〕50号）以来，各地方政府相继出台了促进大数据发展的地方性规范文件，亦对数据交易提出了具体的规范要求；〔1〕各地规范要求的不同，亦给数据交易行为的跨地区监管协调提出了挑战。

在数据交易的监管制度缺失下，更应该发挥行业自律监管的积极作用。行业自律监管机构“在制定规则时不需要遵循严格正式的法定程序，这样，一方面规则制定的成本相对较低，另一方面也更加快捷，能够及时回应技术发展或经济形势变化的需要”。〔2〕但遗憾的是，数据交易行业仍缺乏自律规范的约束，行业自律监管制度还未形成。一是我国的数据交易平台的法律地位模糊，其除提供数据撮合交易服务外，还兼营数据清洗建模分析服务、数据定向采购服务、数据平台技术开发等业务，缺乏中立性，不足以承担自律监管职能。二是数据交易的诸如数据质量、价值评估、安全与隐私等行业标准尚未建立。〔3〕为保障数据交易的安全和效率，数据交易平台制定了适合自身的数据交易规则和相应标准，但其公信力尚不足以得到行业内企业的认可。

（二）数据交易的监管规则不完善

目前我国关于数据交易的监管规则中，只有限地涉及个人信息安全和个人隐私保护方面，〔4〕缺乏针对数据交易的专门监管立法，对数据交易中诸如交易数据的范围、数据交易的定价等核心监管规则更是付之阙如。

我国关于数据交易的监管主要援引个人信息安全和个人隐私保护的法律规定，散见于《中华人民共和国网络安全法》（以下简称《网络安全法》）、《互联网信息服务管理办法》、《电信和互联网用户个人信息保护规定》以及

---

〔1〕 如贵州省2016年出台了我国首部大数据地方法规《贵州省大数据发展应用促进条例》。

〔2〕 李洪雷：《论互联网的规制体制——在政府规制与自我规制之间》，载《环球法律评论》2014年第1期，第129页。

〔3〕 依据中国电子技术标准化研究院全国信息技术标准化技术委员会大数据标准工作组发布的《大数据标准化白皮书（2018年版）》显示：涉及数据交易的交易流程描述、数据管理规范、技术规范、风险评估、交易质量评估、数据价值评估指引以及数据交易服务平台通用功能要求、交易数据描述等标准仍处于在研或者拟研制状态。全国信息技术标准化技术委员会大数据标准工作组：《大数据标准化白皮书（2018年版）》，载 http：//www.cesi.cn/201803/3709.html，最后访问日期：2019年1月10日。

〔4〕 我国对个人数据的保护多规定在《中华人民共和国刑法修正案（七）》《全国人民代表大会常务委员会关于加强网络信息保护的决定》《中华人民共和国治安管理处罚法》《中华人民共和国电信条例》《中华人民共和国未成年人保护法》《中华人民共和国妇女权益保障法》等法律法规之中。

《中华人民共和国刑法修正案（七）》等，监管的关注点主要在于维护数据交易过程中的个人信息安全和个人隐私保护，仅对于数据交易中的信息安全问题和个人隐私保护，问题针对性不够，也很难足以防止数据安全事故和侵犯个人隐私行为的发生。现实中的绝大多数侵害信息安全和个人隐私的行为远远达不到犯罪的程度，刑法的威慑性流于形式；民法上借助司法解释以保护名誉权或者以维护公序良俗涵盖个人隐私权的间接保护模式，[1]实践证明其约束力不足，保护方法也不够完备周密。

在交易数据的范围方面，相关法律规定寥寥无几。多数交易所参考借鉴我国《政府信息公开条例》等相关法律规定，将交易数据的范围限定在政府公开数据和行业数据，并禁止对涉及危及国家安全、公共安全和社会稳定的数据进行交易。对于数据的详细分类并未进一步明确，个人数据信息和个人隐私保护如何区隔缺乏清晰明确的标准。“大数据时代，个人信息边界日益模糊，传统意义上的非个人信息通过关联比对也可能识别出个人”，[2]很容易造成对个人隐私的侵犯，个人信息安全的保护难上加难。交易的数据是否可以直接作为底层数据还是必须经过清洗，亦语焉不详。在明确数据交易监管规则付之阙如的情况下，交易的数据即使经过一定清洗和技术处理，由于各个交易平台的清洗标准不一致，也很难保证数据交易行为不出现侵犯他人信息安全及隐私的风险。

在数据交易的定价机制方面，数据的定价机制极不健全。数据交易本应由交易双方依据契约自由协商定价，但数据提供方常会滥用其持有数据的信息优势，形成数据定价垄断，造成数据交易双方地位的实质不平等。数据交易的定价机制在各个平台也不统一，[3]“如何通过市场自我约束建立数据交

---

〔1〕 最高人民法院于2014年8月发布了《关于审理利用信息网络侵害人身权益民事纠纷案件适用法律若干问题的规定》，对信息网络侵害人身权益民事纠纷案件作出了详细规定。

〔2〕 丁道勤：《数据交易相关法律问题研究》，载《信息安全与通信保密》2016年第10期，第56页。

〔3〕 如《贵阳大数据交易所702公约》规定由交易系统自动定价，价格是浮动的。参见贵阳大数据交易所：《贵阳大数据交易所702公约》，载 http：//www. gbdex. com/website/resources/download/702. pdf，最后访问日期：2019年1月10日。上海数据交易中心（China DEP）《数据互联规则》规定交易中心仅提供参考价格，最终价格还是由供需双方的挂牌价格决定。参见上海数据交易中心：《数据互联规则》，载 https：//mcc. chinadep. com/static/chinadep/image/cover3. pdf，最后访问日期：2019年1月10日。

易的市场定价机制，仍是非常有挑战性的前沿问题”。[1]

（三）数据交易所的法律地位模糊

所谓交易所，传统上是指以证券、大宗商品为主要交易对象、以现货或者期货为主要交易形式的交易平台，以证券交易所和商品交易所最为常见。为减少因数据交易规则和定价标准缺失而引致的信息主体合法权益屡被侵犯和高昂的交易成本，保障数据交易的安全、公平公正，独立于交易双方之外的数据交易平台应运而生。目前，我国数据交易所的运作模式大致可以分为以下三种类型：以贵阳大数据交易所为典型代表的交易平台模式，以中关村数海大数据交易平台为主的产业联盟性质的交易模式，以数据堂为代表的兼具数据交易和服务的综合交易平台。这其中，以交易平台模式最为普遍，它是我国目前数据交易的主要方式。

然而，伴随着我国大数据交易所井喷式地设立，数据交易所的市场交易量和活跃性并不如预期。我国数据交易所法律地位模糊是造成这一现象的主要原因。一方面，交易所作为大数据交易的第三方平台，其应具有的独立性并无明确法律规定。部分数据交易所虽以平台形式进行运作经营，但其却涉及以自身拥有或者购买的数据进行对外交易的业务，甚至有的交易所以此为其主要业务。数据交易所如在数据交易中承担着或者部分承担着数据交易方角色，其作为第三方平台的独立性必将受到交易各方的强烈质疑。另一方面，我国数据交易所法律地位模糊也导致了其自律监管职能的缺失和法律责任承担的模糊。作为数据交易的第三方中介和服务者，数据交易所理应对数据交易进行监督管理，以保障数据交易的安全和维护各方主体的合法权益。但是，数据交易平台大多对其应承担的职责讳莫如深，语焉不详，常以交易所“无法控制数据供应商资源”“没有途径也没有适当的权限监督、核查数据供应商是否已经取得必要的批准或授权”或“提供的是机器引擎及平台，而非数据本身”等，否认自身本应承担的保障交易安全和维护各方合法权益的职责。

（四）数据交易主体的法律责任不明

数据交易涉及的主体多元，数据交易过程中，在数据的质量、数据来源的合法性与个人信息安全和隐私保护等方面，各参与主体应承担的何种类型和程度的法律责任，现有法律缺乏明确的规定。而数据交易各方作为责任主

[1] 丁道勤：《数据交易相关法律问题研究》，载《信息安全与通信保密》2016 年第 10 期，第 57 页。

体，常常借口“无法控制数据供应商资源”“网络自动采集数据”“技术中立”“缺乏侵权故意和因果关系”等推诿本该承担的法律责任。交易主体的法律责任划分不明，引发了数据交易行为的归责问题。一般认为，归责原则主要包括过错责任原则、过错推定原则、严格责任原则、公平责任原则等，[1]上述归责原则的核心在于判断责任主体的行为与损害后果之间的因果关系。数据交易的全程都是通过网络完成，因果关系的判断尚且是个难题，何谈归责。若数据交易行为造成第三方损害甚至侵害社会公共利益，例如数据交易造成个人信息泄露等，此种情形下，因交易主体的法律责任不明确，亦难以追究其法律责任。

此外，数据交易参与各方承担法律责任的类型也不明确。法律责任类型分为民事责任、行政责任、经济法责任和刑法责任。在无明确法律规定的情形下，实践中，多借助合同违约或者名誉权、隐私权侵权寻求民事救济。“谁主张谁举证”的举证责任配置，加之信息不对称导致的地位不平等等原因，导致数据交易的违法成本较低，惩罚力度远远不够，对于数据交易的违法行为难以起到应有的惩罚作用，也不足以形成对于数据权利主体的有效保护。

四、我国数据交易的监管制度安排

数据交易市场正处于快速创新成长阶段，基于数据交易的监管理念选择，必然要求按照数据交易行业的发展趋向，结合监管缺失下数据交易监管面临的诸多现实困境，进行未来监管方向的探索，从而构建大数据时代数据交易的监管制度安排。

（一）明确数据交易的专门监管机构

有效的监管必须依托专门监管机构开展。我国应仿效欧盟《数据保护通用条例》（General Data Protection Regulation，简称GDPR）的规定，[2]明确数据交易的专门监管机构，承担数据交易的监管职责。在确立专门监管机构及其权力配置时，“应该以加强监管权的统一性和执法力度为主要政策追

---

〔1〕 参见王利明：《我国〈侵权责任法〉归责原则体系的特色》，载《法学论坛》2010年第2期，第8页。

〔2〕 欧盟《数据保护通用条例》（GDPR）中明确规定各成员国必须设立至少一个独立的数据保护监管机构以保障GDPR的实施，并对监管机构的组成、职权等做出了详细的规定。General Data Protection Regulation（2016），Directive 95/46/EC ch. VI.

求”。[1]

从我国当前互联网领域的整体监管架构来看，国家网信部门只需进行适当改造即可承担数据交易的监管职责。国家网信部门前身为2011年5月正式成立的国家互联网信息办公室，2014年2月中央网络安全和信息化领导小组成立，其具体办事机构与国家互联网信息办公室合署办公。2014年8月《国务院关于授权国家互联网信息办公室负责互联网信息内容管理工作的通知》（国发〔2014〕33号）将互联网信息内容的监管和执法权限授权给“重新组建的国家互联网信息办公室”。2017年6月1日起施行的《网络安全法》明确了国家网信部门统筹协调网络安全工作和相关监督管理工作的法定职责。[2] 国家网信部门的权威地位和统筹协调责任，加之管理互联网信息内容的长期经验和监管执法权限，使得其能够较好地承担数据交易的监管职责。可在未来制定的《中华人民共和国数据交易法》（以下简称《数据交易法》）中明确：“国家网信部门负责互联网数据交易的监督管理工作”。

过渡时期，为进一步加强数据交易的监管，消除监管盲区，避免监管真空，可由国家网信部门作为召集人，统筹协调国务院电信主管部门、公安部门和各行业主管部门等其他有关机关，建立监管联席会议制度，形成部门协同、上下联动、有机衔接的工作机制；定期和发生重大突发情形时召开联席会议协调解决数据交易监管工作中跨部门、跨地区的重大问题；统一监管标准和执法力度；并建立工作简报制度，及时通报数据交易的监管协调信息和工作进展情况。

（二）推进数据交易的监管立法

1. 制定《数据交易法》

当前，我国对数据交易的监管尚未上升到法律层面，仅在有限的政策性文件和地方性法规中对于数据交易的监管有宣示性、原则性、概括性和指引

---

〔1〕 周汉华：《基础设施产业政府监管权的配置》，载《国家行政学院学报》2002年第2期，第54页。

〔2〕 《网络安全法》第8条第1款：国家网信部门负责统筹协调网络安全工作和相关监督管理工作。国务院电信主管部门、公安部门和其他有关机关依照本法和有关法律、行政法规的规定，在各自职责范围内负责网络安全保护和监督管理工作。

性规定。[1] 本文建议，应制定《数据交易法》，为数据交易监管提供法律依据。具体操作上，应以“保障交易安全、提高交易效率”为立法目标，着重解决数据交易中的数据交易范围、定价机制等问题，并将散布于我国网络安全法、民法等涉及的网络安全、个人信息保护、数据交易合同等相关内容纳入到立法内容中，明确数据交易各方的基本权利义务和监管机构、交易所等相关机构的职责。

2. 明确数据交易的交易范围

基于数据交易行为的社会公共性和数据来源的复杂性，必须审慎确定数据交易的数据范围。通过立法明确数据交易的交易范围，建议实行负面清单制度，将涉及个人隐私、社会安全和国家安全的数据排除在交易范围之外；禁止原始数据的交易，明确要求交易的数据必须是基于原始数据，通过数据的清洗、分析、建模、可视化出来的结果。同时，借鉴欧盟 GDPR 关于个人数据交易的监管规定，[2] 允许对无法识别出身份的个人数据进行交易；对于经关联比对能够识别出身份的个人数据禁止交易，解决数据交易过程中的个人信息安全和隐私保护的问题。

3. 健全数据交易定价机制

健全数据交易定价机制，目的是矫正数据交易双方的实质不平等地位，畅通数据交易的信息交流通道，使数据提供方与数据需求方充分协商，达成

---

〔1〕 如《国家发展改革委办公厅关于组织实施促进大数据发展重大工程的通知》中要求探索建立大数据交易平台和制度。依托已建的大数据交易所，探索建立大数据交易平台，提供丰富的数据产品、解决方案，以及统一的检索服务和开发环境。建立覆盖大数据交易主体、交易平台、交易模式等方面的规则制度，完善大数据交易的法律制度、技术保障，真实性认证等保障措施，规范大数据交易行为，确保交易数据的质量和安全，防范交易数据的滥用和不当使用行为，形成大数据交易的流通机制和规范程序。贵州省《大数据发展应用促进条例》第 18 条：培育数据交易市场，规范交易行为。数据资源交易应当遵循自愿、公平和诚实信用原则，遵守法律法规，尊重社会公德，不得损害国家利益、社会公共利益和他人合法权益。数据交易应当依法订立合同，明确数据质量、交易价格、提交方式、数据用途等内容。推行数据交易合同示范文本。第 19 条：鼓励和引导数据交易当事人在依法设立的数据交易服务机构进行数据交易。数据交易服务机构应当具备与开展数据交易服务相适应的条件，配备相关人员，制定数据交易规则、数据交易备案登记等管理制度，依法提供交易服务。

〔2〕 欧盟 GDPR 将个人数据区分为匿名数据和假名数据。假名数据是指在缺乏某些额外信息的情况下，不能识别出特定自然人身份的数据，但是假名数据与这些额外信息组合起来仍可以完成对特定自然人的识别，因此，GDPR 认定假名数据仍属于个人数据的范畴，适用个人数据的安全保障措施；而匿名数据是指经过处理后完全无法识别出特定自然人身份的数据。GDPR 将匿名数据排除在个人数据的范围之外，不再受条例的监管。General Data Protection Regulation（2016），Directive 95/46/EC ch. I. art. 4（5）.

符合数据真实价值的市场价格。为提高监管效率、降低监管成本，应引入数据交易所充分发挥其自律监管功能，保障数据交易的定价公开化、透明化，引导形成符合交易双方期望的市场价格。数据交易所可出台指引明确数据价格应参考的因素及其相应权重，[1] 开发数据交易竞价系统，逐步形成以连续竞价为主、协议定价为辅的定价机制。

（三）强化数据交易所的自律监管

1. 明确数据交易所的自律监管功能

“数据交易平台是大数据交易的第三方服务和监管平台。作为第三方平台所具有的中立性是其正确履行交易服务和监管职责的基本前提。”[2] 数据交易所的法律地位的模糊造成了其作为第三方交易平台的中立性缺失和法律责任承担的模糊性。必须立法明确规定数据交易所的法律性质，即数据交易所作为数据交易的第三方服务提供者和自律监管者，应承担保障数据交易的安全和维护各方主体合法权益的职责。“大数据交易所在大数据供需双方充当一个百分百中立者的角色，完全不受任何外界因素的干扰及影响”。[3]

2. 明确数据交易所的平台中介功能定位

为确保数据交易所的中立性质，有必要明确数据交易所的功能定位，将其功能限定为平台中介业务，绝对禁止其涉及数据经营业务。对于当前数据交易所普遍存在的为交易方提供数据清洗、数据定制和数据分析等服务的做法，应予以限制或者取缔。上述做法虽有利于提高交易所撮合交易的效率，但很容易与数据经营业务混同，严重削弱数据交易所的中立平台属性，交易所的自律监管更会受到质疑。随着数据交易产业的未来发展，应将数据清洗、数据定制和分析等服务内容逐渐从交易所剥离出来，建立起涵盖数据供应商、数据经纪商、数据需求商等市场主体的数据交易市场体系。

3. 完善数据交易所的自律监管规则

数据交易所应完善其自律监管规则，并保证其规则得到切实执行。为切实履行其自律监管职能，交易所应至少制定以下规则：对数据供应商、需求

---

〔1〕 影响数据定价的因素较多，包括但不限于数据品种、时间跨度、数据深度、数据完整性、数据样本及数据实时性等。

〔2〕 雷震文：《以平台为中心的大数据交易监管制度构想》，载《现代管理科学》2018 年第 9 期，第 19 页。

〔3〕 贵阳大数据交易所：《贵阳大数据交易所 702 公约》，载 http：//www.gbdex.com/website/resources/download/702.pdf，最后访问日期：2019 年 1 月 10 日。

商、服务商等主体的资格认定和准入门槛的规则；保障数据交易安全、公平的交易规则；确保交易数据的来源和内容的合法性的规则；交易主体违反自律监管规则的处罚措施等。为保障自律监管规则得到切实执行，交易所应实时监管数据交易活动，对违反业务规则的行为要及时处理。禁止不符法律规定和自律监管规则的数据交易行为；建立“黑名单”制度，必要时限制、取消违法主体的交易资格。

（四）完善数据交易的法律责任体系

有效的监管制度要求完善的法律责任体系的支撑。为保障数据交易的监管有效性，需要立法完善数据交易的法律责任制度。一方面，强化数据交易参与各方的双重法律责任。数据交易参与各方除应承担民法上履行数据交易合同的义务，还应承担确保数据安全的义务；数据交易各方主体必须制定严格的管理规范和保密制度，自我规范和约束侵犯信息安全的行为和冲动。另一方面，合理界定交易所的法律责任范围。立法明确交易所应承担：数据交易的安全保护义务，确保数据安全和平台运营系统的安全；保障交易的公平和合法性义务，所制定的规则公平适用于每个交易主体，审查交易数据的来源和内容，确保其合法；信息披露义务，定期向监管部门报送数据交易情况，并及时报送重大临时情况。这不仅是其履行数据交易自律监管的法律依据，也是督促其积极履行自律监管的重要手段。

此外，除数据交易各方主体应承担的法律责任除民事责任、刑事责任外，还应着重引入经济法责任。由于经济法以社会公共利益为其价值追求目标，经济法责任相较于民事责任，在责任类型上多采用限制或者取消主体的某种经济活动资格、惩罚性财产责任等，在责任程度上首先关心的是责任程度的预防效果，以能够实现预防不再出现这样的行为作为限度，其次才会考虑这种责任程度是否对该主体公平合理。[1] 建立数据交易各方主体的经济法责任体系，对于不具备准入资格或者有严重违法行为的主体，限制甚至取缔其参与数据交易的资格；建立惩罚性赔偿制度，目的在于通过对非法行为人的加重赔偿，除弥补其造成的损失之外，还预防其再犯并警示他人；建立数据从业禁止制度，对数据交易过程中有严重违反数据安全行为的责任主体，禁止其在一定期限内甚至终身不得从事相关业务或者担任重要职务。

---

〔1〕 参见刘少军：《法边际均衡论——经济法哲学》，中国政法大学出版社 2007 年版，第 296~305 页。

结　语

大数据时代，数据作为商品进行交易，必将日趋繁荣。数据商品化过程中因数据交易行为的社会公共性，私法难以有效调整；监管制度的缺失导致数据交易的交易安全和交易效率无法得到有效保障。由此产生的数据交易监管问题已成为经济法理论和法律制度必须回应解决的迫切问题。在明确数据交易的监管理念选择的基础上，健全我国数据交易的监管制度安排，既是维护数据交易的交易安全、提高数据交易的交易效率的主要路径，也是促进我国大数据产业有序发展的有力保障。

（初审人：张泽斌）

试论互联网新经济下企业对消费者的信息责任[*]

王江一[**]

摘　要：以互联网技术为基础的信息技术产业不断蓬勃发展，催生了以互联网金融、电子商务平台为代表的新型商业业态。这既带来了消费市场的深层次变革，也影响着消费者与企业之间的利益冲突关系。消费者作为企业的利益相关者参与公司治理有其深厚的理论基础。在互联网新经济时代下，消费者在与公司的关系中仍然处于弱势一方，而公司对产品信息的披露与消费者之间存在着显著的利益冲突关系，这影响了消费者有效地参与公司治理。因此，有必要深入分析互联网新经济对消费者商业信息需求端及商业信息获取端的影响，得出消费者与企业信息披露之间存在利益冲突关系的原因。为更好地保护消费者作为利益相关者的权利，呼吁我国公司法律体系将消费者纳入公司治理体系，作为正式利益相关者，进一步明确企业对消费者的信息披露责任及信息披露要素，消费者将通过施加给企业的信息责任在公司

---

*　中国政法大学2018年博士科研创新项目“国有企业混合所有制改革中民营投资者保护研究”（项目编号：2018BSCX17）。

**　王江一，女，中国政法大学民商经济法学院经济法学2016级博士研究生（100088）。

治理中发挥更加重要的作用。

关键词：消费者　利益相关者　公司治理　企业信息责任　信息披露

引　言

中国互联网络信息中心（China Internet Network Information Center，简称CNNIC）于2018年初发布了第41次《中国互联网网络发展状况统计报告》。报告显示，截至2017年12月底，中国网民规模达7.72亿，手机网民规模达7.53亿，共享经济在2017年得到蓬勃发展。以互联网为代表的信息技术催生了新的经济现象，当前发展阶段主要以电子商务、互联网金融、即时通讯、搜索引擎的勃兴为代表，信息技术的广泛应用带来了整个经济体系的根本性变化，商品和服务的创造、分销以及销售对信息数字技术的依赖程度加剧，企业和消费者之间通过互联网进行的交易迅速增长，这一切都昭示着互联网新经济（有时也称数字经济或网络经济）时代的到来。2018年8月31日，《中华人民共和国电子商务法》（以下简称《电商法》）由中华人民共和国第十三届全国人民代表大会常务委员会第五次会议通过，共89条，2019年1月1日起施行。这部历时5年出台的电商法明确规定了电子商务经营者信息披露的一般义务，要求全面、真实、准确、及时披露商品或者服务信息，禁止以虚构交易、编造用户评价等方式进行虚假、引人误解的商业宣传，欺骗、误导消费者。然而，从消费者参与公司治理的角度来说，《电商法》给予企业的信息责任仍是不够的，且《电商法》保护的是电子商务各方主体的合法权益，并未将消费者作为电子商务类企业的利益相关主体对企业施加信息责任，而2013年修正的《中华人民共和国消费者权益保护法》规定“经营者向消费者提供有关商品或者服务的质量、性能、用途、有效期限等信息，应当真实、全面，不得作虚假或者引人误解的宣传”，也未能对企业的信息责任进行全面而有效的建构，现实中仍然存在企业披露不足、消费者难以作为公司的利益相关者参与治理的问题。本文将通过三个部分论证在互联网新经济的时代背景下，以企业信息责任为核心的消费者参与公司治理的法律问题，第一部分运用企业组织理论对消费者的利益相关者身份进行论述，并指出互联网新经济所带来的影响，第二部分对互联网新经济下消费者与企业之间信息披露的利益冲突进行分析，第三部分则探讨互联网新经济下企业对消费者的信息责任标准的改进路径。

一、互联网新经济时代下消费者的利益相关者身份

20 世纪六七十年代，传统“股东利益至上”理论占据了主导地位，主流企业理论在本质上是“资本家的企业理论”，该理论的建立与古典企业时代物质稀缺从而要求企业控制权的事实是相符的，然而，随着时代的发展，该理论的基础已经发生了动摇，资本的所有者在公司中的地位逐渐被弱化，利益相关者理论得以立足。[1] 在众多关于利益相关者的定义中，R. 爱德华·弗里曼所下定义最具代表性，且被后来研究者高频引用，即“企业是所有相关利益方之间的一系列多边契约”，[2] 每一方均应享有平等谈判的权利，共同成为公司治理的主体，确保契约多方主体受到保护，共同实现企业价值的最大化，而不是股东利益的最大。对于利益相关者理论来说，最基本的问题在于界定利益相关者的划分范围，国内学者包括李维安[3]、万建华[4]、李苹莉[5]等在内也对利益相关者范围的界定进行了研究。利益相关者理论学者普遍认为广义的公司治理不局限于股东对经营者的制衡，而是涉及广泛的利益关系者，包括股东、债权人、供应商、消费者、政府、社会团体等。目前，利益相关者的研究已经进入到了参与治理阶段，对于利益相关者共同治理模式的研究也是学界关注的重点，通常认为，消费者属于企业外部关系的利益相关者，需要借助政府、法律、协会等来干预企业行为以保护其利益，通过市场间接影响公司经营，参与公司治理。

（一）消费者参与公司治理的利益相关者理论

利益相关者理论根植于一战后（1918—1939 年）欧洲少数大型股份公司主宰西方经济的企业社会责任思想。管理代理人作为公司重要机构的兴起，使得代理人的责任问题日益突出。在 20 世纪 30 年代初阿道夫·贝利与美国公司律师 E. 梅里克·多德（E. Merrick Dodd）的一系列公开信函中，贝利认

---

〔1〕 参见刘美玉：《企业利益相关者共同治理与相互制衡研究》，北京师范大学出版社 2010 年版，第 31 页。

〔2〕 参见陈宏辉：《企业的利益相关者理论与实证研究》，浙江大学 2003 年博士学位论文，第 3 页。学术界公认的利益相关者理论正式形成的标志是 R. 爱德华·弗里曼所著《战略管理：利益相关者方法》于 1984 年的出版，弗里曼在该书中认为“利益相关者是能够影响一个组织目标党的实现，或者受到一个组织实现其目标过程影响的所有个体和群体”。

〔3〕 参见李维安等：《现代公司治理研究——资本结构、公司治理和国有企业股份制改造》，中国人民大学出版社 2002 年版。

〔4〕 参见万建华、戴志望、陈建编著：《利益相关者管理》，海天出版社 1998 年版。

〔5〕 参见李苹莉：《经营者业绩评价——利益相关者模式》，浙江人民出版社 2001 年版。

为，管理者的信义义务应该得到加强，以防止股东控制集团优于少数群体。[1] 多德建议，公司独立于其所有者，不是股东的集合，“公司通过使适合从事某项职业并具有社会责任感的人使用其资金，这些人并不会因此而违反信托约定”，这意味着公司被视为具有社会责任和义务的更广泛的组织，而不是纯粹的私营企业。[2] 到20世纪50年代，“股东至上”被认为是“有些过时的”，[3] 管理者被认为是负责平衡与“高尚的”具有社会责任的公司相关的不同群体的利益。[4] 在20世纪60年代，公司经理被描述为“社区系统的管理者”，明确拒绝“股东至上”。[5] 20世纪80年代和90年代，随着新自由主义意识形态在金融市场的兴起，股东至上主义重新回到了统治地位。新自由主义者坚信市场的力量是有效的，并且是财富的主要促进者，他们朝着解除管制的目标行动，以使自由市场力量从政府干预中解放出来。[6] 这一时期的股东没有那么分散，机构投资者也较少，对股东积极性和股东价值的要求也越来越强烈。[7]

公司对消费者的责任是建立在企业是为了创造社会价值而不是仅仅为股东创造利润的前提之上的。[8] 虽然传统的公司法分析侧重于降低由于管理层、所有者、控制层和非控制层之间的分歧而产生的代理成本，但是利益相关者理论并非将股东视为公司法的最终受益人，而是将其视为公司剩余利润

---

〔1〕 E. Merrick Dodd, “For Whom Are Corporate Managers Trustees”, *Harvard Law Review*, vol. 45, No. 7, 1932.

〔2〕 E. Merrick Dodd, “For Whom Are Corporate Managers Trustees?”, *Harvard Law Review*, vol. 45, No. 7, 1932, pp. 1145, 1161; E. Merrick Dodd, “Is the Effective Enforcement of the Fiduciary Duties of Corporate Managers Predictable?”, *University of Chicago Law Review*, 1935, pp. 194-207.

〔3〕 L. C. B. Gower, “Shareholder Democracy: A Broader Outlook for Corporations”, *Harvard Law Review*, 1955, pp. 922, 927.

〔4〕 Carl Kaysen, “The Social Significance of the Modern Corporation”, *The American Economic Review*, Vol. 47, No. 2 , 1957, pp. 311, 313-314.

〔5〕 Bryan Horrigan, “Corporate Social Responsibility in the 21st Century: Debates, Models and Practices across Government”, *Dry Valley Drilling Project*, 2010.

〔6〕 Peter Utting, José Carlos Marques eds. , *Corporate Social Responsibility and Regulatory Governance: Towards Inclusive Development*? Palgrave MacMillan, 2010, pp. 78, 85.

〔7〕 Doug Henwood, *Wall Street: How It Works and for Whom*, Verso, 1997, pp. 286-291.

〔8〕 Charles Handy, “What's a Business For?”, *Harvard Business Review*, 2002, pp. 49, 51-52.

的利益所有者。[1] 利益相关者理论将公司商业目标定义为为所有利益相关者创造尽可能多的价值，[2] 将利益相关者定义为“能够影响组织目标实现或受其影响的任何群体或个人”。[3] 在利益相关者视野下，企业被视为组织活动中利益相关团体之间的一组关系。因此，利益相关者理论不仅仅基于股东的利润最大化来评估公司，更加基于消费者、供应商、雇员、金融家（包括债券持有人和银行）、社区和股东如何互动从而创造整体价值来评估公司。[4] 管理的作用是塑造和管理这些关系，并平衡不同利益相关方的利益。[5] 出于这一考量，企业在公司治理机制中需要更多地考虑利益相关者的利益。

布莱尔和斯托特提出了公司法的“团队生产”（Team Production）理论，其中企业是法律实体，构成了基于所有团队成员（金融家、投资者、雇员、供应商、客户和其他人）的投入而创建的联合产品的权利共享平台。因此，董事会成为“调解层”，董事会成员成为团队成员活动的协调者，并在不同成员之间分配最终的生产价值。[6] 公司被看作是一个参与者的团队，他们达成了复杂的协议，为了共同利益而共同努力。公司是一个成员的联盟，通过团队合作寻求对其机会成本的溢价。公司法是这种合作的一套默认规则，减少了不同成员之间临时订约的交易成本。因此，尽管不同群体之间的利益不同，公司的利益相关者通过向共同合作机构授予关键产出和投入的权力，授权董事会作为不同利益相关者的受托人处理争议、分配资产和负债，旨在维持一个富有成效和高效的联盟。布莱尔和斯托特用公司法的语言和程序支持自己的观点，因为根据公司法，董事会对公司负有信义义务，该信义义务的客体

〔1〕 Margaret M. Blair & Lynn A. Stout, “A TeamProduction Theory of Corporate Law”, *Virginia Law Review*, Vol. 85, No. 2, 1999, p. 260.

〔2〕 斯坦福研究所（SRI）定义为“在没有其支持的情况下，组织将不再存在的一个群体（包括股东、员工、消费者、供应商、贷款人和社会）”。See R. F. Stewart, J. K. AIlen, J. M. Cavender, *The Strategic Plan*, Research Report 168, Stanford Research Institute, Long Range Planning Service, Industrial Economics Division, 1963.

〔3〕 R. Edward Freeman, *Strategic Management: A Stakeholder Approach* (*Pitman Series in Business and Public Policy*), Harpercollins College Div, 1984.

〔4〕 Donaldson & Lee E. Preston, “The Stakeholder Theory of the Corporation: Concepts, Evidence, and Implications”, *Academy of Management Review*, 1999, p. 68 .

〔5〕 Donaldson & Lee E. Preston, “The StakeholderTheory of the Corporation: Concepts, Evidence, and Implications”, *Academy of Management Review*, 1999, p. 79.

〔6〕 Margaret M. Blair & Lynn A. Stout, “*A Team Production Theory of Corporate Law*”, *Virginia Law Review*, vol. 85, 1999, pp. 247, 250-251.

是虚构的公司法人人格，而不是股东。根据美国判例法，董事通常只对损害股东和其他利益相关者的行为承担责任。由于美国的上市公司通常没有控股股东，而是由分散的股东所有，因此许多美国上市公司的董事会是独立的；故布莱尔和斯托特将他们的论点局限于上市公司，而私营公司则可能会坚持公司法的传统分析，即委托代理理论。〔1〕

虽然在18世纪和19世纪初的大公司的股东经常亲自参与管理或监督公司，但在20世纪初，公司股票的所有者通常不参与管理或生产，承担被动的角色，比较分散，而且对企业的日常管理不感兴趣。〔2〕然而，在当前21世纪的商业背景下，企业不仅由分散的所有者拥有，而且可能具有比政府更大的全球影响，消费者群体分散在各个国家和土地之上。消费者和销售者之间的契约关系，已经完全不像19世纪市集上消费者和小商人的谈判。

利益相关者理论要想在法律上适用，需要克服的一个重大障碍是提供一种平衡相互竞争的利益相关者利益的具体方法。例如，美国公司法中商业判断规则保护董事会决策在其有合理理由认为是符合公司最佳利益的方式，诚信、谨慎地实施时不会受到司法的二次猜测。〔3〕将公司看作合同的纽带，意味着需要一个利益相关者利益及作用的评价模型。在完全有效的市场中，我们有无数的合同选择，委托人和代理人都能随意地进入和退出组织合同。但是在我们效率不高的现实市场中，代理人常常不能自由地进入和退出他们的合同承诺，导致了代理人之间的权力差异。为了平衡利益相关者之间的利益冲突，董事会成员可以评估公司组织边界的灵活性，然而，使市场效率低下的进出壁垒似乎需要对相关利益相关者群体负责。〔4〕在这种权力差异模式下，上市公司股东实际上最不需要监管保护，因为他们可以通过出售股票轻易地退出与公司的关系。相比之下，公司对消费者的责任标准应高于公司对投资者的责任标准，因为消费者常常受到具有锁定期或其他高退出壁垒的格式合同的约束。当然，保护消费者的信息利益可能与股东价值存在着内在

〔1〕 Margaret M. Blair & Lynn A. Stout, "A Team Production Theory of Corporate Law", *Virginia Law Review*, vol. 85, 1999, pp. 281, 285-289, 298-299.

〔2〕 Peter Utting&Jose Carlos Marques eds., *Corporate Social Responsibility and Regulatory Governance: Towards Inclusive Development?* Palgrave MacMillan, 2010, pp. 77, 80.

〔3〕 Sinclair Oil Corp. v. Levien, 280 A. 2d 717, 720 (Del. 1971).

〔4〕 Charles W. Hill & Thomas M. Jones, "Stakeholder-Agency Theory", *Journal of Management Studies*, vol. 29, 1992, pp. 131, 134-145, 146-47.

冲突。

在这里有必要指出利益相关者理论与公司社会责任的区别，企业社会责任要求加强对企业商业活动外部方的企业责任。[1] 同时，利益相关者理论是一种企业责任的方法论，针对深入参与企业及其活动的特定群体，包括其投资者、员工、供应商和消费者。[2] 利益相关者理论拒绝软法方法，并要求具体的规范性含义。让公司向其利益相关者负责的挑战在于如何让责任变得有意义、可衡量和可执行，将自由选择的价值带回到消费者购物体验中。

（二）消费者与公司的利益相关关系

公司是由股东组成的营利性组织，他们寻求利润最大化，同时通过其有限责任地位隔离风险。组织行为学者通常将组织定义为努力维持或实现共同目标或目标的社会协作系统。[3] 随着时间的流逝，企业不断地改变其业务活动和目标，因此有人提出，组织的目标仅仅是一种持续的生存和永恒。一般来说，组织不同于其他社会实体。首先，组织由政府机构正式承认。组织通常由官方文件创建，如章程、细则等需要在国家政府机构备案的文书。其次，组织在其边界上是不同的。组织成员可选择进入组织，并可选择退出组织。虽然与组织签订了合同，但组织成员必须服从组织的规章制度，以及它的文化和道德基础。[4] 边界是组织文化的一个关键要素，并且通常重要的资源被用于维护和划分边界，因为组织的成员资格可以视为阶层和社会地位的指示器。

公司法相较于合同法，可以看作是更加适合保护消费者权利的法律平台。梅纳切姆·莫特纳（Menachem Mautner）认为，消费者合同主要在以下三个方面与组织相类似：第一，作为公司组织的成员，消费者选择与卖方建立关系；第二，作为公司组织的成员，消费者在结束消费合同时选择退出与卖方的关系；第三，作为公司组织的成员，消费者不能与卖方协商约定条件，而

---

〔1〕 *See* Alexandra R. Harrington, "Corporate Social Responsibility, Globalization, the Multinational Corporation, and Labor: An Unlikely Alliance", *Albany Law Review*, vol. 75, 2012, pp. 483, 489-90.

〔2〕 Thomas Donaldson & Lee E. Preston, "The Stakeholder Theory of the Corporation: Concepts, Evidence, and Implications", *Academy of Management Review*, vol. 20, 1999, pp. 65, 68.

〔3〕 Jerald Greenberg, *Managing Behavior in Organizations*, Pearson, 2010; Jeffrey Pfeffer, *New Directions for Organization Theory: Problems and Prospects*, Oxford University Press, 1997.

〔4〕 *See* Jeffrey Pfeffer, *New Directions for Organization Theory: Problems and Prospects*, Oxford University Press, 1997.

是在合同期间服从于卖方复杂的社会控制规则网。[1] 大部分的消费者合同都和组织非常相似:[2] 网购商品、购买医疗保险、订阅电子杂志等，消费者都签署了形式合同，同时要服从消费品供应商的规则。消费者并不是真正地与公司对消费合同内容进行协商，这是一个长期而公认的事实。[3] 相反，消费者仅仅是选择进入由公司控制的合同关系，并且在合同期限内，公司作为供应商常常控制着这种关系的所有方面,[4] 尽管这种控制关系在互联网时代得到了一定程度的减弱，但公司相对于消费者的控制地位依然明显。

在合同期限内，消费者往往受到公司规章制度的约束。例如，父母与其孩子的网络课程教育合同。当父母自愿选择加入协议时，一旦签订了合同，整个关系就通过网络课程培训班的管理来确定，通常网络培训机构的管理会通过设置审慎的流程以管理孩子的学习内容及形式，从而对父母选择退出和结束合同关系的能力施加影响。随着互联网的发展，大多数技术性产品为消费者设置了类似的边界，用户可以选择购买和使用由这些公司提供的预先“编程”的产品，但不允许修改其任何特性，各类移动端的应用程序就是此类产品的典型。即使是与保险公司签订的格式合同，其信息通常也过载，并且包含许多微末的细节，因此结果都是一样的：消费者可以选择购买或不购买所提供的保险，但其条款由公司单方面决定，并有可能包括任意数量的除外条款。[5]

虽然合同被认为是各方当事人基于合意的一种安排，但是组织具有预先定义的结构，这些结构通常在特定代理人进入时进行了前置，并且成员很难

---

〔1〕 Menachem Mautner, “Judicial intervention in the Contents of Contracts and the Question of the Future Development of Israeli Contract Law”, *Tel Aviv University Law Review*, vol. 29, 2005, pp. 17, 30-35, 38.

〔2〕 Menachem Mautner, “Judicial intervention in the Contents of Contracts and theQuestion ofthe Future Development of Israeli Contract Law”, *Tel Aviv University Law Review*, vol. 29, 2005, pp. 17, 30-35, 38.

〔3〕 Friedrich Kessler, “Contracts of Adhesion-Some Thoughts About Freedom of Contract”, *Columbia Law Review*, Vol. 43, No. 5, 1943, p. 629, pp. 631-632; Todd D. Rakoff, “Contracts of Adhesion: An Essay in Reconstruction”, *Harvard Business Review*, vol. 96, 1983, pp. 1174, 1224-1225.

〔4〕 Todd D. Rakoff, “Contracts of Adhesion: An Essay in Reconstruction”, *Harvard Business Review*, vol. 96, 1983, p. 1224.

〔5〕 ShlomitAzgad-Tromer, “Consumers as Corporate Stakeholders: The Case for Consumer-oriented Corporate Governance Accountability and Disclosure”, *University of Pennsylvania Journal of Business Law*, vol. 17, 2014, p. 273.

更改或影响其他结构。[1] 组织的规则和文化是实现成员间社会控制和协调的一种手段。考虑到消费者很少能够成为谈判方，以控制卖方对产品或服务的细节安排，消费者与卖方的利益相关关系更像是组织成员关系，而不是纯粹的合同关系：通过购买该产品，消费者选择在由公司销售者预先确定的一组详细的条款和复杂的条件下消费该产品。在购买时，消费者并没有就消费者合同的条款达成合意，而是在公司提供消费者所希望的服务或产品时服从于公司作为卖方的组织文化、规则和程序。[2]

（三）互联网新经济对消费者与企业利益冲突关系的影响

消费者参与公司治理能够增强对整个产品、服务供应链的共同责任感和利益的分享，企业也因此增加对未来需求的可预见性和可控能力，从而增强了企业的竞争力。[3] 企业对消费者权益的充分尊重是企业的法律责任，也是道德义务，消费者为了更好地实现自己的利益要求，通常会运用竞争性的产品市场来参与公司治理，比如对即将付出专用性投资的消费品进行慎重选择，在购买以后通过消费者权益保护组织实现与企业的谈判。对参与到互联网新经济的消费者来说，基于全球化、信息化的市场关系，消费者日益获得消费品市场的主导权[4]，消费需求导向愈加明显，例如，"小红书"通过类似于品趣志（Pinterest）的瀑布流形式展示进口产品并计算每款产品获得的点赞数，以此判断消费者对产品的需求。手机厂商小米通过创建规模庞大的在线粉丝俱乐部，征集忠实用户对产品的创意，并就产品设计及时反馈信息。[5] 消费品的生产制造环节也发生了深刻的变革，随着3D打印技术的应用以及个性化、定制化消费逐渐成为发展趋势，消费者有条件深入影响消费品的生产制作进程，从而与消费供应商建立合作关系。无论是消费服务市场还是制造

---

〔1〕 Menachem Mautner, "Judicial intervention in the Contents of Contracts and the Question ofthe Future Development of Israeli Contract Law", *Tel Aviv University Law Review*, vol. 29, 2005, pp. 17, 30-35, 38.

〔2〕 ShlomitAzgad-Tromer, "Consumers as Corporate Stakeholders: The Case for Consumer-oriented Corporate Governance Accountability and Disclosure", *University of Pennsylvania Journal of Business Law*, vol. 17, 2014, p. 276.

〔3〕 刘美玉：《企业利益相关者共同治理与相互制衡研究》，北京师范大学出版社2010年版，第73页。

〔4〕 Michael Hammer and James Champy, *Reengineering the Corporation: A Manifesto for Business Revolution*, Harper Business, 2006.

〔5〕 参见［美］波特·埃里斯曼：《全球电商进化史》，李文远译，浙江大学出版社2018年版，第83页。

业市场，众筹融资覆盖的消费群体越来越广，粉丝经济拉动的消费体量也不容小觑，基于互联网发展不断升级与扩大的“消费定制”现象意味着市场正在由以商家主导的B2C促销模式向消费者主导的C2B定制模式转变，消费者正在由被动接受向主动参与转变，消费者的用户地位在提升、话语权在增加，这进一步激发了消费者维护自身权益的积极意识。当然，消费者也可以通过购买公司股票成为该公司的投资者。消费者参与公司治理的主动性以及必要性也在进一步增强，参与公司治理的途径与方式更加便捷与高效，消费者与投资者乃至公司之间的界限似乎不再那么清晰，这为消费者权益的保护问题带来了更大的挑战。

以互联网为代表的现代科技发展使得产品或服务本身在日趋复杂的同时，产品缺陷更为隐蔽，产品信息的不对称加剧，消费者在客观上被置于相对于企业一方的不利地位，而消费者的分散性和财力的有限性，又使他们很难与大型企业相抗衡，由此带来双方利益冲突的加剧和升级。[1] 企业为了维持与消费者的关系，往往通过商业演说、广告等方式，使消费者了解企业经营与发展的现状，根据消费者的反馈与市场表现为企业决策提供依据，为未来经济利益的获得打下基础。可以说，商业信息对于中国消费者来说，是可以借助的最为重要的参与公司治理的工具和手段，而基于消费者与公司之间关系的性质，公司也应当就产品或服务的信息对消费者负责。在互联网新经济的影响下，公司对其产品及服务的信息责任问题由于互联网信息技术进步所诱发的消费方式、消费市场、消费行为的深刻变革而面临着更加严峻的挑战。

中国社会并非高信任度社会，缺乏像美国的信用调查报告、商业改进局或解决争端的小额法庭等用以保障消费者利益的非营利组织对企业进行监督，因此，企业对消费者的信息责任机制亟待进一步的构建与完善。有趣的是，中国当前的法律制度体系对投资者的选择过程大有裨益，基于投资者保护的信息披露机制也在不断完善中。然而，消费者似乎在信息黑暗中进行了许多选择，这大大限制了他们知情以及合理决策的能力。

在传统的消费市场中，消费者与投资者的边界是非常清晰的。例如，对于传统型以吸收存款和发放贷款为主营业务的银行来说，银行储户是银行储蓄业务的消费者，而持有银行股票的股东则是投资者，二者的身份和界限是

---

〔1〕 参见刘美玉：《企业利益相关者共同治理与相互制衡研究》，北京师范大学出版社2010年版，第100页。

很清晰的。而在互联网新经济下，智能手机的普及和移动支付方式的广泛应用使得普通民众参与投资的愿望愈加强烈、参与投资的机会也愈加触手可及。随着互联网信息技术的飞速发展与应用，互联网金融大行其道，各类众筹平台不断涌现，同时与支付宝、微信钱包等支付服务捆绑在一起的金融服务供给不断渗透到广大消费者群体当中，消费者与投资者的身份界限日益模糊。例如，对于淘宝众筹平台的项目来说，投资者通常是希望体验到项目所提供的产品或服务，才会为该项目做出投资，而使用支付宝或微信钱包服务的用户通常也会是淘宝购物平台或微店的消费者。有学者通过比较消费产品市场和资本市场的消费者选择过程与投资分配过程、风险范围、产品属性和选择的复杂性、中介机构、退出权以及监管等因素，对这两个群体及其适用市场的特征进行分析得出结论：市场力量、监管和中介机构能够更好地保护投资者，而消费者通常独立地进行产品研究和选择，消费者至少与投资者一样脆弱。消费者应该得到与投资者一样多的保护，事实上可能需要比投资者的信息权利更高程度的保护。〔1〕

二、互联网新经济时代下消费者与公司信息披露利益冲突关系的原因分析

公司作为向公众提供产品或服务的角色，应对公司的产品信息负责。公司不是委托慈善事业的平台，也不是为股东或经理增加价值的手段，而是被授予有限责任公司法定特权的法人，并且根据这些特权，公司应该对其消费承担责任，而不仅仅是对投资者承担责任。如果公司被视为重要的社会机构，而不仅仅是其所有者的资产，如果经理人不仅仅被看成是股东的代理人，则必须将公司治理作为一种机制，以增强利益相关者的发言权，并减轻公司治理结构内各群体之间的利益冲突。然而现实却是，消费者被大量的产品和品牌信息所包围，真正需要了解的信息却不够，太多和太少的信息都无法对消费者的选择过程产生有效影响。

（一）互联网新经济对消费者商业信息需求端的影响

经验表明，消费者经常难以做出理性的决定，即使是根据他们已经获得的信息也无法做出理性的决定。虽然理性的行为者会积极地搜索和处理产品信息，并引发竞争，从而建立一个有效的市场，但现实生活中的消费者缺乏

---

〔1〕 ShlomitAzgad-Tromer, "Consumers as Corporate Stakeholders: The Case for Consumer-oriented Corporate Governance Accountability and Disclosure", *University of Pennsylvania Journal of Business Law*, vol. 17, 2014, p. 238.

这种能力，在产品信息的需求侧造成“市场失灵”。由于消费者对信息过载的心理反应、有限理性和有限意志力，他们往往不能为有效的产品信息市场创造足够的信息披露激励。

有实证研究表明，当可用信息超过消费者的信息处理能力时，消费者在识别相关信息方面就会有困难，[1] 消费者在处理可用信息方面由于增加了选择性，从而忽略了很大一部分可用信息，[2] 在对细节和整体之间关系的判别方面出现困难，[3] 需要更多的时间来做出决定，[4] 并且最终通常达到次优决策，这损害了其自主选择的准确性。[5] 互联网消费市场中，信息过载给消费者带来的负面影响尤为明显。

为了有效地发挥产品信息市场的作用，必须假定消费者在两个选项之间做出的选择不应该取决于这种选择的表征或框架，即所谓的框架效应（Framing Effects）。[6] 理性的消费者不应该受到相同信息的不同表现的影响，相反，他们应该能够深入到信息的本质，并考虑所有相关的事实。然而，现实生活中的消费者很少能满足这个标准。框架效应表明，人类不是独立于他们的背景做出决策，而是使用经验法则进行决策，通过制定备选方案的方式使最终的选择受到深刻影响。因此，框架在消费者市场中扮演着重要的角色。在互联网消费环境中，卖方具备了更加便利地利用框架效应来增加价格、降低效率和消费者福利的条件。例如，卖方可以轻而易举地人为将产品分成若干不同的费用，为一个产品做基础价格广告，然后在销售时提供额外的“附加”，而当消费者在电子商务平台购物时，由于搜索引擎的竞争性很强，卖家也会制造人为的复杂性，混淆产品信息，从而基于消费者的困惑和有限的理性来

---

[1] Jacob Jacoby, “Information Load and Decision Quality: Some Contested Issues”, *Journal of Marketing Research*, vol. 14, 1977, p. 569.

[2] ClaudiaKlausegger, Rudolf R. Sinkovics, Huan Zou, “Information Overload: A Cross-national Investigation of Influence Factors and Effects”, *Marketing Intelligence & Planing*, vol. 25, 2007, pp. 691, 709.

[3] Kazi Mostak Gausul Hoq, “Information Overload: Causes Consequences and Remedies - A Study”, *Philosophy and Progress*, vol. 4, 2004.

[4] Jacob Jacoby, “Perspectives on Information Overload”, *Journal of Consumer Research*, vol. 10, 1984, pp. 432-433.

[5] Naresh K. Malhotra, “Information Load and Consumer Decision Making”, *Journal of Consumer Research*, vol. 8, 1982, pp. 419, 427.

[6] Daniel Kahneman & Amos Tversky eds., *Choices, Values, and Frames*, Cambridge University Press, 2000.

增加销售。〔1〕为了影响消费者的选择，卖方在销售过程中有目的地去创造和操纵购物环境，在营销和品牌推广中使用框架效应，而不是提供理性消费者需要的清晰易懂的产品信息，其结果是在产品信息的需求侧造成“市场失灵”。

产品信息需求侧的市场失灵经常发生，现实生活中的消费者经常做出与理性消费者背道而驰的选择，因为他们的意志力不足以做出更好的决策。这就需要积极地寻找和比较替代方案，当消费者无意识地选择产品、跟随他人购买产品，或在情况未能改变时选择默认选项时，就会出现这种情况。〔2〕

根据数据样本，2017年中国消费者在网络消费中主要参考因素的前两名分别为网上评论的意见和朋友或熟人推荐。〔3〕熟人关系形成的消费信赖对消费者的消费行为具有较强的引导作用，同时，朋友圈、大众点评等点评平台是熟人、甚至陌生人之间的口碑传播的重要媒介。理性的消费者总是喜欢更多的选择。〔4〕然而，现实生活中的消费者往往因为替代品太多而使情况变得更糟，因为他们无法抵御诱惑，总会去消费那些从长远来看是有害的，但却容易获得或立即令人满意的产品。实证研究一再表明，当受到供应商的诱惑或操纵时，人类无法系统地自我调节自身消费，消费者常常漫不经心地做出决策，并且更加倾向于选择情感维度优于认知维度，而认知维度低于情感维度的替代品。〔5〕

（二）互联网新经济对消费者商业信息获取端的影响

消费者积累的经验是产品信息的巨大来源，互联网的发展对这一点的利用实现了革命性的改善。历史消费者几乎知道关于产品的所有知识，包括隐藏的亮点和最令人不安的问题。如果产品信息的市场是有效的，那么大量积累的信息将易手，并且容易被转发给未来的消费者，而这些消费者尚未做出

---

〔1〕 *See* Glenn Ellison & Sara Fisher Ellison, “Search, Obfuscation, and Price Elasticities on the Internet”, *Econometrica*, vol. 77, 2009, pp. 427, 438 .

〔2〕 *See* Oren Bar-Gill & Elizabeth Warren, “Making Credit Safer”, *University of Pennsylvania Law Review*, vol. 157, 2008, p. 12.

〔3〕 中国消费者协会：《网购诚信与消费者认知调查报告》，载 http: //www. cca. org. cn/zxsd/detail/27298. html，最后访问日期：2017年3月15日。

〔4〕 Olivia S. Mitchell & Stephen P. Utkus eds. , *Pension Design and Structure*: *New Lessons from Behavioral Finance*, Oxford University Press, 2004, pp. 83-84.

〔5〕 Baba Shiv & Alexander Fedorikhin, “Heart and Mind in Conflict: The Interplay of Affect and Cognition in Consumer Decision Making”, *Journal of Consumer Research*, vol. 26, 1999, pp. 278-288.

他们的消费选择。然而，信息供应方的“市场失灵”仍然对这种有效交易造成了障碍：历史用户及当下的消费者由于有限的激励、对信息的有限访问以及可靠性的障碍而未能有效地向未来的消费者传递他们积累的经验。

产品信息环境的结构不对称，允许卖方主导大多数内容和形式的商业言论。[1] 这种不对称性是大规模生产社会中的商品结构的内在特征：在每个细分市场中，消费者是分散的，通常作为个人独立行动。虽然卖家有强烈的动机使用商业语言作为促销手段，但消费者较不倾向于使用这个方式，原因很简单，他们与任何给定产品的利益相关通常很弱，并且受到个人消费规模的限制。这个问题可以被抽象化为信息共享的高交易成本问题，[2] 以及消费者的集体行动问题。[3] 然而，这一问题随着互联网电子商务平台在消费者群体当中的广泛应用，似乎有所缓解，原因在于平台供应商会通过设计激励机制使得历史消费者共享其消费信息及评价，然而，这种激励机制的设置仍是由卖家所主导的商业模式，而历史消费者有可能为从卖家处赢得相应激励从而美化其消费体验，消费者得到的则是虚假、不实的信息共享。

在信息本身的分配中，卖方与消费者之间的信息不对称是显而易见的。销售者几乎控制了所有可用的与其提供产品有关的特性、成分、安全性、适用性的信息，而消费者——即使作为一个集体群体——也仅仅掌握着从他们积累的经验中获得的信息。通常，积累的经验不足以发现所有关于产品的知识。卖家选择告诉消费者什么以及如何告诉消费者，而这种选择通过商业语言传达，包含了大部分可用的产品信息。对于传统的媒体而言，这个问题更加难以克服，传统的报纸、广播和电视等大众传播媒介中机会的稀缺供应导致了商业言论的高成本，消费者对通信媒体的访问较少且受到严重限制，由此，卖家定量地支配着商业言论。在这种不对称的环境下，互联网通过促进信息的民主化创造了一场独特的革命。互联网不同于任何传统的信息媒介，所有用户都可以自由地成为信息的创造者和提供者，而不仅仅是信息的最终消费者，且人人易于访问。互联网为消费者建立了一个社会网络让消费者有

---

〔1〕 Hsiu-Yuan Tsao, Pierre Berthon, Leyland Pitt & Michael Parent, “Brand Signal Quality of Products in anAsymmetric Online Information Environment: An Experimental Study”, *Journal of Consumer Behaviour*, vol. 10, 2011, p. 169.

〔2〕 Ronald Coase, “*The Problem of Social Cost*”, The Journal of Law and Economics, vol. 10, 1960, p. 1.

〔3〕 *See* Todd Sandler, *Collective Action: Theory and Applications*, University of Michigan Press, 1992.

机会表达自己的意见、对产品进行考察，同时，这也是卖方的传播媒介。

互联网允许在任何给定时间向所有消费者提供大量信息，包括先前消费者的意见。互联网上积累的信息对所有人都是可见的，并且是全世界互联网用户的共享资产，跨越国籍、文化。消费者可以通过互联网更好地获得信息，然而仍然无法知道所有需要知道的信息。[1] 例如2018年的“故宫口红”IP授权事件，虽然是乌龙一场，但仍可以看作是文化消费市场中商品信息有限访问的典型案例，微信公众号“故宫博物院文化创意馆”与淘宝店铺“故宫淘宝”在口红这一消费品上注入了故宫文化IP，从而使得消费者难以分辨该商品到底是否为自己属意的“官方”IP周边。再如，“京东商城的京东自营≠京东商城自己经营”的案件已引起了法学界和消费者的极大关注，京东在这里通过概念偷换将“京东自营”理解并对外表达成了“京东集团旗下关联公司自营”，然而，京东网并未在所谓的“京东自营”实则并非自营的商品页面公开实际销售者的主体信息与经营资质。

过去和现在消费者之间信息共享的最终障碍是可靠性问题和信息共享的完整性问题。假设我们对信息的所有需求都出现在网上的客户评论中，我们会认为这些评论真实可靠吗？这个问题很难回答，因为包括“软文”、各类博主推广在内的“变相营销”以及“电商刷单”“充场排队现象”在互联网企业的营销和推广战略中扮演着重要的角色。“草根营销”在互联网上亦尤为突出，因为在社交平台和论坛上，其很容易误导用户把每个人都看成是同龄人，卖家可以伪装成提供真诚建议的真实消费者，从而影响未来的消费者并促进他们的销售，这种方式成本非常低，责任风险也很低。

三、互联网新经济下企业对消费者的信息披露责任

公司治理的问题应当是对处于紧张状态的股东与公司（经营者）之间、公司（股东）与债权人（或者利益相关者）之间的利益冲突关系的归纳，[2] 现实中消费者与公司之间紧张关系的主要表现在于商业信息披露中出现的问题。但正如学者所言，被公认的由公司法结构所决定的公司基本特征，从本质上体现了对公司股东利益的保护，但却没有指出如何保护其他利益相关者

---

〔1〕 ShlomitAzgad-Tromer, Consumers as Corporate Stakeholders: The Case for Consumer-oriented Corporate Governance Accountability and Disclosure", *University of Pennsylvania Journal of Business Law*, vol. 17, 2014, p. 253.

〔2〕 徐晓松：《公司治理："结构"抑或"问题"》，载《政法论坛》2013年第6期，第62页。

的利益，比如雇员、债权人、供应商、消费者或者整个社会。[1] 需要公司法调整的利益冲突关系会由于与既有法律调整框架的不协调而出现紧张状态。我国目前的相关法律，如《中华人民共和国消费者权益保护法》和《中华人民共和国公司法》（以下简称《公司法》）均没有对消费者正式参与公司治理做出相应规定，仅仅在《上市公司治理准则》第83条简单涉及“上市公司应当尊重银行及其他债权人、员工、客户、供应商、社区等利益相关者的合法权利，与利益相关者进行有效的交流与合作，共同推动公司持续健康发展”，而该准则仅仅针对上市公司，消费者在现行公司法律框架下还缺乏参与公司治理的制度基础。具体而言，公司治理应当对产品信息实施公司责任标准，并向消费者进行充分的披露。通过前文论证，互联网新经济下消费者作为企业组织的成员需要更优质的产品信息，本文将对这种商业信息披露勾勒出基础规范，尝试对面向消费者的产品或服务信息责任标准提出建议。

（一）公司法和合同法的适用比较分析

在考虑以何种适当的法律范式制定公司对消费者的信息责任标准时，有必要考虑合同法和公司法二者作为不同的法律学科的主要差异。虽然两部法律都为在市场经济中活动的当事人制定了规则，但它们创造了截然不同的法律安排。根据现行法律，消费者与企业销售者之间的关系被归类为契约关系。然而，商业言论自由带来的信息环境不足以支持消费者进行自由选择。合同关系中的争议解决机构是法院，伴随着的是事后高成本的判决，这使得只有集体诉讼才合理。在公司法律制度下，由于在销售之前进行了充分的产品披露的讨论，同时考虑到消费者的利益以及他们的知情选择权，责任机制使争端得以较早解决。公司法不是等待消费者就欺诈或虚假陈述提起诉讼，而是提供了一项事前政策，由董事会这一在组织内的机构根据具体情况进行调整，平衡消费者的需要和与其他利益相关者群体之间的利益。

董事会制定的公司产品披露政策类似于规则：具体，准确，其规范性内容在销售之前给出。董事会是一个内部机制性机构，一方面具有对公司经营业绩的全盘的掌握，另一方面拥有关于产品或服务的大量数据。董事会可以较低成本获得产品构成的各种特征和风险的信息，有关其他利益相关者利益

---

[1] ［美］亨利·汉斯曼、［美］莱尼尔·克拉克曼：《公司法历史的终结》，载［美］杰弗里·N. 戈登、［美］马克·J. 罗编：《公司治理：趋同与存续》，赵玲、刘凯译，北京大学出版社2006年版，第39页。

的信息，以及关于此类潜在披露的考虑。没有哪家法院能够像董事会那样有效地考虑这些具体问题。大多数公司销售的各种产品也表明，解决产品信息问题的适当机构应该是董事会，而不是法院。[1] 董事作为“调解层级”允许不同利益相关者群体之间基于公共语言的共享而更好地沟通，从而提高每个利益相关者群体的权利和义务的确定性，并改善组织合作。[2]

通常，董事会被认为对公司、股东或两者都负有责任。然而，最近国际上公司治理的趋势表明，股东优先权被稀释，并为其他利益相关者关注的问题让路。例如，英国曾经确立了股东至上准则，但其在2006年公司法的基础上制定并于2013年颁布的新规章，要求企业对其业务的关键绩效指标，包括就业和环境问题进行年度审查。[3] 2013年，印度颁布了一部新的公司法，规定上市公司在董事会中需设立利益相关者关系委员会，要求独立的董事会成员“维护所有利益相关者的利益”。[4] 加拿大最高人民法院裁定，董事会成员对公司负有受托责任，而不是对股东，以此平衡不同选区的利益。[5] 我国《公司法》要求公司“遵守社会公德”和“承担社会责任”。股东的特权仍然是对董事会成员的任命权，虽然有时会受到专业资格限制（如独立董事），董事会成员的受托责任包括忠实义务、注意义务和诚信义务，但董事会的责任应扩大到其他利益相关者，本文建议的公司治理模式中的信息责任标准正是植根于注意义务和对作为公司利益相关者的消费者的诚信义务。

（二）互联网新经济下的产品信息披露要素

随着互联网新经济给消费领域带来的深刻变革，卖家和消费者之间的信息关系亟待重新定义，产品信息披露的实践同样需要一场革命。仅仅避免欺诈和虚假陈述是远远不够的，产品信息应易于获取、准确、全面和及时，并

---

〔1〕 ShlomitAzgad-Tromer, “Consumers as Corporate Stakeholders: The Case for Consumer-oriented Corporate Governance Accountability and Disclosure”, *University of Pennsylvania Journal of Business Law*, vol. 17, 2014, p. 287.

〔2〕 *See* Frederick Schauer, *Playing by the Rules: A Philosophical Examination of Rule-based Decision Making in Law and in Life*, Clarendon Press, 1992, pp. 53-64.

〔3〕 The Companies Act 2006 (Strategic Report and Directors' Report) Regulations, 2013, 2013. S. I. 2013/1970 (U. K.), accessed http: //www. legislation. gov. u k/uksi/201311970/pdfs/uksi_20131970_en. pdf.

〔4〕 The Companies Act, 2013, No. 18, Acts of Parliament, 2013 (India), accessed http: //www. mca. gov. inIMinistry/pdf/CompaniesAct2013. pdf.

〔5〕 BCE Inc. v. 1976 Debentureholders, [2008] 3 S. C. R. 560, 618 (Can.).

能够保障消费者可以公平地比较市场上竞争产品的主要产品特征，而产品信息披露的主体应是向公众提供或分销产品和服务的公司卖家，包括各类电子商务平台公司。公司法律制度应根据重要性、可访问和简明信息的本质，扩展到包括产品信息的强制性披露义务。同时，需要进一步的分析来确定如何激励企业遵守：如果认定特定产品或服务的信息披露不充分，即使没有任何欺诈或虚假陈述的合同索赔，消费者或者代表他们的公共组织，也应该能够追究公司不充分产品披露的法律责任。

第一，重要性。公司所披露的产品信息必须包括消费者使用的所有重要信息，信息披露应全面及时。例如，可考虑采用GRI标准[1]以反映消费品对于消费者的重要性，并将消费者产品使用和产品对消费者生活影响的合理估计考虑在内。重要性标准应该涵盖长期的购买成本和公司卖方强加给消费者的锁定期。[2] 在重要性标准下，前述案例中的电子商务平台“京东商城”应当公开“京东自营”商品实际销售者的主体信息与经营资质。

第二，可访问。产品信息必须以无障碍的方式公开，包括代表公司发表的任何商业言论，包括“软文”在内的各类形式的商业推广、商业营销方式，以简明的文字表达和免费的方式公开，以允许潜在消费者在购买付款前进行合理评估。在评估产品信息的可访问性时，公司应考虑产品信息的可读性。网络购物的商品或服务信息界面公开的信息对于产品的消费者应该是可读的，并且所有消费者和潜在消费者都可以免费获得。

第三，简明披露。由于信息过载的环境，企业所公开的产品信息应当简洁、清晰。在激烈的互联网商业竞争环境中，电商平台的商品详情中所提供的模糊陈述和大量信息不应被视为充分披露。产品披露应简洁明了，简单易懂，且应做到能够合理传达给消费者需要的所有重要信息。

四、结论

本文将消费者作为享有产品信息的共同利益相关者纳入公司治理当中。消费者与公司的利益相关关系不仅仅是合同关系，消费者与公司的关系更像是组织成员关系，公司法相较于合同法，可以看作是更加适合保护消费者权

---

〔1〕 Mission and Vision, “Global Reporting Initiative”, accessed https: //www. globalreporting. org/Pages /default. aspx.

〔2〕 ShlomitAzgad-Tromer, “Consumers as Corporate Stakeholders: The Case for Consumer-oriented Corporate Governance Accountability and Disclosure”, *University of Pennsylvania Journal of Business Law*, vol. 17, 2014, p. 271.

利的法律平台。在互联网新经济的影响下，在消费者参与公司治理的主动性、必要性进一步增强的同时，产品或服务日趋复杂、产品缺陷更为隐蔽、产品信息不对称加剧，消费者在客观上被置于相对于企业一方的不利地位。而商业信息对于消费者来说，是可以借助的最为重要的参与治理的工具和手段，公司作为向公众提供产品或服务的角色，应对公司的产品信息负责。然而，通过分析互联网新经济对消费者产品信息需求端的影响，本文发现信息过载、框架法则、消费者有限意志力，导致了商业信息需求侧的"市场失灵"，而有限的信息共享激励、有限的信息访问以及有限的信息可靠性同样影响着消费者获取商业信息的能力。在当前互联网新经济背景下，产品信息市场未能为消费者提供有效的消费者选择框架，当根据利益相关者理论将消费者视为公司成员时，公司需对产品披露负责，并通过公司法律体系对企业施加产品信息的强制披露义务，而消费者有权在互联网商业环境下得到对公司重要产品数据合理和可访问的信息披露。

（初审人：梁伟亮）

电子数据真实性的系统验证

——以电子存证的构造切入

袁纪辉*

摘　要：对电子数据的真实性认定除了可以对电子数据本身进行鉴真之外，还可以借助在电子数据产生时附带生成的系统数据进行佐证。由于计算机系统生成的电子数据伴生数据散落在计算机系统的各个角落，因此通过电子数据伴生的系统数据去佐证电子数据的真实性存在收集的障碍。由预先设置的数据产生过程记录手段来集成电子数据的伴生数据是目前解决其收集障碍的有效手段。以电子存证为主要业务的电子存证行业的兴起为此种真实性认定方式注入了活力，但面对良莠不齐的电子存证产品，这也给法庭带来了该如何进行审查的难题。法庭在借助电子存证产品对电子数据进行真实性审查时，应根据记录手段、存储方案、呈现方式的可靠性综合评断，决定是否采信。相关法规不应在电子存证的开展主体、存证客体和技术标准等方面进行过多限制，以促进市场竞争和鼓励技术创新。

关键词：电子数据　电子签名　电子存证　区块链　哈希值校验　时间戳

*　袁纪辉，男，中国政法大学刑事司法学院网络法 2017 级硕士研究生（100088）。

技术治理为法律治理手段、边界和治理架构的调整提供了持续动力，[1]从司法系统到法律服务组织都努力追求本领域的技术运用，以寻求时代变革下的自身定位。用技术方案去服务司法办案系统建设已成为行业趋势。2014年7月1日，人民法院大数据管理和服务平台正式上线。[2] 2015年9月，苏州政法信息综合管理平台正式运行。[3] 2016年12月，贵州省政法机关信息整合共享建设项目正式启动。[4] 2017年2月，浙江省全面启动政法数字化协同工程。[5] 2017年，湖北覆盖全省的减刑假释网上协同办案平台和科技法庭远程庭审系统正式启动，如今已基本建成。[6]

2018年6月28日，杭州互联网法院对一起侵害作品信息网络传播权纠纷案进行了公开宣判，首次对采用区块链技术存证的电子数据的法律效力予以确认。随后，最高人民法院审判委员会第1747次会议通过，2018年9月7日起施行的《最高人民法院关于互联网法院审理案件若干问题的规定》第11条第2款指出，"当事人提交的电子证据，通过电子签名、可信时间戳、哈希值校验、区块链等证据收集、固定和防篡改的技术手段或者通过电子取证存证平台认证，能够证明其真实性的，互联网法院应当确认。"[7] 电子数据，法院应当验证。2018年9月，杭州互联网法院司法区块链正式运行，实现电子数据的全流程记录、全链路可信、全节点见证。[8] 自此，作为系统验证方式的电子存证活动，正式登上了司法实践的舞台。

---

〔1〕 郑智航：《网络社会法律治理与技术治理的二元共治》，载《中国法学》2018年第2期，第108页。

〔2〕 《大数据时代的"最佳实践"——人民法院大数据管理和服务平台建设纪实》，载 http：//www. court. gov. cn/zixun-xiangqing-92822. html，最后访问日期：2018年12月1日。

〔3〕 苏州日报：《政法信息综合管理平台"协同办案"流转率达97.06%》，载 http：//www. subaonet. com/2017/0724/2029150. shtml，最后访问日期：2018年12月1日。

〔4〕 《贵州省政法机关信息整合共享建设项目设计招标招标文件》，载 https：//max. book118. com/html/2017/0810/126977985. shtm，最后访问日期：2018年12月1日。

〔5〕 《浙江政法推广一体化办案系统》，载 http：//www. legaldaily. com. cn/zfzz/content/2018-04/09/content_7516637. htm，最后访问日期：2018年12月1日。

〔6〕 《湖北高院首次远程开庭审理减刑案件》，载 http：//hubeigy. chinacourt. org/article/detail/2017/12/id/3143026. shtml，最后访问日期：2018年12月1日。

〔7〕 《最高人民法院关于互联网法院审理案件若干问题的规定》第11条。

〔8〕 《杭州互联网法院上线全国首个司法区块链》，载 http：//www. zjcourt. cn/art/2018/9/19/art_3_14821. html，最后访问日期：2018年12月1日。

一、数据真实性认定的系统验证原理

（一）电子数据真实性认定的障碍

电子数据是案件发生过程中形成的，以数字化形式存储、处理、传输的，能够证明案件事实的数据。[1] 在目前社会生活网络化的背景下，电子数据已成为反映事实的重要方式。电子证据已成为以二进制为逻辑起点的，以证明案件事实为特点的新型证据形态。[2]《中华人民共和国刑事诉讼法》也承认“证据包括电子数据”[3]。虽然电子数据成了法定证据，但其在法庭举证过程中却难以适用，这源于在实际生活的具体存证取证等操作过程中，电子数据因为难以完整记录并反映所有信息等特点导致其真实性受到质疑，采信度不高，司法操作中也难以将其作为主要的认定依据。很多地方也开始意识到电子证据存在的问题并积极进行规范。[4]

目前在实践中，对电子数据的真实性认定存在多种方式。在民事纠纷中，纠纷双方对电子数据的真实性达成合意，即可作为认定电子数据真实性的一种途径。但若在刑事案件中一方对电子数据的真实性进行质疑，此时就应当采用科学检验的手段对电子数据的真实性进行鉴定，通俗上将此环节称之为“鉴真”。在此过程，真实性的认定是一个程度问题。一般而言，当证明材料更充分、更可信，那么离证明目标就越接近。对于“某一材料的表达内容是真实的”这一结论的得出需要“证据”进行证明。对于“数据所表达的内容是真实的、未经篡改的”这一证明目标，在实践上需要证明数据“目前状态”和“生成时状态”一致，在材料上可根据含有“对数据的操作记录”“数据的状态加密值比对”“数据活动的时间信息”等数据的状态描述信息的材料对数据真实性程度进行说明。

电子数据真实性难以认定的具体原因总结如下：第一，电子数据的载体依附性弱，在侦查时难以通过鉴别载体的特性来判断电子数据是否被修改，

---

〔1〕 最高人民法院、最高人民检察院、公安部制定的《关于办理刑事案件收集提取和审查判断电子数据若干问题的规定》第1条。

〔2〕 参见戴士剑、刘品新主编:《电子证据调查指南》，中国检察出版社2014年版，第6页。

〔3〕《中华人民共和国刑事诉讼法》第50条第2款。

〔4〕 如陕西省商南县检察院于2017年3月就电子证据取证问题召开公安、检察院、法院三家联席会议，专门针对最高人民法院、最高人民检察院、公安部制定的《关于办理刑事案件收集提取和审查判断电子数据若干问题的规定》实施以来的状况进行讨论，并进一步规范电子证据的取证标准；广西壮族自治区桂林市秀峰区检察院于2017年2月召开电子证据采信标准联席会议。

因此电子证据的真实性难以举证。第二，电子数据具有双联性，[1] 当侵害发生时，产生证明作用的电子数据可游离在具体的人和事之外，在诉讼时，电子证据的关联性难以举证。第三，电子数据由信息系统产生，而设计的信息系统存在逻辑底层和记录边界，很多与事件有关的信息并未被记录，对电子数据进行佐证的信息也未产生，因此缺乏电子数据真实性的验证依据。

（二）电子数据真实性认定的系统验证方式

电子证据的产生不是孤立的事件，而是由一系列命令或程序遵循一定的技术规则所得到的系统性产物。[2] 这一特性可通过电子数据的编码状态进行观察，通过解读数据组成的“0101”编码，除了能够识别出数据承载的基本内容之外，根据数据的不同，有时还可以解读出部分数据的生成时间、生成地点及其他“状态描述”信息。

数据的状态描述信息是由信息系统根据数据活动生成的信息。有的信息系统会将数据的状态描述信息充分记录到数据本身，此时信息系统会耗费较多的资源，生成数据的体量会相应增加，需要占据更大的储存空间，影响数据传输的速度。而在一些信息系统中，基于对数据的其他要求，只将一些基本的状态信息记录到数据本身，如机器在存储空间读取数据顺序的信息。这也因此说明，电子数据存在“状态描述”信息这一现象并不是一个普遍现象，大量的电子数据在产生时并不会产生丰富的状态描述信息，例如IOS操作系统的相机只会在系统权限允许的状态下才会记录拍照时间等信息，word操作软件只有在修订模式下才会记录操作痕迹；对于未添加“状态描述”信息的数据，并非系统未产生该“状态描述”信息，只是相关“状态描述”信息未被系统记录到数据本身，或存在于系统的其他角落。

系统验证是电子数据真实性认定的通常手段。在对电子证据真实性鉴定过程中，往往需要到信息系统中去寻找那些未被记录到数据本身上的“状态描述”信息。这一过程的前提是认为计算机信息系统具有可靠性，在信息系统中稳定存在的“状态描述”信息就能够对信息的真实性进行佐证。对于这一利用计算机系统自身的可靠性对电子数据的真实性进行确认的活动，通常将其称为系统验证。

---

〔1〕 参见刘品新：《电子证据的关联性》，载《法学研究》2016年第6期，第175页。

〔2〕 参见刘品新：《论电子证据的理性真实观》，载《法商研究》2018年第4期，第63页。

（三）电子存证方式的出现及应用障碍

系统验证活动的具有多种活动形式，按照“状态描述”信息被人所控制的时间可将其分为两种：事前系统信息存储和事后系统信息寻找。事后系统信息寻找这一形式，通常体现在侦查、鉴定活动中，侦查人员或者鉴定人员通过在系统环境中寻找与目标数据相关的“状态描述”数据来反映信息的真实性。事前系统数据存储则是指信息系统在数据生成时将就数据部分“状态描述”信息存储下来。此时根据“状态描述”信息存储地点的不同，可将数据分为自身存储和系统存储。数据自身存储就是将“状态描述”信息存在数据本身之上，能够伴随数据进行流转。系统存储则是指信息系统将数据的“状态描述”信息提前记录好，存储到固定位置，以备对数据真实性存疑时进行佐证。

电子存证行为属于事前系统信息存储的系统存储，是将网络主体的行为数据的“状态描述”信息以集成化的形式提前存取起来以应对潜在真实性证明事件的技术手段。目前主流的电子存证方式为一方将相关“状态描述”信息记录工作委托第三方机构进行，第三方机构远程使用时间戳、电子签名等技术将信息记录并同步保存，将整个事实过程记录下来，以备证明数据真实性活动所需。电子存证是利用集成化手段保存起来的具有法律效力的电子数据。在本质上为实时数据的记录集成手段，其本质上并不能产生新的证据，其改变的只是证据本身的表现形式。电子存证的流程过程如同工厂中的产品拼装流水线，将各种在操作系统中产生的信息物理性的拼装在一起，形成一个新的产品形态。

但电子存证在具体应用中尚有应用障碍，主要问题有：第一，在法庭上，法官、律师及其他诉讼参与人对电子存证的原理存在认知上的障碍，不清楚电子存证在技术上到底是怎么运行的，以致不能轻易采信。第二，面对市场上良莠不齐的电子存证产品，哪些能够做到真实、可靠，哪些具有被篡改的可能，法官对此难以判断。第三，对于鱼龙混杂的电子存证市场，常有对其管理方式讨论的不同声音，其发展路径尚在摸索之中。

因此本文在以下几个方面做出努力：第一，分析电子存证的业务发展情况及法庭认定情况。第二，解读电子存证的业务逻辑及底层设计基础，讨论电子存证的不同技术手段的可靠性。第三，分析电子存证对于证据的证明力与证明能力的影响及影响方式。第四，从主体、客体及技术标准上对电子存证方式的行业发展路径进行分析。

二、数据真实性认定的电子存证手段

（一）数据真实性认定难题的技术方案

尽管对网络空间的治理机制还在讨论，[1]但不可否认，网络空间正形成一套以技术编码和自治伦理为主的技术治理方式，[2]技术方案已成为规制网络空间的重要手段，在对网络行为规制上呈现出更便捷、高效的特点，已成为超越制度设计、规范引导的应对网络空间治理问题的重要手段。

面对上述电子数据真实性认定的司法难题可以通过技术方案设计予以解决。用于证明数据真实性的材料主要来源于信息系统，材料主要为信息系统对于数据活动的描述信息。然而基于两个方面原因，数据的状态描述信息并不集中在数据之中。第一，信息系统并未生成足够丰富的数据状态描述信息。第二，信息系统生成的电子数据伴生数据散落在计算机系统的各个角落。因此，通过电子数据伴生的系统数据去佐证电子数据的真实性需要克服这两方面的障碍。

利用技术方案的设计可以有效解决上述问题。第一，通过事前的网络事件记录将电子数据的产生过程进行记录。具体表现为以每条电子信息为对象进行“时时刻刻的日记”，用事先设计好的记录方案记录下电子数据产生、运用、变化、删除等信息生命周期的状态，并在此过程采用可信加密方案生成数据的加密秘钥，用以事后检验。第二，通过可靠性高的存储方案将上述过程生成的数据进行存储。通过上述两步技术设计可产生大量可用于真实性认定的材料，有效应对数据真实性难以认定的难题，市场上通常将这种技术方案称之为电子存证业务。

真实性是审视证据是否可用的重要维度。[3]电子存证就是将何人、何时、何因、何地、何事、何种结果等系列事物要素串联起来、系统表达，在实践中多以寻求时间权威机构进行“事件—时间”绑定并进行固定。笔者曾考查市场上多家电子存证平台，发现电子存证方案的设计框架基本上分为四个过程：第一，分析电子存证对象的特点和需求，总结其需要记录的信息种类。例如针对电子合同，要对签署合同双方的主体状态进行详细记录；对于

---

〔1〕参见尹建国：《我国网络信息的政府治理机制研究》，载《中国法学》2015年第1期，第134页。

〔2〕参见郑智航：《网络社会法律治理与技术治理的二元共治》，载《中国法学》2018年第2期，第108页。

〔3〕参见何家弘：《论证据的基本范畴》，载《法学杂志》2007年第1期，第32页。

网页著作权的侵权网站证据保全，就需要对本地主机和网站服务器的运行状态进行记录。第二，根据上述总结的需要存储的信息，设计记录方案对能反映上述信息的数据进行采集。例如通过对身份信息、行为信息、原文内容进行采集。第三，采用可信的存储方案，对采集的数据进行存储。为了保证存储方案的可信性，在设计时可添加数字签名和加密技术。第四，作为预备证据等待诉讼。

（二）电子存证方案的技术细节

笔者曾考查相关行业，发现相关行业中的电子存证方案大同小异，针对不同业务特点虽有侧重，但总体可以分为记录过程、存储过程和验证过程三个部分。

1. 记录过程

分析存证对象的特点和需求是记录过程的前提。需要在分析出存证对象需要存储的信息的基础上，才可以进行设计针对待存信息的记录方案。以电子合同存证为例，电子合同存证的记录过程一般需要存储四类信息：合同涉及主体的身份信息、主体在这一过程中的行为信息、合同的内容信息和相关一系列活动的时间凭证。为了保证上述信息的保密性和可验证性，需要将上述信息进行加密，将加密后的密文进行存储，目前最普遍的加密方式为哈希加密。哈希加密，由“hash”音译，是一种将任意长度的消息压缩到某一固定长度的消息摘要的加密方式，具有非常强的防篡改和真实性验证的特性。为了保证时间的真实性，记录系统会向权威机构索取时间，权威授时机构会记录下每一次时间索取记录，提供一份证明，证明某些数据的产生时间，这一过程被称之为加盖时间戳。时间戳是指通过一定的技术手段，对数据产生的时间进行验证，从而验证这段数据在产生后是否经过篡改。[1] 具体流程为：当文件系统请求时间戳服务时，时间戳服务器即向时间权威机构请求标准时间。时间权威机构会授予标准时间，同时时间戳权威机构也会对这一请求时间过程记录。一旦需要进行验证，验证者就从存证拿出时间信息去找时间戳机构进行验证上述记录的时间是否真实。笔者为了将其流程清晰，画出加盖时间戳流程图，如图 1 所示：

〔1〕 参见张帅：《一种基于身份认证的可信时间戳服务体系研究》，中国科学院研究生院 2016 年硕士学位论文，第 69 页。

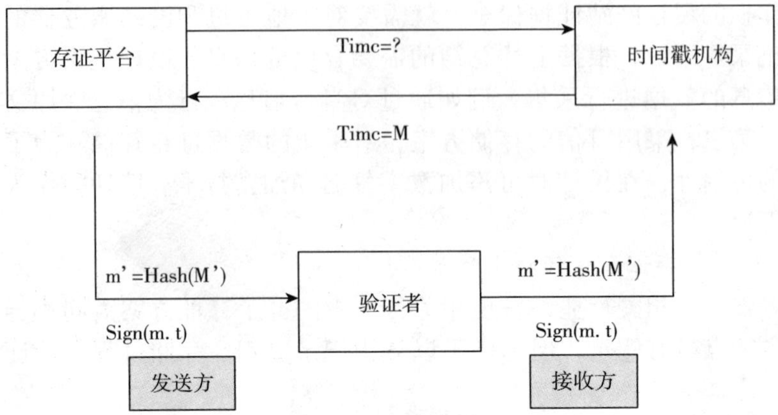

图 1　加盖时间戳流程

在具体业务中，申请人可以通过时间戳服务中心提供的软件、网页等通道将需要加盖时间戳的电子数据发送给时间戳服务中心，由时间戳服务中心提供哈希函数进行运算，从而生成相应的哈希值（同样是两次哈希运算），时间戳服务中心只需要把这个最终的哈希值反馈给申请人，最后的这个哈希值文件就是时间戳的原型。在我国实践中，时间戳机构权威性最高的为国家授时中心，国家授时中心由中国科学院主管，其主要职能为中国标准时间的产生、保持和发播。这样既能够防止通过修改本地系统时间来篡改文件时间，又使文件获得了国家公信力的背书。

介绍完上述过程，为了便于读者理解，笔者尝试以上述电子合同存证为原型，画出电子存证方案的记录过程的普遍结构，具体如流程图 2 所示：

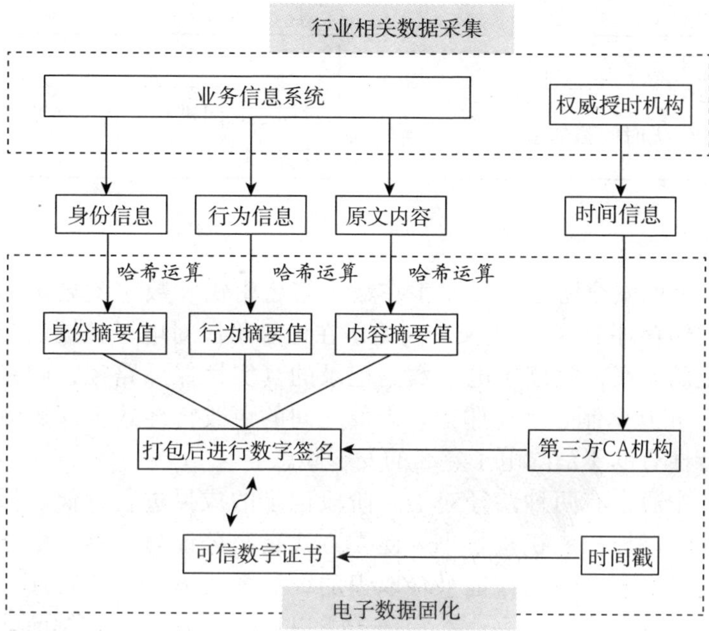

图 2　数据记录设计图

通过对图 2 观察可以发现，记录过程是对“电子数据”的物理整理，但并不改变“电子数据”的原始性质，此过程不会对原数据的性质产生破坏，但增强了原始数据的存在状态描述，给数据增加一个审视维度，使证据观察者观察更全面清晰。下面通过表 1 电子数据在信源、信宿、信道上的形式变化来阐述电子存证的功能。

表 1　记录阶段的功能

	原状态	存证状态
信源、信宿阶段	用户无身份门槛	验证了用户的身份，并与电子文件关联在一起，证明了文件的所有者
信道阶段	没有身份验证，易替换安全链接，完成中间人攻击	数字证书进行身份验证，验证后建立安全链接，难伪造

续表

	原状态	存证状态
加密阶段	无时间戳加密	对标准时间进行验证，防止了时间戳对时间的修改

2. 存储过程

电子签名的安全隐患主要发生在数字签名密钥和数字签名证书的发放环节及私钥的储存环节。[1] 上文中讨论了在记录阶段对电子数据的产生过程进行状态保全的方案，解读了电子数据记录的真实性保障路径，阐释了数据与其“日记”相互牵制、互相印证，内部之间的更改将导致全部逻辑混乱的特点，这一特性有助于消除电子签名的安全隐患。

在实务中通常有两种路径对上一阶段记录的成果进行存储、保证存储可信的过程：①添加权威机构背书。此类方式是与公证处、鉴定中心等司法机构合作，一旦当事人使用存证平台取得的证据需要进入司法程序，则由公证处、鉴定中心等出具公证书、鉴定报告予以证明。公证只需对前端存证工具的可靠性进行背书，检查存证系统是否完好便可推定出存证数据是否真实，进而判断“电子数据”是否真实。公证机构往往作为法定的被普遍承认的第三方对电子材料进行公证，一般认为其材料有法定的证据能力和证明力，[2] 可直接作为推定的基础。而鉴定机构也只需对电子数据的“日记”进行鉴定，即可推断出电子数据本身的真伪。权威机构背书认定的方式是传统证据保全方式的精简版，这一类证据通常是法庭普遍认可的。②可信存储方案。要保证存证数据的安全性必须保证存储措施不被篡改，目前防篡改的可信技术存储措施分为两种：一种是通过多密级制度进行多种加密，但这一种措施成本较高且对数据本身有要求，适用于重要数据；另一种是进行区块链存储，目前区块链技术具备的由共识节点共同验证和记录、不可篡改和伪造的特点使得其可以广泛应用于各类数据存储和公证的场景。

在记录阶段，需要对记录阶段过程中的产生信息进行可信存储。为了保证记录过程的可信性，很多存证系统都选择采取不同的记录方案进行电子签

---

〔1〕 参见刘满达：《电子签名的法律效力认定》，载《法学》2011 年第 2 期，第 145 页。

〔2〕 参见贾宸浩、姚强、韩笑晨：《电子证据的演进：从模式思维到制度理性——以司法实践中的发展为考察进路》，载《郑州大学学报（哲学社会科学版）》2014 年第 3 期，第 69 页。

名，这一过程多依赖电子签名。电子签名是指数据电文中以电子形式所含、所附有用于识别签名人身份并表明签名人认可其中内容的数据，[1] 在技术表现上依赖数字签名[2]和生理特征签名[3]手段保证自然人在网络空间的身份识别。在对记录阶段的“成果”设计记录方案时，普遍上依赖电子签名和时间戳循环验证的路径来确保安全性。在这一路径中，采取“将所有材料进行哈希加密，形成电子签名并都盖上时间戳，再将上述材料进行哈希加密”的循环嵌套思路，主要如图3所示：

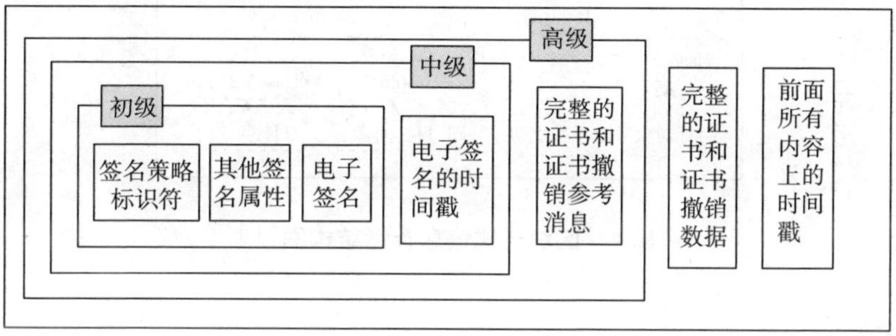

图3　时间戳与电子签名的循环维护图

在记录阶段完成之后，需要对形成的信息进行整体可信存储。这一阶段通常采用的方法是区块链存证。区块链技术是一种基于互联网的全新的分布式基础架构和计算范式，利用有序的链式数据结构存储数据，利用共识算法更新数据，利用密码学技术保障数据安全，[4] 在这一阶段的密码学技术也是上文中介绍的哈希（hash）加密。在功能上，区块链不再借助一个中心化的机构完成证据的存证验证，而是通过区块链算法本身的信息去中心化分布式存储技术特性，达到存证信息具备法律效力的结果。区块链技术可以生成一定时间段的信息区块以及区块之间的收尾相连的数据链，从而形成数据链条。

---

〔1〕　参见《中华人民共和国电子签名法》第2条。

〔2〕　数字签名其实是一种加密手段，加密方式就是对数据电文进行编码，使其看起来毫无意义同时仍保持其可恢复的形式。

〔3〕　生理特征签名技术是指利用与用户个人的生理特征相联系的，能够用于人身识别的生理信息所制作的一种签名。

〔4〕　参见郑戈：《区块链与未来法治》，载《东方法学》2018年第3期，第75页。

具体结构如图 4 所示：

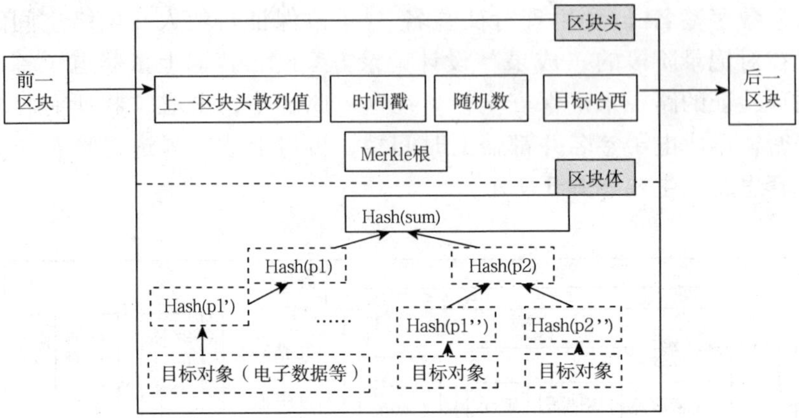

图 4 区块链式信息存储结构图〔1〕

3. 验证过程

当对数据的真实性产生怀疑时，需要对其真实性进行验证。这一过程依赖系统自身的可信检验，这种模式脱离公证处等传统出证机构，完全依靠自身产品的技术原理等对取证的真实性进行验证，通过逻辑的设计成为封闭的系统，更大程度上实现低成本高效率的存证效果，但这种自行验证的方式具有技术性风险，一旦技术泄露或者被破解，很可能所有的产品都面临失效。电子存证系统可信性检验流程如图 5 所示：

〔1〕 区块链式信息存储结构图是笔者参照中本聪在“Bitcoin：A Peer-to-Peer Electronic Cash System”一文中的区块链结构以及市场上电子存证架构模型抽离出的结构图，在此仅作说明使用。

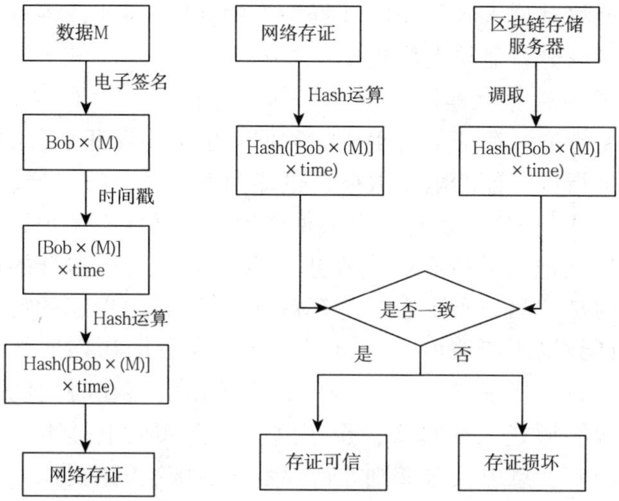

图 5　电子存证系统可信性检验流程

笔者在此对上述流程进行介绍：当对 M 数据的真实性存疑时，就按照记录阶段流程对 M 进行电子签名、加盖时间戳、哈希加密运算等阶段形成待检测数据。再将此待检测数据与“产生时”的 M 数据通过电子存证系统生成的待比对数据进行同一对比。如果一致，则说明“当前”的 M 数据是可信的，如果不一致，则“当前”的 M 数据较之“产生时”的 M 数据有改动。

三、电子存证手段的适用路径

（一）电子存证的证据定位

当前司法实践在确认双重空间、人机混合、行为协同的复杂行为模式、因果关系和社会后果时，亟需新型的技术方式进行精准控制、提高效率以促进事实认定和法律实践。[1] 数据真实性系统验证就是在这一变革背景下，依托于信息科技产生的法律实践技巧，旨在促进对数据真实性的精准分析。作为系统验证手段的电子存证，其存取过程是对“电子数据”运动形态的记录，相较于其他形式证据具有系统性，既可表达结果状态又可表达过程，能够自动记录各种信息，[2] 有助于高效准确地认定事实。适用电子存证的最大挑战

〔1〕 参见马长山：《智能互联网时代的法律变革》，载《法学研究》2018 年第 4 期，第 20 页。

〔2〕 参见戴士剑、刘品新主编：《电子证据调查指南》，中国检察出版社 2014 年版，第 17 页。

在于不能轻易地将其划入到传统的证据类型中，[1] 因此，将电子存证与其他类型的证据进行区分就显得尤为重要。

1. 存证数据与待存数据的区分

存证数据是指经过存证平台生成的数据，也即为存证平台的“产品”。此处的待存数据是指待存证的电子数据，也即为存证平台的“原材料”。存证数据是待存数据的“日记”，是对待存数据产生、运动状态的记录，相对于待存证的数据处于独立地位。待存数据在进行存储时，进行本身的信息加密，而存证数据记录的是“另一种形态的待存数据”，而这一形态的待存数据所含信息是不可被存证数据所获取的，这也意味着待存数据和存证数据所含的信息是隔离的。存证数据所能证明的，是所对应数据的存在时间问题，以及是否完整、未经篡改的形式上的真实；至于这个数据实质上是否真实，也即这份数据所表达的内容、意思或含义则非待存数据所解决的问题。

2. 电子存证与计算机取证的区别

电子数据取证与鉴定也被称为“计算机取证”，是指经过资格认定的专业人员基于计算机科学原理和技术，接受当事人的委托，按照法律规定的程序，发现、固定、提取、分析、检验、记录和展示电子设备中存储的电子数据，找出与案件事实之间的客观联系，确定其证明力并提供鉴定意见的活动。[2] 首先，在开展阶段上，二者是截然不同的，计算机取证是在案件发生之后进行，而存证是在案件发生之间就已经展开。其次，在开展内容上，计算机取证是根据收集到的电子数据对案件事实的还原，而存证则是根据采集来的数据对事实进行塑造。再次，目前计算机取证的方式为借助各种取证工具对虚拟空间中的电子数据进行收集与固定，主要措施包括电子数据勘验检查、电子数据鉴定和电子数据保全。[3] 而存证的方式是通过时间戳和哈希加密对电子数据进行循环记录。最后，在开展程度上，取证是对电子数据的修复，理论上有损的，而存证则是对电子数据的生产，理论上是无损的。

---

[1] *See* Lan M. Gahtan, *Electronic Evidence*, Thomson Professional Publishing, 1999, p. 138.

[2] 参见金波、黄道丽、夏荣：《电子数据鉴定标准体系研究》，载《中国司法鉴定》2011 年第 1 期，第 49 页。

[3] 参见丁谷平、卜磊：《反贪侦查实务中电子数据取证问题研究》，载《上海政法学院学报》2013 年第 2 期，第 31 页。

表 2 取证存证对比表

电子取证注意事项	存证解决方案
是否载明该电子证据形成的时间、地点、对象、制作人、制作过程及设备情况等	通过时间戳、电子签名身份验证系统、信道记录、过程认定记录下时间、地点、对象等
制作、储存、传递、获得、收集、出示等程序和环节是否合法，取证人、制作人、持有人、见证人等是否签名或者盖章	制作、储存、传递、获得等过程加盖国家授时中心的时间戳协议，保证其关联性；存证不涉及收集、出示等环节
内容是否真实，有无剪裁、拼凑、篡改、添加等伪造、变造情形	哈希值和时间戳保证内容不被篡改
该电子证据与案件事实有无关联性	电子签名保证证据材料与案件关联性

3. 存证证据与证据链的区别

证据是事实的理由，证据链是证据的理由或称理由的理由，[1] 证据链是一个抽象的逻辑概念，不具有实体性。而存证证据则是证据的一种，它是电子证据的“日记”，是证据的辅助证据，是真实存在的，其能够成为证据链的重要一环，但二者无论是在表现形式上抑或对于事实认定的作用上都有着天然的区别。

4. 存证证据与过程证据的区别

过程证据是指记录特定诉讼行为过程事实的证据，在刑事诉讼中通常指办案人员在调查取证过程中所制作的这些书面记录，相对于实物证据以及言词证据，具有过程性的属性。[2] 存证证据同样是对过程的记录，但却不是过程证据的一种。首先，在产生阶段上，过程证据是在案件发生之后才开始采集的，而存证证据的产生是发生在案件发生之前；其次，在采集主体上，过程证据的采集主体是侦查人员，而存证证据的主体没有限制；最后，在证据功能上，过程证据对那些发生在刑事诉讼中的过程事实提供证明，而存证证

---

〔1〕 参见何家弘、张卫平主编:《简明证据法学》，中国人民大学出版社 2016 年版，第 2 页。

〔2〕 参见陈瑞华:《论刑事诉讼中的过程证据》，载《法商研究》2015 年第 1 期，第 81 页。

据则是对案件事实进行证明。

5. 电子存证与免证事实的区别

在诉讼中，有类事实是不需要当事人承担举证责任即可以认定的事实，在证据法上被称为免证事实。有些事实是显著事实，其真实性一目了然；有些已经为法院生效裁判所确认或经公证机关所确认，法院可以直接认定其真实性。最高人民法院相关司法解释规定了六种免证事实，即：众所周知的事实、自然规律及定理、推定的事实、法院生效裁判所认定的事实、仲裁机关生效仲裁裁决所认定的事实、公证机关公证文书所认定的事实。[1] 因此，免证事实大体可分为两类，一类是具有天然信任的自然背书，例如众所周知的事实、自然规律及定理、推定的事实；另一类是具有国家公信力的国家背书，例如法院生效裁判所认定的事实、仲裁机关生效仲裁裁决所认定的事实、公证机关公证文书所认定的事实。而在实务中三种对于电子数据进行系统信任的背书方式的来源也大体可划分到这两大类中去：第三方存证机构自行验证和去中心化算法存储由于是因为具有共同的数理逻辑基础，当事人可以通过普遍的常识加以确认，但不可归结到具有天然信任的自然背书一类，在认定时只能作为一般待证事实证据进行分析说明，由法官进行综合认定；而权威机构背书认定则是利用公证处和鉴定机构的公证和核验进而获得国家公信力，其更像是公证和鉴定的“线上化”，因而将其归结于具有国家公信力的国家背书一类。

（二）电子存证适用的案卷实录

目前电子存证的司法应用多集中在电子合同、著作权权属证明、侵权证据保全等领域，相应的司法判决也逐渐增多。司法实践中对电子数据存证认定的态度并不明确，认可与不认可的情况都存在。具体案件中，支持电子数据存证的方式有直接认可、经过庭审勘验后认可、结合证据规则综合认可等；不支持的理由主要有存证机构不具备提供服务资质，以及存证方单方操作，缺乏监督等。表3列举了部分著作权侵权案件中，法院对于电子存证予以支持或否定的具体理由。

---

〔1〕 参见《最高人民法院关于民事诉讼证据的若干规定》第9条规定。

表3 案卷实录分析表

态度	案件	原因
支持——直接认可	上海市闵行区人民法院审理的（2015）闵民三（知）初字第1281号侵害作品信息网络传播权纠纷一案	原告采用联合信任时间戳服务中心出具的可信时间戳作为证据，用以证明被告存在侵权行为。
支持——经庭审验证后认可	武汉东湖新技术开发区人民法院审理的（2015）鄂武东开知初字第133号侵害著作权纠纷案	在庭审中，法院登录联合信任时间戳服务中心的网站，验证原告取证过程的视频文件内容完整、未被更改。从形式上看，该院对于电子存证证明力的认可，属于经庭审验证后认可。
支持——对方当事人认可	天津市第二中级人民法院审理的（2015）二中民三知初字第136号侵害作品信息网络传播权纠纷案	该案中，法院在被告对时间戳证据的真实性无异议的情况下，认可了原告时间戳证据的证明力。
支持——无反证推翻	深圳市宝安区人民法院审理的（2012）深宝法知民初字第906、907、909、910号侵害作品复制权纠纷系列案	该案中，原告提交了时间戳与电子证据固化报告作为权属证据，在被告未提供相反证据的情况下，法院基于原告提交的上述证据认定原告是涉案图片的著作权人。
支持——无反证、高度盖然性的证明标准	北京知识产权法院审理的（2016）京73民终147号侵害作品信息网络传播权纠纷案	原告提交的电子数据证据，不论生成、储存方法还是保持内容完整性的方法，均较为可靠。被告并未提供任何证据证明上述取证过程和验证方式存在影响证据真实性的瑕疵，并且在二审询问中明确表示对被控侵权行为事实不持异议。

续表

态　度	案　件	原　因
不支持	北京市朝阳区人民法院在（2015）朝民（知）初字第17865号侵害作品信息网络传播权纠纷一案	（1）证明文件仅能证明原告在其申请验证的时间将光盘中的文件上传至该机构网站，该验证行为针对的只是上传时间，而非文件本身。 （2）由于该文件的来源和操作过程均由原告单方控制和操作，缺乏第三方有效监督，因此无法确保光盘内容的客观性、公正性和合法性。

上述司法案例显示，对于存证证据的认定，法院在裁判案件中，一般会结合庭审勘验、其他证据、高度盖然性的证明标准等对存证证据进行综合判断，而且法院一般不会轻易从验证主体资质和证据形式上对电子存证证据的证明力予以否定，而是倾向于给新事物和新行业适当发展空间，鼓励充分暴露问题、合理解决问题，最终促进证明手段的有效、便捷、低成本。对于电子数据作为证据的案例中，法院接受程度不高，但对于附有电子存证的电子数据，法院通过查看电子数据"日记"的形式开始对电子数据进行系统性认知，对电子数据予以信任。

在实践中，法院在决定是否采纳电子存证时，需要了解存证机构的产品原理，例如技术层面是否可篡改、时间源的取得、是否可自我验证等。同时不可仅仅凭借的电子存证认定待证事实，电子存证只是电子数据的"日记"，是电子数据形式真伪的理由，并不能证明电子数据在案件中关系，待证事实需要集合其他线索和证据综合认定。[1] 法庭在借助电子存证产品对电子数据进行真实性审查时，应根据记录手段、存储方案、呈现方式的可靠性进行综合评断，决定是否采信。

（三）电子存证手段的发展路径

1. 主体资格确定问题

传统的证据固定主要依赖公证处，但公证处在时间响应、应用场景、成

---

〔1〕 参见何家弘主编：《刑事诉讼中科学证据的审查规则与采信标准》，中国人民公安大学出版社2014年版，第167页。

本等多个方面都难以满足电子化数据存证的需求，于是出现了一批第三方电子存证机构，电子存证行业方兴未艾，下面就介绍一下该领域的主要机构。

表 4 系统验证的市场行业类型

机构简称	存证类型	系统验证方式介绍
公证通（GZT）	第三方机构自行验证	其创建一个共识系统，用户将数据信息输入其中，“公证通”系统便会将信息及时记录下来，系统的正常运转是依赖于一整套密码学维持的协议。
法链（FL）	区块链存储式	将区块链技术与电子合同深度融合，交易双方一旦签订电子合同，那么电子合同的签署时间、签署主体、文件的哈希值等电子合同的数字指纹信息就会同步记录到“法链”所有成员的每一个节点上。
阿里云存证（ALYCZ）	司法机构背书	将重要邮件的电子数据信息同步存储到权威的第三方机构，当纠纷产生的时候用户可以将己方储存的电子邮件，发送至司法鉴定机构，实现原始邮件特征数据与存证数据进行对比，为电子邮件的真实性提供证明，从而降低了用户举证的成本。
存证云（CZY）	司法机构背书	提供由合法数字验证机构颁发的数字证书，可以检测到电子合同文件中包含的电子信息。当纠纷发生的时候，用户可通过众签平台申请司法鉴定，司法鉴定中心提供电子数据司法鉴定意见书。
北京数字认证（BJCA）	第三方机构自行验证	采用数字签名技术，保证电子文件与纸质文件具有同等的法律效力，确保网络中传输的电子数据遭到非法篡改后能够被及时发现，一旦出现纠纷，提取历史交易证据并进行验证，作为法律上责任认定的依据。

由此可知，对于电子数据系统验证的验证主体，技术类型各有特点，并无具体的法律文件和行业规范对存证业务开展的主体进行过多限制。这也导致了市场上技术规范参差不齐，真伪验证机构散列其中，各式无效存证屡见

不鲜，因此导致法庭验证不承认其公信，导致行业发展出现障碍。

系统验证的主体不仅牵扯用户的利益，更多是关系到国家司法权力的配置，因此对于主体问题应当实行门槛核准制度，明确该行业的基本资质，《中华人民共和国电子签名法》曾明确规定了能够进行电子签名的技术标准，[1]因此对于以电子签名为子集的系统验证，更应当明确行业门槛。目前，我们国家并没有对电子存证预设行政许可，没有一定要求启动主体必须满足要求，法无明文规定即为可为，只要具备相应的技术能力，对应的第三方电子工具商即可以提供这样服务，并不需要任何的资质支持。

笔者认为，在未来行业管控的具体操作层面上，应当从时间戳的时间来源、存储服务器的存储能力、信息系统运行程度、背书可靠程度、技术人才层次等方面予以技术能力确认，同时在经营许可上还应考虑该行业的特殊性，可以适用特许经营方式。但同时应当明确，对于电子证据的主体应该持有非歧视性的原则，只要能够真实地反映案件事实，与案件事实相关联的来源和程序符合法律规定的证据都应当被认定为案件事实的根据。

2. 客体范围确定问题

系统验证在实践中应用极其广泛，在版权保全、合同保全、强化保全、邮件保全、语音保全、医疗数据保全、即时通讯保全等领域有丰富的成果，未来电子存证还将运用到智能合约、电子证据、电子票据、电子档案、证据保全等诸多领域。市场已经在电子存证客体范围上开疆拓土，而且民法也将其归于意思自治的范畴内，民事活动中的合同可以约定使用电子签名，对于当事人约定使用电子签名的文书，人民法院不因为其采用该种签名而否定其效力。

笔者认为，法律不应成为阻碍技术创新的障碍，其只对可预见的妨害进行预防，对于当事人意思自治的电子数据，除非已妨害到第三人或国家利益，不得因其未得法律明文确认而否定其效。同时为了鼓励行业创新、技术发展，客体范围应当为开放姿态，根据实践效果和市场认可程度来自然淘汰落后技术和产业。

3. 行业标准问题

设立行业标准是一个行业发展成熟的标志。通过设立行业标准，可以减少产品之间因不兼容而产生的资源浪费、交易费用和产品风险。系统验证是

---

〔1〕 参见《中华人民共和国电子签名法》第13条。

一套复杂的制度方案，牵扯到诸多管理规范和技术规范。在系统验证的市场大环境下，为了节约资源同时也为了提高公信力，对系统验证的技术标准的统一势在必行。但对于技术标准又不能全部设立，否则会形成技术垄断，阻碍行业创新。

笔者认为，可以在电子存证行业的管理规范方面设立行业标准，例如备份的份数、生成证书的样式、证书持有人签名方式、证书序列号、证书有效期、检验的方式、开验的程序等设立标准，以便开展活动。目前对于电子存证行业的技术性标准应当以鼓励创新为主，不设立过多行业标准。如系统验证的时间链条的开端、终端及长度；系统验证的记录方式，比如存储的方案、时间的来源以及时间戳盖印方式等；系统验证的加密技术，如加密函数和加密流程等；在整体态势上，对于技术标准应当保持鼓励创新、技术进步的态度，将技术标准设定为确认性规范，而非准入性规范。

结 语

技术革命促使社会形态发生整体变革，为应对复杂社会系统带来的时代风险，以计算法学、法令工学为代表的法律工程学正在崛起，以促使司法机关适应信息化时代变革[1]，以大数据、区块链、人工智能为代表的新型技术形式正改造着法律实践活动。本文立足于这一背景，以实例的方式从具体技术手段带给法律实践变化的角度出发，分析技术变革在法律实践中的障碍及解决的方式，并提出相关市场规制主体对于此类法律技术工程行业持有的态度。本文对技术促进法律实施工程的分析讨论，有其独立的实践意义和理论价值，同时也具备着超越特殊性的普遍意义，当面对复杂社会对于法律实践的障碍时，应当努力探索技术手段推动法律实施、促进实体公正实现。

（初审人：刘金松）

---

〔1〕 参见于志刚、李怀胜：《杭州互联网法院的历史意义、司法责任与时代使命》，载《比较法研究》2018 年第 3 期，第 103 页。

公法研讨

工伤认定中合宪性解释方法应用刍议

郭思源*

摘　要：工伤保险是宪法劳动权的具体化。工伤认定中，关于上下班途中的交通事故、48小时内工亡和离退休人员工伤待遇的认定，不仅在实践中存在较大争议，在理论上亦有分歧。对此类工伤认定，法官应采用合宪性解释的方法来理解适用《工伤保险条例》（以下简称《条例》）。对于上下班途中本质上是否视同工伤，在解释《条例》时应注意平衡劳动权和资方财产权，不可一味迁就劳动者。对于48小时内工亡的认定，应首先考虑《条例》第14条一般工伤认定条款的适用，出于保护生命权的考虑，应采取脑死亡标准认定死亡时间。对于离退休人员的工伤待遇，在全国性立法阙如的情况下，司法者应保持克制，尊重地方性法规和规章，毕竟工伤基金运营和劳动力市场调控是地方政府的宪法职权。

关键词：工伤认定　合宪性解释　上下班途中　48小时内工亡　离退休人员

引　言

《工伤保险条例》（以下简称《条例》）是我国宪法

---

*　郭思源，男，中国政法大学法学院宪法学与行政法学专业2017级博士研究生（100088）。

劳动权的重要下位立法，其内容涵盖了行政主体设定、资金统筹、工伤认定和补偿标准等诸多内容。其内容牵连广泛，行政管理内容颇多，就我国法院所能主管案件的范围言之，司法所能介入的事项主要在于工伤认定。自20世纪90年代工伤保险制度建立以来，其经历了从部门规章到行政法规的发展，在二十余年的实践中，通过行政法规和判例的推进，逐渐形成了工伤认定的一系列标准。但工伤认定中依然存在着诸多问题。

我国工伤认定的规范依据存在于现行《条例》的第14、15、16条，归纳学界及法院的司法解释和判决，不难发现尤其是在几种特殊情形的工伤认定上，立法上用语含混，使得在具体案件的处理上出现了较大的分歧。首先，“上下班途中”的界定仍不十分清楚。2004年实施的《条例》和2011年实施的《条例》对上下班途中事故工伤认定的规定不同，在实践中争议较大，导致法律适用极不统一。[1] 而大部分的学者都更加倾向于从基本权利或劳动者权益保障的角度出发，扩大解释“上下班途中”，以期倾斜保护劳动者。[2] 其次，“48小时条款”理解适用争议较大。既往的讨论中，学界和实务界的争论更多集中在如何确定死亡时间上。[3] 最后，离退休人员能否认定工伤的问题。对于这一问题，《条例》只字未提，最高人民法院的态度左右摇摆，人力资源和社会保障部的部门规章在有限范围内承认可以通过工伤保险基金给予特定离退休人员相当于工伤标准的补偿。不少学者也认为应当给予离退休人

---

〔1〕 杨科雄：《上下班途中工伤认定的法律适用探究》，载《法律适用》2014年第11期，第36页。

〔2〕 参见黄学贤、汪厚东：《“途中工伤”构成要素的司法判断——以〈工伤保险条例〉第十四条第一款第六项为考察对象》，载《苏州大学学报（哲学社会科学版）》2014年第4期，第98页。杨曙光：《论工伤认定中“途中工伤”条款之适用研究——以公民基本权保护主义为视角》，载《行政法学研究》2013年第2期，第38页。

〔3〕 参见夏群佩、陈锦峰：《如何认定48小时内抢救无效死亡为工伤》，载《中国劳动》2014年第4期，第53页。

员工伤保险待遇，而在如何认定的路径上有所分歧。[1]

对于以上三个在工伤认定中争议较大的问题，学界的主流观点多倾向于站在保护劳动者权益的角度解释《条例》，但这种立场并不能证成其解释的合理性。如在理解“上下班途中”的过程中过于宽松的界定虽然有助于保护劳动者权益，但是会侵犯企业主的权益；虽然“48 小时条款”可以进行目的性的扩张解释，却没有充分考虑到体系性的解释《条例》；主张离退休人员应当纳入工伤保险保障，却没有充分从宏观上考量劳动力市场的问题。

合宪性解释，作为我国当前的环境下最可行的一种宪法实施方式，在工伤保险制度的发展过程中发挥了重要的作用。[2] 所以对于以上提到的三个涉及工伤认定的条款，我们不妨拉高到宪法的高度来重新考虑其可能的法律解释方案。工伤认定案件从宪法保障公民基本权利这一原则目的出发，法院在审理相关案件时需以宪法的精神依法行使法律解释权填补现行法律规范在公民基本权救济方面可能存在的漏洞，努力让劳动者的权利获得最优先保护。[3] 但宪法并不是劳动者一方的宪法，它是全民的宪法。所以，在解释上下班途中交通事故（这实际上是视为工伤事故的情形）时，应从严解释，以避免过于损害用人单位方的权利；而对于“48 小时”条款，应首先考虑《条例》第 14 条适用的可能，其次也应采用脑死亡的标准来认定死亡时间；对于离退休人员的工伤待遇确认问题，在国家立法尚未明晰的前提下，应参照省级立法、规章来处理。以下，笔者将分别论述上述观点。

---

〔1〕 如有学者认为，工伤保险是社会保险，社会保险呈现公民化的趋势，不能将离退休人员剔除在外。参见陈敏：《“非职工”群体纳入工伤保险制度保障探析》，载《政治与法律》2017 年第 2 期，第 152~154 页。还有些学者认为需先完善认定劳动关系的法律，因为劳动关系是认定工伤的前提。参见王霞、刘珊：《我国劳动关系认定规则的反思与完善——从退休返聘人员工伤损害赔偿困境说起》，载《湘潭大学学报（哲学社会科学版）》2016 年第 3 期，第 45~49 页。还有学者认为，超龄公民依旧具有劳动能力，可以与用人单位构成劳动关系，不影响工伤认定。参见蔡小雪：《超过法定退休年龄的进城务工农民可认定工伤》，载《人民司法》2011 年第 2 期，第 60 页。还有学者认为，虽然超龄公民不能与用人单位建立劳动关系，但因其依旧会在新的聘用关系中存在受伤风险，还需工伤保险对其保障。参见于欣华：《退休劳动者工伤保险法律问题研究——兼论工伤保险法与劳动法的“爱与恨”》，载《甘肃政法学院学报》2013 年第 3 期，第 5~6 页。

〔2〕 参见杜强强：《论合宪性解释的法律对话功能——以工伤认定为中心》，载《法商研究》2018 年第 1 期，12~13 页。

〔3〕 黄学贤、汪厚东：《“途中工伤”构成要素的司法判断——以〈工伤保险条例〉第十四条第一款第六项为考察对象》，载《苏州大学学报（哲学社会科学版）》2014 年第 4 期，第 96~97 页。

一、应从严解释“上下班途中”的含义——宪法劳动权与财产权的衡量

（一）类案不类判——两个案例的引入

第一个案件，陈敏于2010年9月7日进入春宇电子（吴江）有限公司单位工作，岗位为生产操作工；2010年11月1日向单位书面申请公司内住宿，经原告同意于2010年11月4日入住原告单位内女生宿舍410房间，食宿均由单位安排。事故发生时陈敏是夜班工作，工作时间为20时至次日5时。陈敏于2010年11月11日18时50分左右因私外出在三里桥用餐后发生交通事故受伤。吴江市人社局认定工伤，资方起诉，吴江法院和苏州市两级法院均维持人社局行政决定。[1] 第二个案件，张志军、张文斌生前为安徽池州海螺水泥股份有限公司职工，2005年4月3日17时30分，沈志军、张文斌下班后未乘坐单位班车回家，在公司附近饭馆吃晚饭。19时40分左右二人驱车回家与重型货车会车时相撞，造成沈志军及乘车人张文斌死亡。池州市劳保局不予认定工伤，贵池区法院和池州市法院均肯定了劳保局的行政决定。[2]

这两个案件都涉及工伤认定中“上下班途中”的解释问题，一出一入，看似没有多大关联，但实际上体现出极大的差异。不论如何理解“上下班途中”这一概念，笔者认为这一过程的路线是可以明确的，即“个人生活区域—工作劳动区域—个人生活区域”之间。上面两个案例无疑有很高的相似度。一个是劳动者上班途中用餐后发生了事故（生活区域→劳动区域），另一个则是劳动者下班回家途中用餐后发生的事故（劳动区域→生活区域），而一个被认定为工伤，另一个则没有认定工伤，这似乎并没有什么合理的基础。

《中华人民共和国宪法》（以下简称《宪法》）第33条第2、3款规定：中华人民共和国公民在法律面前一律平等；国家尊重和保障人权。法院作为国家机关，有义务落实平等对待每一个公民的规定，即“同案同判”。而本案的分殊则反映了同案未能同判的现实，也就是说有一个人受到了不公平的待遇。所以问题就要归结于是陈敏不公地受到了工伤补偿还是张志军、张文斌不公地被剔除于工伤补偿的保障范围。

---

〔1〕 参见《春宇电子（吴江）有限公司诉吴江市人力资源和社会保障局因员工就餐时外出致伤劳动保障行政确认案》[（2012）苏中行终字第0021号]。

〔2〕 参见《沈立顺等不服池州市劳动和社会保障局工伤行政确认案》[（2006）池行终字第05、06号]。

（二）上下班途中事故不是当然的工伤事故

工伤事故，顾名思义，伤害应当是与工作有关的因素而导致的。而上下班途中的风险本身并不是企业带给劳动者的，由企业负担此种义务，有不公之嫌。此条规定，更多的是分担社会风险，这也是国家在履行宪法规定的提供物质帮助义务时所使用的变通之法。国际劳工组织（International labor Organization）1980年修订通过的《雇工伤害补偿条约》（Employment Injury Benefits Convention）第7条第2款规定，当缔约国的社会保险可以覆盖上下班途中伤害，且其补偿不低于其他正常的工伤补偿时，缔约国就可以不将上下班途中发生的事故放入工伤保险中规定。[1] 这一规定其实也隐含了一层意思，即上下班途中的伤害并不是雇主的责任，只不过劳工的损失需要补偿。实际上在2010年《条例》修改之时，亦有声音表示应当废除这一规定。[2] 从我国现行的工伤保险制度来看，我国政府将上下班途中的事故视为工伤，无疑暗合了国际劳工组织的想法。

不过以我国目前的工伤保险基金的运营模式来看，无异于慷广大企业之慨，以济劳动者之困，这反映出的宪法上财产权和宪法劳动权的此消彼长趋势。目前《中华人民共和国社会保险法》第39条规定企业除了要交工伤保险费，还要支付劳动者治疗工伤期间的工资福利；五级、六级伤残职工按月领取的伤残津贴；终止或者解除劳动合同时，劳动者应当享受的一次性伤残就业补助金。《条例》还规定生活不能自理的工伤职工在停工留薪期需要护理的，由所在单位负责；因事故下落不明的，从事故发生当月起3个月内的工资照发。当前工伤保险管制成本可能挤占企业的生产资源，给企业造成的负担是直接的。[3] 在企业责任偏大的情况下，再让企业担起与自己无关的事故

---

〔1〕 原文为"Where commuting accidents are covered by social security schemes other than employment injury schemes, and these schemes provide in respect of commuting accidents benefits which, when taken together, are at least equivalent to those required under this Convention, it shall not be necessary to make provision for commuting accidents in the definition of 'industrial accident'." *See* Employment Injury Benefits Convention, 1964, accessed http://www.ilo.org/dyn/normlex/en/f?p=NORMLEXPUB:12100:0::NO::P12100_ILO_CODE:C121, last visited in 2019-4-4.

〔2〕 参见吴丽萍：《对我国"途中工伤"条款存废的探讨》，载《当代法学》2010年第5期，第112页。梁三利：《取消职工上下班途中事故伤害工伤认定应慎行》，载《法学》2009年第11期，第3~4页。

〔3〕 胡务、杨梅梅、刘震：《工伤保险管制与企业生产率增长》，载《保险研究》2017年第7期，第111页。

责任，则稍显不公。

从立法例上看，很多国家没有将上下班途中事故视为工伤事故。有学者统计了经济合作与发展组织（OECD）2010年34个成员的工伤保险制度，有10个成员没有将上下班途中工伤事故视作工伤，英国、美国还包括亚洲的韩国均未将其视作工伤；而将其纳入工伤的法国、德国近年来亦有以其他社会保险填补这一部分的趋势。[1]

（三）认定上下班途中事故应有权衡劳动权与财产权的宪法精神

工伤制度永远无法脱离用工者与劳动者双方的关系，所以工伤制度并不是专为劳动权所建立的保障制度。一味地强调保护劳动者利益，固然与《中华人民共和国劳动法》立法目的大方向一致，但这并不是真正遵循立法目的。[2] 我国《宪法》第11条第2款明确规定："国家保护个体经济、私营经济等非公有制经济的合法的权利和利益。国家鼓励、支持和引导非公有制经济的发展，并对非公有制经济依法实行监督和管理。"国家不仅要保护劳动者的权利，也要帮助企业的发展，工伤制度具有这一条款具体化的影子。

2011年实施的《条例》第1条表述得很明白，这部行政法规不仅仅是为保护劳动权，也是为了"分散用人单位的工伤风险"。劳动者因工负伤应给予其足够的经济补偿已是一个不容挑战的法律原则了，这就使得谁来提供这种经济补偿成为十分重要的问题。为了弥补发生工伤事故的劳动者，完全可以采取国家统一规定工伤赔偿标准而由企业完全独立负担工伤责任的模式。对于可能出现企业无财力支付全部工伤补偿的情形，则由政府提供另外的救济。如果这样做，一方面不利于企业的健康良好发展，另一方面也是我国《宪法》第11条所不允许的。所以，在立法上我们一方面要保护劳动者的权益，同时也不应该过多加重企业负担，司法适用领域亦然。

通过上文分析，我们可以得出这样一个结论：将上下班途中交通事故视为工伤是对企业"不公"的一种权宜之计。那么法官在面对这种案件时便没有道理一味地迁就劳动者一方，这不仅会不当限制企业主的财产权，而且还会助长不正之风。"惟吾人以为不采取过宽松的态度，以免过度加重雇主、甚

---

〔1〕 参见张其恒：《论通勤灾害应否视为职业灾害》，载《政大劳动学报》2011年第27期，第87~90页。

〔2〕 康恒武：《交通事故责任不明认定为工伤值得商榷》，载《中国劳动》2014年第5期，第62页。

至保险人的责任，驯致引发劳工的道德风险。"[1] 更何况，我国在实体规范上已经提高了这种道德风险。根据《中华人民共和国生产安全法》和《最高人民法院关于审理人身损害赔偿案件适用法律若干问题的解释》，劳动者可能获得"双份利益"（一份赔偿，一份补偿）的荒唐局面。[2]

所以笔者认为，在确定生活区域时应从严理解。不能以劳动者的住所为该区域的标准，而应以该区域的功能为标准，劳动者进行休息、娱乐等个人活动的场所就应该视为个人生活区域。举例来说，如果劳动者在下班后与其男/女朋友相约看电影，那么他们进了电影院，显然就已经超出了下班途中这一过程，劳动者从电影院返回家中或去往其他地方就已经是个人生活的范围，与工伤认定没有关系。

识别个人生活区域尤为重要。贵池区的案件中，两位罹难劳动者在下班之后去饭店聚会，从这一"情谊行为"开始实施后，便已进入个人生活的阶段，其再回家的过程自然不能归入"上下班途中"，不能认定工伤应无疑义。而吴江区的案件，对生活区域的认定则有不当之嫌。该案中劳动者进驻单位宿舍，按照安排，食宿都在工厂范围内解决。在该案中，生活区域主要应该就是其宿舍区域。该案劳动者外出就餐，这一行为无疑仍属于其在生活区域中的行为。问题是其就餐返回厂区是否为进入工作岗位抑或是回宿舍进行其他的活动。该案中，法官并没有查明这一事实，而从其判决来看，其并没有注意这一区别的重大意义，而是直接以"提供食宿是单位为职工提供的福利，并不意味着职工不能外出，即使职工因此违反了用人单位的纪律，用人单位可以进行处理，但不能因此而否认其外出而引起的工伤责任"为依据驳回用人单位的请求。当然法官这句话并没有错，只是这与是否认定劳动者是"上下班途中"没有必然关系。这样的草率判决似有不当，法官应该查明事实，

---

〔1〕 焦兴铠主编:《"劳动基准法"释义——施行二十年之回顾与展望》，新学林出版股份有限公司 2011 年版，第 572 页。

〔2〕 参见董保华:《〈工伤保险条例〉修改的若干思考》，载《东方法学》2009 年第 5 期，第 130 页。不过最高人民法院对于工伤赔偿和民事责任之间关系做了新的规定，改变了在 2006 年《最高人民法院关于因第三人造成工伤的职工或其亲属在获得民事赔偿后是否还可以获得工伤保险补偿问题的答复》中明确支持双份赔偿的态度。在 2014 年《最高人民法院关于审理工伤保险行政案件若干问题的规定》第 8 条第 3 款规定：职工因第三人的原因导致工伤，社会保险经办机构以职工或者其近亲属已经对第三人提起民事诉讼为由，拒绝支付工伤保险待遇的，人民法院不予支持，但第三人已经支付的医疗费用除外。不过这还是没有完全改变旧的处理办法，因为当事人依旧可以在领取工伤赔偿后再去以民事侵权为由起诉侵权人。

以便做出更为恰当的判决，避免劳动者“不公”地获得其不应得的利益。

二、应以脑死亡标准理解“48小时内死亡”——宪法生命权保障的司法义务

（一）应首先考虑适用《条例》第14条的规定

《条例》第15条第1款第1项规定的视同工伤情形为“在工作时间和工作岗位，突发疾病死亡或者在48小时之内经抢救无效死亡的”，48小时的规定一直饱受争议。但实际上在很多案件中，并不需要适用这一条的规定。笔者通过一个案例进行解释。

2015年12月29日程某上班时在单位工厂晕倒，10时48分进入深圳龙岗中心医院抢救，医生入院诊断为右侧小脑出血破入脑室系统；脑疝形成；脑室积血；脑积水；吸入性肺炎。随后，程某无自主呼吸，脑干等各种反射均消失。次日院方告知其家属，程某已基本脑死亡，没有抢救价值，而家属坚持抢救。2015年12月31日13时35分，程某被院方通告临床死亡，家属申请认定工伤，深圳市人社局以超过48小时为由拒绝认定；家属提起行政诉讼后，盐田区法院维持了行政机关的认定。[1] 从近年《中国劳动保障发展报告》来看，我国在工作中突发疾病死亡人数占工亡总人数三成左右，且每年有小幅上涨，有学者结合该案呼吁改变这一认定标准。[2]

上下班途中的交通事故与职业伤害没有必然联系，而且发生交通事故的劳动者也不一定会发生死亡这种惨痛的结果，上下班途中条款规定的更为弹性，法官可以更为灵活地来把握，将各种等级的伤害均纳入工伤保险之中。相比第14条的“上下班途中”条款，此条规定稍显死板。在这一条规定中生命消亡是构成工伤的必要条件，法律的规定看上去却缺乏“弹性”。在法律规范不太合理的情况下，司法能做什么呢？毕竟“宪法生命权的保护义务主体是法院”。[3]

本着完善宪法劳动权保障、尊重生命权的旨趣，以司法者的视角，再来

---

〔1〕 参见《童恒峰，童欣，童煜婷，童博伟与深圳市人力资源和社会保障局其他二审行政判决书》[（2016）粤03行终639号]。虽然上诉过程中死亡劳动者家属提供了其他法院采用脑死亡标准认定工伤的判决，但二审法院仍然维持了一审判决。

〔2〕 参见陈磊：《“突发疾病死亡”工伤认定标准亟需调整》，载《法制日报》2016年10月10日，第5版。

〔3〕 上官丕亮：《论国家对基本权利的双重义务——以生命权为例》，载《江海学刊》2008年第2期，第154页。

审视《条例》，我们依然可以有一些可以操作的空间。《条例》第 14 条规定的前三种认定工伤的情形，第一是在工作时间和工作场所内，因工作原因受到事故伤害的；第二是工作时间前后在工作场所内，从事与工作有关的预备性或者收尾性工作受到事故伤害的；第三是在工作时间和工作场所内，因履行工作职责受到暴力等意外伤害的。《条例》第 15 条规定的是在工作时间和工作岗位，突发疾病死亡或者在 48 小时之内经抢救无效死亡的。

这两条的规定就字面含义而言，显然是有重合之处的。但从目的解释的角度应将两者区分，即只有在不符合第 14 条规定的劳动者伤残死亡才会适用第 15 条的规定。第 15 条在此处发挥的也是类似上下班途中视为工伤的作用，即作为分散社会风险的一种手段。虽然劳动者在工作岗位内突发疾病，而此病与单位工作没有任何关系的情况确实是广泛存在的。但我们也不应该忘记，同样存在很多的劳动者突发疾病与单位的工作有较强的联系，此时应发动第 14 条来处理这些情况。

近年来各种心源性疾病引发的猝死，或多或少都与工作压力较大有很大关系。在很多企业当中，8 小时工作制并没有被严格执行，带薪休假等制度更是可望而不可即。即便是各种工作时长和休假制度得到了严格执行，但 8 小时内的工作强度却又分殊极大。单个劳动者的工作环境势必要影响到法官认定劳动者突然死亡是否可以援用第 14 条的规定，而不是仅仅计算入院时间和死亡时间相差是否超过 48 小时。

本案中，程某在鞋厂工作，而医院的诊断证明上也赫然载明“吸入性肺炎”为主要病症之一。本案披露出的信息中并没有交代这个鞋厂的情况和程某的工作岗位，但按近些年来媒体的披露，一般鞋厂在生产过程中会使用大量的胶水，而这些黏着剂中总会有些致癌物挥发出来。[1] 这种挥发物无疑会直接引起呼吸道疾病，而对于人体其他的隐性影响则更是难以评估。如果本案可以深入发掘案件事实，未尝不可以第 14 条的规定认定工伤。

近年来有学者提出，法院对行政裁量的审查应以“判断过程审查方式”为之。在这种模式下，为确保行政权的独立性不致丧失和法院对行政权运作存在有力影响，法院一方面不能代为行政机关作出“行政行为”（以判决直接

---

〔1〕 相关信息在网络媒体中有诸多报道。劣质鞋可能会发出可分解芳香胺，其致癌性强于甲醛。参见《劣质鞋子可能致癌》，载凤凰网资讯：http：//news. ifeng. com/gundong/detail_2013_09/05/29325216_0. shtml，最后访问日期：2019 年 4 月 6 日。

确定某种行政法律关系），另一方面又要促使行政机关能够矫正其行为，法院应对不适当的行政行为进行撤销，同时提示行政主体在作出行政行为的过程中哪些因素应该着重考虑、哪些因素不重要、抑或是遗漏了哪些因素（此可谓判断过程），俾使行政机关在合理、全面地考虑了全部因素后重新作出行政行为。[1] 本案中，法官正可循此思路，撤销人社局的不予认定工伤决定，提示其在重新作出工伤认定行为时要考虑死亡劳动者生前的工作环境，进行基础的调查来探究其所在的工作场所伴随的隐形损伤是否与其死亡存在某种关联，是否有第 14 条适用的可能。

（二）死亡认定应采用“脑死亡”标准——生命权的当然之义

即便经过检视，确无第 14 条适用余地之时，上述案例仍可采用“脑死亡”标准来解释“48 小时之内”。本案中程某有两个死亡时间，一个是医院通知的脑死亡时间，另一个是医院通知的临床死亡时间。行政机关与法院都采纳了临床死亡时间的判定，这一判定显然是不合理的。脑死亡指脑干或脑干以上中枢神经系统永久性地丧失功能为标准来判定死亡，出于保障生命权的宪法目标，我国早就应该以立法明确。[2] 立法阙如的状态下，法官也有裁量的权力选择脑死亡或者临床死亡的标准。如果本案选择脑死亡的标准，程某的死亡时间就处在 48 小时之内，程某的工伤认定就毫无疑义了。

放弃以临床死亡为工伤判定的标准，绝非学界的“妄想”。不仅人大代表在呼吁立法明确,[3] 实践中也已有判例发生。就在深圳市所处的广东省的另一案例中，即便故去的劳动者经过了一个多月的抢救，广州市两级法院都认为应撤销行政机关不予认定工伤的决定。广州市中院在判决中写到：“鉴于：①郭春霞（劳动者，笔者注）突发疾病在 48 小时之内经抢救已被诊断为脑死亡，无手术及转院治疗价值；②医院的后续治疗仅限于维持郭春霞的呼吸和血压等相关指征；③郭春霞家属在医院诊断后经考虑在合理的期间内要求放弃治疗亦属人之常情。因此，郭春霞在家属放弃治疗后以原病症死亡的情形符合上述视同工伤的规定。上诉人（广州市人力资源和社会保障局——笔者

---

〔1〕 参见王天华：《行政裁量与判断过程审查方式》，载《清华法学》2009 年第 3 期，第 98~104 页。

〔2〕 参见上官丕亮：《宪法与生命——生命权的宪法保障研究》，法律出版社 2010 年版，第 111 页。

〔3〕 参见朱宁宁：《人大代表陈静瑜呼吁进行脑死亡立法：“不存在太多技术难题”》，载澎湃新闻网：http：//www. thepaper. cn/newsDetail_forward_2018707，最后访问日期：2019 年 4 月 6 日。

注）仅以郭春霞《死亡医学证明书》记载临床死亡时间距离发病时间超过48小时为由不认定郭春霞的死亡为工伤，与上述规定不符。"[1]"我们认为，脑死亡应当是人死亡的标准，对'48小时'内脑死亡、'48小时'后停止呼吸者予以认定工伤"。[2]

实际上，对于这一问题，有些法官的观点似乎走得更远，连"脑死亡"这一概念也不理会，完全以更为偏向劳动者的标准来认定死亡时间。有的法官提出一种"无存活可能标准"，"不能在任何时候都完全机械地以死亡证明书来认定职工的死亡时间，有时还应结合职工抢救的病历、治疗单和病情等综合认定。"[3] 在赣州发生的一例案件中，劳动者在工作岗位发病5天后辞世，赣州市人社局不予认定工伤，章贡区法院维持这一行政决定。赣州市中院认为："虽然钟云峰心跳停止的死亡时间超出了48小时，但在48小时之内钟云峰已深度昏迷，呼吸停止，双侧瞳孔散大，对光反射消失，已无存活可能，48小时之后靠呼吸机辅助呼吸。在这种情况下，应当认定为工伤。"[4]"无存活可能"标准无疑是一种更为开放的标准，有更大的空间给法官来衡量具体的个案情况。

三、离退休人员的工伤待遇——地方立法对宪法社会权形成的优先性

（一）离退休人员工伤待遇——司法案例中的摇摆

我国中央层面的法律中，对于离退休人员是否能够享有工伤保险待遇并没有一般性规定，相关规范都是由最高人民法院以个案批复的形式作出的。

2007年应重庆高院就具体案件的请示，最高人民法院批示认为用工单位如果为离退休人员缴纳工伤保险的，应当具备认定工伤的资格。[5] 而2010

---

〔1〕《广州市人力资源和社会保障局等诉吴广俊工伤认定决定案》[（2014）穗中法行终字第662号判决书]。

〔2〕杨科雄：《突发疾病死亡的工伤认定问题研究》，载中华人民共和国最高人民法院行政审判庭编：《行政执法与行政审判·2012年·第6集》，中国法制出版社2013年版，第77页。

〔3〕蒋桥生：《无存活可能因过度抢救48小时外死亡应视同工伤》，载《人民司法》2015年第8期，第76页。

〔4〕《罗江华与赣州市人力资源和社会保障局工伤认定纠纷上诉案》[（2013）赣中行终字第126号判决书]。类似观点参见许建兵、刘德生：《48小时内抢救无效死亡的工伤认定》，载《人民司法》2008年第22期，第51页。

〔5〕参见最高人民法院行政审判庭《关于离退休人员与现工作单位之间是否构成劳动关系以及工作时间内受伤是否适用〈工伤保险条例〉问题的答复》，其中为根据《工伤保险条例》第2条、第61条等有关规定，离退休人员受聘于现工作单位，现工作单位已经为其缴纳了工伤保险费，其在受聘期间因工作受到事故伤害的，应当适用《工伤保险条例》的有关规定处理。

年应山东高院就具体案件的请示，最高人民法院又表示对于务工农民达到离退休年龄的，依旧可以具有认定工伤的资格。[1] 2012年就江苏高院的请示，最高人民法院再次重申了其在2010年山东答复中的立场。[2]

虽然最高人民法院三令五申，要给予离退休人员工伤保险待遇，但在实践中，下级法院并没有严格实施这一规定。如《何某某与庆阳市人力资源和社会保障局工伤认定案》［（2014）庆中行终字第4号］中，何某某丈夫74岁，在一床垫厂工作过程中突然离世，庆阳市人社局不予受理何某某的工伤认定申请。何某某向法院起诉，庆阳地区两级法院均以其年龄超过退休年龄维持了人社局不予受理的决定。

最高人民法院的表态与下级法院判决的分别映射出这样一个现实，即离退休人员到底能否享受工伤保险待遇并不是一个已经有了定论的问题。

（二）最高人民法院批示应予抛弃——从应然和实然的两个角度

虽然最高人民法院几次批复都支持了赋予离退休人员工伤待遇的观点，但从今天的视角来看，无论是从理论上或是制定法变更的角度来看，这三个批示都不具有延续的合理性。

1. 绕开劳动关系认定工伤待遇存在逻辑错误

宪法劳动权的主体是有劳动能力的公民，而公民是否有劳动能力显然是处于法律拟制的状态，这与特定公民是不是真的有劳动的能力是不同的。一如民事主体是否能够发出有效的意思表示，“意思能力之有无是事实问题，不能由法律规定。法律规定的是有无法律确认的意思能力”。[3] 有劳动能力是公民成为具体劳动关系中一方主体的前提，而劳动关系又是认定工伤的前置条件，这也难怪在重庆高院的请示中还明确表示要最高人民法院表明离退休人员是否可以成立劳动关系。

讨论离退休人员是否可以享有工伤保险待遇，应当解决一个隐含问题，

---

〔1〕 参见最高人民法院行政审判庭《关于超过法定退休年龄的进城务工农民因工伤亡的，应否适用〈工伤保险条例〉请示的答复》［（2010）行他字第10号，以下简称“山东答复”］，认为用人单位聘用的超过法定退休年龄的务工农民，在工作时间内、因工作原因伤亡的，应当适用《工伤保险条例》的有关规定进行工伤认定。2012年就江苏高院的请示，最高人民法院再次重申了其在2010年山东答复中的立场。

〔2〕 参见《最高人民法院关于超过法定退休年龄的进城务工农民在工作时间内因公伤亡的，能否认定工伤的答复》［（2012）行他字第13号］。

〔3〕 李锡鹤：《民法原理论稿》，法律出版社2012年版，第665页。

即达到法定退休年龄的公民是否还可以成为劳动权的主体。关于退休人员的劳动能力，国内很多学者认为，当劳动者达到法定退休年龄时便没有了法律承认的劳动能力，不再能进入到具体的劳动关系中。[1] 而最高人民法院在面对重庆高院的请示时，并没有回答该案中是否要认定存在劳动关系；而且以重庆高院的请示函来看，其审委会主导意见依然是倾向认为不存在劳动关系的。但最高人民法院并没有正面回答这一问题，而是径直批示应当认定工伤，这在理论上是说不通的。

而且2010年《最高人民法院关于审理劳动争议案件适用法律若干问题的解释（三）》第7条也规定："用人单位与其招用的已经依法享受养老保险待遇或领取退休金的人员发生用工争议，向人民法院提起诉讼的，人民法院应当按劳务关系处理。"这一司法解释的规定与其答复多少有些扞格之处，下级法院不按照最高人民法院的答复来处理类似案件，则更是理所当然了。

2.《条例》的修改使得批示的法律基础丧失

在2007年重庆答复中，最高人民法院虽然没有认定劳动关系，但其还是亮明了其法理依据。最高人民法院所依照的乃是2003年《条例》的第61条，而2003年《条例》第61条规定的乃是职工的概念"本条例所称职工，是指与用人单位存在劳动关系（包括事实劳动关系）的各种用工形式、各种用工期限的劳动者"。且不论最高人民法院此时对这一条的理解是否准确，这一规定在2010年修改《条例》时已经被删去，今天再看这一答复，其存在的基础已经不复存在。笔者调查了《中华人民共和国劳动法》、《中华人民共和国劳动合同法》、《中华人民共和国社会保险法》（以下简称《社会保险法》）三部重要的部门立法，均没有对劳动者（职工）做出过界定。

最高人民法院对于山东高院的答复虽然是在2010年作出，但当时有效的《条例》依然是2003年版本，山东东营中院在最终的判决中依旧引用了2003年《条例》第61条的规定来认定李克英之夫（罹难农民工）系涉案企业的职工，应该享受工伤保险待遇。（2003年《条例》）"第2条第2款规定：中华人民共和国境内的各类企业的职工和个体工商户的雇工，均有依照本条例的规定享受工伤保险待遇的权利。第61条第1款规定：本条例所称职工，是指

---

[1] 参见沈同仙：《劳动法学》，北京大学出版社2009年版，第22页；郑尚元、李海明、扈春海：《劳动和社会保障法学》，中国政法大学出版社2008年版，第51页；王全兴：《劳动法》，法律出版社2017年版，第83页。

与用人单位存在劳动关系（包括事实劳动关系）的各种用工形式、各种用工期限的劳动者。从上述两条的规定看，均没有将超过法定退休年龄的劳动者排除在工伤保险条例调整的范围之外。”〔1〕

在2012年的答复中，江苏高院审委会没有了2003年《条例》关于职工定义的支撑，其多数意见认为罹难农民工是涉案企业的职工，因此在判决书中写道：“受伤职工除年龄超过法定退休年龄外，其与用人单位之间的关系与其他职工并无任何差异，仅仅一句其超过法定退休年龄就不予工伤认定缺乏法律依据。”这一意见最后也被最高人民法院承认。实际上江苏高院审委会所陈述的这一理由是不能成立的，上文述及，劳动能力是一种法律拟制的能力，与客观事实并不是画等号的。一个7岁的小童去超市买一瓶酱油和一个19岁的少年买一瓶酱油就有什么不同吗？他就一定不能理解自己的“意思”和其后果吗？显然不是的，但是法律规定未满8周岁的自然人是无民事行为能力人。同理，离退休年龄届至，必然要招致其法律地位的改变。

（三）离退休人员工伤待遇地方立法优先性的合宪性分析

离退休人员的工伤待遇认定，归根结底是劳动关系、劳动能力认定的问题。劳动能力的予夺，并不仅仅关乎已届暮年公民的权利，同时国家亦可通过这种手段来解决年轻人的就业机会问题。易言之，国家是否统一划线使劳动者退出劳动权的保护，而以《宪法》社会保障权条款（第45条）来保障公民的生存权同样要涉及不同宪法利益的衡量。在年复一年地出现“史上更难就业季”的背景下，国家依旧要求推迟退休年龄的正当性何在?〔2〕诚然，公民退休后依然愿意发挥余热或者有其他物质需求，另觅生财之路无可厚非；企业愿意聘任高龄“职员”也是其自由，政府虽不能压制，但鼓励“老年人”继续消耗掉劳动力市场上有限的岗位也要有正当的理由，毕竟政府还要保障刚刚获得劳动能力的年轻人能够获得工作机会。所以，对于已经超出劳动年龄段的公民是否还能被纳入工伤保险——这种以劳动关系为先决条件的社会保险，是需要谨慎考虑的。

---

〔1〕《李克英与山东省垦利县劳动和社会保障局工伤认定纠纷上诉案》[（2010）东行终字第59号]，载《人民司法·案例》2011年第2期，第59页。

〔2〕据统计，目前中国每年大约有700万人退休，延迟退休也就意味每年相应期间或减少约700万个就业岗位。除了年复一年的应届毕业生外，供给侧改革带来产业工人的离职，将扩大待业群体数量。参见张平：《延迟退休对就业影响真没想象那么大?》，载搜狐财经：http://business.sohu.com/20160811/n463679093.shtml，最后访问日期：2019年4月6日。

而如何处理这一问题，法院并不适宜做出回答。一方面，这涉及国家对劳动力市场的调控的问题；另一方面，某些高龄“劳动者”是没有得到国家养老保障的人，他们在年老后仍不辞辛劳地出外奔走实是因为生存难以为继。这一局面与我们的社会保障体系不够完善直接相关，但社会权的保障无法不顾经济现实。

根据《中华人民共和国立法法》（以下简称《立法法》）的规定，劳动能力的予夺应属法律保留的事项，但对于离退休人员发生类似工伤事故的情况并非完全不能予以救助。2016 年印发的《人力资源社会保障部关于执行〈工伤保险条例〉若干问题的意见（二）》已经让部分离退休人员，在符合特定条件下准用工伤待遇的规定。其第 2 条第 2 款规定：用人单位招用已经达到、超过法定退休年龄或已经领取城镇职工基本养老保险待遇的人员，在用工期间因工作原因受到事故伤害或患职业病的，如招用单位已按项目参保等方式为其缴纳工伤保险费的，应适用《工伤保险条例》。这一规定本身不涉及对离退休人员劳动能力和劳动关系的认定，仅仅是对特殊的离退休人员所发生的特定人身损伤准用工伤保险的待遇而已。我们与其将它理解为给予离退休人员“工伤待遇”，不如理解为只是在此类人员缴纳社保费用后，在发生保险事故时，给予其一笔保费，只不过这笔保费是按照工伤补偿的标准计算的。

但在以项目参保离退休人员之外，不符合这一条件的离退休人员一定是广泛存在的。面对这种情况，在我国社会保险基金省级统筹的背景下，我们应当首先尊重地方立法的规定。从规范层面上看，《宪法》第 99 条和第 107 条分别赋予地方人大、地方政府经济建设等广泛的地方治理职能。从实践层面看，为了更合理地平衡劳动力市场，亦量入为出（毫无疑问，地方政府比人社部、最高人民法院更了解当地的社会保险基金运营状况）地为高龄“劳动者”提供物质帮助，法官都应该对地方性法律、法规、规章保持足够的尊重，因为他们更有能力、也更有精力来制定合理的处理办法。实际上，很多地方国家机关都有相关的规定。见下表：

达到退休年龄不享有工伤保险待遇	《河南省工伤保险条例》（地方性法规）
	《辽宁省工伤保险实施办法》
	《云南省〈工伤保险条例〉实施办法》
	《宁夏回族自治区实施〈工伤保险条例〉办法》
	《重庆市工伤保险实施办法》
达到退休年龄不得享有工伤保险待遇，由单位参照工伤标准补偿的	《海南经济特区工伤保险若干规定》（地方性法规）
	《广东省工伤保险条例》（地方性法规）
	《吉林省实施〈工伤保险条例〉办法》
无规定	①江苏省②湖北省③湖南省④安徽省⑤江西省⑥新疆维吾尔自治区⑦上海市⑧西藏自治区⑨天津市⑩河北省⑪北京市⑫青海省⑬陕西省⑭广西壮族自治区⑮山西省⑯内蒙古自治区⑰福建省⑱黑龙江省⑲四川省⑳山东省㉑浙江省㉒安徽省

上述表中笔者仅统计省级政府规章和省级地方性法规，原因是，其一，《立法法》规定的法律规范包括地方性法规和地方性政府规章；其二，《社会保险法》明确规定要实现省级统筹，出于公平对待应以省级机关的规范为基准。未标注“地方性法规”的即地方性政府规章。数据来自北大法宝网，最后访问时间截至2018年1月。〔1〕

〔1〕 在2016年印发的《人力资源社会保障部关于执行〈工伤保险条例〉若干问题的意见（二）》，各地方人大、政府还没有及时就人社部给予离退休人员参照工伤保险待遇的规定予以回应，只有浙江省和辽宁省新修订的地方立法予以吸收。《浙江省工伤保险条例》第39条规定：经省社会保险行政部门批准，市、县可以试行职业技工等学校的学生在实习期间和已超过法定退休年龄人员在继续就业期间参加工伤保险。省社会保险行政部门应当加强指导。《辽宁省工伤保险实施办法》第62条规定：用人单位招用已达到或者超过法定退休年龄，或者已领取城镇职工基本养老保险待遇的人员，在用工期间因工作原因发生事故伤害或者患职业病，该用人单位已按项目参保等方式为其缴纳了工伤保险费的，适用《工伤保险条例》和该办法。而地方性法规、规章和部委规章之间的选择适用，按照《立法法》之规定，须有国务院乃至全国人大常委会的批准，笔者并未搜集到国务院就地方性法规、规章与人社部的这一意见冲突进行过裁决的消息。从中国裁判文书网所搜集到的有限判决来看，既往规定离退休人员不能从工伤保险基金中获得补偿的省份中，其各级法院通常将人社部的解释视为特殊规定予以适用。参见《罗山县人力资源和社会保障局、陈秀芳劳动和社会保障行政管理（劳动、社会保障）二审行政判决书》[（2017）豫15行终152号]、《杜冬娥、杜成娥诉陇南市人力资源和社会保障局行政确认行政一审判决书》[（2016）甘11行初27号]。

从地方立法中就不难看出，有些省份原则上直接拒绝给予离退休人员任何类似工伤保险的补助，有些省份虽然承认此类人员的“工伤”待遇，但也不用工伤保险基金支付补偿，而是要求企业按照工伤标准赔偿。在省级立法机关已经明确作出规定时，法官应当遵守地方性法规自不待言，对于省级政府的规章，法官也应予以足够的尊重，尤其是在地方社会保障比较完善和充足的情况下，法官更不能轻易拒绝适用地方性政府规章。

上述庆阳何某案件中，法院便是依据《甘肃省实施〈工伤保险条例〉办法》(现已失效)，拒绝了原告申请工伤的请求。[1] 在山东答复案中，罹难农民工本身是因为第三人责任事故而去世，其家属本已可以获得请求侵权责任人赔偿其损失的权利；且该第三人是机动车驾驶人，在我国全面铺开交通事故责任强制保险的今天，其家属的求偿权已有基础的保障。“工伤保险基金作为一种社会保险基金，应体现社会性和保障性，侧重于‘雪中送炭’而非‘锦上添花’”。[2] 正常职工发生工伤可以获得双份赔偿已不适当，对于离退休人员，更没有动用社会保险基金来对其进行补偿的道理。

余下的问题是，在那些省级地方性法规和政府规章都没有表态的地方，法官该如何行止呢？在一些地方，仍有一些规范性文件针对这一问题作出明示或暗示的回应。如上海市人社局《关于实施〈上海市工伤保险实施办法〉若干问题处理意见的通知》[沪人社福发〔2014〕36 号] 第 4 条规定：从业人员到达法定退休年龄未办理按月领取基本养老保险待遇手续或者不符合按月领取基本养老保险待遇条件、继续在原用人单位工作期间发生事故伤害的，申请人可以向单位注册地的区县人社局提出工伤认定申请。从反面解释，即如果从业人员已经开始领取养老保险金的，便不可提出享受工伤待遇的主张。这一规定背后所体现的精神与上下班途中交通事故视为工伤有异曲同工之妙，即以工伤保险来弥补社会保险的不足。这种设计虽有其不合理之处，但在目前的社会环境下也属必要之举。不过，其规定仍有漏洞，即如果某些“事故”涉及第三人侵权，而这第三人又有较为充足的责任财产时，这种济困之法则有正当性的疑虑。

---

〔1〕《甘肃省实施〈工伤保险条例〉办法》(现已失效) 第 22 条规定：达到退休年龄或依法享受基本养老保险待遇的人员被用人单位聘用受到事故伤害或者被诊断、鉴定为职业病，其工伤认定申请社会保险行政部门不予受理。

〔2〕谢增毅：《再论工伤保险与第三人侵权赔偿的关系》，载游劝荣主编：《劳动与社会保障法律制度比较研究》，人民法院出版社 2011 年版，第 454 页。

规范性文件对法官缺乏拘束力，但其却能为法官最后的判决提供一些理由。上海人社局的规定似乎并不完美，但其所体现的精神仍可堪借鉴。虽然，在用工单位没有为离退休人员缴纳工伤保险的前提下，其工伤待遇应由企业负担。但在全国工伤保险基金结余连年攀升的背景下，面对个案中因工作原因而受伤害者，在其尤为缺乏其他社会援助的前提下，法官也可以动用手中的权力去帮助他们获得适当的帮助。毕竟在法律规范上，给不给离退休人员等同于工伤的伤残补助，都处于法律规范所构造的框架内，而“判断裁量是否收缩是从生活出发，而非规范”。[1] 是否将结果确定为“认定工伤”，则要付与法官在个案中的衡量。

四、结语

工伤保险是宪法劳动权具体化的产物，其与其他社会保险有着本质的不同。从规范层面来讲，《宪法》第45条规定了国家应对公民提供社会保障的情形，主要针对三种情况，即年老、疾病或丧失劳动能力。而此处的丧失劳动能力并不包括因工作致伤、残所产生的劳动能力丧失，而是指那些不处于具体的劳动关系中，但出现劳动能力丧失的情形。对于因工致伤、残的公民，他们处于具体的劳动关系之中，其损失并非由政府补偿，亦不是由公民自行缴纳社会保险金获得，而是由企业所出资建立的工伤保险基金支付。关注近五年（2013—2017年）工伤保险基金的收支情况，工伤保险基金结余逐年增长，五年间增长61.3%。[2] 国家从企业主那里募集了过多的资金，有违《社会保险法》社会保险基金“以收定支”原则之嫌；且上已提及，即便已经超额收取工伤保险费，但在工伤待遇中依然有一部分要由资方自行支付，更使得资方处于不利地位。这就使得在工伤认定解释法律时，司法者不能仅仅考虑劳动者一方所受的损失，同时也应考虑资方财产权的保护。

上下班途中的交通事故，本不当然是工伤事故，只不过我国立法将其视为工伤事故，所以在理解“上下班途中”时不能过于宽松。“48小时”条款，实质上也是视为工伤的情形，但其损失却要比上下班途中交通事故更为严重，毕竟交通事故并不一定会致死，且交通事故有第三方侵权人要承担责任。在解释适用这一条时，要注意致死的疾病与工作有无关系，首先考虑《条例》

---

[1] 王天华：《裁量收缩理论的构造与边界》，载《中国法学》2014年第1期，第135页。

[2] 参见《人社部2012—2016年人力资源和社会保障事业发展统计公报》，载 http://www.mohrss.gov.cn/SYrlzyhshbzb/zwgk/szrs/tjgb/，最后访问日期：2019年4月6日。

第 14 条的适用可能，次之才能以脑死亡标准来认定死亡时间。离退休人员再就业问题，涉及劳动力市场调配和工伤基金筹措运营的问题，在人社部规章所明确的范围之外，司法者应给予地方立法者以充分的尊重。

（初审人：王斌通）

艺术自由的宪法保护研究

——以网络视听节目监管作为切入点*

王新萍**

摘　要：艺术自由是我国《宪法》赋予权利主体的一项基本权利。如果将网络视听节目作为分析艺术自由条款的切入点，从文义、历史以及目的解释几个方面，可以逐步厘清艺术自由所具有的"事物的本质"，即形式上融入了艺术家的想象力和创造性，本质上达到传播思想的目的。公共利益是限制艺术自由的实质评价标准。随着艺术创作形式的不断发展，精神文明条款、人格尊严以及宗教信仰自由能否成为限制艺术自由的标准，需要在个案中进行价值衡量。艺术自由对艺术创作活动本身的保护程度高于对传播媒介的保护程度。通过对传播媒介的规制实现对艺术自由的保护将是人类未来必须面临的重要课题。

关键词：艺术自由　网络视听节目　基本权利规范领域　基本权利限制

---

*　基金项目：本论文为全国人大常委会港澳基本法委员会办公室课题"港澳居民在内地的权利义务及其要求的'国民待遇'问题研究"（项目编号：JBF201601）的阶段性成果。

**　王新萍，女，中国政法大学法学院宪法学与行政法学专业2015级博士研究生（100088）。

引　言

2017年4月7日，国家互联网信息办公室会同相关职能部门，依法依规在应用商店下架并关停了18家直播应用服务平台，原因在于这些直播平台上的很多节目涉及猎奇低俗信息、网络色情、甚至违法犯罪行为等负面内容。[1] 此前，"papi酱"系列视频因主持人存在表述粗口、侮辱性语言等问题，被国家新闻出版广电总局勒令整改。"papi酱"曾凭借一系列时长数分钟的原创视频短片，通过扮演各种不同角色，并用夸张、嘲讽甚至自贬的语气点评社会热点话题，吸引了上千万粉丝，在多个视频平台累计播放量超过亿次。"papi酱"被勒令整改事件在网络上引发了热议，有网民认为，"papi酱"在其录制的视频中"爆粗口"的行为恰恰代表了网络文化的特点；也有人认为这次整改为净化网络空间，防止网络语言暴力做出了重要典范。不同于在网络上通过发布一些个人照片而走红的"网络红人"，无论是现在风靡网络的直播节目还是视频短片，均是通过自媒体、新媒体或直播应用平台在网络空间中进行传播。在大数据时代，网络视听节目如何受到保护和限制，涉及大量的法律问题。《互联网视听节目服务管理规定》自2015年8月28日起实施，该规定第2条明确指出，互联网视听节目服务，指的是制作、编辑、集成并通过互联网向公众提供视音频节目，以及为他人提供上载传播视听节目服务的活动。艺术自由是《中华人民共和国宪法》（以下简称《宪法》）赋予权利主体的一项基本权利。网络视听节目本身是否需要经过艺术加工，具备艺术形式，才可以称为艺术作品呢？在艺术创作过程中，厘定哪些行为应该受到保护，哪些行为应该受到限制，成为落实艺术自由保护的重要研究课题。如果说网络视听节目具备了艺术的要素，就能够落入宪法艺术自由的规范领域，何种情况下需要对艺术自由的进行限制，这是本文要讨论的另一关键问题。

一、艺术自由规范领域的界定

基本权利理论中提到的"规范领域"和保障范围可以做相同理解。"规范领域"是那些"在论题上与有关的法规范相牵连的"的事实，或换言之，规范领域是"由法规范可能关涉的生活事实的片段所构成的"集合体，是事实与规范的交融点。基本权利的规范领域指的是受基本权利保障的生活事实。

---

〔1〕　钱一彬、吴珊：《网络直播靠什么为未来"打赏"》，载《人民日报》2017年4月13日，第14版。

如何确定一项基本权利的规范领域，米勒考虑的方式应该是“眼光的往返流转”〔1〕。实际上，一项基本权利规范领域的确定是一个法律解释的过程。法律解释中包含了大量的价值判断，渗入主观感情因素是不可避免的，但是始终不能溢出宪法文本的界限。有些行为自始就没有落入基本权利的规范领域，国家对这些行为进行限制就不属于对基本权利进行的限制。国家对落入基本权利规范领域的行为进行干预，才有可能产生基本权利限制的问题。

（一）对于艺术概念的界定

要明确艺术自由的规范领域，首先应该明确艺术的含义。据不完全统计，不论是从中国的先秦开始，还是从西方的古希腊开始，艺术的定义早已达到上百种。德国伟大先哲黑格尔对艺术的看法包含了深刻的辩证法思想，他认为艺术是内容与形式的融合，是理性与感性的统一，“美就是理念的感性显现”。〔2〕另一位德国古典美学的开山鼻祖康德将自由看作是艺术的精髓。他认为艺术创作中所赋予的天才想象力与独创性，是能够使艺术达到至美境界的关键因素。艺术最早起源于人类的社会实践活动，艺术一方面是客观社会生活的反映，另一方面又凝聚着艺术家主观的审美理想和情感愿望。〔3〕由此可见，任何一个艺术作品都包含了创作者的思想，艺术自由属于人类精神自由的范畴。艺术正是来自于想象力的自由游戏。〔4〕艺术行为的本质绝对是自由创作，在艺术家的表达、经验及历练中经由特定形式的语言，此不以口语或文字或图画为限，为直接的表达。〔5〕同时，艺术作品一经创作出来，就需要通过公开展示或传播来向公众表达创作者的思想。如果失去这种传播媒介，艺术本身的价值以及艺术的发展都会受到很大的限制。艺术中包含着对现实的反映和对美学的思索，一项艺术创作活动所表达的价值理念并不必然能够为大多数社会公众所认同。有些学者认为，艺术是高雅的，符合大多数社会成员的审美需求的。一旦如此，一些非主流的、处于边缘状态的艺术形式就会被排除在艺术之外，这与当代中国要求多样性、开放性以及包容性的文化发展格局是相悖的。艺术生活的一个重要特征就是通过先锋性而一直致力于艺术界限的突破和扩展，艺术在本质上的多变潜能决定了宪法中的艺术自由

〔1〕［德］卡尔·拉伦茨：《法学方法论》，陈爱娥译，商务印书馆2003年版，第13页。

〔2〕［德］黑格尔：《美学》（第1卷），朱光潜译，商务印书馆1979年版，第142页。

〔3〕彭吉象：《艺术学概论》（精编本），北京大学出版社2013年版，第7页。

〔4〕王一川：《论艺术公共自由》，载《艺术百家》2015年第5期，第48~69页。

〔5〕陈慈阳：《宪法学》，自印2005年版，第534页。

不应是静态的自由保障，而应是动态的自由保障。[1] 有的艺术作品可能在产生之初并不被认为是艺术，直到几十年甚至几百年后才被世人奉为圭臬；而有些艺术作品起初被视为艺术，后世却并不认同它的艺术价值。

（二）艺术自由规范领域的划定

每项基本权利规范领域或宽或窄，但是都有大致的边界。吴庚教授认为，界定基本权利的规范领域，“不外应衡酌日常生活的观念，传统意涵以及前瞻的思考做合理解释。”[2] 李建良教授认为，对基本权利规范领域的界定，应当“分析各该规范之文义，并探知其发展沿革、特性及体系，再参酌社会统念与价值秩序，以作出妥善之界定”[3]。对基本权利规范领域的划定是一个宪法解释的过程，这种解释应以宪法文本为基础，通过对该项权利产生的历史背景进行分析，进而探寻制宪者的目的。在基本权利理论上，对基本权利规范领域的划定有两种理论：“外部理论”与“内部理论”。外部理论主张不预先设定基本权利的规范领域，而是首先把一切与该项权利相关的行为都假定为可能受到基本权利的保障，经过立法、执法、司法等多个层面上的价值考量，判断这些行为能否最终受到保障；而“内部理论”主张基本权利的规范领域并不是漫无边界的，其在法学方法上采取对基本权利的“概念涵摄解释”，也就是首先对某项基本权利的概念进行解释，设定其规范领域，以此作为大前提适用于个案。[4] 本文采用的是“内部理论”，从宪法保护基本权利的价值取向出发，在界定基本权利规范领域的时候，为了给基本权利更充分的保护，不妨把规范领域尽量划的宽泛一些。[5]

我国《宪法》第 47 条规定，中华人民共和国公民有进行科学研究、文学艺术创作和其他文化活动的自由。国家对于从事教育、科学、技术、文学、艺术文化事业的公民的有益于人民的创造性工作，给与物质鼓励和帮助。这一条款在宪法中被称为“文化活动条款”，其中包含了几项基本权利，艺术自

---

[1] 张慰：《艺术自由的文化与规范面向——中国宪法第 47 条体系解释的基础》，载《政治与法律》2014 年第 6 期，第 58~66 页。

[2] 吴庚：《宪法的解释与适用》，三民书局 2004 年版，第 128 页。

[3] 李建良：《基本权利理论体系之构成及其思考层次》，载李建良：《宪法理论与实践》（一），学林文化事业有限公司 2003 年版，第 74 页。

[4] 张翔：《基本权利的规范建构》，高等教育出版社 2008 年版，第 60、165~166 页。

[5] 杜强强：《基本权利的规范领域和保护程度——对我国宪法第 35 条和第 41 条的规范比较》，载《法学研究》2011 年第 1 期，第 3~14 页。

由只是其中的一项。尽管艺术创作的范围非常宽泛，但也有其大致的边界，因为并不是任何人类行为都可以被称为“艺术”而主张受艺术自由的保护。要判断一个行为是否受到宪法艺术自由条款保护，就要对宪法条文进行解释。解释法律意味着对法律用词的含义进行探究，也就是说，探究该法律用词所表达的事实、价值和应然观念。[1] 本文从文义解释、历史解释和目的解释三个方面对艺术自由的规范领域进行论证。

1. 对艺术自由的文义解释

任何法律解释都是从规范条文出发的。对于文义谨慎的认识和分析是适当解释的首要前提。[2] 宪法文本分析又称为文义解释，是宪法学的一种解释方法，指学者和法官根据宪法条文本身的字词推知宪法含义的过程。[3] 宪法文本与其他成文法相比，宪法语言具有高度概括性，尤其是基本权利条款更加抽象和模糊，其中包含着大量不确定的法律概念。宪法学的首要任务在于，通过分析和解释宪法文本，从宪法文本中建构出宪法规范。这种解释，一方面能够通过文本的含义探寻制宪者的规范意图和具体规范的目的，也就是探究制宪者在进行立法裁量时所具有的法观念；另一方面需要考虑到，制宪者不是万能的，语言本身也会存在歧义的风险，有时条文所表达的文义并不是清晰明确的。如果从文义无法得出确切结论，需采取其他的解释方法的时候，其他解释方法的使用和解释结果的选择，不得逾越法律文本语义空间的界限。[4]

我国《宪法》第47条规定的是对艺术创作活动的保护，因此，对艺术自由规范领域的界定，首要方法就是要对“艺术”这个概念进行文义上的解释。无论东方与西方，总是将艺术与美学联系起来，认为艺术中包含着美与善的统一。这种对艺术的定义并没有涵盖所有的艺术形式。为了给予艺术创作活动更全面的保护，宪法上的艺术自由所保护的艺术形式应当更加丰富和多元，而尽量减少对艺术的道德评价要素。艺术与哲学、科技等同为认识世界的人类活动，但是它们在表现形式和认识世界的方法上是不同的，艺术不能丢失

---

〔1〕［德］齐佩利乌斯：《法学方法论》，金振豹译，法律出版社2009年版，第59页。

〔2〕［德］伯恩·魏德士：《法理学》，丁小春、吴越译，法律出版社2003年版，第319、331、387页。

〔3〕郑贤君：《宪法文本分析：一种解释方法》，载《法律科学》2008年第2期，第38~46页。

〔4〕张翔：《宪法解释方法与宪法教义学》，载许崇德、韩大元主编：《中国宪法年刊2010》，法律出版社2011年版，第82~95页。

其本身的艺术性。在希腊语中，“Techne” 与我们今天所理解的艺术含义比较接近。但 “Techne” 一词的涵义并非近代意义上的 “美的艺术”，而是指所有我们今天统称的技艺与科学。古希腊思想家们常将 “艺术” 与 “自然” 相对，此时他们认为的艺术指的是人类的一般行为。[1] 到现代，艺术与科技已经分开。艺术本身具有的创造性和想象力是无止境的，但是艺术所具有的这种创造力不同于科技，艺术通常与严格的科学规律或准则无关，艺术这种智力活动的价值是无法用人类进步来解释的。科学是人类认识客观世界的实践活动，目的在于揭示事物的发展规律。哲学则着力于探究人类的理想认识。而艺术主要在于展示价值，这些价值有理性的也有感性的。同为人类的实践活动，艺术之所以为艺术，源于它本身的艺术性。艺术性就是一件艺术作品在艺术处理、艺术表现上的程度。艺术性有高低之分、程度之差、雅俗之别。艺术作品本身的艺术性与它所表达的思想是对立统一的关系。对艺术的理解应采用广义的理解方式，艺术的外延非常宽泛，但又并不是无所不包的。判断一个行为是否为艺术是由艺术本身是否具有不可或缺的艺术性决定的。那些并没有展现出艺术之美或表达的思想与主流价值观相悖的带有艺术性的活动，也不应该被断然排除于艺术的范畴之外。通过网络平台播出的视听节目，有明确的意识、明确的设计，并且通过网络平台这一媒介进行传播，其节目的制作，编排以及设计都融入了人类的想象力和创造力，通过音视频的形式表达艺术取向。从其本身的艺术性和表达思想的目的来看，网络视听节目属于艺术的一种形式。可以认为，艺术是一个开放的体系，艺术自由所保护的艺术创作活动也是随着艺术形式的增加而发生变化的。

2. 对艺术自由的历史解释

历史解释是指依据正在讨论的法律问题的历史事实对某个法律规定进行解释。这种解释方法力图从法律规定产生时的上下文中确定规范要求的内容和规范目的[2]。历史解释的核心任务在于通过证成历史事实与现实情形的差异，重建立法者赋予法律规范的意义和目的。一个国家宪法的制定是当时历史环境下的特定生活事实和价值观念在法律文件上最全面的反映。历史事实对制宪过程的影响直接决定了制宪者意志的表达。要理解宪法文本的含义，

---

〔1〕 颜泉发：《艺术的概念衍变》，载《新美术》2004 年第 3 期，第 38~48 页。

〔2〕 ［德］罗伯特·阿列克西：《法律论证理论——作为法律证立理论的理性论辩理论》，舒国滢译，中国法制出版社 2002 年版，第 296 页。

就必须了解文本是如何产生的，也就是明确是何种原因让制宪者表达这样的信息。对艺术自由条款产生的历史背景进行分析，是探寻制宪者目的不可缺少的考量。

我国《宪法》对艺术自由的保护始于 1954 年《宪法》。毛泽东主席在 1949 年新中国成立之初就说过，随着经济建设的高潮的到来，文化建设的高潮将会不可避免地产生。中国被认为不文明的时代已经过去了，我们将以一个具有高度文化的民族出现于世界。〔1〕我国过去的文化建设是比较落后的，经过新民主主义革命的艰难历程，新中国成立后各项文化事业亟待恢复。自从文化活动权利在 1954 年被规定于宪法之后，科技、文化建设都逐步有序展开，文化建设开始步入正轨。1954 年《宪法》的这一规定，是新中国成立初期文化政策的反映。随着"文化大革命"的开始，经济、社会、文化发展一度遭到破坏，文化事业出现倒退。"文革"期间对文化领域破坏的事实是对艺术自由条款的背弃。作家茅盾先生曾评价说"文革"时期的文学艺术就是"八个样板戏和一个作家"。虽然这句话看似有些极端，但是这是对当时带有强烈意识形态色彩的公式化艺术创作活动的真实写照。"文革"时期，小说创作和诗歌创作都是配合当时的政治运动的，创作者的想象力和创造力的自主性受到限制。这些作品从情节构思，人物设置到叙事方式，都表现出格式化的倾向，主要人物高、大、全的形象设计是主要的时代特征。电影创作停滞，戏剧也只剩下"样板戏"可以演出。〔2〕可见，艺术创作活动在表现形式上和创作思路上都受到了干预。

1978 年，随着十一届三中全会的召开，社会经济各项事业的逐渐恢复带来了科技和文化的进步，文化事业的繁荣成为经济腾飞的迫切要求。在当时的背景下，1982 年《宪法》吸取了"文化大革命"的惨痛教训，重新将党中央在 1956 年 5 月提出的科学文化领域内的"百花齐放、百家争鸣"的双百方针作为开展文化活动的指导方针。文化活动领域作为一个特定的领域重新获得了宪法的保障。在这一思想的指导下，很多艺术形式都应运而生，为了给与这些艺术行为更充分的保护，艺术自由的规范领域就要变得更加宽泛。1982 年《宪法》中，艺术自由条款连同所有的基本权利条款被置于总纲之后的第二章的位置，这也意味着公民基本权利的重要性在国家生活秩序中处于

---

〔1〕 许崇德：《中华人民共和国宪法史》（上），福建人民出版社 2005 年版，第 246 页。

〔2〕《革命文艺的优秀样板》，载《人民日报》1967 年 5 月 31 日，第 1 版。

首要的地位。从历史经验上看，特定领域的基本权利更容易受到公权力的干涉，国家将文化活动领域作为特定领域给与保护，表明制宪者要给予这些特定领域的行为更高程度的保护。一方面，国家权力给予公民从事艺术创作行为的自由，公权力对此不进行法律以外的干涉；另一方面，1982 年《宪法》较 1954 年《宪法》增加了“有益于人民”这一限定性条件，使得国家对艺术自由有选择的给与物质上的支持和鼓励。这一条件的增加，融入了制宪者对何种艺术创作行为应该得到国家物质帮助进行的一种价值判断。国家选择性的给与“有益于人民的”行为更高程度的保护，恰恰体现了艺术自由规范领域应该是宽泛的。除了保障“有益于人民”的艺术创作行为的实现，对于一些不符合社会主流价值观的、低级趣味的艺术形式的发展也给与其发展的空间和充分的自由。艺术创作活动本身所带有的社会评价并不能成为它是否落入艺术自由规范领域的决定因素。具体到网络视听节目，国家新闻出版广电总局在对网络原创节目的管理规章中，特别将以下几类网络视听节目纳入专项扶持的范围之内，体现了国家对“有益于人民”的艺术创作形式给与物质帮助和支持。这几类节目包括：①对总局网络司组织的“中国梦”主体征集获奖展播作品进行奖励；②对中国网络视听节目服务协会组织的“网络优秀节目推选活动”推选出来的作品进行奖励；③对总局网络司组织的创新案例评选活动获奖案例进行奖励。[1]

3. 对艺术自由的目的解释

在进行法律解释时充分考虑并尊重立法目的，有助于对文本作出更精确的解释。正如塞尔休斯所言，法律的解释不是拘泥于文字，而是要实现其意义和目的。[2] 对宪法条款进行目的论解释，也就是通过探究制宪者在历史上赋予宪法的目的或者宪法在当下背景中被认为应当达成的目的，去明确宪法条文的含义。[3] 制宪者在制定 1982 年《宪法》时，并不能预测到未来会出现何种艺术形式，制宪者的目的旨在保护一种融入人类创造性和想象力，以表达思想为目的的艺术形式，并没有将艺术的形式限定在某个范围内。了解了制宪者的主观目的，对于厘定艺术自由的规范领域，能够提供客观的评价

---

〔1〕 传媒内参：《网络视听节目管理的三个政策信号》，载搜狐网：https：//www. sohu. com/a/231323659_351788，最后访问日期：2019 年 3 月 2 日。

〔2〕［德］伯恩·魏德士：《法理学》，丁小春、吴越译，法律出版社 2003 年版，第 387 页。

〔3〕 张翔：《基本权利的规范建构》，高等教育出版社 2008 年版，第 166 页。

标准。如果脱离制宪者最初的规范目的，便不是对法律的解释，而是对法律做出的评价。判断一个网络视听节目是否能够落入艺术自由的规范领域，就必须对艺术自由这个概念进行突破，展开类型的思考。考夫曼教授认为所有法律发现的过程都是一种类推过程，事实永远都不会自动展现在法律适用者面前，必须经过法律解释的过程。类推要求在规范与事实之间借助一个中介来进行，这个中介就是存在与当为所共同体现出的“意义”，也就是“事物的本质”。〔1〕艺术自由保障的是艺术领域的创作活动，艺术创作活动包含现实面向和艺术面向两个方面。所有的艺术行为都可以看作是生活行为，之所以没有将这些行为视作普通的生活行为，而是作为艺术行为给与了更高程度的保护，是因为侧重了这些行为的艺术面向。艺术自由的目的在于表意人本身，其并非追求真理或社会发展的工具，而是为了确保个人独立自主地表现自我，进一步促进个人的自我实现。自我实现也正是文化基本权利的保护核心，当然也是艺术自由作为文化权利的本质要素。〔2〕

前文已述及，“艺术”本身的概念具有抽象性和开放性，只有在考虑到其宪法实证意义上的功能基础上才能够获得艺术自由的“事物的本质”。“事物的本质”是“特殊中的普遍”“事实中的价值”。〔3〕“事物的本质”是艺术区别于非艺术与反艺术的根本。违背了这个本质，它就不能成为艺术，而只能是日常或反常的“行为”。将艺术作为一种类型来理解，利用具体的要素来描述这种类型，这种方法比用传统的概念的思维方式更容易分辨出一个行为是否属于艺术的范畴。对艺术自由而言，除了艺术家的创作动机、思想内涵、采取的行动方式，最关键的在于行为本身在形式上是否体现了人类的创造性，发挥了艺术家的想象力，对艺术行为加以选择、调整和控制，本质上是否达到了表达和传播思想的目的。艺术创作活动所表达思想内涵是否具有积极价值不是判断它能否落入艺术自由规范领域的决定因素。在法律的意义上，对“艺术”的定义应该是形式上的，它不等于对艺术内容及品质的实质判断，否

〔1〕 朱良好：《论诠释学视域下的类推理论——兼论考夫曼的〈类推与事物本质〉》，载《昆明理工大学学报（社会科学版）》2008 年第 9 期，第 12~16 页。

〔2〕 许育典：《文化宪法与文化国》，元照出版有限公司 2006 年版，第 95 页。

〔3〕［德］亚图·考夫曼：《类推与“事物本质”——兼论类型理论》，吴从周译，颜厥安审校，新学林股份有限公司 1999 年版，第 105 页。

则就会陷入法律与道德难以衡量的困境之中。[1] 如果以牺牲艺术多元发展的可能性为代价来实现对道德的敬畏，那便是混淆了艺术自由的“艺术性”特征与艺术作品的社会效果。网络视听节目可以被认定为通过思维和行为过程来进行创作的艺术形式，其中融入了艺术创作者的想象力和创造性，表达和传递了创作者的思想。近年来，一些特立独行的，甚至挑战人类道德底线和社会公序良俗的网络视听节目，通过互联网媒体进行传播，标榜着艺术的名号，似乎艺术是无所不包的。判断这些节目是否能够落入艺术自由的规范领域，必须要关注现实和艺术两个面向。艺术自由的本质是相对稳定的，然而人类的想象力是无止境的，艺术是人类新奇独特的创作思维的集合，因此艺术自由的规范领域也是一个开放的体系。

在网络科技迅速发展的时代，互联网是网络视听节目最重要且广泛的传播媒介，其受众为不特定的社会人群。艺术自由的规范领域包含艺术行为本身，此被称为作品领域；还有艺术品的表达、展示与传播，此被称为作用领域。前者是一种根本的创作行为，应受最大限度的保障，而后者则保障程度应较前者受限。[2] 艺术作品通过传播媒介传递给广大受众，艺术作品的传播媒介本身，亦属于艺术自由所保障的事项。如今的网络视听节目在形式和内容上都属于非常典型的艺术类型，艺术创作者将其表达、经验与历练融入艺术作品之中，有意识地将艺术作品通过互联网媒体传达给受众。作为艺术作品传播媒介的网络媒体，其受到的保护程度低于艺术作品本身受到的保护程度。在艺术自由受到较高程度保护的前提下，国家对传播媒介，即互联网进行监管来实现对网络视听节目的调控，净化网络空间，维护公共利益，或许是当下对此种艺术形式限制程度最小的方式之一。在互联网法律规制方面，有很多域外经验可以借鉴。德国是全球范围内最早制定有关互联网规制的法律法规的国家之一。2011 年 1 月 1 日，德国的《青少年媒介保护国家条约》最新修改版正式生效，这是德国互联网内容分级的重要法律依据，也为世界上很多国家的互联网监管提供了法律参照。西方国家的网络分级制度由最初的以立法作为主要规制手段，逐渐转变为通过技术手段和行业自律来实现。

---

〔1〕 张慰：《“艺术自由”与“青少年保护”之宪法维度——基于德国联邦宪法法院“Mutzenbache”判决之展开》，载《青少年犯罪问题》2011 年第 4 期，第 60~65 页。

〔2〕 陈慈阳：《宪法学》，自印 2005 年版，第 535 页。

二、艺术自由的限制问题

宪法对艺术自由的保障就是对人基于自由意志自主形成行为的自由中自我表现的保障，艺术自由也正是基于其作为促进自我实现手段而受到了宪法保护。〔1〕 基本权利主体有权划定公权力行为的边界，同时宪法也赋予了公权力确定基本权利限制标准的权限。艺术自由的规范领域是宽泛且开放的，并且国家给与"有益于人民"的艺术创作活动更高程度的保护。在这个规范领域内，艺术自由的主体无论是积极作为还是消极不作为，都构成对艺术自由权利的行使。然而，并不是所有落入艺术自由规范领域的行为最终都会受到宪法的保障。与基本权利的行使有必然联系的一个问题就是基本权利的限制。只有国家对落入基本权利规范领域的行为进行的干预，才可以称为基本权利的限制。简言之，限制基本权利的理论基础在于个人权利与其他法益存在冲突。〔2〕 法国《人权宣言》是可以追溯的基本权利限制的最早文本。根据《人权宣言》第4条的规定，"自由指的是从事一切不损害他人的行为的权利。因此，行使个人的自然权利时，必须保证社会的其他成员也享有同样的权利。这些个人权利与其他法益的界限只能够由法律确定。"这一规定表明了基本权利可以受到限制，这种限制只有法律才可以规定。〔3〕

（一）艺术自由的限制方式

法律保留意味着只有代表民意的立法机关才能对基本权利的限制进行立法，并且只能以法律的形式进行限制。为了防止行政机关利用法律保留干涉公民的基本权利，德国法学者逐渐发展并强化了重大性理论。该理论被解读为，对基本权利的限制只能由法律或基于法律而作出；对于限制基本权利的前提、范围和结果的重要决定只能由立法者自己作出，而不得授权给行政机关；对决定是否重要的判断，应以它对基本权利的影响强度为准，对基本权利的影响强度越大，法律就应越明确和具体。〔4〕 立法机关不得随意授权行政机关对涉及基本权利的事项作出规定，对于涉及基本权利的重大事项必须由

---

〔1〕 张慰：《艺术自由的文化与规范面向——中国宪法第47条体系解释的基础》，载《政治与法律》2014年第6期，第58~66页。

〔2〕 李恩慈、郑贤君：《由孙志刚案看宪法基本权利的限制》，载《法学家》2004年第2期，第64~68页。

〔3〕 郑贤君：《基本权利原理》，法律出版社2010年版，第206页。

〔4〕 赵宏：《限制的限制：德国基本权利限制模式的内在机理》，载《法学家》2011年第2期，第152~180页。

法律予以保留。[1] 我国立法法的规定明确体现了重大性理论。根据《中华人民共和国立法法》（以下简称《立法法》）第9条规定，《立法法》第8条规定的事项尚未制定法律的，全国人民代表大会及其常务委员会可以授权国务院对其中的部分事项先制定行政法规，但是有关犯罪和刑罚、对公民政治权利的剥夺和限制人身自由的强制措施和处罚、司法制度等事项除外。但是，艺术自由的边界并不是由政府部门来确定的。原因在于，宪法不仅保护基本权利免受行政行为和司法裁判的侵害，而且保护基本权利免受立法机关的不当干预。[2]

我国宪法中的艺术自由条款没有规定专门的限制条款，艺术自由受到《宪法》第51条的限制。《宪法》第51条是一个概括限制条款，属于单纯的法律保留。单纯法律保留，即基本权利条款中仅规定，该项权利“可由法律或根据法律”而予以限制，对于法律保留中的“法律”为何并没有作进一步限定。[3] 根据我国《宪法》第51条规定，国家的、社会的、集体的利益和其他公民的合法的自由和权利不受到损害是中华人民共和国公民在行使自由权利的前提。该条款对宪法所赋予的公民基本权利所作的总括性的间接限制，表明只有为了防止公共利益或其他人的合法权益受到损害，立法机关才能限制公民的基本权利。这种单纯法律保留是立法者获得宪法信任的表现，在此之下立法者的裁量权比较宽泛，只要限制基本权利的立法不违反比例原则，则当属合宪。[4] 在我国，基本权利的限制只能由全国人大和全国人大常委会通过立法的形式进行规定。之所以将限定基本权利的权限交给全国人大及其常委会，是因为全国人大及其常委会是由人民代表组成的，法律的制定体现的是人民的意志。只有经全国人大及其常委会制定的限制基本权利的法律，才可视为已获得人民的同意，才具有充分的民主基础。

（二）艺术自由的限制标准的讨论

法律保留原则为艺术自由的限制提供了形式上的参照依据，即对公民基

---

〔1〕 张翔：《基本权利的规范建构》，高等教育出版社2008年版，第58页。

〔2〕 杜强强：《宪法上的艺术自由及其限制——以“敏感地带”行为艺术案为切入点》，载《法商研究》2013年第6期，第26~33页。

〔3〕 赵宏：《限制的限制：德国基本权利限制模式的内在机理》，载《法学家》2011年第2期，第152~180页。

〔4〕 杜强强：《基本权利的规范领域和保护程度——对我国宪法第35条和第41条的规范比较》，载《法学研究》2011年第1期，第3~14页。

本权利的限制必须由法律作出。但是，如果没有一个实质的评价标准，立法机关可以任意进行立法裁量，行政机关也只需遵守法律保留原则就可限制基本权利，那么基本权利的核心就会被掏空，使宪法的规定变成一纸空文。因此，对基本权利进行限制必须是为了追求正当目的。艺术自由受到《宪法》第 51 条概括条款的限制，公共利益标准当然成为衡量限制基本权利实质标准。随着经济社会的发展，艺术的表现形式也是层出不穷的。网络视听节目具有典型的代表性。前已述及，网络视听节目能够落入艺术自由的规范领域，但是目前很多网络视听节目的形式和内容经常超出人们的正常认知和道德底线。如果一项艺术创作活动尚不能满足侵害公共利益的实质限制标准，能否以社会主义精神文明遭到破坏、人格尊严受到侮辱或者他人的宗教信仰自由受到侵害作为限制艺术自由的标准呢？下文将从公共利益、社会主义精神文明、人格尊严和宗教信仰自由四个方面展开讨论。

1. 公共利益

公共利益作为一个不确定的法律概念，它的内涵是开放和多元的，不同的利害关系人会从各自的立足点出发来审视这个问题。公共利益是限制基本权利最常见的标准。我国《宪法》第 47 条没有直接规定对艺术自由的限制。按照宪法的整体秩序，艺术自由条款受到《宪法》第 51 条的限制。第 51 条主要包括两层含义。一方面，国家的、社会的和集体的利益相对于私人利益而言自然可以视为公共利益；另一方面，其他公民的合法的自由和权利相对于公民的个人利益而言，也可以视为公共利益。艺术创作过程中，可能侵害到的公共利益包括社会的善良风俗、公共秩序以及他人的自由、财产、生命等。出于保护这些公共利益的目的，立法机关才能制定法律限制艺术自由；行政机关也必须在遵守法律保留原则的前提下，出于维护公共利益的目的，才可以限制艺术创作活动。艺术是不能脱离人类行为而存在的，艺术自由具有艺术面向与现实面向两个层面的属性。在进行公益考量的价值评判过程中，立法者与执法者均不能脱离“艺术”，而将艺术活动仅作为一项普通的生活行为进行考量。虽然我国《宪法》对公益条款的规定属于概括性立法例，但是法律解释学仍然能够在一定程度上弥补立法的不足。青少年作为网络媒体的重要受众群体，青少年的身心健康属于重大的公共利益。德国联邦宪法法院对于“Mutzenbache”案的判决中强调，出于保护青少年的原因，在通过“重要性理论”和“比例原则”的衡量，“艺术自由”和“青少年保护”是受到同等级的法律保护的法益，“艺术自由”和“青少年保护”之间并不存在一个绝对的优先权，依据合宪解释的方法，它们应该被理解为是对个案衡量要求的体现。[1] 在对艺术自由的限制条款进行价值衡量时，应充分考量艺术自由条款本身的特质和规范领域的开放性，在公民基本权利体系中的位置以及与其他条款的关系。

公共利益的不确定性容易引起公民的基本权利被恣意限制的结果，因此不管是立法机关在进行立法裁量时，还是行政与司法机关在适用法律时，都应该保留基本权利主体实现自由权的足够可能性，即不能触动基本权利的本质内容。立法者不能对所有艺术自由规范领域内的行为都作出限制，掏空艺术自由的内容，使这项权利名存实亡。立法者依据宪法的授权直接制定限制基本权利的法律对于社会成员具有普遍的约束力。只有为艺术自由主体保留最低限度的发展空间，才能保障这项权利的核心价值不被侵害。即使是出于维护公共利益，立法者的立法权限也不是绝对的，立法者在进行立法裁量时要受到严格的限制。除了不能触动基本权利的核心，立法机关制定的法律应该是具有普遍约束力的，而不能只针对某个个案才能适用。立法者在立法中必须明示该项法律是否限制了公民基本权利，并衡量立法可能对基本权利产生的实际效果。[2] 有了立法者的明示，行政机关、司法机关在适用法律时就会减少对法律解释的误差，更有利于保护公民的基本权利。

根据 2007 年国务院签发、2015 年修订的《互联网视听节目服务管理规定》（广电总局、信息产业部令第 56 号），网络原创节目制作实行准入制度，制作方应当持有《广播电视节目制作经营许可证》，网络视听节目的播出平台须持有《信息网络传播视听节目许可证》。依照“谁办网、谁负责”的原则，对于网络剧、微电影等网络视听节目实行审核监播制度。国家相关部门对于从事网络视听节目的活动采用了行政许可的制度。关于行政许可，当前的《中华人民共和国行政许可法》（以下简称《行政许可法》）采纳并贯彻的是赋权说观点，如《行政许可法》第 12 条第 2 款、第 54 条第 1 款明确将行政许可视为赋予公民特定权利或者资格的一种行为。也有很多学者主张将行政许可作为一种赋权方式，即其在限缩公民自由的同时，也赋予了公民恢复自

---

〔1〕 张慰：《艺术自由的文化与规范面向——中国宪法第 47 条体系解释的基础》，载《政治与法律》2014 年第 6 期，第 58~66 页。

〔2〕 赵宏：《限制的限制：德国基本权利限制模式的内在机理》，载《法学家》2011 年第 2 期，第 152~180 页。

由的权利。这种自我决定是否恢复自由的法律权利，在霍菲尔德那里被界定为区别于狭义权利、自由与豁免权，哈特则是将其区分为狭义权利、制裁权与确认权的变更权。〔1〕 行政机关出台相关行政法规，对网络媒体进行的监管，对从事网络视听节目服务的互联网平台，通过行政许可制度进行调控，并没有构成对艺术自由的限制或权利减损。行政许可通过事前调控，预防和控制危险，纠正市场失灵，合理配置资源，净化网络环境，从而为网络视听节目运行提供良好的网络空间和稳定的社会秩序，从根本上维护了社会公共利益。

2. 社会主义精神文明

1982年《宪法》在总纲中规定了社会主义精神文明建设的条款。《宪法》第24条明确规定，国家通过普及理想教育、道德教育、文化教育、纪律和法制教育，通过在城乡不同范围的群众中制定和执行各种守则、公约，加强社会主义精神文明的建设。这是宪法首次在总纲中规定了社会主义思想道德建设的问题。建设高度的社会主义精神文明在国家根本大法中得到确认和保障，充分说明党和国家对精神文明建设的高度重视。从这一规定中还可以探知，国家倡导社会主义核心价值观，提倡爱祖国、爱人民、爱劳动、爱科学、爱社会主义的公德，在人民中进行爱国主义、集体主义和国际主义、共产主义的教育，进行辩证唯物主义和历史唯物主义的教育，反对资本主义的、封建主义的和其他的腐朽思想。全国人大常委会委员长彭真在五届人大五次会议上作的《关于中华人民共和国宪法修改草案的报告》中说："在建设高度的物质文明的同时，努力建设高度的社会主义精神文明，是我国人民建设社会主义的一项根本任务。充实了有关社会主义精神文明建设的条款，是这次修改宪法的重要进展之一。"〔2〕 由此可见，精神文明条款提倡的是一种高尚的社会文化和先进的道德品质建设，对发展社会主义上层建筑起到了积极的推动作用。宪法总纲作为一种客观价值秩序，对公民的基本权利条款起到指导作用。因此，就产生了精神文明所提倡的道德性与法律相碰撞的问题。诚然，法律不是养成道德英雄主义的地方。〔3〕 相对于法律规范而言，道德的要求更

---

〔1〕 H. L. A. Hart, *The Concept of Law*, Oxford University Press, 1994, pp. 94-97.

〔2〕 彭真：《关于中华人民共和国宪法修改草案的报告——一九八二年十一月二十六日在第五届全国人民代表大会第五次会议上》，载《人民日报》1982年12月6日，第1版。

〔3〕 徐国栋：《人性论与市民法》，法律出版社2006年版，第163页。

高，道德要求合乎道德，而法律只要求合法，两者始终存在一种矛盾关系。

从《宪法》对艺术自由条款的规定可以分析出，国家对艺术自由的保护实际上分为了低层次的保护和高层次的保护两个方面。国家对"有益于人民"的创造性活动给与物质上的鼓励和帮助，这种限制标准是比较高的。所谓"有益于人民"可以广义的理解为纯粹、高尚、有道德，脱离低级趣味，[1]能够在人民群众之中起到正确的价值导向作用；同时，国家对"无益于人民的"艺术创作活动没有明确禁止。对于公民来说，法不禁止即自由。国家给予了艺术自由充分的发展空间。这样便形成了两个不同的标准，一个是较高的标准，一个是较低的标准。密尔在《论自由》中认为，如果一个人的行为既没有违反对于公众的任何特定义务，也没有对自己以外的任何个人发生什么觉察得到的，而由这种行为产生出来对社会的损害也只是属于非必然或者可以说是推定性质，那么，这一点点的不便利，与社会为着人类自由的更大利益相比是能够承受的。[2] 因此，社会在整体上应当是宽容的，对道德规则的破坏不一定达到了损害公共利益的程度。如果以精神文明条款作为限制艺术自由的标准，一些"无益于人民"的、低级趣味的、与社会主流价值观相悖的艺术创作活动，即使没有达到侵害公共利益或他人权利的程度，仅仅因为这些艺术行为蕴含的思想不高尚、不符合社会道德，就要受到限制，这显然违背立法者的立法原意。艺术自由意在保护的是尊重人性基础上的思想表达自由，如果在价值衡量过程中人为加入道德因素的砝码，这样造成的结果就是会缩小艺术自由的最终保障范围，使很多艺术形式无端受到限制，不利于充分保护公民的艺术自由权利。我国提倡的是"百花齐放、百家争鸣"文化建设方针，这一方针对精神文明建设起着指导作用。精神文明建设需要社会主义文化的大繁荣，这种繁荣必然包含艺术创作活动的多样性和丰富性。如果依照精神文明条款所体现的价值要求，对不符合社会主流价值观的艺术创作活动进行限制，就会造成对艺术自由的过度限制。这样既无助于开展社会主义精神文明建设，也不利于形成艺术领域百花齐放的生动场景。

3. 人格尊严

根据我国《宪法》第38条的规定，我国公民的人格尊严不受侵犯，禁止

---

〔1〕 毛泽东：《纪念白求恩》，载《毛泽东选集》（第2卷），人民出版社1991年版。

〔2〕 ［英］约翰·密尔：《论自由》，许宝骙译，商务印书馆1959年版，第53页。

任何人用任何方法对公民进行侮辱、诽谤和诬告陷害。人格尊严条款是在吸取了文革中大量的侵犯人格尊严的惨痛教训后，对公民权利作出的重大补充和发展。人格尊严条款属于宪法保留条款，也就是说，除宪法之外的其他任何法律不能基于任何目的对人格尊严进行限制。人格尊严条款可以被视作为宪法的核心价值，位于基本权利位阶秩序中最高的位置。从含义上讲，人格尊严是极难界定的。从道德上讲，人格尊严是指人的自尊心和自爱心，就是指一个正直、品质端庄的人，都有他的自尊心和自爱心，不允许别人侮辱和诽谤。〔1〕人格尊严在部门法中体现为一般人格权，《中华人民共和国民法通则》《中华人民共和国治安管理处罚法》以及《中华人民共和国刑法》等部门法对公民一般人格权的保护做出了相应的规定。判断人格尊严是否能够成为限制基本权利的依据，可以从两个方面考虑：一方面是行为人本身的人格尊严受到侮辱能否成为艺术自由受到限制的理由；另一方面是行为人侵害了其他主体的人格尊严，此时艺术自由能否受到限制。

根据《宪法》第 51 条的规定，公民在行使个人权利的时候，除了不得损害国家的、社会的、集体的利益，还不能侵害其他公民的合法的自由和权利。应该注意的是，宪法并没有规定公民在行使自身享有的某项基本权利时，不得侵害公民自身所享有的其他基本权利。传统的观点认为，法律应该告诫人们不要放弃高贵的尊严，以维持良好的社会风气。如果是行为人自愿放弃人格尊严，法律是否允许呢？从基本权利主体理论的角度进行分析，抛弃一项基本权利并非指的是对权利能力的抛弃，而是基本权利主体对其行为能力的不行使。权利能力是基本权利主体的核心，它是与生俱来的，与人片刻不可分离，亦不可随意抛弃。对于人格尊严来说，具备权利能力即意味着具备了行为能力。人格尊严的特性，体现了宪法规范的终极人文关怀和价值诉求，其权利能力不可被剥夺与限制，更不得抛弃和转让。〔2〕德国学者拉伦茨指出，不存在有效地放弃权利能力的法律规定。〔3〕判断人格尊严是否可以被抛弃，还可以从基本权利作为主观权利和客观价值的角度进行分析。从客观价值秩序的角度出发，人格尊严条款作为一项由宪法价值秩序决定的基本规范，

---

〔1〕 许崇德主编：《中国宪法》，中国人民大学出版社 2010 年版，第 321 页。

〔2〕 侯宇：《基本权利主体诸能力》，载许崇德、韩大元主编：《中国宪法年刊》（2008），法律出版社 2009 年版，第 79~88 页。

〔3〕 ［德］卡尔·拉伦茨：《德国民法通论》，王晓晔等译，法律出版社 2003 年版，第 121 页。

受保护的对象是每一个个人，这也意味着人格尊严并不是由某个个人就可以决定放弃的。人格尊严条款同基本权利一样也具有主观和客观的双重性质，所以人格尊严不由个别人来自由支配，当然也不可以由个人来放弃。〔1〕人格尊严是宪法赋予公民作为人应享有的最基本的权利，隐含的是国家与公民之间的一种复杂关系，不同于私法中的仅涉及私主体之间的关系。例如，根据我国民法规定，公民放弃对财产的所有权是法律允许的，而对于宪法赋予的基本权利，权利主体可以不行使，但不能抛弃。

总而言之，限制艺术自由的实质标准并不应只在宪法文本中得以确立，宪法实践的不断发展必然会为基本权利的限制带来新的评价标准。人格尊严的不可抛弃并不意味着人格尊严必然能够成为对艺术自由进行限制的标准，还需要根据个案进行价值衡量。换言之，不排除人格尊严成为限制艺术自由的实质标准的可能性，如果符合比例原则的要求，在个案中是可以应用的。在人格尊严的延伸意义上讲，社会公序良俗成了艺术自由权利受到限制的更强理由。虽然我国宪法没有将公民的生命健康权作为一项基本权利予以明确规定，但生命健康权亦可视为人格尊严条款的延续。〔2〕

4. 宗教信仰自由

艺术与宗教都归属于意识形态领域。从艺术的起源来看，艺术与宗教是相关联的，它们在思维方式与精神内容上都具有相通性。但是，宗教与艺术终究是不同的，艺术重在表达和展示一种价值观念，它没有严格的概念意识和对思维模式的限定。而宗教是对价值观念的终极关注，表达的是对一种现世存在的或者虚构的神秘事物的深信与敬畏。我国《宪法》第36条规定了宗教信仰的自由，我国公民有宗教信仰的自由，对于正常的宗教活动，国家给与保护。艺术创作形式具有多样化和开放性的特点，一旦艺术创作的表现形式触及信教公民的宗教情感，或者影响到正常的宗教秩序，艺术自由是否应该被限制呢？

俄罗斯两名策展人 Yuri Samodurov 与 Andrei Yerofeyev，于2007年在俄罗斯的 Sakharov 博物馆举办了一场名为“被禁止的艺术”的展览，展出的众多作品都涉及基督的形象。展览中展出的两幅画，一幅把基督画成米老鼠的油画和另一幅把基督恶搞成列宁的油画让东正教的信徒非常愤怒，两名策展人

---

〔1〕 陈慈阳：《宪法学》，自印2005年版，第386页。

〔2〕 上官丕亮：《论宪法上的生命权》，载《当代法学》2007年第1期，第61~66页。

因此被告上法庭。很多艺术家团体与维权人士呼吁克里姆林宫停止对这两名策展人的起诉。俄罗斯文化大臣也呼吁说他们的行为并不构成犯罪，只是轻微地冒犯了宗教。但是莫斯科当地法庭拒绝撤销起诉，并对两名被告人作出了三年有期徒刑的判决。最后在维权人士的坚持下，法庭最终撤销了原来的判决，但仍坚持这两位策展人冒犯了宗教，并处罚金 20 万卢比（约合 10 万元人民币）。[1]《俄罗斯联邦宪法》第 28 条明确规定保障每个人的信仰自由、信教自由。同时其第 44 条赋予了每个人艺术创作的自由。本案中两名策展人的艺术作品侵犯了基督教信徒的宗教情感，莫斯科法庭以侵犯宗教为由对他们的艺术创作活动进行了处罚，这是公权力基于保护正常宗教活动对艺术自由进行干预的典型事例。在我国，佛教、道教、伊斯兰教、天主教和基督教是主要的宗教种类。据不完全统计，我国宗教信徒的数量已经达到一亿以上，并且近二三十年还呈现出不断增长的趋势。我国的宗教信徒分布广泛，宗教信徒对于宗教禁忌具有高度的敏感性，对宗教情感的伤害从来都不只是涉及个人的问题，而是涉及宗教群体以及整体宗教秩序的问题。

宗教是一种特殊的人类意识形态，它伴随着人类每一个发展进程。因此，宗教信仰在宗教信徒内心中是对某种神秘事物不容侵犯的至高无上的信仰和崇拜。从古至今，不管是在国外还是国内，宗教信徒维护宗教信仰的行动都带有群体性和激进色彩。一旦他们信仰的宗教事物或宗教禁忌受到冲击或者侮辱，必然会引发宗教信徒团体的反抗，这种思想意识的精神性和巨大威力是不可忽视的。宪法规定的基本权利在编排顺序上隐含了制宪者的思想，将宗教信仰自由置于艺术自由权利的前面，意在给予宗教信仰自由较艺术自由更优先的保护。为了维护社会稳定和正常宗教秩序，当艺术自由的行使侵害到其他公民的宗教信仰自由时，在符合比例原则的前提下，宗教信仰自由能够成为限制公民艺术自由的实质评价标准。

三、结论

20 世纪中期以后，公众表达思想意志的方式不断扩充，科技发展使得可表达思想的途径日益技术化、科技化及专业化。网络视听节目通过互联网媒介展现并传播，已经成为社会公众所适应的网络文化的一种常态现象。网络视听节目不仅形式多样，其传递的思想也呈现出不同的价值取向。艺术自由

---

〔1〕 美联社：《宗教与艺术自由：俄罗斯策展人因举办展览被迫交罚金》，载艺术中国：http：//art. china. cn/haiwai/2010-07/15/content_3610342. htm，最后访问日期：2019 年 3 月 6 日。

在实现过程中，属于一种“致力于大瞻批判至今为止的思想、理论或观点，并在此基础上进行创建或创新的精神活动”，为此必然要求更加高度的自由。[1] 艺术自由的目的在于表意人本身，其并非追求真理或社会发展的工具，而是为了确保个人独立自主地表现自我，进一步促进个人的自我实现。[2] 艺术自由基于人类的想象力和创造性而产生和发展，在多元社会的法秩序之下，国家应该保障艺术创作者在开放自由的环境中从事艺术创作，不适宜对其内容设置严格的价值衡量标准。从而，针对艺术所展现出的对人类社会的好、坏、善、恶的评价，应尽量让市场自行节制，以维持艺术创作层出不穷的活力。

青少年群体作为网络媒体的重要受众群体，其身心健康最容易受到不良网络视听节目的误导和影响。基于对青少年的保护，我国刑法、未成年人保护法和互联网领域的相关法律都做出了相应的规定。很多国外优秀的立法经验也是可以参考的重要对象。1997 年 8 月 1 日，德国正式实施《信息和通讯服务规范法》，即《多媒体法》，其中还包括了对刑法法典、治安法、传播危害青少年文字法、著作权法和报价法等的修改和补充。[3] 2017 年 1 月 6 日，国务院法制办公室发布《未成年人网络保护条例（送审稿)》，面向社会公开征求意见，意味着我国在青少年网络保护方面正在根据新形势进行更深入的探索。在大数据时代，我们面临着“代码即法律”的机遇和挑战。艺术自由规范领域的边界是开放且动态的，网络视听节目是具有典型性和前沿性的艺术形式。如果说法律是规制真实世界最有效的方法，那么代码则是规制网络空间最高效的途径。早在 2000 年，美国政府通过的《儿童因特网保护法》（CIPA）即确认了互联网过滤方法的正当性。这一法案表明，基于过滤技术的规制手段并非最优手段，但是却是对言论自由限制最少的方式。如何通过技术设计、立法与行政规制以及新的商业模式，平衡以互联网作为传播媒介的网络视听节目的艺术创作活动与其他价值主体的关系，如何在个案中对艺术自由的限制标准作出合理考量，如何在现有法律规定的基础上，对法

---

〔1〕 林来梵:《从宪法规范到规范宪法：规范宪法学的一种前言》，法律出版社 2001 年版，第 158 页。

〔2〕 张慰:《艺术自由的文化与规范面向——中国宪法第 47 条体系解释的基础》，载《政治与法律》2014 年第 6 期，第 58~66 页。

〔3〕 解志勇、崔晓婧:《德国信息安全法概况及研究》，载《信息网络安全》2009 年第 8 期，第 47~49 页。

律进行解释，填补法律漏洞，给予艺术自由充分保障的基础上建立有效的网络监管机制，是我们未来将面临的重要课题。

（初审人：王宾）

论行政协议中行政优益权的合理范围及其限制*

蔡刘畅**

摘　要：在行政协议中，行政优益权表征着行政权之于合法私权利的优益状态。法律允许行政主体采取适当的法律措施，合理干预私权利，进而达致维护和实现公共利益的法治目标。厘清行政优益权的合理范围，应结合行政优益权的法律属性对行政主体在行政协议中享有的各项特权予以具体分析。对行政优益权的规范和约束途径包括立法控制、行政法基本原则约束、行政协议限制、行政自制以及法院合法性审查。

关键词：行政协议　行政优益权　合理范围　限制

行政协议在学理上也称之为行政合同，其概念存在较大争议。一般认为，行政协议是指行政主体和行政相对人以协商一致的方式，设立、变更或消灭行政法上的权利义务关系的协议。[1] 而行政优益权也是行政法理论

* 本论文为2018年北京市社会科学基金研究基地项目课题“北京市行政执法方式创新与变革研究”（项目编号：18JDFXB001）的阶段性成果。

** 蔡刘畅，男，中国政法大学法学院宪法学与行政法学专业2017级博士研究生（100088）。

〔1〕 叶必丰：《行政法学》（修订版），武汉大学出版社2003年版，第291页。

上一个重要的概念。它表征着行政权力优先于相对人权利，但并不意味着法律承认了一种新的公权力。行政优益权是解决行政管理目标和公共利益优先的正当性的重要理论环节。而在行政协议中，则是解释行政协议何以与民事合同大相径庭的有力武器。在实践操作层面，对行政优益权理论的再认识也能够厘清行政优益权的真正内涵和范围，尽量凸显行政协议的“合意”属性，从而鼓励当事人在法律范围内诚信、平等地达成和履行行政协议。从理论和规则上限缩行政优益权的适用范围既能够更好地限制和规范行政权的依法运作，也能够促进行政协议在实践中的推广和应用，这无疑具有十分重要的理论和现实意义。

一、问题的提出

行政协议实践中存在的诸多纷争的表现形式乃是行政机关根据各种理由，运用行政职权改变行政协议内容或者解除行政协议，从而影响到相对方的切身利益。潜在行政相对人在自身利益无法得到有效保障、合理诉求缺乏稳定预期的情况下，很可能不愿意选择与行政机关达成合作协议，这样也就使得行政协议这种新型的行政活动方式很难充分发挥其作用。

司法实践中，法院也试图从传统的行政优益权理论中寻求解决问题的有益启示。在山东国恒能源有限公司诉日照市国土资源局不履行行政职责二审案中，[1] 日照市中级人民法院承认行政主体对于行政协议的履行享有行政优益权，即行政主体签订行政协议的目的是为了实现行政管理目标，维护公共利益，其享有对协议履行的监督权、指挥权、单方变更权以及解除权，当协议订立后出现了法律政策的重大调整，行政主体可以行使单方变更、解除权，该案的直接诉由虽然不是行政协议本身，但其涉及的核心问题仍然是行政协议中行政优益权如何行使的问题。一、二审法院在裁判中都援引了行政优益权理论作为论证日照市国土局不予办理国有土地使用权出让手续合法性的主要依据。法院对于行政优益权的范围进行了部分列举，即包括对行政协议履行的监督权、指挥权、单方变更权以及解除权，但对何为行政优益权以及行政优益权行使需要遵守哪些基本规则并未涉及。

在湖北草本工房饮料有限公司诉荆州经济技术开发区管理委员会、荆州市人民政府行政协议纠纷再审案中[2]，最高人民法院在终审裁定中肯定了行

---

〔1〕 参见山东省日照市中级人民法院（2016）鲁11行终30号行政判决书。

〔2〕 参见最高人民法院（2017）最高法行申3564号行政裁定书。

政协议是一种不同于单方行政行为的双方行为。最高人民法院认为，在行政协议中行政机关仍应坚持依法行政，不能借由行政协议扩大法定的活动空间。“法律也允许行政机关享有一定的行政优益权，当继续履行协议会影响公共利益或者行政管理目标实现时，行政机关可以单方变更、解除行政协议，不必经过双方的意思合致。”在这里，行政优益权被看成是一种优先于当事人合意的权力。关于行使行政优益权的条件，生效裁定认为应当首先尊重协议约定的内容，基于行政协议和行政管理的公共利益目的，也应当赋予行政机关一定的单方变更权或解除权，但这种行政优益权的行使，通常须受到严格限制。最高人民法院在该案中初步阐明了行政协议的双重属性以及行政优益权的实质、行使条件和限制等内容。为今后司法实践中有关行政优益权的认定和处理提供了指导。

上述两案中，法院虽然都运用了行政优益权理论，但在学界和司法实践中，人们对何为行政优益权、行政优益权的性质以及如何规范和限制行政协议中行政优益权的合理范围等问题尚缺乏深入讨论。对行政优益权概念和性质的认识很大程度上决定了对行政优益权范围的厘定和对行政优益权行使的规范路径。本文将试图以此为基本思路，展开对行政协议中行政优益权规范行使相关议题的探讨。

二、对行政优益权法律属性的再认识

行政优益权是行政法理论上一个经常被提及却也很少被具体剖析的概念。我国学者普遍认为行政主体享有优益权，但对行政主体优益权的定义并未达成共识。多数学者视行政优益权为一种行政特权。如张弘认为，行政优益权是指行政主体“在行政合同中，为实现公共利益之目的而享有单方面的公共权力为基础的强制性的特权，它的性质就是以行政权为基础的强制性权力”。〔1〕江必新也认为：“行政机关享有‘行政优益权’，即根据公务（公共利益）的需要，行政机关可以依职权执行合同，可以在行政协议中规定当事人对于第三者享有某些特权，可以自由解除合同、变更合同，具有超过民商事合同的指挥和监督权力等。”〔2〕不过也有学者将行政主体优益权理解为行政机关的主导性权利，如余凌云认为，“为促成行政机关所预期的行政目标的

〔1〕 张弘：《行政合同特权与法律控制》，载《辽宁公安司法管理干部学院学报》2002年第2期，第37~38页。

〔2〕 江必新、梁凤云：《行政诉讼法理论与实务》，北京大学出版社2009年版，第223页。

完成，就必须赋予行政机关在契约中适度的主导性权利，同时积极发挥相对一方对行政机关履行义务的监督作用。”〔1〕

总的来看，国内学者们对行政优益权的认识更加倾向于从行政优益权是否是一种权利或者权力的角度来对其加以考察。这种倾向既源自于行政权之于行政法的核心地位的必然要求，也源自于行政协议中权利意识的凸显。然而，仔细地检视行政优益权的内涵，也会发现，仅仅将其定性为一种权利或者权力似乎有悖于事物的真实面貌。

首先，从性质上看，行政优益权属于行政权的范畴。这是因为，行政优益权的享有主体是行政主体，行政优益权也具有“优益”的特征，也就是优先于行政相对人的权利，这就使得行政优益权打上了“特权”的烙印。只不过这种“特权”不是专制意义上的特权，而是在现代行政法治约束和保障下的公权力。正如有学者所指出的那样：“不管订立行政协议时双方是如何平等合意的，但行政机关要实现行政管理的目的、实现公共利益的初心未改，因而在行政协议平等的‘外壳’之下，实质上仍是行政权力的隐性运行。”〔2〕由此可知，行政优益权与私权利相比，存在着显著差异。因此，在此意义上将行政优益权视为一种权利是有待商榷的。

其次，从本质上看，行政优益权表征着权力之于权利的优先状态，行政优益权是行政权存在的一种优益状态。从这个意义上讲，行政优益权优先于行政主体与协议相对方之间所达成的合意。行政优益权理论所要解决的是这样一种情形：当私主体依法行使权利可能影响公共利益或者行政管理目标的实现时，法律上是否存在一种国家公权力对此予以协调和处理，以更好地维护公共利益？这里就需要一种具有较之于私权利更为优越的合法的公权力，对这个依法行使的私权利予以干预，这就是行政优益权存在的制度空间。这种权力与其说是一种独立的权力，倒不如说是公权力（一般表现为行政权）较之于私权利的一种优益状态，这种优益状态确保具体的行政权能够为了公共利益和行政管理目标的实现，合法地介入个人和组织依法享有的权利。这意味着，行政优益权优不受制于协议本身所达成的合意，正如最高人民法院在生效裁判中所清晰表达的那样，当继续履行协议会影响公共利益或者行政管理目标实现时，行政机关可以行使行政优益权，单方变更、解除行政协议，

〔1〕 余凌云：《行政契约论》（第2版），中国人民大学出版社2006年版，第118页。

〔2〕 王学辉：《行政何以协议：一个概念的检讨与澄清》，载《求索》2018年第2期，第121页。

不必经过双方的意思合致。需要注意的是，如果是行政相对人行使了一个法律所不认可的权利或者其行使权利的方式、程序违法，行政权依法对其加以惩处，则不属于我们讨论的行政优益权的范畴。在这种情况下，行政权与私权利处于大致相同的法律地位上，行政权在此处只是消极地执行了法律规定，行政权并不具有"高人一等"的地位。

再次，从权源上看，真正意义上的行政优益权源自于法律的规定和保障，而非行政主体自设或者由行政协议约定等方式设定。如前文所述及，行政优益权是法律为了保障行政主体能够在特定情形为维护公共利益而合法干预私权利的一种法律手段。行政优益权是行政法治原则对行政权的更高要求，而不是赋予行政主体不受限制的行政裁量权，行政优益权必须接受法律的约束。因此，有关行政优益权必须由法律加以设定，其行使也必须符合行政法治的基本要求。当然，行政优益权的设定方式可以是系统的，也可以是分散的。在我国，行政优益权目前仍以较为分散的方式被法律规范设定。例如，《中华人民共和国行政许可法》第 8 条、《中华人民共和国人民警察法》第 13 条、《全民所有制工业企业承包经营责任制暂行条例》第 22 条、《山东省行政程序规定》第 105 条第 2 款等规定，都是法律、法规、规章对行政优益权的分散、个别的规定。任何行政主体不能赋予其自身行政优益权，也不能通过行政协议等形式约定行政优益权。这并不是说行政主体自身不能通过自律规范来进一步细化法律规定的行政优益权，也不意味着行政协议不可以通过具体约定来进一步明确法律规定的行政优益权的适用范围、条件、内容、程序等。相反地，上述途径恰好是更好地规范行政优益权行使的重要方式。

最后，从外延上看，行政优益权并不是一种独立的行政权，而是表征着行政优益地位的一类行政权力的集合。在这种认识之下，任何具体样态的行政职权，只要处于一种行政优益的法律状态或地位，则属于行政优益权的范畴。判断哪些权力属于行政优益权，应当根据具体情况予以准确认定。

综上，行政主体享有的行政优益权不是一种独立的权力类型，它表征着法律为了实现和保障公共利益，赋予行政主体优先于合法私权利的行政权的一种优益法律状态或者地位。这种优益状态或者地位允许行政主体采取适当的法律措施，合理干预私权利，进而达致维护和实现公共利益的目标。行政优益权在外观上往往体现为公权力与私权利之间的优先级关系，公权力优先于私权利本身也是一种法律所认可和保护的权力存在状态，因而人们也称其为一种权力，但这并不能掩盖甚至否定事物的本质。

明确行政优益权的法律属性具有十分重要理论和现实意义。

第一，行政优益权的法律属性在某些情况下是认定行政活动方式的重要根据。行政优益权只能在行政主体履行公务时才能行使，这一鲜明特征在多数情况下能够作为认定某个或某类活动是否属于行政活动的方式。以行政协议为例，一项协议要成为行政协议可能从理论上能提出很多认定标准，如主体标准、目的标准、内容标准、公权力标准、公益标准等。[1] 然而这些标准大多模糊而抽象。但是如果通过判断作为一方当事人的行政主体是否享有行政优益权来加以认定的话，事情就变得明朗了许多。而行政优益权是由法律加以具体规定的，因此以这种方式来判断一项协议是否属于行政协议具有现实的可操作性。

第二，明确行政优益权的法律属性是清晰厘定行政优益权适用范围的重要依据。行政优益权最典型的适用情形是公共利益与私人利益发生冲突时，行政权对合法的私权利进行必要干预。按照传统规则之治的思维，行政权必须严格遵守法律保留原则，在公共利益遭遇合法权利背后的私人利益挑战时，行政主体则将会束手无策。因此，有必要从法律上赋予行政主体一定的行政优益权。如何确定行政优益权的范围不仅关系到行政主体在多大程度和范围内行使行政职权，以实现公共利益和行政管理目标，也从反面划定了行政主体不得行使行政优益权的边界。对行政优益权性质的科学认识则是划分这一边界主要参考标准。

第三，明确行政优益权的法律属性是规范和限制行政权的理论前提。从某种意义上说，理论和实践上承认行政优益权并非当然地承认行政优益权的无限性，而是要更好约束和规范行政优益权的行使。完全没有限制的行政权是专制体制下的特权，而不是现代意义上的行政权。明确行政优益权的性质，也就从理论上划分了行政主体行使行政优益权的边界。这在行政协议实践中尤显重要。行政协议中，行政优益权与当事人合意之间一般存在着此消彼长的关系。如果过分强调行政优益权，则会减损行政协议的合意属性，从而不利于行政协议实践的开展。

三、行政协议中行政优益权行使的具体范围厘定

行政优益权的范围是行政优益权内涵和外延的具体体现。在行政协议中，

---

〔1〕 参见杨欣：《论行政合同与民事合同的区分标准》，载《行政法学研究》2004年第3期，第122、125~126页。

行政主体虽然不像在传统行政行为模式下享有法律赋予的诸多公权力，但是在行政协议中仍是扮演着公共利益“代言人”和“捍卫者”的法律角色。因此，厘清行政优益权的合理范围能够明确行政主体维护公共利益、实现行政管理目标的职责范围、具体标准，从而更好地促进行政法治。而从行政协议之作为一种契约的本质来看，其契约精神（包括平等、自愿和协商的理念）也需要在规范层面和实践中彰显，否则相对人不会对行政主体缔结协议的意图给予足够信任，行政协议作为一种新型的行政活动方式也就很难得以在更大范围内推广。在考察行政优益权时，应当注意的是行政优益权并不等同于行政主体在行政协议缔结和履行中的法定行政职权或者协议约定的权利。〔1〕从域外行政协议实践来看，虽然行政主体享有的行政优益权的范围不完全一致，但归纳起来主要包括：①选择相对方；②指挥、监督协议履行；③单方变更协议；④单方解除协议；⑤制裁相对方；⑥强制执行协议内容。〔2〕下面，笔者将对行政优益权的范围进行逐一讨论。

（一）选择协议的相对方不宜纳入行政优益权的范围

在行政协议的缔结阶段，行政机关是否享有行政优益权呢？对此，我们应从行政主体在协议缔结阶段的地位、职权、约束程度等方面进行分析。

从法律地位上来看，一般而言，行政主体在协议缔结阶段处于类似于民事协议要约邀请发出者或者要约人的法律地位。行政协议作为一种协议，其缔结也需要经历要约邀请、要约、承诺等环节。在实践中，行政主体较多采

---

〔1〕 协议约定的权利，也即契约性权利，一般包括：①对是否订立行政合同以及合同具体内容等有一定的选择权；②行政相对人有根据其给付获得相应对价的权利、要求行政主体兑现承诺如优惠政策的权利，行政主体有根据合同要求相对人为或不为一定行为的权利；③因出现不可预见的重大情势变更，如依原约定显失公平，当事人一方可请求对方适当调整合同内容如不能调整，有权终止合同，等等。参见江必新：《中国行政合同法律制度：体系、内容及其构建》，载《中外法学》2012 年第 6 期，第 1171 页。

〔2〕 在法国行政协议实践中，行政优益权主要包括以下五个方面内容：①选择协议相对方；②指挥命令权；③单方面变更协议权；④单方面解除协议权；⑤制裁权。参见王名扬：《法国行政法》，北京大学出版社 2007 年版，第 146~154 页。德国并不过多区分行政协议与民事协议，行政协议各项事宜基本遵循民事协议原则，只有在特殊情况下行政主体才可以行使行政优益权。在注重维护公共利益的同时，德国重视行政主体与相对方的对等性。德国行政主体享有的行政优益权主要包括协议解除权、强制执行权等相对有限的范围。与法国法定强制执行权不同的是，德国强制执行权是由合意产生的。参见应松年主编：《外国行政程序法汇编》，中国法制出版社 2004 年版，第 37 页。在英美法系国家，政府合同适用普通法规范，强调协调兼顾双方利益，但当公私利益冲突需要抉择时，法律同样赋予行政主体以行政特权。但这种行政特权必须接受程序法的严格约束。

用公开招标、邀请招标、竞争性谈判、询价等方式，行政主体可以根据行政管理需要，合理选择其中的一种方式选择协议相对方以缔结协议。在寻找适格相对方的过程中，行政主体（尤其是行政机关）作为公益代表机关，其享有民事主体的基本缔约自由。也就是说，在选择相对方这一点上，它是自主的，不管这种自主背后的动因是私益还是公益。

从行使职权的角度来看，行政主体在协议缔结阶段行使的行政职权并不必然解消其作为缔结一方当事人的基本地位。行政职权作为具有公法意义的权力形态，具有法律所承认和确保的自主性、强制性、裁量性等特点，就权力的本体论而言，这一点同民事权利本质上并无二致。因此，行政主体在协议缔结阶段在行政职权上并无优先于潜在协议相对方民事权利的特权。

从受到法律约束的程度来看，行政主体在协议缔结阶段要受到协议适用范围、缔结权限和条件等实体法规则和公开透明、竞争择优、公平公正等程序性规则和原则的严格限制。此时，行政主体处于一种受到严格限制的法律状态，公权力的行使需要遵守严格的法律保留原则以及其他基本法律要求，行政主体在缔结阶段的所谓“特权”也就无从谈起了。这当然不是限制行政主体维护公益，而是保证行政主体选择最优质的行政相对方，从而与之签订协议，以实现行政成本的最低化和行政效益的最优化，并最终实现公共利益的最大化。

（二）指挥、监督协议的履行不宜纳入行政优益权的范围

指挥、监督行政协议的履行是行政主体在协议履行中享有的一项重要权力，本身也附有契约因素。这是因为，行政主体享有法律规定的实现行政管理目标的行政职权。而在法律没有规定指挥、监督职权时，在协议中则体现为代表公益对相对方的履约情况进行必要的监督和指挥，但是这些权利的行使需要受到协议约定的限制。也就是说，如果法律没有规定而只是由协议约定行政主体相应的指挥和监督权利，则一般不认为行政主体享有行政优益权。

在某些特殊情况下，法律可能规定了行政主体对协议履行的享有指挥、监督等职权。如《湖南省行政程序规定》第 97 条规定：“行政机关有权对行政合同的履行进行指导和监督，但是不得对当事人履行合同造成妨碍。”该条虽然规定了行政主体的监督、指导职权，但是其所针对的内容是协议相对方是否适当地履行了协议内容，这与行政优益权的性质和制度功能不一致。一般来说，行政优益权乃是行政职权的一种优益状态，并不是对违法或违约行为的一种否定和矫正，而是在合法的私益与公益间做出合理的评判，进而做

出对公益更为有利的决定。正因为如此，监督和指挥行政协议的履行并不属于行政优益权的范畴，尽管其可能是一项法定行政职权。

（三）单方变更和解除协议在一定条件属于行政优益权的范围

变更和解除合同是合同当事人所享有的基本权利。对于民事合同的变更，法律规定必须协商一致［《中华人民共和国合同法》（以下简称《合同法》）第 77 条］。但对于民事合同的解除，法律不但规定了约定解除，还规定了法定的单方解除权（《合同法》第 93～94 条）。法律如此规定，是对合同缔结目的的制度回应。在行政协议领域，虽然我国中央层面没有统一立法对行政协议的单方变更和解除权进行规范，但是其应符合民事合同的有关理论和规则。如果法律未对行政协议单方变更和解除权做出明确、具体的规定，则协议双方可在协议中进行约定，这种情况下行政主体应按照协议约定的事项范围、行使条件、程序等行使协议的变更和解除权，此时体现为一种约定权利。

而在法律对协议的单方变更和解除权有规定的情形下，无论协议约定与否，行政主体皆可根据法律规定和公共利益的需要，单方变更和解除协议。此时，单方变更和解除协议权是一种法律规定的行政职权，但不一定处于一种优益法律状态。如果作为行政协议一方当事人的行政主体仅是对协议对方当事人违约行为的一种抗辩行动，则只是对违约状态的一种间接确认和制约，而不是在公益和私益间作出裁量和抉择。只有行政主体真正为了公共利益和行政管理目标之需要，从而决定单方面变更或解除并不处于违约状态下的行政协议，才是行使行政优益权的体现。因此，协议的单方变更和解除权在上述条件下确实有可能进入行政优益权的范围。

（四）对协议相对方的制裁不属于行政优益权的范围

对协议相对方的制裁是指行政主体根据法律规定和协议约定对相对方的违法、违约行为给予否定性评价并予以惩处的活动。作为一个严肃的法律术语，制裁特指法律制裁，只有法律所规定的制裁才是此处探讨的制裁。而对于协议双方约定的所谓制裁方式，只能算是一种违约责任的承担方式，而非法律制裁。

作为协议一方当事人的行政主体，同时也很可能是行使法律规定的行政职权的公权力组织，其对违反特定行政法秩序的行为享有处理和制裁的权力。以土地使用权出让协议为例，根据有关规定，以出让方式取得土地使用权进行房地产开发，超过出让合同约定的动工开发日期满 1 年未动工开发的，可以征收相当于土地使用权出让金 20%以下的土地闲置费；满 2 年未动工开发的，可以无偿收回土地使用权。[1] 根据《城镇国有土地使用权出让和转让暂行条例》的有关规定，“未按合同规定的期限和条件开发、利用土地”被认为违法，并由该行政法规设定了行政处罚权。[2] 因此，各级土地管理部门在协议履行中一旦发现上述违法行为，就可根据该规定实施制裁。这种制裁具有行政处罚的性质，违反协议同时也违反法律，协议内容可以被视为法律规定的具体化形式。

尽管行政协议相对方违反协议同时构成违约，但作为法律制裁的缘由，其首先违反了实定法的禁止性规定。享有制裁权的行政主体此时行使的是行政处罚权，其目的是对违反客观法秩序行为的一种法律监督和矫正，可以说其维护的是最低限度的公共利益，也即公共秩序。就这一点而言，其与其他行政处罚并无本质区别。但是行政协议所追求的公共利益和行政管理目标显然并不会停留于最基本的秩序价值，而是要以一种更加积极主动的姿态为公众更好地提供公共产品和服务，满足人民群众多层次、多方面的现实需要。这种层次的公共利益需要行政主体进行裁量和抉择，是合法权力对合法权利的一种优先排序问题，而不是一个合法行使的权力对违法行使的权利的监督和矫正的问题。因此，协议中制裁权的行使不能被视为行政优益权的行使，两者不能画等号。

（五）强制执行协议属于行政优益权的范围

行政强制执行是指在行政法律关系中，作为义务主体的行政相对人不履行其应履行的义务时，行政机关主动依职权或者申请法院，依法强制其履行义务的行为。[3] 在域外，如法国、德国、美国等，当相对一方违反协议约定的义务时，行政主体往往采用强制手段保障协议的履行，虽然这种强制执行的手段可能直接来源于法律，也可能来源于协议的约定，但是强制执行作为协议履行的重要保障机制，是行政主体维护公益，从事公共管理不可或缺的制度保障。

从强制执行的定义来看，行政主体强制违约的相对方履行协议内容是对违约行为的一种直接矫正。由于违约行为是相对方对主观权利状态和主观法律秩序的一种违反，这使得这种强制执行具有制裁破坏秩序者的性质，从而

---

〔1〕 参见《中华人民共和国城市房地产管理法》第26条。
〔2〕 参见《城镇国有土地使用权出让和转让暂行条例》第17条第2款。
〔3〕 姜明安主编：《行政法与行政诉讼法》（第5版），北京大学出版社2011年版，第290页。

也似乎与笔者对行政优益权性质的界定不相一致。实则不然，本文讨论的前提是，我国立法尚未对行政协议领域是否可适用行政强制执行做出明确规定。《中华人民共和国行政强制法》的规定主要是针对一般行政行为的，并不普遍适用于行政协议。在尚无立法加以统一规定的情况下，行政主体采用行政强制执行的方式来达到相对方履行协议的法律目的，首先需要法律的个别规定，否则违反法律保留原则。例如，根据我国法律规定，行政机关在实施强制执行时，可在不损害公共利益和他人合法权益的情况下，与当事人达成执行协议。当事人不履行执行协议的，行政机关应当恢复强制执行。[1] 这里的执行和解协议是一种行政协议。虽然法律规定的“恢复强制执行”不是对执行和解协议的直接强制执行，但从当事人自身利益的角度出发，这无疑是一种具有间接效果的强制执行。此种情形下，行政主体所力图维护的是行政协议所确立和促进的公共利益，而不仅是一种消极的维护公共秩序意义上的公共利益。行政主体对于是否采取强制执行以及采取何种强制执行方式（间接或直接）拥有裁量空间，这是其与执行行政决定的主要区别。

在相对方违约情形下，行政主体如何获得救济，这是我国行政协议实践中的难题。根据2017年修正后的《中华人民共和国行政诉讼法》之规定，行政协议被纳入到行政诉讼受案范围，这从法律上赋予了协议相对方法律救济权利，是法治的一大进步，也回应了现实中的迫切需要，但是对于行政机关如何确保相对方履行协议方面，则缺乏必要的制度保障。可见，将强制执行权视为行政优益权的范围具有积极的现实意义。至于强制执行在行政协议中如何实现，这仍是一个值得深入研究的话题，需要另行撰文予以探讨。

总之，判断行政协议中行政优益权的范围必须紧密结合行政优益权的含义和性质加以具体分析。其核心思想是行政主体各项具体职权的行使必须以协调和平衡公私利益为基本目标，对于违反法律秩序行为的制裁或矫正并不属于行使行政优益权的范畴。在这点上，协议强制执行具有一定的特殊性，其是行政优益权的内容。

四、规范和约束行政协议中行政优益权行使的基本路径

行政优益权是法律赋予行政主体的一种法律上的特权。行政优益权的行使不仅事关公共利益和特定行政管理目标的充分实现，也关系到协议相对方的切身利益。因此，一方面要从学理和法律上明确行政优益权行使的合理范

---

〔1〕 参见《中华人民共和国行政强制法》第42条。

围，另一方面更要着重强调如何规范和约束行政优益权的行使。具体来说，在行政协议中规范和约束行政优益权，可以从以下五个方面着手。

（一）行政优益权的立法控制

如前文所述，行政协议中行政优益权的直接法律根据应当是法律规范，只有协议约定行政主体的特权不是真正意义上的行政优益权。可见，通过立法对行政优益权加以必要控制是非常重要的。

第一，在立法控制的模式上，应就有关行政优益权的范围及其行使进行统一的立法。我国法律对于行政优益权并无系统性规定，但存在若干分散、个别的规定。尽管目前湖南、山东等地有关行政程序的政府规章中对行政协议有专章规定，对行政优益权也有零星涉及，但尚不够系统和全面，尤其是只能适用于当地。因此，在未来行政程序立法或者行政协议立法中对此应予以统一规范。从长远来看，行政优益权的立法控制应被置于一个系统、普遍的立场上来加以审视和思考。分散、个别的立法规定并不能取代统一、集中的立法控制。

第二，在立法控制的路径上，应坚持实体法规则和程序法规则并重的思路。从域外实践来看，对行政优益权的立法控制主要包括实体法控制和程序法控制。以德、法为代表的大陆法系国家强调对行政协议中行政优益权实施实体法控制，但也兼顾程序法控制。而英美法系国家则强调通过程序制度设计来控制行政优益权的正当行使，但在实践中也存在实体法规则的控制。〔1〕例如在美国，政府合同法律制度内容包括：其一，授权政府进行物品或服务采购的规定，主要是授权规范；其二，关于如何进行物品或服务采购的规定，包括招标、投标、审标、决标等，程序规范，以及格式化的合同条款等。〔2〕这启示我们，就对行政优益权的规范和约束而言，实体法和程序法规则都十分重要，应当充分发挥二者的独特作用。实体法规范主要规定行政优益权行使的范围、条件等，程序法规范则着重规范行政优益权行使的程序事项、权利救济以及监督途径等。

第三，在立法控制的具体规则上，今后在立法上有必要对行政优益权的

〔1〕 参见［美］Daniel J. Mitterhoff:《建构政府合同制度——以美国模式为例》，杨伟东、刘秀华译，载《行政法学研究》2000年第4期，第93~96页。

〔2〕 参见李霞:《域外行政合同研究述评：从行政法的角度》，载《国外社会科学》2014年第6期，第85页。

内涵、适用范围、行使条件、行使程序等作出明确规定。上述事项中最为重要的是行政优益权的行使条件，核心是对“公共利益”“行政管理目标”“必要”等不确定性法律概念的规范。一般而言，考虑到立法的稳定性，高位阶的立法很难对这些抽象概念加以具体界定，因此需要较低位阶的立法（如法规、规章）对这些不确定性法律概念进行必要的细化，具体来说可通过抽象概括加不完全列举的方式予以细化。这对于保障行政主体依法、正确行使职权，规范和约束行政优益权合理行使无疑十分必要。

（二）行政法基本原则对行政优益权行使的约束

行政法基本原则是行政法领域的基础性、普遍性理念、精神和价值的总称。行政优益权的行使自然也要受到行政法基本原则的约束。具体来说，行政优益权的行使主要受到以下四个基本原则的约束：

1. 法律保留原则

法律保留原则要求行政主体实施行政活动必须有法律的明确授权，否则就不得实施相应行为。行政协议实践中，一方面我们应从立法上确立和完善行政优益权行使的完备的法律规范体系，另一方面行政主体在行使行政优益权时也要严格依据法律规定。在法律没有规定的情形下，行政主体并不享有行政优益权，行政主体此时应当按照协议约定实施有关行为。可见，在行政优益权行使中，法律保留原则一方面要求行政主体必须有法定权限，另一方面也强调对协议内容和协议相对方的正当利益之维护。

2. 信赖保护原则

信赖保护原则的基本含义是政府对自己作出的行为或承诺应守信用，不得随意变更，不得反复无常。[1] 信赖保护原则保护的是行政相对人的合理信赖利益。很显然，行政机关虽然可以根据依法行政的基本要求，主动行使行政优益权，从而影响行政协议的履行，但这往往会破坏协议相对方对协议的合理期待以及对协议所保护的利益的合理信赖。因此，行政优益权的行使不得任意为之，应当符合信赖保护原则的要求。首先，行政协议一经达成，非经法定或约定事由和程序，不得随意变更和解除；其次，行政主体与相对方缔结行政协议后，即使行政主体发现有违法情形，只要不是因相对方过错（如行贿、提供虚假资料等）造成，行政主体亦不得变更或解除，除非会严重危及公共利益；再次，据以缔结协议的法律、法规、规章修改或废止，或者

---

〔1〕 姜明安主编:《行政法与行政诉讼法》（第5版），北京大学出版社2011年版，第73页。

据以缔结协议的客观情况发生重大变化，行政主体为了公共利益的需要可以行使行政优益权，但必须进行充分的利益衡量；最后，行政主体行使行政优益权，变更或解除协议，如不是相对方原因，行政主体应对相对方进行赔偿或补偿。

3. 比例原则

比例原则要求行政主体行使行政优益权时应兼顾行政目标的实现和保护协议相对方的权益，如为实现行政目标可能对相对方权益造成某种不利影响时，应将这种不利影响限制在尽可能小的范围和限度内，保持二者处于适度的比例。比例原则包括妥当性原则、必要性原则和均衡性原则三个子原则。[1] 具体到行政优益权的行使，其基本要求是：①行政优益权行使时所采取的手段必须能够实现行政目的或至少有助于行政目的的达成；②在有多种同样能达成行政目的的手段可供选择时，行政主体应选择采取对协议相对方权益损害最小的手段，即该手段对于行政目的的达成是必要的；③行政优益权的行使对相对方权益的损害必须小于该行政目的所实现的社会公共利益，不能超过这一限度。

4. 正当法律程序原则

正当法律程序原则源于古老的自然正义原则。其包含两个最基本的程序规则：①任何人或团体在行使权力可能使别人受到不利影响时，必须听取对方意见，每一个人都有为自己辩护和防卫的权利；②任何人或团体不能作为自己案件的法官。[2] 正当法律程序原则要求行政主体在行使行政优益权时应当尊重和保障协议相对方的正当利益诉求，并公正处理。这不仅要求立法上要制定规则来确立相应的程序要求，也要求行政主体在没有具体法律依据的情况下，也要恪守正当法律程序原则。

（三）行政协议对行政优益权行使的限制

行政协议具体约定了双方当事人的权利与义务，是对行政事务和行政目标的具体化。行政协议从两个方面限制行政优益权的行使。

一方面，行政协议所体现的契约理念是对行政优益权行使在规则、观念和舆论上的有力限制。行政协议约定的内容与行政优益权是一种此消彼长的关系。如果双方当事人能够尽量通过协议的形式来安排未来一段时间内的事

---

〔1〕 张树义主编：《行政法学》（第2版），北京大学出版社2012年版，第33~34页。

〔2〕 王名扬：《英国行政法》，北京大学出版社2007年版，第117页。

务，则行政优益权行使的空间就较为有限，且协议约定得越详尽、具体，行政优益权行使的可能性就越小。因此，双方当事人在缔结协议时应当充分认识到协议内容的重要性。

另一方面，行政优益权的内容、行使条件等也可以通过行政协议加以具体化，并得以限制。这并不意味着行政协议本身可以设定行政优益权，行政优益权的直接根据仍然是法律规范，但在法律已有规定的情况下，行政主体可以自觉以协议的形式来细化行政优益权及其行使。一旦协议对行政优益权及其行使做出了具体的约定，双方就应当遵守协议对行政优益权的相关约定，并不得违反，但前提是该具体约定不得与法律对行政优益权的规定相违背。

（四）行政优益权行使的行政自制

行政自制，简单说就是行政机关的自我规制，是指行政主体自发地约束其所实施的行政行为，使其行使的行政权在合法合理的范围内运行的一种自主行为。[1] 行政优益权由行政主体行使，而权力具有侵益性、主动性、强制性等特点，不受控制的权力容易导致权力的滥用和对权利的践踏。为了解决这一难题，法律设置了外部制约的种种制度，但关键还在于行政主体自身。因此，行政主体自身也应严格自律，进行合理的自我控制。

为了进行合理的自我控制，行政主体可以从以下方面采取措施：

第一，在实践的基础上，制定行政优益权裁量基准。行政主体可以在遵循上位法的情形下，通过规则制定，就行政优益权行使的内容、条件、程序、监督等进行详细的规定，制定相应的细则和基准，从而达到约束自身和下级行政机关的目的。

第二，确立先例、惯例在行政优益权行使中的重要地位。行政主体的行为应当具有基本的稳定性和可预测性，这在行政协议实践中尤为重要。行政主体应当将行政优益权行使的成功实践予以提炼和固化，形成惯例或先例，确保相同或类似情况必须相同或类似地处理，维护行政协议和行政法律秩序的安定性。

第三，合理使用解释权。行政主体在行政协议实践中享有广泛的解释权。其根据法律、协议对行政协议相关内容，特别是行政优益权的行使，享有宽泛的解释权，这是必要的。在受到行政法基本原则和行政协议的外部限制的

---

〔1〕 崔卓兰、刘福元：《行政自制——探索行政法理论视野之拓展》，载《法制与社会发展》2008年第3期，第98页。

同时，最重要的是行政主体要保持其对相关问题解释的前后一致性，不得滥用解释权。

（五）法院对行政优益权行使的合法性审查

除此之外，法院在个案中也可能涉及对行政优益权的合法性审查。由于行政优益权属于行政主体的法定职权范畴，因此其必须符合法律保留原则的要求。法院审查行政优益权的核心在于其行使是否具有法律依据、是否符合特定的法律规定以及是否为公共利益所必须。对于前二者的审查与对传统的单方行为的审查相同，自不必说，对于是否符合公共利益的审查则可能涉嫌司法权僭越行政权的领地。法院对公共利益需要的解释亦经历了从事实上的公共利益需要到法律规定的公共利益需要的嬗变，其变异的前提在于公共利益概念的高度不确定性。对公共利益解释的变异隐含着司法审查强度的变化，[1] 然而，法院在行政诉讼中进行的毕竟是合法性审查，对于如"公共利益"这样的不确定性法律概念，法院理应尊重行政主体的解释和认定，但是在有法律规定的情形下（例如法律具体规定了何为"公共利益"），法院就可以根据法律的规定对行政主体行使行政优益权的前提进行审查。如《国有土地上房屋征收与补偿条例》第8条明确列举了"公共利益"的事项范围，法院在审查有关征收补偿协议时就应当结合该条规定，对行政主体行使行政优益权的行为予以合法性审查。法院的审查是监督和制约行政优益权最为有力的法治保障。

五、结语

行政优益权理论关系到行政权的依法正当行使，也关系到行政协议制度与实践的不断完善。在推进行政管理方式变革与对外开放不断深化的历史进程中，行政协议发挥着越来越重要的作用，这种作用不仅仅局限于国内公共行政管理事务，现在已经越来越走向国际化。在日益密切的国际经贸和基础设施投融资合作等方面，行政协议正扮演着愈加重要的角色。随之而来的是潜在的协议相对方对行政机关极度的不信任，这既有契约精神缺失的缘故，也有行政特权思想从中作祟，其中后者的破坏性尤甚于前者。有鉴于此，对行政优益权的范围和行使进行合理限制是必要的，也是可行的。从一个中立的立场上看，我国市场经济发展到今天，契约精神已深入人心，有关协议的

---

〔1〕 参见沈广明：《行政协议单方变更或解除权行使条件的司法认定》，载《行政法学研究》2018年第3期，第124~128页。

理论和实践也十分成熟，但是由于历史文化等因素的影响，行政权的侵益色彩还较为浓重，需要逐步予以消除。在行政协议领域中，就是要通过立法、法律原则、行政自制、行政协议和法院合法性审查多管齐下对行政优益权予以必要限制。

（初审人：赵敏慧）

我国律师准入制度比较研究

谢　维*

摘　要：律师准入制度是整个律师制度运作的基础，是决定一个自然人能否成为一名执业律师的关键环节。现行律师准入制度的粗放管理模式，已经不能满足社会对法律服务领域日益严格化、高水平化的发展要求。律师准入制度构建得合理与否，不仅会影响律师队伍的整体面貌，也将影响我国法律职业共同体的建设和公共利益的实现。无论大陆法系还是英美法系国家，准入律师的条件通常都包括实体和程序条件两个方面。其中，实体条件包括年龄、学术资格、训练实习、执业适当性、职业责任保险等要求；程序性条件包括核准登录、宣誓等方面的要求。基于中外制度的比较研究，未来应当在我国律师准入制度中进一步完善统一的实习培训制度、建立统一的品行考核制度。

关键词：律师准入　比较研究　品行考察

马克斯·韦伯曾说："创制和运行具有形式主义合理性法律的人应当是那些经过专门训练的、关注法律系统性和明确性的法律家。"律师是法律职业的一员，这是得

---

* 谢维，男，中国政法大学刑事司法学院、司法文明协同创新中心2016级博士研究生（100088）。

到普遍认可的公理性判断，法律职业（legal profession）一词也已经进入了我国的立法范畴。所谓法律职业化，根据著名的职业社会学家理查德·埃贝尔的说法，是指通过一系列职业生产、准入和训练等举措来控制行业队伍从而实现这一职业目标的过程。〔1〕实现职业化的关键在于对行业准入的控制、对法律服务产出的控制。律师职业的属性是公共服务，〔2〕这是构建律师行业管理制度的基础。律师职业的公共性，必然要求律师职业应当具有较高的准入门槛。准入制度处于律师制度建设的源头，是决定一个自然人能否成为一名执业律师的关键环节，从某种程度上说，作为律师制度基石的准入制度直接影响着行业的发展和走向。申请准入律师的一般条件，通常来说，包括实体和程序条件两个方面，实体条件包括年龄、学术资格、训练实习、执业适当性等要求；程序性条件包括核准登录、宣誓等要求。从现有的研究材料来看，绝大多数研究成果集中在我国实行统一的法律职业资格考试之前，研究的视角主要侧重于提升报考人员学历条件、完善司法考试等。〔3〕同时，现有的文献对于我国律师准入制度的实习培训、品行道德等问题也都作了一些阐述，但是对于问题的解决缺乏详细的对策。〔4〕党的十八届四中全会提出建立从符合条件的律师中招录立法工作者、法官、检察官制度，明确了法律职业共同体建设的目标，也意味着今后律师是法官、检察官的摇篮。因此，律师准入制度构建得合理与否，不仅影响着律师队伍的整体面貌，也影响着我国法律职业共同体的建设和公共利益的实现。“他山之石，可以攻玉”，本文立足于律师行业近几年的新变化，结合英国、美国、日本等律师业较为发达国家的相关准入制度，对我国律师准入制度的关键实质性条件进行了比较研究，并就律师停止执业以后的恢复执业准入进行了初步探讨，供有兴趣的学者作进一步的研究。

---

〔1〕［美］理查德·L. 埃贝尔：《美国律师》，张元元、张国峰译，中国政法大学出版社 2009 年版，第 24~25 页。

〔2〕顾永忠等：《论律师的职业属性》，载《中国司法》2007 年第 4 期，第 53 页。

〔3〕参见张勇：《从中外律师资格制度的几点比较看我国律师制度的不足》，载《河北法学》2000 年第 5 期，第 99~100 页；高一飞：《法律执业资格的取得：基于教育背景与考试要求的考察》，载《学术论坛》2011 年第 1 期，第 75~82 页。

〔4〕参见李华成：《苏格兰律师准入制度及其对我国的启示》，载《长江大学学报（社会科学版）》2011 年第 5 期，第 29~30 页。

一、我国律师准入制度的历史沿革

新中国成立以来，我国律师事业走过了六十多年的建设历程，期间历经了初建、取消、重建、恢复、发展等阶段。现在的律师制度是根据 1979 年《中华人民共和国刑事诉讼法》和 1980 年《中华人民共和国律师暂行条例》（以下简称《条例》，1982 年 1 月 1 日起实施，1997 年 1 月 1 日废止）恢复建立起来的，受各种因素的影响，在很长一段时间内法官、检察官数量远远多于律师数量。[1] 经过三十余年的改革和发展，上述局面发生了显著的结构性变化，截至 2017 年年底，我国律师人数已经突破 36.5 万人，成为促进经济社会发展、建设法治国家的一支重要力量。

（一）《条例》阶段

《条例》在第 8 条规定了律师准入的学历、品行等相关要求，[2] 第 9 条规定："取得律师资格，须经省、自治区、直辖市司法厅（局）考核批准，发给律师证书，并报中华人民共和国司法部备案。司法部发现审批不当的，应当通知司法厅（局）重新审查。" 培训实习方面，《条例》规定了律师的实习期间为 2 年。[3] 从上述规定可以看出，《条例》设定的是律师准入考核获得制度，相对来说，这种准入制度的条件很低、程序不严谨。《条例》是第一部关于律师职业的规定，在当时历史条件下，我国法治建设刚刚起步、法律人才严重匮乏，这种分散考核获得的准入制度是不得已的选择。为切实保证律师质量，在 1984 年司法部《关于加强和改革律师工作的意见》提出要改革律师的考核审批办法，即在有条件的省、自治区、直辖市，对申请律师资格的人员试行区域内的统考试点，在取得经验后于全国范围内由司法部统一命题，

---

〔1〕 例如，1986 年，全国律师工作人员人数（含其他工作人员）合计为 21 546 人，全国检察机关工作人员人数为 140 246 人，全国人民法院干警 162 486 人；1995 年，全国律师机构工作人员人数合计为 90 602 人，全国检察机关工作人员人数合计为 208 320 人。（参见《中国法律年鉴》相应年度数据。）

〔2〕 1980 年《条例》第 8 条规定："热爱中华人民共和国，拥护社会主义制度，有选举权和被选举权的下列公民，经考核合格，可以取得律师资格，担任律师：①在高等院校法律专业毕业，并且做过两年以上司法工作、法律教学工作或者法学研究工作的；②受过法律专业训练，并且担任过人民法院审判员、人民检察院检察员的；③受过高等教育，做过 3 年以上经济、科技等工作，熟悉本专业以及与本专业有关的法律、法令，并且经过法律专业训练，适合从事律师工作的；④其他具有本条第①项或第②项所列人员的法律业务水平，并具有高等学校文化水平，适合从事律师工作的。"

〔3〕 1980 年《条例》第 11 条规定："高等院校法律专业毕业生或者经过法律专业训练的人员，经省、自治区、直辖市司法厅（局）考核批准，可以担任实习律师。实习律师的实习期为 2 年。实习期满，依照本条例第 9 条规定的程序，授予律师资格；考核不合格的，可以延长其实习期。"

委托司法厅（局）组织考试，对应考人员的历史、现实政治表现与道德作风等进行全面考核。同年，江西省在全国首创全省律师资格统一考试制度。随后，1986 年 4 月司法部下发了《关于全国律师资格统一考试的通知》，凡具有法律大专学历或同等学历的人，热爱中华人民共和国、拥护社会主义制度，品行端正，有选举权和被选举权，年满 22 岁的公民，经考试合格者，即可以取得律师资格。由于此次参加考试的仅限于正在申请律师资格的专职或兼职律师工作人员，以及法学研究教学人员当中符合做律师工作的人员，因此这是一次内部考试，但这是第一次由国家统一组织的律师资格准入考试。[1] 第二次全国律师资格考试于 1988 年 9 月举行，规定具有大专以上学历的中国公民均可参加，说明律师资格考试从内部考试正式转变为公开考试，意味着律师资格考试开始发挥储备法律人才的作用。1988 年 10 月份，司法部下发了《取得律师资格后但现不从事律师工作人员的管理规定》，界定了取得律师准入即取得律师身份和执业律师的区别。自此，律师资格考试成为我国律师准入制度中的一项重要内容。

（二）1996《中华人民共和国律师法》阶段

1996 年 5 月第八届全国人大常委会通过了《中华人民共和国律师法》（以下简称《律师法》），以法律的形式确认了国家实行律师资格全国统一考试制度，[2] 1996 年《律师法》第 7 条规定了考核取得律师资格制度，即“具有高等院校法学本科以上学历，从事法律研究、教学等专业工作并具有高级职称或者具有同等专业水平的人员，申请律师执业的，经国务院司法行政部门按照规定的条件考核批准，授予律师资格”；在品行和培训实习方面，1996 年《律师法》第 8 条规定：拥护中华人民共和国宪法并符合下列条件的，可以申请领取律师执业证书：①具有律师资格；②在律师事务所实习满一年；③品行良好。因此，1996 年《律师法》在律师资格的取得上，形成了以考试为主、考核为辅的制度。2001 年 6 月 30 日，第九届全国人大常委会第二十二次会议审议并通过了《中华人民共和国法官法》和《中华人民共和国检察官法》的修正案，将律师资格考试、初任法官资格考试和初任检察官资格

〔1〕 参见周蝢：《司法考试的“前世今生”》，载《民主与法制时报》2014 年 12 月 22 日，第 9 版。

〔2〕 参见 1996 年《律师法》第 6 条第 1 款规定：“国家实行律师资格全国统一考试制度。具有高等院校法学专科以上学历或者同等专业水平，以及高等院校其他专业本科以上学历的人员，经律师资格考试合格的，由国务院司法行政部门授予律师资格。”

考试合而为一，同年10月司法部会同最高人民法院、最高人民检察院制定了《国家司法考试实施办法（试行）》（2002年1月实施，2008年8月被修改），对报名者规定了学历资格、国籍、品行等实质性条件，并规定了不能报名的负面条件。

（三）2007年《律师法》及现行律师准入制度

2007年10月修订的《律师法》，在第6条中规定了申请律师执业的核准登录程序，[1] 并在第8条新规定了特许执业制度，[2] 虽然该规定明确了由国务院制定具体的实施办法，但至今未见相关具体办法出台。2008年8月，司法部发布了修改后的《国家司法考试实施办法》，与之前的律师资格考试制度相比，国家司法考试在实体性和程序性条件都要严格许多，且以负面清单的形式在一定程度上规定了品行准入条件。2014年党的十八届四中全会明确提出要“完善法律职业准入制度，健全国家统一法律职业资格考试制度，建立法律职业人员统一职前培训制度”。2015年12月，中共中央办公厅、国务院办公厅印发了《关于完善国家统一法律职业资格制度的意见》（以下简称《意见》），司法部于2018年4月份制定了《国家统一法律职业资格考试实施办法》（以下简称《实施办法》），将现有司法考试制度调整为国家统一法律职业资格考试制度，根据国家法律职业从业的需要，确定年度合格比例，将现有的国家司法考试协调委员会调整为国家统一法律职业资格考试协调委员会，由其负责对国家统一法律职业资格考试制度的设计、改革及合格标准的确定等工作。《意见》重新明确了法律职业的范围和取得法律职业资格的学历、品行条件及培训实习条件。新的准入制度在一定程度上保证了法律职业在教育背景等方面的同质性，为形成共同的职业意识、思维方式、话语系统、

---

〔1〕 参见2007年《律师法》第6条规定：“申请律师执业，应当向设区的市级或者直辖市的区人民政府司法行政部门提出申请，并提交下列材料：①国家统一司法考试合格证书；②律师协会出具的申请人实习考核合格的材料；③申请人的身份证明；④律师事务所出具的同意接收申请人的证明。申请兼职律师执业的，还应当提交所在单位同意申请人兼职从事律师职业的证明。受理申请的部门应当自受理之日起20日内予以审查，并将审查意见和全部申请材料报送省、自治区、直辖市人民政府司法行政部门。省、自治区、直辖市人民政府司法行政部门应当自收到报送材料之日起10日内予以审核，作出是否准予执业的决定。准予执业的，向申请人颁发律师执业证书；不准予执业的，向申请人书面说明理由。”

〔2〕 参见2007年《律师法》第8条的规定：“具有高等院校本科以上学历，在法律服务人员紧缺领域从事专业工作满15年，具有高级职称或者同等专业水平并具有相应的专业法律知识的人员，申请专职律师执业的，经国务院司法行政部门考核合格，准予执业。具体办法由国务院规定。”

相互衔接的行为标准等职业特点创造了前提条件，但我国在准入制度方面仍有一些不适应的问题，需要借鉴其他国家的成功经验，进一步完善和细化配套措施。

二、完善实习培训制度

律师是社会实践性非常强的职业，需要具备很强的法律思维、专业能力及社会阅历才能胜任。我国现行《律师法》第5条规定，申请律师执业应当在律师事务所实习满一年，中华全国律师协会《申请律师执业人员实习管理规则》（以下简称《实习管理规则》）规定了实习要求及时限。[1] 可以看出，现行准入制度要求申请律师执业的，申请人应当在律师事务所实习满一年，在结束以后需提供不少于10份实习人员参加的实务训练项目形成的工作文书、操作记录、训练心得以及指导律师的点评意见，由于缺乏统一的实习安排以及明确的监督考核制度，造成实践中的实习培训流于形式，考核基本上都能通过，甚至出现了“挂证实习”的现象。[2]

（一）比较研究

律师业较发达的国家基本上都建立了严格的实习培训制度。以英国事务律师为例，申请人在具备学术资格以后，要历经行业阶段、学徒训练两个阶段。行业阶段主要是由律师公会举办为期一年的法律实务课程（Legal Practice Course，简称LPG），该课程涵盖两个部分：一部分为必修课程，包含商法实务、物权法实务、诉讼法及职业行为准则、遗产管理、税法、继承法等学科；另一部分由三门职业选修课组成。[3] 在完成行业阶段并通过培训考核以后，申请人还需在事务律师事务所、公司法律部门或事务律师规制局（Solicitors

---

〔1〕 参见《实习管理规则》第3条：“申请律师执业人员的实习期为一年。实习人员在实习期间应当参加律师协会组织的集中培训和律师事务所安排的实务训练，遵守实习管理规定，实习期满接受律师协会的考核。”第14条第1款：“实习人员的集中培训，由省、自治区、直辖市律师协会或者设区的市级律师协会组织进行。每期集中培训的时间不得少于一个月。”

〔2〕 例如，王某自2003年4月起一直在某医院工作，为事业单位在编人员。2010年6月，王某向浙江省司法厅提交专职律师执业申请许可材料，申请执业；2010年7月14日，浙江省司法厅做出“浙司许律决字（2010）01482号”准予行政许可决定书，决定准予其执业。在申请材料中，王某伪造简历，提供虚假的无其他职业证明、档案存放证明等材料，隐瞒在医院工作的事实及党员身份。参见杭州律师协会：《杭州市律师协会处分决定书》［杭律处决字（2017）第6号］，载中国律师网：http：//www.acla.org.cn/article/page/detailById/21159，最后访问日期：2018年11月22日。

〔3〕 参见英国事务律师规制局网：“Legal Practice Course Information Pack”，accessed http：//www.sra.org.uk/students/resources/legal-practice-course-information-pack.page，last visited in 2018-09-01.

Regulation Authority）认证的单位受雇从事带薪学徒训练 2 年。为了确保受训质量，英国事务律师规制局制定了《2014 年训练条例——资格和提供者条例》，[1] 如果申请人之前有过相关实务工作经验，可以酌情申请减免相应实习期，但是减免期不得高于 6 个月。在上述法律实务课程（LPG）基础上，申请人在 2 年的学徒期至少要全职完成 12 天的职业技能课程（Professional Skills Course），[2] 该课程主要学习财务及商业技巧、宣传和沟通技能、客户关爱以及职业准则等知识，同时还要学习事务律师事务所的日常案例、诉讼技巧等业务工作。在邻国日本，准入申请人员在通过统一的法律职业资格考试以后，申请获得司法研修生资格，随后在最高裁判所管理下的司法研修所完成 1 年研修，[3] 司法研修分为必修和选修两个部分，必修主要集中在民事审判、刑事审判、检察工作和辩护的实务学习，选修是指申请人可以根据自己未来的专业方向，选择有针对性的部门岗位进行学徒培训。在完成司法研修后，研修生还要在司法培训研究中心参加相应考试，合格者才可以被授予法曹资格。德国是大陆法系的典型代表国家，申请准入人员在获得学术资格后要参加 2 次国家司法考试，通过了第一次国家考试只是具备了从事法律职业的初步资格，之后还要申请参加为期 2 年的司法研修。研修由德国司法和消费者保护部统一安排，在研修期间，申请人员可以享受准国家公务员待遇并领取相应的薪酬，司法研修的培训地点分为两大类：必修和选修地点，德国的实习单位必修地点是普通法院（民事法院）、检察院或刑事法院、地方政府部门、行政法院、律师事务所等。由于美国法学院实行的是由美国律师协会统一认证的本科教育后的法律职业教育，因此没有专门的律师实习培训计划，但是很多州都规定了申请人参加公益法律服务以及法学院与律师事务所的联合培养计划，比如自 2015 年 1 月 1 日起，拟申请纽约州律师协会从事法律执业的，至少要完成 50 个小时的合格公益法律服务工作。

---

〔1〕 该条例规定了对培训的提供者、训练过程、训练记录、受训监督、训练质量等都制定了详细的操作细则，如要求训练提供者在具有经验的事务律师指导下进行见习，同时该受训合同需在事务律师管理局备案登记；申请人必须在英格兰和威尔士法律和实务的至少 3 个不同领域进行实习、培训过程中应及时向事务律师规制局报告；实习结束以前，雇佣机构至少需对申请者进行 3 次正式评估。

〔2〕 参见英国事务律师公会网站公布的关于事务律师实习的相关要求，载 http：//www.lawsociety.org.uk/law-careers/becoming-a-solicitor/qualifying-as-a-solicitor/professional-skills-course/，最后访问日期：2018 年 8 月 1 日。

〔3〕 参见日本律师联合会网站所公布的关于司法研修的规定，载 https：//www.nichibenren.or.jp/，最后访问日期：2018 年 9 月 22 日。

（二）借鉴与启示

从上述材料可以看出，无论是英美法系国家还是大陆法系国家，对于实习培训的具体要求都是较为严格的；一般还规定了较长的实习时间，如英国事务律师行业适应、培训时间达3年；德国、法国都要求实习培训2年时间；日本自2006年起实行新的司法考试制度，原则上要求申请人毕业于法科大学院，[1] 因此将司法研修年限从过去的1年半降为1年；特别值得一提的是，各国均要求申请人在完成实习培训后必须通过考核，只有考试合格才能算完成实习。由于实习培训一般都是通过司法考试之后才能获准参加，可以说实习培训连接着法学教育与律师实务，法学教育的普及扩大了法律职业资格人员选才范围，只有设计并运行合理的职业资格考试和实习培训筛选制度，才能真正选拔出合格的法律职业人才。

1. 设立统一的职前培训委员会

《意见》确立了“统一标准、分系统实施”的原则和“先选后训”的培训模式，建立法律职业人员任职前培训制度，即由司法部牵头制定关于律师准入的职前培训的统一标准和相关规范。目前为止，我国实务界还没有出台关于法律职业培训的具体实施细则。虽然我国建立了从律师和法学专家中公开选拔立法工作者、法官、检察官的有关制度，但从现实交流的情况来看，更多的是司法机关人员进入律师队伍。要真正实现法律职业共同体内优秀人才的双向流动、让“旋转门”转起来，未来应在“分系统实施”的原则指导下，将律师、法官、检察官作为一个整体系统进行培训，制定统一的培训方案、考核标准。具体的设计上可以在已经成立的国家统一法律职业资格考试协调委员会下成立培训委员会，由法官、检察官、律师代表、司法行政机关、人力资源和社会保障部门以及律师协会工作人员共同组成。对法律职业资格考试通过者实行统一的培训，使其形成相同的政治素质、业务能力和职业道德水准，形成共同的职业立场、职业精神、职业态度、职业责任。[2] 对申请人实行统一的入职实习选拔、培训以及考核制度，这有利于在法律职业者之间形成共同语言和法律职业一体化的意识，从而为法律职业共同体的建设奠

---

〔1〕 日本法科大学院定位于法律职业研究生的培养体系，入学要求首先要参加全国统一实施的适合性考试（LSAT），之后参加各法科大学院的入学考试，合格者才能入学。法科大的学习课程原则上要求时限是3年，但是对于已在大学本科修完法学课程的，可缩短为2年制。

〔2〕 徐显明：《对构建具有中国特色的法律职业共同体的思考》，载《中国法律评论》2014年第3期，第5页。

定坚实基础。

2. 完善职前实习培训、考核制度

由新成立的培训委员会来制定职前培训规划，明确培训方式、内容、形式、教材、师资和考核标准，充分利用全国各地法学院以及现有政法机关培训机构的资源，对申请人组织“实施集中教学、岗位实习、综合训练”。集中教学阶段主要讲授政治理论、职业道德和法律实务知识；在岗位实习阶段，可以实行政法机关、律师事务所轮岗培训。不同于法院、检察院等政法机关由国家财政统一保障，律师事务所之间存在地区保障差异、规模实力悬殊等现状，绝大多数的律师事务所没有建立辅导实习律师的专门制度，甚至个别律师事务所为了尽快让实习律师转正成为执业律师，着重考虑如何帮助实习律师通过考核，为此建议由全国律师协会对律师事务所开展认可工作，从而确保提供实习的律师事务所能提供合格的实习培训。同时明确具体考核标准结果运用、细化考核标准、完成实习培训的最高年限（比如通过法律职业资格考试3年内）以及申请实习考核的最多次数（比如3次不通过便剥夺申请实习考核的资格），〔1〕对于获得认可的、实习培训工作突出的律师事务所、律师给予相应经费补贴、奖励，使宏观层面的要求可以量化，力求实现法律职业者“优中选优”的目的。

3. 明确实习培训相关年限

由于我国的法学教育目前并没有被纳入法律职业资格制度的体系中，作为培养法律职业者的初始源头法学院，其各方面的体系建设对法律职业者的综合素质起着不可或缺的作用。目前的法学教育体制还是侧重于素质教育而不是职业训练，〔2〕在我国法学教育体制短期内不可能进行重大调整的情况下，落实《实施办法》时可以考虑统一延长实习期限比如2年。此外，目前的培训考核制度没有考虑申请人的教育背景、工作经历，对申请人一视同仁，没有加以区别。实际上，申请准入执业律师的背景差异势必会影响到实习培训的方式。为此，在未来培训制度的设计上，职前培训应综合考虑申请人的教育和工作背景，兼顾未来的法律职业者应具有复合型知识的现实要求，建立一个灵活的年限扣减机制，职前培训委员会可设立实务准入评定考核机制，

---

〔1〕 实践中，很多实习考核未通过的申请人，因为没有次数限制反复向律师协会递交材料申请再一次的实习考核，直至通过实习考核。

〔2〕 许身健：《完善法学教育：路径与方法》，载《中国法律评论》2017年第3期，第50~54页。

以一般学校毕业生参加的（不具备工作经验）实习时限为基准，对于具备相关实际工作经验5年乃至10年的，经过实务评定可以适当抵扣实习年限，特别是当前实践中一些离职法官、检察官对参加实习的要求不理解，认为他们已经有法官、检察官工作经验，从事律师执业时不需要再参加实习。与其他申请律师准入人员相比，这些离职法官、检察官往往有着更为丰富的实践经验，对此可以适当免除他们在实习中的某些实践环节。同时还应将《实施办法》规定的没有学过法律、从事法律工作3年以上的申请人纳入到实务评定中来，评定后再赋予其参加考试的报名资格。

三、建立品行考核制度

申请人的品行道德是律师准入的重要条件之一。党的十八届四中全会《中共中央关于全面推进依法治国若干重大问题的决定》（以下简称《决定》）指出，要强化律师准入管理，其核心就是强化律师的职业品行和道德管理。我国对准入制度中有关品行道德的要求主要集中在以下三个阶段：第一，法律职业资格考试报名阶段规定报名人员“品行良好”，且以负面清单的形式罗列了不得准入的情形，并首次将失信纳入要求；第二，申请律师实习阶段，《实习管理规则》要求申请人员“品行良好”，并以负面清单的形式列出了不宜从事律师职业的不良品行；[1] 第三，申请律师执业阶段，根据我国《律师法》第5条、《律师执业管理办法》第6条中的规定，申请律师执业也应具备“品行良好”这一条件。

（一）比较研究

从国外的情况来看，许多国家在准入和取得律师执业证书环节都对律师的执业适当性进行了详细规定，而不限于品行良好的要求。在律师准入的各个阶段以及律师准入管理规范性文件中，每个国家均对律师个人品行与职业道德提出了超出一般水平的要求。如《英国事务律师规制局2011年适当性标准》就准入申请人在刑事犯罪、对潜在事务律师或者受权角色担当者的期待

---

〔1〕 参见《申请律师执业人员实习管理规则》第12条第1款规定：本规则第11条第1款第5项所称“不宜从事律师职业的不良品行”，包括下列情形：①因故意犯罪但依照刑法规定不需要判处刑罚或者免除刑罚，被人民检察院决定不起诉或者被人民法院免除刑罚的；②因违法违纪行为被国家机关、事业单位辞退的；③因违法违规行为被相关行业主管机关或者行业协会吊销职业资格或者执业证书的；④因涉及道德品行等违法行为被处以治安行政拘留或者采取强制性教育矫治措施的；⑤因弄虚作假、欺诈等失信行为被追究法律责任的；⑥有其他产生严重不良社会影响的行为的。

不相容的行为、评价性违法行为、[1] 财务证据、[2] 规制历史等方面均作出了详细规定。在美国绝大多数州（目前仅剩威斯康星州和密歇根州未参加），申请人具备学术资格以后要通过全国委员会组织举办的律师职业责任联考（MPRE）；申请人还必须向申请执业所在州的律师准入委员会递交证明材料并就更新信息及时报告，表明自己具备作为法律职业者所需要的品行道德、健康条件。在上述基础上，各州律师准入委员会还将任命专门的品行考察机构对于申请人员的品行进行审核考察。如加州律师准入委员会规定：①申请人必须保持委员会认可的良好道德品质，申请人负有相应的证明责任；②良好的道德品质包括但不限于诚实守信、公正、正直坦率、遵守信用责任、遵守法律以及尊重其他人的权利和司法程序，且还要求履行加州法院关于儿童关爱和家庭支持的有关义务的法令及税收义务；同时，申请人负有就品行审查的有关状态进行通知的义务：在收到完整的品行审查申请材料180天内，委员会应当通知该申请人的品行审查结果是积极、负面或者需要进一步研究的，积极的品行审查结果的有效期是36个月。德国的律师制度坚持律师职业的公共性和准司法属性，[3] 申请人的品行由申请执业所在地律师公会统一向司法行政机关出具鉴定意见，在《德国联邦律师法》第2条第2款规定律师活动不具有营业性，在第7条详细列举了拒绝准入的10种品行道德情形，比如从事律师职务，特别是与律师的独立性地位的信赖不兼容的行为者；申请人陷于破产或财产被没收的状态；精神状态方面的问题导致不能长期从事律师职业的。同样，法国对准入申请人也作了类似较为苛刻的品行道德规定：未因行为违反荣誉、廉洁及公序良俗而导致撤职、注销资格、免职或撤销许可及授权等纪律惩戒及行政处罚；未宣告个人破产。[4]

---

〔1〕 参见《英国事务律师规制局2011年适当性标准》关于违法性行为的规定，条例4.1：如果你实施了和/或已经被教育机构判定故意实施了相当于剽窃或者欺骗的评价性违法行为，以为你自己或者他人取得优势，我们将拒绝你的申请，除非存在特殊情况。

〔2〕 参见《英国事务律师规制局2011年适当性标准》关于财务证据的规定，条例5.1：如果你存在下列情况，我们将拒绝你的申请，除非存在特殊情况：（a）有证据表明你不能适当和谨慎地管理你的财务；（b）有证据表明你曾有意试图逃避你的债务责任；以及/或者（c）对你的财务管理，有证据表明不诚实行为。条例5.2：如果你曾被宣告破产，达成任何个人自愿安排（IVA）或者郡法院作出的对你不利的判决，这将形成这样的推定，即由证明表明你不能适当和谨慎地管理你的财务。

〔3〕 熊选国等：《英国德国法律服务制度考察报告》，载《中国司法》2017年第10期，第78页。

〔4〕 参见法国1971年第71-1130号关于部分司法与法律职业改革的法律（2017年5月版），第11条。

（二）借鉴与启示

从上述的材料可以看出，建立了统一法律职业资格考试的国家，对于法官、检察官、律师的品行道德要求都是有统一标准的，且规定了具体要求，美国还要求每个申请人通过职业伦理的相关考试。从我国实践来看对于申请人“品行良好”的要求，往往由申请人户籍所在地派出所开具“无违法犯罪记录”的证明文件来落实。我国关于申请人品行道德的规定显然不能适应实践的需要，一方面这种考察方式事实上将对准入申请人的品行考察权从《律师法》规定的司法行政机关转移给了公安机关；另一方面在考察的内容上标准过低、范围过窄，将无违法犯罪记录简单地与品行良好画等号，这与律师职业的公共性不相称；更进一步来说，这样的标准也低于法官、检察官有关品行道德标准，这与法律职业共同体的建设也不相符。

1. 设立统一的品行考察委员会

律师承担着维护社会公平正义、保证法律正确实施的责任，对其品行的要求理应高于一般社会职业。虽然我国各个地区经济发展不平衡，但法律职业者的品行道德标准应该是一致的，这无疑也是我国法律职业开始形成的基础条件之一。为此，建议在国家统一法律职业资格考试协调委员会下增设一个品行考察委员会，由该委员会负责制定统一的品行评价程序、考核标准；同时兼顾考核主体的广泛性、行业管理的独立性，广泛吸收社会各界人士参与，为此建议成立由司法部与人力资源和社会保障部牵头，最高人民法院、最高人民检察院、公安部、国家工商总局、中国人民银行等多部门参与的品行考察委员会；在省、自治区、直辖市一级成立相应的工作机构，具体承担本辖区内的国家统一法律职业资格考试的品行考察认可等工作，今后品行适当性标准的证明工作也相应地由品行考察委员会来负责实施。

2. 细化品行考察的具体内容

律师作为社会人，其品行评价理应被纳入全社会的评价体系之中。品行考察委员会因此要有效利用各类信息资源以及与申请人的沟通交流，一是充分利用人工智能、大数据等技术，整合一级征信数据源、立体深入构建申请人职业访谈、逐步建立起法律职业准入申请人的全国数据库。比如外聘访谈商随机选取申请人曾经就读学校、工作过的单位深入考察，组织查询申请人社会诚信档案、国家信用信息共享平台以及公安机关信息系统等获取全面的数据资料，在综合考察的基础上给出品行鉴定。二是明确良好的品行包括但不限于诚实守信、公正、正直坦率、遵守信用责任、遵守法律以及尊重其他人的权利和司法程序。三是按照目前《实习管理规则》的要求，申请人在申请实习时就应提交品行道德认定的申请材料，从申请实习到获得律师准入还会有较长的一段时间，因此还应设定申请人在此期间持续披露个人相关信息的责任。

3. 完善品行考察的相关程序

律师准入品行考核程序应当做到公开透明，同时还应赋予申请人一定的救济权利。首先明确申请人负有证明自己具有良好道德品质的责任，申请人应向品行考察委员会提交申请道德品行认定的有关材料，并规定委员会在收到完整的品行审查申请表若干工作日以内，应当通知该申请人的品行审查结果是正面的还是负面的或者是需要进一步考查的，由于每个法律职业者都一直处于变化的状态中，因此对于品行考察的结果包括法律职业资格考试成绩、实习结果都应当赋予一个有效期；其次，在申请人得知一个负面的品行审查结果后，应赋予申请人向法律职业资格委员会复议一次的权利；同时对于品行考察结果，要通过一定期间的公示将其纳入全社会公开监督之下。

四、适度放开律师国籍条件的限制

《实施办法》第 9 条规定了报名人员应当具有中华人民共和国国籍，同时在第 24 条规定："香港特别行政区、澳门特别行政区永久性居民中的中国公民和台湾地区居民参加国家统一法律职业资格考试，适用本办法规定。"这也就明确了我国目前只允许本国公民取得律师资格。律师的国籍问题，除了一般意义上的外籍人士经过筛选成为该国的法律职业者外，还包括符合一定条件的外国律师经过规定程序获得在其他国家的准入，从而以外国律师身份从事有限的法律执业。为兑现我国对于入世的相关承诺，[1] 国务院于 2001 年 12 月通过了《外国律师事务所驻华代表机构管理条例》，司法部于 2002 年 7 月颁布了《司法部关于执行〈外国律师事务所驻华代表机构管理条例〉的规定》。在我国涉外法律服务业发展较快、涉外法律服务队伍不断壮大、涉外服务领域日益拓展的形势下，2016 年 12 月司法部、外交部、商务部、国务院法制办公室颁布了《关于发展涉外法律服务业的意见》，2017 年 3 月份司法部

---

〔1〕 WTO 对中国法律服务市场的开放性要求：一是"三个取消"，即取消外国律师事务所设立驻华代表处的数量限制、地域限制和一个外国律师事务所只能在中国设立一个代表处的限制；二是允许外国律师事务所驻华代表处通过订立合同的形式和中国律师事务所建立长期的委托关系处理法律事务；三是降低外国律师事务所驻华代表机构代表的境外执业年限要求。

决定开展国内律师事务所聘请外籍律师担任外国法律顾问试点工作，这意味着中国律师开始全面主动出击。

（一）比较研究

律师人员的国籍要求，不仅涉及一个国家的法律服务市场的开放问题，还涉及国内的政治制度、经济基础等诸多因素。因此，大多数国家对于律师的国籍都作了相应要求。随着全球经济一体化的发展，越来越多的国家逐步放松了要求，有的国家比如美国甚至取消了国籍限制。美国目前各州基本上全部解除了对于国籍限制的要求，过去德克萨斯州规定申请人必须是本州公民，〔1〕现在也取消了申请人国籍的要求，〔2〕美国各州对于国籍的开放也是一个渐进的过程，1972 年的保罗·拉斐利诉加州律师考试委员会、加州律师协会一案，〔3〕开启了美国逐渐取消国籍限制的序幕。在接下来的 1973 年，美国联邦最高法院判决了格里菲斯案件，〔4〕联邦最高法院认为仅因为不具备康涅狄格州法院规则所要求的美国国籍，拒绝申请人参加所在州的律师资格考试，违反了美国宪法第十四条修正案有关平等保护条款。在英国，准入律师的国籍要求也采取了渐进式开放的态度，不同的是对申请人国籍采用了司法辖区认可制度。〔5〕英国事务律师规制局制定了《2011 年合格律师调动计划条例》，该条例 2.1 对准入程序及要求进行了规定，申请人来自于被承认的司法辖区的合格律师、申请人具有准入为事务律师的品性和适当性、通过了合格律师转换制度（Qualified Lawyer Transfer Scheme，简称为 QLTS）的评价考

---

〔1〕 张勇：《从中外律师资格制度的几点比较看我国律师制度的不足》，载《河北法学》2000 年第 5 期，第 98 页。

〔2〕 参见美国德克萨斯州《最高法院律师执业准入规则》，第 2 章第 5 条（2017 年 9 月 8 日修订生效）。

〔3〕 Roslyn C. Lieb, "Equal Protection – Citizenship is an Impermissible Requirement for Bar Admission", 23 *DePaul L. Rev.* 1475, 1476–1479 (1974).

〔4〕 In re Griffiths v. Connecticut Bar Examining Committee, 413 U.S., 717–721 (1973).

〔5〕 如果律师来源国没有出现在获得认可的法域名单中，则需要律师所在国家的律师协会或法律服务委员会等组织向英国事务律师规制局申请认证。

核。〔1〕自2010年9月1日起，英国律师监管局修改了其承认的法域名单，允许中国大陆的执业律师通过合格律师转换考试以后成为英格兰及威尔士的注册事务律师，获得准入的外籍律师可以自由地就任何法律包括英国法提供法律咨询和服务。同时，英国也允许外籍公民以外国律师身份执业，但事务律师规制局颁发的《2011年执业机构框架规则》规则3对外国律师的执业范围也作了限定。

在过去德国的律师业只向本国公民开放，外国人不能取得律师资格。20世纪70年代后，根据欧共体的要求，欧共体成员的律师业向欧共体成员国公民开放，允许互相取得律师资格准入；20世纪90年代以来，德国逐渐向欧共体之外国家的公民开放了本国律师业，但仍然只能以外国律师的身份执业。目前，《德国联邦律师法》在第12章就外国律师准入资格以及执业范围都作了规定，对于律师的国籍限定于欧盟、欧洲经济区条约缔约国、世贸组织成员国以及其他与德国有互惠原则的国家；这其中除了欧洲律师以外，其他外国律师所能处理的法律事务仅限于与其母国的法律相关的事务。1990年法国第二次修订后的《法国律师法》对于律师准入的国籍也制定了相类似的规定。〔2〕日本律师准入的国籍问题也分为两方面，一方面是日本执业律师准入，日本司法考试制度对应试资格没有学历限制、国籍限制，也没有年龄限制，但却以难考著称，2006年的司法考试通过率仅有1.8%，似乎还没有外国人通过考试的先例；〔3〕另一方面作为外国律师在日本准入执业，1986年制订的《有关外国律师在日本从事法律事务的特别措置法》（1986年66号）专门对外国律师作了相应规定，并为外国律师事务所在日本开业提供了法律依据；2003年修订的法条明确了由外国法事务律师与日本律师共同提供双语法律服务的事务所的法律地位。2005年4月1日修订了部分法条，取消了外国律师

---

〔1〕此评估项目于2010年9月替代了资格律师转化考试（QLTT），认证过程如下：申请人需要先向规制局提交申请资格认证表。在获得资格证书以后，其次需要通过三部分的考试：其一是180道选择题，主要考察申请者的英语法律体系和欧盟法律掌握情况；其二是实践评估项目（Objective Structured Clinical Examination），主要考察申请者交流、辩护、在线法律研究、起草及撰写法律文书五个方面的技能；其三是法律职业技能测试（Technical Legal Skills Test）。通过三部分考试后，即可申请事务律师资格。

〔2〕参见法国1971年第71-1130号关于部分司法与法律职业改革的法律（2017年5月版），第11条。

〔3〕何东：《日本司法改革的最前沿——日本新司法考试制度及法科大学院述评》，载《浙江社会科学》2008年第8期，第121页。

事务所雇佣日本律师的禁令。外国律师如想要在日本从事法律执业，应具备与日本国内律师相当的资质，在获得日本司法部的批准后，作为特别会员加入事务所所在地的律师会及日本律师联合会。截至 2015 年 4 月 1 日，在日本执业的外国特别会员共有 391 名，其中数量最多的前三个国家分别是：美国（220 名）、英国（35 名）、中国（35 名）。〔1〕韩国和我国比较类似，在法律服务市场开放方面相对保守。近年来，韩国已经逐步向美国、欧盟分阶段开放了其法律服务市场，从 2017 年 7 月份正式向欧盟实施第三阶段的开放，2018 年 3 月 15 日开始启动向美国的第三阶段的开放。韩国法律服务市场第三阶段的开放主要任务是允许国内和国外律师事务所合营、外国律师事务所聘用韩国律师。外国律师在韩国从事法律执业，其本身必须是来自于 WTO 成员的合格律师，在获得韩国司法部的批准之后再向律师联合会进行注册登记。为规范外国律师的执业行为，在国家层面，韩国司法部制定了《外国法律顾问法令》（2009 年 5 月 25 日颁发，9524 号令）、韩国律师协会制定了外国法律顾问注册登记规则、职业惩戒规则、职业道德准则以及广告规则。截至 2017 年 6 月 1 日，韩国共有律师 23002 名，其中有外国律师 128 名，外国律师事务所 27 家，其中 22 家来自于美国，5 家来自于英国。〔2〕

（二）借鉴与启示

从上文可以看出，美国主要实行的是国民待遇原则，即符合资质的人都可以准入，这与美国移民国家的历史背景也是分不开的；相较于美国的做法，英国主要是采取司法辖区认可制度，当前获得英国事务律师规制局认可的有近 102 个国家和地区，同时英国对于获得准入的外国律师采取单独管理。由于英语较容易掌握、地区国际贸易发达等因素，美国、英国对律师的准入放松国籍要求后，两国获得了诸多法律职业者的青睐；法国、德国、日本和韩国则允许符合资质的外国律师在本国注册登记，并以外国律师身份就来源国或地区的法律提供相应服务。随着中国经济的全球化迅猛发展，获得全面的、综合的中国法律以及外国法律服务的需求也日益强烈，构建中国律师与外国律师之间的合作、协作也显得非常必要。为此，应考虑允许外国律师以一定

〔1〕 参见《2016 年度日本律师联合会发布的日本律师白皮书》，载日本律师协会官方网站：https：//www. nichibenren. or. jp/jfba_info. html，第 50~52 页，最后访问日期：2018 年 7 月 2 日。

〔2〕 参见《韩国律师协会及律师制度概述》，载韩国律师协会官方网站：http：//www. koreanbar. or. kr/eng/pages/main/main. asp，最后访问日期：2018 年 7 月 18 日。

身份加入到全国律师协会，这不仅有利于中国律师事务所加快“走出去”的步伐，对加强本土律师与外国律师的法律交流、取长补短，加快培养我国领军人才也具有重大意义。

1. 在法律层面即《律师法》中明确外国律师的法律地位

在未来修改《律师法》时，应在《律师法》中专章进行规定，将外国律师单独列为一个章节。明确外国律师的法律地位，构建外国律师准入的总体条件、准入程序以及执业范围，赋予其相应权利以及义务。按照司法部《关于开展国内律师事务所聘请外籍律师担任外国法律顾问试点工作的通知》（司法通2017第32号）精神，目前外籍律师的资质由各省司法厅来审查，这易造成各省对于外国律师准入的资格要求不完全统一。外国律师涉及外交、商务等诸多部门，建议对其从事法律执业的准入资格统一由司法部专门机构负责审查，在获得批准之后再向其执业的律师事务所所在地的律师协会申请核准登录，由属地的省级律师协会履行日常管理的职责。

2. 强化外国律师的管理

从目前我国的涉外法律服务情况来看，已经有来自23个国家和地区的260家律师事务所，在我国设立了多达329家机构。外国律所在中国境内采用“背后”操作的方式，违禁从事大量涉及中国的法律事务，这已经是业内公开的秘密，〔1〕可以说对外国律师的业务监管是我们面临的较大挑战。我们下一步应该依据将来修改后的《律师法》的授权或规定，由全国律协围绕外国律师制定统一的准入条件、执业范围、惩戒规则、核准登录等具体细则，借鉴发达国家的成功经验，将外国律师纳入有效监管范围，通过年度检查、考核的手段进行监管，将“外国智力”的正面作用有效发挥。

五、停止执业后再准入程序的构建

我国《律师法》第47~51条规定了执业律师的法律责任以及违反法律法规执业的法律后果，明确了停止执业、罚款等相关行政处罚情况。停止执业在法条中有3个月以下、3个月至6个月，6个月至1年三个处罚层次，《律师和律师事务所违法行为处罚办法》第42条规定，律师过失犯罪受到刑事处罚的，在其服刑或者执行缓刑期间应当停止履行律师职务，刑期届满后可再申请恢复执行。结合实践情况来看，失范律师停止执业的处罚期满后执业资

〔1〕杨立民：《中国涉外法律服务准入机制的争议、现状与比较》，载《上海对外经贸大学学报》2018年第3期，第20页。

格便自动恢复，这意味着被处罚以后无后续的管理及考察环节，受处罚者待停止执业期限结束后便恢复执业资格、继续从事相关法律业务，此举措将会使处罚的效果大打折扣。目前该问题还没有引起实务界以及学界的关注，对于停止执业以后的管理、恢复等问题的研究寥寥无几。[1]

（一）比较研究

停止执业处罚往往意味着被处罚者在某方面失去了执业适当性，因此其恢复执业的前提应当是在这方面重新确立了适当性，对此应当有相应证据加以证明并依程序进行审查，而不应当未经审查自动恢复执业。例如美国宾夕法尼亚州《惩戒执行规则》第 218 规定，如果律师被停止执业一年以上，律师不得重新开始执业，直至在提出呈请后，最高法院作出恢复执业的命令；纽约州《律师惩戒事务规则》第 1240. 16 规定，根据被取消律师资格或者停止执业的被投诉人的申请，按照法院指令的其他通知和程序，在被投诉人以清晰和令人信服的证据证明下列事项后，法院可以签发恢复执业命令：被投诉人已经遵守了取消律师资格、停止执业的命令或者将被投诉人的姓名从律师名册中删除的命令；被投诉人已经遵守了法院规则；被投诉人具有从事法律执业活动所必备的品性和适当性；以及将被投诉人恢复执业符合公共利益。英国事务律师在被停止执业以后，按照《英国事务律师法》第 47 条的规定，恢复执业的决定权归属于事务律师惩戒裁判庭，2007 年《英国事务律师惩戒程序规则》在第 9 条规定了恢复执业申请规则：申请人要按照规范的格式将申请书递交给惩戒裁判庭，申请材料应该包括执业适当性的证明材料，此外还规定申请人应在所在地律师协会的公报或先前执业地区的报纸上刊登广告，接受公众的监督。1998 年《加拿大不列颠哥伦比亚省法律职业法》第 21 条规定了准入和恢复执业，[2] 要求就律师协会前会员恢复执业建立要求和程序。2015 年澳大利亚《新南威尔士州统一准入规则》，对于恢复执业规定了比初次申请更为严格的准入程序，在初次准入要求的基础上，申请人还要提供如下材料：被停止执业的具体背景情况，申请人对于当时情况以及被停止执业决定的看法；帮助申请人重新建立良好的声誉和品性的材料内容；自从被暂停职业以后申请人与法律相关的工作；法律职业准入委员会如果允许了

---

〔1〕 王进喜：《美国取消律师资格制度管窥》，载《中国司法》2016 年第 12 期，第 88 页。

〔2〕 《加拿大不列颠哥伦比亚省 1998 年法律职业法》，王进喜译，中国法制出版社 2017 年版，第 41 页。

停止职业之后的申请，还要向高等法院提交书面报告，详细解释批准的原因及申请人的分析。

（二）借鉴与启示

对于受到停止执业惩戒的律师管理规定，2017年修正的《中华全国律师协会律师执业行为规范（试行）》第95条规定："律师事务所不得指派没有取得律师执业证书的人员或者处于停止执业处罚期间的律师以律师名义提供法律服务。"停止执业这一处罚在我国实践中适用范围涵盖较广、频率很高，但是对于停止执业之后的后续管理、执业资格如何恢复没有相应的配套制度以及实施办法；其恢复执业后仍有很大可能遵循原来的思路和行为模式，致使处罚没有达到应有的惩前毖后的作用。为此，应当在执业律师头顶上高悬达摩克利斯之剑，对被停止执业者的职业道德及执业纪律进行再教育。惩罚不是目的，事前的预防、事中的审查、事后的惩戒才是完整的管理过程，这样才能保证律师队伍的合格素质，形成一个完整的准入程序。

1. 完善停止执业后的管理措施

司法部制定的《律师和律师事务所执业证书管理办法》第13条规定："律师受到停止执业处罚、律师事务所受到停业整顿处罚的，由作出处罚决定的司法行政机关或者由其委托的下一级司法行政机关在宣布或者送达处罚决定时扣缴被处罚律师、律师事务所的执业证书。处罚期满予以发还。"很显然规则中缺乏对善后义务以及恢复执业审查的进一步规定，很有可能使委托人产生错误的认识，使其认为受惩戒律师仍然有机会继续提供法律服务，也不能使执业律师扭转错误观念并加以改正。单独地扣缴执业证书不能让潜在的委托人知悉律师当前资格的丧失，也不能够有效规制律师的后续行为，应明确停止执业律师善后义务的规定，要求受惩戒律师向其所有委托人通知这一情况，律师事务所也应澄清这一事实，中止该律师的相关执业活动；同时加强信息的披露工作，将相关信息录入律师执业信息管理平台，确保潜在委托人也能够不受误导。

2. 明确对于停止执业律师的管理责任

在律师恢复执业时，由律师事务所提交恢复执业建议书，对该律师在停止执业期间的学习教育情况予以说明，或一并提交对执业律师的保证，保证已责令其改正错误并在今后的工作中加强督导，保持律师执业适正性，如该律师在本年度的考核中评为不合格，需要责令其进行整改并缴纳一定数量的罚款。此举也就强化了律师事务所自身对于所内执业律师的规范管理。此外，还可设计要求申请重新准入者提供相应的保荐人或者一定金额的保证金：一是有利于提高其执业纪律红线意识，规范其执业活动；二是有利于保荐人对其行为进行督促，同时也是对重新准入者在行业内认同评价的检验。如果重新准入者在3年内从事律师工作的过程中再次出现职业道德丧失或者严重执业失误时，除对其进行处罚外也应当对保荐人予以一定的惩戒，同时对缴纳的保证金根据过错情节做相应扣除，这更加彰显对重新准入者管理的立体性，也更利于重新准入者时刻规范自身行为。

3. 制定恢复执业的程序和规则

停止执业处罚期限届满后不能当然恢复执业资格，应对申请恢复执业的律师进行一定考核，审核工作可以由作出该行政处罚的司法行政机关的专门部门进行，也可以交由律师协会专门的惩戒委员会负责，明确审查内容与程序，内容可以包括律师今后执业行为的承诺书、律师事务所提供的建议书以及附带保证，对于之前执业失当情况的说明及所采取的救济措施等。材料通过专门的委员会进行审查后，委员会还应当与律师进行面谈，了解把握其近期动态，包括是否已经意识到执业失当的不良后果，是否可以在今后的执业过程中遵守执业规范与职业道德，并且可以在查询收集律师近期的言论以及过往委托人、同行等其他参与方的评价基础上进行综合分析。如果委员会认为执业律师仍有需要整改的地方，应当指出并出具委员会审查报告及整改意见，责令申请人接受再教育培训；如果审查发现执业律师在此执业失当的行为基础上，仍不知悔改，可以对其延长停止执业的时间抑或直接宣告取消其律师资格，将不具备从事律师活动适正性的人员挡在门外，净化律师队伍的同时也督促律师在执业活动中保持适正性。

六、小结

进一步完善我国的律师准入制度是一个极其庞杂的实践问题，准入制度的丰富与完善也涉及政法机关、行业自治组织以及执业律师之间的诸多因素。纵观世界各国，虽然在具体准入制度设计上存在一定差异，但是各国理念是一致的，即不仅通过司法考试的分数来选拔法律职业人才，还应该建立起法学教育、法律职业考试、品行考察、实务培训、外国律师准入以及停止执业后再次准入程序组成的综合准入管理制度，从而形成法律职业人才的过程培养机制。在我国建立国家统一法律职业资格考试的背景下，法律职业囊括了行政处罚等其他职业，法律职业者的概念和范围明显要广于其他国家，短期内中国的法学教育也不可能发生大的变革，因此不断完善准入制度中实习培训、品行考察等关键实质性条件，建立科学、合理的律师准入制度意义重大。

（初审人：冯亦浓）

政府信息依申请公开收费的反思

——对新修订《政府信息公开条例》的学理支撑

王　姝*

摘　要：对于政府信息依申请公开是否应当收费的问题，从2008年《中华人民共和国政府信息公开条例》（以下简称《条例》）正式施行到2017年征求意见稿的出台，始终存在争议。新修订的《条例》于2019年5月15日生效，从立法上确定了行政机关公开政府信息以公开为常态，不公开为例外，且对公民依申请公开政府信息原则上不收取费用。实践中，自2015年“陆红霞诉南通市发展和改革委员会案”发生后，政府信息依申请公开收费对限制公民滥用申请权的作用亦备受讨论。主张政府信息依申请公开不应当收费的观点多从公民知情权立论。而反对者则从平衡论出发，综合考量行政成本、权利实质平等、信息资源有效利用等因素，支持对政府信息依申请公开收取一定成本费用。实现公民知情权、维护公共利益是政府信息公开制度的立法目的，也是衡量依申请公开是否应当收费的首要价值。从当前中国实际出发，对依申请公开政府信息不收费的现状进行探索，分析新修订的《条例》在依申请公开政府信息方面的新

* 王姝，女，中央财经大学法学院宪法与行政法专业2018级硕士研究生（100081）。

规定，为其修订内容提供学理支撑。此外，在符合新法精神的前提下，利用信息化手段深化公开工作，引入事前规范，建立规范申请人不当申请行为的机制，有助于进一步完善当前依申请公开政府信息收费制度。

关键词：政府信息公开条例　依申请公开收费　行政成本　知情权

一、问题的提出

自2015年“陆红霞诉南通市发展和改革委员会案”发生以来，[1] 政府信息公开中公民获取政府信息的权利问题引发进一步关注，其中对于政府信息依申请公开收费与保障公民知情权之间的关系更是引起广泛讨论。[2] 自2008年5月1日起，《中华人民共和国政府信息公开条例》（以下简称《条例》）正式施行，其中并未针对依申请公开怎样收费的问题进行详细的规定，而国务院法制办在2017年6月6日新发布的《中华人民共和国政府信息公开条例（修订草案征求意见稿）》（以下简称《意见稿》）中，更是直接将“依申请公开收费”的规定完全取消。对于这一修订，大部分学者持反对态度。[3] 王贵松提出，在申请人将申请的政府信息运用到商业利用、又或是申

---

〔1〕 参见陆红霞诉南通市发展和改革委员会政府信息公开答复案，江苏省南通市中级人民法院行政裁定书（2015）通中行终字第00129号。该案中原告陆红霞因不服南通市发改委政府信息公开答复，向南通市港闸区人民法院提起诉讼。一审法院认为原告陆红霞不间断地向政府及其相关部门申请获取政府信息的行为背离《条例》的立法目的，构成政府信息权利的滥用，属于典型的滥用诉权行为，故裁定驳回原告起诉。原告陆红霞不服，提起上诉。后南通市中级人民法院经过二审，裁定驳回上诉，维持原裁定。该案载《最高人民法院公报》2015年第11期。

〔2〕 有学者认为政府信息依申请公开收费会影响公民行使权利的积极性，不利于民主政治的顺利进行；此外收费给申请人设置了经济身份上的障碍，产生权利行使上的不平等。参见王敬波：《政府信息公开中的公共利益衡量》，载《中国社会科学》2014年第9期，第105~124页。另有学者认为，政府信息依申请公开一律不收费违反行政收费的原则，反而会造成实质上的不公，侵害公民知情权。参见肖卫兵：《论政府信息公开申请权滥用行为规制》，载《当代法学》2015年第5期，第14~22页。

〔3〕 如清华大学法学院何海波认为：一方面，要保障政府信息公开申请的便利，保障绝大多数情况下当事人免费得到政府信息；另一方面，也要考虑个别情况下大量内容或者多次反复的申请，维护公共福利的平等，防止不必要的过度的申请。参见沈岿、何海波：《关于〈政府信息公开条例〉修订草案的几点意见》，载微信公众号“中国法律评论”：http：//mp. weixin. qq. com/s/2hwetaz25OXcNXc1K4M8Zg，最后访问日期：2019年4月6日。杨利敏提出，收费制度不应该完全取消，它实际上会对“信息公开”申请产生一定的调节作用。虽然“政府信息”本身是一种公共资源，但申请人同样应当为他调取这种公共资源支付一定的成本，以避免公共资源不必要的、过度的大量耗费。更好的调节方法是明确规定信息公开在特定前提下进行阶梯式收费。这样可以过滤掉一大批没有十足必要性的信息公开申请，减轻行政机关的负担。参见杨利敏：《〈政府信息公开条例〉修订应警惕哪些技术性壁垒?》，载搜狐网：http：//www. sohu. com/a/168531316_481285，最后访问日期：2019年4月6日。

请人对行政机关提出大量公开申请的情况下，可以阶梯式地收取一定费用。[1] 目前，2019年新修订的《条例》在第42条中明确规定：行政机关依申请提供政府信息，不收费用。但是，申请人申请公开政府信息的数量、频次明显超过合理范围的，行政机关可以收取信息处理费。而理论层面对于政府信息依申请公开是否应当收费没有集中、全面的论述，立法上的经常反复也在一定程度上有违法的安定性。[2] 对于政府信息依申请公开是否收费与平等实现公民知情权之间的关系、不收费是否影响行政机关正常运转以及收费能否解决公民申请权滥用问题等始终存在较大争议。政府信息依申请公开究竟是否应当收费？新修订的《条例》取消政府信息依申请公开收费规定的法理基础何在？以上问题有待进一步思考。

二、国内外政府信息公开收费制度实效考察

大多学者支持对于政府信息依申请公开收取一定费用，主要基于弥补行政成本的考量，包括行政机关日常运转的显性成本以及权利救济风险等隐性成本。因此，我国政府信息依申请公开制度的运行成本是决定其是否应当收费的主要因素之一。而国外基于不同国情及立法目的的考量，对政府信息依申请公开收费有不同规定，这对研究我国的收费问题也具有一定的借鉴意义。

（一）当前我国依申请公开政府信息原则不收费

我国现行《条例》内确认了两类信息公开模式。其一为主动公开，其二为公民、法人或其他组织依据自身特殊需要申请政府公开。[3] 行政机关主动公开政府信息的，禁止收费；而针对后一类情形，因行政机关在其中存在着人力以及物力等方面的消耗开支，故在2008年的《条例》中规定了收取关于检索、复制以及邮寄等方面的成本费用，但2008年的《条例》并未对依申请

---

〔1〕 杨某某、王贵松、黄卉：《关于〈政府信息公开条例〉（修订草案征求意见稿）的若干意见》，载中国宪治网：http：//www.calaw.cn/article/default.asp？id=12208，最后访问日期：2019年4月6日。

〔2〕 法的安定性具有内容和形式两个方面的含义。内容上的法的安定性是指法律规范内容的明确性，即所有的法律规范都应当明确具体，公民可以明确无误地理解，国家活动因此具有可预测性。不仅具体的法律规范应当明确具体，而且整体的法律制度也应当明确清晰、协调一致。形式上的法的安定性是指法律的稳定性和可靠性，具体表现为法的连续性原则和信赖保护原则。法律的溯及力必须予以限制，公民对法律的信赖必须予以保护，行政行为的内容必须明确肯定。参见［德］哈特穆特·毛雷尔：《行政法学总论》，高家伟译，刘兆兴校，法律出版社2000年版，第106页。

〔3〕 《政府信息公开条例》第13条：除本条例第14条、第15条、第16条规定的政府信息外，政府信息应当公开。行政机关公开政府信息，采取主动公开和依申请公开的方式。

公开具体如何收费进行统一详细规定。[1] 2008 年 7 月，国家发展和改革委员会、财政部颁行了关于公开收费的两项通知文件，[2] 确定了基本的收费计算需要以"补偿成本原则"作为基准。2017 年 3 月 15 日发布的《财政部、国家发展和改革委员会关于清理规范一批行政事业性收费有关政策的通知》规定，自 2017 年 4 月 1 日起，依申请提供政府公开信息收取的费用，包括检索费、复制费、邮寄费等全部停征。[3] 即在新修订的《条例》出台前，我国政府在依申请提供信息公开服务时，一律不收取任何费用。2019 年 5 月 15 日，新修订的《条例》正式施行。此次修订重新确定了政府信息依申请公开原则上不收取任何费用的标准，符合我国实践中依申请公开政府信息的成本规律。

1. 我国政府信息依申请公开的成本分析

为了解实践中信息公开具体收费及成本投入情况，通过检索 54 家国务院部门、31 家省级政府，共含 85 家行政机关的 85 个网站在 2018 年公布的 2017 年 1 月 1 日至 12 月 31 日政府信息公开工作年度报告，对有关数据进行整理。在 2017 年 4 月 1 日以后所有行政机关针对公民申请公开的信息，对包括复制、检索以及邮寄等成本性收费在内的所有收费均完全免除。下面以已公开机构建设和保障经费情况的行政机关为样本进行分析，其中表 1 反映的是 2017 年度国务院各部委依申请公开的有关收费、申请、答复以及行政复议和诉讼等情况，图 1 反映 2017 年度地方政府信息公开工作的投入成本所占该年财政支出比重的情况。

---

〔1〕 2008 年的《政府信息公开条例》第 27 条："行政机关依申请提供政府信息，除可以收取检索、复制、邮寄等成本费用外，不得收取其他费用。行政机关不得通过其他组织、个人以有偿服务方式提供政府信息。行政机关收取检索、复制、邮寄等成本费用的标准由国务院价格主管部门会同国务院财政部门制定。"

〔2〕 两项通知分别为《财政部、国家发展改革委关于提供政府公开信息收取费用等有关问题的通知》《国家发展改革委、财政部关于行政机关依申请提供政府公开信息收费标准有关问题的通知》。

〔3〕 参见《财政部、国家发展和改革委员会关于清理规范一批行政事业性收费有关政策的通知》规定，自 2017 年 4 月 1 日起，取消或停征 41 项中央设立的行政事业性收费包括依申请提供政府公开信息收费。包括：检索费、复制费（含案卷材料复制费）、邮寄费。

表1 2017年度国务院各部委政府信息依申请公开收费情况统计[1]

国务院各部委	收费及减免情况(元)	申请数量/网上申请(占比)[2]	符合公开或部分公开标准(占比)[3]	告知申请人已公开(占比)[4]	行政复议/行政诉讼情况(件)[5]	机构建设和保障经费情况[6]
工业和信息化部	无	2703/0 (0%)	455 (16.8%)	419 (15.5%)	86/230	1个专门机构，3个工作人员，49万元专项经费
司法部	无	109/28 (25.7%)	28 (25.7%)	28 (25.7%)	17/10	1个专门机构，17个工作人员，0经费
国土资源部	无	2205/240 (10.9%)	521 (23.6%)	81 (3.7%)	113/138	1个专门机构，1个公开查阅点，8个工作人员
中国人民银行	无	1252/1045 (83.5%)	42 (3.4%)	46 (3.7%)	7/1	0

〔1〕 图表来源：笔者自绘。数据来源：53个国务院部委2017年政府信息公开工作报告。

〔2〕 网上申请数量占总申请数量之比可以反映出主要申请方式并在一定程度上体现行政成本及效率。

〔3〕 符合公开或部分公开标准的处理结果数量反映有效申请数量。

〔4〕 告知申请人已公开的处理结果数量可以反映出今后政府在加强主动公开工作方面的提升空间。

〔5〕 行政复议及行政诉讼情况反映申请人得到满意答复的情况。

〔6〕 机构建设和保障经费情况反映实际政府信息公开成本。

续表

国务院各部委	收费及减免情况（元）	申请数量/网上申请（占比）	符合公开或部分公开标准（占比）	告知申请人已公开（占比）	行政复议/行政诉讼情况（件）	机构建设和保障经费情况
海关总署	无	87/68（78.2%）	27（31%）	3（3.4%）	0/0	1 个专门机构，1 个公开查阅点，3 个专职人员，70 万元专项经费。
中国保险监督管理委员会	无	266/180（67.7%）	96（36.1%）	17（6.4%）	13/10	3 个兼职人员，0 经费。
中国民用航空局	无	257/235（91.4%）	112（43.6%）	50（19.5%）	0/4	1 个专门机构，1 个公开查阅点，3 个工作人员，0 经费。
国家邮政局	无	140/87（62.1%）	28（20%）	30（21.4%）	7/1	1 个专门机构，1 个公开查阅点，3 个工作人员，30 万元专项经费。
国家文物局	无	55			7/6	用于政府信息公开网站建设和内容更新等费用约为 40 万元。

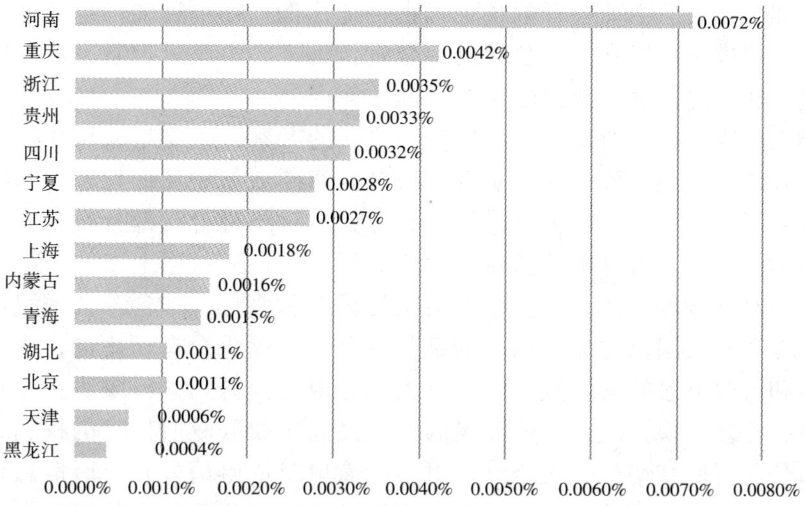

图 1　2017 年度地方政府信息公开专项经费占财政支出比重[1]

2. 影响我国依申请公开成本的相关因素

第一，网络申请数量。基于表 1，虽然公民申请公开的政府信息数量针对不同行政职能部门而有所不同，但总体来看，通过网络进行申请逐渐成为一种主要申请信息公开的方式，这种高效的信息化申请手段客观上起到了减轻依申请公开的难度的作用，[2] 降低了行政机关公开信息的人力、物力成本，减少了复制费、邮寄费等信息公开服务费，节省了行政资源，提高了行政效率。

第二，主动公开数量。政府信息主动公开和依申请公开既有联系又有区别，二者不可互相替代，但政府主动公开的信息多了，相应需要依申请公开的信息就少了。[3] 目前通过行政机关对依申请公开政府信息做出的答复来

---

〔1〕 图表来源：笔者自绘。数据来源：省级政府 2017 年政府信息公开工作报告及 2017 年度一般财政支出。其中，河北、云南、辽宁、湖南、安徽、山东、新疆、广西、甘肃、山西、陕西、吉林、福建、广东、西藏、海南未公布具体政府信息公开专项经费，故不在图表范围内。

〔2〕 参见周汉华：《〈政府信息公开条例〉实施的问题与对策探讨》，载《中国行政管理》2009 年第 7 期，第 11~14 页。

〔3〕 参见章剑生：《行政诉讼中滥用诉权的判定——陆红霞诉南通市发展和改革委员会政府信息公开答复案评释》，载《交大法学》2017 年第 2 期，第 176 页。

看，告知申请人已主动公开的情况仍占一定比例。在今后的信息公开建设过程中，仍可进一步提升主动公开的综合宣传力度，由此可控制少数公民的申请数量，在一定程度上减少行政资源的浪费。

第三，滥用权利情况。对滥用权利情况的考察，主要是从行政机关对依申请公开作出的同意公开和同意部分公开的实际数量中反向比较，并结合事后行政复议和行政诉讼的情况进行综合考量。对于符合或部分符合公开的标准的申请情况，其占总申请数量之比仍有所不足，从数据上来看其所占比例集中在20%至30%左右。但无法公开的原因多种多样，如公开会侵犯他人隐私、商业秘密或国家秘密，而不同部门的公开情况也会有所不同，且综合行政复议和行政诉讼的案件数量来看，大部分申请都得到了行政机关给出的令人满意的答复。换言之，不能仅仅因为公民滥用获取政府信息的权利就否定大多数公民行使知情权的正当性，更不能简单对依申请公开政府信息行为所具备的必要性进行简单否定。故在政府信息依申请公开是否收费这个问题本身对限制公民滥用申请权的影响都无法明确的前提下，很难将公民出于不正当私人原因而滥用正当权利这种少数不好的现象作为判断是否应当收费的主要标准。

第四，专项经费建设情况。至于政府信息依申请公开的具体机构建设和保障经费情况，基于表1，从国务院各部委公布的数据来看，国务院各部委信息依申请公开的专职机构和人员设置较为精简，并未给其日常行政工作造成较大负担；通过图1，各地省政府2017年度在政府信息公开工作中（包括主动公开和依申请公开）投入的专项经费占本年度一般公共财政支出的比重较小。由此可见，维系政府信息依申请公开制度的运作并未给地方财政带来巨大压力。

（二）依申请公开收费是世界范围的通例

绝大多数国家都会对政府信息依申请公开收取一定费用，依申请公开信息收费制度是世界范围内的通例。[1] 但仍有少数国家原则上不收取任何费用。如白俄罗斯为了民主参与的顺利进行，坚持不收取任何费用。[2]

---

〔1〕 参见王敬波：《政府信息公开：国际视野与中国发展》，法律出版社2016年版，第329～338页。

〔2〕 白俄罗斯《信息自由法》第25条规定：信息公开奉行完全免费的准则，而且国与国之间通过信息网络交换的信息也是完全免费的。

1. 成本补偿是依申请公开的收费原则

大部分国家都规定了收费制度，但收费标准不尽相同。尽管收费标准不同，但是信息公开都不盈利，成本补偿是信息公开收费的基本原则，这一点也和 2017 年 4 月 1 日以前中国的收费标准相同。基于此收费原则，其主要收费项目包括信息公开查询费以及信息公开服务费。查询费也就是政府工作人员在信息检索过程中产生的检索费，其中信息公开服务费又包括复制、邮寄等成本费用。一般公民在申请公开前无需向行政机关提交任何费用，但仍有个别国家提前收取了申请费，如澳大利亚和加拿大。[1] 这种提前收取申请费，预先给公民申请政府信息公开设置障碍的做法并不十分合理。它会打击公民的申请积极性，不利于保障公民知情权，维护社会公共利益。

2. 收费标准多样且有配套减免制度

世界上收费的国家和地区虽都以成本补偿原则作为政府信息依申请公开收费制度的核心，但其具体收费标准不一，大致可以分为四类情况。第一类是按照信息申请的数量和公务人员工作的时间计算收费，例如对于查询费用，英国政府工作人员为申请人服务的费用是每小时 25 磅。第二类是根据文件类型的不同制定相应标准，如英国在颁布的《公共部门信息再利用规则》这一文件中规定，若文字信息在千字之下不收取费用，若文字超出千字，则应按照标准收取一定的费用；针对图表以及照片型的数据，采取首张免费，此外每张的费用标准为 50 英镑。第三类是对于有些项目规定最高限价，从而保障公民知情权。如德国政府规定，处理一些复杂的申请，费用最高不得超过 500 欧元。英国的《信息公开法》提出，最高收费标准在中央和地方的政府部门有所不同，分别为不得超过 600 英镑和不得超过 450 英镑。而美国作为第四类，其情况较为特殊，它是唯一依据使用人的不同使用情况进行收费的国家。这些多元的收费方式有助于适应复杂的信息公开申请状况。此外，收费的国家大多有配套的减免措施，主要是因经济困难的减免和为了公共利益的减免。经济困难的减免是出于分配正义、实质平等的考量，而为了公共利益的减免属于最为关键的减免因素，契合该制度的立法初衷。像爱沙尼亚《公共信息法》中还规定了征收费用经济效率低下作为减免原因之一，虽然经济效率并

---

〔1〕 澳大利亚《信息自由法》第 29 条规定了获得非个人信息的申请费为 30 澳元。加拿大《信息获取法》第 11 条第 1 款规定了政府信息依申请公开的收费种类有申请费、反映内容的制作载体的费、检索费。

非政府信息公开的主要立法价值，但立法上确实存在一定经济效益的考量，本文也认可其存在的合理性。

综合以上国内外政府信息依申请公开收费情况分析，我国在政府信息依申请公开中首先并未采纳世界大多数国家和地区采用的"成本补偿原则"进行收费，对于政府信息依申请公开原则上仍不收取任何费用。此种做法一方面是基于对政府信息公开过程中实际产生的成本符合政府运转经济规律的实际考量，另一方面则是我国《条例》在修订过程中的立法目的有更高的价值追求，该立法精神与世界范围大多数国家政府信息公开的立法原则是截然不同的，后续将进一步论述。与此同时，新修订的《条例》也规定了对于申请人申请公开政府信息的数量、频次明显超过合理范围的，行政机关可以收取信息处理费。该规定在一定程度上借鉴了其他国家的做法，但既不同于原有的收取检索费、复制费、邮寄费等规定，亦差别于依申请公开原则上收费，是对失灵的依申请公开收费制度的缓和。

三、依申请公开收费制度的失灵

当前，对政府信息依申请公开完全不收费持否定观点的学者，对于收费的适用情形主要集中于反复多次申请、申请内容数量大、申请人申请是出于商业使用目的。以上三种情形的政府信息公开申请，一方面可能会给政府造成较大的行政成本负担，另一方面可能会在不同申请人之间、申请人与其他纳税人之间产生不利益，使信息资源的利用效率无法实现最大化。以上分析的国外采成本补偿的收费原则也大多基于此种考虑。

政府信息公开的行政法理从本质上讲是从控权理论〔1〕向现代法治理念进行转变。现代法治理念下的平衡理论，是对洛克和孟德斯鸠的理论进行发展的基础上提出的权力制衡（Cheeks and Balances）学说，该学说的核心思想认为法律主要任务是最大化地实现公共利益，要想实现该目的，须不断调和各种主体之间的矛盾。结合语义进行分析，法律（特指行政法，不包含宪法）所追求的基本目标是最大限度地实现公共利益，其秉承的根本准则是"效率优先，兼顾公平"，而在某些具体行政程序中，行政效率与社会公正之间的冲

〔1〕 控权论又是行政法的理论基础。控权论有四个基本立足点：行政机关必须在较小的范围内从事有效的公益活动；如果政府超越了该范围，公民可以拒绝服从；相信政治权利具有滥用和腐败的天然性，需要受到法律的严格控制；防止权力专断和保障公民自由需要建立国家层面的法律来严格地分权和制约。参见熊文钊：《现代行政法原理》，法律出版社2000年版。

突时常发生。[1] 平衡论下的制约机制，其既制约行政主体，又制约行政相对方，对于双方而言，行政法律规则都是防止权力（利）滥用的工具。[2] 从信息公开程序方面来讲，政府信息越公开透明，越有益于社会公正和公平的发展。但要想充分地保护公民的知情权，就会面临急剧增加与此相关的行政成本的情形，因而产生了对依申请公开是否收费在不同权利主体之间的冲突。然而，从行政行为的法律约束角度来看，控权只是采取的措施，取得平衡才是最终目的，两者本质上并无差异。[3] 故在从利益平衡的角度思考是否应当收费的问题时，须结合我国的具体财政状况、依申请公开的信息类型、信息性质、依申请公开立法目的等因素，反思收费是否真正实现其行政目的。

（一）未实现行政成本补偿目的

政府信息不论以何种载体出现，在获取以及使用过程中都会构成对应的资源消耗，有着显著的成本开支，因此基于"成本补偿原则"，需要对相对人适当收费以弥补行政运转的成本支出。公开成本主要有显性以及隐性两个分类。显性成本包括收集信息消耗的各类开支，包括加工、存储信息以及相关工作人员的开支等能够明确进行计算的开支；隐性成本则代表着诉讼、信任以及风险等难以量化的开支。基于行政成本的视角考虑问题，必要收费一方面可限制相关的权利滥用、防止资源的浪费，另一方面也可以控制整体行政成本，是解决公共收支不平衡问题的关键方式。[4] 且世界上绝大多数国家都对政府信息依申请公开收取一定费用，收取费用主要依据的就是成本补偿原则。

然而，根据中央及地方政府信息依申请公开实际支出占财政总支出的比例，实践中依申请公开所需费用较少，成本运营负担不高。首先，在专项经费建设方面，就 2017 年度中央和地方政府信息公开工作报告来看，信息公开的财政支出所占比例较小。其次，通过统计发现，网络申请逐渐成为公民申请信息公开的主要方式，而各级政府部门也在着力建设统一、开放的网上信

---

〔1〕 参见张千帆：《"公共利益"的构成——对行政法的目标以及"平衡"的意义之探讨》，载《比较法研究》2005 年第 5 期，第 1~14 页。

〔2〕 参见宋功德：《行政法哲学》，法律出版社 2000 年版，第 139 页。

〔3〕 参见郭润生、宋功德：《控权——平衡论——兼论现代行政法历史使命》，载《中国法学》1997 年第 6 期，第 48~56 页。

〔4〕 参见夏义堃：《政府信息收费策略及其实施效果比较》，载《图书情报工作》2012 年第 3 期，第 127 页。

息公开平台，这将大大提高行政效率，减少不必要的行政人力、物力开支。最后，从主动公开和依申请公开的关系来看，尽管二者公开的信息范围不同，但在明确主动公开的范围同时，规范主动公开的内容和形式在一定程度上也会减少公民依申请公开的数量，降低依申请公开的运转成本。故若单从补偿政府行政成本的角度考虑，并不存在收费的必要性。即使国外普遍进行收费，也没有真正达到成本补偿的目的。[1]

（二）未发挥价格机制作用

信息公开的立法存在经济目的，因为部分政府信息资源存在着排他性以及竞争性的特征，所以其供给方式与收费原则应有助于提高资源利用效率。[2] 对于公开的政府信息而言，既包括纯公共物品[3]的基础信息，也涵盖准公共物品[4]属性的相关增值信息。针对归属于准公共物品的特殊政府信息，不仅可以通过收费形成排他机制，有效解决信息消费的“拥挤性”问题，还可以在信息加工生产能力和公共信息消费容量有限的情况下，使按商业性定价原则公开信息的行政机关对申请人需求的反应会更为及时，实现更为理想的服务质量以及水准。[5] 采取收费的运用模式一方面能够处理信息资源效率不足的弊病，另一方面也能加速信息资源综合开发力度，提升政府信息生产力。[6] 此外，在政府信息依申请公开的过程中，又存在两种情况：一种是

---

〔1〕 夏义堃：《政府信息收费策略及其实施效果比较》，载《图书情报工作》2012年第3期，第126~129页。

〔2〕 参见周汉华主编：《政府信息公开条例专家建议稿——草案·说明·理由·立法例》，中国法制出版社2003年版。该书导言对《政府信息公开条例》起草的过程做了说明。

〔3〕 公共物品理论是新政治经济学的一项基本理论。公共物品是具有非排他性和非竞争性的物品。按照公共物品的供给、消费、技术等特征，依据公共物品非排他性、非竞争性的状况，公共物品可以划分为纯公共物品和准公共物品。纯公共物品一般具有规模经济的特征，纯公共物品消费上不存在“拥挤效应”，不可能通过特定的技术手段进行排他性使用，否则代价将非常高昂。国防、国家安全、法律秩序等属于典型的纯公共物品；准公共物品的范围十分广泛，它介于私人物品和纯公共物品之间。相对于纯公共物品而言，它的某些性质发生了变化。政府基础信息具有完全的非排他性和非竞争性，故属于纯公共物品。参见程万高：《基于公共物品理论的政府信息资源增值服务供给机制研究》，武汉大学2010年博士学位论文，第47~67页。

〔4〕 政府增值信息既具有公共物品的非排他性和非竞争性，但同时又在一定程度上具有私人物品的排他性和竞争性的特点，而且总体而言又具有公共性的特点，因此根据公共物品的分类与判定原理，政府增值信息应该属于公共物品中的准公共物品。

〔5〕 R. Pollock, “The Economics of Public Sector Information”, accessed http://www.rufuspollock.org/economics/pa-pers/economics of psi. pdf.

〔6〕 参见江利红：《论行政收费范围的界定》，载《法学》2012年第7期，第60~73页。

申请人对于申请公开的政府基础信息[1]进行简单利用，另一种是申请人在申请公开的政府基础信息之上进行加工开发，形成了相关的政府增值信息[2]，实现增值利用。[3] 这种增值利用可以是商业性的，也可以是非商业性的。如美国就区分了申请人不同申请目的对政府信息商业性再利用完全收取成本费。

但事实上，在美国《信息自由法》实施五十多年来，美国各界对其适用的批评也普遍存在。其中，美国民众异议最大的是，《信息自由法》的适用没有能够体现预定的立法目的，即充分满足新闻媒体和民众获取信息的需求。[4] 另外，尽管美国的做法具有一定合理性，但美国是基于其国内信息公开成本较大、存在大量政府信息商业性再利用的情形而采取的收费政策。[5] 而目前我国公开的政府信息无论是基础信息还是增值信息都更倾向于具有纯

---

〔1〕 政府信息按照其增值状况，可以划分为政府基础信息和政府增值信息。政府基础信息，是指政府部门在办理业务过程中采集、产生或形成的未经过加工或加工程度较低的原始信息，《条例》所规定主动公开和依申请公开的信息大都属于此类。江利红：《论行政收费范围的界定》，载《法学》2012 年第 7 期，第 60~73 页。

〔2〕 政府增值信息是指在政府基础信息的基础上，经过深度开发所形成的加工程度较高的信息。（参见李绪蓉、徐焕良编著：《政府信息资源开发与管理》，北京大学出版社 2005 年版，第 161 页。）

〔3〕 政府信息增值服务在多个国家的称谓有一定的区别，例如欧盟将其称作是“再利用”。中国也有研究者将其称作是“政府信息资源的再利用”等相关的称呼。参考欧洲议会等在 2003 年颁行的《关于公共部门信息再利用的指令》，“再利用”代表着个体又或是特定的法律实体，基于商业又或是非商业的考虑而针对公共部门持有信息所进行的使用互动，为完成有关公共任务而形成的最初使用除外。有关的公共部门为完成基本的公共任务而开展的信息交换，不属于“再利用”的范畴。这一概念得出了以“公共任务”为识别“利用”以及“再利用”的关键标准。高新民提出再利用代表着政府之外的相关主体，为实现有关的目的而运用此类信息；并且进一步提出，此处的主体包括个体、企业以及相关组织；计划实现的目的可为商业、公益、科研以及教育等多个方面的目标；可进行直接的传播，又或是加工之后发展为更为实用或价值更高的产品。所以其存在着两方面的定义，其一，行政机关基于有关的公务需求而拟定以及持有的信息并非再利用的范畴。其二，行政机关之外的当事人只针对对外发布的信息开展简易的运用，也不属于“再利用”的范畴。诸如在报纸中刊载有关的登记公告，通过网络来发布有关的行政资料等，此类使用模式单纯属于对行政文件最初目的的简易延展，并不符合“再利用”的相关标准。与之相反的是，记者针对文件内相关信息的运用，私企针对行政机构制作的地图开展相关的编辑出版工作，将请求而获得的有关行政资料发布到网络环境中等，属于针对相关公共信息的“再利用”。

〔4〕 参见高秦伟：《美国政府信息公开申请的商业利用及其应对》，载《环球法律评论》2018 年第 4 期，第 135 页。

〔5〕 在美国，在一些特定的行政领域，信息公开的申请者以企业为主，使美国《信息自由法》成为企业获得竞争对手信息和商业秘密、干扰行政机关日常工作与规制计划、实现企业私人利益的重要工具。参见高秦伟：《美国政府信息公开申请的商业利用及其应对》，载《环球法律评论》2018 年第 4 期，第 135~151 页。

公共物品属性，难以通过申请政府信息公开对其进行大规模商业开发，在使用过程中也不存在排他性“拥挤效应”。而不论采取何种收费方式其都应遵循成本补偿的收费原则，即行政机关收取的费用以申请成本为限，即便申请人基于大规模的商业利益申请政府信息并对其增值利用，在政府不提供信息加工服务的情况下，行政机关自身产生的信息公开成本较少且收取费用有限，价格机制也难以发挥其有效的市场调节作用。

（三）未真正起到保障公民平等权利的效果

政府扮演的市场秩序和信息公平的维护者的角色决定其对于信息公开申请、增值信息获取等少数人获益的信息供给，不应由所有纳税人共同承担费用，向申请人无偿提供，因为这会导致事实上公民权利的不平等。即便信息开发的资金源自财政，应当免费提供，进而确保信息具备共有以及共享的特征，但大部分情形中对信息额外利用所获得的效益都集中于个体之上，因此以“受益人付费原则”考虑问题，[1] 其进行的付费和最终的受益存在着对等的关系，才能保障公民权利平等。

但实际上，公民作为纳税人提供政府运行的各项运转开支，已经为信息公开成本提供了相应的资金支持。尽管信息公开的各项成本以全体纳税人共同承担，而公开所获得的效益仅由个别公民，即提出申请的主体可以享有，但从广泛的公共利益上看，大部分信息主要通过政府主动公开来实现，收益已为大部分人所享有，一小部分依申请公开的信息，是因为申请人有这方面的需求，而这部分申请人在满足个人需求的同时又可以间接促成公共利益的实现，在行政资源消耗差异不大的情况下，可以进行有针对性的授益。其他人既然没有这种需求，也就不存在既得利益损失的问题。

（四）未从根本上防止公民滥用申请权

陆红霞案后，在实践过程中，确实出现了一些滥用信息公开申请权从而进一步浪费行政、司法资源的问题。诚然，收费在一定程度上确实能够遏制这些乱象的产生，但要想从根本上解决问题，显然是不可能单纯依靠收费制

---

〔1〕 行政收费制度的核心就是“受益人付费原则”。按照受益人付费原则确定收费标准，有助于资源得到最有效配置。按照该原则，如果行政项目主要造福普通大众，例如国防就需要由一般性财政收入而非行政收费提供支持。如果主要造福可以确定的用户，例如邮政局用户，就应当由收费提供支持。如果行政项目同时造福普通大众和特定用户，如食品药品管理局的处方药审评，其资金来源就应当同时包括部分收费和部分一般性财政收入。参见苏苗罕：《美国联邦政府行政收费的法律规范研究》，载《行政法学研究》2013年第4期，第110页。

度的。即使政府对依申请公开的信息收费，也应当依据世界范围内通行的成本补偿原则而非商业性定价原则。在此原则与保证公民公平实现知情权的前提下，还必须有合理的收费制度及相应的减免措施，这就导致这种少量的收费金额对于滋扰性申请人产生不了太大的警示作用，且在现实中，滥用政府信息公开申请的问题本身是可控的。〔1〕英国学者通过实证研究，分析了苏格兰《信息自由法》实施后的相关情况，认为“纠缠性申请”虽客观存在，但这种情况大多时候都会被官僚机构和媒体选择性地进行夸大。〔2〕这些学者通过研究认为，通常人们对纠缠性申请印象比较深刻，其本质是在人在印象形成上的帕累托效应所导致，即占据较少部分的纠缠性申请会在更大程度上影响人们主观印象的塑造。〔3〕但在现实社会中，这种类型的申请仅占全部信息公开申请总量中的极小部分。〔4〕

此外，公民行使权利的内在动因在于该权利与个人利益的密切程度，往往该权利对个人利益影响越重大，公民行使该权利的可能性就越高。除少数极端情况外，一般情况下，公民会在合法范围内自由行使该权利，但若公民通过正当行使程序难以实现个人有效诉求时，便会超出权利行使合理区间，通过一些不当甚至是违法的方式行使，此时就需要政府外力干涉，即政府规制的作用。这就会影响公民行使权利的积极性，但也同时遏制了公民滥用权利的可能性。当政府外力干预达到一定强度后，公民行使权利的积极性也会相应下降，也意味着此时公民滥用权利的情形是可控的。尽管在私法领域应基于权利滥用的禁止原则，对民事权利的行使进行限制，〔5〕但对该原则在行政法和规制领域的适用，因公法中的关系结构呈现出不对等的“纵向关系”〔6〕特征，故在这种类型的不对称的纵向主体关系结构中，需要更加谨慎地对是否存在权利滥用进行判定。此时需要立法机关牵头提出相应的指引性

---

〔1〕 参见程洁：《资格限制还是经济约束：政府信息公开申请主体的制度考量》，载《清华法学》2017年第2期，第132~133页。

〔2〕 Morag Cherry and David McMenemy, “Freedom of Information and ‘Vexatious’ Requests—The Case of Scottish Local Government”, *Government Information Quarterly*, vol. 30, 2013, pp. 257-266.

〔3〕 Morag Cherry and David McMenemy, “Freedom of Information and ‘Vexatious’ Requests—The Case of Scottish Local Government”, *Government Information Quarterly*, vol. 30, 2013, pp. 257-266.

〔4〕 参见王锡梓：《滥用知情权的逻辑及展开》，载《法学研究》2017年第6期，第52页。

〔5〕 参见陈华彬：《论民事权利的内容与行使的限制——兼议我国〈民法总则（草案）〉相关规定的完善》，载《法学杂志》2016年第11期，第35~44页。

〔6〕 参见徐国栋：《论诚信原则向公法部门的扩张》，载《东方法学》2012年第1期，第3页。

规则，不能赋予行政机关较为宽泛的自由裁量权。因为这种情况通常会产生滥用权力的现象，进一步加剧已经存在失衡的不对等关系结构。[1]

四、依申请公开不收费之法理内核：保障公民知情权

在当代的民主政治体系内，各种有着良好正当性的法律，都以保护公共利益作为基本的目标，行政法的目的是限制政府公权力，保证公民合法私权利，实现公共利益的最大化。在政府信息公开领域，公共利益则是最重要的概念。而实现公共利益的前提和基础是个体利益，而且最终需要落实到个体利益。公民知情权作为可符合个体利益的基本需求，同时也有着公共职能的对应人权，所以在相关的信息公开活动中，知情权的保护与整个公共利益的实现具有完全一致性。[2] 除去以上收费考量的特殊因素，在政府信息依申请公开的过程中，能否全力保障公共利益，即能否最大程度落实并维护公民知情权，是影响政府是否收费的主要考虑因素。

（一）政府信息公开源于公民知情权

政府信息公开是为了充分保障公众的知情权，通过采取控制和监督行政权的方式来实现，即西方宪政价值取向在政府信息公开立法中的直观体现。从法理方面分析，其主要的法理基础来源于法治思想。法治思想是由亚里士多德率先提出[3]，约翰·洛克（John Locke）在其基础上进行扩展和深入探索，[4] 18 世纪伟大的启蒙思想家卢梭（Jean-Jacques Rousseau）继承并发扬洛克的“天赋人权”思想，产生了国家主权在民的重要法治理论。[5]

当前对政府信息公开所产生的争议来自知情权意识。知情权（The Right to Know）这一概念来源于 1945 年肯特·库柏（Kent Copper）的演讲。早期的知情权主要涉及新闻自由，二战后知情权的范围开始扩展，逐步从新闻行业拓展到普通民众的日常生活，其内涵开始从新闻知情转变到政府信息获取，性质则从应然权利开始向法定权利进行转化。[6] 公民作为国家权力的所有

---

〔1〕 王锡梓：《滥用知情权的逻辑及展开》，载《法学研究》2017 年第 6 期，第 47~50、52 页。

〔2〕 参见王敬波：《政府信息公开：国际视野与中国发展》，法律出版社 2016 年版，第 212~218 页。

〔3〕 参见［古希腊］亚里士多德：《政治学》，吴寿彭译，商务印书馆 1965 年版，第 138、148 页。

〔4〕 参见［英］洛克：《政府论》（下），叶启芳、瞿菊农译，商务印书馆 1983 年版。

〔5〕 参见［法］卢梭：《社会契约论》，何兆武译，商务印书馆 2003 年版，第 1922、33 页。

〔6〕 参见齐爱民：《信息法原论——信息法的产生与体系化》，武汉大学出版社 2010 年版，第 156、159 页。

者，有权对作为管理者的政府的行为知情和进行监督，国外许多国家都在宪法中对公众的知情权进行保护。通常宪法会采取判例和专门的宪法条文的形式，规范公民信息公开的权利。[1] 因此，在结合公民与国家的权利义务的层次进行衡量时，公民的知情权及与之相匹配的政府说明义务，共同构成政府信息主动公开、依申请公开不收费的法理内核。[2]

（二）公共利益的实现落实在保障公民知情权

信息公开的公益性发端于《世界人权宣言》的"表达和获取信息的权利"，[3] 其在宏观层面上与公民人身权、财产权、信息权、参与权、监督权密切相关：

第一，人身权属于公民作为人的基本权利，所以和该权利存在紧密联系的健康、安全以及环境信息等即属于经典的公共利益，其也和人身权利有着较为密切的联系。

第二，财产权是公民另一项重要个人利益。政府财政资金由全体纳税人提供，公共财政资金的有效使用关系全体国民的福祉。"信息是国家用纳税人的钱生产出来的"。[4] 是以，信息公开有益于实现公共资金的监管，即满足有关的公共利益。而政府信息公开中一个重要内容即"三公"经费的使用，公民通过"三公"经费了解政府财政支出的用途，督促政府公正廉洁，故信息公开有助于公民知情权中个人财产利益的维护，而公民个人知情权的实现既能维护个人财产权，又与信息公开的公共利益相一致。

第三，政府在信息收集的过程中，可能因为各种原因而控制公民的各类信息，进而令其演变为政府信息的关键构成之一。公民作为有关信息的所有权人，对于有关信息的精准以及隐私存在相关的正当利益。即便政府拥有相关的公共信息，但或许会以个人信息作为基础而进行影响有关主体权益的行政决策，所以由政府控制的个人信息准确性以及其对应的保密义务就具有公益因素，而公民知情权的行使也具有重要个人意义。

第四，公民的民主政治权利是个人作为国家成员自由、平等地参政、议

---

〔1〕 参见刘恒等：《政府信息公开制度》，中国社会科学出版社 2004 年版。

〔2〕 参见孙琬钟：《政府信息公开的法理基础》，载《中国信息界》2004 年第 5 期，第 21~26 页。

〔3〕 《世界人权宣言》第 19 条规定：人人有权享有主张和发表意见的自由；此项权利包括持有主张不受干涉的自由，和通过任何媒介和不论国界寻求、接受和传递信息和思想的自由。

〔4〕 Annual Report of the Inter-American Commission on Human Rights, 1998, Volume 3, Report of the Office of the Special Rapporteur for Freedom of Expression, 16 April 1999.

政的权利。“信息是民主的氧气”。〔1〕民主政治衍生出公民“知”的权利。目前各国普遍采用的民主制度为代议制民主、协商制民主等间接民主制度。为解决间接民主可能与公共利益相悖的问题，信息公开演变为解决现有制度缺陷的关键方式，同时进一步发展为民主制度的必要构成之一。如同澳大利亚昆士兰州信息专员提出的一样：“代议民主代表着公民依靠知情权来介入到政治活动中，同时影响政府所进行的各项决策活动，和有关事项的政策演变活动。采取信息公开立法的模式，属于确保公民达成基本知情权的关键方式，同时对于其积极运用权利有着更为理想的效果以及支持。”〔2〕

第五，公民参政权中一项重要内容是监督国家机关及其工作人员的公务活动。《联合国反腐败公约》中，将透明以及开放看作是反腐工作最为关键的武器之一。部分国家明文提出，揭露政府又或是公务员的违法、失职活动的信息契合相关的公共利益。

结合知情权进行分析，政府部门具有的信息资源与公共利益之间存在紧密的联系。因此，信息公开的实质性是保障公众能够获取及时有效的政府信息，〔3〕同时体现了信息社会民主法治的基本价值理念。

（三）保障公民知情权符合信息公开的立法目的

信息公开的利益和其目的也有着特殊的一致性。〔4〕现行《条例》的第1条即通过三点论述了公开的立法目的：〔5〕其一为明确公民对政府信息具备基本的获取权，其二为公开有益于保障政府的依法行政，其三为突出政府的服务效应。《条例》虽然没有明确提出知情权，但是信息获取权也存在着较为接

〔1〕 The Public's Right to Know: Principles on Freedom of Information Legislation, Preface, 1999, London.

〔2〕 Re Eccleston and Deportment of Family Services and Aboriginal and Islander Affaires (1993), Decision of the QLD Information Commissioner No. 93002, 30 June 1993, p. 25.

〔3〕 参见范并思：《信息获取权利：政府信息公开的法理基础》，载《图书情报工作》2008年第6期，第36~38、86页。

〔4〕 有学者认为，可以从宪法中推出“知情权”。参见章剑生：《知情权及其保障——以〈政府信息公开条例〉为例》，载《中国法学》2008年第4期，第145~156页。有学者认为，包括前任国家总理温家宝在内的政府部门负责人充分肯定了信息公开制度是为了实现知情权。参见赵正群：《中国的知情权保障与信息公开制度的发展进程》，载《南开学报（哲学社会科学版）》2011年第2期，第53~64页。

〔5〕 《条例》第1条规定：为了保障公民、法人和其他组织依法获取政府信息，提高政府工作的透明度，建设法治政府，充分发挥政府信息对人民群众生产、生活和经济社会活动的服务作用，制定本条例。

近的定义。其中提升政府透明度和推进依法行政的目标，可进一步细分为：公众监督政府公务人员的公职行为，监督公共财政资金的使用，参与公共事务的讨论等方面。为了能够有效实现信息公开的目的，以遵循其蕴含的利益价值为桥梁，落实对依申请公开的政府信息不予以任何的收费限制也是十分必要的。

基于公民知情权与公共利益实现具有的完全一致性，我们要想通过政府信息公开制度维护十分重要的公共利益，就要确保公民能够平等落实其知情权，而不能让收费阻碍到政府信息公开立法环节和实施的效果。[1] 无论政府信息是主动公开还是依申请公开，收费都会在一定程度上影响公民行使权利的积极性，并且对依申请公开收费可能会产生行政机关将公民经济生活中的地位与政治身份挂钩从而以权谋私的乱象，因此，为了维护这种公共利益，平等实现公民知情权，政府应当竭尽所能为公民扫清行使权利的障碍，取消政府信息公开的收费限制，例如瑞典、白俄罗斯等为实现良好的民主参与即坚持不收费，以防损害公民行使权利的积极性或由于收费给申请人申请政府信息公开带来经济身份上的阻碍，造成公民政治权利的落空、权利行使上的不公以及公共利益的损害。

五、立足与展望：我国依申请公开不收费制度的发展

《条例》从2008年正式颁布至今，在我国实施了超过十年，政府信息公开制度也在不断地发展。从对政府信息依申请公开收取一定的成本费用，到18年《意见稿》中取消原有的收费规定，再到新修订的《条例》中明确了政府信息依申请公开原则上不收费，其背后体现出政府以人为本、为民服务、打造阳光政府、建设法治政府的决心。[2] 遵循这一修法精神，从我国实际情况出发，不论是主动公开还是依申请公开，行政机关都应利用信息化手段加强重点领域、关键信息的公开工作，同时做到有放有收，规范公民申请行为，

---

〔1〕 根据英国MICUS的研究报告，高额价格是阻碍公众获取政府信息的主要因素之一。比如，2003年爱尔兰在对《信息自由法》的修订中规定了不合理的收费政策，致使一年内的信息公开申请量减少了75%。相反，奥地利政府制图部门将信息价格降低97%，却刺激了增幅甚至高达7000%的信息利用率。参见蔡琬琰：《关于政府信息公开收费制度创新的思考》，载《北京档案》2012年第7期，第28~29页。

〔2〕 《政府信息公开条例》第1条规定："为了保证公民、法人和其他组织依法获取政府信息，提高政府工作的透明度，建设法治政府，充分发挥政府信息对人民群众生产、生活和经济社会活动的服务作用，制定本条例。"

满足公民正当诉求。此外，针对部分申请人滥用申请权的行为，我们可以借鉴国外相关立法经验，事前规范滥用申请权的行为，免去不必要的行政成本，从而提高政府信息公开效率，做到有的放矢。

（一）利用信息化手段深化公开

1. 进一步加强主动公开

在“互联网+”推动的政府数据开放背景之下，行政机关如何通过大数据进行有效治理成为关键。此次新修订的《条例》中也在第 5 条中明确规定了“坚持以公开为常态、不公开为例外”，并在新增加的第 7 条中要求各级人民政府积极推进政府信息公开工作，逐步增加政府信息公开的内容；在第 23 条、第 24 条中突出了政府信息发布机制和互联网政务媒体建设等；增加的第 7 条、第 18 条、第 22 条、第 44 条中亦进一步明确了政府信息可以从依申请公开范围被纳入主动公开范围的情形。依据公正、公平、合法、便民的原则，我国提倡政府主动公开信息，高效使用网站以及公报等便捷模式，及时地进行公开活动，同时不断优化现有的目录以及检索功能，使得公民享有更为理想的服务。〔1〕若是行政机关不希望耗费过多的“点对点”成本，则需要以“点对面”的模式来进行公开，将有关信息转移到公报以及网站中，又或是通过媒体渠道来进行公开工作，其属于成本最为低廉以及效率最为理想的方案。这种做法也十分符合行政法中最小损害原则的要求，即在各种可以达成行政目的的方式中寻求对权益损害最小的方式。〔2〕

2. 提倡通过网络申请公开

新修订的《条例》在新增加的第 8 条中强调各级人民政府应当加强政府信息资源的规范化、标准化、信息化管理，加强互联网政府信息公开平台建设，推进政府信息公开平台与政务服务平台融合，提高政府信息公开在线办理水平；在第 28 条中规定行政机关应当建立完善政府信息公开申请渠道，为申请人依法申请获取政府信息提供便利；在第 40 条中明确了公开成本可能过高的，行政机关可以通过电子数据以及其他适当形式提供。在当前我国信息化水平不断提高的情况下，利用网络技术完全可以使行政机关的信息公开工

〔1〕 法律出版社法规中心编：《中华人民共和国政府信息公开条例注释本》，法律出版社 2008 年版。

〔2〕 参见后向东：《论我国政府信息公开制度变革中的若干重大关系》，载《中国行政管理》2017 年第 7 期，第 10~17 页。

作更加方便快捷，在通过网络对申请人进行答复时也可以免除复制、邮寄等服务成本费用。此外，公开的政府信息主要为基础信息，政府无须承担加工义务，不进行任何增值利用，[1] 故完全可以实现更大程度的统一、免费公开服务。

3. 提升信息公开宣传力度

新修订的《条例》一方面在第 2 条中明确了本条例所称政府信息，是指行政机关在履行行政管理职能过程中制作或者获取的，以一定形式记录、保存的信息，并增加了第 9 条："公民、法人和其他组织有权对行政机关的政府信息公开工作进行监督，并提出批评和建议"，由此可见，政府信息公开已成为行政机关行使行政权力、履行行政管理职能的重要方式之一，而公民有权参与其中，积极行使个人的政治权利，政府也有责任为公民行使相应权利营造良好氛围。政府在主动做好信息公开工作的同时，也要加强对公民的普法宣传和教育力度。申请人有时是在没有找到相关政府公开信息的情况下才选择申请公开，即使政府进行了相关信息公开，但若由于信息发布不及时、不显著等给公民查找相关信息造成了困难，反而加大了行政成本，浪费了行政资源。而解决这一问题的最好办法就是加强双方的沟通交流。政府作为主导信息的一方，更要为双方的联系作出较多努力。

（二）形式审查公民申请行为

前文已经论述收费并不能当然规制公民滥用申请权的问题，当然，对于那些需要占用大量公共资源的申请行为，确实需要予以一定规制。但如果想要解决滥用申请权的问题，除了政府在一开始就依法行政、合理行政外，还要进行其他相应的管理，比如延长审理期限，对恶意申请人进行明确法律资格限制等。如澳大利亚的《信息自由法》第 89 条提出，信息专员享有确定相关申请人归属于滋扰性申请人的范畴。具体概念为：a. 某一申请人①重复进行申请；或②重复滥用相关的申请程序。b. 特定的申请活动存在或有较高概

---

[1] 根据 2010 年《国务院办公厅关于做好政府信息依申请公开工作的意见》，行政机关向申请人提供的政府信息，应当是正式、准确、完整的，申请人可以在生产、生活和科研中正式使用，也可以在诉讼或行政程序中作为书证使用。因此，行政机关在日常工作中制作或者获取的内部管理信息以及处于讨论、研究或者审查中的过程性信息，一般不属于现行条例所指应公开的政府信息。行政机关向申请人提供的政府信息，应当是现有的，一般不需要行政机关汇总、加工或重新制作（作区分处理的除外）。依据《条例》的精神，行政机关一般不承担为申请人汇总、加工或重新制作政府信息，以及向其他行政机关和公民、法人或者其他组织搜集信息的义务。

率构成滥用的问题。c. 某一申请显著的不合理。[1] 对此，此前《意见稿》中对于实践活动的反复、大量申请，影响行政机关日常工作的问题，规定政府可对此类主体告知不进行重复处理，针对申请公开大量信息的情形，可采取延迟答复并进行告知的规定，对依申请公开的不良行为方面作出了一定限制。本次新修订的《条例》基本吸收《意见稿》精神，在第35条规定了申请人申请公开政府信息的数量、频次明显超过合理范围，行政机关可以要求申请人说明理由等；第36条第6项明确规定了行政机关对申请人重复申请公开相同政府信息的，告知申请人不予重复处理。此外，第42条中关于行政机关收取信息处理费的规定，实则是为了在一定程度上限制公民滥用申请权。但显然立法者并未将杜绝公民滥用申请权的乱象完全希冀于依申请公开收费制度，故此在立法中采用了“可以收取”的字样，且规定行政机关收取信息处理费的具体办法由国务院价格主管部门会同国务院财政部门、全国政府信息公开工作主管部门制定。然而，后续实践中仍可能出现新的收费问题，对于滋扰性申请人的问题可以借鉴域外经验进一步深入研究，本文对此不再赘述。

此次新修订《条例》的出台虽没有像当年《条例》施行时那样引人注目，但其在细节上的多处修订体现了立法者对征求意见的充分考量与极大的人文关怀。讨论研究政府信息依申请公开是否收费的问题，以期在维持政府机关正常运转的基础上，在不侵犯公共利益和他人权益的前提下，更好地保障公民知情权，平衡各方面利益，建设更加透明、公开、阳光的法治政府，从而达到行政法意义上的控权效果，这也是行政法研究问题的核心。本文通过梳理国内外信息公开收费现状，发现依申请公开收费是世界范围内的通例，成本补偿原则是各国普遍遵循的收费原则，且收费及减免标准多样，如美国《信息自由法》中制定的收费标准就区分了对政府信息商业性增值利用和其他利用，并强调出于公共利益考量的减免因素，这种做法较为周全。其实早在2007年《条例》起草时，国外政府信息依申请公开原则上收费的做法就已被我国立法者充分论证和思考，之所以在新修订的《条例》中改变，是因为目前更为重要的，是在中国特色社会主义法治政府的建设背景下，分析政府信息公开工作的实际成本与产出，而在最终长远的政策价值远高于短期经济效益的情况下，本文赞同《条例》的立法价值与修订精神，优先选择更符合中

---

〔1〕 参见程洁：《资格限制还是经济约束：政府信息公开申请主体的制度考量》，载《清华法学》2017年第2期，第135页。

国国情的不收费方案，提出利用信息化手段深化公开工作，加入事前限制不当申请的各种规定，以此来更好地实现该制度本身存在的法律意义。

（初审人：肖军瀚）

论一般反避税中的纳税人主观目的认定方式

——以判断过程为视角

廖吕有*

摘　要：我国税法在一般反避税中规定了主观目的要件，即“以获取税收利益为唯一目的或者主要目的”。在实践中，该要件因主观性较强而难以准确认定，并且学界、实务界对于认定纳税人的主观目的的方式关注不足，没有形成科学且可操作性强的认定方式，导致当前的反避税认定容易侵犯公民的自由。判断过程认定方式是在借鉴行政诉讼中的判断过程审查方式的基础上，针对反避税执法中的特殊性发展而成的认定纳税人主观目的的方式。其不仅具有适用范围广、尊重纳税人主观目的、全面、认定科学之优势，还能够使用“撇开”等审查技术判断纳税人的主要目的。如果辅以确凿证据标准为主的证明标准与避税行为的类型化，则能够很好地满足税务机关的反避税执法需求。

关键词：反避税　判断过程审查方式　主观要件

---

* 廖吕有，男，中国政法大学法学院宪法学与行政法学专业 2017 级博士研究生（100088）。

引 言

避税[1]是税收工作中的顽疾。为了获取更多的经济利益，任何理性人都会利用税法的规定进行税收筹划，以减少税负。然而，当纳税人不正当地利用税法的漏洞进行税收筹划时，其行为构成了避税，即"相关主体为了降低或免除税负，利用税法规定的罅漏而实施的避免纳税义务成立的各种行为"[2]。政府本身并不生产财富，它仅仅是分配财富而已。作为最主要的财政来源——税收一旦减少，国家将不可避免地削减公共福利，降低公共服务的数量与质量等以平衡财政收支，最终损害的是全体公民的利益。因此，为了维护公共利益，税法中规定了一系列反避税条款。[3] 在一般反避税领域，我国法律法规所规定的避税标准有两个：第一，客观标准，即形式符合税法规定，但以与其经济实质不符的方式获取税收利益；第二，主观标准，以获取税收利益为唯一目的或者主要目的。[4]

相对而言，客观标准较好认定，因为客观标准的特点在于其客观性，其标准较为明确。税务机关可以依据商业利益法、可比交易法等手段予以认定。但是主观标准则较为棘手，税务机关必须通过纳税人的外在行为事实推断其真实的主观目的，这个过程具有复杂性和不确定性。特别是当纳税人的行为是在其综合考虑之后做出的，即纳税人的主观目的是复合的，可能既有合法目的，也有违法目的，认定难度极高。目前学界虽然已经关注如何识别纳税人主观目的这一问题，并形成了一些研究成果，[5] 但是这些研究成果聚焦于

---

[1] 本文所讨论的避税仅指狭义避税，排除了符合税法原则的节税。

[2] 张守文：《税法原理》（第7版），北京大学出版社2016年版，第135页。

[3] 《中华人民共和国税收征收管理法》第35条第1款："纳税人有下列情形之一的，税务机关有权核定其应纳税额：①依照法律、行政法规的规定可以不设置帐簿的；②依照法律、行政法规的规定应当设置帐簿但未设置的；③擅自销毁帐簿或者拒不提供纳税资料的；④虽设置帐簿，但帐目混乱或者成本资料、收入凭证、费用凭证残缺不全，难以查帐的；⑤发生纳税义务，未按照规定的期限办理纳税申报，经税务机关责令限期申报，逾期仍不申报的；⑥纳税人申报的计税依据明显偏低，又无正当理由的。"《中华人民共和国企业所得税法》第47条："企业实施其他不具有合理商业目的的安排而减少其应纳税收入或者所得额的，税务机关有权按照合理方法调整。"

[4] 《一般反避税管理办法（试行）》第4条："避税安排具有以下特征：①以获取税收利益为唯一目的或者主要目的；②以形式符合税法规定、但与其经济实质不符的方式获取税收利益。"

[5] 参见王宗涛、陈涛：《试析我国避税认定标准与方法》，载《国际税收》2014年第6期，第51~54页；汤洁茵：《〈企业所得税法〉一般反避税条款适用要件的审思与确立——基于国外的经验与借鉴》，载《现代法学》2012年第5期，第162~171页；翟继光：《论"计税依据明显偏低又无正当理由"的判断标准》，载《税务研究》2016年第8期，第56~59页。

提炼认定标准，对于认定方法乏善可陈，仅提出了一些较为笼统模糊的建议。[1] 不仅如此，税务法律规范的相关规定中有关纳税人主观目的认定方式也是比较粗糙的。[2] 因此，本文尝试通过借鉴判断过程审查方式，提出判断过程认定方式，[3] 将纳税人的主观目的予以还原，以规制避税行为和保护纳税人合法的交易自由。

二、纳税人主观目的的认定的困难性

僵化的客观认定标准无法衡量动态的商业活动。客观认定标准关注的对象和判断的依据是纳税人的外部行为结果。值得注意的是，同样的行为结果，并不一定具有相同的性质，因为它们所产生的原因可能不同。当我们适用客观认定标准时，实质上是"只问结果，不问缘由"。在某些情形下，这种"只问结果"的课税标准会让纳税人承担不必要的税负，导致公民即使有从事该行为的意愿，但为了避免不公平的税负，而选择不从事该行为。单一的客观认定标准既滞后于发达的现代商业社会，又会侵犯纳税人的自由。因此，法律规定反避税认定时需结合纳税人的主观目的，但是税务机关在认定纳税人的主观目的时，存在一系列困难。

（一）技术上难以认定：不确定法律概念的解释问题

"以获取税收利益为唯一目的或者主要目的"看似清楚明了，实则存有颇多疑义。"主要目的"该作何理解？是纳税人避税目的重于其他单个目的即可，还是该避税目的重于其他所有目的之和？事实上，造成这种歧义的原因在于"主要"一词是典型的不确定法律概念。[4] 不确定法律概念难以进行界定的原因在于它不是一个点，而是一条线段。其两极是清楚的，但是它的中间部分存在渐变现象，具有模糊性。若纳税人完全没有避税这一目的，则必然不在"主要目的"的射程之内，若纳税人只有避税这一目的，则必然在

---

[1] 如汤洁茵博士认为"商业目的应当根据纳税人所实施的行为等外部事实予以客观评价"，参见汤洁茵：《〈企业所得税法〉一般反避税条款适用要件的审思与确立——基于国外的经验与借鉴》，载《现代法学》2012 年第 5 期，第 162~171 页；延峰等认为"为了客观地判断企业商业安排动机的合理性，企业在商业安排时考虑的各类因素也应纳入评估范围"。参见延峰、曾立新、王晓琨：《"不具有合理商业目的"的判定及应对》，载《中国税务》2015 年第 3 期，第 53~54 页。

[2] 如《一般反避税管理办法（试行）》中第三章调查部分地规定主要是要求提供一系列资料，而无具体的调查认定程序。详见《一般反避税管理办法（试行）》第 10 条至第 15 条。

[3] 本文判断过程审查方式是指司法审查方式，而判断过程认定是指借鉴判断过程审查方式所创设的、税务机关对纳税人主观目的的进行认定的方式。

[4] 参见翁岳生编：《行政法》（上册），中国法制出版社 2009 年版，第 248 页。

"主要目的"的射程之内。但在这两个极端之间。纳税人究竟在何种程度上具有避税目的，使其成为"主要目的"，是模糊的，犹如多少粒谷子使"谷粒"质变为"谷堆"一般。再者，在现实社会中，纳税人的避税目的是否构成"主要目的"需综合考虑多方面因素，视不同的情形而定。因此，税务机关的执法困难极高，其不仅需要准确地还原纳税人所考虑的目的，还需要对其进行价值排序，并衡量避税目的所占的总比例，以确定避税目的是否属"主要目的"。

（二）价值上难以认定：公共利益与公民私益之间存在张力

对于市场主体而言，税收负担与成本无异。为了保证盈利，他们在交易时不可能丝毫不考虑税收的因素。纳税人会基于对原有税收法律法规、税收征管行为等正当、合理的信赖，而规划或实施了某些涉税经济行为，并因此形成信赖利益。〔1〕而反避税调查实质是认为不应当适用公民所主张的税收规定，否定了纳税人的信赖利益。因此，反避税调查中税务机关与公民之间的冲突，其深层次表现形式为公共利益与公民自由的冲突。公民可以自由地决定其商业目的，这是他们的法定权利。〔2〕对于一些基于特殊目的的商业行为，纳税人是综合考虑包括税收目的在内的多重目的之后才进行的。比如纳税人基于宗教信仰而向寺庙低价销售一批物资，此时纳税人考虑到当销售价格较低时，纳税也会较少，因此总体损失属于可接受范围。但此时，若税务机关对其进行反避税调查，否定其交易额作为计税的依据，将会导致他们须承担远远高于预期的税收负担。任何理性人都不愿接受此后果，也必不从事该行为，因此将事实上限制纳税人的商业自由。自由是法律的核心价值，"整个法律正义哲学都是以自由观念为核心而建立起来的。"〔3〕归根结底，"法律旨在创设一种正义的社会秩序。"〔4〕对作为公民基本人权的自由的侵害，将动摇法律正义的核心。因此，虽然反避税维护的是公共利益，但是也必须考虑公民能够实质性地享受自由，必须平衡好二者之间的关系。

---

〔1〕 张富强、许健聪：《税收宏观调控中纳税人信赖利益之保护》，载《法学杂志》2016年第9期，第69页。

〔2〕 《中华人民共和国民法总则》第5条："民事主体从事民事活动，应当遵循自愿原则，按照自己的意思设立、变更、终止民事法律关系。"

〔3〕 ［美］E. 博登海默：《法理学：法哲学及其方法》，邓正来、姬敬武译，华夏出版社1987年版，第272页。

〔4〕 ［美］E. 博登海默：《法理学：法哲学及其方法》，邓正来、姬敬武译，华夏出版社1987年版，第302页。

三、判断过程审查方式的特点与反避税应用

虽然我们已经厘清认定纳税人主观目的的困难所在，但是问题在于如何准确认定纳税人的主观目的。纳税人的目的深藏其心中，外界难以直接感知。虽然纳税人的意思会通过他们的行为而表现于外界，但是通过外部行为不一定能够准确地还原纳税人的意思。因为针对同一行为可以存在多种合理的解释，不同的解释直接影响其行为的合法性。并且，在具有多种解释的情况下，即使纳税人的真实目的是违法的，他也会选择其中合法的目的作为抗辩理由。再者，现实中纳税人往往在某一商业活动中同时存在多种目的，既有商业目的，同时又考虑了税收负担的问题。此时该如何判断纳税人行为的性质，税收利益的权重可以是多少？此外，为了避免侵犯纳税人的自由，税务机关需要尊重纳税人的目的，不能以自己的判断代替纳税人的目的。寻找能够同时满足以上要求的认定方式殊非易事，行政诉讼中一种尊重行政机关的专业性、审查强度适中的审查方式——判断过程审查方式进入了我们的视野。

（一）判断过程审查方式的性质与反避税认定的引入

《中华人民共和国行政诉讼法》上的判断过程审查方式是指“法院根据行政机关的陈述，对行政机关以何种方式考虑何种事项作出行政行为进行重构，并在此基础上对裁量过程的妥当性进行评价”。[1] 判断过程审查方式的性质是“程序性实体审查”，[2] 这可以从两个方面进行理解：第一，判断过程审查方式是实体性审查。“实体性审查是指着眼于行政裁量的结果，审查该行为的作出是否超越了行政机关的职权或违反了法律的目的等。”[3] 判断过程审查方式虽然不直接审查裁量结果是否合理，但是它“主要着眼于行政判断是否没有考虑应该考虑的因素、是否考虑了不应该考虑的因素、是否过分夸大或缩小某些因素的效果、是否听取了反对者的意见、是否研讨了替代的方案。”[4] 法院不仅对这些因素、权重等做了实质评价，并且这些因素等直接与裁量结构本身挂钩，能够内在地影响裁量结果。

第二，判断过程审查方式具有程序性审查的特点。程序性审查是法院依

---

〔1〕［日］小早川光郎：“事実認定と土地収用法 20 条 3 号の要件——日光太郎杉事件”，街づくり・国づくり判例百选（别冊ジュリスト103 号）56 事件，第 120 页。转引自王天华：《行政裁量与判断过程审查方式》，载《清华法学》2009 年第 3 期，第 98 页。

〔2〕王天华：《行政裁量与判断过程审查方式》，载《清华法学》2009 年第 3 期，第 100 页。

〔3〕江利红：《日本行政诉讼法》，知识产权出版社 2008 年版，第 99 页。

〔4〕王贵松：《行政裁量的构造与审查》，中国人民大学出版社 2016 年版，第 164 页。

据正当程序原则，就行政机关在裁量过程中有无遵循法定的方式、步骤、期限等进行审查。若行政机关遵循了法定程序，则推定裁量合法。与之相似，判断过程审查方式也不直接审查裁量的结果，也是通过一定的方式推断裁量结果是否合理。判断过程审查方式对行政裁量的内部因素进行审查，若这些因素合法，则推定裁量结果合法，反之则否。不仅如此，判断过程审查方式和程序类似，都具有普遍性。所有的行政行为都必须依照一定的程序作出，同样地，所有的行政裁量必定要考量一定的因素之后才能作出，只不过不同的行政裁量所考量的因素不同。

研究判断过程审查方式的目的在于将该司法审查技术引入税务机关的反避税认定之中。判断过程审查方式能够引入反避税审查的可行性在于：判断过程审查方式的重点在于行政机关的主观要素，而反避税中判断纳税人行为的性质，其难点同样也是纳税人的主观要素。纳税人的主观活动与行政机关的主观活动并无多大区别，两者具有相似性。若税务机关与纳税人因主观要素认定产生争议，诉至法院，法官既然能用该技术审查行政机关，为何就不能审查纳税人？而税务机关执法人员具有丰富的执法经验与专业知识，对其进行必要的培训之后，在执法领域中扮演前述"法官"的角色，运用判断过程审查方式技术对纳税人的主观目的进行审查，亦未尝不可。因此，若能引入判断过程审查方式这一技术，税务机关将能够较完美地解决目前反避税认定中的困境。

（二）判断过程审查方式原理与反避税认定的应用

"行政机关的陈述"是判断过程审查方式的基础。行政机关的陈述就是行政机关在作出裁量决定时所说明的理由，这是正当程序的基本要求。[1] 行政机关对裁量中类推、涵摄行为的合法性与正当性进行阐释、论证，比如说明不确定法律概念具体化中的价值判断、对应当考虑因素的考虑情况、对替代方案的选择及其他各种状况和利益等，[2] 使行政相对人既能够判断裁量幅度与自身的行为是否相适应，又可以获悉行政机关在行使裁量权时的心理活动，进而判断裁量过程中是否存在滥用职权或考虑不周的情形。判断过程审查方式就是将行政程序中的说明理由应用于司法审查之中。判断过程审查方式的

---

〔1〕 参见王名扬：《王名扬全集：英国行政法、比较行政法》，北京大学出版社 2016 年版，第 130~131 页。

〔2〕 王贵松：《论行政裁量理由的说明》，载《现代法学》2016 年第 5 期，第 39~40 页。

特点在于强化了行政机关的说理义务：横向上增加了需要进行说理的要素；纵向上提高了说理的标准。对于行政机关已经说明的内容，法院首先提取其中直接表现行政机关主观判断的内容（此为主观内容）。在此之后，法院再提炼行政裁量中所反映行政机关主观判断的内容（此为客观内容）。最后将主观内容与客观内容对比，判断行政机关陈述是否属实。

第一，增加说明理由的数量。就说理数量而言，因为一个行为往往只存在一个裁量结果，因而在行政程序中，行政机关仅需一个理由便能够满足法律规定的要求，也就是说即使存在许多理由，行政机关只用选择其中一个理由即可，只要该理由能够强大到可以支持其决定。而判断过程不同，判断一个行为须考量若干个因素，行政机关必须一一予以说明，因而说理数量大大增加。此外，执法中，行政机关主要就裁量结果进行说理，较少论证其主观活动。而判断过程审查方式还需要行政机关将其主观活动公之于众，因而行政机关还需说明其主观判断的合理性才可。第二，就说理质量而言，一般情况下，说明理由的范围越小，行政机关暴露的瑕疵也就越少，因而行政机关用简单的理由即可达到合理标准，反之亦然。判断过程审查方式课予行政机关说明其主观考量的义务，扩大了说明理由的范围，行政机关暴露信息自然也就越多。当行政机关完全将其内心活动公之于众，行政相对人就得以攻击其中的不足之处，迫使行政机关的理由逻辑自洽、前后衔接合理，排除其他裁量可能性，从而达到较高的说理标准，否则必然招致败诉。

这种审查策略的优点诸多，最主要的有两点：第一，法院尊重行政机关的裁量判断，不以自己的判断代替行政机关的判断。对于判断过程的审查结果至多“撤销+重作”,〔1〕法院只要求行政机关在重新作出决定时，重视审查过程中所发现的考量欠妥当的地方，但其仍然掌握最终结果的决定权。因此即使对于专业性比较强的问题，判断过程审查方式仍然能够适用。第二，能够以系统的方式控制行政裁量。“行政过程论认为，着眼于行政裁量判断过程中的考虑要素、考虑事项，进而判断裁量合理性的审查方法，是作为复杂多样的利益调整结果的行政裁量审查方法。”〔2〕因此，为适应行政裁量的复杂

---

〔1〕 王天华：《行政裁量与判断过程审查方式》，载《清华法学》2009年第3期，第99页。

〔2〕 ［日］亘理格：《行政裁量の法的統制》，载［日］芝池義一等编：《行政法の争点》，有斐閣2004年版，第119页。转引自江利红：《行政过程论研究：行政法学理论的变革与重构》，中国政法大学出版社2012年版，第327~328页。

性，摒弃单纯从结果着手的简单控制方式，而将权力控制转移至行政裁量的过程中，通过控制裁量过程的各个阶段、各个阶段中的裁量因素，并改正其中的瑕疵以最终实现结果的合理。

同理，若将该审查技术移植于税务领域，税务机关将不仅能够大大提高其认定纳税人商业意图的能力，同时还能够避免自身的主观臆断。第一，税务机关能够以系统的方式判断纳税人的主观目的。税务机关可以参照判断过程通常的审查要素，比如某一行为中具体包含几个目的、每个目的又考虑了哪些相关因素、是否过分夸大或缩小某些因素的效果、是否存在其他更为合理的实现方式等，对纳税人的主观目的予以重构，在此基础上，判断该主观目的是否具有避税目的。如此，税务机关的判断是全面且周密的。第二，税务机关的主观性降低。判断避税目的是一个抽象的概念。传统上，税务机关整体性地对纳税人主观目的进行认定，造成认定的范围有限，认定结果的准确性自然也就较低。因此，作为弥补，税务机关必须借助自身既有的经验去揣测纳税人主观目的，认定过程中的主观性不可避免地升高。判断过程的认定方式则不同，一方面它直接基于纳税人的主观活动进行认定，因而降低了税务机关的主观性。另外该方式又将整体认定细化为要素认定，扩大了认定的范围，纳税人需要提供更多、更强有力的理由以证明自身行为的正当性，因此提升了认定结果的准确性，税务机关所需的主观经验自然也就随之降低，认定结果的客观性与准确性得以提升。

（三）判断过程审查方式适用范围较广与反避税应用

判断过程审查方式因其干预较小，审查力度适中，因此适用范围较广。这一点可以从它的横向和纵向两个维度予以说明：

第一，在横向上，判断过程审查方式可以覆盖不同类型、兼容差异较大的行政裁量行为。虽然不同类型的行政裁量之间实质内容差异甚大，但是违法的裁量过程却具有共同的部分，这是它们的“公因式”，比如审查考量目的、考量因素等。法官只需审查行政机关有无考虑某些重要的要素即可，至于这些要素的含义、原理等，则不必知道。以“常州德科化学有限公司等诉江苏省环境保护厅等许可案”为例，[1] 环保领域具有很强的专业性，法院无法判断德科公司与生活垃圾焚烧发电 BOT 项目是否存在重大利益关系，但是通过审查江苏省环保厅的裁量过程，发现其履行了对项目选址、环境影响等

〔1〕 参见最高人民法院（2017）最高法行申字第 4795 号行政裁定书。

问题的审查职责，因而判决其合法。

第二，在纵向上，判断过程审查方式可以适应不同审查强度的裁量纠纷。它具有较强的弹性，能够覆盖一定的范围。法院在综合考虑案件事实、法律规定、当事人权益等因素基础上，通过动态调整行政机关对不同要素所需要考量的强度，增加或减少考量要素的方式，从而实现降低或提高审查强度的效果，覆盖跨越较大的审查强度区间。比如，在审查环保、药品等领域的行政裁量时，由于专业性较强，法院适度放松行政机关的考量强度和适度减少考量要素，从而降低了审查强度。反之，对于交通违法等专业性较低的行政裁量，法院提高行政机关的考量强度与增加考量因素，进而提高了审查强度。

判断过程审查方式适用范围较广的优点契合市场经济活动千姿百态的特点。在判断过程审查方式的帮助下，其广泛适用性有助于税务机关认定不同商业类型中的纳税人的主观目的。从横向方面看，判断过程审查方式的程序性特点可以使税务机关能够应对形形色色的税务纠纷，并将重心置于纳税人主观方面的几个特定要素之上，实现有的放矢地审查，提高审查效率。从纵向方面看，即使遇到较为少见、奇特的避税行为时，判断过程审查方式同样有用武之地。即使该避税行为较为少见，纳税人提出了较为奇特的抗辩理由，税务机关可以通过增加判断过程中的考量要素、提高说明理由的标准等方式，提高认定强度，达到查明纳税人实际目的的效果。因此，判断过程审查方式移植到反避税领域时，能够结合程序性审查与实质性审查、主观目的审查与客观行为审查，发挥应有的功效。

四、判断过程认定方式的构造

（一）判断过程认定方式的特殊性与改造

判断过程认定方式与判断过程审查方式存在三个方面的不同：

第一，判断过程认定范围的差异性。行政权力遵循“法无授权即禁止”，而民事权利遵循“法无禁止即自由”。权力与权利性质上的差异决定了判断过程认定方式在适用范围上与判断过程审查方式存在极大的不同。由于行政裁量需依法行使，因此在裁量过程中，行政机关只能考虑法律规定范围内的因素，且必须全部考虑这些因素，若法律对这些因素的轻重次序作了规定，行政机关还必须依照法定的次序考虑这些因素。因此判断过程审查方式只审查行政机关有无在法定范围内，依照法定的次序全部考虑这些因素。若遗漏某些考虑因素，则为“未考虑相关因素”；若考虑了法定范围外的因素，则为“考虑不相关因素”，两种情形皆为裁量滥用。而判断过程认定则不同。因为公民的权利是无限的，而义务是有限的，公民可以在不违反法律的情形下自由处分其权利，所以税务机关只能从纳税人的义务入手，确定需认定的义务性因素范围。这些义务因素必须是法律所明确规定的，纳税人考虑了法定义务外的某些因素，不能视为“考虑不相关因素”，因为这是纳税人的权利，只要公民尽到最低限度的注意义务，不触犯禁止性法律，就可以自由决定其行为。例如，当纳税人考虑了某些因素，比如社交、宗教等，以低于市场价的价格进行销售。只要这些因素不属于义务性因素范围，就不能视为“考虑不相关因素”。

第二，判断过程认定程序上的特殊性。公平与效率是司法和行政所共同追求的价值，但相对而言，司法程序更加偏重于公平，而行政程序更加偏重于效率。[1] 为了保障公平，司法恪守中立原则，在诉讼程序上具体表现为司法的被动性。而为了保障效率，一方面行政机关在执法中以适用简易程序为主，另一方面立法赋予行政机关较大权限，使之身兼“运动员”与“裁判”二职，在行政程序上具体表现为行政机关拥有较大的程序性权力，比如启动行政程序时，“一般情况下，应否启动行政程序、何时启动行政程序、如何启动行政程序，属于行政机关的自由裁量范围，由行政机关依职权确定。”[2] 因此，判断过程认定需要在保证必要公平的前提下，构建简易程序且赋予税务机关一定的程序裁量权，以保障行政效率。

第三，判断过程认定中对专业事务认定的特殊性。判断过程审查方式中，除了法律关系之外，不可避免地掺有一定的专业性问题。法官只是法律方面的专家，其缺乏对专业问题审查的能力。因此在专业性问题上，法院总体上需要尊重行政机关的意见。较之司法机关，行政机关具有更强的专业能力且具有丰富的经验，即使在特定专业问题上遭遇困难，其也可以借助自身的专业能力与行政机关的资源解决相关问题，因此行政机关能够对专业性问题进行实体性判断。[3] 在判断过程认定中，税务机关可以对纳税人主观判断过程中的考虑因素进行更加深入的审查，具体表现为税务机关不仅能够判断纳税人的主观目的与避税是否存在因果关系，还可以判断这个因果关系的强弱。

---

〔1〕 参见王万华：《中国行政程序法典试拟稿及立法理由》，中国法制出版社 2010 年版，第 87~89 页。

〔2〕 王万华：《行政程序法研究》，中国政法大学 1999 年博士学位论文，第 7 页。

〔3〕 参见张咏：《行政过程论视野中的行政裁量控制——评王贵松教授〈行政裁量的构造与审查〉》，载《公法研究》2017 年第 1 期，第 273 页。

以“儿童投资主基金与中华人民共和国杭州市西湖区国家税务局”为例,[1] 在儿童投资主基金（The Children's Investment Master Fund）、Widefaith Group Limited 和 Kaiming Holdings Limited 间接转让杭州国益路桥经营管理有限公司股权的交易中，国税总局认为 Chinese Future Corporation 和香港国汇有限公司仅在避税地或低税率地区注册，不从事制造、经销、管理等实质性经营活动；并且股权转让价主要取决于对杭州国益路桥经营管理有限公司的估值；再者，股权受让方对外披露收购的实际标的为杭州国益路桥经营管理有限公司股权。因此，上述几个境外公司股权转让的交易不具有合理商业目的，属于以减少杭州国益路桥经营管理有限公司企业所得税为主要目的的安排。此外，由于判断主观目的存在较大的困难性，当税务机关不能直接发现纳税人主观目的中的避税证据时，还可以依据其专业与经验，通过一系列的间接证据构成证据链以揭穿纳税人真实的避税意图。

针对判断过程认定的特殊性，在范围上，判断过程认定仅限于对纳税人的义务范围内进行认定；在权限上，要赋予税务机关一定的程序性权力，比如税务机关须拥有判断过程认定程序启动的裁量权，当其认为可以通过其他更为简便的方式判断纳税人的避税行为时，便无须再启动该认定方式。但税务机关的程序裁量权不可过大，否则将导致架空、规避判断过程认定，具体的限制标准有待积累了一定的实践经验之后再进行确定；在简易程序的构建上，判断过程认定程序的繁简主要取决于税务机关事先遴选的考虑因素的多寡。因此，针对一些争议较小的案件，税务机关可以选取少数几个主要的考虑因素，辅以其他程序环节的简化，如独任制、当场口头告知、预定格式且统一编号的行政决定书等,[2] 构建简易判断过程认定程序。在权重问题上，由于税务机关的专业性与丰富经验，其有能力对纳税人不同考量因素之间的主次位次进行确定，从而得出纳税人究竟以何种目的为主。同时，税务机关的专业性与丰富经验可以使其在缺乏直接证据的情形下，通过间接证据的证据链确定纳税人的真正目的。

而对于判断过程认定与判断过程审查方式共同之处，尤其是技术性程序方面，我们可以直接进行移植。判断过程审查方式中，最为重要的审查技术

---

〔1〕 参见浙江省高级人民法院（2015）浙高行终字第 441 号行政判决书。

〔2〕 参见王万华：《中华人民共和国行政执法程序条例（建议稿）及立法理由》，中国人民公安大学出版社 2016 年版，第 131~135 页。

便是“撇开”(but for)的审查技术。因为法官知悉行政机关的裁量判断过程之后，一眼就可以发现行政机关是否考虑了不相关因素或相关因素，等等事项，但是行政机关在既有合法因素，同时又有非法因素的复合目的下所作出的裁量决定，是比较棘手的。此时，“撇开”审查技术便有用武之地。“撇开”审查技术是指如果撇开不适当、违法目的不谈，行政机关是否仍然会作出同样的行政行为？如果能，那么上述不适当、违法目的就不是主导的，反之则是。[1] 借助“撇开”的审查技术，结合税务机关自身的专业水平与丰富经验，可以游刃有余地判断纳税人的真正目的，从而准确地确定纳税人是否构成避税。比如纳税人以低于市场价的价格向其亲朋好友出售一批物资时，其主观目的既有维持社会关系，又有减少纳税数额。此时，纳税人若撇开减少纳税目的，仍然会以相同价格转让该物资，应当认为其目的合法；反之则否。

（二）判断过程认定方式的实施程序

判断过程认定方式的实施程序是：第一步，听取纳税人的陈述；第二步，根据纳税人的陈述重构纳税人的判断过程，提取纳税人的考量因素；第三步，运用“撇开”等技术，对纳税人所考量的因素进行认定，裁量纳税人的主观目的是否属于避税目的，并听取进一步的抗辩；第四步：作出裁量决定，并说明理由。在这个认定路径中，税务机关只在具体的要素上进行裁量，判断纳税人是否如实地供述其内心想法，判断纳税人对于这些要素的考量是否合理，不涉及纳税人的行为结果。若纳税人不存在避税目的，则调查终止；若纳税人存在避税目的，则听取纳税人的进一步抗辩，根据抗辩理由判断纳税人的行为是否构成避税。在该审查路径中，税务机关负有举证责任。当纳税人履行说理义务之后，税务机关就需要举证否定纳税人的理由，否则视为其抗辩理由成立。

该认定路径可以借“广州德发房产建设有限公司（以下简称“德发公司”）诉广东省广州市地方税务局第一稽查局税务纠纷案”[2]（以下简称“德发案”）为例进行说明。2004年德发公司以明显低于市场价的价格拍卖其资产，被广州市地方税务稽查局认定具有避税嫌疑。德发公司的解释是，这

---

[1] Cf. G. D. S. Taylor, *Judicial Review: A New Zealand Perspective*, Butterworths, 1991, p. 340. 转引自余凌云：《行政自由裁量论》（第3版），中国人民公安大学出版社2013年版，第78页。

[2] 参见最高人民法院（2015）最高法行提字第13号行政判决书。本文对该案例分析的材料都是来自于该判决书，不再另行注释。

是为了偿还到期债务、为挽救公司而不得已采取的措施。根据德发公司的陈述，其目的是“偿还债务”“挽救公司”，偿还债务所考量的因素是“交易效率”，而德发公司作为一个市场必然追求利益最大化，无论是税务机关所怀疑的具有避税的目的，还是其舍车保帅挽救公司的行为，都表明其所考量的另一因素就是“追求最大利益”。

税务机关随后对德发公司的考量因素进行认定。税务机关指出了德发公司的行为有五点异常之处：第一，只有唯一竞买人。第二，拍卖保证金门槛设置过高，拍卖保证金占拍卖保留价的比例高达50%。第三，拍卖保留价设置过低，约为其自行确定房产评估价的20%。第四，拍卖的房产已办抵押，拍卖未征询全部抵押权人银行的同意。第五，竞买人拍卖前知道拍卖底价。首先，德发公司在只有唯一竞买人的情形下将其房屋拍卖，该行为并不违法，并难以证明其有避税目的，可以认为其是为了追求“交易效率”而为之。其次，德发公司的拍卖保证金设置过高，与“交易效率”不符。过高的拍卖保证金直接阻止了潜在的买家，降低了交易成功的可能性，明显与交易效率不符。再次，拍卖保留价设置过低表明了两个考量因素之间存在矛盾，过低的拍卖保留价与德发公司追求“合法”的最大利益不符，但是可以解释为其为了减少税收成本，以获取“非法的”最大利益，也可以认为是为了提高交易成功率，不得已而为之。从次，德发公司的拍卖行为未征询全部抵押权人的同意，同样表明两个考量因素之间存在矛盾。一方面是为了追求“交易效率”，来不及征询抵押权人的同意，另一方面若咨询抵押权人，可能可以获得其他 获取资金的方法，比如抵押权人直接购买该抵押物，或提供其他交易信息等，有利于德发公司获得更高的交易价格，符合其“追求最大利益”的考量因素。但是此时只能暂且认为德发公司以“交易效率”为首要考量因素。最后，竞拍人拍卖前知道底价。竞买人提前知道拍卖底价，这将极大地限制拍卖成交价格，明显不符合德发公司的“追求最大利益”的考量因素。并且这也很难解释为为了追求“交易效率”而不得以为之，因为竞拍人知道底价的情形下，拍卖制度完全“作废”，根本不符合其选择拍卖这一方式的初衷。

通过上述分析发现，德发公司的行为有支持它的理由，表明其无避税的非法目的；有的表明其“言行不一”，行为与理由相悖，表明了其具有避税的非法目的；还有的行为一时难以判断，存在矛盾冲突的情形，则需要进一步分析判断。总之，该案比较复杂，不能直接予以断定。因此，需要税务机关发挥其专业性，借助“撇开”等技术对德发公司的考量因素进行审查，判断其主要目的究竟为何。此时，我们“撇开”德发公司避税目的，审查德发公司仅在合法目的驱动下，是否还会做出同样的行为。假设德发公司为了保全公司总体利益而试图快速拍卖其部分资产，在它设置了过低的拍卖保留价，只有一位且已经知道拍卖底价的竞拍人参与的情形下，德发公司仍然愿意成交，那么它必须设置较低的拍卖保证金才符合德发公司追求“交易效率”以达到其挽救公司的目的。但是，实际上德发公司却设置了过高的拍卖保证金，导致仅剩一位竞拍人参与，与应然情形不同。由此可以确定，“撇开”了避税目的之后，逻辑上德发公司应当作出的行为与其实际作出的行为不一致，由此可以断定德发公司必然具有避税目的，且该目的占主导地位，由此导致德发公司出现异常的行为。

（三）提高反避税执法效率的尝试：避税行为的类型化

类型化就是“将大量彼此不同，而且本身极度复杂的生活事件，以明了的方式予以归类，用清晰易辨的要素加以描述，并赋予其中法律意义上‘相同’者相同的法律效果”。[1] 避税行为类型化的优点在于降低反避税执法难度，从而得以提高执法效率。因为类型化的关键在于提炼事物之间的共性。当某一具体的避税行为被归为避税行为类型中时，该避税行为类型中的共性特点可以提供辅助性的判断基准，从而降低执法难度，提高执法效率。这在现实中具有重大意义：除了节约行政资源之外，还可以弥补一线税务执法人员能力不足的问题。一个不争的事实是，一线执法队伍难以留住优秀的人才。并且随着市场经济进一步繁荣，税务机关的工作量也随之迅速上升，因此需要不断地招收新的工作人员，其中包括许多编外的“临时工”。纵使专业知识可以培训，但执法经验的积累并非一朝一夕之事。因此，一线税务执法人员的业务素质并不高。但是他们若能够通过业务培训，掌握不同避税行为类型，则可以迅速掌握税务执法的基本知识，并且可以在此辅助下，对简单的避税行为进行认定。

至于分类标准，笔者认为应当将纳税人的违法考量因素作为划分标准。这是考虑到判断过程认定方式本身就是为了发现纳税人是否具有违法的考量因素。以违法考量因素为标准，税务机关就可以将同一考量因素下的避税行为进行抽象归纳，总结执法经验，使之能够知道纳税人基于某一违法考量因

〔1〕［德］卡尔·拉伦茨：《法学方法论》，陈爱娥译，商务印书馆2003年版，第319页。

素通常会作出何种行为，随后便能够以此为标准，在执法中遇到与之相似的情形时，可以初步判断纳税人是否具有该违法考量因素，再以此为基石，保证进一步的调查取证能够有的放矢。如此一来，既可以过滤纳税人合法的商业行为，同时也能快速发现纳税人的异常行为，迅速定位纳税人可能具有的违法考量因素，从而降低执法难度，进而提高执法效率。至于具体的制定方式，基层税务机关可以在上级税务机关的指导下，结合本级机关的执法经验，选取若干纳税人常见的违法考量因素作为分类标准，构建常见的避税类型体系，并逐渐完善、丰富。条件允许的话，还可以进一步将基本类型细化成若干子类型；或增加若干次要的考量因素，作为辅助分类标准。

五、结语

霍姆斯大法官曾言“税收是我们为文明付出的代价”，国家的发展离不开税收，但是对于公民的征税必须正当。当税务机关怀疑纳税人存在避税行为时，必须准确认定纳税人的主观目的，避免侵犯纳税人的财产权和商业自由。判断过程认定方式是一种适用范围广泛，尊重纳税人的主观目的，认定准确且可操作性强的认定方式，能够很好地承担该任务。判断过程认定不是简单地照搬判断过程审查方式，而是在借鉴判断过程审查方式的基础上，既将两者的共同之处进行移植，又挖掘两者在范围认定、程序认定、专业问题认定上的不同之处，对判断过程认定进行了有针对性的改造。判断过程认定方式具有显著的优越性。第一，该认定方式以多要素的过程认定代替了单个整体性的主观目的，提高了认定结果的全面性。第二，以逻辑严密的体系性论证代替了笼统的说理，提高了认定结果的科学性。第三，以纳税人的思维过程为基础进行审查，尊重并保护纳税人的自由。第四，该认定方式适用范围广泛，通过更富有技术性的认定手段，可以游刃有余地解决疑难避税认定问题。本文的重心在理论层面，在一般反避税的语境下，对判断过程认定的可行性进行论证。至于判断过程认定的实际效果，有待在实践中运用进行检验，并进一步发现其不足之处并予以完善。

（初审人：王宾）

刑事论坛

再论刑法解释方法的适用位阶

管亚盟[*]

摘　要：为了达成“规则治理”的目标，法官适用解释方法应当有一个基本的顺序。文义解释与目的解释代表了两种解释范式，体现着不同的价值理念，其适用位阶排序会对解释结论产生较大影响。为了保证刑法解释的专业性，坚守人权保障的底线，同时结合法官的解释习惯，目的解释应当先于文义解释适用。体系解释作为工具性的解释方法，不参与位阶排序，为文义解释与目的解释方法的运用提供帮助。

关键词：法律诠释学　解释方法　商谈　法益　事物本质

一、解释方法适用位阶研究现状及成因分析

（一）研究现状

解释方法的适用位阶一直是法律方法论研究的焦点问题。在早期研究中，学者出于对法之安定性的考量，试图构建具体的解释方法适用位阶来限制法官的裁判活动，例如苏彩霞教授明确主张刑法解释应遵循“文义解释→体系解释→历史解释→目的解释→合宪性解释”的运

---

* 管亚盟，男，中国政法大学刑事司法学院刑法学专业2018级博士研究生（100088）。

用顺序；[1] 程红教授认为，要遵循“文理解释→体系解释→目的论解释”的适用序列。[2] 但随着“法官不能作为机器”的观点不断深入人心，有学者认为应当在一定程度上放开法官适用解释方法的“权限”，比如，陈兴良教授认为，解释方法之间虽然具有一定的适用顺序，但又不是固定不变的，“在一般情况下，语义解释当然是应当优先考虑的，在语义是单一的、确定的情况下，不能进行超出语义可能范围的解释。但在语义非单一的、非确定的情况下，应根据立法沿革进行历史解释以符合立法精神。在这种背景下，沿革解释具有优于语义解释的效力。”[3]

不过，在对司法工作者的调研或与之攀谈的过程中我们发现：虽然各路研究成果浩如烟海，却并没有对司法实践产生预期的价值。在具体案件的处理中，法官对于各种解释方法的适用都是无意识的，往往是在对心中大致判断结论的追求下灵活适用的结果。“法律方法论具有思维实践的特征，它是帮助法官裁判的理念性指导，目前还难以提供精确的运作流程，不能代替法官的具体行动实践。”[4] 类似这样的论述，更能代表实务工作者的观点。当然，这样的观点也引发了一些学者的共鸣，他们开始反思，也许解释方法的适用本不具备位阶关系，以周光权教授为代表，“司法判断的高度复杂性决定了，在各种解释标准中，并没有一个‘确定的次序’……与其讨论刑法解释方法的位阶，不如更多关注司法过程的复杂性，关注司法上实践理性的形成过程；与其对刑法解释方法进行排序，不如细致地建构各种方法自身的运用规则。”[5] 张明楷教授同样持这样的观点，反对刑法解释方法或解释理由之间具有位阶性。[6] 总体而言，理论界与实务界对解释方法适用位阶的观点分歧较大，学者之间也无法形成统一的意见。

（二）成因分析

在笔者看来，之所以有上述状况，主要有以下三个方面的原因：

第一，理论研究在一定程度上脱离实践关切。笔者发现大多数研究这一

---

〔1〕 苏彩霞：《刑法解释方法的位阶与运用》，载《中国法学》2008 年第 5 期，第 97 页。

〔2〕 程红：《论刑法解释方法的位阶》，载《法学》2011 年第 1 期，第 40 页。

〔3〕 陈兴良：《判例刑法学》（上册），中国人民大学出版社 2009 年版，第 65 页。

〔4〕 孙光宁：《反思法律解释方法的位阶问题——兼论法律方法论的实践走向》，载《政治与法律》2013 年第 2 期，第 107 页。

〔5〕 周光权：《刑法解释方法位阶性的质疑》，载《法学研究》2014 年第 5 期，第 161 页。

〔6〕 参见张明楷：《刑法分则的解释原理》（上册），中国人民大学出版社 2011 年版，第 50 页。

问题的文献仍在以如何维护刑法的谦抑性、守住保障人权的底线作为理论指导和价值追求，倾向于严格适用规则。但在刑法适用过程中，实务工作者注重案件的圆满解决，为了处理好疑难案件，会在解释的合法性与妥当性之间偏向后者，“尽管规则治理仍然是整个司法制度的核心问题之一，但在基层司法中，纠纷解决——‘结案了事’——仍然是重点，仍然是基层法官的主要追求。”〔1〕 除此之外，随着理论研究的不断深入，学者构建起来的解释规则越来越复杂。陈金钊教授认为，法律方法论的研究之所以没有对实践产生太大影响，是因为研究者在整体上没有贯通理论与实践的关系，仅仅完成了由实践上升至理论的复杂过程，却没有表达成简约的规则，打通理论到实践的关键环节。〔2〕 笔者认为，这不仅仅造成了理论界与实务界的分歧，也使得部分理论研究陷入自说自话的境地，难以形成说服力。

第二，没有将解释立场与解释方法研究结合起来。西方的解释学理论中有主观说与客观说两大阵营，在我国则形成了形式解释论与实质解释论的对立。在笔者看来，解释立场会影响学者对解释方法本身以及解释方法适用位阶的认识，例如劳东燕教授曾撰写论文，以形式解释论与实质解释论的争论为切入点，反思目的解释方法。但适用位阶的研究却没有以解释立场为指导，邓子滨教授总结，形式解释论衍生于古典主义的罪刑法定原则，强调追求法律的形式正义，是依据法律字面含义的解释论；而实质解释论则追求实质正义，在可能的情况下，不排斥扩大文义，以达到法律适用的目的。〔3〕 如果依据这样的逻辑推论，实质解释论者可能更排斥位阶的存在，在适用时也会以目的解释为主要选择，形式解释论者则倾向于拥护位阶的存在，更加注重文义解释方法的排序位置。但我们看到，作为形式解释论者的陈兴良教授，认为解释方法之间不存在一成不变的适用位阶，而同为实质解释论者的张明楷教授与苏彩霞教授，则得出了完全相反的结论。这也可以作为学者之间无法形成统一意见的缘由。

第三，没有对解释方法作分类研究。是否所有的解释方法都会参与位阶

〔1〕 苏力：《送法下乡——中国基层司法制度研究》，北京大学出版社 2010 年版，新版序第 2 页。苏力在此书中对此问题展开了详细论述，不可否认，司法的高层与基层、理论界与实务界都存在对此问题的不同看法。

〔2〕 参见陈金钊：《法律解释规则及其运用研究（上）——法律解释规则的含义与问题意识》，载《政法论丛》2013 年第 3 期，第 106 页。

〔3〕 参见邓子滨：《中国实质刑法观批判》，法律出版社 2017 年版，第 9~10 页。

排序？学界对此研究较少，除此之外，到底哪些解释方法是有意义的，学界也没有形成统一意见。笔者认为，并不是所有的解释方法都能参与到位阶排序中，也并非所有的解释要素都能归为解释方法，在研究位阶适用之前，这些前提研究必须做好。

基于此，本文试图在对各种解释方法进行分类研究的基础上，结合刑法解释的立场，同时回应实践关切，对刑法解释方法的适用位阶做一个反思。

二、解释方法的分类研究

笔者认为，根据各种解释方法发展的历史背景，有些解释方法反映了解释范式的变化，因而具有本体论性质，有些解释方法仅仅是工具性的，为更好地达成某一个解释目标服务。

（一）本体论解释方法

早期的法律解释研究在规范主义范式的影响下，对文本的青睐大于事实，由此而产生了“法治反对解释”的理念，〔1〕认为解释的过程仅仅是法律体系内部的逻辑推演。映射到刑法研究中，以贝卡利亚为代表的古典主义正是借此构建绝对的罪刑法定原则，认为刑法典业以厘定，法官必须逐字遵守。即便萨维尼提出法律解释应当具备四大要素，〔2〕但其牢牢扭住制定法作为中心，也使得后来的学者认为其他各种解释要素仅仅是为文法要素服务，虽然对历史要素的考虑有探求立法者原意的功能而初具目的解释的雏形，不过与后来耶林所创造的目的解释仍具有不同含义。萨维尼的历史要素，更多追求明晰立法者最初的文本含义，换言之，仍然是在字面意思的角度理解。毫无疑问，文义解释是当时背景下核心的解释方法，其他的解释方法及要素都是为文义解释服务的。

这样的现状虽符合构建形式法治的决心，却忽略了“事实”这一法律解释的目标，也过于强调法官在解释法律时的价值无涉，不太符合法官运用法律处理案件的过程。更重要的是，维护文义解释的核心地位，会陷入一个认识论上的矛盾。

首先，脱离事实解释文义是没有意义的。法律解释有其特殊的专业性，

---

〔1〕 陈金钊教授曾撰写论文专门对此问题进行论述，虽然其认为法治并非反对解释，而是反对过度解释，不过此原则在法治初级阶段仍然强调对法律文本的逐字遵守。参见陈金钊：《法治反对解释的原则》，载《法律科学》2007 年第 3 期。

〔2〕 分别为文法要素、逻辑要素、历史要素和体系要素。参见［德］弗里德里希·卡尔·冯·萨维尼：《当代罗马法体系Ⅰ》，朱虎译，中国法制出版社 2010 年版，第 166 页。

某一语词的法律意义与生活意义可能会有所不同。比如前些年争议较大的“知假买假”行为，在平常状态下，每个人心中都会有一个一般的“消费者”概念，这个概念也在一定程度上达成共识。但在面对具体案件时，我们却发现先前的概念派不上用场了，“没有人问我，我倒清楚；有人问我，我想说明，便茫然不解了”。[1] 此时问题转变成，我们想不想让“知假买假者”受到法律保护，进而会根据心中的直觉重新给出一个“消费者”的定义。可以看到，只有遇到具体案件，才能给出有意义的解释结果。

其次，脱离了事实，也无法解释文义。文字自诞生以来，只是一种描述事实的工具，换句话说，文字本身并没有含义，是“作者”和“读者”赋予了其含义。例如，一个中学生读法学专业书籍会觉得不知所云，只有接受了法律专业训练之后，才能明白之前所读语词的含义。又如，对于马铃薯这一农作物，不同地区的人们可能会有不同的称呼，很难说其他地区居民不认识“土豆”“洋山芋”这样的语词，但不知其所指，文字也便没有意义。

规范主义范式面临危机，随之而来的就是解释学领域中的“科学革命”。“如果承认个别化处理问题是一种客观的社会需求，则法律的实质化便代表的是对这种需求的回应”。[2] 为了将法律运用到具体的案件事实中去，利益法学向概念法学发起挑战，这不仅带来了目的解释方法，也将其推到所有解释方法之首。当代德国刑法学界对于目的解释的重要性已经存在普遍认同，据此，法律制度“被认为永远不能从逻辑意义上的真实概念角度被判定为‘正确的’或‘真实的’。只能从法所追求的目的角度，也就是从基本的价值秩序角度来判断法律规范可能是适当的、有益的、必要的。因此首要的不是正确的逻辑，而是正确的目的论”。[3] 在这一阶段，文义解释方法有些势弱，刑法解释的实质化也在目的解释的帮助下一路高歌猛进，不过文义解释方法始终没有被放弃，实质解释论者也都会承认文义解释的约束性，但文义解释存在的意义已经发生了变化，不再因为它是解释过程最直接的体现，而是因为它与罪刑法定原则紧紧捆绑在一起。

通过上述梳理不难发现，在解释方法发展的历程中，文义解释与目的解

---

〔1〕［古罗马］奥古斯丁：《忏悔录》，周士良译，商务印书馆 1963 年版，第 242 页。

〔2〕劳东燕：《刑法中目的解释的方法论反思》，载《政法论坛》2014 年第 3 期，第 78 页。

〔3〕［德］伯恩·魏德士：《法理学》，丁小春、吴越译，法律出版社 2003 年版，第 61 页。转引自劳东燕：《刑法中目的解释的方法论反思》，载《政法论坛》2014 年第 3 期，第 79 页。

释各自代表了两种解释范式，因而具有本体论性质。

（二）工具性解释方法

除文义解释与目的解释外，其他的解释方法或解释要素都是为文义解释和目的解释服务的，从未自幕后走到台前，是工具性的解释方法。不过，现有的工具性解释方法是否都有意义，还要做一个细致的分析。

关于历史解释，实际包含两层含义。如前文所述，萨维尼时代对于历史要素更多从追求立法者最初的文本含义层面展开，体现了对语义要素的重视，但这却成了法律解释者一个永远不能达到的梦想。何为立法者原意？只能由当时的人在文本的字里行间中找寻，“随着尼采‘上帝死了’的呼唤，解释学领域做出了‘作者死了’的回应。在这些震撼人心的口号中，解释学不再将探究作者意图当成解释的唯一目标，而转向对作品自身意义的探究。”〔1〕由此，后来的学者更多关注历史解释中蕴含的立法目的要素，但对立法目的的探求需要站在读者的立场之上进行，这便形成了所谓的“客观目的解释”。这样的概念本身蕴含着当时代的价值判断，于是客观目的解释需要法官“想象立法者客观化的意思，如同今日人们若将系争案件提出予立法者，立法者将所为的判断一样”。〔2〕由此来看，历史解释已经可以被目的解释所取代，没有了独立存在的意义。

关于合宪性解释，姜福东教授将体系解释的两个维度分为三个层面：同一法律内部或者不同法律部门规定之间因逻辑和价值关联而产生的解释；法律与法律之间发生矛盾冲突所引发的解释；以及在宽泛意义上的法律与宪法规定的联系与冲突所引发的解释。〔3〕只不过基于宪法的特殊地位，有学者将其作为一种单独的解释方法。在笔者看来，合宪性应当是在立法时需要解决的问题，宪法只负责赋予公民各项权利，并不关注侵害该权利的行为类型。因此，只能是目的解释中需要考虑的法益概念能够与宪法进行对接。对于公民基本权利的保护是刑事立法需要考虑的内容，如《中华人民共和国刑法修正案（九）》[以下简称《刑法修正案（九）》]对考试作弊行为的打击，正是回应宪法中公民受教育权的规定，虽然公民基本权利不能覆盖法益的所有

---

〔1〕 吴丙新：《扩张解释与类推解释之界分——近代法治的一个美丽谎言》，载《当代法学》2008年第6期，第52页。

〔2〕 [德] 阿图尔·考夫曼：《法律哲学》，刘幸义等译，法律出版社2011年版，第111页。

〔3〕 参见姜福东：《反思法律方法中的体系解释》，载《哈尔滨工业大学学报（社会科学版）》，2013年第3期，第27页。

类型，但起码扭住法益为中心进行目的解释，一般不会与宪法发生冲突。我们也看到，在刑法适用过程中违宪的案例几乎找不到。除此之外，宪法也是我国法律体系中的一部分，合宪性解释实质也就是体系解释，没有独立存在的必要。

关于社会学解释，其产生源于社会法学派的兴起，强调在法律解释时更多地考虑社会效果，如前所述，我国的基层司法仍然以“解决问题”为主，迎合了这部分学者的研究需求。笔者认为，在私法领域，社会学解释有其存在的意义，但在公法中，尤其在直接涉及剥夺公民权利的刑法中，社会学解释内在的解构法治的冲动，是不能被容忍的。如劳东燕教授说道：“一个既无自由又无安全的社会固然让人无法忍受，一个只有安全而没有自由的社会又岂是我们苦苦追求的理想?”[1] 换句话说，即使出于对解决问题的妥当性而言，都必须在刑事法律自身的框架内进行。所以，社会学解释方法无法在刑事法领域真正发挥作用，更多的是一种宣示，提醒司法工作者在适用刑法时要兼顾社会效果，兼顾公众认同，但这都是为了更好地实现“规则治理”。

综上所述，在众多工具性的解释方法中，只有体系解释是有意义的。在讨论刑法解释方法的适用位阶时，文义解释、目的解释与体系解释才有讨论的价值。

三、本体论性质的解释方法才有位阶排序

笔者认为，刑法适用的最终目标还是实现“规则治理”，“解决问题”是一种附随后果。这一方面要求我们维护制定法权威，保证解释结论的稳定性；另一方面刑法解释要符合刑法谦抑性原则，以保障人权为价值取向。基于这两方面考虑，笔者赞同解释方法的适用要有一个基本的顺序，为解释者提供一定的规范。

（一）适用顺序不同会影响解释结论

如前所述，目的解释与体系解释代表了两种解释范式，文义解释强调对罪刑法定的坚守，而目的解释则强调刑法的具体适用。在笔者看来，这两种解释方法发展到今天已经有了其特定的内涵，目的解释中的“目的”，是指保护法益，而文义解释则更多用来解释行为的具体类型。笔者发现，虽然从理论上讲这两种解释方法各司其职，可以配合适用，但在实践中，如果适用顺序有所不同，可能会给法官带来不同的解释取向。

---

〔1〕 劳东燕：《刑法解释中的形式论与实质论之争》，载《法学研究》2013 年第 3 期，第 139 页。

1. 文义解释先于目的解释

当文义解释先于目的解释适用时，文义解释的弊端可能被进一步放大。法律方法论研究的意义，更多是让解释规则适用于疑难案件，而疑难案件诞生的根本原因则是“文义”的不明确。从这个意义上来讲，文义解释被优先适用，仅仅是因为法律都是由文字表述出来的，阅读文字是法官适用法律“不得不进行的首要选择”。

当文义出现模糊，目的解释抑或其他的解释方法便可能成为案件解决的“救命稻草”，目的解释保护法益的功能可能被放大。以张明楷教授对“冒充”的解释为例，在冒充军警人员进行抢劫的案件中，张明楷教授明确肯定了真正具有军警身份的人进行抢劫可以适用“冒充军警人员抢劫”的法定加重情形。其认为“冒充”的概念可以解释为“假冒”和“充当”，前者适用于不具备军警身份的人员，而后者适用于具备军警身份的人员。[1] 这就是保护法益的价值取向更多地发挥了作用，按照一般理解，“冒充”一般是指不具备某种身份的人伪装自己的身份，通过拆字的方式进行解读，超出了一般人的认知范围。但是，从保护法益的角度来看，冒充军警的人员在抢劫时已经有了更大的法益侵害性，真正的军警更具备相当的法益侵害性，适用加重情形也是无可厚非的。但在笔者看来，这样的问题是立法造成的，通过解释的方法“填补刑法漏洞”，“榨干法条的含义”，破坏了刑法适用的稳定性。同样的事例也发生在其他概念的解释上，本文不再赘述。

笔者在此想说明的是，将目的解释置于文义解释之后，可能会带给司法工作者保护法益的价值倾向，对原本就不明确的文义进行“创造性”的解释，造成处罚范围的扩大。

2. 目的解释先于文义解释

将目的解释放于文义解释之前，则更能发挥文义解释守住底线的作用。如前所述，文义解释具体适用于限制行为类型，目的解释中的“目的”，则可以看作保护的法益类型。在笔者看来，法益具有犯罪规制的机能，明确了行为所侵害法益的具体类型，我们可以更好地进行法律检索，实现规范与事实的快速融合。

通过法益确定了大致的适用范围后，再通过文义解释的方法进行“修补”，确定行为类型是否一致，最终实现精确定位。但在这个过程中，目的解

〔1〕 参见张明楷：《刑法学》，法律出版社2007年版，第716页。

释的作用被限制了，不至于对文义产生大的影响，即便是在疑难案件中的“文义”不明确，法官也可以在不受“目的”干扰的情况下，尽可能地站在一般人角度上，作出符合公众预期的解释。面对专业的法律名词，也可以通过体系解释的方法，找到该名词的法律含义，确保法律适用的稳定性。

刑法从本质上讲还是一种行为规则，当行为不符合法律的规定时，即便行为所侵害的法益确实值得刑法保护，法官也可以在适用文义解释之后，将其排除在刑事处罚范围之外。从这个意义上说，将目的解释置于文义解释之前，更能起到限制刑罚权发动的作用。

（二）工具性解释方法仅有辅助作用

体系解释作为工具性的解释方法，无论从解释方法的历史发展，还是司法实践中，都是不参与位阶排序的，但它同时为体系解释与文义解释服务。

以“山东考生篡改高考志愿案”[1] 为例，结合相关法条的表述来看，破坏计算机信息系统是典型的结果犯，必须造成严重后果才能定罪。而如何理解“后果严重”，最高人民法院、最高人民检察院联合颁布的《关于办理危害计算机信息系统安全刑事案件应用法律若干问题的解释》（以下简称《危害信息系统解释》）第4条对此作出详细规定，但其设置了“其他情节严重的情形”作为兜底条款，在笔者看来，法院最终将程某的行为以破坏计算机信息系统罪定性，正是对此条款的援引。然而，此类兜底条款在我国刑法中是极为常见的，但并不代表对其解释是不受任何限制的。

首先，以体系解释方法明确文义的边界。张明楷教授明确指出，刑法典与刑事司法解释到底以哪个为准，“当然是按《刑法》办!”[2] 既然刑法已经明确规定该罪行为需要“影响计算机系统正常运行”，那么后果严重必须限定在这一范畴之内。

其次，以体系解释的方法明确法益保护的类型。于志刚教授曾将计算机犯罪（网络犯罪）分为三个阶段，分别为对网络终端实施的侵害、利用网络实施的侵害以及在网络空间中实施的侵害。[3] 结合网络犯罪设置的罪名体系，我们可以看到，破坏计算机信息系统罪属于对网络终端实施侵害的阶段，

---

[1] 参见山东省曹县人民法院刑事判决书（2016）鲁1721刑初515号。

[2] 张明楷：《刑法解释理念》，载《国家检察官学院学报》2008年第6期，第144页。

[3] 参见于志刚：《网络、网络犯罪的演变与司法解释的关注方向》，载《法律适用》2013年第11期，第20~22页。

其保护的是计算机信息系统的正常运行，进而保护以计算机网络构建起来的交流秩序。“计算机网络作为一种特殊的媒体方式，在一定程度上维系着社会公众的普遍联系，而网络犯罪则破坏了基于网络普遍联系而形成的社会公共秩序。”〔1〕程某登录山东省教育招生考试院网站篡改同学的志愿信息，并不能影响网站系统的正常运行，显然该刑法条文所意欲保护的法益不会因此而受到侵害。

我们可以看到，体系解释没有必要参与位阶排序，辅助于文义解释和目的解释方法进行反复、多次地适用，才能更好地发挥作用。

四、目的解释应该在文义解释之前适用

笔者认为，目的解释应该在文义解释之前适用，主要基于以下几点理由：

（一）符合法官解释法律的心理习惯

解释方法适用位阶研究必须回应实践关切，也即必须符合法官解释法律的心理习惯。这一点，本体论的法律诠释学可以给我们提供理论指导。

基于西方现代哲学对理性中心主义形而上学传统进行反思与批判。自海德格尔之后，哲学研究中方法论与本体论的界限开始模糊，一般解释学也向着两个方向继续迈进，本体论导向的法律诠释学由此诞生了。本体论导向法律诠释学创始人伽达默尔的法哲学思想是极具实践性的，在笔者看来，他的贡献主要有二：第一，明确了法律是一种实践理性。“解释的任务就是使法律具体化于每一种特殊情况，这也就是应用的任务。”他将事实纳入法律解释对象的范畴，并向我们传递一个信息：法律解释不应当拘泥于文本，其过程也是动态开放而非封闭机械的。〔2〕第二，恢复了“偏见”在解释过程中的合法地位。在伽达默尔看来，法律解释的过程是法官与文本互动下的“视域融合”，而在这一过程中，法官的主观认知不可避免地被带入进来。

伽达默尔对司法过程的理解至今仍有重大启示意义，这也是笔者认为的沟通解释方法研究与司法实践的最佳连接点，不过其哲学解释学的观点是极端的，“这里，伽达默尔的一个基本观点就是，方法对法律解释不具有决定意义，方法也并不必然拘束解释者。”〔3〕对于方法的无视使法官的自由裁量权

〔1〕 赵秉志、张新平：《论网络犯罪之法律属性》，载《信息网络安全》2005 年第 6 期，第 31 页。

〔2〕 ［德］汉斯-格奥尔格·伽达默尔：《真理与方法——哲学诠释学的基本特征》，洪汉鼎译，上海译文出版社 1999 年版，第 427 页。

〔3〕 付玉明：《诠释学视野下的刑法解释学》，载《法律科学》2011 年第 3 期，第 33 页。

被无限放大，不仅在理论发端便遭受来自于贝蒂、维亚克尔等法学家的批评，其继受者如考夫曼、哈斯默尔、拉伦茨、埃塞尔等人也对该理论持保守态度，不过在事实与规范之间，在法官的“前理解”之上进行理解的观点，却得到了部分学者的重视。[1] 由此我们看到，后继者一方面肯定其对司法过程的研究成果，另一方面又竭尽全力扭转其对解释方法的无视，其集大成者当属考夫曼的“类型理论”与“事物本质”。

在考夫曼看来，事实与规范之间的类型化对应反映到刑事司法领域，便是犯罪事实与构成要件的联系。这一点与刑法学者的观点不谋而合，构成要件该当性作为类型化的不法，具有犯罪个别化机能。虽然对构成要件能否体现完整的犯罪类型这一问题尚未形成一致意见，不过仍然不可否认其具有划定大致范围的作用。[2] 而何为事实与规范之间类型化对应的中介要素——“事物本质”？考夫曼最终也没给出答案。在学界惋惜之时，笔者恰恰认为这是考夫曼哲学生涯的“神来之笔”。本体论导向的法律诠释学作为法律解释学研究上位的指导概念，需要为方法论意义上的法律解释学走向各部门法领域留出足够的余地。

笔者认为，沟通事实与规范的“事物本质”，应该是法益。近年来，讨论以法益为中心的目的解释也引用了大量的文献作为参考，张明楷教授也认为，在事实与规范之间，同样需要法益作为连接点，[3] 实际上，张明楷教授近些年来也不断利用法益侵害的同质性去维护罪刑法定的尊严，不过其对实质刑法观的钟爱，也促使其在外围概念上运用了大量“出神入化”的解释技术，

---

〔1〕 考夫曼强调法律是当为与存在的对应，法官对于法律的适用正是在类型理论的指导下借助“事物本质”的概念目光循环往复于事实与规范之间；哈斯默尔将“解释循环”运用到刑法解释中，也是最早在法学中接纳哲学诠释学的学者；埃塞尔将先见理论引入到法律发现之中；拉伦茨一方面肯定“前理解”使理解成为可能的积极条件，但又要求法官在做决断时，应受制于法律规定的标准。参见［德］亚图·考夫曼：《类推与“事物本质”——兼论类型理论》，吴从周译，颜厥安审校，新学林出版股份有限公司 1999 年版；郑永流：《出释入造——法律诠释学及其与法律解释学的关系》，载《法学研究》2002 年第 3 期，第 27~29 页。

〔2〕 参见［日］山口厚：《刑法总论》，付立庆译，中国人民大学出版社，第 26~34 页。即便是强调构成要件的故意规制机能进而导致构成要件无法体现完整的犯罪类型，但起码在犯罪事实与刑法规范之间建立起大致的联系。

〔3〕 张明楷教授认为：“对构成要件的解释必须以法条的保护法益为指导，而不能仅停留在法条的字面含义上。换言之，解释一个犯罪的构成要件，首先必须明确该犯罪的保护法益，然后在刑法用语可能具有的含义内明确构成要件的具体内容。”张明楷：《实质解释论的再提倡》，载《中国法学》2010 年第 4 期。

受到了一些质疑。但是，一个有经验的法官在适用法律时，并非从一开始就进行法律检索，而是在接触事实之后就有一个“大致”的判断，进而通过法律检索的方式锁定具体适用的法律条文。法官得出“大致”判断的过程可以借助法益进行，这就是运用目的解释的方法，最终再通过文义解释的方法确定行为的具体类型，完成解释工作，这样的过程是符合法官的思维习惯的。

（二）有助于保持法律解释的专业性

从法治进程来看，文义解释的诞生是以法典文字化为前提的，文义解释方法也就随之诞生了。而法典的文字化最重要的目的是让民众了解法律的规定，提前规范自己的行为，同时限制刑罚权的任意启动。换句话说，文义解释不仅仅是法官适用法律的常用方法，更是民众进行法律解释的重要途径。相比之下，目的解释则体现了更强的专业性，无论是探求立法目的，还是明确刑法所保护的法益类型，都需要建立在强大的法律专业基础之上。

法律解释理论发展到今天，学者们已经基本达成一个共识：法律解释要体现一定的专业性，维护法典的权威，但在一定程度上也要回应民众的感情诉求，只有这样才能实现民众自觉用法、守法的社会风气，帮助其建立法律信仰。因此，我们看到，法律解释也是一个精英话语与民众话语“商谈”、妥协的过程。除此之外，依据本体论导向的法律诠释学理论，如果说法官在解释法律时不可避免地受到“前理解”的影响，那么公众话语也会带着主观偏见，甚至更具道德评价性。“以合法律性为中介的合法性之所以可能，是因为产生法律规范的程序也是在道德实践之程序合理性的意义上是合理的，是在这种意义上合理实施的。合法理性的合法性之所以可能，是因为法律程序与服从其自身程序合理性的道德论辩之间的一种相互交叉。”〔1〕在笔者看来，“山东考生篡改高考志愿案”之所以会作出有罪判决，就是公众话语的过度参与在作祟。

“篡改高考志愿”在刑法中并无明确规定，这也是解释的开端。从法益侵害的角度而言，该行为侵害了公平接受教育的权利，虽然在我国宪法中已经被列为公民的基本权利，刑事法律的推进却相对缓慢。《刑法修正案（九）》将“考试作弊行为”纳入刑法规制，虽然在法益侵害角度与该行为具有同一性，却不符合该罪的形式要件。有实务工作者表示：“作弊是指以欺骗手段做

〔1〕［德］哈贝马斯：《在事实与规范之间：关于法律和民主法治国的商谈理论》，童世骏译，生活·读书·新知三联书店2003年版，第569页。

违背制度和规定的事情，是通过欺骗手段获得高分，从而使自己被高校录取；而修改他人志愿是因为嫉妒报复等侵害他人受教育权的行为。这是两个性质不同的行为。"[1] 即使按照一般理解，"考试作弊"与"篡改志愿"也不能画上等号。而最终法院以破坏计算机信息系统罪判决陈某有期徒刑 7 个月，仍然不解大众的"心头之气"，不过看到陈某受到刑事法律的处罚，大众的情绪也随着时间的推移"偃旗息鼓"。

从刑法解释角度而言，法益不仅沟通了规范与事实，还是守护罪刑法定的第一道防线，这要求我们在解释中直击要害，探求刑法规范的本来面目。"只有目的论的解释方法直接追求所有解释之本来目的，寻找出目的观点和价值观点，从中最终得出有约束力的重要法律意思；而从根本上讲，其他解释方法只不过是人们接近法律意思的特殊途径。"[2] 在文义解释之前，通过以法益为中心的目的解释对规范适用范围先作出限制，不仅体现出刑法解释的专业性，也是对人权保障的一种坚守。

（三）有利于实现形式解释的立场

如前所述，解释方法适用规则的建构需要受到解释立场的影响，而解释方法适用位阶排序也的确反映出两种不同的价值倾向，这与我国形式解释论与实质解释论的立场相呼应。

笔者认为，形式解释论与实质解释论的争论发展到今天，其实就是刑法解释应当以保护人权还是保护法益为第一价值取向的问题。在笔者看来，实质解释论强调法益保护，因此倾向于将具有社会危害性的行为都纳入刑事打击的范畴，扩大解释甚至是类推解释经常发生。形式解释论虽然不反对扩大解释，但为了保持刑法适用的安定性，保证公民对解释结果的可预测性，在大多数情况下不会轻易扩大文义的涵摄范围。因此说，形式解释论是对现代法治的坚守，强调实现规则治理；实质解释论则注重解决问题，使得解释的结果有突破法治局限的内在冲动。笔者观察到，为了使得实质解释论的观点更加合理，学界出现了一种解构法治的思潮。虽然实质解释论者不承认自己的观点是解构的，反而宣称自己的观点会增强刑法的适应性，增强刑法解决

---

〔1〕 陈戈辉：《篡改高考志愿考生获刑 7 月引争议 警示社会比处罚本身更重要》，载齐鲁网：http：//news. iqilu. com/china/gedi/2016/1027/3134085. shtml，最后访问日期：2019 年 3 月 24 日。

〔2〕［德］汉斯·海因里希·耶塞克、托马斯·魏根特：《德国刑法教科书》（总论），徐久生译，中国法制出版社 2001 年版，第 193 页。

问题和实现实质正义的能力。但权力与法治本来就是一对矛盾的概念，实质解释论给权力扩张找到了一条合法进路，法治的解构在所难免。“解释者更聪明是因为他更有权力。唯其有权，所以聪明；唯其聪明，所以解释得更好；解释得更好，就更有利于权力的行使，所以权力最爱解释，尤其喜爱实质解释。”[1] 实质解释论明显具有解构法治的倾向，这是我们最不能容忍的！

本文的观点是：刑法解释要坚守罪刑法定的底线，坚守解释方法运用的规则，以人权保障的价值选择为先，采取形式解释论的立场。当前学界在论述解释立场的选择时，都是基于我国国情出发的。形式解释论者往往认为，我国处于法治的初级阶段，规则治理的观念仍未深入人心，因此必须以“壮士断腕”的情怀树立起民众的法治观念，在这一阶段，对部分实质正义的牺牲在所难免。毕竟任何改革，都会触及部分人的利益。而实质解释论者则认为，我国有特殊的国情，不能照搬西方的法治理念，法治的建设必须根植于中国的乡土社会，只有对实质正义有特殊的关照，才能使法治真正为民众所接受。在笔者看来，一方面，现代法治的观念虽然来自西方，但它的优越性是不能否认的。自近代以来，无数仁人志士为法治的建设贡献一生，在当下的社会，更不能完全舍弃法治的观念。另一方面，法律方法研究不能以解构法治为终极目的，相反，当在现有形式法治的框架之下又能体现出对实质正义的回应时，法律方法的研究才有意义。

如果仅仅是为了保护法益，根本不需要刑法的存在，国家权力有种天然的扩张性。刑法的存在，就是为了限制这种扩张。刑法解释需要沿着这条思路建构解释立场。否则我们又将面对那个墓志铭所描述的悲剧——当他们来抓共产党人时，我没有说话，因为我不是共产党人；当他们来抓犹太人时，我没有说话，因为我不是犹太人；当他们来抓工会主义者时，我没有说话，因为我不是工会主义者；当他们来抓天主教徒时，我没有说话，因为我是新教徒；而当他们来抓我时，已无人替我说话了。[2]

由此，在文义解释之前先进行目的解释，限制目的解释方法运用所带来的扩张性倾向，用文义解释方法守住保障人权的底线，是我们应当做出的选择。

---

〔1〕 邓子滨:《中国实质刑法观批判》，法律出版社2017年版，第81页。

〔2〕 来自波士顿犹太人大屠杀纪念碑上的铭文。

小　结

从解释方法发展的历史沿革来看，文义解释与目的解释是具有本体论色彩的，代表了两种价值理念。在罪刑法定的限制之下，人权保障的刑法机能必须被放置于首位，需要法官先通过目的解释在事实与规范之间用法益的概念建立起联系，再用文义解释限定刑法所认可的侵害法益的行为模式和相关概念。概言之，目的解释要先于文义解释适用。体系解释能为文义解释和目的解释提供工具性意义的服务，不参与适用位阶排序。

如果有人批评这样的思路不能解决民情与司法之间的紧张关系，那也需要我们在“光荣革命”式的阵痛中一点点前进。法的主要作用在于塑造社会，而在塑造过程中必须付出成本，诸如“秋菊打官司”这样的事件是构建形式法治大潮中的一朵朵浪花，只要我们在奔腾前进，这样的浪花就是不可避免的。

（初审人：张玮琦）

论操纵证券市场罪的本质

——“欺诈说”的内涵厘清与司法应用

王小飞*

摘　要：我国学术界关于操纵证券市场罪的本质一直存在“欺诈说”和“操纵说”的对立。从司法实践的角度看，“操纵说”存在内容和结构上的不足，导致其难以发挥应有的机能；而学术界对于“欺诈说”的反驳则大多存在对该学说内涵方面的误解。从世界范围内看，以市场欺诈来界定操纵型证券犯罪的本质是发达经济体的主流做法，而且美国司法机关还据此归纳出了操纵证券市场罪的主客观实质要件。对于我国而言，采用“欺诈说”既有助于简化因果关系和主观故意的证明，并明确该罪目的犯的性质，也有利于通过实质评价的开展实现有关司法实践对于刑事政策的呼应。

关键词：操纵　证券市场　欺诈说　本质　实质要件

根据《中华人民共和国刑法》（以下简称《刑法》）、《中华人民共和国证券法》（以下简称《证券法》）和《最

*　王小飞，男，中国政法大学刑事司法学院刑法学专业2015级博士研究生（100088）。

高人民检察院、公安部关于公安机关管辖的刑事案件立案追诉标准的规定(二)》(以下简称“司法解释”)〔1〕及《中国证券监督管理委员会证券市场操纵行为认定指引(试行)》(以下简称“部门规范性文件”)〔2〕的规定,我国的操纵证券市场罪〔3〕不但具有多种行为构成,而且设置有概括性条款,从而可以涵盖主要的传统操纵行为与近年来伴随证券市场发展和信息技术变革而出现的新型操纵行为。长期以来,学术界对该罪本质存在“欺诈说”和“操纵说”的争论。从世界范围内看,由于此类犯罪多样化的表现形式和开放式的犯罪构成,如何从本质上界定其含义是一个历史性难题。〔4〕本文的基本立场是:探索个罪本质的主要目的在于指导对构成要件的解释、完成客观上违法性的判断和主观上的刑事归责,进而准确有效地定罪量刑;因而对操纵证券市场罪本质的发现并非简单地立足于规范文本的解释,而是在刑事司法实践基础上对该罪整体构成的高度提炼与概括。所以,本文倾向于以一种真正意义上的“欺诈”作为操纵证券市场罪的本质。

一、“操纵说”的表现形式和固有不足

在我国对于操纵证券市场罪本质的探讨中,“欺诈说”是一种较为传统的学说;但是近年来,通过对“欺诈说”的不断批判,各种形态的“操纵说”逐渐占据了优势地位。作为其中的代表人物——刘宪权教授在新近发表的论文中明确否定了欺诈理论,并将该罪的本质界定为“滥用优势非法控制市场”。〔5〕田宏杰教授则认为,欺诈只是该罪的主要手段之一而非其本质特征:“滥用证券市场的优势或者影响力,人为控制或者影响证券市场行情,破坏证券市场正常供求秩序和自由竞争机制,进而损害投资者的合法权益”才是该

---

〔1〕 本文中的司法解释均指《最高人民检察院、公安部关于公安机关管辖的刑事案件立案追诉标准的规定(二)》。

〔2〕 本文中的部门规范性文件均指《中国证券监督管理委员会证券市场操纵行为认定指引(试行)》。

〔3〕 《刑法》第182条中规定的操纵证券市场罪和操纵期货市场罪实际上属于金融犯罪中的两个不同领域——证券类犯罪和期货类犯罪,因而具有相对独立的规律性特征。限于篇幅,本文仅针对前者展开讨论。

〔4〕 Daniel R. Fischeland David J. Ross, “Should the Law Prohibit ‘Manipulation’ in Financial Markets?”, *Harvard Law Review*, vol. 105, 1991, pp. 506-510.

〔5〕 刘宪权,林雨佳:《操纵证券、期货市场犯罪的本质与认定》,载《国家检察官学院学报》2018年第4期,第112~115页。

罪的本质和危害实质。[1] 此外，还有学者提出了不同的认识角度，从而将市场欺诈作为操纵证券市场罪的归责基础，并将“金融商品或（与）市场资本非正当控制”作为该罪的实质。[2] 但是，本文认为，此类观点并不完全符合我国相关的定罪量刑标准，并可能导致司法实践中证明方面的困境。

按照《现代汉语词典》的解释，“操纵”一词具有两种含义：一是“控制或开动机械、仪器等”，二是“用不正当的手段支配、控制”；[3] 在操纵证券市场这一语域内，“操纵”一词的含义显然是指后者。因此，有学者通过强调“操纵”与“垄断”之间的语源学联系来论证操纵证券市场罪所要求的控制和支配能力。[4] 但是，在操纵证券市场罪中，“操纵”一词不能按照表面文义加以解释。当前，我国的证券市场已进入全流通时代，实际上，操纵行为人很难针对特定交易对象确立绝对的优势地位，或施加达到“垄断”级别的支配和控制力。从相关法律规范来看，操纵证券市场中的“操纵”所指的实际上是达到一定规模和强度的市场影响力。例如，我国《刑法》第182条1款第1项要求连续交易操纵的行为人具有资金、持股或信息优势，而根据司法解释的规定，如果行为人持有或实际控制证券的流通股份数达到实际流通股份总量的30%以上，大体上就可以确立其资金或持股优势；至于行为人对该证券的交易是否具有绝对的支配和控制力则在所不问。而且我国《刑法》对于操纵证券市场罪设置了两个不同的结果标准——连续交易操纵要求达到“操纵”证券交易价格或交易量的程度，而约定交易和洗售操纵则只要求达到“影响”证券交易价格或交易量的程度。按照司法解释规定，行为人在特定证券连续20个交易日内联合或连续买卖股份数累计达到其同期总成交量的30%以上，可视为达到了前一标准；在特定证券连续20个交易日内成交量累计达到其同期总成交量的20%以上，则可视为达到了后一标准。所以，无论是操纵行为人所具有的各项优势，还是操纵行为对于市场施加的作用，都只是与

---

[1] 田宏杰：《操纵证券市场行为的本质及其司法认定》，载刘仁文主编：《证券期货犯罪的刑法规制与完善》，社会科学文献出版社2018年版，第87页。

[2] 谢杰：《反思操纵证券、期货市场罪的犯罪实质》，载刘仁文主编：《证券期货犯罪的刑法规制与完善》，社会科学文献出版社2018年版，第65~78页。

[3] 中国社会科学院语言研究所词典编辑室编：《现代汉语词典》，商务印书馆2018年版，第128页。

[4] 田宏杰：《操纵证券市场行为的本质及其司法认定》，载刘仁文主编：《证券期货犯罪的刑法规制与完善》，社会科学文献出版社2018年版，第85页。

普通投资者或一般投资行为比较之下的相对性范畴，并不强调绝对的控制与支配力。

此外，由于操纵证券市场罪是一种金融监管领域的法定犯，司法机关在处理相关案件时尤其注重甄别特定的操纵手段，并依照司法解释规定的定量标准加以定性。例如，在陈峰操纵证券交易价格案〔1〕中，审判机关重要的定罪依据是：被告人陈峰所在闽发公司控制的股东账户中，“‘内蒙华电’股票成交量多次占同期该股票连续20个交易日成交总量的30%以上，其中最高持有‘内蒙华电’股票占总流通股38.67%，且未公告持股情况，严重危害正常的股票交易秩序”。〔2〕另外，在处理所谓的“新型”操纵案件时，司法机关又需要进行“同质性解释”，〔3〕以求援引概括性条款定罪量刑；例如对汪建中“抢帽子”交易行为的认定和处理。但是，作为对该罪本质的揭示，“操纵说”的主要内容大多来自对我国相关规范的转述或解释，而未提出更具概括性的理论框架或实质性的判断标准。这么做也许稳妥无误，但是对于司法实践的指导作用却相对有限。

实际上，在传统操纵案件中，办案机关在法律规范所提供的形式标准以外，还需要完善对于案件事实加以实质性评价的理论范式，以求准确判定违法操纵行为和合法投资行为、行政违法案件和刑事案件之间的界限；而在新型操纵案件中，最为紧要的任务在于确立概括性条款的解释方法和依据，以便有效地限制办案机关的裁量权力，准确界定该罪的适用范围。然而，由于缺乏对于该罪犯罪构成的进一步抽象和提炼，“操纵说”在面对上述任务时显得捉襟见肘：一方面，“操纵说”难以为操纵案件中的各类肯定性辩护事由提供判断依据；这些事由往往涉及充分有效的信息披露，或者在行为时严格遵守了法律规范所要求的程序，以致于诸多具有外在操纵特征的行为丧失了不法性。例如，“操纵说”很难阐明已经公开预告的“抢帽子”交易与类似的信息操纵行为、上市公司股东依法发行可交换公司债券与洗售操纵行为、上市公司合法的股份回购与公司操纵自身股价行为之间到底有何法理区别。另一方面，在应对新型操纵案件时，“操纵说”也无法为操纵证券市场罪划定明确

---

〔1〕 在《中华人民共和国刑法修正案（六）》［以下简称《刑法修正案（六）》］以前本罪的罪名为“操纵证券交易价格罪”。由于本案中实施犯罪行为的时间是在《刑法修正案（六）》出台以前，所以有关裁判文书仍沿用了当时的罪名。

〔2〕 福建省高级人民法院（2016）闽刑终184号刑事判决书。

〔3〕 李谦：《双层次界定刑法同质性解释规则》，载《检察日报》2018年1月17日，第3版。

的外延。例如，对于“抢帽子”操纵行为的主体到底能够扩张到什么程度，“操纵说”无法给出明确答案；因为不同主体实施的类似行为似乎都具有操纵证券市场的性质。所以，要回答诸如媒体从业人员是否会构成“抢帽子”操纵，[1] 或者普通投资者在市场上散布虚假信息是否会涉嫌操纵之类的问题，只有借助“欺诈”理论才能得出合理答案。

从理论结构上看，导致上述问题的关键是，“操纵说”认为：本罪的直接行为对象是抽象的证券市场，因而对其基本行为定型的认识被集中在操纵行为对于市场本身所产生的作用上，而对于投资者权益的损害至多是作为危害结果出现的。例如前述田宏杰教授的观点虽然同样包含“损害投资者的合法权益”的内容，但它只是操纵行为所“进而”导致的一种危害结果，并未进入该罪的基本行为定型。[2] 而“欺诈说”的结构则恰好与此相反——操纵行为的直接对象被视为普通投资人群体，而相关行为对于证券市场的影响反倒只是随之产生的危害结果。

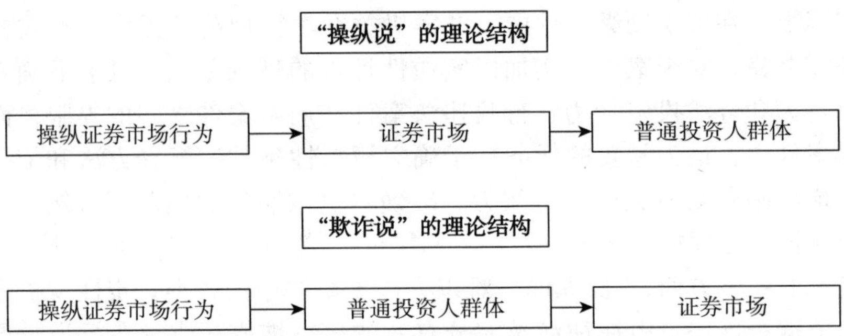

图 1　“操纵说”和“欺诈说”的理论结构对比

此外，“操纵说”的理论结构还导致了在此类案件中“因果关系”和“主观故意”的证明困境。虽然证券市场的运行服从特定规律，但是特定市场行情的出现涉及诸多必然因素和偶然因素的综合作用。例如，对于我国 2015 年

---

〔1〕 吴波：《操纵证券市场犯罪法律适用疑难问题研究——基于实证的视角》，载《中国刑事法杂志》2014 年第 3 期，第 38、41 页。

〔2〕 田宏杰：《操纵证券市场行为的本质及其司法认定》，载刘仁文主编：《证券期货犯罪的刑法规制与完善》，社会科学文献出版社 2018 年版，第 87 页。

的股市危机，有学者认为要分别从国家长期经济战略、资本市场战略、高杠杆配资、交易机制结构性缺陷、监管滞后和不对称、媒体因素六个方面进行解读。[1] 而“操纵说”以证券市场作为行为的对象，强调操纵行为对于市场的支配力，恰好与证券市场行情难以预测、难以控制的特征相悖，从而给该罪的构成要件带来了更多不确定性。用形象的话说，对行为人而言，看似不起眼的细微行为，却可能成为“蝴蝶扇动的翅膀”，给市场带来一场动荡；而处心积虑的大规模操作，也许不过是投入大海的石子，在市场上掀不起半点风浪。于是，在处理操纵证券市场案件的过程中，一方面很难证明特定的操纵行为与法律所要求的入罪结果之间具有条件关系；另一方面也很难证明行为人对于相应的危害结果具有故意心态。对此，不同学者提出了不同的解决办法：或者使因果关系[2]和主观故意[3]的证明依赖于各种司法推定，以求减轻追诉机关的证明责任；或者将该罪限定为具体危险犯，以缩减该罪的归因与归责范围[4]。其实，这些都是以“操纵”作为该罪本质时迫不得已的选择。

二、“欺诈说”的进一步考察与厘清

（一）域外考察：以欺诈界定证券操纵是发达经济体的主流做法

1. “欺诈说”的域外溯源

我国学者对于“欺诈说”的提出和坚守是从介绍美国的有关实践开始的。本文也认为，时至今日，美国仍是最为典型的以“欺诈”作为操纵证券类犯罪本质的国家之一；即便在其国内理论界存在不同观点，[5] 但是至少从犯罪的客观方面看，依然可以作出这一论断。

从立法渊源上看，1934 年《美国证券交易法》在第 9 节列举了多项操纵

---

〔1〕 吴晓求等：《中国资本市场研究报告（2016）——股市危机与政府干预：让历史告诉未来》，中国人民大学出版社 2016 年版，第 523~524 页。

〔2〕 王崇青：《全流通时代的证券犯罪问题研究》，中国人民公安大学出版社 2014 年版，第 135~163 页。

〔3〕 王新：《操纵证券市场犯罪之主观故意的认定》，载《中国刑事法杂志》2016 年第 6 期，第 108~115 页。

〔4〕 田宏杰：《操纵证券市场行为的本质及其司法认定》，载刘仁文主编：《证券期货犯罪的刑法规制与完善》，社会科学文献出版社 2018 年版，第 106~109 页。

〔5〕 ［美］路易斯·罗思、［美］乔尔·赛里格曼：《美国证券监管法基础》，张路等译，法律出版社 2008 年版，第 800 页。

证券价格的行为以后，又在第 10 节对操纵行为和欺诈行为作出了概括性规定。[1] 实际上，联邦的证券犯罪公诉机关为了避免论证第 9 节中复杂的技术性规定而招致陪审团的反感，往往更为倾向于适用第 10 节中的概括性条款以及相应的 10b-5 规则提起诉讼。[2] 这也为通过判例法发现该罪的主客观实质要件提供了必要性与可能性。单从文本上看，《美国证券交易法》第 10 节（b）所禁止的操纵和欺诈手段之间是并列关系，看似没有理由将与市场欺诈有关的要件纳入操纵型证券犯罪的犯罪构成。但是，有关判例并没有拘泥于这一文本上的立法格局，其中重要的原因在于“半强式有效资本市场假说”的影响。

从理论渊源上看，有效资本市场假说在某种意义上是美国整个证券立法体系的根基。[3] 它的主要观点在于：只有当市场中的商品价格能够充分反映所有可以获得的有关信息时，那么该市场才是有效的；而有关信息的产生与相应的价格变化应当同时发生。[4] 在证券业的领域内，该假说被分为三种形式：弱式形式认为现有的证券价格已经反映了包含于过去价格中的所有信息，从而剥离了证券价格的变动趋势与过去的价格变化之间的关系；半强式形式宣称现有的证券价格只会反映一切公开且公众可以得到的信息；强式形式则将上述结论推向了极端，认为未公开信息与公开信息都已经充分反映在了证券价格之中。[5] 通过实证研究，美国学者最终推翻了“强式有效资本市场假说”，而将“半强式有效资本市场假说”作为证券监管体系运作的重要理论依据。[6]

因此，美国法学界对于操纵型证券犯罪本质的认识也未超出“半强式有

---

〔1〕 中国证券监督管理委员会组织编译：《美国〈1934 年证券交易法〉及相关证券交易委员会规则与规章》（第 1 册），法律出版社 2015 年版，第 172~183 页。

〔2〕 Marvin G. Pickholz, Peter J. Henning and Jason R. Pickholz, *Securities Crimes*, 21 Sec. Crimes § 7: 31, 1-2, 2018, Thomson Reuters.

〔3〕 James D. Cox, *Securities Regulation*: *Cases and Materials* , Wolters Kluwer Law & Business, 2016, p. 89.

〔4〕 Jonathan R. Macey, *An Introduction to Modern Financial Theory*, The American College of Trust and Estate Counsel Foundation, 1998, pp. 37-46.

〔5〕 Jonathan R. Macey, *An Introduction to Modern Financial Theory*, The American College of Trust and Estate Counsel Foundation, 1998, pp. 37-46.

〔6〕 Jonathan R. Macey, *An Introduction to Modern Financial Theory* , The American College of Trust and Estate Counsel Foundation, 1998, pp. 37-46.

效资本市场假说"的理论构型。于是，主流观点认为：在存在这种有效市场的前提下，一切公开信息都会被同步纳入证券价格形成机制，从而成为市场参与者可以信赖的共享资源；而操纵行为人通过人为制造交易假象，将虚假的供求关系信息投入市场，引起缺乏真实依据的价格波动，导致信赖有效市场的投资人作出错误判断并遭受损失，而行为人则通过反向操作相应获利。易言之，该种犯罪干扰和破坏了自然的证券供求关系，[1] 并以市场为媒介实现了对其他投资主体的信息欺诈。这正是"欺诈说"在美国理论界的原貌。

2. 其他立法例概览

在考察域外的立法例时，有"操纵说"的观点认为："欺诈"主要是美国和德国有关市场操纵立法的特征，而英国和欧盟等国家或地区则将操纵作为"市场滥用"加以界定。[2] 但是，本文通过有限的考察发现，在主要发达经济体的有关立法中，无论其立法用语和归类如何变更，"欺诈理论"始终起着"中流砥柱"式的主导作用。

例如，英国2000年《金融服务与市场法》第118条将证券操纵行为归为一种市场滥用情形，并对此设置了三个构成要素：第一，行为与市场上进行交易的合格投资有关；第二，普通市场参与者认为行为人违背了遵守标准的预期；第三，作为滥用行为基础的是与行为人投资决定有关的普通市场参与者无法接触到的信息，或者滥用行为会给普通市场参与者带来与投资方面的误导或者错误的印象，或者普通市场参与者会将此视为扭曲市场的行为。[3] 关于普通市场参与者的判断结论是构成要素的核心，而有关犯罪行为也是建立在对普通市场参与者进行信息欺诈的基础上的。

德国《有价证券交易法》第20a条专门规制了操纵市场行为，且分为三种独立情形：①对市场行情作虚假或误导性陈述，或者违法隐瞒行情，并对金融工具价格产生影响；②实施各类交易行为，企图人为操纵价格或对金融工具的供求或价格发出虚假或误导性的信号；③企图影响证券价格的其他欺

---

〔1〕 Donna M. Nagy, Richard W. Painter and Margaret V. Sachs, *Securities Litigation and Enforcement: Cases and Material*, West Academic Publishing, 2011, p. 615.

〔2〕 田宏杰：《操纵证券市场行为的本质及其司法认定》，载刘仁文主编：《证券期货犯罪的刑法规制与完善》，社会科学文献出版社2018年版，第82~87页。

〔3〕 中国证券监督管理委员会组织编译：《英国2000年金融服务与市场法》（中英文对照本），法律出版社2014年版，第186~189页。

诈行为。〔1〕可见，该国立法也非常重视操纵行为对于普通投资者的误导性作用，而对市场进行欺诈是证券操纵行为的基本环节。

在欧盟立法中，根据欧洲议会与欧盟理事会第2003/6/EC号指令第1条第2节的规定，市场操纵也被定义为三种独立情形：①发出关于金融工具供求或价格的虚假或误导性信号，或者使其价格处于异常或人为水平的交易，但是合法且符合惯例的行为除外；②采用虚假手段或其他形式的欺骗或诡计进行的交易；③通过媒体散布关于金融工具的虚假或误导性信息。〔2〕因此，欧盟立法规制的操纵行为虽然可能涉及不同的情形，但是对市场发出误导性信号均是其中的关键。

日本《金融商品交易法》第159条首先对市场操纵行为作出了本质性规定：为使他人对该交易产生误解，或者对金融商品的有关指标产生误解而进行的交易；〔3〕该要件涵盖了后续的关于假装交易、传统交易、变动操作、通过表示操纵市场以及稳定操作的规定。〔4〕此外，日本最高法院还有判例进一步阐明，只有当变动操作是出于使投资者误认为金融商品价格反映了正常供求关系、并引诱其参加交易的目的，才是该法所禁止的行为。〔5〕所以，对于投资者的误导在日本的有关实践中同样占有重要地位。值得注意的是，日本《金融商品交易法》第159条第2款第2项规定了通过散布由于自己或他人的操纵使得市场行情将要发生变动的流言，以进行市场操纵的行为。〔6〕此处的流言并不要求是虚假的信息，散布真实的此类信息也被禁止。〔7〕但是，该款同样要求行为人必须具有诱导他人进行交易的目的。易言之，即便被散布的流言本身是真实有据的，但是行为人依然隐瞒了自己的不法目的。因为行为人要实现自己操纵证券市场的计划，一定会从实质上损害多数普通投资者的

〔1〕 中国证券监督管理委员会组织编译：《德国证券法律汇编》（中德文对照本），法律出版社2016年版，第363页。

〔2〕 中国证券监督管理委员会组织编译：《欧盟证券监管法规汇编》（中英文对照本），法律出版社2013年版，第112~115页。

〔3〕 中国证券监督管理委员会组织编译：《日本金融商品交易法及金融商品销售等相关法律》（中日文对照本），法律出版社2015年版，第759页。

〔4〕 朱大明、陈宇：《日本金融商品交易法要论》，法律出版社2017年版，第189~194页。

〔5〕 朱大明、陈宇：《日本金融商品交易法要论》，法律出版社2017年版，第191页。

〔6〕 中国证券监督管理委员会组织编译：《日本金融商品交易法及金融商品销售等相关法律》（中日文对照本），法律出版社2015年版，第761页。

〔7〕 朱大明、陈宇：《日本金融商品交易法要论》，法律出版社2017年版，第191~192页。

利益。反过来看，如果操纵行为人完全履行了披露义务，把自己的全部操纵计划向市场和盘托出，那么，一方面，监管法律也就没有制裁此类行为的必要；另一方面，行为人的操纵计划也不可能进行得下去，因为，理性的市场投资人不会再甘当操纵计划中的受害者。所以，日本《金融商品交易法》中规制的此类情形依旧是一种市场欺诈。

（二）概念辨明："欺诈"不同于"诈骗"

在我国相关的理论探讨中，"欺诈说"同样具有一定分量。例如，有学者旗帜鲜明地指出："操纵证券市场罪的本质是欺诈"。〔1〕也有学者对"欺诈说"作了进一步的阐释：从经济学上看，操纵导致的虚假价格，是对其他投资者的欺诈；从法学上看，金融欺诈分为"非法占有的金融欺诈和虚假陈述的金融欺诈"，而操纵证券市场罪属于后者。〔2〕此外，在"欺诈说"所受到的反驳中，一种较为普遍的观点认为：操纵证券市场罪不符合传统财产犯罪中"欺诈犯罪的法律框架"，欺诈理论"混淆了经济效率与道德罪错"；〔3〕"欺诈作为经济犯罪的共性"，虽然经常作为操纵的手段，但是这种欺诈，并非"传统意义上的事实欺诈"；〔4〕"所有的欺诈行为都需要有具体的被骗人"。〔5〕但是，本文认为，上述的反驳观点实际上混淆了两个看起来相似的概念——"欺诈"与"诈骗"，因而只有厘清有关概念的内涵才能对"欺诈说"加以正本清源。

第一，从原始语义上看，"欺诈"一词的含义为"用狡诈的手段骗人"，〔6〕而"诈骗"一词的含义是"讹诈骗取"；〔7〕前者强调的是利用虚假

〔1〕 吴卫军：《操纵证券市场罪的理论与实务难点分析》，载陈辐宽主编：《金融证券犯罪疑难问题解析》，中国检察出版社第2009年版，第10页。

〔2〕 陈晨：《操纵证券市场犯罪要素认定的司法观察》，载《证券法苑》2017年第3期，第211~213页。

〔3〕 谢杰：《反思操纵证券、期货市场罪的犯罪实质》，载刘仁文主编：《证券期货犯罪的刑法规制与完善》，社会科学文献出版社2018年版，第68~69页。

〔4〕 田宏杰：《操纵证券市场行为的本质及其司法认定》，载刘仁文主编：《证券期货犯罪的刑法规制与完善》，社会科学文献出版社2018年版，第87页。

〔5〕 刘宪权、林雨佳：《操纵证券、期货市场犯罪的本质与认定》，载《国家检察官学院学报》2018年第4期，第113页。

〔6〕 中国社会科学院语言研究所词典编辑室编：《现代汉语词典》，商务印书馆2018年版，第1022页。

〔7〕 中国社会科学院语言研究所词典编辑室编：《现代汉语词典》，商务印书馆2018年版，第1642页。

手段误导他人判断的动作，而后者主要是指使用欺骗手法取得他人利益的结果。

第二，从法律概念上看，“欺诈”最初是民法用语，而“诈骗”才是刑法中一种传统的自然犯分类；以“欺诈犯罪”指代诈骗类犯罪的说法自始就是不准确的。在民法上，“欺诈”是指“故意向对方提供虚假情况”，或者“在有说明义务时，故意隐瞒事实”[1]。它仅仅是一种使法律行为可撤销可变更的原因，而不是这种带有瑕疵的法律行为本身；更进一步讲，它是导致对方当事人意思表示不自由的原因，而不是这种不自由的意思表示本身。[2] 比较来看，在刑法上，诈骗类犯罪传统的行为定型可以分为四个环节：其一，主体针对被害人实施欺诈行为；其二，被害人陷入错误；其三，被害人基于错误实施处分行为；其四，被害人遭受财产损害。[3] 所以，“欺诈”一词所能涵盖的只有刑法上诈骗类犯罪的第一个行为环节，因而也不存在要符合传统诈骗类犯罪的整体结构的问题。

第三，从用语环境上来看，作为操纵证券市场罪本质的“欺诈”，并不包含使特定的投资人发生认识错误，导致财产损失的内容。因此，此处的“欺诈”不需要确定具体的被骗人。简而言之，虽然“诈骗”的对象必须是特定的，而“欺诈”行为却可能有不特定的受众群体。例如，电信网络诈骗犯罪的成功实施，必然要求使特定的被害人陷入错误认识并遭受损失；但是在此之前，却经常会存在一个利用非法基站、垃圾网站等媒介，针对不特定受众群体“广撒网”式的传播虚假信息的过程。而操纵证券市场罪所涉及的“欺诈”，正是类似的针对不特定投资人群体散布虚假信息，或者隐瞒应当公开的真实信息的过程。

第四，从责任根据上看，正是由于作为操纵证券市场罪本质的“欺诈”不同于传统意义上的“诈骗”，“欺诈说”不存在混淆道德罪错和经济效率的问题，也并非是要使该罪回归传统财产犯罪的责任根据。由于操纵证券市场罪是一种法定犯，本文完全赞同“操纵说”所强调的该罪的立法目的主要在于维护市场机制、保障经济效率的观点。[4] 但是，证券市场并非只是抽象的

---

〔1〕 江平主编：《民法学》，中国政法大学出版社 2011 年版，第 151 页。

〔2〕 王卫国主编：《民法》，中国政法大学出版社 2007 年版，第 119～122 页。

〔3〕 陈兴良、周光权：《刑法学的现代展开》，中国人民大学出版社 2006 年版，第 631～639 页。

〔4〕 谢杰：《反思操纵证券、期货市场罪的犯罪实质》，载刘仁文主编：《证券期货犯罪的刑法规制与完善》，社会科学文献出版社 2018 年版，第 68～69 页。

交易场所，而是由大量市场参与者所构成的有机实体。在操纵行为实施的过程中，最为核心的环节是由于市场信息传递机制的破坏而导致的大量普通投资者的一次次“盲动”过程。因此，“欺诈理论”只是更为强调对于证券市场机制的具体考察，这既是保障市场效率的现实需要，也是进行刑事追责的务实选择。

总之，“欺诈说”中的“欺诈”不同于刑事法学中的“诈骗”，与一般民事欺诈也有一定区别。其一，它的手段具有间接性。与针对被害人直接实施的一般欺诈不同的是，操纵行为是以市场为媒介的间接欺诈：通过打破证券市场原有的信息传递和价格形成机制，操纵行为人借助市场向普通投资者发出虚假的价格信号，从而诱使他们做出被误导的投资行为，成为操纵计划中“无意识”的工具。其二，它的对象具有不特定性。在实施操纵的过程中行为人可能会有一些针对特定投资者的行为，例如日本《金融商品交易法》第158条所规制的为了造成证券行情变动而实施的暴力、胁迫行为。[1] 但是，对于作为操纵行为本质的“欺诈”而言，其对象一定是不特定的证券市场参与者，尤其是经常充当被害人角色的普通投资者群体。其三，它的动机具有多元性。一般欺诈行为往往具有鲜明的谋利动机，但是操纵行为的动机则更为丰富，诸如阻止敌意收购、争夺控股权之类的商业动机，或者引发市场震荡、破坏金融稳定之类的政治动机，都可能成为行为人实施操纵行为的深层主观原因。其四，它的内容具有复杂性。在操纵行为的实施过程中，行为人可能会在市场上散布一些真实信息，但是却一定不会完全履行法律所要求的披露义务；易言之，操纵行为人一定会隐瞒部分关键信息，例如完整的操作计划，事先的持仓背景等，以便使盲目跟风的普通投资者沦为实现自己目的的工具。所以，虽然操纵行为人所传递的信息可能呈现半真半假的特征，但是总体上看，却依旧是针对投资人群体的一种欺瞒或欺骗。

三、“欺诈说”的实务层面：司法领域的有关沿革与发展

（一）美国实务界对于操纵型证券犯罪实质要件的探索

相对“操纵说”而言，“欺诈理论”的主要优势在于——在各类操纵行为的基础上，提出了更高位阶的理论构型，并以之作为司法实践的判断标准。易言之，“欺诈说”的实务意义在于：为操纵型证券犯罪中“不法”和“责

---

〔1〕 中国证券监督管理委员会组织编译：《日本金融商品交易法及金融商品销售等相关法律》（中日文对照本），法律出版社2015年版，第756~759页。

任”的判定划定了实质标准，从而有利于准确地入罪和出罪。作为当前“欺诈说”的主要践行者之一，美国司法机关在这方面进行了卓有成效的探索，以之为基础逐步归纳出了操纵型证券犯罪的主客观实质要件，并由此形成了对于“欺诈说”实务内涵的独到解读。因此，本文首先对此加以粗略介绍，以求为我国司法机关进一步研判该类犯罪的本质、开展相应的实质评价提供一种参照。

1. 从“欺诈说”到客观实质要件——以市场扭曲为基础的信息欺诈

美国对于证券价格操纵的规制源自对普通法中“欺诈原则”的继承；〔1〕但是，以1934年《美国证券交易法》为界，这种继承经历了一个由“狭义欺诈”向“广义欺诈”的扩张过程：〔2〕在早期各州的实践中，“狭义欺诈”就是禁止市场操纵行为的基本依据；由于其涵盖范围相对狭隘，因此，只有诸如洗售和约定交易之类的虚假交易行为被视为操纵行为，而其他可能涉嫌操纵的真实买卖行为则被排除在外。〔3〕随后，1934年《美国证券交易法》扩张了这种“欺诈”的内涵，并将操纵行为的实质视为以市场为媒介的间接欺诈；其内在逻辑是，一旦行为人没有充分披露自己所买卖证券的价格受到了任何种类操纵行为的影响，就构成了对实质性事实的遗漏，成立虚假陈述并欺诈了其他的市场参与者；因此，以连续交易为例的真实交易行为也可能构成市场操纵，同时对于此类行为的追诉也不再需要证明其他市场参与者遭受了具体和实际的损害。〔4〕以此为据，在随后的司法实践中，操纵型证券犯罪的客观实质要件逐渐定型；而是否存在以市场机制扭曲为基础的信息欺诈，经常起到了对客观行为最终定性的作用。

其中，1985年联邦最高法院作出的施赖伯（Schreiber）诉伯灵顿北方公司（Burlington Northern, Inc.）案为“欺诈”要件的确立奠定了基础：如果行为人不存在虚假陈述或者未作披露的情形，那么就不应当被视为违反了规制操纵行为的条款。〔5〕在此之前，美国联邦最高法院也秉持了相似立场；例如

---

〔1〕 Hubert De Vauplane and Odile Simart, “The Conceptof Securities Manipulationand Its Foundations in France and the USA”, 23 *Brook. J. Int'l L.* 203, 206 (1997).

〔2〕 “Regulationof Stock Market Manipulation”, 56 *Yale L. J.* 509, 516-523 (1947).

〔3〕 “Regulationof Stock Market Manipulation”, 56 *Yale L. J.* 509, 516-523 (1947).

〔4〕 “Regulationof Stock Market Manipulation”, 56 *Yale L. J.* 509, 516-523 (1947).

〔5〕 Schreiber v. Burlington Northern, Inc., 472 U. S. 1, 12 (1985).

有判例认为，未作披露通常是操纵计划的基本要件，[1] 或者“操纵”一词意味着通过控制或者人为影响证券价格以求误导或者诈骗投资者的故意行为。[2] 但是，施赖伯案的真正意义在于：明确地将虚假陈述或未作披露真正确立为操纵行为的必要条件；其结论不仅涉及证券交易法第 14 节（e）中关于要约收购的操纵条款，而且可以直接推及第 10 节（b）中的概括性规定，从而最大限度地体现了证券交易法以充分披露为核心的立法要旨。[3]

另一种对于客观实质要件的揭示来自于美国伊利诺伊州的一所联邦区法院。在 1985 年的英瑞奥林匹亚酿造公司（In re Olympia Brewing Co.）证券纠纷案中，该区法院将市场操纵行为的客观本质概括为行为人将不准确的信息投入市场之中，进而人为地引起证券价格的涨落；由于市场价格随之反映了错误信息，行为人欺诈了以市场价格为标示来判断发行者资产的购买者和销售者。反之，只要是将真实准确的信息投入市场的行为，即便可能触犯其他的证券管理法规，也与操纵行为无关。[4]

随后，这一立场得到了联邦第三巡回上诉法院的认可与发展。在 2001 年的 GFL 优势基金有限责任公司（GFL Advantage Fund, Ltd.）案中，核心问题是可转换债券持有人通过多批次和大规模的空头交易压低债务人股票价格的行为是否构成市场操纵的问题。为此，第三巡回法院将“向市场投入不准确信息，或者制造股票供求关系的虚假印象”作为操纵行为的客观必要条件，否定了合法卖空行为涉嫌“操纵”的可能性。易言之，如果不涉及释放虚假信息、暗箱操作或者其他违反强制性规范的情形，即便卖空者向市场参与者传递了关于发行人的消极信息并产生了抑制股票价格的效果，那么也不存在市场操纵。因为从本质上看，这种消极信息并不存在虚假因素，相反，卖空交易的买方都是真实的购买者；[5] 因而它不仅没有扭曲市场，反倒能促进被高估的股票价格向真实价值移动，从而有利于市场的有效运作。所以，借助于对客观本质的把握，该案有力地区分了以操控证券价格、欺骗市场参与者为目的的操纵行为与以预测和回应市场动力为目的的交易策略，实际上保护

[1] Santa Fe Industries, Inc. v. Green, 430 U. S. 462, 477 (1977).

[2] Ernst & Ernst v. Hochfelder, 425 U. S. 185, 199 (1976).

[3] Santa Fe Industries, Inc. v. Green, 430 U. S. 462, 476-477 (1977).

[4] In re Olympia Brewing Co. Securities Litigation, 613 F. Supp. 1286, 1292 (N. D. Ill. 1985).

[5] Sullivan & Long, Inc. v. Scattered Corp., 47F. 3d 857, 861-865 (7th Cir. 1995).

和鼓励了证券市场上合法的逐利动机及投资行为。〔1〕

2. 从客观实质要件到主观实质要件——以人为操纵为内容的特定意图

与欺诈不同，“操纵”是一系列证券市场不法行为的统称。因为这些行为各自具有相对独立的理论品格，有学者在概括操纵行为的客观本质时陷入了困境：由于很难从客观本质上对“操纵”加以界定，因而其唯一要件只能是行为人的主观意图；由于主观意图很难做到准确无误的查证，所以对操纵行为的规制必将付出高昂的社会成本，损害投资者实施特定交易行为，例如尾市交易行为、卖空行为的积极性。〔2〕正是类似的困惑催生了美国司法机关对于该型犯罪主观实质要件的探索，并由此形成了“欺诈说”的另一个层面。

证券犯罪的主观实质要件是将该类犯罪归责于行为主体的依据，主要表现为犯罪意图，也就是行为人实施犯罪时的特定心理状态。1934年《美国证券交易法》第32节将该法所涉犯罪的主观心态定性为蓄意或明知，并且把对具体规则缺乏认识作为免除监禁刑的事由。〔3〕但是，对于操纵型证券犯罪而言，立法和判例进一步限定了其主观要件的范围：《美国证券交易法》第9节（a）规定洗售和约定交易操纵须以“制造虚假的或者误导性的市场表象”为意图，连续交易操纵则须以“引诱他人买卖证券”为意图；〔4〕同时，对于其他行为类型或者概括性规定所涉情形而言，司法机关则要求行为人具有以实施人为操纵为内容的特定意图。

作为普通法概念，“特定意图”是指犯罪行为人积极地希望发生特定的犯罪结果，或者客观来看希望特定结果跟随他的作为或者不作为而发生的心理态度；除了直接实施犯罪行为的一般意图以外，特定意图犯罪还要求额外具有清晰明确的、实现某一具体结果的蓄谋或方案。〔5〕基于对联邦证券法的实质解释传统，司法机关对于操纵行为人特定意图的判断也是在综合考虑案情、结合相关政策基础上的整体性价值评价。所以，操纵意图的有无，不仅决定

〔1〕 GFL Advantage Fund, Ltd. v. Colkitt, 272 F. 3d 189, 202-212 (3rd Cir. 2001).

〔2〕 Daniel R. Fischel and David J. Ross, “Should the Law Prohibit ‘Manipulation’ in Financial Markets?”, 105 *Harv. L. Rev.* 503, 507-510 (1991).

〔3〕 中国证券监督管理委员会组织组织编译：《美国〈1934年证券交易法〉及相关证券交易委员会规则与规章（中英文对照本）》（第1册），法律出版社2015年版，第752~755页。

〔4〕 中国证券监督管理委员会组织组织编译：《美国〈1934年证券交易法〉及相关证券交易委员会规则与规章（中英文对照本）》（第1册），法律出版社2015年版，第172~174页。

〔5〕 Kristina E. Music Biro, et al., *American Jurisprudence*, 21 Am. Jur. 2d Criminal Law § 114, 1-2, 2nd ed., Thomson Reuters 2018.

着能否将外在的行为和结果归责于行为人，而且直接影响着行为的定性和犯罪的有无。

这方面的判例主要涉及非典型性的“类操纵行为”的定性问题，从表面上看，它们采用了真实的公开市场交易，并且没有采用法律明文列举的操纵手段。美国司法机关意识到在没有虚假交易的情况下，要区分“操纵行为人”和“过于积极的投资者”并不容易，于是将判定合法性的标准完全建立在对于行为人是只具有“影响证券价格的意图”、还是另外具有“投资意图”的判断上。[1] 例如，在联邦诉马尔赫恩（Mulheren）案中，联邦第二巡回上诉法院认为，公诉方没能证明被告人实施交易行为的唯一意图是影响证券价格，同时不存在其他投资目的，从而撤销了对于被告人的有罪判决：这一案件具有里程碑式的意义——它不仅将操纵证券价格的意图作为该类犯罪的主观实质要件，而且要求必须完成对于合法投资意图的排除，从而阻止了该类型犯罪的过度扩张。[2]

在证券交易委员会诉马斯里（Masri）案中，主观实质要件的作用被推向了新的高度。为了解决不涉及欺诈的公开市场交易行为是否涉嫌“操纵”的问题，纽约南部联邦区法院将交易主体的主观意图作为界定该型犯罪的唯一标准，并认为客观上欺诈性的或者其他的行为特征，例如交易的时间、规模和频率，至多只能作为证明主观方面的间接证据。这种论断的背后有着不得已的苦衷——对于法律没有明确禁止的“类操纵行为”，例如该案中涉及的尾市交易，单从客观方面分析很难断定属于“操纵”性质，尤其是在行为人能够提供符合投资目的的合理解释的情况下。所以，法院直接将主观方面的证明责任课加给公诉方，要求能够根据客观的行为特征进行推定并得出结论——如果没有主观的操纵意图，那么被告人就不会实施此种交易行为。[3]

值得注意的是，操纵型犯罪的主观实质要件并未包含行为动机，因为在很多情况下，操纵行为人的动机可能并不违法。例如，在一个涉及收购的案件中，第二巡回法院同样注重根据各种事实细节对被告是否具有操纵证券价格的意图加以分析和判断，但是却并未上溯至行为背后的动机。因为无论是单纯的阻止敌意收购，还是并购主体之间的竞争，都很难断定其属于违法性

---

〔1〕 Markowski v. S. E. C., 274 F. 3d 525, 528 (D. C. Cir. 2001).

〔2〕 U. S. v. Mulheren, 938 F. 2d 368-372 (2nd Cir. 1991).

〔3〕 S. E. C. v. Masri, 523 F. Supp. 2d 361, 372-373 (S. D. N. Y. 2007).

质。所以，动机不属于操纵型证券犯罪的构成要素，在定罪时考虑它们只会让问题过度复杂化。[1]

3. 简评：主客观实质要件从对立到统一——从“欺诈说”的两种表现形式到互为补足的实务内涵

从表面上看，不同的美国司法机关对于主客观实质要件的证明各有侧重，但是实际上，二者不过是“欺诈说”在两个不同层面的表现形式。首先，充当客观实质要件的市场欺诈概括了“欺诈说”的基本内容；但是，当面对法律没有明文列举的“类操纵行为”时，也就是说，当遇到能否适用概括性条款的问题时，单纯从客观方面加以审视已经无法说明此类行为的性质。于是，司法机关又提出了以操纵意图为内容的主观实质要件，以求为这类案件提供一个新的证明维度，并保护行为人基于合法投资意图而实施的行为。但是，“操纵意图”本身也是建立在“欺诈说”的基础上的：作为市场欺诈的主观层面，其所排除的合法投资意图指引下的行为同时也是反应正常供求关系的行为，因而其出罪原理并未跳出“欺诈说”的理论范式。因此，前述的主客观实质要件呈现出梯度关系：当能够确定行为人实施了法律明文禁止的操纵行为时，使用客观实质要件即已足够，因而其处于基础地位；当无法确定行为的性质时，还需要通过证明主观实质要件加以辨明，因而其处于补充地位，这就形成了对于“欺诈说”实务内涵的多层次解读。

另外，美国司法机关对于操纵型证券犯罪的本质存在高度认同——客观上，操纵行为通过向市场传递虚假的供求信息，扭曲了正常的有效市场机制，间接欺诈了其他的市场参与者；主观上，操纵行为人在实施特定交易行为时，仅具有人为影响证券价格的特定意图，而不具有其他合法的投资意图。同时，主客观实质要件之间也是互为表征的关系：由于操纵行为与合法投资行为之间并不存在绝对界限，要判定特定的交易行为是否扭曲了正常的市场关系，经常需要考察行为人的主观意图；由于行为人的内心世界无法得到直接查证，对“操纵”意图的证明又需要根据行为特征加以推定。所以，大多数判例均同时考虑到了主客观的实质要件。它们的分歧主要在于，到底以何者作为最终标准，并以另一者作为证明最终标准的手段。[2]

---

〔1〕 Crane Co. v. Westinghouse Air Brake Co., 419 F. 2d 787, 795 (2nd Cir. 1969).

〔2〕 S. E. C. v. Masri, 523 F. Supp. 2d 361, 372-375 (S. D. N. Y. 2007).

（二）“欺诈说”在我国司法实践中的应用

对于我国而言，“欺诈说”同样可以在刑法色彩浓厚的认定规则之外，为操纵证券市场罪提供实质性的判断基准；同时，由于其对该罪行为定型的解构更为符合常人的认识规律，也可以降低有关构成要素的证明难度。当前，我国已有学者尝试过以“欺诈说”来“指引”对于该罪部分构成要素及违法性的“剖析”；[1] 而本文则将在比照他国有关实践的基础上，对“欺诈说”本身的方法论意义作进一步的理论建构。

1.“信息池”的提出与有关构成要素的证明

对我国的操纵证券市场罪而言，根据对“操纵”或“影响”证券交易价格或者证券交易量这一客观要素的不同理解，学术界素来有行为犯、危险犯和结果犯之争。而坚持该罪是结果犯的观点又面临如何证明因果关系的问题——由于证券市场的运行服从金融和经济学的规律，涉及诸多必然因素和偶然因素的综合作用；如果把对证券交易价量的影响视作操纵证券市场罪的危害结果，那么危害行为与危害结果之间的“条件关系”实则难以直接证明。[2] 基于类似的原因，如何证明行为人对于危害结果具有主观故意心态也是一个值得探讨的问题。

在本文看来，产生上述问题的根本原因在于，原有的“操纵说”的理论结构并不完全符合该类犯罪发生和发展的客观规律。具体来看，这一认识结构跳过了“有效市场假说”中依赖信息公开机制的普通投资人群体，而将证券市场作为操纵行为的直接对象；由于证券市场具有复杂的运行机理，对其行情变动的原因分析不仅不单纯是刑法学所能解决的问题，而且即便借助金融证券领域的专业分析方法也难得出唯一可靠的结论。所以，在直接证明困难较大的情况下，建构以“司法推定”为核心的证明模式就成了一种重要思路。[3]

但是，“欺诈说”的司法应用为此提供了一个全新的视野。在这种理论范

---

〔1〕 陈晨：《操纵证券市场犯罪要素认定的司法观察》，载《证券法苑》2017 年第 3 期，第 208～228 页。

〔2〕 王崇青：《全流通时代的证券犯罪问题研究》，中国人民公安大学出版社 2014 年版，第 141～144 页。

〔3〕 王崇青：《全流通时代的证券犯罪问题研究》，中国人民公安大学出版社 2014 年版，第 135～163 页。王新：《操纵证券市场犯罪之主观故意的认定》，载《中国刑事法杂志》2016 年第 6 期，第 108～115 页。

式中，证券操纵行为的直接对象并非抽象的市场机制，而是有形的普通投资人群体；正是由于普通投资人群体所面向的“信息池”发生改变才造成了证券市场上特定的价量变化。简而言之，证券交易的价量变化是“信息池”变动的必然结果。因此，在由此上溯的归因和归责中，证券市场上“信息池”的“异常”变化便可以作为证明因果关系和主观故意的依据，进而充当一种替代性的“危害结果”进入刑事证明过程。易言之，依照“欺诈说”的基本原理，完全可以将对证券交易价量变化的归因和归责转化为对于证券市场“信息池”变动的归因和归责，以求缩短刑事追责的射程。对于合法的市场操作行为而言，由于其并未违反信息披露义务，因而即便其导致了证券交易的价量变化也不具有刑事违法性。反之，只有破坏证券市场的信息公开机制，导致“信息池”“异常”变动的行为才有成立证券操纵的可能性。

具体而言，在以“信息池”的异常变动为媒介证明因果关系和主观故意的过程中，需要确立不同的判断标准。一方面，在考察操纵行为与“信息池”异常变动之间是否具有因果关系时，应当将普通投资人的认识结论作为依据，从而形成具有“特定一般人”水平的客观标准。另一方面，在判断操纵行为人对于自己的行为会导致“信息池”的异常变动是否具有故意时，应当以行为人的认识和意志因素为依托，进而确立以查证行为人心理要素为内容的主观标准。也就是说，如果可以证明普通投资人将操纵行为视为导致证券市场“信息池”异常变化的原因，那么就可以推定证券市场上随之发生的价量变化与操纵行为之间具有因果关系；再者，如果操纵行为人对于自己的行为会导致证券市场“信息池”的异常变化持有故意心态，那么就可以推定他对相应的价量变化也具有故意。所以，“欺诈说”的解构范式不仅可以缩短证明因果关系和主观故意的链条，降低其难度，而且为必要时的司法推定提供了理论支撑。

从我国现有的规则体系来看，如果司法解释已经明确规定了入罪所需的定量标准，那么以“信息池”为媒介的证明方法可以充当一种解释和说理的思路。而如若涉及司法解释尚未明确定量标准的情形或者遇到需要适用概括性规定的案件时，这一证明方法则可以提供一种对于因果关系和主观故意加以实质性判断的模式，作为对于定性规则的理论的补足。

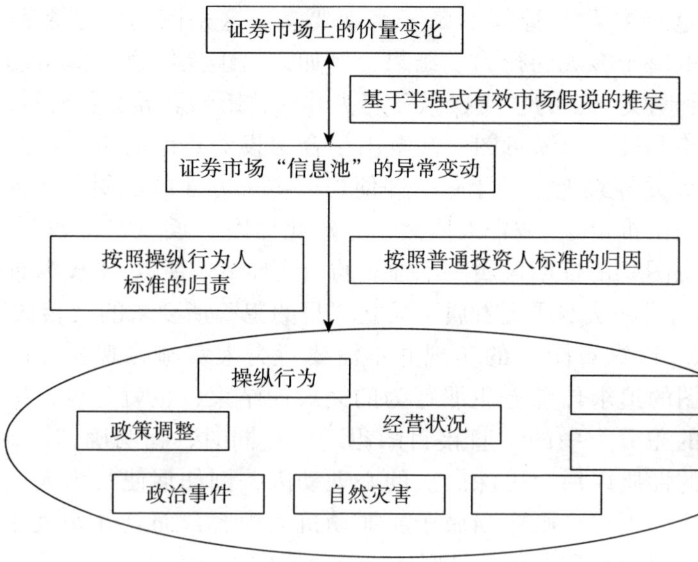

图2 “欺诈说”视野下的归因与归责路径

2. 以“操纵意图”为核心的主观要件与目的犯的确立

自从我国《刑法修正案（六）》删除了操纵证券市场罪中“为获取不正当利益或者转嫁风险”的主观要素后，关于该罪是否还是目的犯就一直存在争议。本文认为，产生争议的根本原因在于对该罪的主观本质缺乏统一认识，以致于对行为人的诸多心理要素中何者为犯罪动机、何者为犯罪目的、何者为犯罪故意的内容无法厘清。

在我国的话语体系中，“目的犯”和“意图犯”是大致相同的概念。[1]根据我国现有的规则体系，只有以“操纵意图”为核心认识操纵证券市场罪的主观要件，甚至将其提升到主观实质要件的地位，并以“欺诈说”的理论架构解读“操纵意图”的具体含义，才能够准确地分析操纵证券市场罪主观方面的内容：

第一，我国《刑法》和有关司法解释在列举了多种“操纵”行为类型后，进一步规定了定罪所需的各类定量或定性标准。从危害结果的角度看，虽然特定行为对于证券交易不同程度的价量影响属于该罪的客观构成要素，

〔1〕 陈兴良：《目的犯的法理探究》，载《法学研究》2004年第3期，第73页。

但是“操纵”这一要素本身却不属于客观要素。这是因为，是否存在“操纵”并不完全取决于客观的行为及结果：例如，出于操纵意图的市场参与者可能实施我国所明文列举的“类操纵”行为并导致影响证券交易价量的结果；而另一方面，并不具有操纵意图、甚至出于合法投资意图的市场参与者也可能实施此类行为并导致上述结果——即便当前主观方面的证明主要依靠基于客观事实的“司法推定”，被告人依然享有对此加以“反驳”的权利，〔1〕因为对于“操纵意图”的证明应属一个独立的司法环节。所以，“操纵意图”是“超过的主观要素”，从本质上看属于成立“目的犯”所要求的“目的”。〔2〕

具体来看，“操纵意图”的实现并不需要行为人实施客观要件以外的行为；对这种意图的追求伴随着犯罪行为的完成而结束；也就是说，操纵证券市场罪属于目的犯分类中的“直接目的犯”。〔3〕同时，在明确“操纵意图”作为犯罪目的的性质以后，更深层次的心理动因，例如促使行为人产生该意图的商业、政治原因等，则应当属于犯罪动机的内容，而且并非该罪构成要件的组成部分，因而至多能够在量刑环节予以考虑。

第二，将“操纵意图”作为犯罪目的的初衷是在定罪时实现对于合法投资行为的排除，从而达到从主观方面准确出罪的目的；在这方面“欺诈说”具有天然的优势。虽然“操纵说”中也不乏认为该罪为目的犯的观点，但是该说对于犯罪目的的具体阐述依然缺乏具有司法方法论价值的实质内容；例如，如果以“意图影响证券市场行情”〔4〕作为该罪的犯罪目的的话，由于出于合法意图的行为也可能会影响相应的市场行情，那么就很难实现凭借对目的因素的查证和甄别加以有效出罪的目标。在这方面，美国司法机关的有关实践具有较强的借鉴意义——只有要求公诉机关履行证明责任，实现对于行为人“合法投资意图”的排除，才能够避免该罪的不当扩张；〔5〕从而通过对该罪主观方面的证明，将反映真实“市场供求关系”〔6〕的行为排除在其涵摄

〔1〕 王新：《操纵证券市场犯罪之主观故意的认定》，载《中国刑事法杂志》2016 年第 6 期，第 108~116 页。

〔2〕 陈兴良：《目的犯的法理探究》，载《法学研究》2004 年第 3 期，第 73 页。

〔3〕 ［日］大塚仁：《刑法概论》（总论），冯军译，中国人民大学出版社 2003 年版，第 124 页。

〔4〕 田宏杰：《操纵证券市场行为的本质及其司法认定》，载刘仁文主编：《证券期货犯罪的刑法规制与完善》，社会科学文献出版社 2018 年版，第 112 页。

〔5〕 U. S. v. Mulheren, 938 F. 2d 368-372 (2nd Cir. 1991).

〔6〕 Donna M. Nagy, Richard W. Painter and Margaret V. Sachs, *Securities Litigation and Enforcement: Cases and Materials*, West Academic Publishing, p. 615.

范围以外，因为这些行为并非具有市场欺诈属性的行为。

3. 实质评价的开展与对本国刑事政策的呼应

在证券市场监管中，刑事措施虽然是最后的保障手段，但却是对相关不法行为最为有力的威慑方法。当前，实体经济的发展需要，以及不同国家和地区之间证券市场的竞争态势，都要求既能有力打击违法犯罪，实现有效监管；又要激发市场活力，保护和鼓励合法的投资行为。由于我国关于操纵证券市场罪的法律、司法解释和部门规范性文件均采用了列举性和概括性规定相结合的模式，该罪实际上是开放式的犯罪构成。因此，只有通过有权机关对其本质加以归纳和抽象，方能准确把握其外延，从而确定相关的合法投资行为、违法操纵行为以及犯罪行为之间的界限。在“欺诈说”的视野下，有关国家的实践对此提供了一种有益的参考：如果将市场欺诈作为操纵市场罪的客观本质，将操纵意图作为主观本质，则既能解释依法履行披露义务的行为不构成市场操纵的原因，从而为各种肯定性辩护事由提供理论依据；又能为不断出现的新型操纵提供分析解构的框架，以求为该罪外延的扩张划定界线。

另外，随着机能刑法学的兴起，刑事政策和刑法教义学之间日益变得密不可分。作为一种侵害国家金融管理秩序的法定犯，操纵证券市场罪会在更大程度上体现国家的刑事政策；因此，它的犯罪构成应当是实质性的、带有价值评价和目的理性的。所以，只有从对各类操纵手法的关注转向对其本质的关注，才能够增强该罪对于市场行为的指引和预测作用，同时不断呼应有权机关提出的刑事政策要求。

鉴于刑法学界对于阶层犯罪论体系已经进行了长期的讨论，如果借鉴这种体系，那么可以分别在违法性阶层和责任阶层考察该罪的客观本质和主观本质；如果不借鉴这种体系，办案人员在处理案件时也应当对相应的主客观要件有一个独立、整体和实质性的评价过程。

四、代结语：个罪本质论与司法方法论之间的互动

对于个罪本质的探索是刑法解释学中实质理性的体现，是在形式理性出现解释不能时的一种补充。对于法定犯而言，由于其本身就是伴随经济社会的发展不断变化的范畴，同时刑法规范对其大量使用了简单罪状、空白罪状或引证罪状，并经常存在列举性条款和兜底性条款并存的情形，因而很多个罪的本质并不十分明确。作为对特定犯罪构成要件的抽象和升华，个罪本质论应当为其行为定型的解释提供整体性的理论框架，同时为违法性和责任的

判断提供指引；另外，关于个罪的规范变更、司法实践中的疑难问题，又应当成为个罪本质论的创新点和开拓点。

操纵证券市场罪本身就是一系列不法行为的总括和集合，而且伴随着证券市场的发展，一定还会有新的操纵手法不断进入人们的视野。所以，对于该罪本质的探索，从世界范围内看，目前也未最终完成。但是，从目的论上看，这种探索应当在具体操纵手法的基础上建构起抽象的理论模型，进而逐步实现实质评价的开展或实质要件的构建，以求协助司法机关解答对于不同种类、不同情形案件的困惑。这是本文的写作思路，也是开展相关研究的初衷。

（初审人：张玮琦）

诉讼论丛

论无罪推定原则及其制度完善*

李雪平**

摘　要：无罪推定原则发展至今已经成为一个开放的体系，应当且已经发展出比贝卡里亚提出的无罪推定更广泛的内涵与外延。尽管无罪推定原则的内涵和外延扩大，已经成为一种诉讼理念，但不代表无罪推定原则是去除刑事司法诸种乱象的万能良药，否则不利于探查刑事司法实务中产生问题的真正原因并提出有效解决对策。作为一项刑事司法准则，无罪推定原则不同于证明中的推定，无罪推定原则是赋予被追诉人在刑事诉讼中的诉讼主体地位的权利原则和诉讼理念，属于法律规范层面而非认识层面，故不可被推翻。无罪推定原则约束刑事诉讼判决生效之前的所有诉讼阶段，但在不同诉讼阶段体现不同。无罪推定原则本身并不能起到保障被追诉人诉讼权利的作用，其功能需要通过限制公权力和保障私权的具体制度来实现，因此，构建无罪推定原则的程序性规则意义更大。

关键词：无罪推定　有罪推定　强制措施　庭审实质化

---

*　本文系国家社会科学基金重点项目“刑事庭审实质化研究”（项目编号：15AFX015）的阶段性研究成果。

**　李雪平，女，中国政法大学刑事司法学院 2014 级博士研究生（100088）。

引　言

无罪推定原则是一项公认的国际刑事司法准则。学界关于无罪推定的文章和著述颇丰，然而目前对于无罪推定的研究注重宏观，对一些基础具体问题的研究不足，对无罪推定的研究仍存在进一步深入的必要。作为一项基本原则，无罪推定原则通过具体的诉讼制度才能得以实现。对无罪推定原则的准确理解及定位涉及相关具体制度的构建与实施。目前关于无罪推定原则的研究中还有但不限于如下问题需要认真对待和深入研究：其一，无罪推定原则在刑事诉讼中应处于怎样的地位？无罪推定原则的本质是权利还是权力？其二，无罪推定原则适用于何诉讼阶段？限制哪些主体？其三，无罪推定与有罪推定是何关系？无罪推定原则与强制措施的适用是否存在矛盾？上述理解无罪推定原则的基础性问题的厘清，对于准确理解并贯彻无罪推定原则以及审判中心改革下审判权运行机制的构建至关重要。

一、无罪推定原则的特征

贝卡里亚在《论犯罪与刑罚》中最先提出“无罪推定”的思想：“在法官判决之前，一个人是不能被称为罪犯的。只要还不能断定他已经侵犯了给予他公共保护的契约，社会就不能取消对他的公共保护。”〔1〕“……如果犯罪是不肯定的，就不应折磨一个无辜者，因为，在法律看来，他的罪行并没有得到证实”。〔2〕作为法律制度的无罪推定原则最早被规定于法国《人权宣言》第 9 条。〔3〕此后，无罪推定原则逐渐被资产阶级国家所确认，并已经成为国际社会刑事诉讼中的“黄金规则”。联合国在《世界人权宣言》中规定：“凡受刑事控告者，在未经获得辩护上所需的一切保证的公开审判而依法证实有罪以前，有权被视为无罪。”

无罪推定是学者对贝卡里亚提出的理论思想的归纳，发展至今，其已成为一个开放的体系。它的含义也随着刑事诉讼中人权保障的强化而不断扩展，与最初被提出时存在极大差异。在一定程度上，无罪推定成为与人权保障几乎等同的概念，在不同的国家具体化为不同的制度设计。“选择一个什么样的

〔1〕［意］贝卡里亚：《论犯罪与刑罚》，黄风译，中国法制出版社 2005 年版，第 37 页。

〔2〕［意］贝卡里亚：《论犯罪与刑罚》，黄风译，中国法制出版社 2005 年版，第 37 页。

〔3〕《人权宣言》第 9 条规定：“任何人在未经判定有罪之前均应假定其无罪，即使认为其非逮捕不可，但为拘留其人身所不需要的各种残酷行为均应受到法律的严厉制裁。”

指称并不是最重要的，问题的关键在于应赋予该指称以何意义。”[1] 对于其称谓，因为目前几乎是约定俗成地称为无罪推定，没有必要去重新为其更名，但对其内涵、特征的理解有必要澄清。对无罪推定原则的理解应包含以下两点：

（一）无罪推定原则具有权利与权力的复合性

1. 无罪推定原则赋予被追诉人诉讼主体地位

无罪推定原则将证明责任分配给控方，实质上是确认被追诉人在刑事诉讼中的主体地位，即从被追诉人有犯罪的嫌疑到法院判决生效之前对待被追诉人的态度。在纠问式诉讼制度之下被追诉人处于被追究、被动的刑事诉讼客体地位，是配合国家权力机关查明犯罪事实的工具，甚至对被追诉人的刑讯被合法化，被追诉人的人权完全无法得到保障。正是基于对该诉讼模式之下对被追诉人人权践踏的理性反思，无罪推定思想被提出并得以不断发展，即未经正当法律程序，不得确认被追诉人为法律上有罪的人。它通过赋予被追诉人法律上无罪的地位，确保被追诉人享有一系列诉讼权利保障，并拥有足以与国家公诉一方相对抗的能力。[2] 故无罪推定原则首先是一种权利原则，是被追诉人在刑事诉讼中的人权保障的集中体现，具有核心地位。它并非否认对被追诉人作出有罪的事实认定，而是强调当且仅当有罪的事实认定由有权机关——法院遵循正当程序作出，才可以认定被追诉人法律上有罪并依实体法规定对其实施制裁。而在法院作出有罪判决之前，被追诉人在法律上无罪的地位决定了其对应的权利与待遇，如强制措施的适用需符合必要性与合比例性，不得对其适用刑罚等。

2. 无罪推定原则包含法院的定罪权

无罪推定原则包含基于被追诉人诉讼权利保障需要而衍生的法院定罪权。法院的定罪权包含两层意思：第一，公民成为法律上的罪犯并受到相应的刑罚需要法院的判决，法院是唯一有权力作出有罪判决的国家权力机关。法院的定罪权排除其他机关对被追诉人的行为作出具有最终效力的实体定性。法院的定罪权是由被追诉人的诉讼主体地位衍生而来，是其应有之义。1996 年《中华人民共和国刑事诉讼法》（以下简称《刑事诉讼法》）取消检察院的免

---

〔1〕 孙海波：《疑难案件裁判的中国特点：经验与实证》，载《东方法学》2017 年第 4 期，第 53 页。

〔2〕 陈瑞华：《刑事诉讼的前沿问题》，中国人民大学出版社 2013 年版，第 253 页。

予起诉权是对法院作为唯一享有审判权主体的确认。法院是唯一具有审判权和定罪权的机关也是以审判为中心的诉讼制度改革的应有之意。纵观刑事诉讼的发展史，其呈现的基本规律是国家追究犯罪的权力逐渐分化为追诉权和审判权。[1] 以审判为中心的诉讼制度改革的目标是保障法院也即审判权在刑事诉讼程序中的中心地位，尤其是法院对被追诉人最终是否有罪的裁判权，以此来保障被追诉人在审前程序中的诉讼主体地位。第二，强调唯有法院具有定罪权，也是以无罪推定原则作为被追诉人人权保障理念的刑事诉讼模式与传统的纠问式诉讼模式的不同之一。在传统的纠问式诉讼模式之下，控审不分离，同一权力机关集追诉职能与审判职能于一身，这种模式容易导致审判者对被追诉人形成先入为主的主观预断，无法形成审判方居中、独立审判、控辩双方平等对抗的诉讼构造，致使审判流于形式，无法保障被追诉人在刑事诉讼中依照正当程序受到公正的对待，故无罪推定强调法院的定罪权是保障被追诉人诉讼权利的需要。

综上，无罪推定原则是权利与权力的统一体，而前者是后者的基础，权力是为保障权利而生。而且无罪推定蕴含法院的定罪权可以合理解释为何被逮捕、甚至当场被抓获的犯罪嫌疑人也要在法律上被视为无罪的人。这是在控审分离诉讼模式下，控诉方和审判方实行分离，审判方独立行使审判权的体现，也是审判中心主义下无罪推定原则应当具有的新内涵。

（二）无罪推定原则不可被推翻

无罪推定原则能否被推翻？法院的有罪判决能否推翻无罪推定原则？很多学者认为无罪推定是可以被推翻的。[2] 无罪推定是否能被推翻的争议本质是对其定性之争。关于其性质主要有认识说、推定说、假定说、视为说等。[3] 对无罪推定的定性不应仅凭其称谓与文本表述，因为其称谓与文本表

〔1〕 陈学权：《证据不足时法院作无罪判决难所涉问题研究》，载《法律适用》2015年第6期，第18页。

〔2〕 相关观点参见陈光中、张佳华、肖沛权：《论无罪推定原则及其在中国的适用》，载《法学杂志》2013年第10期，第4页；汪建成：《从逻辑理性到价值理性的转变——论无罪推定原则在中国的现实适应性》，载汪建成：《冲突与平衡——刑事程序理论的新视角》，北京大学出版社2006年版，第194页；宋英辉等：《刑事诉讼原理》（第3版），北京大学出版社2014年版，第58页；张建伟：《刑事诉讼法通义》（第2版），北京大学出版社2016年版，第163页；杨宇冠、郭志远：《如何理解和把握"疑罪从无"》，载《检察日报》2006年6月20日，第3版。

〔3〕 樊崇义主编：《刑事诉讼法学研究综述与评价》，中国政法大学出版社1991年版，第272页。

述目前依然存在争议。[1] 故对其定性应以无罪推定原则具体涵盖的内容实质为基点。

第一，无罪推定原则不同于证据法中的推定。证据法中的推定[2]是在基础事实确定的情况下，确认推定事实成立的事实认定方法，有学者称其为“替代司法证明的方法”。[3] 推定转移了证明责任。尽管无罪推定原则中有“推定”两个字，然而该“推定”是依据英文 presumption 翻译而来，不能与作为事实认定方法的“推定”作等同理解，其“只是借用了推定的词语外壳而已”。[4] 其一，证据法中的推定由基础事实与推定事实构成，当有相反事实出现时，推定被推翻。主张无罪推定是推定的学者大多未解答如果无罪推定是推定的话，其基础事实是什么的问题。杨兆龙先生认为无罪推定的基础事实是公民清白身份假定。无罪推定原则中并不存在推定必须具备的基础事实，[5] 相反，立案的条件也即被追诉人进入刑事诉讼程序的前提条件是有证据证明被追诉人可能实施了某一犯罪行为，即具有犯罪嫌疑，而非事实上无罪或者清白。其二，作为事实认定方法的推定具有转移证明责任的作用，而无罪推定原则仅是分配举证责任给控诉方，并不涉及证明责任的转移。由此可见，无罪推定原则的适用与事实无关，它不是认识论的问题，其本质是法律原则而非推定，是适用推定术语表述的程序法原则和理念。此外，把无罪推定原则简单地认定为推定的观点，忽视了无罪推定原则作为一种更高层次的刑事诉讼理念对刑事追诉活动的总指引作用和对刑事被追诉人权利的保障作用。

第二，有罪判决与无罪推定属于不同范畴，不存在对立或者统一关系。其一，刑事判决是法院在控诉方举证的基础上，对被追诉人是否有罪作出的法律上判断，该判断依赖于案件事实，受制于法律规定，尽管作为判决基础

---

〔1〕 大多数学者采用“无罪推定”的称谓，林欣、雷小政等少数学者认为应是“无罪假定”。参见林欣：《“无罪推定”还是“无罪假定”?》，载《中国社会科学》1983 年第 3 期；雷小政：《先验与经验之间的往返流盼——从有罪推定到无罪假定历史演变》，载《研究生法学》2004 年第 2 期。

〔2〕 本文中的推定是指法律明确规定的，除非有相反证据推翻，否则可以根据某一事实的存在推出另一事实存在的转移证明责任的推定，也即通说中的法律推定。

〔3〕 陈瑞华：《刑事证据法学》（第 2 版），北京大学出版社 2014 年版，第 321 页。

〔4〕 何家弘：《短缺证据与模糊事实：证据学精要》，法律出版社 2012 年版，第 173 页。

〔5〕 参见张成敏：《20 世纪 50 年代的无罪推定学术观点——关于杨兆龙无罪推定思想的研究》，载《政法论丛》2010 年第 1 期。

的法律事实与客观事实可能存在差别，但有罪判决的本质仍属于事实范畴。[1] 无罪认定与有罪认定、无罪判决与有罪判决是同一范畴的概念，都是基于事实。[2] 而无罪推定原则不同于无罪认定，其与事实无关，是对被追诉人在刑事诉讼中可能面临的权利侵害而预设的制度保障。因此，从概念的原理角度讲，不是同一范畴的两个事物不具有对立统一的关系，也不存在一事物推翻另一事物的可能。其二，法院的有罪判决不具有向前的溯及力，判决生效后仅对被追诉人具有向后的约束力，不能因为法院最终作出被追诉人有罪的判决而得出被追诉人审前程序中的权利被推翻的结论。有罪判决只是证明追诉机关的有罪追诉得到法院的确认，而无罪推定原则是对判决生效前的被追诉人的一种权利地位规定。不能因为法院判决被追诉人有罪而得出推翻无罪推定的结论，如果无罪推定可以被推翻，是否意味着被追诉人在审前所受到的无罪待遇被推翻？是否意味着被追诉人在之前享有的基于无罪推定原则而生的权利是无效的？答案显然是否定的。故不存在无罪推定被推翻的可能。

第三，无罪推定原则与审判中心具有内在的一致性。以审判为中心的诉讼制度改革，其本质是在保障犯罪嫌疑人、被告人权利的同时扩张和强化法院的审判权。审判中心的核心内涵之一是重申法院在刑事诉讼中的定罪决定权，也即刑事诉讼中有权定罪的唯一机关是法院，而且法院的定罪权要建立在庭审实质化的基础之上。法院的定罪权意味着在法院作出有效判决之前被追诉人在法律上是无罪的，这也是无罪推定原则的精神。法院在一系列事实的基础上作出有罪判决，只能说明法院经过审判程序确认被追诉人在法律上是有罪的，但不能基于有罪判决而否认判决前被追诉人无罪的地位及对应的权利。从该角度讲，无罪推定作为被追诉人在法院判决生效前的诉讼权利，是不可被推翻的。无罪推定原则不是假定、推定为无罪，也不是视为无罪，在法院作为唯一具有裁判权的司法机关的诉讼模式与理念下，被追诉人在有罪效判决作出前在法律上是确定无罪的，而非假定无罪。也只有无罪推定原

---

〔1〕 有学者将事实分为三类：纠纷事实、案件事实，裁判事实。裁判事实是指裁判者以法律形式确定为真的案件事实，是裁判者借助证据对案件事实进行思维重构的产物。有罪判决的依据是裁判事实。参见吴宏耀：《诉讼认识论纲——以司法裁判中的事实认定为中心》，北京大学出版社2008年版。

〔2〕 有罪认定、无罪认定、有罪判决与无罪判决均建立在事实基础上。有罪判决和无罪判决是只有法院才有权作出的具有实体法效果的裁判。而有罪认定和无罪认定的概念相对更宽泛，法院之外的其他部门也可以根据事实作出有罪认定和无罪认定，一般这些认定并无强制性的实体法效果。

则的存在，法院的定罪权才不会虚化，因此在人民法院作出生效判决前被追诉人法律上无罪的地位是不容置疑的。学者“无罪推定可以推翻”命题中的“无罪推定”一词是与事实有关的认识论意义上的无罪的假定、无罪的假设或者无罪的认定的同义词，其含义并不等同于无罪推定原则中的“无罪推定”。

二、无罪推定原则适用的诉讼阶段及约束对象

（一）无罪推定原则适用的诉讼阶段

无罪推定原则适用于何诉讼阶段，在中国几乎是一个没有争议的问题，学者一致认可其适用于执行阶段以外的刑事诉讼全过程，甚至有学者认为其适用于执行阶段。[1] 在美国，对无罪推定原则的适用阶段存在较大争议。有学者认为其仅适用于审判程序，对审前程序不适用，[2] 美国联邦最高法院在判决中也表达了该观点。[3] 尽管美国主流观点认为无罪推定原则仅适用于审判阶段，尤其强调对陪审团的预断阻止，但实际上美国的审前程序通过一系列的正当程序条款赋予了被追诉人极大的权利，比如沉默权、不自证其罪的权利。正当程序条款和无罪推定原则在保障被追诉人在审前程序中的诉讼权利上有异曲同工之妙，故有学者认为美国的无罪推定体现于其正当程序条款之中，“无罪推定原则在美国以‘正当法律程序’的形式出现，在依正当法律程序作出有罪裁判前，‘任何人都被推定为无罪’。”[4] 从贝卡里亚提出该原则的背景和其最初对无罪推定原则的论述，[5] 以及无罪推定思想主要在“刑

---

〔1〕 刘少军、雷苗苗：《论无罪推定原则对刑事审判权的制约》，载《人民司法（应用）》2016年第34期。

〔2〕 ［美］拉里·劳丹：《错案的哲学——刑事诉讼认识论》，李昌盛译，北京大学出版社2015年版。

〔3〕 联邦法院1979年发布的Bell v. Wolfish一案中，法官认为：“无罪假定只是刑事案件审判中决定哪一方负有证明责任的一个原则，依据这一原则，陪审员或者法官在决定被告人有罪还是无罪时，必须严格按照法庭审判中出示的证据，而不应该根据被告被逮捕、起诉和监禁这一事实本身及由此产生的怀疑和推测，因此，无罪推定在审判尚未开始时并无适用性。”参见［美］拉里·劳丹：《错案的哲学——刑事诉讼认识论》，李昌盛译，北京大学出版社2015年版。

〔4〕 ［美］卡尔威因、帕尔德森：《美国宪法释义》，徐卫东、吴新平译，华夏出版社1989年版，第230页。转引自汪海燕：《刑事诉讼法律移植研究》，中国政法大学出版社2015年版，第149页。

〔5〕 贝卡里亚在《论犯罪与刑罚》中对无罪推定的表述为：“在法官判决之前，一个人是不能被称为罪犯的。只要还不能断定他已经侵犯了给予他公共保护的契约，社会就不能取消对他的公共保护。”“如果犯罪是不肯定的，就不应折磨一个无辜者，因为，在法律看来，他的罪行并没有得到证实”。贝卡里亚强调被追诉人在法院判决之前的权利保护。参见［意］贝卡里亚：《论犯罪与刑罚》，黄风译，中国法制出版社2005年版，第37页。

讯”一节提出并重点论述可以判断，贝卡里亚尤其强调被追诉人在审前程序中的权利保障。从整体刑事诉讼程序看，审前程序也是更容易发生侵犯被追诉人程序权利情形的阶段，因此，作为一种诉讼理念和一种赋予被追诉人诉讼权利的基本原则，无罪推定原则应适用于生效裁判作出之前的所有诉讼阶段。

对无罪推定原则适用阶段的理解分歧从侧面说明无罪推定原则是刑事诉讼中的重要的保障人权的规则，且其本身并不能达到保障被追诉人人权的目的，需要通过具体的制度来实现。对其适用阶段存在理解分歧的根本原因是各个国家的法律体系和立法例不同。这也警示我们在进行法律移植时要进行法律体系的整体考虑，每一个制度发挥作用都有其复杂的系统制度作为支撑，不考虑制度间的相互制衡与支撑，针对单一制度的片面移植往往难以成功。

无罪推定原则适用于判决生效前的所有诉讼阶段，但侦查权、审查起诉权和审判权的不同性质决定了各诉讼阶段在执行无罪推定原则时应遵循不同的要求。侦查阶段更多是一种自向证明或者“查明”事实的活动，不需要向第三方承担举证和说服的责任，《刑事诉讼法》第109条规定了立案的条件是发现犯罪事实或者犯罪嫌疑人。立案的条件要求侦查人员形成被追诉人有罪的初步心理认知和判断，只有在根据事实、证据判断某人涉嫌某犯罪的时候才可以启动立案程序并进一步开始侦查活动。故无罪推定原则不约束侦查人员和公诉人员的心理认识。如果侦查人员在立案之初认为没有犯罪事实，则刑事诉讼程序不应启动。如果立案后发现没有犯罪事实，做出了被追诉人无罪的判断和认知，则应当撤销案件。刑事程序向前推进的依据是侦查人员、审查起诉人员主观上认为犯罪事实存在并且需要追究刑事责任。正如一份加州最高法院判决中所言：“如果（一个起诉行为）没有表明这种（有罪）推定，撤回保释或羁押被告人就是没有正当理由的。”[1]刑事诉讼中“犯罪嫌疑”的概念即是一种事实上有罪的初步推定、判断。侦查人员根据已经查明的事实，对案情可以大胆假设，无罪推定原则的作用是从理念上警醒审前权力机关全面收集对被追诉人有利和不利的各种证据，对侦查人员的有罪假设设置制度障碍，规范侦查职权，防止其恣意性，避免错误的出现。在侦查阶段和审查起诉阶段，侦查人员和公诉人员面临事实和法律规范间的矛盾与冲

---

〔1〕 People v. Tinder, 19 Cal. 539, at 543 (Cal., 1862). 转引自［美］拉里·劳丹：《错案的哲学——刑事诉讼认识论》，李昌盛译，北京大学出版社2015年版，第103页。

突（见图1），从事实角度，作出犯罪嫌疑人是实施犯罪行为的人的假定、推断，然后通过侦查去对该假设进行进一步的证实或者证伪。同时，基于对犯罪嫌疑人实施某种犯罪行为的怀疑，为保证诉讼的顺利进行，公安机关和检察机关可以对其采取一些限制甚至剥夺人身自由的措施，被追诉人的权利应受到一定程度的克减。而从无罪推定原则角度，犯罪嫌疑人未经中立的第三方法院的审判，仅是被公安机关和检察院单方面进行追诉，其在法律上仍是无罪之人，故应受到无罪之人的相关待遇。对这两重判断的矛盾和协调，表现为在侦查和审查起诉阶段对公权力的制约和对公民权利的保障。也即，在侦查阶段和审查起诉阶段基于建立在证据基础上的犯罪嫌疑要对被追诉人的权利进行克减，但应克减有度。一方面包括采取强制措施的谨慎性、必要性，与已决犯分开关押；另一方面表现为随着诉讼的进程，根据犯罪嫌疑以及是否影响诉讼的顺利进行，及时更改强制措施。

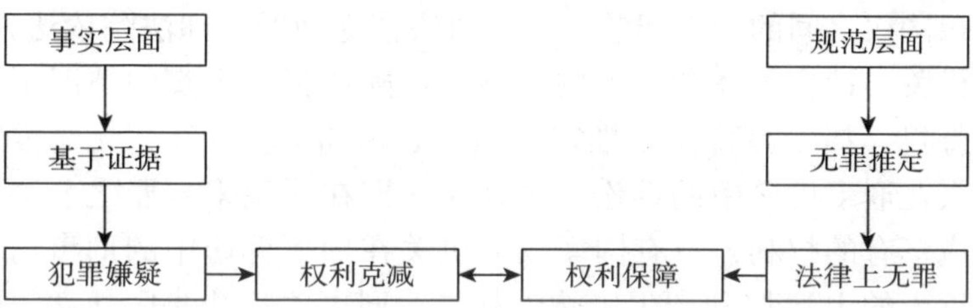

图1

审判权是一种判断权，具有被动性，审判人员在诉讼认识方面应当与侦查人员和起诉人员有所区别。诉讼主体集中参与的审判阶段是他向“证明”，控诉方需要向第三方及法院举证并说服其接受己方查明的事实。因此，无罪推定对审判阶段的约束更多体现为对法院审前预断的制约。移送审查起诉和提起公诉是公安机关和检察院向前推进诉讼程序，打破犯罪嫌疑人法律上无罪状态的途径，正是侦查机关和公诉机关是在事实上有罪的推断之下进行的刑事追诉活动，所以更显示第三方独立、居中审判的必要性，这也是现代控审分离的意义之一。因此，审判人员在审理案件之前不能先入为主地对被告人是否有罪产生预断，应当在认真听取被追诉人的意见，客观、理性地对待追诉机关的指控，在控辩双方均在场且平等发表自己辩论意见的基础上作出判决，这也是构建以审判为中心的诉讼制度、实行庭审实质化的意义之一。

审判者心证的形成建立在庭审的举证、质证基础之上，对被告人的判决基于庭审过程中控诉方提供的证据和双方的辩论而成，而非控诉方的有罪指控。因此，实行起诉状一本主义的目的旨在防止法官在庭审之前通过书面案卷了解案情形成预断。无罪推定在审判阶段的根本意义体现在“为法官预设了一道理性的基准线”。〔1〕

（二）无罪推定原则的约束对象

无罪推定原则适用于刑事判决作出之前的所有诉讼阶段，当然对参与这些刑事程序的国家权力机关具有约束力，但无罪推定原则是否约束国家刑事司法机关之外的主体，尤其是媒体与法学专家？媒体审判或者审前专家意见是指新闻媒体或者专家在法院对案件作出判决之前，率先对案件进行报道、评论，尤其是对犯罪嫌疑人的行为进行刑法定性，对定罪与量刑作出预先判断的行为。如前所述，无罪推定目的是保障被追诉人在刑事诉讼中的基本权利得到应有的保护，且约束的对象主要是国家机关，而媒体在审前的报道涉及媒体与司法权之间的关系问题，涉及司法独立问题，即法院依法独立审判，不受行政机关、社会团体和个人的干预。在媒体报道失实的情况下涉及被追诉人的名誉权，却不违背无罪推定原则。原因如下：其一，无罪推定旨在确立被追诉人在刑事诉讼中的诉讼主体地位，即在法院未定罪之前法律上无罪的地位与应享有的权利，只有国家权力机关在刑事诉讼中的刑事司法行为才会对被追诉人的上述权利产生影响。其二，刑事诉讼法是限权法，限制公权力在运行过程中侵犯公民权利。案件经媒体报道可以产生一定的社会影响，尽管媒体被称为第四种权力，但媒体并非对被追诉人权利产生实质影响的国家权力机关。媒体是从事实角度对被追诉人作出有罪的推断或者有罪的断定，其报道案件应受媒体职业规范的约束。因此，媒体不应成为无罪推定原则的义务机关。但无罪推定不约束媒体并不意味着媒体可以对案件进行肆意的评判和干预，媒体对案件的报道应遵循客观性原则、克制性原则、尊重隐私原则、跟踪性、持续性原则、最低限度专业性原则等，〔2〕对于报道侵犯被追诉人权利的要承担相应的民事、行政甚至是刑事责任。

---

〔1〕 雷小政：《刑事诉讼法第 12 条的立法价值评析》，载《中国刑事法杂志》2004 年第 1 期。

〔2〕 参见李雪平、尚念安：《正视、重构媒体与刑事审判的关系》，载《邢台学院学报》2018 年第 1 期。

三、无罪推定与有罪推定关系辨析

(一)有罪推定涵义的二维性

无罪推定与有罪推定的关系一直是学界的一个争议点。厘清二者的关系有利于更好地把握基于证据对被追诉人权利的限制与无罪推定赋予被追诉人的诉讼主体地位之间的平衡。有学者认为“无罪推定是针对封建社会的有罪推定而言的”。[1] 有反对者认为无罪推定与有罪推定并不存在对立关系，两者不是同一范畴的概念。[2] 何为有罪推定，学界并没有完整定义，学者一般通过列举有罪推定的特征及其表现的方式来阐释有罪推定，目前学界关于有罪推定与无罪推定关系的混乱状况，是对概念的随意使用造成的。厘清两者之间的关系，明晰概念是前提，在同一范畴、概念内探讨两者关系才有意义。应在两个维度上理解有罪推定。

第一，与诉讼构造密切相关的诉讼理念层面的有罪推定。学界并未对该层面意义上的有罪推定作出概念界定，正如有学者所言：“实际上在学理上没有有罪推定思想，也就是没有人会意识到有罪推定的概念，有了无罪推定意识，人们才知道过去的司法实质是有罪推定。”[3] 该维度上的有罪推定是对纠问式刑事诉讼制度中一系列现象的归纳，学者多通过列举其特征的方式来理解该层面的有罪推定。具体是指将被追诉人视为诉讼客体，漠视被追诉人的诉讼权利，公权力机关被赋予强大的权力，而被追诉人几乎无防御能力，一个人一旦被指控犯罪而进入刑事诉讼程序，被追诉者被要求承担证明自己无罪的责任，为使其承认自己的犯罪行为，刑讯被合法化，在案件事实存疑时实行疑罪从有。在此意义上的有罪推定与无罪推定是关涉被追诉人在刑事诉讼中地位的不同诉讼理念，并对应不同的诉讼模式。[4]

第二，对被追诉人是否实施犯罪行为的主观心理判断层面的有罪推定。该层面上的有罪推定建立在一定事实基础之上，是一种认识论上的心理认知

---

[1] 参见陈光中：《应当批判地继承无罪推定原则》，载《法学研究》1980 年第 4 期，第 4 页。该文称“无罪推定是针对封建社会的有罪推定而言的，所谓有罪推定是对纠问式刑事诉讼制度中一系列现象的归纳”。

[2] 易延友：《论无罪推定原则的涵义与刑事诉讼法的完善》，载《政法论坛》2012 年第 1 期。

[3] 张成敏：《论无罪推定的逻辑基础》，载《中山大学学报（社会科学版）》2003 年第 S1 期，第 260 页。

[4] 20 世纪 50 年代杨兆龙先生在《刑事法律科学中的无罪推定与有罪推定问题》一文中系统比较了诉讼理念层面的无罪推定与有罪推定的特征。参见张成敏：《20 世纪 50 年代的无罪推定学术观点——关于杨兆龙无罪推定思想的研究》，载《政法论丛》2010 年第 1 期，第 85 页。

和判断，也可以理解为有罪的推定、有罪的判断、有罪的认定，是在事实上认定、推断、判断被追诉人有罪的一种思维。与事实相关的认识论意义上的无罪推定也可以称为无罪的认定、无罪的判断。认识论意义上的无罪推定具有终结刑事诉讼程序的功能，即如果事实上认为被追诉人无罪，则刑事诉讼程序不应开始或者应当结束。认识论意义上的有罪推定和无罪推定可以因为相反事实的出现而被推翻。《刑事诉讼法》第41条、第50条中的有罪、无罪、罪轻[1]均是从事实认知的角度而言的，属于认识论上的有罪推定、无罪。学界关于有罪证据与无罪证据的分类中的"有罪"、"无罪"也是主观认识意义上的、以事实为基础的有罪、无罪。[2]

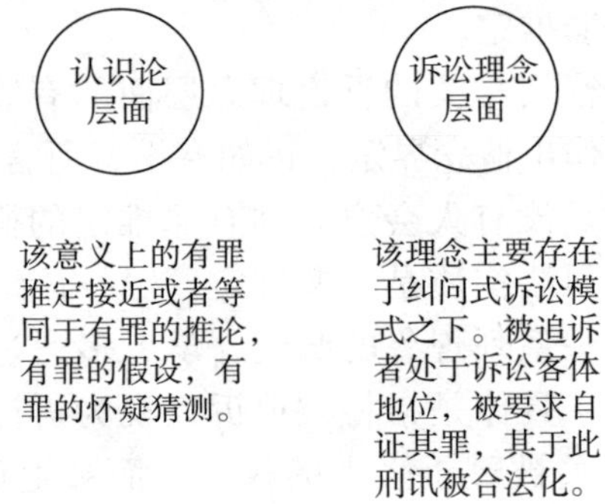

图2

（二）无罪推定与有罪推定并非简单对立关系

学界目前对于有罪推定与无罪推定的关系分歧很大，究其根本原因是对

〔1〕《刑事诉讼法》第41条规定，辩护人认为在侦查、审查起诉期间公安机关、人民检察院收集的证明犯罪嫌疑人、被告人无罪或者罪轻的证据材料未提交的，有权申请人民检察院、人民法院调取。《刑事诉讼法》第52条规定，审判人员、检察人员、侦查人员必须依照法定程序，收集能够证实犯罪嫌疑人、被告人有罪或者无罪、犯罪情节轻重的各种证据。严禁刑讯逼供和以威胁、引诱、欺骗以及其他非法方法收集证据，不得强迫任何人证实自己有罪。必须保证一切与案件有关或者了解案情的公民，有客观地充分地提供证据的条件，除特殊情况外，可以吸收他们协助调查。

〔2〕凡是能够肯定犯罪事实存在和犯罪行为是犯罪嫌疑人、被告人所实施的证据，是有罪证据。凡是能够否定犯罪事实存在，或者能够证明犯罪嫌疑人、被告人并未实施犯罪行为的证据，是无罪证据。参见陈光中主编：《刑事诉讼法学》（第6版），北京大学出版社、高等教育出版社2016年版，第221页。

无罪推定和有罪推定的含义未进行深入分析和辨别，进而在不同语境下探讨两者之间的关系，例如将规范层面的无罪推定与事实层面的有罪推定进行关系分析，或者将认识层面的无罪推定与作为诉讼理念的有罪推定进行关系论证。在此前提下，不可能得出关于有罪推定与无罪推定关系的一致结论。官方著名的反对设立无罪推定原则，而要坚持实事求是的论述混淆了不同层面的有罪推定和无罪推定概念，即将有罪推定与无罪推定不加区分地作为同一范畴内的对立概念。〔1〕帕卡也曾在其论述中将规范层面的无罪推定与事实层面的有罪推定进行比较，得出两者并非对立关系。〔2〕

基于上述对有罪推定含义的界定，基于汉语的博大精深，无罪推定和有罪推定都可以从两个维度去理解。规范层面的有罪推定与无罪推定原则是一种诉讼理念层面的表述，两者代表了两种不同的对待被追诉人的诉讼制度设计，但绝不能简单说两者是对立的，没有遵守无罪推定原则并不意味着实行将被追诉人置于客体地位的有罪推定理念。〔3〕因为无罪推定和有罪推定作为诉讼理念是通过具体制度得以实现的，而对制度的制定和执行不同的国家基于各种因素的考量，没有完美的典范可供参考，故不实行完全的无罪推定就是实行有罪推定的说法难以成立。典型的如沉默权被认为是无罪推定原则的应有之义，而英国则允许陪审团从被追诉人的沉默中作出对被追诉人不利的推定，并不能因此得出英国实行的不是无罪推定而是有罪推定的结论。

作为事实层面的有罪推定和无罪推定是对立的两个范畴，两者在刑事诉讼中的意义完全不同。有罪推定是诉讼程序得以向前推进的事实依据。公安机关和检察机关基于一定的事实认定某人实施了某种犯罪行为，而且公安机

---

〔1〕“我们反对有罪推定，但也不是西方国家那种无罪推定，而是实事求是地进行侦查，客观地收集有罪或无罪、罪轻或罪重的各种证据。在人民法院作出判决之前，我们不称被告人是罪犯，但也不是说他没有罪或者假定他无罪。如果假定他无罪，那么侦查机关对他进行侦查、采取强制措施就没有根据了，因此，我们的原则是实事求是地进行侦查。”参见胡康生、李福成主编：《中华人民共和国刑事诉讼法释义》，法律出版社 1996 年版，第 15 页。

〔2〕帕卡指出，“无罪推定并非有罪推定的对称，它与有罪推定毫无关联。无罪推定的功能是指导政府官员如何推进刑事诉讼程序，有罪推定则代表着对结果的预测。因此，有罪推定必定是描述性的和事实性的，而无罪推定则是规范性的和法律性的。”转引自易延友：《论无罪推定的涵义与刑事诉讼法的完善》，载《政法论坛》2012 年第 1 期，第 16 页。

〔3〕杨兆龙先生认为：“和无罪推定对立的是有罪推定，任何一种违反无罪推定的要求的事实或法律原则都是有罪推定的表现。”参见杨兆龙的《刑事法律科学中的无罪推定与有罪推定问题》。转引自张成敏：《20 世纪 50 年代的无罪推定学术观点——关于杨兆龙无罪推定思想的研究》，载《政法论丛》2010 年第 1 期，第 77 页。

关的立案决定、检察院提起公诉的决定必须建立在被立案之人、被提起公诉之人有罪的推定、认定基础之上；如果在立案和提起公诉时公安机关和检察院缺乏被追诉人有罪的内心确信，则立案和提起公诉本身是没有正当理由的，是无据的侵犯被追诉人人身权利的行为。事实层面的无罪推定在刑事诉讼中具有终结诉讼程序继续推进的功能，例如在侦查阶段认为被追诉人无罪时应当撤销案件，在审查起诉阶段应当作出不起诉决定。

综上所述，有罪推定与无罪推定的关系并非绝对的，需要区分二者不同层面的含义具体分析。事实上的有罪推定或认定是刑事诉讼得以向前推进的条件，是适用强制措施的事实基础。而规范层面的无罪推定则是通过具体制度对刑事诉讼的推进设置障碍，以限制公权力对公民权利的恣意侵犯，保障被追诉人的诉讼权利。

四、无罪推定原则在我国的贯彻存在不足

（一）我国确立了无罪推定原则

尽管目前无罪推定原则成为国际公认的刑事司法准则，且学界对其核心内容基本达成一致意见，但不同国家对其表述仍然存在差异，将无罪推定原则落实到具体诉讼制度的过程与程度也各不相同。因此，判断中国有无确立无罪推定原则不能一概而论，因为关于无罪推定本就没有完全统一的内涵与外延界定，也没有统一的立法模式，无罪推定原则在一国的体现受制于多种因素，受制于对诉讼目的的认识和定位以及对刑事诉讼中各种价值冲突的选择与平衡。最低限度的无罪推定原则应包含举证责任的分配和审前程序中被追诉人的程序性权利保障。无罪推定的核心理念有两个：其一，要求公诉机关按照法定的程序或正当的程序追究被追诉人的罪责，防止诉讼权力越轨，此为“法制”的理念之体现；其二，保障被追诉人的诉讼权利，即在经过法定程序证实其有罪之前，应当赋予其无罪人的法律地位及相应的诉讼权利。〔1〕

讨论现行刑事诉讼法是否确立了无罪推定原则，研究关于无罪推定的条文规定非常重要，但不应仅局限于语言表述以及单一的法律条文表述，而应看整个法律中是否贯彻了无罪推定的精神，具体制度中是否涵盖公认的无罪推定原则的基本要素。从《刑事诉讼法》第12条的规定来看，该条是在废除免于起诉制度的背景下产生的，似乎其更侧重强调法院的定罪权。但考察整

〔1〕 汪海燕：《刑事诉讼法律移植研究》，中国政法大学出版社2015年版，第154页。

个刑事诉讼法中被追诉人的权利保障变迁，刑事诉讼法区分了犯罪嫌疑人、被告人和罪犯的称谓，逐步规范、完善强制措施制度，[1]明确了刑事公诉案件中检察院的举证责任以及证据不足时法院应作出无罪判决。人民法院第二个五年规划纲要中也提出："……进一步落实保障人权和无罪推定原则，并适时提出刑事证据方面的立法建议。"这也是官方承认已经吸收无罪推定原则的佐证。基于以上考虑，应当说我国确立了无罪推定原则，只是还不尽完善，在具体落实无罪推定原则，加强被追诉人在刑事诉讼中的人权保障的具体制度构建上以及司法实践中对具体制度的执行中还有待进一步提升。

（二）无罪推定原则有待完善之处

1. 刑事强制措施适用常态化。

有学者认为无罪推定原则与强制措施的适用存在矛盾，强制措施的适用违背了无罪推定原则。有学者认为二者并不冲突。对于无罪推定原则与强制措施的关系不能一概而论。刑事强制措施的目的在于保障刑事诉讼的顺利进行，并非对被追诉人的刑罚，其是办案机关人员对被追诉人有罪的主观认定在程序上的反应。强制措施具有社会防卫性。丹宁勋爵曾言："每一社会均须有保护本身不受犯罪分子危害的手段，社会必须有权逮捕、搜查、监禁那些不法分子。只要这种权力运用适当，这些手段都是自由的保护者。但是这种手段也可能滥用。而假如它被人滥用，那么任何保证都要甘拜下风。"[2]无罪推定原则是一种与事实无关的法律原则，因此其并不反对公安机关和检察院在侦查阶段和审查起诉阶段根据案件事实作出被追诉人有罪的事实认定和推定。无罪推定原则与强制措施的适用并不矛盾，无罪推定原则并非反对适用强制措施，而是保障被追诉人在刑事诉讼中受到正当程序的保护，得到公平、公正的对待，对被追诉人权利的限制应当遵循比例原则，在必要的限度内（见图3）。但无罪推定原则赋予被追诉人法律上的无罪地位对强制措施形成潜在制约。强制措施，尤其是拘留、逮捕等剥夺被追诉人人身自由的强制

[1] 2012年《刑事诉讼法》进一步明确监视居住作为逮捕的替代措施，增加了检察院对羁押必要性的审查制度。2015年《最高人民检察院、公安部关于逮捕社会危险性条件若干问题的规定（试行）》通过列举进一步细化了刑事诉讼法规定的逮捕的各项社会危险性条件。2016年《人民检察院办理羁押必要性审查案件规定（试行）》规定了羁押必要性的申请主体、受理主体、审查程序、审查期限以及检察院在审查时建议变更或者撤销强制措施的内容。尽管强制措施制度在立法与司法中都还存在有待完善之处，但我国基本确立相对完整的强制措施体系。

[2] ［英］丹宁勋爵：《法律的正当程序》，李克强等译，群众出版社1984年版，第86页。

措施，作为平衡犯罪嫌疑人事实上有罪的认定与法律上无罪地位矛盾的刑事举措，其适用情况是考量无罪推定原则在侦查阶段贯彻情况的重要指标。强制措施采取的不严谨性和随意性，尤其是羁押的泛化以及羁押与有罪判决的绑定是对无罪推定原则的违背。

（1）强制措施的适用逻辑。

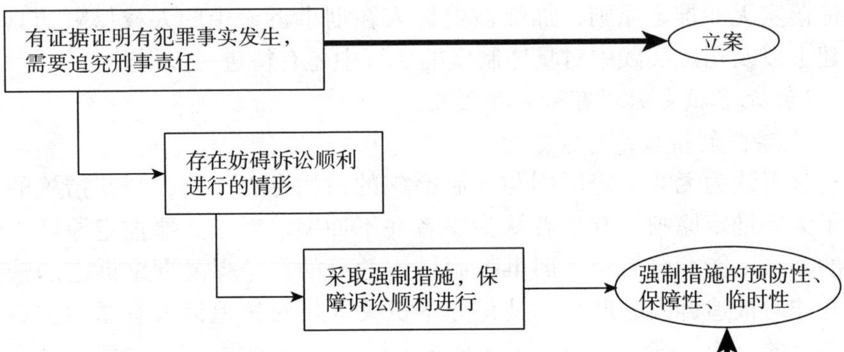

（2）无罪推定原则的逻辑关系。

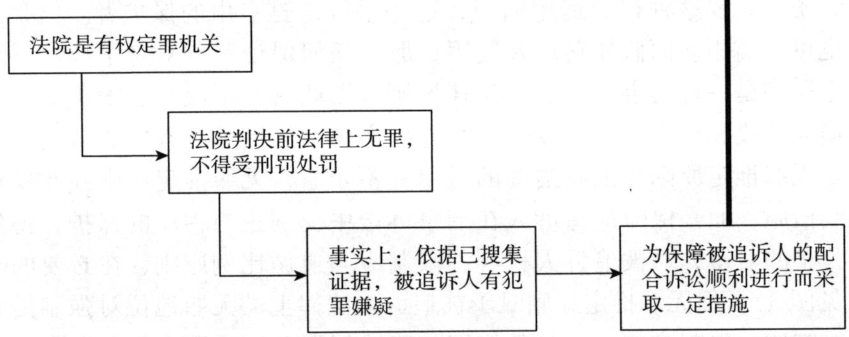

图3

从上图可以看出，从刑事诉讼法规定的刑事强制措施的启动程序和条件以及无罪推定的内在逻辑均可推出强制措施的预防性、保障性、必要性、非刑罚性等特征。

1994年国际刑法学协会第15届代表大会通过的《关于刑事诉讼法中人权问题的决议》第3条指出："在预审阶段，无罪推定要求在与一切强制措施有关的活动中适用比例性原则。根据这一原则，必须使政府干预刑事被告人基本权利的严重程度与限制的代替性措施的目的存在合理的关系。这一点应推动立法者把规定审前羁押的代替性措施置于首位，审前羁押在任何情况下都应视为例外情况。”该《决议》指出了无罪推定原则要求审前羁押的适用应当符合比例性并且尽可能适用羁押替代措施，将羁押作为一种例外。我国目前强制措施的适用存在泛化问题，尤其是逮捕的适用常态化，这在一定程度上有悖无罪推定原则的精神。2013 年至 2018 年的逮捕率维持在 60%以上，检察院的批准逮捕高达 90%。（见表 1）

表 1　2013—2018 年检察机关批捕率、逮捕率情况一览表〔1〕

年　份	2013 年	2014 年	2015 年	2016 年	2017	2018 年
批准逮捕数	879 817	879 615	873 148	828 618	1 081 545	1 056 616
决定不批捕	82 089	85 206	90 086	132 081	–	–
提请批捕数	961 906	964 821	963 234	960 699	–	–
提起公诉数	1 324 404	1 391 225	1 390 933	1 402 463	1 705 772	1 692 846
批捕率	91%	91%	91%	86%	–	–
逮捕率	66%	63%	63%	59%	63%	62%

无罪推定原则要求强制措施的适用应当符合比例性和必要性原则，该要求意味着在妨碍刑事诉讼顺利进行的因素消失后，应当及时变更或者解除强制措施，而我国目前监视居住并未发挥逮捕替代措施的作用，被追诉人被逮捕后基本是“一押到底”。检察院的羁押必要性审查在减少不必要的羁押上效

〔1〕　该数据来源于最高人民检察院历年的工作报告，主要是基于最高人民检察院对检察工作的数据统计，所以法院批捕的公诉和自诉案件数量并未在该数据中得以体现，虽不完全精确，但这些数据足以反映刑事司法实践中审前羁押的大致趋向。批捕率是检察院同意逮捕的案件占报请批准逮捕案件的比例，即批准逮捕数除以报请批准逮捕数，其反映的是检察院对提请逮捕案件的把关情况。公诉案件的逮捕率是逮捕的被追诉人占被提起公诉的被追诉人的比例，即批准逮捕数除以提起公诉数，其反映的是被追诉人在刑诉中整体的羁押情况。

果并不显著。〔1〕

2. 无罪推定原则在审判阶段贯彻不足。

无罪推定原则在审判阶段的适用表现为法院享有独立的定罪权，并且在证据不足时应当作出有利于被告人的判决。我国长期以来的重实体轻程序、重打击犯罪轻人权保障的诉讼理念、立法倾向和司法实践形成的侦查中心主义导致庭审虚化，审判权并未在定罪中起到最终决定作用。无罪推定原则在审判阶段的虚化主要体现在如下几个方面：

第一，法官独立裁判权被侵蚀，庭审虚化。无罪推定原则包含法官的定罪权，即法官能够排除庭前案卷材料的影响，排除行政机关、社会团体和个人的影响，仅依赖庭审过程获得的信息作出独立判决。目前法官并未享有完全独立的定罪权。法官的独立定罪权受到多种因素侵蚀。

首先，审判委员会制度导致审理权与裁判权分离。我国的审判委员会制度既不同于德国的民事大审判庭、刑事大审判庭和联合大审判庭，也不同于美国的全席法庭，其是具有中国特色的制度。在法官素质参差不齐的法治环境下，审判委员会制度对于统一法律事实，严格把关案件质量具有一定的积极意义。在法官精英化、专业化的司法改革下，审判委员会的上述作用很难发挥。相反，目前审判委员会判而不审的做法导致案件的审理者与裁判者割裂，有违直接言词原则，是对法官独立审判权的侵蚀。

其次，案卷移送制度导致庭审虚化。案卷移送制度固然有利于法官全面了解案件事实，但其弊端亦很明显，在当庭宣判成为例外，择期宣判为常态的宣判制度下，很容易导致庭审虚化，法官主要依赖案卷材料对案件做裁判。审理者对案卷材料的倚重，容易导致被追诉人的辩护意见被忽视，审理者依据庭前移送的案卷材料对被追诉人形成预断，违背无罪推定原则的要求。

第二，法院对于疑罪不能果断从无。无罪推定原则要求公诉机关承担举证责任，被追诉人不承担证明自己无罪的责任。公诉机关的举证责任要求公诉机关未完成举证责任时承担举证不能的不利后果，法院在公诉机关的举证未能达到定罪要求时，对被告人作出无罪的判决。冤假错案的纠正模式从“真凶出现”“亡者归来”发展到现在的“证据不足”纠冤模式，在一定程度上说明无罪推定原则在审判中得以体现。然而目前公检法机关重配合轻制约

〔1〕 参见王禄生：《论刑事诉讼的象征性立法及其后果——基于303万判决书大数据的自然语义挖掘》，载《清华法学》2018年第6期。

的关系形成司法实践中的程序倒流，[1] 比如法院经审查认为不构成犯罪时检察院对案件做出的撤诉处理，其实是对无罪推定原则的背离。实践中，法院对一些证据不足的案件所采取的疑罪从轻和疑罪从挂的处理方式也是无罪推定原则在审判阶段未能得以彻底实现的表现。

五、无罪推定原则的制度完善

（一）无罪推定原则的条文表述

如前所述，基于无罪推定原则的统领性，其在刑事诉讼法中应居于基本原则之首，无罪推定原则在被告人的所有诉讼权利中具有核心地位。其他基本原则的规定都在一定程度上是为了保障被追诉人的无罪推定权利的实现。目前《刑事诉讼法》第 1 条规定了制定刑事诉讼法的法律依据，第 2 条规定了刑事诉讼的任务，第 3 条规定了公检法依法独立行使职权原则。第 2 条中尽管有"保障人权"，但该条是从刑事诉讼任务角度出发而作的规定，无罪推定原则放在该条中不能凸显其地位。因此，无罪推定原则宜作为独立的内容规定于第 3 条之中，原来的第 3 条变为第 4 条，以此类推。无罪推定原则作为刑事诉讼法的理念而存在，区别于纠问式诉讼模式下被追诉人的诉讼客体地位，确立了被追诉人的诉讼主体地位，不可能也不应当通过单一的法条或者制度实现，它具有统领、宣示意义。因此，关于无罪推定的法条不可能涵盖无罪推定的所有要素，但其表述应显现无罪推定的精神要旨。无罪推定主要是被追诉人权利保障原则，对该原则的规定应体现权利性质。但同样地，基于实现被追诉人的权利保障而衍生出来的无罪推定的权力性质要求无罪推定的表述中应包含法院的定罪权，尤其是以审判为中心的诉讼制度改革的本意旨在实现对被追诉人权利的保障，但该保障通过对法院权力的扩张来实现。而目前"刑诉法第 12 条规定的核心则在于确定人民法院作为确定有罪权主体的地位和职权问题。"[2] 因此，修改后的无罪推定的条文表述应包含权利保障与定罪权的统一。如前所论证的，无罪推定原则的称谓容易引起误解，虽然带有"推定"二字，但无罪推定原则既非证据法中的推定，也非推论，而是用推定术语表述的程序法原则。为避免表述引起误导，建议将无罪推定原则的条文表述修改为："任何人未经人民法院依法定程序判决均为无罪，并得享有对应权利。"

---

〔1〕 参见汪海燕：《论刑事程序倒流》，载《法学研究》2008 年第 5 期。

〔2〕 李佑标：《论确定有罪权由人民法院依法行使原则》，载《政法论坛》1997 年第 2 期。

（二）无罪推定原则与羁押措施的完善

基于侦查阶段对查明事实的重要性以及侦查人员的刑事追诉的立场，侦查阶段是被追诉人权利最薄弱的环节，也是最容易发生侵犯人权的诉讼阶段，尤其是逮捕的采用。无罪推定原则不同于有罪认定，其并不约束侦查人员的主观认识，侦查人员基于认识上的有罪认定启动刑事诉讼程序，因此对强制措施的法律规范需要平衡基于法律上的无罪地位应享有的权利保障与基于一定的证据证明的犯罪嫌疑应受的适当约束。即一方面侦查机关基于追查犯罪的需要对事实上有犯罪嫌疑的被追诉人采取限制或者剥夺人身自由的强制措施或者其他的专门调查手段，但是强制措施的采取又必须是必要的、符合比例的，从而将对被追诉人权益的损害降低到最低的程度。[1] 因此，强制措施尤其是拘留、逮捕等剥夺被追诉人人身自由的强制措施作为平衡事实上有罪认定与法律上无罪地位矛盾的刑事举措，是考量无罪推定原则在侦查阶段贯彻情况的重要指标。《公民权利和政治权利国际公约》第9条明确规定："等候审判的人受监禁不应作为一般规则"，这意味着，在刑事诉讼中对被追诉人的羁押应是例外而不应成为常态。为在逮捕的适用中体现无罪推定原则的精神，充分保障被追诉人的人权，逮捕措施的适用还应从以下两方面完善。

第一，将社会危险性条件作为是否逮捕的决定因素。应当肯定，2012年《刑事诉讼法》修改进一步细化、完善了逮捕的适用条件，并增加了羁押的必要性审查，这对被追诉人权利的保障无疑是有益的。然而逮捕条件的细化并未起到降低羁押率的作用，我国的批捕率和逮捕率依然偏高（见表1）。根源是司法工作人员并未将无罪推定原则作为刑事诉讼理念和办案的指导原则，导致在办案时不能平衡事实上有罪认定与无罪推定原则之间的关系。具体原因是法律规定存在不完善之处。首先，2012年《刑事诉讼法》修改只是细化了逮捕的适用条件，并未从根本上改变逮捕的适用条件，而且条件的细化主要体现为对逮捕社会危险性的判断上，对社会危险性的判断本身具有很强的主观性，所以社会危险性条件的细化对于降低羁押率意义不大。其次，法律未区分逮捕的三个要件之间主次的关系。逮捕的适用条件包括证据条件、刑罚条件与社会危险性条件。其中证据条件和刑罚条件紧密关联，刑罚的判断建立在有关犯罪事实的证据基础之上，且证据条件和刑罚条件都是针对已经发生的事实作出的相对客观的判断，而社会危险性则是面向未来的主观性较

[1] 陈瑞华：《比较刑事诉讼法》，中国人民大学出版社2010年版，第253页。

强的条件。最高人民检察院原检察长曹建明在一次工作报告中称，2013 年以来，对侦查机关提请逮捕的，查明不构成犯罪不批准逮捕 53 318 人。[1] 可见，检察院不批准逮捕在很大程度上是基于犯罪嫌疑人是否构成犯罪的考虑，实际将证据要件，尤其是刑罚要件作为决定是否逮捕的决定性条件。而强制措施适用的主要目的是为了保障刑事诉讼的顺利进行，应主要针对面向未来的可能发生的妨碍诉讼顺利进行的情形。因此，应重构逮捕三要件之间的主次关系，[2] 逮捕的适用条件应突出关涉诉讼是否能顺利向前推进的社会危险性条件对逮捕适用的决定性作用，弱化刑罚条件对逮捕适用的决定作用。同时，应当明确"社会危险性"是基于将来可能的社会危险性，而非犯罪当时的社会危险性、人身危险性。

第二，明确侦查阶段辩护律师的调查取证权。刑事辩护率低是刑事司法中长期存在的问题，原因很多，包含刑事案件执业环境的不完善，刑事辩护的经济收入等因素。但刑事辩护律师在刑事司法中权利受到的诸多限制是影响刑事辩护率以及刑事辩护效果的重要因素。最高人民检察院、公安部联合发布的《关于审查逮捕阶段讯问犯罪嫌疑人的规定》列举了检察院在审查批准逮捕时应当询问犯罪嫌疑人的四种情况。2012 年《刑事诉讼法》进一步延续了询问犯罪嫌疑人的规定，同时规定检察院在审查批准逮捕时可以询问辩护律师，辩护律师提出要求的，应当听取辩护律师的意见。该规定意在增加犯罪嫌疑人及其辩护人对逮捕适用的参与权。但基于犯罪嫌疑人在刑事诉讼中的人身、权利受限的情况，很难在检察院的审查逮捕中提出对自己有利的意见。而辩护律师作为专业的法律工作者，对法律的理解适用显然具有更大优势。然而专业上的优势并不能说明辩护律师在检察院的审查批准逮捕中能起到关键的作用。其一，除非辩护律师提出要求，否则检察院是否询问辩护律师意见属于其自由裁量范围内的事项；其二，也是最重要的原因是辩护律师在侦查阶段并没有明确的调查取证权，在审查批准逮捕中难以提出有力证据反驳侦查机关提请批准逮捕的意见。关于辩护人在侦查阶段是否有调查取

---

〔1〕 数据来源于最高人民检察院原检察长曹建明在 2016 年 11 月 5 日在第十二届全国人民代表大会常务委员会第二十四次会议上作出的《最高人民检察院关于加强侦查监督、维护司法公正情况的报告》。

〔2〕 参见杨依：《以社会危险性审查为核心的逮捕条件重构——基于经验事实的理论反思》，载《比较法研究》2018 年第 3 期。

证权，学界有不同的看法，[1] 然而从刑事诉讼法以及相关的司法解释并不能得出明确的结论，这就导致实践中做法不一，基本是不允许辩护律师在侦查阶段进行调查取证。而检察院的审查批准逮捕正是建立在证据的基础上，辩护律师侦查阶段调查取证权的缺失导致辩护律师在反驳侦查机关的批准逮捕申请时往往是基于侦查机关的证据，没有能力提出有利的反证证明犯罪嫌疑人不具备逮捕的条件。因此，2012 年《刑事诉讼法》改变以往的审查批捕程序的单向审核结构意义并不大，其实质仍是检察院主要在侦查机关移送材料的基础之上作出是否批准逮捕的决定。为真正在逮捕措施的适用中体现无罪推定精神，确实保障被追诉人的诉讼权利，真正打破审查批准逮捕中的单向结构，防止追诉无忌，辩护无能，除了允许犯罪嫌疑人、辩护人有异议权之外，更重要的是保障异议权能够发挥作用，因此，刑事诉讼法应明确赋予辩护律师在侦查阶段的调查取证权。

（三）无罪推定原则与庭审实质化改革

如前所述，无罪推定原则贯穿于判决生效前的所有诉讼阶段，但其在各个诉讼阶段对各个国家专门机关的要求却不相同。在审判阶段，无罪推定主要体现为对法官预断的排除和发挥庭审对定罪量刑的决定性作用。无罪推定原则强调法院的定罪权与审判中心的要求具有内在的统一性，审判中心的实现是无罪推定原则的在刑事诉讼中的体现。庭审实质化是相对于庭审虚化而言的，是审判中心的合理内核。目前仍存在诸多因素阻碍庭审实质化的实现。因此，无罪推定原则在审判阶段的完善，应致力于审前预断程序的构建和庭审实质化保障制度的构建与实施。

第一，防止审前预断，实行起诉状一本主义。被告人的刑事责任在审判阶段通过庭审方式解决，是刑事庭审实质化的要义，也是“以审判为中心的诉讼制度改革”的落脚点。[2] 案卷移送制度使审前程序与审判程序呈现出一

---

〔1〕 辩护律师享有调查取证权说，该观点参见汪海燕、胡广平：《辩护律师侦查阶段有无调查取证权辨析——以法律解释学为视角》，载《法学杂志》2013 年第 11 期，第 85~92 页；参见顾永忠：《析刑事诉讼法修改后律师调查取证权的变化与不变》，载《新刑事诉讼法的理解与实施》，第 118~119 页；吴宏耀、郭津生：《辩护律师在侦查阶段享有调查取证权》，载《中国社会科学报》2012 年 7 月 4 日。部分调查取证权说，该观点参见陈瑞华、黄永、褚福民：《法律程序改革的突破与限度——2012 年刑事诉讼法修改述评》，中国法制出版社 2012 年版，第 3 页。

〔2〕 汪海燕：《论刑事庭审实质化》，载《中国社会科学》2015 年第 2 期。

种前后递进和接力互补的状态,〔1〕容易使法官在审判前对被追诉人是否有罪形成实体预断，导致庭审虚化，不利于庭审实质化的实现。1979 年《刑事诉讼法》确立了案卷移送制度，检察院在提起公诉时需要移交全部案卷材料到法院。1996 年《刑事诉讼法》修改了案卷移送制度，规定检察院提起公诉时移送证据目录，证人名单，主要证据复印件或者照片，这种制度在实践中演化为庭后案卷移送制度。2012 年《刑事诉讼法》又恢复了 1979 年《刑事诉讼法》规定的案卷移送制度，法官在审前可以接触到案卷材料。纵观中国历次刑事诉讼法对案卷材料的态度，实际上法官从未脱离案卷而仅仅依据庭审进行裁判，这对于实现庭审实质化形成障碍，尤其是在案件的平均庭审时间短，且当庭宣判少，择期宣判多的情况下，案卷成为法官裁判的主要依据。因此，为实现庭审实质化，切断审前程序对法官的影响，应实行起诉状一本主义，并且法官不得事后阅卷。

需要注意的是，在切断庭前预断，实现庭审实质化的同时，需要注意如何保障法官在不接触案卷材料而庭审时间又有限的情况下作出客观公正的裁判，在实现程序正义的同时实现实体正义是一个值得研究的问题。实行起诉状一本主义只是一个理念，而具体如何权衡庭审时间和通过庭审实现实体正义之间可能存在的冲突仍需要具体的程序构建。

第二，提高证人的出庭率，减少书面审理。证人出庭率低是中国司法中的一大顽疾，2012 年《刑事诉讼法》对证人出庭制度进行了诸多修改，而修法之后证人出庭率并未提高。中国的证人作证制度存在三大怪现状，即证人向警察和检察官作证而非向法官作证，证人出具书面证言而不出庭作证，警察不作证。〔2〕有学者总结法院对证人是否有出庭必要的决定权阻碍了证人出庭。此外，《刑事诉讼法》第 193 条关于被告人的配偶、父母、子女不被强制出庭的规定直接纵容了书面审理。全国人大法工委副主任郎胜在《关于中华人民共和国刑事诉讼法修正案草案的说明》中指出："考虑到配偶、父母、子女在法庭上对被告人进行质证，不利于家庭关系的维系，因此，规定被告人的配偶、父母、子女除外。"从立法目的看，规定特定人员的出庭作证豁免权意在维系家庭关系的和谐。但需要明确的是，该规定不同于国外的特免权制度。首先，该条规定的是被告人的配偶、父母、子女可以不出庭接受质证，

〔1〕 陈瑞华:《司法体制改革导论》，法律出版社 2018 年版，第 306 页。

〔2〕 龙宗智:《中国作证制度之三大怪现状评析》，载《中国律师》2001 年第 1 期。

而非不作证，即这些人可以作出书面的证言而无须参与庭审接受质证，而这些书面证言可能会成为法官定案的依据。其次，国外的特免权赦免作证的义务并不意味着被赦免者不能作证，但一旦其选择作证，则必须和普通证人一样出庭宣誓作证并接受交叉询问。反观我国《刑事诉讼法》第 193 条的规定，可能出现两种情况，一是如果上述人员在庭审之前做了不利于被告人的证言，而被告人要求当庭对质时，上述人员又以法律规定为由拒绝出庭接受对质，这实际上是对特定关系的破坏而非维系，且阻碍了被告人的对质权；二是如果上述人员庭前做出了有利于被告人的证言，则被告人与其当庭对质的愿望、需求不大，只有在公诉方要求其出庭而其依据出庭作证豁免不出庭时方可起到维系特定关系和谐的作用。因此，为实现立法初衷，应对《刑事诉讼法》第 193 条规定的出庭作证豁免权作如下修改：第一种方案，确立作证特免权制度，即上述特定人员可以在自己的配偶、父母、子女面临刑事追诉时拒绝提供对其不利的证言。权利主体为配偶、父母、子女和被告人，一旦有一方放弃该特权，说明彼此之间的和谐关系已经无法维系或者无维系的必要，则作为证人的一方适用同普通证人一样的作证规则。第二种方案，废除《刑事诉讼法》第 193 条的规定。该条规定并不能起到立法者预期的维系特定关系的目的，且其存在弊大于利，因此将该规定废除。

第三，疑罪从无是庭审实质化的终极检验。关于“疑罪”的范围学界存在争议，有人认为“疑”应是事实认定存疑。〔1〕有学者认为“疑”既应包括事实认定存疑，还应包括法律适用存疑。〔2〕疑罪从无中的“疑”应只包括事实存疑的情况，即现有证据不能达到法律规定的认定有罪的证明标准，从而只能在法律上认定被追诉人无罪。在适用法律存疑的情况下，包括此罪与彼罪之疑，重罪与轻罪之疑，一罪与数罪之疑，应遵循刑事实体法的处理原则，比如从轻罪、从一罪。而疑罪从无之所以是庭审实质化的终极检验主要基于以下几点：首先，在疑罪的情况下法院作出无罪处理说明其裁判行为受到法庭证据调查结果的约束，实现了证据调查在法庭且裁判依据形成于法庭而非其他，法官未受庭前因素的影响，实现了审判独立，体现了法院的独立

〔1〕 刘静坤：《如何理解与坚持“疑罪从无”》，载《人民法院报》，2013 年 10 月 31 日，第 2 版。

〔2〕 参见杨宇冠、郭志远：《如何理解和把握“疑罪从无”》，载《检察日报》2006 年 6 月 20 日，第 3 版；时延安：《试论存疑有利于被告原则》，载《云南大学学报（法学版）》2003 年第 1 期，第 39 页。

定罪权，是无罪推定原则在审判阶段的体现；其次，审理者在存疑时能做出无罪的处理，说明审理者未将被害人可能存在的上访、缠讼等案外情况作为裁判的依据，实现了法官不受被害人等因素影响而实现的独立。概言之，审理者能够不受内外因素的影响而依据庭审过程形成的认识作出裁判说明审理者遵循了无罪推定原则的要求，实现了审判独立，而审判独立是庭审实质化的前提和保障，没有审判独立，庭审实质化只能是空中楼阁。

结　语

无罪推定原则对被追诉人在刑事诉讼中得到公平、理性的对待意义重大。作为具有宪法意义的刑事诉讼原则和理念，无罪推定原则是一种权利赋予原则，不同于证据法中作为证明方法的推定，故不可被推翻。无罪推定与有罪推定并非对立的范畴，在比较有罪推定与无罪推定的关系时，需要具体区分词语适用的维度与语境。无罪推定原则应适用于判决生效之前的所有诉讼阶段，但基于审前程序与审判程序的不同性质和任务，无罪推定原则对侦查人员、审查起诉人员和审判人员的要求不同。基于媒体对被追诉人的诉讼权利并无实质的、有法律约束力的直接影响，媒体不应成为无罪推定原则的义务机关，但其对刑事案件的报道要遵循相应的原则。应当意识到的是，无罪推定原则不是根治刑事诉讼中诸多问题的万能良药。出现问题，找寻根源为解决之上策，以抽象的“违反无罪推定原则”作为对问题症结的总结并不能真正对症下药地解决问题。因此，无罪推定原则发挥保障被追诉人的诉讼主体地位的作用依赖于刑事诉讼各项具体制度的体系、协调建构与完善。

（初审人：陶加培）

重复供述排除问题研究

——评《严格排除非法证据规定》第 5 条

黄亚鸽*

摘　要：《关于办理刑事案件严格排除非法证据若干问题的规定》第 5 条规定，存在对重复供述界定过窄、重复供述受刑讯逼供影响证明责任不明确、例外性规定不足以确保供述的自愿性以及缺乏被告人权利救济等问题。从司法案例中可以看出，证据的“印证理论”使法官往往忽略证据的合法性仅关注证据的真实性，陷入“真实故合法”的怪圈。从正当程序以及保护人权的进路出发，考虑到辩护方的举证能力问题，应采取严格的“一概排除加例外”模式，在确认或不能排除存在非法取证的案件中，应推定之后与之内容相同或相似的重复供述都受到之前非法取证行为的影响，除非控诉方能够举证证明重复供述具有自愿性，同时应给予辩护方充分的权利。

关键词：非法证据　重复供述　自白任意性规则

* 黄亚鸽，女，中国政法大学司法文明协同创新中心 2017 级博士研究生（100088）。

一、重复供述排除规则在我国的确立

（一）何谓重复供述

重复供述，又称“多次自白”“重复自白”“二次供述”，“是指被追诉人的初次有罪供述是采用刑讯逼供等非法手段获取，但在其后合法的询问程序下，又再次作出的一份或多份本质相同的供述”[1]，重复供述中的“重复”是指“前后供述的内容重复”还是“先前供述行为的重复而供述的内容不要求相同”？有学者认为不能把重复供述理解为再次供述系重复初次供述内容，指出“再次供述的内容往往大于初次供述，甚至可能与初次供述内容完全不一样……问题的实质在于非法行为与再次供述的内在联系，而不是内容的重复与否，即使再次供述的内容超越了或者改变了初次供述的内容，仍属于‘重复供述’问题”。[2] 重复供述包含三个因素：先前的非法取证行为、而后的合法取证行为以及前后相同或相似的有罪供述。其中，“供述”应该是有罪供述而不包含无罪辩解，前后供述的内容，即重复供述，重点强调前后两次有罪供述内容的一致性或相似性，而非供述行为的重复，这与犯罪嫌疑人进行有罪供述后又推翻了其全部或者部分供述的行为不同，[3] 认为“重复”是“前后两次供述行为”的观念，无法解释重复供述与翻供的区别。另外，有罪供述内容的相同性或相似性的程度应如何把握？供述要求陈述犯罪嫌疑人作案的动机、目的、经过、手段等，只要承认犯罪行为是其所为即应认定为重复供述，至于犯罪的经过、目的、动机等不必要求完全一致。

重复供述是否属于瑕疵证据？“‘瑕疵证据’大都是侦查人员在制作相关证据笔录时存在技术性缺陷的证据，如笔录记录有错误、笔录遗漏了重要的内容、笔录缺乏相关人员的签名等。”[4] 根据《关于办理死刑案件审查判断证据若干问题的规定》（以下简称《办理死刑案件证据规定》）第 14 条、第 21 条，瑕疵证据可以通过补正作为证据使用的，仅当瑕疵证据不能补正、不能做出合理解释时才需要排除。若重复供述受到之前非法取证行为影响，则属于非法证据，需要一概排除，不允许补正；不受之前非法取证行为影响的

---

〔1〕 杨宇冠等：《非法证据排除规则在中国的实施问题研究》，中国检察出版社 2015 年版，第 287 页。

〔2〕 谢小剑：《重复供述的排除规则研究》，载《法学论坛》2012 年第 1 期，第 110~115 页。

〔3〕 曾焕扬：《浅析新形势下受贿犯罪的翻供问题》，载赵秉志主编：《新形势下贿赂犯罪司法疑难问题》，清华大学出版社 2015 年版，第 87 页。

〔4〕 陈瑞华：《论瑕疵证据补正规则》，载《法学家》2012 年第 2 期，第 68 页。

重复供述属于合法证据，具有证据能力。

重复供述是否属于毒树之果？毒树之果，应当是指以非法方法收集的证据为线索，再用合法方法收集的证据。[1] 首先，基于正当程序原则对人权的保护排除"毒树之果"与我国排除重复供述的原因不尽相同。"由于侦查程序中更易发生侵犯权利的现象，所以对警察权力的限制成为近几十年刑事程序正当化的重要内容。"[2] 尤其是米兰达规则的确立，明确了正当程序原则对当事人人权的保障，"刑事程序正当化的最初动因在于加强刑事诉讼中的人权保护。"[3] 当查明案件事实与正当程序相冲突时，程序正义优先，而我国排除重复供述更多从追求实体真实的角度，是防范冤错案件的举措。其次，重复供述并非非法证据的"衍生性证据"，[4] "应当明确的是，'毒树之果'中的'果'应当是独立的新证据，而不是原有证据的重新收集。"[5] 口供的特有属性决定了口供可以重复、多次获取，口供内容的多变性决定了口供可以常取常新。重复供述是先前非法供述的重新获取，即口供的重新固定、收集，"毒树之果"中的"果"作为衍生性证据，不是原有证据的重新收集，而是以原有"毒树"为线索而获取的新证据。"先通过刑讯的方法获取犯罪嫌疑人的口供，然后再用合法的询问方法，让犯罪嫌疑人将原口供重复一遍，或者先采取非法侵入住宅的方法提取物证，然后再持搜查证对该物证进行二次提取等做法，仍然属于非法证据范畴，而不是'毒树之果'。"[6]

重复供述是否属于非法证据？刑事案件一般存在多份笔录证据，存在非法取证的案件中，存在重复供述是常态，如在章国锡一案中，被告人在审前被讯问了32次，法庭审判中检控方一共向法院移送了23份讯问笔录。因重复供述具有合法性、非法性、介于两者之间共计三种状态，与非法证据可能存在交叉。

---

〔1〕 汪建成：《理想与现实——刑事证据理论的新探索》，北京大学出版社2006年版，第122页。

〔2〕 陈光中、江伟主编：《诉讼法论丛》，法律出版社1999年版，第66页。

〔3〕 陈卫东：《程序正义之路》，法律出版社2005年版，第12~13页。

〔4〕 坚持该观点的学者如杨宇冠、吴宏耀等，参见杨宇冠等：《非法证据排除规则在中国的实施问题研究》，中国检察出版社2015年版，第81页；吴宏耀：《行进中的中国刑事诉讼——尚权刑事诉讼年度发展报告2015》，人民日报出版社2016年版，第132页。

〔5〕 汪建成：《理想与现实——刑事证据理论的新探索》，北京大学出版社2006年版，第122页。

〔6〕 汪建成：《中国需要什么样的非法证据排除规则》，载《环球法律评论》2006年第5期，第552页。

1. 合法性

供述合法性包括形式合法性和实质合法性：形式合法性是指表面上，证据收集的程序符合刑事诉讼法的规定，不存在非法取证的行为。一些案件在讯问过程中还可能实施全程录音录像，以佐证讯问过程的合法性，符合正当程序原则。实质合法性是指，供述出于犯罪嫌疑人的自愿，不违反不得强迫自证其罪原则以及自白任意性规则，尤其是客观上犯罪嫌疑人确实实施了犯罪行为的案件，出于真诚悔悟或希望通过坦白，与侦查机关合作获取尽可能大的量刑优惠。

2. 非法性

"重复性自白并非由刑讯逼供等取证行为获取的自白再衍生出来的证据，仍然是在非法取证行为直接影响下产生的证据，因此仍然属于'非法证据'。"〔1〕当非法取证采取威胁、引诱、欺骗等手段时，这种非法性就更为隐蔽，在 People v. Thomas 案中，被告人被告知，如果他坦白所有就会有帮助性，并且不会被捕，被允许回家，最终，法庭认定被告人的供述因警察的虚假承诺行为具有非自愿性，不具有可采性。〔2〕在赵作海案中，赵作海不仅在庭审中不敢翻供，在狱中也不敢写申诉状，并且在服刑期间，监狱干部重新询问是否存在刑讯逼供，赵作海还是心有余悸不敢说出实情。〔3〕可见，如重复供述受非法取证行为的影响，不因形式合法性而"洗清"实质非法性。

3. 介于两者之间，即"灰色地带"

"对于那些处于合法行为与明显违法行为之间的警察行为如何认定，具有很大的不确定性，因为采用该类行为而取得的自白必定处于典型的任意性与非任意性之间的灰色地带。"〔4〕美国联邦最高法院在米兰达案件中指出："被告在隔离起来的警察局的陈述不可能是真正自由选择的结果。"〔5〕一方面，在羁押状态下，犯罪嫌疑人失去人身自由，无法与外界沟通，讯问室的客观环境给犯罪嫌疑人带来的心理压迫感，警察学院中传授的侦查讯问技巧以及

---

〔1〕 张建伟：《排除非法证据的价值预期与制度分析》，载《中国刑事法杂志》2017 年第 4 期，第 40~58 页。

〔2〕 People v. Thomas, 8 N. E. 3d 308 (N. Y. 2014).

〔3〕 《赵作海讲述刑讯逼供细节：打得生不如死就招了》，载央视网：http://news.cntv.cn/law/20100512/100843.shtml. 最后访问日期：2019 年 4 月 11 日。

〔4〕 王景龙：《美国的自白任意性规则及借鉴》，载《环球法律评论》2016 年第 1 期，第 79 页。

〔5〕 参见樊崇义：《刑事证据规则研究》，中国人民公安大学出版社 2014 年版，第 5 页。

无法获得律师及时帮助等都是造成供述不完全自由的因素；另一方面，认罪认罚从宽制度把犯罪嫌疑人犯罪后的表现作为法官定罪、量刑的考察因素。犯罪嫌疑人自愿认罪，同意量刑建议和程序适用，同时签署认罪认罚具结书，根据 2018 年新修订《刑事诉讼法》第 201 条规定："对于认罪认罚案件，人民法院依法作出判决时，一般应当采纳人民检察院指控的罪名和量刑建议……"在起诉定罪率较高的司法环境下，这无疑对犯罪嫌疑人具有相当大的诱惑力。犯罪嫌疑人在供述时往往处于一种矛盾的心理状态：

供述=定罪+量刑优惠

不供述=定罪+无量刑优惠

自愿供述犯罪经过，依据认罪认罚从宽制度能够确定获得量刑优惠；不认罪，就面临无量刑优惠，同时可能给法官留下认罪态度不好的坏印象，甚至可能加重处罚。再次供述一般是出于对再次刑讯的恐惧、对量刑优惠的期待等因素，复合性的心理也导致重复供述的性质混合了合法性与非法性，难以进行准确区分。

（二）关于排除重复供述的理性探索

新的规定颁布以前，有关重复供述的排除主要有以下几种观点：

第一种观点认为重复供述问题实际属于"毒树之果"问题，这与刑讯逼供后得到的实物证据是否排除有类似的性质，因此应该按照"毒树之果"理论排除。[1]"毒树"与"毒果"之间存在直接的因果关系，"毒果"是"毒树"的衍生性证据，而重复供述是侦查机关重新获取的独立新证据，非法取证行为与取得重复供述之间可能存在间接的因果联系，"毒树之果"理论的适用失去了基础。

第二种是适用非法证据排除理论，认为重复供述仍然属于非法证据。[2]如前文分析，由于重复供述证据包含合法性、非法性、混合状态三种形态，而非法证据排除规则适用的前提是侦查机关获取证据的手段违反程序法的规定，无法解释合法性的重复供述为何需要排除，因此，非法证据的排除规则并不适用。

---

〔1〕 参见杨宇冠等：《非法证据排除规则在中国的实施问题研究》，中国检察出版社 2015 年版，第 81 页；吴宏耀：《行进中的中国刑事诉讼——尚权刑事诉讼年度发展报告 2015》，人民日报出版社 2016 年版，第 132 页。

〔2〕 该观点为孙长永教授所有，详见王彪：《审前重复供述的排除问题研究》，载《证据科学》2013 年第 5 期，第 596 页。

第三种为“影响理论”，重复供述是否需要排除，需要考察在前的非法取证行为是否对之后的重复供述产生影响。[1] 学者提出诸多排除重复供述的进路，包括“联系密度理论”认为，“重复供述排除与否的标准在于，非法取证与重复供述之间的联系程度”。[2] “因果关系理论”认为，“反复自白中的第二份口供的取得实质是第一次非法取证行为的影响延续所致，系第一次非法取证行为的直接结果（而非如‘毒树之果’中的间接结果）。”[3] “证据禁止的继续效应”理论指出，“能否使用第二次自白的关键在于先前之不正方法对于后来自白之任意性有无影响，如果先前的不正方法继续影响被告人的任意性，那么，纵使被告人再度自白时并未受到不正之讯问方法，其再度自白仍应禁止使用。”[4]

“联系密度理论”对重复供述的考察转移到客观因素上，充满不确定性，而“因果关系理论”预设了重复供述与非法取证之间的直接因果关系，重复供述需全部排除，与适用非法证据排除理论存在相同的问题。

综上，笔者赞同“证据禁止的继续效力”理论，首先，在形式合法的情况下，该理论并未预设重复供述的形态，以非法取证行为是否对重复供述产生影响为判断基础，将重复供述是否可采的问题回归到审查供述本身是否具有可采性上，避免因过分关注程序，造成实务中仅凭客观因素判断供述是否合法，使焦点从程序转移到言词证据的任意性上，遵循自白任意性规则。其次，法官在判断重复供述时并非无所作为，也可最大化地保障辩护方的诉讼权利。

---

〔1〕 坚持该观点的为学者众多，包括林钰雄、吉冠浩、王彪、万毅等。详见林钰雄：《刑事诉讼法》（下册 各论编），中国人民大学出版社2005年版，第150页；吉冠浩：《论非法证据排除规则的继续效力——以重复供述为切入的分析》，载《法学家》2015年第2期；王彪：《审前重复供述的排除问题研究》，载《证据科学》2013年第5期；万毅：《论“反复自白”的效力》，载《四川大学学报（哲学社会科学版）》2011年第5期。

〔2〕 坚持该观点的是谢小剑，详见谢小剑：《重复供述的排除规则研究》，载《法学论坛》2012年第1期。

〔3〕 万毅：《论“反复自白”的效力》，载《四川大学学报（哲学社会科学版）》2011年第5期，第141页；坚持该观点的还有闫召华，参见闫召华：《重复供述排除问题研究》，载《现代法学》2013年第2期。

〔4〕 坚持该观点的是林钰雄、吉冠浩、王彪等。详见林钰雄：《刑事诉讼法》（下册 各论编），中国人民大学版出社2005年版，第150页；吉冠浩：《论非法证据排除规则的继续效力——以重复供述为切入的分析》，载《法学家》2015年第2期；王彪：《审前重复供述的排除问题研究》，载《证据科学》2013年第5期。

（三）重复供述排除规则的确立及其意义

2010 年颁布的《关于办理死刑案件审查判断证据若干问题的规定》和《关于办理刑事案件排除非法证据若干问题的规定》，对非法证据的排除范围、审查程序、证明责任、证明标准以及救济程序等作了相对完善的规定，但未涉及重复供述的排除问题。2017 年 6 月 27 日颁布实施的《关于办理刑事案件严格排除非法证据若干问题的规定》（以下简称《严格排除非法证据规定》）第 5 条，从正反两方面规定了排除重复供述条款，在立法上正式确立了重复供述排除规则。该规定确立了有限的“一概排除加例外”的模式，使法官排除重复供述有相对明确的操作标准。为重复供述的理论研究明确了方向，完善了非法证据排除规则，拓宽了对被告人的保护途径。对重复供述的否定性评价，解决了排除非法口供后的遗留问题，能够从根源上抑制侦查机关的非法取供现象。另外，也限定了法官过大的自由裁量权。

二、排除重复供述的正当性

在定罪率较高的国家，供述对起诉发挥着重要的作用，“如果定罪率是日本检察机构的骄傲，那么口供就是其基石”，“从辩诉交易到伪造案卷到刑讯逼供，多数源于该体系过度依赖罪犯认罪”。[1] 证据相关性鼓励采纳证据，要求采纳任何与案件具有逻辑关系的证据，以求最大限度地接近案件真实。英国著名的功利主义哲学家边沁说过：“证据是正义的基石，排除证据就是排除正义。”[2] 美国《联邦证据规则》第 403 条规定：“如果相关证据的证明价值为下一个或多个危险所严重超过，则法院可以排除该证据：不公平损害、混淆争点或者误导陪审团、不当拖延、浪费时间或者不必要地出示重复证据。”证据排除规则是证据法“求善”的价值体现，仅当采纳该证据对当事人权利的侵害大于该证据对案件事实的证明价值时，排除证据才具有正义的基础。

（一）排除不可靠证据：重复供述存在不可靠的危险

最初非自愿性供述因违反了正当程序原则而不具有可采性，防止警方利用询问技巧导致供述缺乏可靠性。犯罪嫌疑人享有不被强迫自我归罪的权利，

---

〔1〕［美］戴维·T. 约翰逊：《日本刑事司法的语境与特色——以检察起诉为例》，林喜芬等译，上海交通大学出版社 2017 年版，第 23 页。

〔2〕 参见王兆鹏：《搜索扣押与刑事被告的宪法权利》，台湾翰芦图书出版有限公司 2000 年版，第 82 页。

如果他放弃这一权利，作出自我归罪的供述，法官需要审查该供述是否具有自愿性，不具有自愿性的供述因存在虚假供述的可能，不具有可采性。[1]“刑讯利用的是人类对肉体痛感的最本能的恐惧。”[2]“最早的讨论已经表明，该种要求方式的理由在于人们意识到，不是受负罪感的驱使而是受避免受苦或获得好处愿望的驱使而作出的陈述缺乏可靠性。”[3]“证据是认定犯罪事实的基础，如果证据不合法，尤其是通过非法方法收集的言词证据，虚假的可能性大，如果将此类证据作为定案的根据，既可能冤枉无辜者，也可能会放纵真正的犯罪人。”[4] 在李久明案中，李久明身为警察，具有比普通人更为坚毅的心智，熟知审讯技巧，并且明知供述杀人的后果，仍不能忍受刑讯的痛苦被迫做出杀人的虚假供述，更遑论普通人对刑讯的承受能力。由此可见，通过非法取证手段违背供述人意愿获取的供述，不具有可靠性。但刑讯作为中国古代合法的审讯方式，就是利用人对痛苦的感知，强迫受刑人说真话，在受刑人为“真凶”的案件中，供述的真实性往往更高。因此，供述的不可靠性似乎不能成为排除重复供述的主要理由。

（二）彰显正当程序原则：重复供述的获得违反了正当程序原则

“在现代刑事司法中，正当法律程序首先要求赋予被告人反对强迫自我归罪特权，禁止使用酷刑等不人道的方法取证，防止将被告人作为国家机关的定罪工具”，[5] 在司法方面，正当法律程序要求司法本身的运作过程符合正义的内在诉求，“不能以牺牲个体的自由和人身安全作为实现社会秩序的手段”。[6] 公检法三机关作为公权力机关，在追究刑事责任的同时，要遵守诉讼程序的要求，保障犯罪嫌疑人、被告人诉讼权利，同时富有成效地参与到诉讼程序中，促使案件裁决的全过程以一种“看得见”的方式呈现，判决的可接受性将通过程序正义得以体现。采纳重复供述的危险不在于重复供述内

---

〔1〕 Welsh S. White, “What is an Involuntary Confession Now”, 50 *Rutgers L. Rev.* 2001, 2009 (2001).

〔2〕 刘昂：《警察刑讯逼供的深层动因研究——多学科视角的考察》，载《北京政法职业学院学报》2013 年第 2 期，第 6~10 页。

〔3〕 ［美］约翰·W. 斯特龙主编：《麦考密克论证据》，汤维建等译，中国政法大学出版社 2004 年版，第 280 页。

〔4〕 戴长林：《非法证据排除规则司法适用疑难问题研究》，载《人民司法》2013 年第 9 期，第 22~31 页。

〔5〕 樊崇义、史立梅等：《正当法律程序研究——以刑事诉讼程序为视角》，中国人民公安大学出版社 2005 年版，第 146 页。

〔6〕 陈卫东：《程序正义之路》，法律出版社 2005 年版，第 370 页。

容真实与否，而在于若重复供述受非法取证行为影响，会增加程序不公正的风险。

（三）尊重和保障人权：获取重复供述的手段存在侵犯人权之虞

犯罪嫌疑人权利保护不仅体现在刑事实体法中，也体现在程序法中。“在某种程度上，刑事诉讼法的发展史实际就是被告人人权保障不断得到加强的历史，也是被告人诉讼地位不断得到提高的历史。”〔1〕随着近代国际人权运动的发展，“人们逐渐认识到酷刑是惩治犯罪的一种非理性的模式，是一种残害同类的不人道手段，认识到酷刑严重侵犯人的生命权、健康权、安全权等基本权利，粗暴践踏人的尊严。不受酷刑权与嫌疑人、被告人的权利保护密切相关。”〔2〕犯罪嫌疑人、被告人摆脱了诉讼客体身份的同时，通过酷刑获取口供的方式被摒弃。《公民权利与政治权利公约》第14条第3款第（庚）项规定：“不被强迫作不利于他自己的证言或强迫承认犯罪。”承认犯罪的供述必须是出于自由意志，体现出对犯罪嫌疑人、被告人人权最低限度的保护。犯罪嫌疑人、被告人在刑事诉讼中的主体地位逐渐得以确立，查处犯罪不能以牺牲人权为代价，这也是2004年宪法修正案“国家尊重和保障人权”的要求。

（四）落实非法证据排除规则：防止成为政策效应

在Missouri v. Seibert案中，警察遵循当地的政策，在首次问询中故意忽略米兰达警告，在被告人供述后获得了放弃米兰达权利的声明。之后，被告人重复了她之前的供述。〔3〕Kennedy法官认为Seibert所采用的讯问技巧“旨在规避”米兰达规则，指出：“警察使用两步讯问技巧故意违反米兰达警告。米兰达警告被保留以掩盖最终给出警告的实际和法律意义……当询问者故意使用两步策略，米兰达警告后的供述与警告前供述具有实质相关性时，必须排除而无需补救步骤。”〔4〕后通过United States v. Ray案，重申“Seibert案明确确立的规则是如果官员故意采用Seibert案中警察采用的两步讯问技巧，并且没有采取充分的补救措施以确保后来的米兰达警告得到真正理解，则必须禁

〔1〕樊崇义：《刑事诉讼法学》，中国政法大学出版社1995年版，第83页。

〔2〕王金兰、李学勤：《权力与权利和谐的现实分析——从不受酷刑权的角度》，载《河北法学》2006年第3期，第58~63页。

〔3〕Missouri v. Seibert, 542 U. S. 600 (2004).

〔4〕Missouri v. Seibert, 542 U. S. 600 (2004).

止使用由此获得的放弃米兰达的声明，即使该声明是自愿的。"[1] 同样，采取非法手段强迫犯罪嫌疑人做出有罪供述，一旦犯罪嫌疑人被"打怕"，心理防线崩溃后，之后在合法的讯问程序下，仍会做出有罪的重复供述。"侦查人员采用非法手段，也不可能每次讯问时采用，尤其在看守所的审讯室，或在全程录音录像监控的条件下，非法审讯实施受到限制。因此，侦查、控诉机关常常避开可能引起争议的供述笔录，而以这些审讯与被审讯人之间有物理隔离或有监控条件的审讯笔录作为定案依据。"[2] 通过非法手段讯问获取的供述毫无疑问属于非法供述需要排除，而其后的重复供述若不排除，"长此以往，可能形成一种政策效应，即侦查机关可能采取先对犯罪嫌疑人实施刑讯逼供，然后再经合法审讯取得嫌疑人有罪供述的策略，以此规避非法证据排除规则的约束。如此一来，非法证据排除规则将完全被架空。"[3]

三、重复供述排除模式及其合理选择

（一）重复供述排除模式

普通法系的英国，证据取得方式本身的非法性对证据的可采性不存在必然和直接的影响，法官更为关注证据对案件事实的证明力以及它对诉讼的正面意义。[4] 关于重复供述，在 R v. McGovrn 案例中，警察在第二天对被告进行了第二次询问，这是根据《守则 C》的规定进行的，并且沙律师在场。被告作了充分的自白。检控方是可以依据该询问，即使他们不能依据第一次询问？上诉法院说他们不能。当被告人在第一次询问时作出一系列的自认时，这些自认已经做出了这一事实，有可能对第二次询问产生影响。如果第一次询问受到了污染，第二次询问肯定受到了污染，但在后续的案例中，考虑到重复性自白是否应当排除是一个事实和程度问题，如果导致早先的讯问的事项不具有根本性和持续性，在第二次讯问时做出的自认可能会被采纳。[5]

在美国，首次供述取得手段的非法性，包括违反宪法权利、其他正当程

---

〔1〕 U. S. v. Ray, 803 F. 3d 244 (2015).

〔2〕 龙宗智：《我国非法口供排除的"痛苦规则"及相关问题》，载《政法论坛》2013 年第 5 期，第 16~24 页。

〔3〕 万毅：《论"反复自白"的效力》，载《四川大学学报（哲学社会科学版）》2011 年第 5 期，第 138~144 页。

〔4〕 齐树洁主编：《英国证据法》（第 2 版），厦门大学出版社 2014 年版，第 368 页。

〔5〕 参见［英］克里斯托弗·艾伦：《英国证据法实务指南》，王进喜译，中国法制出版社 2012 年版，第 240~241 页。

序条款以及非宪法性权利等。因此，重复供述的范畴比我国意义上的重复供述更为宽泛。在 Bayer 一案中，法院认为："当供述人通过供述让猫跑出口袋……在这种情况下，后来的供述总是被认为是前一供述的'果实'。"〔1〕除非适用排除的例外性规定，如污点的稀释、介入的非法行为、不可避免的发现、善意的例外、为弹劾被告而使用等。美国确立了严格的"排除加例外"模式，可采性标准几经变化，由最初审查重复供述的可靠性到审查重复供述的自愿性，再到自愿性与程序正当性相结合。这种自愿性并非仅指供述者在供述时意志自由的程度，还包括宪法、法律、法规等规定的权利是否得到有效的保障。

大陆法系国家在证据排除规则上更为保守。基于"自证其罪原则"，德国实行证据禁止理论，使用禁止取证的手段获取的证据不具有证据能力。法定禁止使用包括使用禁止使用的审讯手段、未履行合理的告知义务等。理论上，"德国实务却发展出一种混合规范保护与权衡理论相结合的特有模式。"〔2〕而联邦最高法院在司法实践中否定禁止使用的证据有"远距离影响"的趋势。〔3〕具体来说，使用禁止使用的审讯手段，即使犯罪嫌疑人同意，所获得的口供也不具有证据效力。首次供述违反告知义务而后重新告知犯罪嫌疑人享有沉默权，除非审讯机关明确告知犯罪嫌疑人，其之前所说证词不被采纳，否则获得的重复供述仍不可作为证据使用。〔4〕在格夫根诉德国一案中，地区法院不仅排除了初次非法自白还排除了之后所有的审前供述，而庭审中供述，由于告知其享有沉默权以及所有审前自白已被排除的事实，并且陈述时律师在场，因此在一定意义上，大审判庭认为申诉人已经回复到受胁迫以前的状态。〔5〕我国台湾地区也运用证据禁止理论创设了证据禁止法则，依据"权衡理论"，任何违反取证规定的案例，都需要个案衡量，才能终局决定证据应否禁止使用。〔6〕

---

〔1〕 U. S. v. Bayer, 331 U. S. 540 (1947).

〔2〕 参见林钰雄：《刑事诉讼法》（上册·总论编），中国人民大学出版社 2005 年版，第 424 页。

〔3〕 Rogall, Klaus: SK-StPO, § 136a Rn 93. 转引自李倩：《德国刑事证据禁止理论问题研究》，载《中外法学》2008 年第 1 期，第 129 页。

〔4〕 参见李倩：《德国刑事证据禁止理论问题研究》，载《中外法学》2008 年第 1 期，第 117~134 页。

〔5〕 参见孙长永、闫召华：《欧洲人权法院视野中的非法证据排除制度——以"格夫根诉德国案"为例》，载《环球法律评论》2011 年第 2 期，第 143~149 页。

〔6〕 参见林钰雄.《刑事诉讼法》（上册·总论编），中国人民大学出版社 2005 年版，第 438 页。

法国对口供的评价遵循口供自由、自愿的原则，在非法口供排除问题上，实行法官自由评价标准。由于法国刑事诉讼中的口供具有可分性，因此，法官可以在总体上对重复供述的证明力进行评价，也可以对其认为有证明力的部分进行评价。在司法实践中，法官并不支持辩护方主张侦查人员对犯罪嫌疑人所实施的暴力取证行为已产生持续深远的影响，虽然后续的讯问已进行合法性矫正，但犯罪嫌疑人依然心怀恐惧，无法自由、自愿地作出口供，否认前一口供会对后一口供产生影响。[1]

（二）重复供述排除模式的理性选择

依据“毒树之果”原则，美国采取“强制性排除加例外”模式。但考察例外性规定，之前的非法取证手段并不包括刑讯逼供，只是在警察违反了第四、第五、第六宪法修正案以及米兰达警告或者其他法律规定时，考虑被告人放弃米兰达规则的声明是否具有自愿性。被告人之前的供述是强制获取的情况下，之后的重复供述一概排除，不涉及例外情况。

一概排除模式过于绝对，超越了我国现阶段的司法现状。由于辩护方申请排除重复供述一经查证，之前的非法口供以及之后的重复供述都需要排除，即被告人的认罪供述都需要排除，法院将面临巨大的压力。如果前期证据收集不充分，排除被告人供述后其他证据未达到“证据确实、充分”的证明标准，按照证据裁判原则，法院只能做出无罪判决。可以预料判决将会招致控诉方抗诉以及公安机关的压力，导致的后果是：法院基于控诉方抗诉的压力，不敢轻易排除非法证据以及重复供述，实际上不利于非法证据排除规则的长远发展。“尤其是在我国长时间处于犯罪率居高不下、社会矛盾激化的社会转型时期，整个社会显然无法容忍因为过于泛化地排除非法证据而导致放纵犯罪的结果。”[2] 根据学者实证调研，从 2005 年到 2015 年十年间，法院因排除非法证据而判决被告人无罪的仅占 1.17%，可见概率之低，如果加上那些确实存在非法取证而法院又并未启动非法证据排除的案件，概率将会更低。[3] 另外，倘若完全排除重复供述，等于剥夺了被告人认罪认罚从而获得较轻刑罚的诉讼权利，不利于争取犯罪嫌疑人与司法机关合作，节约司法

---

〔1〕 参见施鹏鹏：《口供的自由、自愿原则研究——法国模式及评价》，载《比较法研究》2017 年第 3 期，第 56~70 页。

〔2〕 王超：《排除非法证据的乌托邦》，法律出版社 2014 年版，第 131 页。

〔3〕 参见易延友：《非法证据排除规则的中国范式——基于 1459 个刑事案例的分析》，载《中国社会科学》2016 年第 1 期，第 143 页。

资源。

大陆法系国家遵循的“综合权衡说虽然貌似合理，但在我国异化的司法体制之下，在线型的刑事诉讼构造之下，在第一次非法供述的绝对排除都遭遇梗阻的前提下，完全由缺乏独立性的司法人员权衡决定重复供述的证据能力问题，其实施效果可想而知”。[1] “简言之，权衡理论追求的是个案正义，牺牲的是法律原则的一般性。”[2]

因此，我国采取有限的“强制排除加例外”模式较为合理，兼顾程序正义以及实体真实，约束职权主义的法官自由裁量权的行使，保障被告人的诉讼权利。

四、我国重复供述排除规则存在的问题

（一）重复供述排除规则的立法缺陷

《严格排除非法证据规定》第5条明确，采用刑讯逼供方法使犯罪嫌疑人、被告人作出供述，之后犯罪嫌疑人、被告人受该刑讯逼供行为影响而作出的与该供述相同的重复供述，应当一并排除，但下列情形除外：①侦查期间，根据控告、举报或者自己发现等，侦查机关确认或者不能排除以非法方法收集证据而更换侦查人员，其他侦查人员再次讯问时告知诉讼权利和认罪的法律后果，犯罪嫌疑人自愿供述的；②审查逮捕、审查起诉和审判期间，检察人员、审判人员讯问时告知诉讼权利和认罪的法律后果，犯罪嫌疑人、被告人自愿供述的。我国明确了受刑讯逼供行为影响作出的与该供述相同的重复供述需要一并排除，而非只要存在刑讯逼供，之后的重复供述一概排除。并且在排除之外又设立了两条例外性规定，控诉方举证证明符合两条例外性条款的重复供述就具备可采性，无须排除。可见，立法上关于重复供述的排除规定，实际并未给予法官自由裁量的空间。法官作为“司法机器”，只能被动依据“法定证据制度”裁决，[3] 即使个案情况存在巨大差异。而参考前述其他国家的规定，缺乏法官自由裁量权的证据规则，虽保障了法律实施的统一，但无疑会丧失了个案公正。具体说来存在几个方面的问题：

---

[1] 闫召华：《重复供述排除问题研究》，载《现代法学》2013年第2期，第130页。

[2] 林钰雄：《刑事诉讼法》（上册·总论编），中国人民大学出版社2005年版，第439页。

[3] 原文为“新法定证据主义”，参见陈瑞华：《以限制证据证明力为核心的新法定证据主义》，载《法学研究》2012年第6期，第149页。

1. 重复供述的范围界定过窄

《严格排除非法证据规定》将非法取证手段解释为：①刑讯逼供和以威胁、引诱、欺骗以及其他非法方法；②殴打、违法使用戒具等暴力方法或者变相肉刑的恶劣手段；③以暴力或者严重损害本人及其近亲属合法权益等进行威胁的方法；④非法拘禁等非法限制人身自由的方法收集的犯罪嫌疑人、被告人供述。而《刑事诉讼法》以及《最高人民法院关于适用〈中华人民共和国刑事诉讼法〉的解释》中规定，使用肉刑或者变相肉刑，或者采用其他使被告人在肉体上或者精神上遭受剧烈疼痛或者痛苦的方法为“刑讯逼供等非法方法”，即刑讯逼供仅为非法取证方法的一种，其他使被告人在肉体上或者精神上遭受剧烈疼痛或者痛苦的取证方法也等同于刑讯逼供。

可见，《严格排除非法证据规定》虽然对非法取证的方式以及类型作了扩大性规定，但人为地将刑讯逼供与威胁、引诱、欺骗以及其他非法方法分割，把刑讯逼供限定为排除重复供述的前置非法取证手段，与高法解释存在矛盾。按照该规定，当非法取证方法为刑讯逼供外的其他非法方法时，其后获取的供述实际上并不符合第5条规定的“采取刑讯逼供方法”，未在“立法上”取得重复供述的法律地位，也因此无须排除。仅将刑讯逼供限定为非法取证的手段，等于变相否定了其他非法取证手段可能会对之后的供述产生影响。实际上，以威胁为例，在某些情况下，其比刑讯逼供具有更大的内在强迫性，在 Lynumn v. Illinois 案中，警察告诉被告人，如果她不合作，她的孩子们的国家援助将被切断并且她的孩子们将被从她身边带走，之后被告人作出的供述被认为不是自愿的，而是被强迫的。[1]

2. 重复供述是否受刑讯逼供影响的证明责任规定不明确

重复供述受刑讯逼供影响的限定条件，意味着存在刑讯逼供的取证行为并非是排除重复供述的充要条件，而是必要而非充分条件，还需要证明重复供述受刑讯逼供影响。那么由谁承担证明责任？《严格排除非法证据规定》并未予以明确。在诉讼中，辩护方排除非法口供以及重复供述的愿望最为迫切，在排除非法口供之后，一般会继而提出排除重复供述的申请。否则从辩护的角度，仅申请排除非法口供而不申请排除与其相同或相似的重复供述，排除申请并无诉讼上的意义。实践中，作为申请者，被告方往往被要求承担证明重复供述受到之前刑讯逼供影响的证明责任或初步的证明责任。事实上，很

〔1〕 Lynumn v. Illinois, 372 U. S. 528 (1963).

多被告人尚且不能对客观上是否存在刑讯逼供提供初步证据，更遑论较为主观的意志受到影响？由于没有直接的证据可以证明被告人供述时的意志状态，要求被告人承担证明责任显然不具有可行性，即使控诉方也难以完成此项证明责任，否则就没有必要设置两条例外性条款。

3. 例外性规定不足以确保重复供述的自愿性

首先，以诉讼阶段变更以及讯问主体变更为例，公检法之间“分工负责、互相配合、互相制约”的关系，法律专业人士能够理解，但犯罪嫌疑人、被告人并不了解三机关之间的不同，多数认为公检法三机关性质相同。“在这种同质性较高且追诉倾向较强的司法体制和办案模式下，前一阶段（侦查）诉讼主体的行为和结果，很容易为后一阶段（起诉、审判）诉讼主体所认同，单纯变更取证主体，恐无法有效切断先前刑讯逼供行为的影响。”〔1〕“基于对第一次刑讯逼供的记忆和恐惧，即使侦查机关在以后的审讯中不再采用刑讯，犯罪嫌疑人轻易也不敢翻供。”〔2〕

其次，更换侦查人员、告知权利义务后重复供述不排除的规定，很可能演变成一种新的违法取证“技巧”，即在不录音录像也不做笔录的情况下，侦查人员先运用刑讯逼供等非法手段摧毁犯罪嫌疑人的意志，后开始合法询问，虽告之权利，但犯罪嫌疑人从肉体和精神上已经“屈服”，以此达到规避排除非法供述的目的，从这一点上看，这是非法证据排除规则的倒退。美国侦讯手段中就曾存在警察故意采取“两步策略”（two-step questioning technique），规避米兰达规则的情形，即首先在未给予米兰达警告前声称对嫌疑人进行“谈话”（interview），等嫌疑人作出供述后再给予米兰达警告，此时嫌疑人重复之前的供述就会被作为自我归罪的证据在法庭上使用，在 Robertson v. Pichon 案中，法院指出：“如果审讯者故意采用两步策略，在延长的谈话中故意违反米兰达规则，则与米兰达警告前的供述具有实质相关性的后续供述，如缺乏具体可治愈的步骤，则必须排除。”〔3〕

4. 被告人缺乏权利救济

第5条设置了两条例外性规定，只要控诉方能够证明取得重复供述符合

---

〔1〕 万毅：《论“反复自白”的效力》，载《四川大学学报（哲学社会科学版）》2011年第5期，第142页。

〔2〕 万毅：《微观刑事诉讼法学：法解释学视野下的〈刑事诉讼法修正案〉》，中国检察出版社2012年版，第165~166页。

〔3〕 Robertson v. Pichon, 849 F. 3d 1173 (9th Cir. 2017).

任意一条，重复供述就具有可采性。根据我国《刑事诉讼法》第51条规定，公诉案件中被告人有罪的举证责任由人民检察院承担，被告人不承担证明自己有罪的责任。立法直接规定符合例外性规定的重复供述具有可采性，同时并未给予辩护方反驳的权利，属于不可反驳的推定。不可反驳的推定是一种事实认定方法，[1] 转移了控诉方的证明责任，只要控诉方举证证明相对容易证明的基础事实存在，如涉及更换侦查人员、告知权利义务等，就等于完成了推定事实的证明责任，重复供述就具备可采性，降低了证明标准。辩护方要提出相反证据证明重复供述受之前刑讯逼供行为的影响更是难上加难，更何况立法上并未规定辩护方可以提出相反的证据反驳推定事实的成立。很明显，辩护方在该推定中处于不利一方。

（二）重复供述排除规则实施情况及其存在的问题

《严格排除非法证据规定》颁布一年多来，重复供述排除规定已经得到适用，但实践中法官对条文的理解差异造成不同案件中适用标准不一。其中，最为普遍的问题是，法官在审查重复供述是否可采的问题上，往往以重复供述能与其他证据相互印证来佐证其合法性，究其缘由，“在于我国法官缺乏审查判断证据的能力，‘法定化’的指导规则又无疑会让法官越来越产生依赖、盲从、懒惰，降低其运用自身经验理性、逻辑推理对各种证据及其之间矛盾进行分析取舍的能力，不再把自己通过庭审所接触到的直接言词作为判断的主要依据，对那些辩方提出疑点的控方书面证据放弃核实和质疑，对一些存在进一步调查、盘问必要的翻供直接予以否定。”[2] 另外，司法责任制使法官对心证的运用更为谨慎，防止因过失被追究责任。可采性需要凭借法官的专业知识、经验、逻辑等进行综合判断，而根据“印证理论”，证据的“真实性”能够凭借与其他证据相互印证得到验证。相比较而言，重复供述的真实性相对较为容易得到证明，而可采性的证明较为困难。可见，法官采用证据真实性去证明证据的可采性，规避了对重复供述的审查判断，降低了职业风险。以在中国裁判文书网搜集到的摘要——非法证据、重复供述的裁判文书为例，问题体现在以下几个方面：

---

〔1〕 乔光耀、刘万奇：《从分类到界线——论推定与法律拟制》，载《中国人民公安大学学报（社会科学版）》2016年第5期，第61页。

〔2〕 参见元轶：《法官心证与精神病鉴定及强制医疗关系论》，载《政法论坛》2016年第6期，第105页。

第一，以重复供述的真实性“印证”其合法性，混淆了证据的可采性与证明力。在被告人唐沛、魏磊等走私、贩卖、运输、制造毒品罪一案中，[1]法院以供述时，被告人的神态、侦查人员是否存在刑讯逼供行为以及被告人前期供述的稳定性来认定重复供述的有效合法性，如判决书中显示：

经查，2016年12月24日、25日对被告人魏磊的二次讯问录像有画面、没有声音，但录像显示被告人魏磊在接受讯问时神态自如，侦查人员对其亦没有殴打等违法行为，12月26日在看守所的讯问有完整的录音录像，内容与笔录基本一致，没有记录的均是被告人魏磊的重复供述或是其询问侦查人员案件情况等内容，侦查人员向被告人魏磊释明如实供述可以获得从轻处罚，不属于违法行为，结合被告人魏磊前期稳定供述内容，足以认定被告人魏磊在侦查机关的供述是合法、有效的，故该辩护意见不能成立，本院不予采信。

第二，将排除非法证据申请作为排除重复供述的前置条件，并且要求被告人承担排除重复供述的初步举证责任。在何荣海、王滔涉嫌犯抢劫罪、非法拘禁罪一案中，[2]法院将非法拘禁、暴力等方法使其遭受难以忍受的痛苦解释为与刑讯逼供相同，实际上超越了《严格排除非法证据规定》对重复供述的界定。另外，要求被告人承担举证责任，同时，将排除非法证据作为排除重复供述的前置条件，缺乏法律根据，裁判文书中显示：

至于何荣海在庭审中以其庭前供述是经事先背下来的重复供述为由予以翻供的问题，经查，何荣海在庭审中提出庭前供述是基于侦查人员有对其说了“已经结案了，说不说都无所谓”的话的前提下，才按事先背好的内容进行的供述，但何荣海并未申请非法证据排查，也未提供证据或线索证明侦查人员有刑讯逼供、非法拘禁、暴力等方法使其遭受难以忍受的痛苦而作出了上述供述，其庭前供述不予以作为非法证据排除，因其庭前不同地点所作的多次供述的内容基本一致且与其他证据相吻合，可采信其庭前供述。

第三，适用排除重复供述的例外性规定，而之前非法获取的证据并未排除。如在蒋继耀犯受贿罪一案中，[3]被告人在二审中否认侦查人员对其刑讯逼供，法官适用了排除重复供述中第2条例外性规定。既然适用例外性规定，就说明之前存在刑讯逼供取证行为，那么之前非法取证获得的证据是否要排

---

〔1〕 江苏省泗阳县人民法院（2017）苏1323刑初376号。

〔2〕 福建省闽侯县人民法院（2017）闽0121刑初280号。

〔3〕 福建省龙岩市中级人民法院（2016）闽08刑终420号。

除？判决书并未对此予以回应，裁判文书中显示：

关于上诉人蒋继耀及其辩护人提出本案初查不合法，初查阶段和侦查阶段的有罪供述不能作为定案依据，同时申请调取讯问的同步录音录像的诉辩理由。经查，蒋继耀在案件初查、侦查及提请批准逮捕三个不同诉讼阶段的7份有罪供述，检察机关不同阶段的办案人员均有告知权利义务，蒋继耀亦在明确了权利义务后对笔录内容予以确认、签字，其有罪供述经一、二审法庭举证、质证。出庭检察员认为，蒋继耀的有罪供述不属非法证据，无须提供讯问的同步录音录像。根据法律规定，审查逮捕、审查起诉期间，检察人员讯问时告知诉讼权利和认罪的法律后果，犯罪嫌疑人自愿供述的情形，不属于非法证据范畴，二审庭审过程中，蒋继耀仍供认检察机关办案人员未对其刑讯逼供。出庭检察员的意见于法有据，该辩护和辩解意见不能成立，不予采纳。

第四，以是否存在非法取证行为来认定重复供述，混淆了非法证据与重复供述的区别。在吴春和犯受贿罪一案中，[1] 法院以各种客观因素判定被告人再次供述时是否存在非法取供，如是否更换了办案地点、告知诉讼权利、被告人供述时精神以及表情状态、是否有签字捺印等，忽视了重复供述表面的合法性，并未审查是否受之前非法取证行为的影响。

而对于吴春和在看守所所做供述，因相比检察机关的办案地点而言，吴春和在看守所受到侦查人员的影响减弱，意志相对自由，办案机关亦提供了吴春和在看守所讯问（12月31日涉及谭某一事实的讯问）的同步录音录像，录像反映侦查人员在讯问过程中没有逼供、诱供的行为，吴春和精神状态及表情自然，思维清晰，语言表达流畅，且侦查人员在讯问前，已将被告人相关诉讼权利义务告知吴春和，讯问结束后，均有吴春和核对笔录并签字捺印，故吴春和在看守所所做供述并无线索反映系侦查人员以非法方法取得，不予排除。

第五，被告人否认重复供述受到刑讯逼供后，法院并未审查重复供述是否受到之前刑讯逼供的影响。在李志林犯盗窃罪一案中，[2] 被告人当庭承认未再受到刑讯逼供，之后做的重复供述能够与其他证据相互印证的，法院直接采信，未审查之前的刑讯逼供行为是否对重复供述造成影响，裁判文书中

---

〔1〕 广西壮族自治区南宁市中级人民法院（2017）桂01刑终333号。

〔2〕 江苏省昆山市人民法院（2017）苏0583刑初921号。

显示：

被告人关于派出所在其暂住地存在刑讯逼供的辩解，经查，被告人当庭供称其在派出所时未再受到刑讯逼供，其在派出所、看守所均作了稳定、重复的有罪供述，且上述供述与在案的证人证言、监控录像、搜查笔录、扣押清单等证据能够相互印证，故被告人的有罪供述本院依法予以采信。

五、我国重复供述排除规则的完善

司法实践中反映出的问题亟需理论指导和立法完善，从法律效力看，《严格排除非法证据规定》属于规范性文件，其效力低于法律，从上述案例可以看出，涉及重复供述排除的案件，法官并未按照第5条规定进行审查、排除。为更好地适用重复供述排除规定，在下次修改刑事诉讼法、相关司法解释时，应将重复供述排除规定以法律的形式固定下来，使其具有更高的法律权威。另外，重复供述排除规则还应在以下几个方面进行完善：

（一）适当扩大重复供述的排除范围

排除重复供述是担心之前的非法取证行为会对之后的重复供述产生影响。我国沉默权的缺位以及存在认罪认罚制度，另外，在侦查活动中，一般的讯问技巧与非法取证的界限充满不确定性，尤其是采取引诱、欺骗等方式。由于存在或不能排除存在非法取证行为是申请重复供述排除的前提，因此，要适当扩大重复供述的排除范围就应扩大该前置条件，但不能将刑事诉讼法、相关司法解释以及《严格排除非法证据规定》中的非法取证手段都作为前提条件。鉴于刑讯逼供的取证方法一般会在被告人的身体上留下痕迹，通过体检记录、录音录像等比较容易查证。因此，应将刑讯逼供扩大到与高法解释相一致，即“使用肉刑或者变相肉刑，或者采用其他使被告人在肉体上或者精神上遭受剧烈疼痛或者痛苦的方法”，使其能够与引诱、欺骗、威胁等区别开来。一方面，对刑讯以外的其他非法手段认定尚且存在困难，避免由于前置条件无法查证而无法排除重复供述。另一方面，也是为了平衡侦查机关的工作，在时机成熟时，应将前置条件扩大到所有的非法取证手段，重点考察重复供述是否受其影响。

（二）强化侦查机关的权利告知义务

无论从控辩审任何一方分析，例外条款的设置都符合实践的需要，但需要明确告知供述人之前非法获取的供述不可用。J. Kennedy 在反对意见中指出：“米兰达警告前的供述与米兰达警告之间，在时间和环境上实质性中断在多数情况下已经很充分了，由于它允许被告人区分两种情况并且认识到审讯已经重新开始。"[1] "或者一个附加的警告解释，在米兰达警告发出前的拘禁期间的供述不具有可采性，可能是充分的。"[2] 由于我国没有米兰达规则，两次供述之间缺乏有效的"隔离"保护，刑事诉讼法确立的"沉默权"是"不得强迫任何人证实自己有罪"，而"犯罪嫌疑人对侦查人员的提问，应当如实回答"，仅在"对与本案无关的问题，有拒绝回答的权利"。无论是否更换讯问人员，有两项因素决定重复供述是否具有可采性：①是否明确告知犯罪嫌疑人、被告人，之前依靠非法手段获取的供述将被依法排除，不会在法庭上出示作为证明其有罪的证据。防止供述人出现"出口袋猫"的心理，以为天机已泄，再次供述也无妨。②是否明确告知犯罪嫌疑人、被告人，之后的供述将在法庭上作为对其不利的证据。由于应当如实回答是一种法定义务，所谓的告知犯罪嫌疑人、被告人诉讼权利，并不包含可以保持沉默，因此要明确告知之后的供述将要在法庭上作为对其不利的证据，由犯罪嫌疑人、被告人选择是否再次供述。重点考察再次供述的动机，如真诚悔过或为了获得量刑优惠。

（三）确立检控方承担重复供述自愿性的证明责任

关于重复供述自愿性的证明责任问题，按照《严格排除非法证据规定》第20条的规定，犯罪嫌疑人、被告人及其辩护人申请排除非法证据，应当提供涉嫌非法取证的人员、时间、地点、方式、内容等相关线索或者材料。然而，"刑讯逼供等非法方法的存在一般就意味着重复供述受到其影响，这种情形相当于辩方完成了启动非法证据排除程序所需要承担的'争点形成责任'，此时，控方应承担重复供述系合法取得的证明责任。"[3] 讯问过程全程录音录像的案件，由于侦查人员并不存在违法行为，反而能够证明重复供述取证过程的合法性。现阶段尚未施行讯问犯罪嫌疑人、被告人律师在场制度，实际上不存在直接证据证明再次供述受到之前非法取证行为影响。控诉方掌握着广泛的证据资源，相比之下辩护方不仅失去人身自由，其取证权利也受到严格的限制，举证能力较弱。因此，法律不应对被告人能够提出证据证明供述时的思想状态有所期待，从有利于被告人的角度，在确认或不能排除存在非法取证的情况，应推定之后与之内容相同或相似的重复供述都受之前非法

---

〔1〕 Bobby v. Dixon, 565 U. S. 31-32 (2011).

〔2〕 Missouri v. Seibert, 542 U. S. 600, 621-22 (2004).

〔3〕 王彪：《审前重复供述的排除问题研究》，载《证据科学》2013年第5期，第602页。

取证行为的影响。在 Brain v. United States 案中，法院指出：“法律不能精确衡量所使用暴力的影响或者决定其对在押犯的影响，因此受任何程度影响的供述都应被排除。”〔1〕若检控方要使用重复供述作为反对被告人的证据，就要承担证明重复供述与之前的非法取证不具有因果关系的证明责任，即重复供述不受之前非法取证的影响，或被告人在法庭上对重复供述的自愿性进行自认。

（四）明确排除重复供述的考察因素

《严格排除非法证据规定》实施前，涉及重复供述排除问题，法院主要审查供述的内容是否真实可靠，〔2〕法官往往以“真实故合法”论证模式认定重复供述具有客观真实性而不予排除，即“真实供述不排除，虚假供述才排除”，是典型的从防范冤假错案的目的论出发排除非法证据的思维。在《严格排除非法证据规定》实施后，从裁判文书中可以看出，该观念并未真正的改变。实际上，重复供述首先是个程序法问题，然后才是证据法问题，以供述内容的可靠性忽略供述本身的合法性，“容易造成只判断证据的证明力而忽视了证据的证据能力的问题。”〔3〕在 Jackson v. Denno 一案中，法院指出：“即使供述是真实的并且有充足的证据支持定罪，也必须撤销对非自愿认罪全部或部分成立的定罪。”〔4〕“这一判决应该在不考虑供认的真实性或虚假性的情况下作出。”〔5〕

根据“证据禁止的继续效力”理论，之前的非法取证行为是否对作出重复供述产生影响是排除重复供述的基础，应考察重复供述是否受到之前非法取证行为的影响以及受影响的程度，前者决定重复供述的“自愿性”，从而影响可采性，而影响的程度决定是否排除重复供述。

1. 重复供述是否受到之前供述的影响

重复供述属于犯罪嫌疑人供述，供述可采与否应主要审查侦查人员讯问的程序是否合法以及犯罪嫌疑人供述是否具有自愿性。重复供述的表面合法性，导致无法从客观条件审查是否受到之前非法取证手段影响，综合权衡说

---

〔1〕 Brain v. United States, 168 U.S. 532, 565 (1897).

〔2〕 参见易延友：《非法证据排除规则的中国范式——基于1459个刑事案例的分析》，载《中国社会科学》2016年第1期，第156页。

〔3〕 彭勃：《日本刑事诉讼法通论》，中国政法大学出版社2002年版，第285页。

〔4〕 See Jackson v. Denno, 378 U.S. 368, 376 (1964).

〔5〕 See Lego v. Twomey, 404 U.S. 477, 484-85 (1972).

又弊端重重。因此，重复供述是否具有自愿性应为主要考察因素。普通法系对证据自愿性的审查主要是考察供述是否出自明知（intelligent）、自主（independent）以及自由（freedom of will）。以美国为例，对供述可采性的判断经历了从主观探知到客观考察的转变，[1] 究其原因，源于供述者主观心态难以探知，而法官采取客观性的审查方式更有利于查明供述的自愿性，供述时意志是否自由是决定供述可采与否的决定性因素。

2. 重复供述受到影响的程度

是否只要重复供述受到之前非法取证的影响就会丧失可采性？"实际上要求调查严重犯罪案件的警察不犯任何错误不切实际。警察的压力和人性的变幻无常会使这种期望变得不切实际。"[2] 在 Bayer 案中，大法官们认为，"嫌疑人已经受迫作出了供认，但不会因而永远不能再提供一项可得采纳的供认。"[3] 陈瑞华教授指出："其实，被告人即使获得了非常完善的程序保障，他就犯罪事实的供述也不可能是完全'心甘情愿'的，而有可能是外部压力下的产物。证据法所要保障的并不是这种发自内心的绝对自愿性，也并不是对所有外部压力的否定。所谓'自愿性'，就是'非强迫性'的另一种称谓。也就是说，只要禁止了那些法定的非法取证行为，侦查人员所获取的被告人供述也就排除了强迫取证的可能，因而应被视为'具有自愿性的供述'。"[4] 因此，要赋予法官根据心证进行自由裁量的权利，培养法官独立的审查判断证据的能力。法官要根据个案的不同情况，综合考察各种客观性的因素，对非法取证行为影响重复供述的程度作出评价，决定重复供述是否具有可采性。但正如 Brandon L. Garrett 教授所说："供述自愿性分析的界定依旧十分模糊；法庭采用一系列没有明确权重的因素综合考量。"[5] 因此，对重复供述受到影响程度的各种客观因素进行量化，寻求法律的统一与法官自由裁量权之间的平衡，保障自由裁量权在制度的框架下良性运行等都值得更为细致的探讨。

---

[1] See Welsh S. White, "What is an Involuntary Confession Now", 50 *Rutgers L. Rev.* 2001, 2058 (2001).

[2] Michigan v. Tucker, 417 U. S. 433, 446 (1974).

[3] U. S. v. Bayer, 331 U. S. 532 (1947).

[4] 陈瑞华：《论被告人口供规则》，载《法学杂志》2012 年第 6 期，第 47~48 页。

[5] Brandon L. Garrett, "Contaminated Confessions Revisited", *101 Virginia Law Review.* 395, 422, 423 (2015).

(五) 加强被告人的权利救济

存在刑讯逼供的案件中，犯罪嫌疑人往往备受折磨，即使告知其之前的供述将被排除，之后的供述将重新来过，也恐无法消除这种恐惧。作为非法取证的受害方，应被赋予提出相反证据的权利，否则会加剧控诉双方不平等的地位。适用例外性条款，应赋予被告人权利救济，保障作为侦查机关非法取证行为的“受害人”权利。本文认为，应从以下几个方面给予被告人权利救济。

第一，被告人及其律师提出排除重复供述申请的，法院以被告人没有提出排除非法证据申请为由，拒绝启动重复供述排除审查；或被告人及其律师提出排除非法证据的申请，法院并未排除，之后又提出排除重复供述申请的。在同一审级中出现上述情况，按照《严格排除非法证据规定》第 29 条规定，被告人及其辩护人在开庭审理前未申请排除非法证据，在法庭审理过程中提出申请的，应当说明理由。即被告人及其辩护人能够说明理由的，或者能够提出新证据的，法院不得以未申请排除非法证据为由拒绝启动重复供述排除程序。根据《严格排除非法证据规定》第 38 条规定，人民检察院、被告人及其法定代理人提出抗诉、上诉，对第一审人民法院有关证据收集合法性的审查、调查结论提出异议的，第二审人民法院应当审查。因此，在二审中，即使被告人在一审中没有提出排除非法证据申请或申请未得到法院支持，在有新证据的情况下，二审法院仍旧需要审查重复供述的合法性，不得以未申请非法证据排除为由不予审查。

第二，被告人及其律师提出排除非法证据申请的，法院予以支持，后又提出排除重复供述申请的，法院并未予以支持的。此时，应允许被告人及其律师自行提出证据证明重复供述受之前重复供述影响，保障被告人的证据性权利。

第三，法院适用了排除重复供述的例外性规定，但未排除之前非法取证获取的证据。倘若法院适用例外性规定，即证明侦查机关之前的取证行为存在刑讯逼供，因此，法院应主动排除之前通过非法手段获取的证据，无需被告人及其律师再行申请，否则被告人及其辩护人可以以此为由申请二审。

第四，对例外性规定存在相反证据的，应允许被告人及其辩护律师提出相反证据证明重复供述受到之前刑讯逼供的影响，即对例外性规定不足以确保重复供述的自愿性提出相反证据，如刑讯逼供的持续时间长短、严重性、再次供述时的心理变化等，在立法上给予被告人对己不利推定的抗辩权利。

（六）不应允许侦查机关再次获取被告人口供

此外，重复供述排除后，是否允许侦查机关再次取证？万毅教授指出，非法证据排除规则的效力是刚性的，非法证据一经排除，即不得在审判中提出或不得作为定案依据，而且排除非法证据还将产生一种类似于“既判力”的效力，非法证据一经排除，即不允许侦查机关对同一证据源重新取证……确保非法证据排除规则不被架空。〔1〕在审查起诉阶段，检察院发现存在《刑事诉讼法》第54条规定的非法取证行为，排除该证据后，其他证据不能证明犯罪嫌疑人实施犯罪行为的，可以将案件退回侦查机关补充侦查或者作出不起诉决定。〔2〕在审判阶段，需要补充提供法庭审判所必需的证据或者补充侦查的，人民检察院应当自行收集证据和进行侦查，必要时可以要求侦查机关提供协助。即根据现行立法规定，在审查起诉、审判阶段都允许两次为限的补充侦查。既然被告人在庭审阶段提出排除非法证据以及重复供述的申请，那么如何期待侦查机关能在补充侦查中再次获取被告人自我归罪的证据？如自我归罪的重复供述具有自愿性，那么被告方何苦在庭审中提出排除重复供述的申请，然后在补充侦查中再次作出有罪供述？对被告人而言并不会获取实际的利益，反而可能会被认为认罪态度不好，错失量刑优惠。因此，排除重复供述后，不应允许侦查机关通过补充侦查获取被告人口供，但侦查机关可以对其他言词证据、实物证据进行补充侦查。

（初审人：谢亚平）

---

〔1〕 万毅：《论“反复自白”的效力》，载《四川大学学报（哲学社会科学版）》2011年第5期，第143页。

〔2〕 2012年《人民检察院刑事诉讼规则（试行）》第67条规定：人民检察院经审查发现存在《刑事诉讼法》第54条规定的非法取证行为，依法对该证据予以排除后，其他证据不能证明犯罪嫌疑人实施犯罪行为的，应当不批准或者决定逮捕，已经移送审查起诉的，可以将案件退回侦查机关补充侦查或者作出不起诉决定。

信息化对司法公开之重塑研究

——从“传统程序附庸”到“现代程序内核”*

郭 魏**

摘 要：本文以司法实务为基础，从考察信息化时代司法公开的嬗变过程入手，发现司法公开在工具、形式、内容等方面全面蜕变，司法公开广度、深度、维度得到重大拓展，司法公开的独立价值获得更好彰显。司法公开作为诉讼程序的局部，在自我变革的同时，也将自身张力作用于诉讼程序整体，对传统诉讼程序形成冲击和反哺，推动诉讼原理和部分规则发生变革。此外，信息化时代的司法公开在创造新秩序时也带来一些负面风险，引发隐私权保护、舆论审判、信息安全等问题和挑战，需要在未来智慧法院的语境下，立足世界技术发展、结合中国语境探寻解决之策，努力构建起更加成熟稳定的司法公开体系。

关键词：信息化 司法公开 程序再造

---

* 本文系国家社会科学基金项目“转型时期民事诉讼架构下的司法公开研究”（批准号：14BFX060）的阶段性成果。

** 郭魏，男，中国政法大学证据科学研究院司法文明协同创新中心司法文明方向2016级博士研究生（100088）。

引 言

人类社会经历了农业革命、工业革命，正在经历信息革命。在不同历史时期，司法公开在司法活动中的地位、作用、价值极为不同。司法公开曾长期处于诉讼程序的末端和边缘，随着公民权利意识觉醒、程序正义价值认同及与之对应的诉讼理念变化、审判构造更新等，司法公开逐步成为司法活动的重要组成部分。特别是人类社会进入信息化时代后，司法公开依托于信息技术变革获得重塑机遇，跻身成为现代诉讼程序的重要内核之一。以信息化时代前后为坐标，司法公开实现了从“传统程序附庸”到“现代程序内核”的嬗变。为了更好地迎接司法信息化带来的挑战与机遇，本文从考察信息化时代司法公开的嬗变过程入手，归纳了信息化时代司法公开呈现出的形态特征，阐述了其所承载价值的延展情况，探寻了司法公开嬗变的内在原理及对诉讼制度的冲击和反哺，同时分析了信息化时代司法公开面临的挑战与进路，以期在未来智慧法院背景下构建起一套更加成熟的司法公开体系。

一、司法公开从传统到现代的嬗变

正义不仅要被实现，而且要以显而易见和不容置疑的看得见的方式实现。[1] 司法公开即是让“正义”以“看得见的方式实现”的主要方式。从历史角度看，司法公开的理念和实践自始有之，司法活动经历了从“神秘”，到相对公开、充分公开的长期演变过程。从世界范围来看，英美法系采取当事人主义审理模式，更为重视“司法公开”的价值，并通过“陪审团制度”等使公众直接参与审判，判例法制度也使得裁判文书公开成为一种必然；大陆法系采取职权主义审理模式，法官在诉讼程序推进中起着决定作用，司法公开程度由法官占据主导地位，司法活动透明度总体上较英美法系偏弱。

在信息化时代之前，各国司法公开模式呈现传统状态。在公开途径和形式上，以公众旁听庭审、法院张贴公告或通过报纸、刊物等书面形式公开为主，受法庭空间及报刊阅读范围所限，能够知悉司法信息的受众非常有限。在公开内容和环节上，主要是裁判结果和部分正式庭审活动，司法信息是局部的、少量的、零散的。在公开效率和效果上，因信息传播方式比较原始，经常伴有滞后性或信息失真甚至错误。在公开自主性方面，因法院审判权与公众知情权、监督权是一对矛盾关系，法院主动公开动力不足，被动公开的

〔1〕［英］丹宁勋爵：《法律的训诫》，杨百揆、刘庸安、丁健译，法律出版社2011年版，第102页。

成分较大。整体上看，信息化时代前的司法公开，只是诉讼程序的简单附庸，没有得到法院足够重视，公众也无力将其改善，司法公开长期处于停滞不前状态。

“信息化”概念系日本文化人类学家梅棹忠夫（Tadao Umesao）于 1963 年在《论信息产业》一文中率先提出，“信息化是指通讯现代化、计算机化和行为合理化的总称”〔1〕。“信息化”一词后被译成英文传播到西方。中共中央办公厅、国务院办公厅印发的《2006—2020 年国家信息化发展战略》中，将信息化定义为“充分利用信息技术，开发利用信息资源，促进信息交流和知识共享，提高经济增长质量，推动经济社会发展转型的历史进程”。“信息化”是一个内涵和外延极其丰富的集合概念，其构成包括计算机、互联网、大数据、云计算、物联网、区块链技术、人工智能等，信息技术后续发展还将进一步丰富这一概念。2018 年，全球网民已突破 40 亿，中国网民超过 8 亿，以互联网为代表的信息技术已经成为人类生产生活的基础设施。

信息化时代到来后，世界范围内的司法公开步入变革期，逐步向信息化模式蜕变。美国法院根据 2002 年《美国电子政务法案》（E-Government Act）建设独立网站，依靠联邦法院的案件电子档案系统、法院电子记录公共访问系统向社会发布司法信息。英国威斯敏斯特治安法院在 2010 年 12 月关于“维基解密”创始人阿桑奇的保释听证会中，法官霍华德·里德尔（Howard Riddle）同意记者使用推特进行实时报道。2011 年 2 月英国最高法院《对最高法院案件使用推文实时报道的指导性意见》承认了实行推文报道的方式。〔2〕德国自 1998 年起在网络上免费提供联邦宪法法院裁判，2013 年颁行《电子司法法》《加强法院程序与检察署程序中使用视频技术的法律》，就法院与当事人之间的法律交往的电子化、庭审方式电子化等作出规定，构建了德国电子司法的整体框架。〔3〕

〔1〕 转引自［日］伊藤阳一：《日本信息化概念与研究的历史》，载李京文等主编：《信息化与经济发展》，社会科学文献出版社 1994 年版，第 87~88 页。

〔2〕 参见肖军、张倩：《英国庭审公开制度的新发展与启示》，载《法律适用》2014 年第 12 期，第 17 页。

〔3〕 参见周翠：《德国司法的电子应用方式改革》，载《环球法律评论》2016 年第 1 期，第 98 页。

中国法院信息化工作起步于1996年，历经了20余年发展。[1] 2015年，中国建成以互联互通为特征的人民法院信息化2.0版，基础设施建设基本完成，核心应用系统日益成熟。[2] 2017年，“全业务网上办理、全流程依法公开、全方位智能服务”的“网络化”“阳光化”“智能化”智慧法院初步建成，人民法院信息化3.0版的主体框架已然确定。[3] 目前，中国已经构建起到了以司法公开内容为核心，以审判流程、庭审直播、裁判文书、执行信息“四大公开平台”为骨干，充分利用传统媒体、政务网站、12368司法服务热线、官方微博、官方微信、手机APP等综合媒介的司法公开生态系统，逐步实现了工作领域全覆盖、审判流程全覆盖、面向对象全覆盖，司法公开在诉讼程序中的地位，当之无愧地从“边缘”转向“中心”，从“附庸”升级为“内核”。

表1 中国法院司法公开主要平台情况[4]

平台名称	开通时间	公开数量
中国审判流程信息公开网	2014年11月	实现全国3500余家法院通过平台向当事人发布审判流程信息，截至2018年12月底各级法院公开审判流程信息数十亿项，推送短信数千万条。
中国庭审公开网	2016年9月	截至2018年11月10日全国累计直播案件186 791 6件，观看量124亿多人次。

〔1〕 1996年5月，最高人民法院召开“全国法院通信及计算机工作会议”，确定北京、上海等八个高级人民法院及其辖区法院作为试点单位，制定了《全国法院计算机信息网络系统建设规划》《全国法院计算机信息网络建设管理暂行规定（试行）》，标志着人民法院信息化工作的起步。

〔2〕 参见中国社会科学院法学研究所、国家法治指数研究中心、法治指数创新工程项目组：《中国法院信息化第三方评估报告》，中国社会科学出版社2016年版，第2~5页。

〔3〕 李林、田禾主编：《中国法院信息化发展报告》（2018），社会科学文献出版社2018年版，第2页。

〔4〕 相关数据来自于最高人民法院官方网站及“四大司法公开平台”。

续表

平台名称	开通时间	公开数量
中国裁判文书网	2013年7月	截至2018年11月10日公布文书5595万余份，累计访问量超过203亿多人次。用户覆盖210多个国家和地区，成为全球最大的裁判文书资源库。
中国执行信息公开网	2014年11月	截至2018年11月10日累计公布失信被执行人1239万余例。

二、司法公开在信息化时代的形态重塑

司法公开本质上是司法信息向外传播的过程，因此其离不开传播学的涵摄。在人类历史上，记录信息的方式经历了长久而复杂的演变。依据传播媒介的四次跨越式发展，传播学主流理论将人类社会划分为口头传播时代、文字传播时代、印刷传播时代、电子传播时代四个阶段。[1] 传统司法公开模式借助于相对原始的传播手段，信息量少、速度慢、效果差。随着信息产业兴起，人与人之间的联系改为通过网络信息系统以电子数据作为传播媒介。[2] 以传统司法公开模式为对照，信息化时代的司法公开兼具“司法”属性和“信息化”属性，“存在形态”在多个维度上呈现出新的特征。司法公开的方式、内容、效果不同，深刻影响了司法公开的广度和深度。如果以“人”为喻，传统司法公开模式属于其弱小的“少年”时期，在信息化时代，司法公开已进入自己的“青年”时期。

（一）时间维度上呈现即时性

效率提升，是信息化带给司法公开最显著、最外在的特征。在传统司法公开条件下，立案、开庭、判决等司法信息通过到法院领取、书面材料邮寄、报纸刊发公告，甚至宣传栏张贴等形式才能传达给当事人和社会公众，消耗时间短则几个小时，长则数日甚至数月，信息传递具有明显滞后性。借之于信息技术的司法公开，其信息传播载体发生根本变化。信息通过互联网或手

〔1〕 参见李正良主编：《传播学原理》，中国传媒大学出版社2007年版，第61～68页。

〔2〕 参见毕玉谦等：《民事诉讼电子数据证据规则研究》，中国政法大学出版社2016年版，第1页。

机网络实现光速传播，审判流程信息可以直接、即时传递到目标接收人群。比较可见，两种模式在时效方面完全属于不同的量级。在信息传播过程中，传统模式主要借助于人工处理。采取信息化手段后，司法公开的主体虽然仍然是人，但是承担信息传播任务的是自动化系统，这些系统本质上是司法公开主体的延伸，为司法公开的效率带来了质的变革。

（二）内容维度上呈现全面性

司法公开效率量级化的提升，为司法公开内容的深度拓展提供了基础。内容的拓展体现在纵向和横向两个剖面，纵向指司法公开的领域和范围向“全面性”发展，横向指就某个单一案件来说公开内容的尺度向“全程性”发展。在纵向角度，传统条件下，以庭审公开、文书公开等为主，对于执行信息、监督信息等不公开或者少量公开。信息化条件下，司法公开覆盖到全国3500多家法院，依法应当公开的案件全面公开，法院案件信息、政务信息、机构人员信息等实现全覆盖。在横向角度，司法公开的剖面迅速扩大，立案、合议庭组成、听证询问、调查勘验等信息转移到互联网上，很多案件节点信息实现从无到有、内容实现从少到多。目前，除了合议庭评议信息、审判委员会讨论信息等依法不公开外，其他案件信息实现了全面公开。

（三）数据维度上呈现无限性

人类进入信息化时代后，出现了信息量爆炸，司法公开领域同样如此。司法公开数据的体量向海量化、无限性发展，其中有内、外两个原因，都与信息技术密切相关。内在原因是案件数量不断增长以及司法公开内容持续丰富。全国法院案件量近五年增长60%左右，〔1〕案件量虽是代数级的增长，但是每个案件公开的环节、各环节公开的内容、每项内容中的信息点不断扩大、累积、叠加，形成了司法公开信息的暴增。外在原因是信息形式的数字化、载体的硬盘化、传播的互联网化带来的信息“无限”承载性。原来的裁判文书一般要结集印刷，才能为法官、当事人和公众查阅使用；信息化时代来临后，裁判文书以数字信息形式发布，每年2000多万件案件的裁判文书如果用文本格式存储，占用的空间可能只有数十 MB 而已。

---

〔1〕 最高人民法院院长周强2018年3月9日下午向十三届全国人大一次会议作工作报告时披露，2013年至2017年，最高人民法院受理案件82 383件，审结79 692件，分别比前五年上升60.6%和58.8%，地方各级人民法院受理案件8896.7万件，审结、执结8598.4万件，结案标的额20.2万亿元，同比分别上升58.6%、55.6%和144.6%。

（四）存续维度上呈现永久性

信息作为一种客观存在，发布后即涉及存在状态问题。司法公开与互联网结合之后，最显著的是信息互联化和信息存续时间的永久性。互联化指司法公开信息一经发布，便可为所有互联网使用者所获取并实现多重备份，这些备份信息又可作为信息“原点”再次向外传播，形成网状互联存在。永久性指互联网信息作为一种数字信息，一旦发布便在网络上留下痕迹，为单机硬盘和网络“快照”留存，永远存在于网络空间，即使删去原信息也不能完全“擦除”它的痕迹，任何时间、任何人、目前来看任何技术都无法完全彻底地抹去信息曾经存在的事实。

（五）受众维度上呈现泛在性

司法公开目的在于使特定信息为有关人员或者不特定的多数人知悉。传统司法公开模式下，受众分为当事人和其他社会公众；在信息化条件下，受众的大格局仍然如此，但“社会公众”外延越来越大，受众范围呈现“泛在性”。社会公众不再限于一张通告、一份报纸所能到达的社会群体，而是取决于互联网本身所能到达的边界。在地域空间语境下，司法公开信息走出了法院，走出了一省一市，走出了国家的地理概念。司法公开信息成为一种人类社会泛在的信息，不再局限于一地一域，这相对于农耕文明和工业文明是一个质变。

（六）应用维度上呈现共享性

司法公开的目的不仅在于信息的传递、知悉，还包括对信息的加工、利用。传统条件下，法院之外的机构较难获得足够司法信息，无法对司法信息进行加工处理。在信息化条件下，司法信息获取愈加便捷，大数据分析日益成熟，司法信息的多元化深度应用和成果共享机制逐步形成。司法信息充分公开，法院、高校、科研机构均可以对司法资源进行深度开发。比如，最高人民法院开发出“法信”平台，很多法律服务和研究机构也已开发出法律人工智能机器人，为用户提供精准、全面、高效的法律服务。成果共享性是司法公开嫁接互联网后一个重要特征。各个主体在对司法公开信息深度利用中产生的智慧，不再如传统社会的一家独有，而是在知识产权各自保留的前提下，形成了一种公益性为主的共享机制。

（七）交互维度上呈现互动性

信息化特别是互联网的发展，是一个从静态到动态，从单向到交互，从自用到服务的过程。在传统条件下，司法公开的出发点是因法律规定而公开，出于诉讼管理需要而公开，在公开的方向上以单向信息传递为主，当事人和社会公众缺少信息反馈的渠道。在信息化条件下，基于“全民在网”的状态，司法公开平台在技术上实现由单向转为互动，司法公开承载的意义从管理转向服务。司法公开的互动属性，随着信息技术迭代发展逐步形成。如上海高院建成“上海法院律师服务平台”，具有网上立案、网上申请再审、网上沟通等五大类26项功能；最高人民法院“中国审判流程信息公开网”具有联系法官功能，使法官可以及时准确了解当事人和公众的意见，作出相应的回复和处理。

（八）成本维度上呈现免费性

信息化给人类带来的“红利”，除了迅速、便捷、丰富之外，最大的红利是经济便宜。信息化时代诉讼服务的目的是“让数据多跑腿，让群众少跑腿，方便群众诉讼，降低诉讼成本”。从信息发布来看，只需要法官或其他工作人员在电脑终端进行鼠标、键盘相应操作，信息即通过光纤传输到互联网公开平台。从信息接收来说，当事人可以从电脑、手机等多个渠道，从自己最便利的渠道获得与己相关、对己有用的信息。司法公开的成本，在硬件保障、软件开发等基础层面，虽然国家财政仍然需要大量资金投入，但相对其产生的巨大价值而言，成本不高且在不断降低。从具体使用者角度看，获取司法公开信息的成本几乎可以忽略不计。

三、信息化时代司法公开之价值扩展

信息时代与农业时代、工业时代所不同之处，还在于新技术孕育出新价值，以及对旧有存在诠释出新意义。传统司法公开模式下，司法公开的价值相对单一，主要体现在满足当事人的知情权，赋之一定的接受公众监督的意味。在信息化时代，互联网既是一种技术，也是一种理念，“互联网+司法公开”模式，将当事人、社会公众以及全世界即时联系在一起，对法院、当事人、公众、法学研究者都等孕育出了更大价值。

（一）司法权行使层面推动智能化审判

一个大规模生产、分享和应用数据的时代正在开启。[1] 从数据利用角度看，法院既是司法公开的提供者，又是司法公开的需求者、使用者、受益者。司法公开对法院自身的基础价值是推动同案同判，促进法律适用统一。在信

---

〔1〕［英］维克托·迈尔-舍恩伯格、肯尼思·库克耶：《大数据时代：生活、工作与思维的大变革》，盛杨燕、周涛译，浙江人民出版社2013年版，第9页。

息技术支撑下，以司法案例为主的“大数据”正在形成。司法公开信息不断积累，完成了中国“司法数据池”的建设。在“司法数据池”支持下，裁判尺度不统一问题更易被发现，也更好解决。目前，北京法院的“睿法官系统”、重庆法院的“智慧E审系统”等都开发了审判辅助系统，能够对法官拟作的裁判进行智能评析，有效统一裁判尺度。[1] 司法公开对法院的另一个重要价值是催生“人工智能审判”。人工智能参与审判的第一个环节便是深度学习，信息化技术与司法公开结合，为人工智能学习“裁判方法”提供了基础。世界各国法院都在研究智能审判系统，人工智能在审判领域的应用前景越来越广。在不久的未来，人工智能将全面辅助审判并逐步替代法官的大部分程序性工作。

（二）司法权监督层面扩大民意权重

从权力监督角度观察，司法公开程度体现的是司法审判权与民意监督权的博弈。英国法学家杰里米·边沁（Jeremy Bentham）说：“当审判程序完全秘密时，法官将是既懒惰又专横。没有公开性，其他一切制约都无能为力，和公开性相比，其他各种制约都是小巫见大巫。”司法权作为公权力的一类，民主性是其固有属性之一，接受公众监督是应有之义。信息化时代的司法公开推动了公众监督司法方式的变革。一是监督司法渠道发生深刻变化。在传统条件下，公众只能到法庭旁听庭审，或者通过报纸等第三方媒体来了解、监督司法，渠道非常受限。在互联网条件下，公众可以通过官网、微博、微信、专门公开平台等新渠道了解司法，可以通过自己最便利的方式与司法进行对接。2013年薄熙来案微博直播以后，网络直播成为公众了解大要案的重要途径。二是监督司法范围发生深刻变化。司法公开范围实际上决定着公众监督的范围。信息化条件下的司法公开，已经是多领域、全链条、多维度的公开，接受全国人民乃至世界公众的监督。三是监督司法效果发生深刻变化。司法的公开性不应仅仅为了监督，民众对法律生活的积极参与会产生对法律的信任，对法律的信任同时又是他们主动参与这类话题的前提。[2] 监督方式、渠道、范围的变革，直接导向监督效果的变革。案件情况全程全景式展

---

〔1〕 李林、田禾主编：《中国法院信息化发展报告（2018）》，社会科学文献出版社2018年版，第60~61页。

〔2〕［德］拉德布鲁赫：《法学导论》，米健、朱林译，中国大百科全书出版社1997年版，第177页。

现在公众面前，实现了实时监督、实质监督、全面监督，扩大了司法民主。

（三）程序权利实现层面强化知情权、参与权

从信息经济学角度来看，信息公开是为了解决信息拥有者与信息匮乏者之间的信息不对称问题，从而有助于平衡各方利益。司法信息公开对于当事人而言，最大的价值在于满足知情权、参与权。司法信息产生于法院，当事人获取案件信息的方式需依赖法院。在信息化时代，信息传递方式被颠覆，当事人获取信息的方式逐步电子化，信息丰富程度大为增加，实时、高效、全面、免费地满足当事人知情权已经成为现实并不断完善。同时参与权更便捷实现。信息化时代的司法公开实现了互动化、双向化，当事人不再单纯地作为信息接收一方，而是可以与法官互动：既可通过互联网联系法官、反映诉求、查询有关信息，还可以司法公开为基础通过网络参与诉讼程序，比如在线提交立案材料、证据材料、代理答辩意见等。在杭州、北京、广州互联网法院，全部诉讼过程均可在网络上运行，司法公开、程序参与全部在线完成，当事人参与诉讼方式已经开始由线下为主向线上为主转变。

（四）社会效益层面推动提升法治观念

法律在特殊事件中的实现，即外部手续的历程以及法律理由等也应有理由使人获悉，因为这种历程在历史上是普遍有效的，又因为个别事件就其特殊内容来说诚然只涉及当事人的利益，但其普遍内容即其中的法和它的裁判是与一切人有利害关系的。[1] 司法除了维护社会公平正义之外，兼具法治宣传和公共价值引领作用。法院落实中共十八届四中全会提出的“谁执法谁普法”责任制，主要依托于司法公开。信息化条件下的司法公开，造就了信息化条件下的司法“普法”模式。公众可以近距离、低成本、高效率地了解司法过程，长久坚持能发挥出法律的指引、预测、教育功能。普法的深层次意义在于价值引领，特别在一些社会公众高度关注、争议很大的案件当中，价值引领作用更加凸显。比如近几年法院审理的“侵犯‘狼牙山五壮士’名誉权系列案”“医生电梯劝阻吸烟案”“江苏昆山反杀案”等，引起社会高度关注、媒体广泛报道以及公众激烈争辩。各方表达观点、博弈的过程，即是公众学习的过程，最终裁判结果树立了保护英雄人物声誉、鼓励见义勇为、保障正当防卫等价值导向。

---

〔1〕［德］黑格尔：《法哲学原理：或自然法和国家学纲要》，范扬、张企泰译，商务印书馆 1961 年版，第 232 页。

（五）学术研究层面促进理论实践融合

习近平总书记指出当前存在“学科理论建设滞后于实践，不能回答和解释现实问题”的情况。在传统条件下，法学学者难以得到司法实践样本，“空对空”研究成为一种无奈之举。信息化条件拓展了司法公开领域范围，司法信息比较充分地展示在法学学者面前，为理论学术界提供了丰富样本，促成法学理论研究升级换挡。从中国裁判文书公开角度来看，除依法不公开的文书外，绝大部分裁判文书已经在互联网公开，数以千万计的文书可以反映中国司法状态全貌，“准全样本化”研究已经实现（其实在任何国家都不可能实现完全的“全样本化”），避免只是窥豹一斑就作出结论。从研究方法的角度看，信息化条件下的司法公开促进了实证化研究方法的复兴。随着信息化时代司法公开越来越充分，越来越多的学者通过司法事实说话，各类数据、案例更多地见诸专著、论文，理论与实践结合更加紧密。

（六）国际交流层面推动相互认同

信息化条件下的司法公开，不只面向国内，而是面向全世界。四大司法公开平台，成为世界了解中国司法的窗口。目前，已有越来越多的外国大法官、外国学者和组织机构充分了解中国司法实践后给予高度评价。这是新时代信息化条件下的司法公开带来的红利。在比较法研究方面，长期以来国外学者关注中国的实践和理论较少，其中一个原因是中国司法实践状况很难为国外所知，无法进行深入观察和研究。在信息化时代司法公开背景下，国外研究机构和学者获得了丰富而充实的数据，研究中国法治不再是主观臆测，可以进行更符合中国实际的比较研究。中国司法以更加开放的姿态促进了平等交流，实现国内外相互学习、借鉴、融合。

四、司法公开的进化原理及对司法制度的反哺

如前所述，在信息化时代，司法公开自身地位、形态、价值发生重大变化，除信息技术这一工具变化外，亦有其内在原理作用，即信息化时代技术与信息、人与技术、人与人之间关系重构带来的动力转换，这种内生动力的变化不仅作用于司法公开本身，且通过司法公开这一局部影响到诉讼程序乃至司法制度全局。这是信息化时代的司法公开基本原理在整体司法制度层面的投射，呈现出因内在原理进化而导致事物外在形态变化的一般规律。

（一）信息化催生司法公开动力转换

信息化外在显性意义是信息传播方式的变革，深层次意义是人与人关系的深刻调整。司法公开融合信息化之后，司法公开赖以生存的“土壤”变为

信息化土壤，在基本动能、连接方式、聚合效应等方面实现了变异和进化。技术驱动力转换是基础动力源。技术发展驱动社会进步，司法公开作为司法文明的组成部分，其发展过程始终与技术联系在一起。司法公开的传统模式的技术支撑主要是书写技术、印刷技术，载体主要是判决、报纸、图书等。信息化时代司法公开的技术支撑扩展到了信息技术应用，特别是依托互联网的发展，建成了司法公开的网站、微博、微信、APP及各类专门平台等。下一代信息技术即人工智能和工业互联网、5G等，将孕育出新的技术动力，推动司法公开在硬件支撑方面不断升级发展。

联接方式迭代触发社会关系变革。社会关系本质上是人与人的关系，人与人联接方式的差异深刻影响社会关系。从政治学角度讲，传统社会模式下人是分阶级、分阶层的，公民呈现金字塔式的科层结构，人的意思表示通过层层传导才能到达。科学技术的迅猛发展，特别是计算机的迅速普及、网络通信技术的广泛应用，缔造了一个以信息化为核心的时代。在这个时代里，人与人之间的山川阻隔被彻底消除，整个世界成了平的。[1] 互联网实现了人的平等、即时互联，不再需要某一个核心去串联或者垂直线性联接，人与人的联接方式由金字塔结构崩塌成了扁平的网状结构。在信息化时代，法院、法官与当事人、公众的联接向扁平化、即时化、直接化发展，在关联方式层面促成了司法公开的转型发展。

信息聚合升级促成新型资源诞生。从资源能源角度讲，“信息”是一种资源，占有的信息越多即是占有的财富越多。从信息化发展阶段看，大数据已经成为一种重要而且逐步成为最重要的生产资料。在传统司法公开模式下，司法信息量少且分散，缺少聚合效应，难以为分析裁判尺度、分析社会矛盾提供支撑。在信息化时代司法公开模式下，信息量实现几何倍数膨胀，特别是这些数据可以分类、聚合，进行多维度的分析处理，小可以分析某类案件裁判尺度统一与否，中可以分析经济社会发展变化情况，大可以为国家治理和国际竞争合作提供参考。司法大数据作为一种资源登上历史舞台，资源属性的变革在应用层面促成了司法公开的转型发展。

（二）对司法制度的反哺

司法公开在信息化时代转型发展，一方面是适应其他诉讼程序需要，另

---

〔1〕［美］托马斯·弗里德曼：《世界是平的》，何帆、肖莹莹、郝正非译，湖南科学技术出版社2006年版，第42页。

一方面也引发其他诉讼环节的变化。换言之，不只是诉讼程序和司法制度影响司法公开，在信息技术支撑下，司法公开也在反向重塑诉讼程序乃至司法制度本身。司法公开对诉讼程序的投射作用，一是诉讼活动的线下行为逐步转到线上，实现功能替代；二是司法活动的可接近性逐步增强，推动司法协同主义发展；三是有关诉讼制度对应变革，促成证据制度、言辞原则等当事人攻击和防御方面诉讼程序的再造。

功能性替代逐步深入。随着互联网成为人类生活的基础设施，网上生存、电子化生存成为趋势，商业谈判、签订合同等原先线下的操作逐步转移到线上，电子法律关系成为人与人关系的重要组成部分。相应地，在诉讼领域，当事人起诉、立案、庭审、送达等也在逐步由线下转到线上。"功能等价"是法律交往电子化的正当性基础。[1] 在从线下到线上的转移过程初期，主要是"功能"的等价迁移，当事人的诉讼权利、义务暂无实质变化，随着数字化生活方式迭代，相应的诉讼规则将发生变化。

协同主义得到发展。诉讼活动推进是法院及各方诉讼参与人共同努力的结果，各方在诉讼中的关系受到信息对称程度的影响。信息化时代的司法公开，大幅增加了司法的透明度，司法的可接近性获得重大突破，当事人诉讼协同合作的基础迅速扩大，协同型的司法关系获得构建契机。从世界范围看，新型的协同主义模式正在吸收当事人主义和辩论主义模式两者的优点而不断扩大，这与信息化带来的司法活动深度公开关系密切。

引发诉讼程序再造。诉讼程序的设计，与资源、技术、效率密切相关。审判流程信息公开、执行信息公开、庭审活动公开、裁判文书公开过程中，其实包含了对审判流程科学化、执行行为规范化、裁判结果公正性的促进。比如公开失信被执行人信息，既是司法公开扩大的范畴，也是执行手段升级的范畴；比如直播庭审活动，在满足公众知情权的同时，还督促了法官严格依照民事诉讼程序审理；比如在电子送达领域，随着电子送达成为具有法律效力的送达方式，传统送达方式正在逐步被取代。从中可以看出，信息化时代的司法公开正在引发部分诉讼程序的完善和重构。

五、基于理论与实践的反思：挑战与进路

根据马克思主义基本原理，发展是新事物必然代替旧事物的过程。任何

---

〔1〕［德］尼古拉·普鲁士：《民事诉讼中电子文书交往的程序法基础》，陈慧译，载许多奇主编：《互联网金融法律评论》（2015年第3辑），法律出版社2015年版，第88页。

新生事物都具有两面性，在重构原有格局过程中，具有成长进步的一面，也存在滋生破坏和风险的一面。如果认识、把握不够，这种破坏性可能形成实质性损害。信息化时代的司法公开，面临当事人隐私权保护、舆论干扰审判、信息安全等方面挑战，在应对这些挑战过程中，应坚持用发展的眼光看问题，用创新的手段破解问题，促进司法公开体系更加成熟。

（一）司法公开与隐私权保护问题

司法公开与隐私权保护一直是共生关系。司法公开事关当事人和社会公众的知情权、参与权、监督权，同样事关当事人及相关利益方的隐私权，司法公开不当就会造成对隐私权等权益的侵害。隐私权概念本身的不确定性，为隐私权的保护带来诸多障碍。美国学者沃伦（Wallen）和布兰代斯（Brandeis）在其《论隐私权》一文中将隐私界定为一种“免受外界干扰的、独处的”权利。〔1〕王泽鉴先生认为，隐私概念的不确定性，固然造成法律适用的不安定，但亦因其开化性，而能适应社会经济及现代科技的发展，而对隐私权的侵害提供必要的保护。〔2〕王利明教授认为，民法中的隐私权是指自然人享有的私人生活安宁与私人信息秘密依法受到保护，不被他人非法侵扰、知悉、搜集、利用和公开的一种人格权。〔3〕网络隐私权，可以界定为在网络空间下，一个人所拥有的不为外人所知有关事项的权利。网络隐私权伴随着网络时代而产生和发展，具有隐私权的基本属性，同时具有网络时代共享性、互联性等特点。

信息化时代的司法公开是一把“双刃剑”，司法公开不当将侵害当事人的合法权益。常见的司法公开不当情形：一是过度公开，即超越了法定应当公开的范围，当事人隐私被泄露；二是错误公开，即信息公开的版本或具体内容有误，中国法院的“鸳鸯判决”并不鲜见；三是应当公开而不公开或不充分公开。网络隐私权与司法公开的关系，根本上讲是对立统一关系，关键要找到保护个人隐私权与实现公众知情权、监督权的平衡点。其一，要完善立法和制度建设，实现依法、规范、准确、充分公开。既要在宏观层面上做好制度设计，又要在实践层面上抓住落实司法公开的机构、人员、技术及财政

〔1〕 See Samuel D. Warren & Louis D. Brandeis, “The Right to Privacy”, 4 *Harv. L. Rev.*, 1890, p. 193.

〔2〕 王泽鉴:《人格权的具体化及其保护范围·隐私权篇（上）》，载《比较法研究》2008 年第 6 期，第 21 页。

〔3〕 王利明:《隐私权概念的再界定》，载《法学家》2012 年第 1 期，第 113 页。

保障，防止因人员和技术问题造成司法公开不当。其二，要建立权利受损救济制度，使因司法公开而受到利益损害的人，通过法定渠道实现权利恢复和利益弥补。对于裁判文书公开不当的，当事人及利害关系人有权在一定期限内提出异议。法院应当在规定期限提出审核意见，如异议成立应及时删除或者修改有关信息。受理法院不按规定作出处理，或者处理意见当事人不服的，当事人可以向上一级法院申请复议。

（二）司法公开与舆论干扰审判问题

舆论干扰审判，是司法实践中长期面临的棘手问题之一。主要表现在部分媒体或者社会公众，就其掌握的信息形成自己对案件的个人意见并向外传播，进而形成一种舆论导向，迫使法院朝着某一个方向进行裁判，对司法公正造成破坏，甚至导致社会分裂。比如著名的“南京彭宇”案，一方当事人利用媒体营造“做好事反被讹”的舆论，给法院裁判施加影响，该案最后调解结案，仍导致“老人摔倒扶不扶”的巨大社会争议，直至多年之后媒体披露“彭宇确实撞了人”的案件真相，这一舆论导向才有所变化。

信息化条件下的舆论审判问题呈现新特点。互联网传播的巨大效能，加快了信息公开的速度，社会变动与信息传播形成同频共振。对突发事件舆情应对，从早先的“黄金24小时”原则，到后来的“黄金4小时”法则，再到如今的“1小时公开”原则，其背后的理念转变都与网络新媒体密切相关。[1] 舆论“发酵”快是信息时代的突出特点，如果法院对“焦点案件”应对不及时、不妥当，将给网络谣言创造土壤。群体只知道简单而极端的感情，提供给他们的各种意见、想法和信念，他们或者全盘接受，或者一概拒绝，将其视为真理或绝对谬论。[2] 这种群体无意识“跟风”效应，在网络空间中也会进一步放大，应对难度进一步加大。

信息化时代司法公开与舆论审判是两面关系。一方面是消解舆论审判。案件信息依法、及时公开，可以达到“以正视听”的效果，防止形成错误的舆论导向。另一方面也可能加剧舆论审判。在案件本身事实不够清楚、法律规定不够明确，或者涉及多个价值冲突需要做出抉择时，社会公众获得的案

[1] 张志安、罗雪圆：《中国互联网20年与新闻发布变迁》，载《新闻与写作》2014年第6期，第65页。

[2] ［法］古斯塔夫·勒庞：《乌合之众：大众心理研究》，冯克利译，广西师范大学出版社2007年版，第69页。

件信息越多，越容易想当然地形成自己的“判断”。司法公开与舆论审判的辩证关系始终存在，负面效应不可能完全消除，但司法公开使公众更全面了解案件信息，减少了恶意炒作者的发挥空间，更多时候遏制了舆论审判。

信息化时代的司法公开与舆论良性关系的构建，大的方向是尽量减少负面作用，着力扩大正面作用，将两者关系坐标最大程度固定在正面作用一侧。总的原则应当是坚持“以公开为原则，以不公开为例外”，同时高度重视舆情监测、舆论方向预判和及时有效处置。通过制度安排和行业自律，切实平衡法院与媒体间的关系，界定司法裁判与媒体报道的分野，尽力减少媒体炒作干扰司法的空间。[1] 在与媒体的关系上，应当立法规定媒体只允许客观中立报道，不应有倾向性的意见，以此“将新闻的交给新闻，将法院的留给法院”。

（三）司法公开与网络信息安全问题

网络信息安全是当今各国面临的共同挑战。互联网犯罪是互联网的“达摩克利斯之剑”，计算机病毒、网络攻击、垃圾邮件、系统漏洞、网络窃密、虚假有害信息和网络违法犯罪等问题日渐突出。根据数字安全领域组织金雅拓（Gemalto）发布的调查结果，自 2013 年以来近 150 亿条数据记录被泄露，2018 年上半年每天有超过 2500 万条的记录被入侵或被泄露，相当于每秒 291 条，造成巨大的经济损失和社会风险。在司法领域，黑客攻击等问题无一例外的存在，如果应对不力，将对信息化时代的司法公开造成严重影响。在未来的智慧法院场景下，除当事人诉讼信息安全外，电子支付、电子证据、电子卷宗、云服务中心的安全形势更加严峻。

司法公开领域信息安全风险主要有五个方面：一是信息技术硬件安全，包括信息公开平台的安全，可能因网络攻击而瘫痪，可能因自身水、火灾害受损而失去应有的服务功能。二是网络平台软件安全，司法公开平台被劫持，无法完成发布或者更新。三是具体信息内容安全，内容可能在未经察觉情况下被删除或篡改，给信息使用者传导错误信息。四是内网安全，攻击者可能通过各种途径渗入司法机关内网系统，窃取有关案件保密信息。五是当事人身份盗用问题。在电子诉讼虚拟环境中，存在当事人身份被盗用而形成虚假诉讼等风险。

信息安全问题预防和解决是一个系统工程。作为信息化的一部分，司法

---

[1] 王涛：《英国普通法中的司法公开制度》，载《法律适用》2015 年第 1 期，第 113 页。

公开首先应当要树立正确的网络安全观，在整体安全体系中进行设计和预防；其次应当根据司法公开各个系统的特点，制定个性化的政策。在硬件上应进行足够数量的容灾备份，在软件上着重加强防攻击性，在内容上及时检查确认正确版本。在智慧法院安全方面，有的学者提出电子诉讼中广泛使用数字签名技术。〔1〕在送达文书工作中，确定分级安全标准，比如德国民事诉讼法规定在送达传票时，普通的电子签名即可；在送达文件时应当要求加重的电子签名。〔2〕

六、智慧法院时代司法公开的前景展望

数字化生存是未来的人类生存方式，智慧法院是未来法院的主要形式，电子诉讼是未来诉讼的典型模式。2016年7月27日，《国家信息化发展战略纲要》提出建设“智慧法院”。2017年7月20日，国务院发布《新一代人工智能发展规划》，提出促进人工智能在证据收集、案例分析、法律文书阅读与分析中的应用，实现法院审判体系和审判能力智能化。最高人民法院提出，“智慧法院是依托现代人工智能，围绕司法为民、公正司法、坚持司法规律、体制改革与技术变革融合，以高度信息化方式支持司法审判、诉讼服务和司法管理，实现全业务网上办理、全流程依法公开、全方位智能服务的人民法院组织、建设、运行和管理形态”。在智慧法院建设过程中，司法公开如何与之匹配、司法公开的发展路径是什么值得关注。

智慧法院对应的诉讼模式是电子诉讼。电子诉讼的概念，有学者做出列举式定义，将网上起诉、远程立案、网上庭审、远程作证和取证、诉讼文书网络送达、电子证据采信、庭审视频直播、判决网上公开等诉讼形式都列入电子诉讼范畴。〔3〕德国学者认为，电子司法是指在整个司法管理系统中应用信息与通信技术，包括互联网联络（如信息安全、电子签名）、程序电子化（例如视频庭审）以及司法内部管理的电子化（如电子案卷、电子档案）等内容。〔4〕韩国学者将电子诉讼描述为将IT技术的发展展现于法庭上的一种

〔1〕 参见王福华：《电子法院：由内部到外部的构建》，载《当代法学》2016年第5期，第28页。

〔2〕 参见［德］罗森贝克等：《德国民事诉讼法》（上），李大雪译，中国法制出版社2007年版，第74页。

〔3〕 参见刘敏：《电子时代中国民事诉讼的变革》，载《人民司法》2011年第5期，第70页。

〔4〕 转引自周翠：《德国司法的电子应用方式改革》，载《环球法律评论》2016年第1期，第98页。

时代趋势。[1] 2017年8月18日，全球首家真正意义上的互联网法院——中国杭州互联网法院正式揭牌，以“网上案件网上审、网上纠纷不落地”为目标，实现线上证据在线提取、线上纠纷快速审理。

司法公开与智慧法院建设保持同步进化。智慧法院时代，司法公开将与互联网、大数据、人工智能等信息技术更紧密结合，司法公开的智慧程度将发生重大改变。同时，智慧法院时代的司法公开同样面临诸多挑战，这些挑战之大甚至超过上一发展阶段。既包括公开范围、发布主体、发布程序、申诉救济等原有问题的新表现，也包括当事人数据权益（Digital Rights）等新型权利的界定和保护，以及司法公开数据的所有权、控制权和使用权等如何确定的问题。解决的初步方案：一是司法公开信息主体应由人为主变为机器为主，在对公开范围、程序等制定详细规则的前提下，主要由法院电子诉讼系统自动生成和发布信息，逐步减少由法官自由裁量处理的工作。二是发布平台应进一步整合，目前近十个司法公开平台并行的情况将不复存在，发布平台将实现一元化、集约化。三是发布信息应更加精准更加系统，比如裁判文书分类更加科学，更加便于查询，更好契合大数据分析需要。四是研究数据权益的边界，把握好数字权益保护的“度”，逐步实现充分且适当公开，保持司法公开与智慧法院、智能审判的协调。

结　语

信息化与司法公开的关系是一个交叉学科问题，两者历经了长时间的融合发展。其中，司法公开的目的和内容，是根和源，信息化是重塑司法公开的工具和手段。司法公开在信息化时代实现嬗变，本质是人与人联结方式的变革，推动了司法公开在技术基础、表现形态、承载价值、诉讼原理等方面演化发展，在动能来源、联接方式、聚合效应等方面实现迭代，在自身革新的同时催生了诉讼理念和司法制度的变革。司法公开在信息化时代已经实现了“程序边缘”向“程序内核”的转换，但这种蜕变还没有全部完成。在下一个科技发展周期，科学技术与司法公开将结合得更加紧密，这是历史发展的客观要求和必然趋势。

（初审人：王贵彬）

[1] 参见杨建文：《韩国民事电子诉讼制度的发展》，载《人民法院报》2013年5月3日，第8版。

应诉管辖制度下相关管辖规则的检视与协调

周维琦*

摘　要：在应诉管辖规则与民诉法既有的其他管辖规则并行适用的状态下，裁判者对案件管辖事宜的审查应贯彻"职权主义补充处分主义"的理念，根据不同诉讼阶段立法所保护的管辖利益属性对管辖事宜展开审查。就级别管辖和专属管辖而言，裁判者应坚持职权主义审查标准，任何时候发现起诉或所受理的案件违反级别管辖或专属管辖，均需不予受理或即行将案件进行移送；而就地域管辖而言，鉴于应诉管辖制度系对既有的地域管辖规则的补强，裁判者进行此类管辖事宜审查时，应充分尊重当事人对管辖利益的处分权利，依托当事人收到受诉法院送达的起诉状副本后的相应诉讼行为就此类管辖作出认定。

关键词：应诉管辖　受理制度　移送管辖

现行《中华人民共和国民事诉讼法》（以下简称《民诉法》）规定了因诉讼当事人的行为而产生法院管辖权的应诉管辖制度。但因法律未就与应诉管辖制度密切

* 周维琦，男，中国政法大学民商经济法学院民事诉讼法专业2017级博士研究生（100088）。

相关的案件受理、移送管辖等制度项下的管辖规则作出统筹规定，司法实践中不同审判组织对应诉管辖制度下相关管辖规则的适用和认定存在不同裁判标准。为最大限度发挥不同管辖制度立法功能，本文以北京市法院已审结的援引应诉管辖规定的裁判案例为考察对象，检视应诉管辖制度下相关管辖规则并行适用过程中存有的问题，以统筹应诉管辖制度下民诉法相关管辖规则之间的运行方式。

一、应诉管辖规则与现行其他制度项下管辖规则的“冲突”

依据《民诉法》第127条第2款“当事人未提出管辖异议，并应诉答辩的，视为受诉人民法院有管辖权，但违反级别管辖和专属管辖规定的除外”可知，我国确立了因被告特定诉讼行为而使法院获得管辖权的应诉管辖制度。2015年施行的《最高人民法院关于适用〈中华人民共和国民事诉讼法的解释〉》（以下简称《民诉法解释》）第223条就应诉管辖规则下的应诉答辩内涵、第35条就未能成立应诉管辖情形下移送管辖时间的补充规定，构成了现有法律中有关应诉管辖的规则体系。

根据前述应诉管辖规则，在案件未违反级别管辖和专属管辖情形下，受诉法院除依据既定的地域管辖和协议管辖等规则获得管辖权外，还可因当事人的应诉答辩等特定诉讼行为而获得案件的管辖权。鉴于应诉答辩等特定诉讼行为的实行有赖于受诉法院依法向当事人送达起诉状副本，为此，在应诉管辖规则下，法院对案件管辖权的审查始于向当事人送达起诉状副本。此项管辖审查规则与现有案件受理制度要求法院在立案过程中对案件是否属于受诉法院管辖进行审查的规定存有“冲突”，亦与既有的要求受诉法院发现本院对受理的案件不享有管辖权时将案件移送有管辖权法院的移送管辖规则存有“冲突”。因此，在既有的管辖规则适用标准不统一，但各管辖制度却并行运行的状态下，因不同审判组织对前述管辖规则存有不同认识，同一案件出现了不同的管辖裁判标准。

（一）应诉管辖制度与案件受理制度下管辖规则的裁判“冲突”

根据我国《民诉法》第119条关于起诉条件的规定，法院只有在确定对案件拥有管辖权的情况下才能对案件进行立案受理。此规则下，受诉法院在立案时须主动审查本院对案件是否享有管辖权。若发现本院对案件无管辖权，受诉法院应不予受理。而《民诉法》第127条第2款规定了在当事人未提出管辖异议且应诉答辩情形下，受诉法院可因应诉管辖规则而获得管辖权。为此，若适用《民诉法》第119条规定，受诉法院坚持对无管辖权的案件不予受理或受理后移送有管辖权的法院，当事人则不存在应诉的机会，受诉法院可因应诉管辖规则而获得管辖权的机会微乎其微。在前述两项规则并行适用情境下，因法律未就具体规则如何协调适用作出明确规定，司法实务中受诉法院针对立案过程中或案件受理后发现本院无管辖权的案件存有不同处理方式。具体体现在：

案例一：A区法院在案件受理后向被告送达起诉状副本前，以被告的经常居住地位于B区为由将案件移送至B区法院。[1]

此裁判观点认为，根据我国现有案件受理制度，受诉法院只有在确定对案件拥有管辖权的情况下方可立案受理案件；若受诉法院在立案阶段或案件受理后答辩期限届满前发现本院无管辖权，则应依法告知原告向有管辖权的法院提起诉讼或将案件依职权移送有管辖权的人民法院。此种观点坚持管辖审查的时间应始于"起诉之时"。

案例二：A区法院在案件受理后向被告送达起诉状副本前以被告的经常居住地位于B区为由将案件移送至B区法院，被告在答辩期内向B区法院提出管辖异议；B区法院经审查认为自身对案件无管辖权，故报请共同上一级法院C地区法院指定管辖。C地区法院认为A区法院在立案后未向被告送达起诉状副本而径行将案件移送B区法院，违反了民诉法第127条有关应诉管辖制度的规定和民诉法解释第35条就移送管辖时间所作的限制规定，故撤销了A区法院作出的裁定。[2]

此裁判观点认为，在民诉法规定了应诉管辖制度后，受诉法院可能因应诉管辖而获得管辖权。为此，在审查本院对案件是否享有管辖权时，受诉法院应优先适用应诉管辖规则，即在不违反级别管辖和专属管辖情形下，对于地域管辖的审查需留待应诉管辖规则项下的被告是否提出管辖异议或是否出现应诉答辩时再行启动。鉴于被告实行前述诉讼行为的前提是收到了起诉状副本，为此，此种观点坚持管辖审查的时间始于法院向被告送达起诉状副本之后。在此之前，因受应诉管辖制度之约束，除案件违反级别管辖或专属管辖外，受诉法院不得依职权审查管辖事宜并径行将案件予以移送。

（二）应诉管辖制度与移送管辖制度下管辖规则的裁判"冲突"

根据《民诉法》第36条"人民法院发现受理的案件不属于本院管辖的，

〔1〕 北京市房山区人民法院（2016）京0111民初9083号民事裁定书。

〔2〕 北京市高级人民法院（2017）京民辖2号民事裁定书。

应当移送有管辖权的人民法院，受移送的人民法院应当受理”的规定，若受诉人民法院发现本院对案件无管辖权，则在案件实体判决前均可依职权将案件予以移送。2015 年的《民诉法解释》第 35 条“当事人在答辩期间届满后未应诉答辩，人民法院在一审开庭前，发现案件不属于本院管辖的，应当裁定移送有管辖权的人民法院”的规定，对确不构成应诉管辖案件的移送管辖时间作出限制。而实务中，因不同审判组织或学者对前述条款的运用存有不同理解，使得移送管辖的适用存在主观性，移送管辖的时间存在任意性。具体体现在：

案例三：原告起诉被告股东利益责任纠纷一案，原告起诉至A 区法院，A 区法院在向被告送达起诉状副本后，被告在答辩期间未提出管辖异议，亦未应诉答辩，A 区法院在开庭前发现被告住所地在 B 区，故将案件移送 B 区法院。[1]

此裁判观点与部分理论学者坚持《民诉法解释》第 35 条规定的“开庭审理前”系针对司法实践中存有的任意移送情况作出的限制性规定。该种观点认为在案件尚未构成应诉管辖情形下，若受诉法院在开庭前发现管辖错误，即需将案件移送有管辖权的法院；若在首次开庭后发现管辖错误，除非案件违反级别管辖或专属管辖，受诉法院不得再行将案件予以移送；[2] 并解释称只有这样方可有效遏制司法实践中存在的移送长期未结及信访频繁案件等滥用移送管辖的现象，一定程度上限制法院移送管辖的自由裁量权。

案例四：A 地区法院受理原告诉被告 1、被告 2、被告 3 侵害商业秘密权纠纷一案，其中仅被告 3 住所地位于 A 地区。案件受理后，被告 1、被告 2、被告 3 在答辩期内均未提出管辖异议，A 地区法院依法开庭审理。在案件审理期间，原告撤回对被告 3 的起诉，并就原有诉讼请求作出相应变更。此时，被告 1、被告 2 以原告撤回对被告 3 的起诉导致本案与 A 地区法院不存在管辖上的联系点，请求法院给予新的答辩期，并在新的答辩期内提出管辖异议。A 地区法院经审查，依职权将案件移送有管辖权的法院。[3]

此裁判观点认为，《民诉法解释》第 35 条中的“一审开庭前”不是对移送管辖时间所作的具体限定，受诉法院确认本院对案件不存在包含应诉管辖

〔1〕 北京市朝阳区人民法院（2015）朝民（商）初字第 67652 号民事裁定书。
〔2〕 郭晓光：《民事诉讼管辖实证研究》，中国政法大学出版社 2016 年版，第 161 页。
〔3〕 北京市知识产权法院（2015）京知民初字 01847 号民事裁定书。

在内的管辖权而需将案件移送有管辖权人民法院的时间不受限制，只要发现管辖错误，不管时间先后，受诉法院均有权将案件移送有管辖权的人民法院，否则将破坏正常的法院管辖秩序，出现法院怠于主动审查管辖或人为创设管辖连接点的现象；[1] 并解释称立法之所以以“开庭审理前”作为移送管辖时间的限定，是因为案件在尚未开庭审理情况下，司法资源尚未过多投入，受诉法院继续审理本案必要性不明显，若在案件不构成应诉管辖且依法需对案件进行移送情况下受诉法院仍继续开庭审理此案，势必造成不必要的司法资源浪费。

二、应诉管辖制度下相关管辖规则的检视

对于实践中就现有的管辖规则存有不同适用标准问题，笔者认为很大程度上系因司法裁判者将应诉管辖规则认定为诉讼法其他管辖规则的特别甚至是排他性规定，人为地割裂了应诉管辖制度和民诉法其他管辖规则之间的功能定位和互补关系，将应诉管辖功能的发挥局限于法院未依职权移送管辖、被告亦不知晓管辖错误而应诉答辩情形下的程序瑕疵的消除，限制了应诉管辖制度立法价值的发挥。故有必要通过理顺应诉管辖制度与民诉法中其他管辖制度的关系，厘清现有应诉管辖制度下相关管辖规则的司法认识。

（一）应诉管辖与受理制度项下管辖规则审查的关系

《民诉法》第119条第4项规定起诉的条件必须符合案件为受诉人民法院管辖。由此看来，对受诉法院是否有管辖权的审查应在“起诉时”予以完成。而《民诉法》第127条规定的“当事人未提出管辖异议并应诉答辩的，视为受诉人民法院有管辖权”的规定，认为受诉法院应在“应诉时”对案件管辖事宜进行审查。鉴于两个条文均处于并行适用状态，为此，在对条文的文义理解存有“冲突”情境下，应从条文制定背景、保护的法益去探究条文的内涵。

1. 案件受理制度下管辖规则审查的职权主义

结合《民诉法》第119条规定及我国民事审判实务，为避免不能或不应由法院裁判的案件进入诉讼程序，造成不必要的司法资源浪费，我国就起诉条件的审查采取单方职权主义审查模式。职权主义审查模式下，法院受理的案件除需满足法律对案件形式要求外，还需符合受诉法院管辖等实质条件。

---

[1] 张艳：《应诉管辖规则的中国生成史》，载《国家检察官学院学报》2017年第2期，第157页。

只有确定受诉法院对案件拥有管辖权后，受诉法院方予立案受理，否则将不予受理或依职权予以移送。后为保障当事人的诉权，《民诉法解释》第 208 条第 1 款将我国案件受理制度由“审查制”变为“登记制”。[1] 但从条文内容看，此种变化实质上仅是将原有的“审查制”下的“先审查后立案”变更为“登记制”下的“先立案后审查”，两种制度对起诉条件审查标准并未发生实质变化。此制度规制下，若案件不符合法定起诉要件，仍无法进入诉讼阶段。为解决现有起诉审查标准导致的“立案难”问题，保障当事人的程序参与权，最高人民法院于 2015 年 4 月出台了《关于人民法院推行立案登记制改革的意见》。但综观改革意见和现有法律条文，将管辖等要件从起诉条件中分离、审查后移的意见仅是司法体制改革的安排，法律上并未就此作出调整。[2] 所以，就现有案件受理制度下的管辖审查规则，由于此阶段案件尚未进入诉讼程序，当事人未能就此要件行使诉讼程序所赋予的辩论和处分权利。此阶段中，案件是否予以立案受理完全取决于受诉法院的职权意志。因此，此种审查方式一定程度上限缩了以案件受理为前提的应诉管辖制度的适用空间。

此外，若坚持案件受理制度下职权主义审查模式，又将导致受移送法院在处理受诉法院未经送达起诉状副本而径行向本院移送的案件时，就管辖事宜所作的处理将有别于常规管辖事宜的处理。在常规模式下，被告收到法院送达的起诉状副本后，可在答辩期限内提出管辖异议。经审查，管辖异议成立的，受诉法院裁定将案件移送有管辖权的法院；受移送法院在收到移转的案件后，若认为案件不属于本院管辖的，则将案件报请上级法院进行指定管辖。而在受移送法院收到未经送达起诉状副本的案件后，其需先行向被告送达起诉状副本，被告在收到起诉状副本后，若向受移送法院提出管辖异议，

---

〔1〕《最高人民法院关于适用〈中华人民共和国民事诉讼法〉的解释》第 208 条：“人民法院接到当事人提交的民事起诉状时，对符合民事诉讼法第 119 条的规定，且不属于第 124 条规定情形的，应当登记立案；对当场不能判定是否符合起诉条件的，应当接收起诉材料，并出具注明收到日期的书面凭证。需要补充必要相关材料的，人民法院应当及时告知当事人。在补齐相关材料后，应当在 7 日内决定是否立案。立案后发现不符合起诉条件或者属于民事诉讼法第 124 条规定情形的，裁定驳回起诉。”

〔2〕万挺、张闻：《管辖权异议之诉附带审查诉讼要件问题研究——以遏制滥诉为目标》，载《法律适用》2018 年第 1 期，第 98 页。

受移送法院经审查认为管辖异议成立的，此时根据《民诉法》第36条之规定，[1] 受移送法院将无法按照常规模式下就被告提出的管辖异议作出肯定被告管辖异议成立进而将案件移送有管辖权法院的裁定，而仅能依法将受移送的案件报请上级法院，由上级法院进行指定管辖，受移送法院根据指定结果再行作出相应处理。此种处理方式在一定程度上影响了诉讼效率。

2. 应诉管辖制度下管辖审查的处分权主义

我国民事诉讼坚持不告不理原则，作为启动诉讼程序主体的原告，其基于自身诉讼便利和诉讼策略的考量，会选择对自己最有利的法院提起诉讼。为确保原告依法行使管辖权益，应诉管辖制度在原告选定受诉法院后规定了受诉法院能否获得管辖权，一定程度上有赖于被告如何处分自己的管辖权益。该项制度否定了职权主义受理制度模式下法院对程序选择的绝对主导权，充分尊重了被告对原告管辖利益处分结果的辩论权利。若被告认可原告的管辖意愿，则可通过应诉答辩方式处分自己的管辖权益；而若被告对原告处分管辖权益的行为存有异议，则可通过提出管辖异议或拒绝应诉答辩等方式对原告管辖利益的处分作出抗辩，以此规制原告行使管辖权益。因此，应诉管辖制度一方面充分尊重了当事人对除专属管辖及级别管辖外的地域管辖利益的处分意愿，赋予当事人对程序选择的权利，彰显了当事人的程序主体性；另一方面通过强化当事人自我归责的逻辑理念赋予无管辖权的法院以管辖权的法律正当性，消除了案件存在管辖错误的程序瑕疵，兼顾了诉讼程序的公正与效率。

当然，此制度亦难以避免原告为确保案件在其享有"管辖利益"的无管辖权法院进行审理而人为促成"应诉管辖"情形的出现。如原告在受诉法院受理案件后，以放弃部分实体权益、进行和解、调解等作为被告应诉答辩的对价，诱使被告作出符合应诉答辩构成要件的行为，使受诉法院依据应诉管辖获得管辖权。原告在案件审理过程中，又自行推翻了先行所作的对价承诺。此情形下，被告又能否以自行作出应诉答辩时意思表示不真实或存在瑕疵如重大误解为由而要求推翻应诉管辖制度的适用？鉴于法律已明确对应诉管辖制度的构成要件及适用的法律效果作出规定，被告在此前已就自身所享有的

---

[1] 《中华人民共和国民事诉讼法》第36条："人民法院发现受理的案件不属于本院管辖的，应当移送有管辖权的人民法院，受移送的人民法院应当受理。受移送的人民法院认为受移送的案件依照规定不属于本院管辖的，应当报请上级人民法院指定管辖，不得再自行移送。"

管辖利益作出了处分，根据当事人自我归责的逻辑理念，其应自行就此承担相应不利后果。且此情形下若再行以实体审理思维就程序瑕疵问题进行处理，将势必降低案件的审理效率。

（二）应诉管辖规则与移送管辖规则的关系

移送管辖制度系属对案件管辖权的救济制度，倡导纠正管辖错误，以保障法院的权威和程序安定。根据移送管辖制度的设立目的，受诉法院只要发现案件受理错误，在案件实体判决作出前均可随时将案件予以移送。而应诉管辖制度系因当事人的诉讼行为使得无管辖权的法院获得管辖权，系在满足特定条件下将原本错误的管辖视为正确。即在受诉法院依应诉管辖制度获得管辖权后，即使庭审中发现管辖错误（除违反级别管辖和专属管辖外），亦不能以管辖错误为由进行移送。为此，在两项管辖规则并行适用状态下，应诉管辖制度实质系排除了对移送管辖制度的适用。该制度对司法实务中因案件复杂、长期未结、信访、闹访而滥用移送管辖的现象起到了防范作用。

对于在前文所梳理的在应诉管辖制度下，司法实务中就案件何时应予移送管辖存有的问题，如将《民诉法解释》第35条理解为对一般移送管辖时间所设的期限限制，并由此将开庭时间前后作为案件是否应予移送的时间分界点，以及认为案件是否移送应以客观上对案件是否享有管辖权为依据，与是否应诉答辩、开庭时间先后无关等，笔者认为系未能从体系化和科学化角度把握现有法律规定所致。

根据应诉管辖规则，若受诉法院发现案件违反级别管辖或专属管辖，受诉法院可随时将案件予以移送；而就一般地域管辖而言，若案件符合法律关于应诉管辖或协议管辖的规定，受诉法院不得径行将案件予以移送。就此而言，法律针对级别管辖和专属管辖的审查坚持的是客观管辖审查标准，与是否应诉答辩及开庭先后无关。即受诉法院在案件审结前的任何节点发现受理的案件违反级别管辖和专属管辖的，均需将案件进行移送；而对地域管辖的审查，案件是否需予移送则受限于应诉管辖及协议管辖的规定。否则，若坚持《民诉法》第36条职权主义移送时间任意模式，那么《民诉法》关于管辖异议期间及应诉管辖制度的设定将形同虚设。如当事人在管辖异议期间过后，可通过不断向法院反映管辖问题，直到受诉法院意识到管辖错误而依职权将案件予以移送，达到等同于提出管辖异议相同的法律后果。有鉴于此，忽略民诉法关于应诉管辖制度的规定而机械坚持管辖错误任意移送的论断有失偏颇，一定程度上造成移送管辖的滥用。

而坚持以发现管辖错误与开庭的前后关系作为案件是否需进行移送的裁判标准亦将导致案件移送的主观化和趋利化。笔者认为在无法就此情形下受诉法院是否发现管辖错误这一主观认识进行量化评判的情况下，若坚持此种论断，将难以避免受诉法院因部门本位或地方保护而怠于在开庭前审查管辖，并借此以开庭后方发现管辖错误为借口而不予移送案件的情况发生。

为此，在应诉管辖制度下，案件是否移送管辖应结合应诉管辖排除移送管辖及应诉管辖成立的时间等因素进行判定，避免因理解或适用错误导致争夺管辖权和主观随意移送管辖现象发生。

三、应诉管辖制度下相关管辖规则的协调

如前文所述，在现有管辖制度中，应诉管辖制度遵循的系处分主义，案件受理制度、移送管辖制度则系贯彻职权主义。鉴于各管辖制度所保护的管辖利益属性不同，在各管辖制度并行适用状态下，为避免出现因争夺管辖权而人为扩大应诉管辖规则适用范畴及因信访闹访、案件长期未结等因素而架空应诉管辖、滥用移送管辖的两端化现象，司法裁判者在适用管辖规则时，应兼顾各管辖制度自身所保护的法益对各管辖规则进行协调适用。

（一）应诉管辖制度与案件受理制度项下管辖规则的协调

如前文所述，案件受理制度下管辖规则审查坚持的职权主义系为维护管辖利益的公益属性，保护程序的正当性；而应诉管辖制度下管辖规则审查坚持的处分权主义则系为了保障当事人的诉讼权益。在两项管辖规则并行适用情境下，具体管辖规则的选定应取决于不同阶段所保护的管辖利益的属性，而不应在法律规定应诉管辖制度下，主观忽视应诉管辖制度，采取在起诉时就对各类管辖事项作出判定的一刀切审查模式。鉴于民诉法制定应诉管辖制度时已将级别管辖和专属管辖所涉及的管辖利益纳入职权主义所保护的公益属性范畴，排除了级别管辖和专属管辖情境下的应诉管辖制度的适用，故在应诉管辖制度和案件受理制度管辖审查规则并行适用情境下，司法裁判者在理解《民诉法》第119条第4项关于案件属于受诉法院管辖规定时应进行限缩解释，即受诉法院在立案阶段根据原告单方提供的诉讼材料对本院是否享有管辖权进行审查时，应限定为对级别管辖和专属管辖所作的审查；对于一般意义上的地域管辖的审查，则应留待法院向被告送达起诉状副本后依案件是否构成应诉管辖制度项下的“应诉时”再行处理。毕竟，受诉法院在立案阶段认定本院有无管辖权系通过对原告单方提供的资料进行形式审查所认定的结果，伴随着诉讼程序的开启和不断推进，受诉法院可依职权审查的诉讼

材料越来越多，后续完全可能因当事人特别是被告提供的材料推翻先前认定的本院有无管辖权的结论。[1]

当然，此情境下实务中将不可避免出现受诉法院在按照应诉管辖规则要求向被告公告送达起诉状副本后，因被告未提出管辖异议，亦未应诉答辩，受诉法院经审查认为本院对案件无管辖权，而采以公告送达裁定方式裁定将案件移送，导致后手法院审理的一个案件经过先后两手法院、两次公告程序后方可确定案件管辖权的情形。但笔者认为，在既有规则并行、立法已权衡过所保护的法益的情形下，不能因特例情形的存在而否定一个制度的立法价值，并对此加以排斥适用。毕竟，对于明显存在管辖错误，在法院释明风险情况下，还执意而为之的，应该是不具有普遍性的。而为提高诉讼效率，对于前述情形，实务中裁判者应贯彻“职权主义补充处分权主义”理念。即受诉法院受理案件后应从宏观上把控所受理案件的管辖权。若案件存在管辖错误风险，在案件进入公告程序前，受诉法院应告知或释明相应风险，由原告自身就其享有的诉讼权利进行处分。若经释明，原告不愿意承担管辖不利风险，则可自行撤诉，转由向有管辖权的法院提起诉讼；若原告坚持承担相应管辖不利风险，则法院依法就案件进行公告送达。此情形下，原告须自行承担后续被告未应诉、案件经公告后被移送管辖的风险。此种理念一定程度上亦有利于规制原告在启动诉讼程序时审慎选择受诉法院。

（二）应诉管辖制度与移送管辖制度下管辖规则的协调

如前文所述，在一般地域管辖情境下，可以限制法院依职权移送管辖可的有应诉管辖和协议管辖两项制度。为此，对《民诉法解释》第35条的理解应结合应诉管辖成立的时间及移送管辖制度的宗旨进行整体把握。根据《民诉法》第127条第2款规定，只有当事人在答辩期间届满或者在法院根据《民诉法》第83条规定就被告提出的因不可抗拒或其他正当理由耽误期限而被准许的顺延期限内未提出管辖异议，且在一审辩论终结前就案件的实体问题提出抗辩情况下，无管辖权的法院方能因此而获得管辖权，无需将案件移送有管辖权的法院。[2] 此情形下，因提出管辖异议的时间为答辩期间届满或经法院允许的顺延期限内，而应诉答辩行为判断的时间基准为一审法庭辩论

---

〔1〕 黄忠顺：《应诉管辖原则之制度展开》，载《东方法学》2016年第6期，第15页。

〔2〕 《中华人民共和国民事诉讼法》第83条：“当事人因不可抗拒的事由或者其他正当理由耽误期限的，在障碍消除后的10日内，可以申请顺延期限，是否准许，由人民法院决定。”

终结前，两要件的判断时点存在时间间隔。根据应诉管辖与移送管辖各自的立法功能，《民诉法解释》第 35 条实系针对“被告未进行答辩并直到开庭才应诉答辩”这一特殊情况而设定的，系为督促受诉法院对开庭前可明确判断不构成应诉管辖的案件进行及时移送而制定的规则，并不是对移送管辖时间所作的限制。此情况下，立法者以兼顾促进诉讼与维护当事人的程序权利，使当事人均有机会享受到司法机关及时审判的权利为出发点，[1] 要求受诉法院在即将投入大量司法资源和诉讼成本的“开庭前”主动履行管辖审查义务。若受诉法院能够确定本院在此时点下未能依法或依约获得或享有管辖权的，应及时将案件进行移送，不得以案件在开庭后出现的新的管辖连接点或开庭前未发现管辖错误为由作为取得管辖权的依据；同时亦避免因受诉法院怠于履行管辖审查义务导致案件在一审辩论终结后，受诉法院以被告未进行应诉答辩为由对案件进行移送，造成不必要的司法资源浪费，侵害当事人在受诉法院进行相应诉讼行为的信赖利益。因此，在法律未就受诉法院未及时发现管辖错误行为制定相应法律后果情况下，《民诉法解释》第 35 条系为避免司法实务中出现以应诉管辖为托词而怠于审查管辖事宜、拖沓案件审理效率等现象而制定的倡导性规定，实系敦促受诉法院在诉讼过程中主动审查管辖错误，提高案件审理效率。

为此，在应诉管辖制度和移送管辖制度并行适用情况下，受诉法院不得机械地以开庭作为是否将案件予以移送管辖的分界点。案件是否移送取决于受诉法院在现有管辖规则体系下是否对案件享有管辖权。若未能依法获得管辖权，需及时按照规定将案件予以移送，否则将导致管辖利益判断的职权化和主观化。

（三）应诉管辖制度与管辖恒定制度下管辖规则的协调

如前文所提及的案例四，原告在被告应诉答辩后增加、变更诉讼请求或撤回对部分被告的起诉或调整案件案由导致受诉法院丧失管辖权的，此时被告是否可以前述新的事由提出管辖异议？此情境下，根据现有法律规定，只要被告在首次法庭辩论终结前的任何时点符合应诉管辖的构成要件，受诉法院则在此时点即已因应诉管辖而获得管辖权。虽被告在应诉后法庭辩论终结前，原据此确定应诉管辖的法定管辖权连接点发生实质变动，但根据《民诉

〔1〕 王福华：《民事诉讼管辖利益保护论——评最高人民法院指导案例 56 号》，载《比较法研究》2018 年第 4 期，第 27 页。

法解释》第39条关于“人民法院对管辖异议审查后确定有管辖权的不因当事人提起反诉、增加或变更诉讼请求等改变管辖，但违反级别管辖、专属管辖规定的除外”的规定及应诉管辖不得违反级别和专属管辖的规定，若受诉法院经审查前述因素的变动并未触及专属管辖或级别管辖的规定，那么受诉法院不得再依新事由的出现赋予被告重新提出管辖异议并选择是否应诉的权利，否则将有损原告就诉讼程序所享有的信赖利益，亦有悖诉讼法所秉持的强化当事人自我归责的理念。

四、结语

鉴于现有案件受理、应诉管辖、移送管辖等制度下相关管辖规则并行适用的现实，为最大限度确保程序公正、提高诉讼效率，避免案件管辖利益的处分职权化、案件移送随意化，笔者认为对应诉管辖制度和案件受理制度下管辖规则的适用，应秉持“职权主义补充处分主义”的理念，将现有案件受理制度下管辖规则的审查限缩为对级别管辖和专属管辖所作的审查；而鉴于应诉管辖制度的施行，受诉法院对地域管辖规则的审查应留待本院向被告送达起诉状副本后再行依据被告是否实行相应诉讼行为作出判断。而为避免司法实务中因滥用应诉管辖制度或任意适用移送管辖制度而导致主观争夺管辖权或案件管辖扯皮的两端化现象，受诉法院应遵循立法者所倡导的在受诉法院投入大量司法资源及诉讼成本的“开庭前”，主动以现行的管辖审查规则对案件管辖权作出客观判断，对确不存在管辖连接点的案件应遵循移送管辖规则将案件予以及时移送，以尊重不同管辖制度所保护的管辖利益，切忌将发现受诉法院是否享有管辖权的时间作为案件是否需予移送的判定节点。

（初审人：王贵彬）

私法纵横

个人信息侵权救济规则的不足与完善路径

——基于111个案例的实证分析

许素敏*

摘　要：个人信息保护立法不仅应重视赋权，更应重视如何实现有效的侵权救济。从个人信息侵权的司法实践来看，个人信息侵权案件仍旧遵循一般侵权救济规则，难以维护个人信息主体的权益。因此，现有的个人信息侵权救济规则应有所调整。例如，应确立构成要件层面的损害后果与责任承担层面的损害后果相区分的理念、机构侵权案件应适用过错推定原则、侵权主体认定不宜过于严格等。我国正在制定的《民法典人格权编》应进一步完善个人信息侵权救济规则，以有效维护个人信息主体的合法权益。

关键词：个人信息侵权　损害后果　主观过错　侵权主体

一、问题的提出

《中华人民共和国民法总则》（以下简称《民法总则》）第111条首次在民事基本法层面明确了个人信息

---

* 许素敏，男，厦门大学法学院民商法学专业2017级硕士研究生（361000）。

这项权益受法律保护，为即将制定的《民法典》人格权编如何完善个人信息保护提供了立法指引。近期公布的《民法典人格权编（征求意见稿）》在《民法总则》所确立的原则下，对个人信息保护作了一定程度的细化。具体而言，《民法典人格权编（征求意见稿）》对于个人信息保护的规定主要涉及个人信息处理的合法依据、个人信息的内涵界定以及个人信息侵权的表现形式等。但是，总体而言，无论是《民法总则》第 111 条，还是《民法典人格权编（征求意见稿）》第六章"隐私权和个人信息"，对于个人信息保护侧重于权利宣示，在具体侵权救济规则方面则缺乏明确的阐述。正如有学者所言，"权利的宣示并不等于权利的保护，权利的保护有赖于有效的侵权法制度之建立。"〔1〕《民法总则》第 111 条和《民法典人格权编（征求意见稿）》第六章"隐私权和个人信息"对于个人信息保护规则的细化，可以实现对个人信息主体的初步赋权，但是如何切实有效地维护个人信息权利还需完善具体的侵权救济规则。《民法典侵权责任编（征求意见稿）》基本延续了 2010 年生效的《中华人民共和国侵权责任法》（以下简称《侵权责任法》）的立法思路，并未将个人信息侵权确立为一项特殊侵权。从十三届全国人大常委会所公布的立法规划来看，个人信息保护法的制定已经被纳入规划之中，并且属于第一类，即条件比较成熟、任期内拟提请审议的法律草案。〔2〕由此可见，我国的个人信息保护立法即将步入更加系统性的阶段。笔者认为即将制定的个人信息保护法应该详细制定个人信息侵权的救济规则。多年来，我国个人信息保护呈现司法先行的特点，司法实践积累了大量的个人信息侵权案例。因此，本文将以个人信息侵权的民事案例为基础，分析个人信息侵权救济规则存在的不足之处，并提出相应的建议。

二、个人信息侵权救济现状的统计学分析

（一）样本案例选取方式的说明

由于司法实践中，除了涉及名誉侵权的部分案例以外，〔3〕大多数的个人信息侵权案例都是按照隐私权纠纷处理，因此，本文主要选取涉及隐私权纠

〔1〕 徐明：《大数据时代的隐私危机及其侵权法应对》，载《中国法学》2017 年第 1 期，第 145 页。

〔2〕 参见《十三届全国人大常委会立法规划》，载中国人大网：http：//www.npc.gov.cn /npc/xinwe n/2018 -09/10/content_2061041.htm，最后访问时间：2018 年 11 月 24 日。

〔3〕《最高人民法院关于审理名誉权案件若干问题的解答》规定：对未经他人同意，擅自公布他人的隐私材料或者以书面、口头形式宣扬他人隐私，致他人名誉受到损害的，按照侵害他人名誉权处理。

纷的个人信息侵权案例作为研究样本。本文所选取的案例均来源于中国裁判文书网和北大法宝。在中国裁判文书网，笔者在理由部分输入“个人信息”和“隐私权”，案由选择“隐私权纠纷”，文书类型选择“判决书”，搜索日期为2018年10月26日。搜索结果显示符合条件的判决书共有85份，笔者剔除重复的案例、与个人信息侵权无关的案例〔1〕等，经过进一步整理，共获得有效样本案例41个。在北大法宝，笔者在案例标题部分输入“隐私权”，全文部分输入“隐私权”和“个人信息”，案由选择“隐私权纠纷”，文书类型选择“判决书”，搜索日期为2018年10月27日。搜索结果显示符合条件的判决书有232份。通过剔除重复的案例、与个人信息侵权无关的案例，以及通过上述方式已于中国裁判文书网获取的案例等，经过进一步的阅读、比对，共获得有效样本案例70个。

从所覆盖的地域来看，本文所选取的111个案例涵盖全国23个省、自治区、直辖市。其中，北京市所裁判的案例数量最多，为23个案例。广东、上海、江苏、浙江的案例数量也都在10个以上。〔2〕从受理案件的年份来看，样本案例库中，受理时间最早的案例发生于2000年，此后，从2001年至2007年并没有相关的案例。从2008年至2013年，每年的案例数目较少，都不超过5个。2014年是个人信息侵权案例的一个重要节点，2014年之后，个人信息侵权案例的数量每年都在10个以上，而且基本呈现逐年递增的趋势。〔3〕从一审结案和二审结案的数量分布来看，样本案例库中，一审结案的案例为63件，占比为56.76%，二审结案的案例为48件，占比为43.24%。〔4〕本文所选取的样本案例从地域分布、年份分布以及结案类型上看具有多样性，

〔1〕这类案件主要是涉及个人空间隐私侵权，其中以安装摄像头引发的隐私权纠纷居多，由于法院在裁判说理部分对隐私权进行界定时会谈及隐私权与个人信息之间的关系，因而这类案例也在搜索的结果之中，但其并非典型的个人信息侵权，因此这类案例不纳入样本案例库中。

〔2〕111个样本案例的地域来源详情：上海：11个；福建：4个；江苏：14个；山西：2个；吉林：1个；北京：23个；浙江：10个；湖南：3个；湖北：1个；天津：6个；辽宁：2个；河南：3个；广西：2个；河北：2个；云南：1个；陕西：3个；四川：3个；甘肃：2个；山东：2个；宁夏：1个；安徽：2个；江西：1个；广东：12个。

〔3〕111个样本案例的年份分布情况：2000年：1个；2008年：1个；2009年：2个；2010年：3个；2011年：3个；2012年：3个；2013年：5个；2014年：14个；2015年：16个；2016年：22个；2017年：28个；2018年：13个。

〔4〕为尽可能保证数据的准确性，对于一审结案的案例，笔者会在相应的数据库以案号、当事人姓名等作为全文搜索关键词，进行相应的搜索，以明确该案例是否为一审结案。

覆盖面较广，具有一定的代表性，能够反映隐私权保护模式下的个人信息侵权民事救济状况。

（二）个人信息侵权救济的特征

1. 侵权主体类型

本文依据被诉侵权主体的类型，将样本案例分为自然人侵权案例和涉及机构的侵权案例。其中，自然人侵权案例包括自然人单独侵权案例和多数自然人侵权案例。涉及机构的侵权案例则包括机构单独侵权案例和涉及机构的多数人侵权案例。之所以作此分类，原因在于不同类型的侵权主体，其与个人信息主体在掌握信息、充分举证等能力上存在一定的差异。因此，通过不同侵权主体类型案例的对比，可以类型化地看待个人信息侵权案例。由图 1 可知，在样本案例库中，自然人侵权的案例为 35 个，占比为 31.53%。涉及机构的侵权案例为 76 个，占比为 68.47%。在涉及机构的 76 个侵权案例中，机构单独侵权的案例高达 60 个，占涉及机构的侵权案例总数的 78.95%。涉及机构的多数人侵权案例为 16 个，占涉及机构的侵权案例总数的 21.05%。值得一提的是，在 76 个涉及机构的侵权案例中，仅有 8 个案例的被诉侵权主体涉及互联网企业。[1] 根据样本案例库所呈现的数据来看，目前我国发生的个人信息侵权案例多数会涉及机构侵权。

至于互联网企业侵权案例较少的现象，笔者认为主要有三点原因：其一，从个人信息主体的主观意愿来看，个人信息主体的维权意愿普遍较弱，如果没有给自己造成非常明显的损失，个人信息主体一般不愿意诉诸司法。[2] 其二，从个人信息侵权民事救济的客观现实来看，个人信息侵权的民事救济效果不佳，遭受侵权的个人信息主体如果要通过司法途径实现权利救济的话，

---

〔1〕 涉及互联网企业侵权的 8 个案例参见浙江省杭州市拱墅区人民法院（2014）杭拱民初字第 281 号民事判决书；北京市朝阳区人民法院（2008）朝民初字第 29277 号民事判决书；江苏省南京市玄武区人民法院（2016）苏 0102 民初 1123 号民事判决书；江苏省南京市中级人民法院（2014）宁民终字第 5028 号民事判决书；北京市第一中级人民法院（2017）京 01 民终 509 号民事判决书；浙江省杭州市中级人民法院（2014）浙杭民终字第 1813 号民事判决书；北京市第一中级人民法院（2016）京 01 民终 3257 号民事判决书；湖北省武汉市武昌区人民法院（2016）鄂 0106 民初 1356 号民事判决书。

〔2〕 例如，由中国青年政治学院互联网法治研究中心和封面智库联合发布的《中国个人信息安全和隐私保护报告》显示，总体而言，个人信息主体的维权意愿较弱。当被问及被侵犯时没有维权的原因时，56%的参与调研者因资金等个人利益未受损而放弃维权，44%的参与调研者因维权程序太复杂、成本太高而放弃维权。参见《互联网法治研究中心：中国个人信息安全和隐私保护报告》，载互联网数据资讯中心-199IT：http：//www.199it.com/archives/540836.html，最后访问时间：2019 年 1 月 2 日。

要承担侵权责任构成四要件的举证责任，而网络世界的侵权行为往往比较隐蔽，且证据难以及时留存，因此个人信息主体在举证上面临较大的困难。其三，从近些年所发生的多起数据泄露事件来看，互联网企业所发生的大规模个人信息侵权事件主要还是从行政上、刑事上追究相关人员的责任，民事责任承担方面尚缺乏具体的操作细则。个人信息泄露一方面会给个人信息主体造成精神损害，另一方面也可能造成严重的经济损害，例如遭受诈骗、银行卡资金被盗取等。因此，在个人信息发生大规模泄露的情形下，也应探索相应的民事救济机制，以弥补个人信息主体因此遭受的损失。例如，据 NBC News 报道，就之前因安全漏洞所引发的个人信息被盗事件，雅虎同意向两亿用户支付 5000 万美元的赔偿金，并且向他们提供两年免费的信用监控服务。[1] 我国个人信息保护立法也应建立类似的民事赔偿机制，以救济民事主体因此遭受的损害。

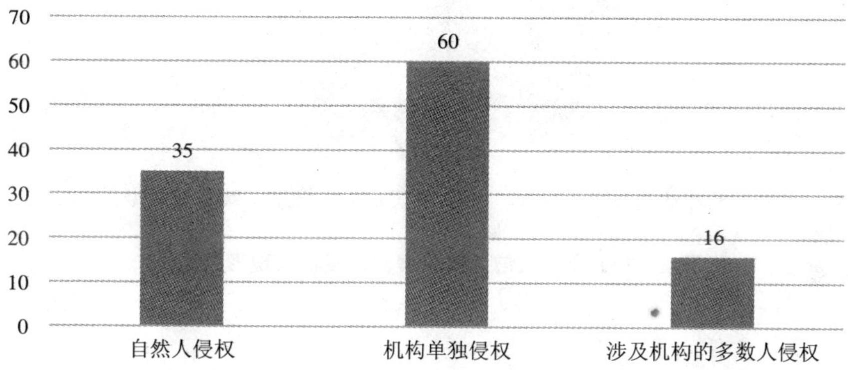

图 1　111 个个人信息侵权案例的侵权人类型情况

2. 个人信息侵权的表现形式

通过对样本案例的分析，可以发现个人信息侵权案例的表现形式较为集中。如图 2 所示，在 111 个样本案例中，数量最多为非法披露个人信息的案例，多达 79 个，占样本案例总数的 71.17%。其次为非法获取个人信息的案

[1] See NBC News, "Yahoo to pay ＄50 million, offer credit monitoring for massive security breach", available at https: //www. nbcnews. com/tech/tech-news/yahoo-pay-50m-offer-credit-monitoring-massive-security-breach-n923531, last visited in 28 November, 2018.

例，数量为 15 个，占样本案例总数的 13.51%。在 15 个非法获取个人信息的案例中，有 6 个为未经许可查询个人征信信息。其余 17 个案例的侵权表现形式主要为未妥善保管个人信息等情形。在司法实践中，还有一类最为常见的个人信息侵权表现形式，就是个人信息的错误记录，这类案例主要是涉及个人征信报告的纠错问题，司法实践中往往体现为名誉权纠纷，且案例数量较多，由于本文的研究样本主要为涉及隐私权纠纷的个人信息侵权案例，因此这部分案例将另行分析。

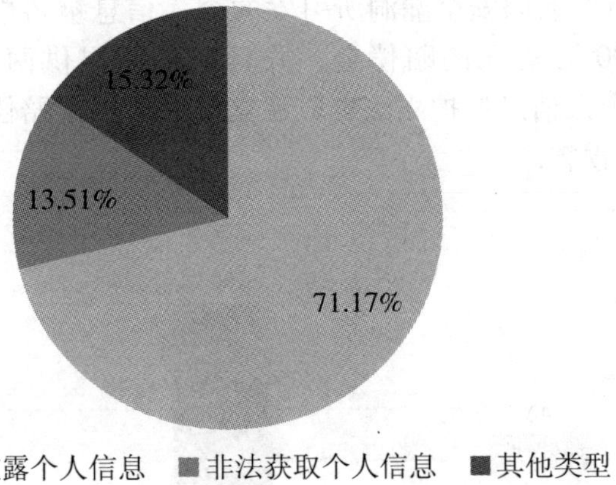

图 2　111 个个人信息侵权案例的侵权表现形式比例

3. 侵权责任承担方式

按照《侵权责任法》第 15 条的规定，承担侵权责任的方式有 8 类。[1] 个人信息侵权案例中，侵权人承担侵权责任的方式主要有赔礼道歉、停止侵害、精神损害赔偿、消除影响、恢复名誉四类。笔者统计了 48 个原告胜诉案例的侵权人承担责任方式。如图 3 所示，在原告获得胜诉的 48 个案例中，被告需要赔礼道歉的案例为 40 个，占原告胜诉案例总数的 83.33%。由此可见，在个人信息侵权案例中，赔礼道歉是非常常见的侵权责任承担方式，大多数原告胜诉案例都会判令侵权人赔礼道歉。侵权人承担精神损害赔偿的案例为

---

〔1〕《侵权责任法》第 15 条规定的 8 类侵权责任承担方式为：①停止侵害；②排除妨碍；③消除危险；④返还财产；⑤恢复原状；⑥赔偿损失；⑦赔礼道歉；⑧消除影响、恢复名誉。

23 个，占原告胜诉案例总数的 47.92%，还不足原告胜诉案例总数的一半。而据笔者的统计，48 个原告胜诉案例中，除了 7 个案例原告没有明确提出精神损害赔偿的诉求以外，其他的 41 个案例原告基本都会提出精神损害赔偿或者损失赔偿的诉求。由此可见，精神损害赔偿的诉求在个人信息侵权的司法实践中获得支持的情况并不乐观。此外，还有 9 个案例要求侵权人停止侵害，有 4 个案例要求侵权人消除影响或者恢复名誉。停止侵害和消除影响、恢复名誉的侵权责任承担方式在判决结果中甚为少见，原因不在于被侵权人未提出相应的诉求，而是这类案件发生之后，被诉侵权人往往主动停止相应的侵权行为，因此没有再履行必要。

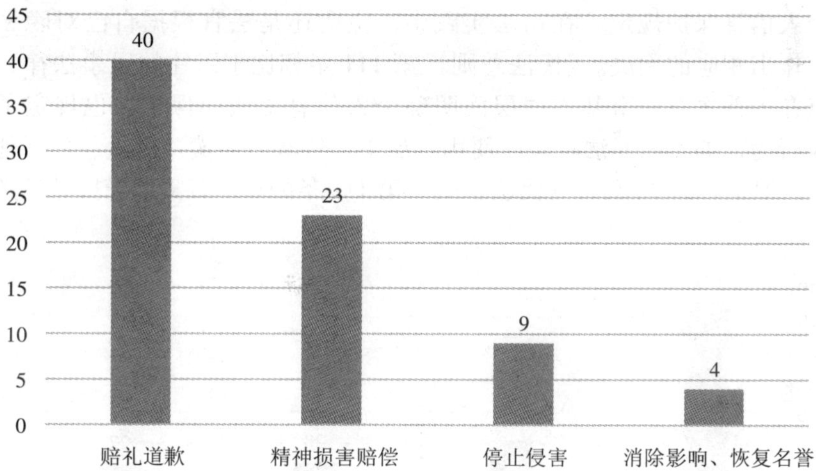

图 3　48 个原告胜诉案例中侵权人承担侵权责任的方式统计

4. 法律依据的引用情况

个人信息侵权案例中，法院作出裁判所引用的实体法主要以《侵权责任法》、《中华人民共和国民法通则》（以下简称《民法通则》）、《民法总则》、《最高人民法院关于确定民事侵权精神损害赔偿责任若干问题的解释》（以下简称《精神损害赔偿解释》）为主。如图 4 所示，法院援引次数最多的法律文件为《侵权责任法》，引用次数为 131 次，其中《侵权责任法》第 2 条引用次数最多，为 44 次。《民法通则》引用次数共 42 次，其中引用最多的为第 5 条，共 17 次。《民法总则》引用次数共 28 次，其中引用次数较多的为第 110

条和第 111 条。《精神损害赔偿解释》引用次数共 27 次，其中引用最多的为第 8 条。除此之外，《中华人民共和国消费者权益保护法》、《关于贯彻执行〈中华人民共和国民法通则〉若干问题的意见（试行）》（以下简称《民通意见》）、《中华人民共和国未成年人保护法》、《最高人民法院关于审理利用信息网络侵害人身权益民事纠纷案件适用法律若干问题的规定》（以下简称《信息网络侵权解释》）等规范性文件也偶有法院引用。在《民法总则》颁布之前，由于民事基本法并没有专门的条款规定个人信息保护，因此法院在裁判时主要还是援引《侵权责任法》以及《民法通则》的相关条款。但是从统计数据来看，引用次数较多的条款，如《侵权责任法》第 2 条以及《民法通则》第 5 条，都只是抽象地规定人身权益、财产权益受法律保护，并没有更加细致的个人信息保护规定。在司法实践中，主要还是法官根据自己对隐私权的理解，作出相应的判决。《民法总则》第 111 条相比于以往的民事法律，其最大特点在于首次在民事基本法层面明确个人信息受法律保护，也规定了若干禁止性行为，如不得非法收集、使用、加工、传输、买卖、提供、公开他人个人信息。但是，总体而言，《民法总则》第 111 条的宣示意义大于指导意义。

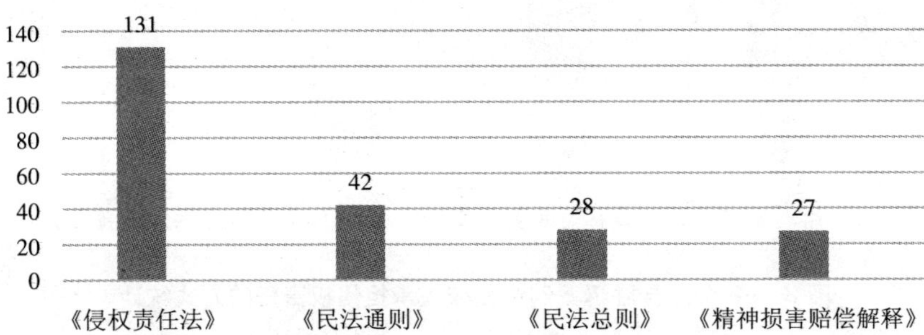

图 4　111 个个人信息侵权案例中法院援引次数较多的实体法汇总

5. 原告的胜败诉情况

本文以法院是否认定被诉侵权人侵害原告的隐私权作为划分原告胜诉与原告败诉的标准。进而，根据原告的诉讼请求是否全部得到法院的支持，将原告胜诉的案例分为原告全部胜诉案例和原告部分胜诉案例。对于存在多个被告，但是只有部分被告被认定构成隐私权侵害的案例，本文也将其纳入原告胜诉的案例库中，但属于原告部分胜诉案例。按照上述标准，如图 5 所示，在111个样本案例中，原告获得胜诉的案例为48个，占样本总数的43.24%，原告败诉的案例为63个，占样本总数的56.76%。[1] 其中，在原告获得胜诉的48个案例中，原告部分胜诉案例为44个，占原告胜诉案例总数的91.67%，原告全部胜诉案例仅为4个，占原告胜诉案例总数的8.33%。在111个样本案例中，一审结案的案例为63个，一审结案的案例中原告胜诉案例为27个，占一审结案案例总数的42.86%。二审结案的案例为48个，二审结案的案例中原告胜诉案例为21个，占二审结案案例总数的43.75%。48个二审结案案例中，二审法院改判的仅有7个，改判率为14.58%。

此外，本文还根据侵权主体类型的不同，对不同侵权主体类型的案例，进行分析，统计各种类型的原告胜诉率。如图6所示，在111个样本案例中，自然人侵权的案例共有35个，其中原告获得胜诉的案例有16个，占自然人侵权的案例总数的45.71%。涉及机构侵权的案例共有76个，其中原告获得胜诉的案例有32个，占涉及机构侵权的案例总数的42.11%。在涉及机构侵权的76个案例中，有60个案例属于机构单独侵权，有16个属于涉及机构的多数人侵权。在60个机构单独侵权的案例中，原告获得胜诉的有20个，占机构单独侵权案例总数的33.33%。在16个涉及机构的多数人侵权案例中，原告获得胜诉的有12个，占涉及机构的多数人侵权案例总数的75%。涉及机构侵权的案例中，有8个涉及互联网企业侵权的案例。其中，原告败诉的案例有6个，占互联网企业侵权案例总数的75%，原告获得胜诉的案例仅有2个，占互联网企业侵权案例总数的25%，原告胜诉的2个案例中，有一个是经二审改判，才使得原告获得胜诉。[2]

---

〔1〕 北京朝阳法院以该院2003—2017年间所受理的74件个人信息民事侵权案件作为样本，进行调研。调研结果显示，2003年至2005年期间，以判决方式结案的该类案件中，原告全部或部分胜诉的案件数量占全部案件数量的75.7%，然而对比近三年，这一比例则降至47.3%。参见《北京朝阳法院：涉公民信息民事侵权案增多原告胜诉率却下降》，载北晚新视觉：http：//www.takefoto.cn/viewnews-1625305.html，最后访问时间：2018年12月1日。

〔2〕 原告获得胜诉的互联网企业侵权案例参见北京市第一中级人民法院（2017）京01民终509号民事判决书；北京市第一中级人民法院（2016）京01民终3257号民事判决书。原告败诉的互联网企业侵权案例参见浙江省杭州市拱墅区人民法院（2014）杭拱民初字第281号民事判决书；北京市朝阳区人民法院（2008）朝民初字第29277号民事判决书；江苏省南京市玄武区人民法院（2016）苏0102民初1123号民事判决书；江苏省南京市中级人民法院（2014）宁民终字第5028号民事判决书；浙江省杭州市中级人民法院（2014）浙杭民终字第1813号民事判决书；湖北省武汉市武昌区人民法院（2016）鄂0106民初1356号民事判决书。

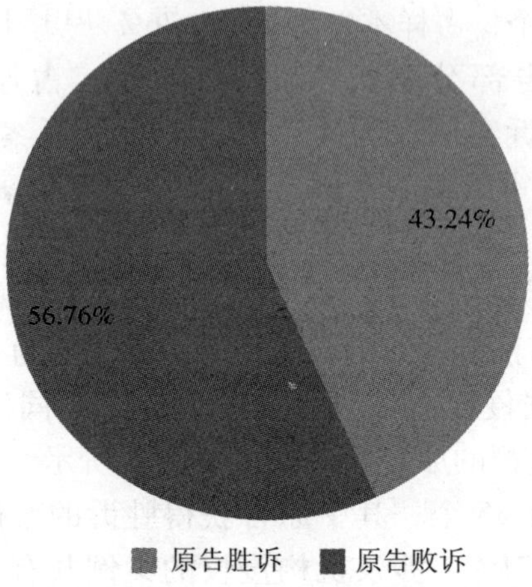

图 5　111 个个人信息侵权案例中原告胜诉与原告败诉的比例对比情况

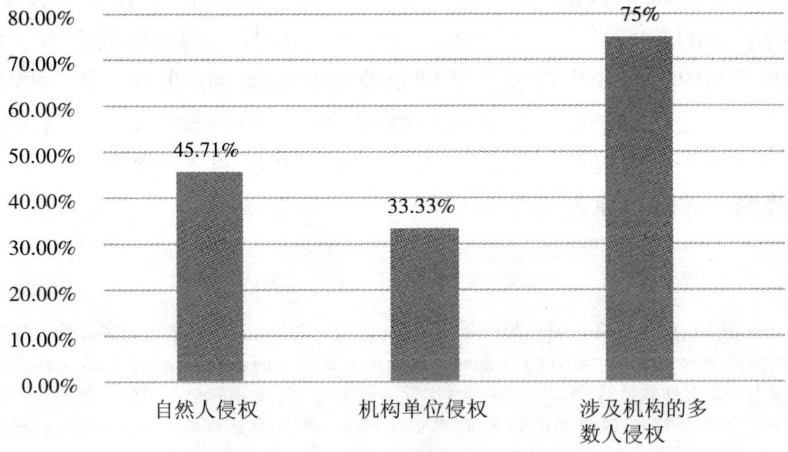

图 6　不同侵权主体类型案例的原告胜诉率对比

三、个人信息侵权救济规则存在的不足

（一）构成要件层面的损害后果与责任承担层面的损害后果相混淆

在个人信息侵权的司法实践中，个人信息主体最难证明的是损害后果。[1] 笔者认为损害后果的举证，主要可以从两方面考虑，构成要件层面的损害后果以及责任承担层面的损害后果。构成要件层面的损害后果所要解决的是被诉侵权人是否给个人信息主体造成损害，以明确是否符合侵权责任四个构成要件之一。换言之，构成要件层面的损害后果方面，原告只需举证证明存在损害后果，至于损害后果的类型以及大小并非重点。责任承担层面的损害后果则是决定被诉侵权人在被认定侵权之后需要承担的具体侵权责任，主要涉及精神损害后果以及经济损害后果以及各项损害的大小。

在构成要件层面的损害后果方面，个人信息主体面临较大的举证困难。“信息主体往往因为难以举证证明存在针对特定个人的可辨识的损害而败诉。”[2] 在“张某某等与俞某等隐私权纠纷案”中，被告俞某未经原告张某某的同意，擅自以张某某的名义到第一医院获取张某某的 CT 报告单。法院肯定了俞某的行为存在过错，但是认为其没有向不特定人群传播，且当天就将报告单还给医院，从而认定其行为未给原告造成损害。[3] 由此可见，在本案中，法院认为是否存在损害的依据在于个人信息主体的病历信息是否为不特定的多数人所知悉。换言之，即便被告擅自查看他人病历并且将病历向少数人透露，也不构成损害。又比如，在“蔡某某与厦门市盈众汽车销售有限公司隐私权纠纷案”中，被告盈众公司擅自将其与原告蔡某某在处理纠纷过程中相关单位出具的法律文书及蔡某某的个人信息如家庭地址、电话号码等公布，但法院认为公告张贴时间不长，且范围较小，张贴数量较少，未对原告的隐私权造成实质性的影响，因而认为被告未侵害隐私权。[4] 这也是个人信息侵权司法实践中，原告未能完成损害后果举证的重要原因。即法院对于构成要件层面的损害后果认定遵循实质性损害的标准，如果原告只能证明被告

---

〔1〕 损害后果分为广义的损害后果以及狭义的损害后果。广义的损害后果包含所有程度的精神损害后果以及经济损害后果，以区别于损害赔偿所对应的损害后果，即狭义的损害后果，包括严重精神损害后果以及经济损害后果。换言之，有损害并不意味着赔偿，还要看具体的损害类型。

〔2〕 吴泓：《信赖理念下的个人信息使用与保护》，载《华东政法大学学报》2018 年第 1 期，第 26 页。

〔3〕 参见浙江省杭州市中级人民法院（2017）浙 01 民终 3053 号民事判决书。

〔4〕 参见福建省厦门市湖里区人民法院（2014）湖民初字第 1614 号民事判决书。

的行为只能构成对隐私权的一般性损害，而未达到实质性损害的程度，法院也不会认可构成要件层面的损害后果成立。笔者认为，本案中法院实际上混淆了构成要件层面的损害后果与责任承担层面的损害后果。未经他人允许，擅自公布他人个人信息，足以构成对他人人格利益的损害，至于该损害是否足以对个人信息主体产生实质性的影响，则属于责任承担层面应该考虑的范畴。在美国，隐私权的保护同样面临着损害举证上的困境。例如，有学者指出，除非存在经济损害，否则美国联邦贸易委员会很难支持隐私案件。也就是说，基于尊严的隐私问题除非与经济利益挂钩，否则是无法补救的。[1] 特别地，在数据泄露案件中，原告经常主张数据泄露有引起未来损害的风险，例如身份盗用、欺诈、名誉受损，并让他们感到焦虑。但是多数法院以未存在损害为由驳回原告的诉求。[2] 由此可见，美国的个人信息侵权司法实践中，对于损害后果的举证要求也较为严格。

本文区分构成要件层面的损害后果举证以及责任承担层面的损害后果举证，除了法院经常在认定构成要件层面的损害结果时发生混淆之外，还在于通过对样本案例库的梳理，笔者发现在个人信息侵权的司法实践中，即便原告能够获得胜诉，其诉求往往难以获得较为充分、合理的支持。换言之，在责任承担层面的损害后果举证上，个人信息主体也面临较大的困难。如上所述，从图 3 所呈现的数据来看，在 48 个原告胜诉的案例中，法院判令侵权人承担精神损害赔偿的案例仅为 23 个，还不足原告胜诉案例总数的一半。而笔者在分析样本案例时，有对原告的诉求进行统计，多数原告都会提出精神损害赔偿的诉求。由此可见，原告在严重精神损害后果的举证上面临较大的困难，其精神损害赔偿的诉求难以获得法院的支持。例如在“文某与张某隐私权纠纷案”中，被告在业主微信群中公布了载有原告姓名、住址、身份证号等个人信息的起诉书，法院认为被告的行为侵害了原告的隐私权。但是对于原告提出的精神损害赔偿诉求，法院认为该起诉书只在业主微信群发布，公开的人群范围和程度有限，且原告也未能证明被告的行为给其造成严重的精神损害，因此不支持原告提出的精神损害赔偿诉求。[3] 此外，即便法院支持

---

〔1〕 See Chris Jay Hoofnagle, “US Regulatory Values and Privacy Consequences”, 2 *European Data Protection Law Review* (EDPL), 169, 170 (2016).

〔2〕 See Daniel JSolove, Danielle Keats Citron, “Risk and Anxiety: A Theory of Data-Breach Harms”, 96 *Texas Law Review*. 737, 737 (2018).

〔3〕 参见北京市昌平区人民法院（2017）京 0114 民初 15482 号民事判决书。

精神损害赔偿的诉求，在具体的赔偿数额方面也无法满足原告的诉求，在法院支持精神损害赔偿的23个案例中，被告承担精神损害赔偿的数额多数集中于500~5000元。在经济损害后果方面，虽然按照《侵权责任法》第20条的规定，侵害人身权益造成财产损失的，被侵权人有权主张相应的赔偿。但事实上，在个人信息侵权的司法实践中，很少有被侵权人提出经济损失赔偿的诉求。即便被侵权人提出经济损失赔偿的诉求，法院也鲜少支持。[1] 只有在少数特殊情形下，原告所主张的经济损失赔偿数额较小，法院也认为属于隐私被侵害遭受损失的象征性赔偿，才会支持原告经济损失赔偿的诉求。[2]

（二）机构侵权案件难以证明主观过错

按照《侵权责任法》第6条和第7条的规定，我国的侵权责任的归责原则主要有两种，即过错责任原则以及无过错责任原则。《侵权责任法》第6条第2款虽然规定了过错推定原则，但是其本质上还是属于过错责任原则的范畴，即只有在被诉侵权人存在过错的前提下，才可能要求其承担相应的侵权责任，只是在主观过错这一构成要件上适用举证责任倒置，由被诉侵权人承担该要件的举证责任。一般侵权案件中，被侵权人需要承担被诉侵权人具有主观过错的举证责任，只有在法律另有规定的情形下，才不需要承担这一要件的举证责任。按照现行法的规定，个人信息侵权并不属于特殊侵权类型，即个人信息侵权案件仍旧适用一般的过错责任原则，被侵权人需要证明被诉侵权人存在主观过错。

在司法实践中，如果被诉侵权主体是自然人，该自然人是否存在主观过错较好认定。原因在于自然人侵权的案例一般表现为披露他人个人信息，并未涉及复杂的信息处理实践。例如，在“欧阳某与张某某隐私权纠纷案”中，被告张某某将房屋租赁给原告欧阳某，但是因租赁合同到期，且被告无法通过协商与原告解决房屋腾退的问题，故在出租屋门口张贴带有原告个人信息的公告。法院经审理认为被告的主观目的在于明确合同解除的相关事宜，而

---

〔1〕 在“刘平兴、王俊与安思洁隐私权纠纷案”中，原告主张其因为被告的侵权而产生睡眠障碍、精神焦虑，并支出医疗费共188元。法院认定被告构成侵权，且认可原告医疗就诊的事实，但却未支持该项赔偿。参见四川省绵阳市中级人民法院（2018）川07民终2098号民事判决书。在“许慧与程爱军隐私权纠纷案”中，被告擅自发布原告的不雅视频和图片，原告其中一项诉求是赔偿其因被告的侵权而无法正常工作产生的误工费。但是法院以误工费非原告侵权导致的直接经济损失为由驳回该项诉求。参见山西省长治市中级人民法院（2017）晋04民终2424号民事判决书。

〔2〕 参见广东省广州市南沙区人民法院（2016）粤0115民初463号民事判决书。

非泄露原告隐私，故不认为被告构成侵权。〔1〕这类案件中被诉侵权人擅自公布他人信息的行为存在不妥之处，并且也给个人信息主体造成一定的损害，但是由于个人信息主体与被诉侵权人之间存在合法的民事法律关系，且系个人信息主体单方的原因，而导致被诉侵权人无法及时解决房屋腾退问题。在此情况下，被诉侵权人采取公告的形式予以告知，从主观状态上来说，并无可非难之处。自然人侵权案件的主观过错较好认定，法院一般会结合相关证据，确认被诉侵权人是否有一定的正当事由。如果被诉侵权人是基于正当事由而做出被诉侵权行为，法院一般认为其不具有主观过错。〔2〕反之，如果缺乏正当事由，则具有主观过错。

个人信息侵权实践中，较难认定的主观过错在于机构侵权的案件。以实践中最常见的个人信息泄露类型案例为例。从理论上讲，个人信息泄露案例依据侵权人的主观状态之不同，可以分为故意泄露个人信息案例以及过失泄露个人信息案例。在故意泄露个人信息案例中，侵权人明知泄露个人信息会损害个人信息主体的权益，仍积极追求相关损害后果的实现。在过失泄露个人信息案例中，侵权人虽然并不积极追求个人信息主体权益损害后果的实现，但是由于其未能尽到相关的安全保障义务，导致个人信息泄露事实的发生。如果原告以“被诉侵权人故意泄露个人信息”为由要求被诉侵权人承担侵权责任，显然面临的举证困难非常大。司法实践中，原告更倾向于依据第二种类型提出自己的诉求。例如在“李某与江苏苏宁易购电子商务有限公司隐私权纠纷案”中，原告李某主张被告网站存在安全漏洞，导致其个人信息被诈骗分子所掌握，进而导致其上当受骗。〔3〕换言之，这类案例要证明被告存在主观过错，首先要证明被告的网站存在安全漏洞，其次还要证明被告在网站的安全维护上未尽到相应的注意义务。这就导致了如下两个问题：

第一，原告如何证明被告网站存在安全漏洞？原告并非被诉企业的网站运维人员，如何能够有条件充分证明被诉企业网站存在漏洞。司法实践中，原告通常是引用相关媒体的报道作为证据。例如在“李某与江苏苏宁易购电

---

〔1〕参见北京市第一中级人民法院（2018）京01民终3927号民事判决书。

〔2〕样本案例中，常见的正当性事由还有在庭审时，基于举证需要，出示带有对方个人信息的相关证据，参见浙江省嘉兴市中级人民法院（2016）浙04民终155号民事判决书；天津市和平区人民法院（2017）津0101民初7762号民事判决书；上海市浦东新区人民法院（2010）浦民一（民）初字第38110号民事判决书。

〔3〕参见江苏省南京市玄武区人民法院（2016）苏0102民初1123号民事判决书。

子商务有限公司隐私权纠纷案”中，原告即引用《南方周末》等媒体的报道，作为被告存在网站漏洞的证据。法院最终也只是认为被告可能存在安全漏洞。

第二，过错的判断通常意味着存在确定的注意标准，但是在数据泄露的语境下，这项注意标准是不清晰的。[1] 现行法并没有规定企业应该投入多大的成本在个人信息储存系统的维护上。国内网站的隐私声明大多形同虚设，企业对于自身注意义务的描述过于模糊、宽泛，且带有诸多免责条款。[2] 所以何种情况下企业可以被视为已经履行相关注意义务缺乏可以量化的标准。而且，个人信息主体与企业之间存在天然的信息不对称，企业较之于个人信息主体，在掌握相关信息上具有较大的优势。因此，要求个人信息主体充分证明企业对其个人信息未尽到充分的注意义务、安全保障义务，显然对于个人信息主体而言过于苛刻。

（三）侵权主体难以唯一确定

在信息社会，掌握个人信息的机构何止万千，学校、银行、各种类型网站等都有可能掌握我们大量的信息，而且个人信息在机构之间还经常共享。作为个人信息主体，身处信息时代，无法明确自身信息被多少机构、个人所掌握，个人信息在何种环境下被利用，以及相关环境是否具备足够的安全性。这就意味着，当发生个人信息泄露事件的时候，个人信息主体很难证实被诉侵权主体是唯一可能泄露个人信息的主体，也就无法明确个人信息泄露行为与自身的损害后果之间具有因果关系。以“李某与江苏苏宁易购电子商务有限公司隐私权纠纷案”为例，法院虽然肯定了原告损害后果的存在，并且认为苏宁易购的网络平台可能存在漏洞。但是却认为诈骗犯罪人是否通过上述漏洞获得原告的个人信息无法确定，被告并非唯一可能泄露原告个人信息的途径。[3] 类似的案例还有“王某某诉汉庭星空（上海）酒店管理有限公司隐私权纠纷案”[4]，“庞某某与北京趣拿信息技术有限公司等隐私权纠纷案一审

---

〔1〕 See Clara Kim, “Granting Standing in Data Breach Cases: The Seventh Circuit Paves the Way towards a Solution to the Increasingly Pervasive Data Breach Problem”, *Columbia Business Law Review*, 544, 578 (2016).

〔2〕 参见于莹、石浩男：《Cookie 跟踪中的隐私权保护——美国经验与中国选择》，载《求是学刊》2015 年第 1 期，第 95 页。

〔3〕 参见江苏省南京市玄武区人民法院（2016）苏 0102 民初 1123 号民事判决书。

〔4〕 参见上海市浦东新区人民法院（2014）浦民一（民）初字第 501 号民事判决书。

判决”。[1] 上述案例都具有类似特点，即个人信息主体信息发生泄露，但是个人信息主体难以举证证明被诉侵权人是唯一的泄露主体。因此，其诉求难以获得法院的支持。

四、如何完善个人信息侵权救济规则

（一）确立构成要件层面的损害后果与责任承担层面的损害后果相区分的理念

正如王利明教授所言，损害是责任构成要件的首要要件，因为侵权法主要是救济法，只有存在损害，才有救济。[2] 因此，损害后果的证明对于原告而言至关重要，直接关系到其是否可以通过诉讼实现权益的有效救济。笔者认为我国个人信息侵权司法实践对于损害后果的认定应该确立构成要件层面的损害后果与责任承担层面的损害后果相区分的理念。损害后果的证明，主要可以从三个方面思考：其一，是否存在损害后果，这点不必要求原告详细证明损害的具体类型以及损害的大小；其二，损害后果的具体类型，一般可以分为精神上的损害和经济上的损害；其三，损害后果的数额界定。第一点要解决的是构成要件层面损害后果的认定问题，即被诉侵权人是否构成侵权，也是第二点和第三点的基础。如果被诉侵权人不构成侵权，那么就没有必要证明具体存在何种损害以及损害的大小。第二点和第三点要解决的是侵权责任承担的范围，即在认定被诉侵权人构成侵权之后，其应该承担何种侵权责任以及承担多大的侵权责任，以弥补原告因被侵权所遭受的损害。

1. 构成要件层面的损害后果认定

在构成要件层面的损害后果认定上，个人信息侵权的司法实践中主要存在两种观点，多数法院认为个人信息侵权导致的损害应以实质性损害为标准。也有少数法院持不一致的观点，例如在“孙某某与中国某某网络通信有限公司上海市分公司隐私权纠纷案”中，法院即认为私人信息为第三人所知本身即为损害。[3] 多数法院对于损害后果的认定设置了较高的门槛，如果损害未能达到一定程度就不认为构成侵权，这也造成现在个人信息侵权行为特别猖

---

〔1〕 参见北京市海淀区人民法院（2015）海民初字第 10634 号民事判决书。

〔2〕 参见王利明：《我国侵权责任法的体系构建——以救济法为中心的思考》，载《中国法学》2008 年第 4 期，第 8 页。

〔3〕 参见上海市浦东新区人民法院（2009）浦民一（民）初字第 9737 号民事判决书。

獗。[1] 笔者认为实质性损害的认定标准并不合理，应采取“私人信息为第三人所知即为损害”等较为宽松的认定标准，理由如下：

首先，个人信息权属于人格权的范畴，个人信息“主要承载着信息主体的人格利益”[2]。因此，侵害个人信息权主要体现为个人信息主体人格利益受损。个人信息主体人格利益受损主要体现于其精神损害，即精神上的焦虑、痛苦等，影响个人信息主体日常生活中的心情状态。按照日常的生活经验可知，个人信息主体对于自身个人信息具有较强的控制意愿，除非基于自愿以及其他合法原因，个人信息主体并不希望他人过多干涉。一旦个人信息非基于合法事由被他人收集、公开、利用等，必然会侵害个人信息主体对个人信息的控制权，令其感到不安，对其精神造成一定的损害后果。侵权责任法的目的在于救济权利人所遭受的损害，而如果按照实质性损害的认定标准的话，很多不存在实质性损害或者原告未能充分举证证明存在实质性损害的情形，原告的合理诉求难以获得支持，其所遭受的损害也难以被弥补。我国台湾地区的“个人资料保护法”第 28 条第 3 款对于侵害个人信息的损害认定，并没有要求“严重精神损害”要件，而且在受害人无法充分举证具体的损害时，也可以由法院直接估定损害额。[3] 此种损害认定方法更符合个人信息侵权的实际情况，更有利于救济个人信息主体所遭受的损害。

其次，据笔者对样本案例中以不存在实质性损害为由而驳回原告诉求的案例的考察，法院在认定是否存在实质性损害时的考量因素主要是被侵害的个人信息是否为不特定的多数人所知悉，即个人信息公开的范围。[4] 这项标准与部分法院在认定是否支持原告的精神损害赔偿诉求时所考量的因素是类

---

〔1〕 参见杨立新：《侵害公民个人电子信息的侵权行为及其责任》，载《法律科学》2013 年第 3 期，第 149 页。

〔2〕 杨咏婕：《个人信息私法保护制度的民法典构建》，载《人民论坛》2016 年第 17 期，第 124 页。

〔3〕 参见叶名怡：《个人信息的侵权法保护》，载《法学研究》2018 年第 4 期，第 92 页。

〔4〕 参见浙江省杭州市中级人民法院（2017）浙 01 民终 3053 号民事判决书；福建省厦门市湖里区人民法院（2014）湖民初字第 1614 号民事判决书。

似的。[1] 换言之，所谓实质性损害的认定标准与严重精神损害的认定标准在司法实践中所考量的因素具有类似性。部分法院误把精神损害赔偿的损害后果作为构成要件的损害后果，从而导致构成要件的损害后果难以认定。原告主张精神损害赔偿的请求权基础为《精神损害赔偿解释》第8条。按照《精神损害赔偿解释》第8条的规定，被侵权人因侵权人的侵害，而遭受精神损害，如果达到严重精神损害的程度，那么法院可以根据受害人的请求，判令侵权人承担精神损害赔偿。但是如果侵权人给被侵权人造成的精神损害并未达到严重精神损害的后果，法院也可以判令侵权人承担停止侵害、赔礼道歉等其他侵权责任承担方式。《精神损害赔偿解释》第8条实际上也肯定了严重精神损害后果之外的其他类型精神损害后果的救济。所以，如果按照实质性损害的认定标准，严重精神损害后果之外的其他类型精神损害后果将难以获得救济，也有违《精神损害赔偿解释》第8条的立法目的。

最后，放弃实质性损害的认定标准，而采取诸如"私人信息为第三人所知即为损害"等宽松型的认定标准是否会不当加重被诉侵权人的负担，造成极大的不公平。笔者认为此举正是基于公平的考量。其一，即便在构成要件层面的损害后果方面，原告举证负担减弱，也并不意味着被诉侵权人就构成侵权，因为侵权的构成还需要满足其他三个构成要件，只要被诉侵权人不符合其他三个构成要件，其仍旧不构成侵权。其二，从司法实践来看，若干司法案例中，被诉侵权人确实实施了加害行为，并且主观上存在过错，但却因为法院认为损害后果不构成实质性损害，进而驳回原告的诉求。笔者认为即便不构成实质性损害，但是被诉侵权人实施加害行为是事实，即便不需要其承担损害赔偿责任，但是侵权责任法上也有规定其他类型的侵权责任承担方式，比如赔礼道歉。此时，其他类型的侵权责任方式，可以适当弥补原告精神上所遭受的损害，也是对被诉侵权人的适当惩戒。

2. 责任承担层面的损害后果认定

在责任承担层面的损害后果认定上，由于"个人信息具有财产性和人格

---

〔1〕 例如在"孙某某与中国某某网络通信有限公司上海市分公司隐私权纠纷案"与"舒宇与靖安县嘉园物业管理服务有限公司隐私权纠纷案"中，法院均驳回原告要求被告承担精神损害赔偿的主张，其主要理由就在于被侵害的个人信息公开的范围有限。参见上海市浦东新区人民法院（2009）浦民一（民）初字第9737号民事判决书；江西省宜春市靖安县人民法院（2017）赣0925民初657号民事判决书。

性的双重属性"[1]，所以个人信息权兼具人格利益以及财产利益，故个人信息侵权的损害后果也体现为精神损害后果以及经济损害后果。依据损害后果类型的不同，分别适用不同的侵权责任承担方式。例如，就精神损害后果而言，其可以分为严重的精神损害后果以及非严重的精神损害后果。严重的精神损害后果对应的侵权责任承担方式是精神损害赔偿，非严重的精神损害后果则对应赔礼道歉、停止侵害等其他侵权责任承担方式。[2] 经济损害后果则对应经济损害赔偿的侵权责任承担方式。

（1）精神损害后果的具体认定。

严重的精神损害后果如何认定？现行法并没有规定详细的判定标准。《精神损害赔偿解释》第 10 条规定的是精神损害赔偿的数额确定的参考因素，而非是否构成严重精神损害后果的考量因素。如上所述，司法实践中，常有法院以个人信息未为不特定多数人所知悉为由否认严重精神损害后果的存在。笔者认为严重精神损害后果的认定应综合考量多个因素，而不能单纯以"是否为不特定多数人所知悉"作为主要考量因素。通过对原告有提出精神损害赔偿诉求的案例的分析，笔者认为严重精神损害后果的认定应当综合考量以下因素：①被侵害的个人信息类型。这一要素应侧重于考察被侵害个人信息的敏感程度，敏感程度较高的个人信息与个人信息主体的人格利益具有更加紧密的关系，因此这类个人信息被侵害给个人信息主体造成的精神损害程度更大。例如病历[3]、私密照片[4]等个人信息被非法获取、传播，显然更容易对个人信息主体的精神造成严重损害后果。②是否为不特定多数人所知悉，主要考察传播人群的广度。个人信息为不特定多数人所知悉并不一定构成严

---

〔1〕 王利明：《论个人信息权在人格权法中的地位》，载《苏州大学学报（哲学社会科学版）》2012 年第 6 期，第 71 页。

〔2〕 张新宝教授认为一般的精神损害也应纳入赔偿的范围，但数额不宜过大。参见张新宝：《民法分则侵权责任编立法研究》，载《中国法学》2017 年第 3 期，第 57~58 页。笔者认为该观点具有合理性，现行法对于一般精神损害的救济仅局限于赔礼道歉、停止侵害等非赔偿类侵权责任方式，不足以填补受害人所遭受的精神损害。

〔3〕 例如，在"刘某某与金碧物业有限公司郑州分公司、金碧物业有限公司隐私权纠纷案"中，原告的病历信息被非法获取，法院支持了原告要求被告承担精神损害赔偿的诉求。参见河南省郑州市高新技术产业开发区人民法院（2016）豫 0191 民初 11371 号民事判决书。

〔4〕 例如，在"周某某与余某某隐私权纠纷案"中，被告擅自将原告的裸照发到微信群，法院认定被告应承担精神损害赔偿责任。参见上海市第一中级人民法院（2018）沪 01 民终 3552 号民事判决书。

重精神损害，还需要考虑其他因素，综合判断。例如，敏感程度较低的个人信息为不特定多数人所知悉，如果没有其他因素的话，一般难以认定构成严重精神损害。③传播方式，即个人信息是在线上传播还是线下传播。互联网具有可搜索、永久性的特征，因此延长了隐私披露的存续时间，也扩大了其受众范围，加剧了对个人情感和声誉的损害。〔1〕因此线上个人信息侵权对于个人信息主体的侵害具有持续性的特征，遭受侵权的个人信息主体要长期承受该侵权行为给自己带来的不良影响，因此更容易给个人信息主体造成严重的精神损害后果。〔2〕④受害人是否具有一定过错。按照过失相抵规则，“在确定行为人的损害赔偿责任时，需要考虑和比较行为人与受害人双方的过错程度及原因力大小，以妥当地确定责任的有无及其范围。”〔3〕例如，受害人事先的行为具有一定过错，而加害人因受害人事先的行为而利益受损，基于维护自身合法权益的目的，而侵害对方个人信息，此时即便构成侵权，也不能轻易认定加害人行为对受害人造成严重精神损害后果。〔4〕至于严重精神损害后果之外的其他程度的精神损害后果，宜由法院依据常理推断其是否存在。〔5〕笔者认为只要被诉侵权人实施了侵害个人信息的加害行为，即可推定其对个人信息主体造成精神损害，至少是一般的精神损害，而不必要求个人信息主体详细论证精神损害后果的具体特征。

（2）经济损害后果的具体认定。

经济损害后果的认定方面，可以从是否存在经济损害后果以及经济损害后果的数额两方面把握。因人身侵权所遭受的经济损失认定依据为《信息网络侵权解释》第18条和《侵权责任法》第20条。就个人信息侵权案件而言，《信息网络侵权解释》第18条仅适用于网络个人信息侵权，《侵权责任法》第

〔1〕 See Danielle Keats Citron, “Mainstreaming Privacy Torts”, 98 *California Law Review*, 1805, 1808 (2010).

〔2〕 在“许某与程某某隐私权纠纷案”中，法院认定被告的侵权行为给原告造成严重的精神损害后果，其主要理由就在于被告通过微信非法传播个人信息，其对原告造成的社会生活影响更大，原告所遭受的精神损害更为严重。参见山西省长治市中级人民法院（2017）晋04民终2424号民事判决书。

〔3〕 郑晓剑：《侵权责任能力与过失相抵规则之适用》，载《法学》2014年第10期，第48页。

〔4〕 例如，在“焦某与北京悠恩齿科口腔诊所有限公司隐私权纠纷案”中，法院不支持原告的精神损害赔偿诉求，其中一个重要原因就是原告首先在社交平台发帖，引发被告发帖澄清，才公布了原告隐私，因此原告也具有一定过错。参见北京市顺义区人民法院（2017）京0113民初2770号民事判决书。

〔5〕 参见张新宝主编：《互联网上的侵权问题研究》，中国人民大学出版社2003年版，第185页。

20条则适用于所有类型的个人信息侵权。《信息网络侵权解释》第18条第1款虽然明确被侵权人为制止侵权行为所支付的合理开支可以视为《侵权责任法》第20条所规定的财产损失。但是其同时又明确了合理开支包括为了调查、取证支付的合理费用以及律师费。对于如误工费、因人身侵权所遭受的医疗损失费等其他财产损失以及未来可能遭受的经济损失则没有明确列举，导致这类经济损失在司法实践中难以获得法院的认可。《侵权责任法》第20条所称“财产损失”应包括“侵害人身权而引起的附带财产损害，例如医药费、误工费、名誉损害带来的业务收入下降、消除侵害所支出的成本等”。[1]

例如，就误工费而言，如若被诉侵权人被认定构成侵权，那么就意味着其行为的合法性为法律所否认，而个人信息主体为了维权，需要调查、取证，进行一系列的诉讼活动，由此必然影响个人信息主体的日常工作，此时要求侵权人承担相应的误工费具有合理性。另外，如上所述，个人信息侵权必然会给个人信息主体带来精神损害，只是程度有所不同，而个人信息主体在遭受精神损害的情况下，生理机能的完整性难免有时会受到影响，由此导致的一定医疗损害赔偿费也属于情理之中，法院对于这类损害后果的认定不宜过于苛刻，应适当支持。再者，有些经济损失虽然不具有现实性，但却是日后有可能产生的经济损害，也应适当支持。例如，违规查询个人征信报告这种行为不能仅仅局限于认定是否构成精神上的损害，因为此种行为还涉及个人信用侵权。个人征信报告的查询次数会影响金融机构对自然人信用的评定，而良好的信用可以为自然人带来诸多经济利益，例如，可以获得贷款利率上的优惠以及还贷期限上的宽松等。由此可见，虽然未经许可查询个人征信报告未向不特定的第三人公布相关个人信息，但是从经济利益上来看，其势必会对个人信用信息主体造成一定的损害后果。而此类损害后果的认定不宜按照传统观点，即要求个人信息主体充分举证自己的经济利益损失与相关机构或者个人未经许可查询个人征信报告有关，法院其实可以酌定损害数额。在经济损害的数额方面，虽然《侵权责任法》第20条明确了认定标准，具有一定的可操作性。但是其缺点在于当被侵权人的损失难以确定的情况下，过于

---

〔1〕 陈龙江：《人格标志上经济利益的民法保护：学说考察与理论探讨》，法律出版社2011年版，第281页。

强调以侵权人所获得的利益确定经济损失的数额。[1] 有些案件侵权人虽然期待能够获益，但事实上却未能获益，或者有些案件侵权人只是因为过失而侵害他人人身权益，这种情形之下，其主观上没有追求获益的效果，客观上也没有获益。但是，被侵权人却有可能因此遭受经济损失，那么此时应该如何赔偿被侵权人因此遭受的经济损失。笔者认为此种情形可以采取推定的方式，由法院酌情确定赔偿数额。

（二）机构侵权的案件应适用过错推定原则

1. 机构侵权案件适用过错推定原则的理由

如上所述，就司法实践中最常发生的个人信息泄露事件而言，个人信息主体基于各种原因难以完成被诉侵权主体具有主观过错的举证。即便如此，个人信息侵权案件也不应舍弃主观过错这一构成要件。过错归责原则能够实现对个人行为自由与受害人权益保护的平衡。[2] 大数据时代，适用过错责任原则能够在个人信息的自由流动与个人信息主体的权益维护之间实现适当的平衡。但是，在举证责任分配上，应由被诉侵权主体承担举证责任。理由如下：首先，网络安全保障具有较强的技术性，对于非从事计算机安全职业的用户而言，难以证明网站维护是否达到合理的注意标准。[3] 所以，原告无论是在技术能力上，还是信息获取的便捷性上都无法与机构本身比拟，因此要求原告充分证明机构的信息储存系统不具有充分的安全性，并不现实。相比之下，机构要提出相应的证据证明自己的信息储存系统具有足够的安全性，并不具有难度，其只要向法院出示其维护信息储存系统的相关资料，令法院确信其不具有主观过错即可。通过举证责任倒置，将举证责任分配给在证据层面更具优势的信息控制者，能够改变个人信息主体的弱势地位，更有利于维护个人信息主体的诉讼权利。[4] 其次，从双方在信息收集、利用等信息处

---

〔1〕 笔者认为该条款之所以特别强调以侵权人所获得的利益来衡量被侵权人所遭受的损失，在于其认为人格权侵权造成人格权人损失多是发生在人格权被擅自商业化利用的语境，从而忽视了其他情形下侵害人格权所造成的经济损失。例如，有学者就从人格权商业化利用的角度解读《侵权责任法》第 20 条。参见王叶刚：《论人格权擅自商业化利用中的获利赔偿请求权》，载《法学评论》2016 年第 4 期，第 55~65 页。

〔2〕 参见张新宝：《侵权责任法立法的利益衡量》，载《中国法学》2009 年第 4 期，第 182 页。

〔3〕 参见王思源：《电商平台系统安全漏洞的法律责任分析——季海红诉苏宁易购案评析》，载《法律适用（司法案例）》2018 年第 12 期，第 74 页。

〔4〕 参见朱宣烨：《新时代个人信息民事保护路径研究——以存在第三方信息处理者情况下的民事责任分配为视角》，载《法学杂志》2018 年第 11 期，第 138 页。

理实践中的收益来看，机构所能获得的利益明显优于个人信息主体。正所谓“利益之所在，风险之所归”〔1〕。个人信息的收集、使用给机构带来丰厚的经济利益，因此机构也要承担相应的风险。况且，根据“危险管理理论”，个人信息的持有人和使用人等实际管理着个人信息，因此其应当承担个人信息的危险管理义务。〔2〕个人信息的存储系统本身就容易产生安全漏洞，将个人信息存储于系统中属于危险行为，而机构作为这项危险行为的实施主体，应该尽到充分的注意义务、管理义务，以保障个人信息储存的安全性。如果机构无法证明自己投入足够的精力以保障个人信息的安全性，显然其是具有主观过错。最后，从比较法的角度来看，各国的个人信息保护立法者也意识到个人信息主体在主观过错这一要件上举证之不易，从而予以一定的调整，可资借鉴。例如，韩国《个人信息保护法》第39条即规定，“如果个人信息处理者无法证明它没有不法意图或疏忽，其损害赔偿责任不得被免除。”〔3〕因此，机构侵权的个人信息侵权案件应适用过错推定原则。

2. 机构如何证明自己不具有主观过错

那么机构应该如何证明自己不具有主观过错？王利明教授认为过错的判断应采取客观化的标准，即通过客观的外在的行为标准来衡量和判断被诉侵权人是否具有主观过错。〔4〕机构是否具有主观过错可以结合机构在维护个人信息安全方面的客观行为判断，主要可以从机构对于个人信息的日常维护以及在发现个人信息储存系统存在安全漏洞之后所采取的应对措施判断。个人信息的日常维护方面，可以着重考察机构在个人信息维护方面所投入的成本，比如资金、运维人员的技术水平等。法官可以从机构防范损害发生的成本与受害人的损害大小以及损害发生的概率出发，判断机构是否具有主观过错。〔5〕如此，也可以促进机构在个人信息安全维护上投入更多的成本，从源头上保障个人信息安全。此外，在机构发生个人信息泄露之后，机构是否及时采取合理的措施加以补救也是判断其是否具有主观过错的重要考量因素。

---

〔1〕程啸：《侵权责任法教程》（第3版），中国人民大学出版社2017年版，第86页。

〔2〕参见叶敏：《个人信息商业利用的正当性与民法规则构想》，载《中国高校社会科学》2018年第4期，第149页。

〔3〕李怀胜主编：《域外网络法律译丛·民商法卷》，中国法制出版社2015年版，第82页。

〔4〕参见王利明：《我国侵权责任法的体系构建——以救济法为中心的思考》，载《中国法学》2008年第4期，第8页。

〔5〕参见程啸：《侵权责任法教程》（第3版），中国人民大学出版社2017年版，第108页。

例如在“庞某某与北京趣拿信息技术有限公司等隐私权纠纷案”中，二审法院认定被告具有主观过错的重要理由，就在于被告在被媒体报道多次泄露用户隐私之后，应知晓其在信息管理方面存在漏洞，但其又无法证明在媒体报道之后及时采取专门的、有针对性的有效措施。[1] 该案对于机构是否具有主观过错的认定思路具有合理性，虽然二审法院没有明确提及过错推定原则，但是从二审法院的认定标准来看，事实上采取了过错推定原则。机构侵权的个人信息侵权案例往往涉及复杂的个人信息处理实践，在此情况之下，如果要求个人信息主体充分证明机构具有主观过错，显然有违常理，也不利于个人信息主体维护自身合法的信息利益。

（三）侵权主体认定不应过于严格

由于掌握个人信息的主体数量庞大，尤其是一些基本的个人信息，多数与个人信息主体存在民事法律关系的机构都会留存，因此一旦发生个人信息泄露，个人信息主体难以证明泄露主体的唯一性，更遑论证明泄露主体的行为与个人信息主体的损害之间具有因果关系。因此，在侵权主体的认定上不宜过于严格，只要原告所提供的证据能够证明被诉侵权主体具有泄露个人信息的高度可能性，而被诉侵权主体又不能提出证据推翻这种高度可能性，即应认为被诉侵权人为泄露个人信息的主体。[2] 以“李某与江苏苏宁易购电子商务有限公司隐私权纠纷案”为例，笔者认为根据原告所提供的证据，足以认定被告具有泄露原告个人信息的高度可能性。理由如下：首先，诈骗分子是基于掌握订单信息详情，冒充被告客服，从而导致原告遭受诈骗。所以，本案并不只是因为个人信息主体的电话号码、姓名等基本信息泄露引发的诈骗，而是在于诈骗分子掌握了订单信息。网络购物流程中，能够掌握用户订单详情的主体主要有购物平台、物流公司以及消费者本身。所以，从理论上讲，这三类主体都有可能泄露消费者的订单信息。其次，根据原告所提供的证据，足以证明被告的网站确实存在安全漏洞，且泄露的并不只是诸如姓名、电话号码等基本信息，还包括订单信息，由此可见被告泄露原告的个人信息具有一定的可能性。而现有证据并不能证明物流公司、原告本身存在泄露原

---

〔1〕 参见北京市第一中级人民法院（2017）京 01 民终 509 号民事判决书。

〔2〕 “庞某某与北京趣拿信息技术有限公司等隐私权纠纷案”与“李某与江苏苏宁易购电子商务有限公司隐私权纠纷案”具有一定相似性。二审法院即采取这种思路。参见北京市第一中级人民法院（2017）京 01 民终 509 号民事判决书。

告个人信息的可能性。最后，本案还有一个关键的背景，在判决文书中并没有体现。同时期，南京市玄武区人民法院还受理了另外两起案件，其案情与“李某与江苏苏宁易购电子商务有限公司隐私权纠纷案”类似，都是诈骗分子详细掌握了原告在苏宁易购上的订单信息后实施诈骗。[1] 结合该事实，可以认定被告泄露原告订单信息的可能性进一步加深，从而具有高度可能性。由于个人信息处理实践具有复杂性、隐蔽性，因此在发生个人信息泄露的情况下，要求个人信息主体准确地证明被诉侵权人为唯一的泄露主体，显然超出自然人的认识能力。因此，这类案件中，不宜以过高的证明标准要求个人信息主体，只要个人信息主体能够证明被诉侵权人具有泄露个人信息的高度可能性即可。被诉侵权人可以提出相关的证据推翻这种高度可能性，证明自己并非侵权主体。如此，可以实现用户和企业双方在举证义务上的相对平衡。

五、结语

互联网在改变人们生活方式的同时，也导致个人信息侵权事件频发，且具有比以往更为严重的损害。目前的个人信息侵权救济规则难以为个人信息主体提供充分的保护。我国正在制定《民法典》，未来个人信息侵权救济规则的完善可以采用“人格权编+个人信息保护法”模式，即先于《民法典人格权编》原则性地规定重要的个人信息侵权救济规则，具体的规则则有待《个人信息保护法》予以完善。具体而言，《民法典人格权编》需要完善的内容主要有以下几点。其一，个人信息权应该于人格权编中独立成章，成为与隐私权并列的一项新的具体人格权，如此可以为个人信息侵权救济规则在人格权编的完善提供更大的立法空间。其二，个人信息侵权应确立为一项特殊侵权，适用特殊的归责原则。机构侵权案件适用过错推定原则，自然人侵权案件适用一般的过错责任原则。其三，明确个人信息具有人格利益和财产利益，个人信息主体可以同时主张人格利益与财产利益的损害赔偿。其四，个人信息侵权案件应确立构成要件层面的损害后果与责任承担层面的损害后果相区分的理念。构成要件层面的损害后果认定不应过于严格，一般而言只要加害行为成立，即应认定构成要件层面的损害后果存在。责任承担层面的损害后果认定可以列举具体的考量因素，为司法实践中法官的判断提供参考依据。其五，个人信息侵权主体的认定只需采取高度盖然性的证明标准，个人信息主

---

[1] 参见江苏省南京市玄武区人民法院（2016）苏0102民初1120号民事判决书；江苏省南京市玄武区人民法院（2016）苏0102民初1119号民事判决书。

体无须严格证明被诉侵权主体的唯一性。我国即将制定的《个人信息保护法》应以《民法典人格权编》所规定的个人信息侵权救济规则为基础，在具体内容上作更加细化性的规定。

（初审人：周宇）

论公共健康视角下我国药品专利强制许可制度的完善

——由电影《我不是药神》引发的思考

曹　芳*

摘　要：电影《我不是药神》的热播，使得药品专利制度的合理性饱受公众质疑。为激励医药行业的研发，TRIPS 协定将药品纳入专利权的保护范围。但药品不同于一般的专利产品，药品专利权与公共健康天然存在着矛盾冲突，其直接关系到人类的生存与发展。因此，对药品专利权进行适当的限制，将专利权人的部分利益让渡给社会公众，符合法律的公平正义。强制许可正是可以对药品专利权进行限制的一项重要制度，印度、巴西等国家已进行了大量的实践和探索。虽然我国专利法中也有相应的制度设计，但在具体适用于药品时过于抽象模糊，缺乏实际可操作性，难以有效发挥出该制度应有的功能。因此，在汲取国外实践经验和教训的基础上，必须充分结合我国社会实际，对我国药品专利强制许可制度进行进一步的细化和完善。

关键词：药品专利　公共健康　权利冲突　强制许可

---

*　曹芳，女，中国政法大学法律硕士学院法律硕士专业 2017 级硕士研究生（100088）。

引 言

电影《我不是药神》以专利药品问题为背景，讲述了男主人公程勇为慢粒白血病患者走私印度仿制药、最后被判罪入刑的故事。电影中，仿制药与瑞士格列宁进口药（现实原型为“格列卫”）的药效相似，但价格相差悬殊。这部电影引发了普通民众对药品专利制度合理性的舆论热议。争议的背后是药品专利保护与公共健康的矛盾，进一步说，是知识产权和人类健康权的冲突。药品专利制度对公共健康的影响具有两面性：一方面为研发者提供法律保护以激励其进行药品研发，从而产生增加人类健康福祉的作用；另一方面为生产商提供垄断地位而导致药品价格飙升，从而导致各个国家面临更加严峻的公共健康危机。

印度曾有特殊的专利制度历史，为仿制药的生产留下了发展空间。印度政府在20世纪60年代初开始鼓励企业进行药品生产。1970年，印度独立后的第一部专利法 The Patents Act 诞生，其第5条规定“只有制造方法或制造过程可以申请发明专利”。按照此规定，印度对药品只能授予方法专利，而不能授予产品专利。[1] 印度制药企业运用“逆向工程”手段，采用与“药品方法专利”不同的工艺方法大量仿制国外的药品，形成了完整的仿制药产业链，迅速降低了国内的药品价格。随着国内经济的发展和对外贸易的需要，印度迫切需要加入世界贸易组织（以下简称WTO）。按照WTO规定，印度必须签署《与贸易有关的知识产权协定》（以下简称TRIPS协定），并依据TRIPS协定对国内法进行相应的修改，实现国内法与国际法的接轨。印度作为发展中国家，享有4年的修法过渡期，其中专利制度的过渡期可以延长至10年。[2] 印度政府充分利用了这10年的过渡期，直到2005年才颁布了新的专利法 The Patents Amendment Act，删除了“只有制造方法或制造过程可以申请发明专利”条款，这使得药品能够以产品专利获得保护。此外，第2条（j）项规定“仅对具有显著新颖性的发明授予专利”，第3条（d）项进一步规定“对于已知物质的新形式，如果未产生已知功效的进步，则不授予专利权”，以此对已知物质的专利授予设定了更高的标准。通过上述规定，印度政府阻断了已

〔1〕 Nilesh Zacharias & Sandeep Farias, “Patents and the Indian Pharmaceutical Industry”, Business Briefing: Pharmatech, 2002, p. 42.

〔2〕 Frequently asked questions about TRIPS in the WTO, http://www.wto.org/english/tratop-e/trips-e/tripfq-e.htm, last visited in Jun. 20, 2018.

知药品获得专利保护的可能性，为国内低廉仿制药的继续生产提供了制度保障，从而使得印度制药行业发展到产量排名世界第三、产值排名世界第十四的水平。〔1〕

1998 年，印度钦奈专利委员会收到了瑞士诺华公司提出的“甲磺酸伊马替尼 β 晶型”专利申请，直到 2005 年新专利法生效后才对该申请进行审查，其认为 β 晶型属于一种“已知物质”（甲磺酸伊马替尼）的新形式，不符合印度专利法第 3 条（d）项有关已知物质规定，以“无法证明新药品与前身药品相比有显著疗效”为由驳回了诺华药商的 β 晶型专利请求。〔2〕随后，诺华公司提起行政诉讼，经三审终审后败诉，最终无法在印度取得“格列卫”的专利权。〔3〕所以，电影中的印度制药企业可以合法生产“格列卫”，并未侵犯任何人的专利权。

在我国，瑞士诺华公司曾于 1993 年依据当时有效的专利法，提起“格列卫”（药品名为“甲磺酸伊马替尼片”）专利申请，并成功获得了药品专利权，即该药品自 1993 年 4 月 2 日起享有 20 年垄断保护期。也就是说，在 2013 年 4 月 1 日前，未经专利权人许可，任何人不得在我国生产、销售或者进口该药品。正因如此，电影中的主人公进口印度仿制药，构成了对诺华公司在我国就“格列卫”获得的专利权的侵犯。

药品研发对于发展中国家来说难度较大，不仅受制于资金问题，更是因为缺乏足够的创新能力。因此，印度等发展中国家普遍以立法形式对药品专利权进行适当的限制，通过特殊的专利制度降低药品价格，保障国内的公共健康水平。虽然我国专利法中不乏对专利权进行限制的制度设计，但实施效果不佳。正如电影中描绘的那样，专利药品价格居高不下，我国面临着的公共健康问题依然严峻。鉴于此，文章首先分析了药品专利制度与公共健康间存在的矛盾冲突，提出要在现行药品专利制度的框架内完善相应的限制制度；随后，介绍了印度、巴西等国家的药品专利强制许可制度，并系统分析我国相关制度的发展现状；最后，在总结国外经验与教训的基础上，结合我国具体的社会实际，提出进一步完善我国药品专利强制许可制度的措施。

---

〔1〕 “Success strategies for Indian pharma industry in an uncertain world”, Business Standard, 17 February 2014.

〔2〕 李冬梅、陈泽宇：《从“诺华案”分析印度对“专利常青化”的限制》，载《中国发明与专利》2017 年第 2 期，第 61~69 页。

〔3〕 See http：//www. supremecourtofindia. nic. in，last visited in Jan. 16，2019.

一、药品专利制度与公共健康

一种新药上市要经历开发研制、效用优化、临床试验、部门审批等多个阶段，而每一个阶段都呈现周期长、风险高、耗资大的特点。2014年11月，由美国塔夫茨大学（Tufts）药物开发研究中心（CSDD）发布的一份报告显示，开发一个新药的平均成本大约为26亿美元，其中包括14亿美元的研发开支和11.6亿美元的同期投资损失（包括机会成本）。[1] 为保护这项耗资巨大的活动，药品专利制度应运而生，通过授予新药一定期限的专利权，使制药企业获得合法的市场垄断地位。

（一）药品专利制度的起源

TRIPS协定达成前，虽然已存在多个与知识产权有关的国际条约，如《巴黎公约》《伯尔尼公约》等，但其保护范围并未涵盖所有的工业领域，其中就包括引起争端较多的制药产业。在此背景下，很多国家并未对药品提供专利保护，比如印度、中国。印度 The Patents Act（1970）仅对“制造方法或制造过程”授予专利，而不保护产品专利，自然也不保护药品专利；1984年，第一部《中华人民共和国专利法》（以下简称《专利法》）颁布，其第25条明确规定，对于“药品和用化学方法获得的物质”不授予专利权。

1995年，乌拉圭回合谈判结束了长达7年半的“拉锯战”，签署了TRIPS协定，“排除式”地将药品纳入国际条约的保护范围，限定全球范围内药品专利保护的最低标准。TRIPS协定第27条第1款规定，“除下述第2款和第3款所规定的之外，专利应适用于所有技术领域中的任何发明，不论它是产品还是方法，只要它具有新颖性、创造性和工业实用性即可”。其中，第2款和第3款规定了基于公共利益的可专利性例外，而药品并未被排除在可专利的客体之外，这就意味着药品可以获得专利保护。[2] 因此，根据TRIPS协定，对制造药品的工艺要授予方法专利，对药品本身要授予产品专利，以此赋予药品专利权人垄断性的生产权和销售权。

（二）药品专利制度与公共健康的冲突

根据利益驱动理论，药品专利制度带来的垄断地位是激励企业进行新药

〔1〕 杨金娟、翁开源：《影响我国药品价格的成本因素研究》，载《现代商业》2017年第7期，第36~38页。

〔2〕 Charu Mathur，“Compulsory Licensing：A study with reference to India's first Pharmaceutical Compulsory License Case of Natco vs. Bayer”.

研发的根本动力，是提高世界公共健康水平的重要保障。但药品专利制度在注重保护私权的同时，严重降低了公众实际获得药物救助的机会。药品可及性是指人能够以可以承担的价格，安全地、实际地获得适当、高质量以及文化上可接受的药品，并方便地获得合理使用药品的相关信息。[1] 也就是说，只有价格控制在公众可以负担的范围内，药品才能实现预防治疗疾病、保障公共健康的功能。但正如电影《我不是药神》中描绘的那样，一瓶正版药约4万元，对于普通家庭来说难以负担，无法实现药品可及行。从这一点看，药品专利制度导致的价格飙升，在一定程度上阻碍了公众实际获得药物救助的机会，加重了各个国家（尤其是经济欠发达国家）面临的公共健康危机。

（三）TRIPS 协定和《多哈宣言》对公共健康问题的考量

TRIPS 协定在对药品进行强制性专利保护的同时，也充分肯定了公共健康的重要性，规定了专利权的强制许可制度。TRIPS 协定第 8 条第 1 款规定："各成员国在制定或修改法律法规时，可以采用对保障其公共健康和营养、促进其对社会经济和技术发展至关重要部门的公共利益所必要的措施，只要此类措施与本协议规定相一致。" TRIPS 协定第 31 条规定，"当一个缔约方处在国家紧急状态或者其他特别紧急的情况下，或者在非商业性公共利用的情况下"，可以未获权利人同意而使用。也就是说，在紧急状态下，各成员国可以规定对药品专利的强制许可，且可以自主决定何为紧急状态。

2001 年 11 月 14 日，WTO 第四届多哈部长级会议达成了《〈与贸易有关的知识产权协定〉和公共健康宣言》（以下简称《多哈宣言》），明确了公共健康权的优先地位，并对 TRIPS 协定中的弹性条款做出了进一步规定。《多哈宣言》对 TRIPS 协定第 31 条规定的"紧急状态"进行了解释，明确规定艾滋病、疟疾、结核病等多项传染性疾病为"严重危害公共健康的紧急状态"，在此状态下各成员国可以实施药品专利的强制许可。《多哈宣言》明确承认了发展中国家在紧急状态下合法获得药品的权利，为充分利用 TRIPS 协定的弹性条款提供了理论支持，在一定程度上缓解了严峻的公共健康危机。

（四）TRIPS-plus 条款对公共健康的不利影响

在 TRIPS 协定与《多哈宣言》的影响下，公共健康与专利权的冲突在一定程度上得到了缓解。但近几年进入了由美国、欧盟等发达国家主导的

[1] 许子晓：《药品专利权与公共健康权的冲突和协调》，载《知识产权》2011 年第 3 期，第 92~97 页。

TRIPS-plus 条款时代，公共健康问题再次面临重大挑战。TRIPS-plus 条款是指超过 TRIPS 协定保护标准的条款，近几年来通过自由贸易协定（Free Trade Agreements，以下简称 FTAs）得以扩张。[1] 新药研发耗资巨大，全球约 70% 的制药企业都分布在美国。为维护自身利益，美国、欧盟等发达国家在签订 FTAs 时不断加入 TRIPS-plus 条款，强行提高药品专利的保护标准，试图构建新的知识产权国际保护秩序。据统计，美国已先后与约旦、新加坡、智利、摩洛哥、巴林等 17 个国家签订了双边 FTA，这些多为一些经济落后的中等收入国家。[2] 在上述美式 FTAs 中，存在着一些与药品有关的 TRIPS-plus 条款，严重损害了发展中国家的利益。比如，TRIPS 协定并未明确规定"产品的新用途"是否可以被授予专利，但美国与上述国家签订 FTA 时明确指出"已知产品的新用途或者新使用方法应可获得专利"。也就是说，某种治疗人类疾病的已知药品在发现新用途后，可以再次被授予专利权。对于发展中国家来说，其人口数量多、生存环境差、药品需求量大，TRIPS-plus 条款的扩张必将进一步降低药品的可及性，加重其面临的公共健康危机。

诚然，专利垄断保护制度导致药品可及性变差，严重影响了公共健康水平，但就此否定专利制度的合理性，或者降低药品专利的保护标准就是正当的吗？药品专利制度最主要目的是对药品研发的投资进行激励，从而促进医药创新。[3] 长远来看，重大疾病的预防和治疗离不开制药行业的发展，而制药行业的发展更离不开专利制度的保护。但同时，药品专利保护的制度设计不能本末倒置，不能偏离"促进医药创新、提高公共健康水平"的轨道。药品专利制度是一种强有力工具，对患者来说是福祉还是灾难，完全取决于国家如何进行利用。同样是经济欠发达的人口大国，印度在短短几十年内成了"世界药厂"，巴西政府对抗制药外企从而解决了全国的艾滋病难题。反观我国，面临的公共健康危机依然严峻，专利药品价格严重影响着药物可及性。因此，必须在现行药品专利制度的框架内，不断完善相应的限制制度，在利于药品行业发展的基础上，抑制不人道的权利滥用，提高公共健康水平。

---

〔1〕 吴雪燕：《TRIPS-plus 条款的扩张及中国的应对策略——以药品的专利保护为视角》，载《现代法学》2010 年第 5 期，第 112~120 页。

〔2〕 曹子瑛：《新国家出口战略下美国出口流量与潜力分析——基于引力模型的实证研究》，载《国际商务》2015 年第 3 期，第 15~23 页。

〔3〕 冯晓青：《知识产权法利益平衡理论》，中国政法大学出版社 2006 年版，167 页。

二、强制许可制度对于药品专利的运用

专利权作为私权，具有固有的垄断性。而公共健康作为人类生存与发展的根本，拥有与生俱来的合理性。可见，这种矛盾不是来自后天的法律适用问题，而是源自先天的制度安排问题。[1] 基于公共健康的正当性，TRIPS 协定和《多哈宣言》规定，各国可以自主决定在合理的范围内对药品专利权进行适当的限制。目前，国际通行做法是实施药品专利的强制许可，尤其是在一些经济欠发达、人口较密集的发展中国家，如印度、巴西等。简单而言，药品专利的强制许可就是指一个国家在面临严峻的公共健康危机时，可以由政府代替权利人直接授予有关单位或个人生产某项药品的权利，而无须经过药品专利权人的许可。

（一）我国专利强制许可制度的发展历程

自 1984 年第一部《专利法》颁布以来，我国先后于 1992 年、2000 年、2008 年进行了三次修改，以适应不断变化的社会发展状况。前两次修改主要是为了履行国际承诺的被动修改，以实现国内法与国际法的一致；而第三次修改全然不同，除删除一些与我国经济发展不相适应的条款外，还增加了新的保护制度，可以说是基于我国自身需求而进行的一次主动修改。我国历次《专利法》修改中都有涉及强制许可制度的相关内容，加上《中华人民共和国专利法实施细则》（以下简称为《专利法实施细则》）、《专利实施强制许可办法》、《中华人民共和国药品管理法》、《中华人民共和国药品管理法实施条例》以及其他与药品管理相关联的一系列规定，共同构建起我国药品专利权的保护与限制体系。

我国首部《专利法》就规定了强制许可制度，第 52 条规定了专利实施不充分的强制许可[2]，第 53 条规定了从属专利的交叉许可[3]。这两项强制许可均是依当事人申请而启动的许可程序，多用于营利性生产的需要，与公共

---

〔1〕 李先波、李良才：《药品专利权与生命健康权的冲突与协调》，载《法学杂志》2009 年第 1 期，第 73~76 页。

〔2〕 1984 年《专利法》第 52 条："发明和实用新型专利权人自专利权被授予之日起满 3 年，无正当理由没有履行本法第 51 条规定的义务的，专利局根据具备实施条件的单位的申请，可以给予实施该专利的强制许可。"

〔3〕 1984 年《专利法》第 53 条："一项取得专利权的发明或者实用新型比前已经取得专利权的发明或者实用新型在技术上先进，其实施又有赖于前一发明或者实用新型的实施的，专利局根据后一专利权人的申请，可以给予实施前一发明或者实用新型的强制许可。"

健康并无直接关系。1992年《专利法》新增了紧急情况下的强制许可制度[1]，紧急状态是国际通行的强制许可理由，我国《专利法》中引入此项规定符合TRIPS协定的立法精神，符合维护公共利益的基本要求。而后，2008年《专利法》首次规定了涉及公共健康的强制许可[2]，此项规定是2008年《专利法》修正的亮点，不仅首次将药品专利单独罗列出来，还赋予了药品强制许可的出口自由。TRIPS协定第31条第6款规定“获得强制许可的产品仅限于本国国内使用”，但随后《多哈宣言》及相关议定书又给予了强制许可的自由，允许将产品的使用范围扩展到本国以外的其他国家。我国《专利法》公共健康条款大胆突破TRIPS协定“本国使用”的限定，在遵循《多哈宣言》及相关议定书规则的前提下，做出了强制许可制度的创新性规定，扩大了强制许可制度的适用范围。此外，2019年1月4日公布的《专利法（修正案草案）》虽未对强制许可制度做出修改，却将原第六章“专利实施的强制许可”改为“专利实施的特别许可”，增设了开放许可制度[3]，意在简化专利许可流程，促进专利的实施和运用，加强专利的公共服务。若草案能够通过，开放许可制度或许能与强制许可制度互相配合，共同促进我国公共健康的发展。

除《专利法》外，国家知识产权局于2005年颁布了《涉及公共健康问题的专利实施强制许可办法》，对《专利法》中的公共健康问题做出了进一步明确性规定。比如，其第2条对传染性疾病的种类进行了列举，规定“艾滋病、肺结核、疟疾以及《中华人民共和国传染病防治法》规定的其他传染病”是影响公共健康的疾病。2012年，该办法被《专利实施强制许可办法》所替代，不再具有法律效力。《专利实施强制许可办法》试图细化和规范强制许可程序，以提高其适用性和实际可操作性，但仍然存在诸多缺陷。

[1] 1992年《专利法》第52条：“在国家出现紧急状态或者非常情况时，或者为了公共利益的目的，专利局可以给予实施发明专利或者实用新型专利的强制许可。”

[2] 2008年《专利法》第50条：“为了公共健康目的，对取得专利权的药品，国务院专利行政部门可以给予制造并将其出口到符合中华人民共和国参加的有关国际条约规定的国家或者地区的强制许可。”

[3] 2019年《专利法（修正案草案）》第50条：专利权人以书面方式向国务院专利行政部门声明愿意许可任何单位或者个人实施其专利，并明确许可使用费支付方式、标准的，由国务院专利行政部门予以公告，实行开放许可。

（二）我国药品专利强制许可制度的实施情况

我国强制许可制度设立至今，先后出现过几次药品专利强制许可的尝试，均以失败告终，其中白云山版“达菲”事件是影响最大的一次申请。“达菲”（药品名为“磷酸奥司他韦”）是由瑞士罗氏制药公司享有专利权的药品，专利权期限至2016年，主要用于治疗甲型H1N1流感病毒。2005年前后，甲型H1N1流感渐呈蔓延之势，专利权的垄断保护致使“达菲”价格居高不下，严重影响了患者实际获得药物救助的机会。在此背景下，迫于多国要求实施强制许可的压力，罗氏公司被动许可部分企业生产“达菲”。广州白云山制药总厂早在2005年就生产出了“达菲”仿制药，但却不在此次许可之列。于是，白云山制药厂以2008年《专利法》第49条“紧急情况”和第50条“公共健康”为由，于2009年11月向国家药监局请求授予其对“达菲”的强制许可。[1] 最终，该项申请未被批准。白云山制药厂虽然具备生产该药物的能力，但却未获得生产该药物的权利。禽流感爆发是否属于我国《专利法》规定的紧急状态？是否构成对我国公共健康的严重影响？这些判断都影响着强制许可的实施。从行政机关拒绝授予白云山制药厂强制许可的结果来看，禽流感的流行不构成严重影响我国公共健康的紧急状态。

（三）我国强制许可制度难以在药品专利上实施的原因

总的来说，自我国第一部《专利法》颁布以来，国务院专利行政部门尚未颁布过任何一例药品专利的强制许可，此制度仍然处于“零案例”状态。究其原因，有以下几点。第一，我国《专利法》延续TRIPS协定的立法语言，仅抽象性地规定了紧急状态或公共健康下的强制许可事由，并未对其外延做出明确限定，导致行政机关自由裁量权过大，难以有效实施该条款。第二，我国《专利法》对强制许可使用费的规定不明确，缺乏可操作性，严重影响了强制许可使用制度的有效实施。我国《专利法》《专利法实施细则》《专利实施强制许可办法》相关条文都只笼统规定“取得强制许可的个人或者单位应当给付合理的使用费”，但都未给出“合理”的计算方法，导致出现“无标准可依”的困境。第三，强制许可的使用费标准较低，难以达到专利权人的预期，往往引发利益纠纷进而走向行政诉讼的道路。但我国《专利法》并未考虑此类案件的特殊性，对其做出例外规定，从而导致强制许可的周期长

---

〔1〕 袁泉、邵蓉：《从白云山版“达菲”事件看我国药品专利强制许可制度》，载《中国新药杂志》2010年第16期，第1394页。

达数月时间。一方面，这与公共健康危机的紧迫性特点背道而驰；另一方面，在利益的驱使下，容易产生权利人滥用诉讼从而阻碍强许可正常进程的局面。第四，按照我国《专利法》规定，当国家出现紧急状态时或者为公共健康目的，国务院专利行政部门可以给予发明或实用新型的强制许可。由此可知，我国强制许可应是专利部门依职权的具体行政行为，且未对许可对象做出限定。但依据2012年《专利实施强制许可办法》第7条规定，具备实施条件的单位可以根据《专利法》有关规定，请求专利权药品的强制许可。该条规定将强制许可变更为依申请的行政行为，且将许可对象限定在“单位”的范围内，排除了“个人”获得强制许可的可能性。前后规定的矛盾，导致强制许可的申请主体和启动方式不明确，严重影响了强制许可制度的有效实施。

三、国外药品专利强制许可制度的反思

在面对一些恶性传染病等严峻的公共健康问题时，药品强制许可制度体现出了充分的必要性。如前所述，TRIPS协定和《多哈宣言》都允许不发达国家进口仿制药品来对抗艾滋病和疟疾等疾病。强制许可制度使那些最不发达国家或者其他缺乏药品生产能力的国家能够比较容易地得到廉价的专利药品，消除了在现行专利制度下进口廉价药品的障碍。〔1〕

（一）发展中国家药品专利强制许可制度的实施情况

国外一些发展中国家合理利用药品强制许可制度，提高了国内的公共健康水平，产生了一系列的积极效果。比如印度，其《专利法》第84条明确规定了授予专利强制许可的条件，即“任何专利自授予之日起满3年，如果该发明专利无法满足公众合理的需求，或者公众无法以合理的价格获得该专利产品，或者该发明获得专利后未在印度境内投入实施，任何利益相关者均可向有关部门申请该发明专利的强制许可”。依据该条款，印度于2012年针对德国某一抗癌药物作出了第一个强制许可决定，具有重要意义，其是权衡社会利益与专利权人利益、服务专利制度最终目标的政策选择。〔2〕

再如巴西，曾一度面临十分严峻的艾滋病肆虐问题。为此，巴西政府实施了国家防治艾滋病计划（NSAP计划），并依据国内《专利法》第68条的

〔1〕 冯洁涵：《全球公共健康危机、知识产权国际保护与WTO多哈宣言》，载《法学评论》2003年第2期，第73~76页。

〔2〕 文希凯：《印度授予第一例药物专利强制许可的启示》，载《中国发明与专利》2013年第3期，第87页。

规定，以公共利益为理由，授予了两项专利药品的强制许可。据相关统计，在1996年至1999年间，在巴西与艾滋病相关而引发的死亡率下降了50%，并且由于实施药品专利的强制许可，其计划的费用也减少了4.27亿美元。[1]同样饱受艾滋病之苦的南非，也曾于1997年制定了《有关医药品的物品控制修正法》，并依据该法实施了药品的强制许可。由此可见，发展中国家在应对公共健康难题时，通常选择由政府主导，主动实施相关药品的强制许可。

（二）发达国家药品专利强制许可制度的实施情况

与发展中国家不同的是，美国、加拿大等发达国家很少主动启动强制许可程序。美国是知识产权输出大国，更是药品专利强国，始终推行较高标准的知识产权保护制度，以维护其制药商的经济利益。比如，在TRIPS-plus条款扩张的大背景下，以美国为代表的发达国家极力推行"高补偿"标准的强制许可制度，在与新加坡签订的FTA中规定，把予以专利权人的保护从适当充分的补偿提升为全面补偿。[2] 全面补偿标准下，药品专利的许可费用较高，势必导致药品价格攀升，难以有效发挥强制许可制度应有的功能。一旦这些TRIPS-plus条款延伸到发展中国家，势必会阻碍强制许可制度的有效适用，对发展中国家的公共健康产生更为不利的影响。即使在面对十分严峻的公共健康问题时，美国政府也不会轻易颁布强制许可决定，9·11事件后的炭蛆疫情就是例证。当时，美国国内爆发了严重的炭蛆疫情，相关公众极力呼吁政府实施治疗药品西普罗（Cipro）的强制许可。美国政府认为，一旦针对该项专利实施了强制许可，势必引起其他国家的争相效仿，进而影响美国专利权人的利益。所以，基于长远考虑，美国政府最终没有颁布强制许可的决定，而是以其作为谈判筹码，逼迫专利权人降价。

世界霸权基础由资本向科技转移，知识产权保护已不再是单纯的法律问题，更是政治问题。[3] 尤其当知识产权涉及一国国民健康或公共利益时，原本的经济冲突很有可能演变升级为政治、军事冲突。[4] 如上所述，巴西政府

---

〔1〕 杨军：《医药专利保护与公共健康的冲突研究》，北京大学出版社2008年版，第129页。

〔2〕 陈庆：《超〈TRIPS协定〉条款对药品专利强制许可的变异及应对策略》，载《知识产权》2013年第6期，第80~85页。

〔3〕 斋藤优、李学英：《知识产权制度的国际政治经济学——霸权的基础从资本转向科学技术》，载《世界研究与发展》1991年第2期，第35~41页。

〔4〕 何艳：《涉公共利益知识产权投资争端解决机制的反思与重构》，载《环球法律评论》2018年第4期，第152~169页。

为解决国内传染性疾病难题，多次实施药品专利的强制许可，激起了美国的不满情绪，引发了“美国诉巴西影响专利保护措施纠纷案”。[1] 虽然该案最终得以调解结案，但曾一度严重影响了美巴两国的贸易往来和双边关系。即便如此，为了提高国内的公共健康水平，印度、巴西、南非等发展中国家仍然充分利用 TRIPS 协定和《多哈宣言》的弹性规定，修改专利法以适应本国实际，并在必要的情况下敢于面对外部压力，强力实施药品专利的强制许可。我国未曾实施过一例强制许可，一方面固然是因为我国《专利法》直接复制 TRIPS 协定的规定，未能结合社会实际做出相应的制度改变；另一反面，更是由于国家层面的政策选择，囿于国际社会的压力，难以力排众议实施强制许可的相关制度。

四、我国药品专利强制许可制度的完善

我国《专利法》国内实际考虑不够充分，照搬 TRIPS 协定的立法语言，片面向国际社会靠拢，较重视专利权人的利益保护，导致对公共利益领域倾斜不足，对我国的公共健康水平有一定的影响。因此，在保障制药企业创新能力的前提下追求公共利益最大化，实现药品专利保护与公共健康之间的平衡，不断完善我国的药品专利强制许可制度，是我国专利制度发展的方向之一。

（一）要对强制许可事由进行明晰的界定

无论是 TRIPS 协定，还是我国《专利法》相关条款，都只对强制许可的事由做了笼统规定，即紧急状态或公共健康，缺乏明确的判定标准。法律规则指导着人的行为模式，理应具有明确性，否则便会因外延不明而形同虚设。印度《专利法》采取“列举式”的立法模式对紧急状态和公共健康进行限定，客观具体，可操作性较强，对我国立法具有很好的借鉴意义。此外，我国社会正处于快速发展的阶段，采取“封闭列举式”立法难以有效适应将来出现的新情况和新问题。因此，我国《专利法》应当采用“概括加列举”的方式进行修订，一方面对紧急状态或者公共健康的概念加以明确，另一方面借鉴印度，列举几项典型的状况对相关概念进行限定。由此，即能明确强制许可的适用事由，又能保证法律的前瞻性和适应性，符合当前国际立法的趋势。

---

〔1〕 See United States-US Patents Code, Request for Consultations by Brazil, WT/DS224/1, G/L/437, IP/D/24, G/TRIMS/D/18, 7 February 2001.

（二）要明确强制许可费的计算标准

强制许可制度核心是“限缩私权、保障公益”，由国家权力介入，向公共健康领域倾斜，所以势必会影响到专利权人的合法利益。因此，必须在强制许可制度中明确许可费标准，协调好专利权人和被许可方的关系，避免因费用问题引起矛盾纠纷和司法诉讼。目前，按照我国《专利法》第 57 条的规定，费用认定标准可以由双方协商、行政部门裁决和参照国际条约三种形式确定，看似完善，实则缺乏明确标准，可操作性较差。2001 年，联合国开发计划署在《人类发展报告 2001》中指出，对药品特许权使用费推荐为销售额的 4%，对有特定治疗价值的药品可上调 2%，对使用了公共资金开发的药品可下调 2%，即幅度在 2%~6%。〔1〕 在国外实际案例中，印度、加拿大等国家也是按照此范围确定的许可费标准，取得了较好的效果。因此，我国可以参考 2%~6%的费用标准，结合基本国情和社会实际，制定一个明确的使用费标准。

（三）要适当缩短行政诉讼的期限

强制许可制度针对的是影响公共健康的紧急状态，必须及时、快速地做出反应，否则便失去了制度设计的初始意义。按照规定，强制许可行为引发的行政诉讼，也要经历 6 个月一审诉讼期限和 3 个月二审诉讼期限，周期过长，显然无法满足公共健康的紧迫性要求。对于公共健康领域，“迟到的正义”就等于“缺席的正义”。因此，必须充分考虑公共健康危机的特殊性，缩短药品专利强制许可相关案件的诉讼期限，建议参考行政复议的周期，即以 30 日最为适宜。将整个诉讼周期限定在 30 日内，既留出了足够的司法审查时间，保障了权利人的利益，又能兼顾公共健康的紧迫性需求，提高强制许可行为的效率。

（四）要对强制许可的启动程序和许可对象做出明确的规定

我国《专利法》和《专利实施强制许可办法》规定的不一致性，导致了强制许可的启动程序和许可对象不明确。印度《专利法》规定，根据公共健康的需要，中央政府可以直接做出实施某项专利强制许可的决定；同时，任何利益相关者都可以向专利局提出某项药品专利的强制许可申请。我国《专利法》应当借鉴该规定，明确强制许可的启动程序可以是依职权，也可以是

〔1〕 李昌凤：《〈TRIPS 协定〉药品专利强制许可制度的国际实践及我国的改革之路》，载《创新科技》2018 年第 10 期，第 76~79 页。

依申请；申请对象既可以是单位，也可以是符合条件的个人。此外，涉及公共健康的强制许可具有公益性特点，可获利空间较小，可能会因单位或者个人缺乏足够的动机而导致依申请制度大打折扣。因此，可以由政府主导，建立一批非营利性的制药企业，专门生产销售获得强制许可的专利药品。反观印度、巴西、南非等国家出现过的强制许可案例，在面对全国范围内的疾病难题时，大多是由政府主动进行的强制许可行为。我国政府也应努力打破"零案例"状态，积极应对国际压力，在符合强制许可实施条件的前提下，迅速颁布许可决定，提高国内的公共健康水平。总之，我国《专利法》应当建立以"依职权为主、依申请为补"的强制许可启动程序，两者相互配合、相辅相成，切实将强制许可制度落到实处。

结 论

我国药品专利强制许可制度看似全面、完善，实则缺乏可操作性，不利于提升我国的公共健康水平。因此，为维护我国公共利益，必须在现行强制许可制度的基础上，采用"概括加列举"的方式对《专利法》进行修订，从而对强制许可事由进行明晰的界定；要参考 2%~6%的国际做法，明确强制许可费的计算标准；要将相关的诉讼周期限定在 30 日内，从而适应公共健康的紧迫性需求；要建立"依职权为主、依申请为补"的强制许可启动程序，扩大强制许可制度的适用范围。此外，在新时代的大背景下，我国应该充分发挥大国优势，敢于面对国际压力，积极履行社会责任，在具备合理性的基础上，向公共利益和国民健康倾斜。要借鉴印度、巴西等发展中国家的实践经验，依托完善的强制许可制度，早日打破药品方面的"零案例"局面。由此，我国药品专利制度才能在促进创新的前提下，最大限度地保障公共健康利益，彻底改变"药神才有神药"的现状。

（初审人：邵昱飞）

以类型化为视角探析标志具有“其他不良影响”的“共性与个性”

——兼评《商标法》第10条第1款第8项的判定规则*

陶　钧**

摘　要：《中华人民共和国商标法》第10条第1款第8项属于标志禁止作为商标使用的“绝对禁用”条款，由于该条款自身规定语言表达的高度概括性与抽象性，长期困扰着商标授权确权的行政执法与司法审判，也引起了理论界与实践界的热议。倘若从该条款文义解释、目的解释和体系解释切入，通过梳理其演变过程，并结合域外法律的相关规定，运用类型化的研究方式，配以实证案例分析，可以发现在适用该条款时基于不同具体类型所折射的“共性与个性”。由此得出其具体判定规则，可以为该条款的准确适用提供有益的借鉴。

关键词：商标使用　其他不良影响　公序良俗　类型化

---

*　本论文为中国政法大学2018年博士科研创新项目“国有企业混合所有制改革中民营投资者保护研究”（项目编号：2018BSCX17）的研究成果。

**　陶钧，男，中国政法大学民商经济法学院经济法专业2018级博士研究生、北京高院知识产权庭审判长（100088）。

一、标志具有“其他不良影响”的含义解读

《中华人民共和国商标法》（以下简称《商标法》）第 10 条第 1 款第 8 项规定，有害于社会主义道德风尚或者有其他不良影响的标志，不得作为商标使用。[1]“商标的基本功能：标识来源。商标的本意就是为了区分商品或者服务。区分或者标识功能无疑是商标的主要功能或者基本功能，也是其原始的功能。”[2] 商标是由商品与标志二者紧密联系而成，当标志脱离商品而孤立存在时，其仅为对特定思想的表达形式，不能产生标识商品来源的作用。然而若标志构成《商标法》第 10 条第 1 款所规定的情形时，显然不仅无法获准注册为商标，甚至是在市场流通中亦不能进行商标性的使用。因此，其所规定情形相较于标志缺乏“固有显著性”而言，后果更加严重，对其含义的准确解读也更加具有现实意义。

“法律解释的目标是在法律规范的射程之内或者在法律的涵盖关系中固定法律的流动意义，确定法律语词的确切含义，以解决法条的不完全性”[3]，因此当法律条款自身规定过于抽象或概括时，就需要对其含义进行科学的认知，避免在基础概念的认定上产生偏差，导致后续研究路径“误入歧途”。关于法律条款中特定短语的解读可以从文义解释、目的解释和体系解释等多方面进行分析，而后得出最贴切现实社会所需的解释含义。

（一）标志具有“其他不良影响”含义的文义解读

标志具有“其他不良影响”是与“有害于社会主义道德风尚”作为《商标法》第 10 条第 1 款第 8 项所规定的两种情形并列呈现，从文义或字面含义的理解，“其他不良影响”是在特定领域内产生负面、消极的评价后果，而其中“特定领域”应当是相对于“社会主义道德风尚”之外的其他领域而言。因此，对“其他不良影响”含义的文义解读首要任务是对“社会主义道德风尚”的准确界定，而后通过排除的方式划定“其他不良影响”的规制范畴。

“本条中‘社会主义道德风尚’，是指我国人们共同生活及其行为的准则、

---

[1] 本文所谓商标法“绝对禁用”条款系指文字、图形等标志不得作为商标进行使用，相对于“绝对禁用”条款另有“绝对禁注”条款，系指文字、图形等标志因自身缺乏显著性，不易被相关公众识别为标示商品或服务来源的标志，而禁止作为商标进行注册，但是若通过使用获得“第二含义”，则可以准予注册。若标志构成“绝对禁用”，则当然属于“绝对禁注”的情形。

[2] 孔祥俊：《商标与不正当竞争：法原理和判例》，法律出版社 2009 年版，第 43~44 页。

[3] 谢晓尧：《在经验与制度之间：不正当竞争司法案例类型化研究》，法律出版社 2010 年版，第 10 页。

规范以及在一定时期内社会上流行的良好风气和习惯”[1]，而“‘有其他不良影响’则是除了‘有害于社会主义道德风尚’以外的情况，一般是指使用或申请注册的商标从消极甚至反面的角度，损害我国的政治制度、政治生活、宗教、风俗习惯”[2]。

通过文义解释，标志具有“其他不良影响”是指排除“有害于社会主义道德风尚”之外的损害我国社会公共秩序和公共利益的情形，例如在政治、经济、文化等相关领域所出现的违背“公序良俗”原则的现象。对此，《最高人民法院关于审理商标授权确权行政案件若干问题的规定》（以下简称《商标授权确权案件的若干规定》）第5条规定，商标标志或者其构成要素可能对我国社会公共利益和公共秩序产生消极、负面影响的，人民法院可以认定其属于《商标法》第10条第1款第8项规定的“其他不良影响”。即再次明确了标志具有“其他不良影响”的含义是对“公序良俗”的损害，涵盖了政治、经济、文化、宗教、民族等多个领域。

（二）标志具有“其他不良影响”含义的目的解读

既然通过文义解读明确了“其他不良影响”系对标志损害“公序良俗”情形的规制，也就是《商标法》在标志可能具有上述情形时，通过国家公权力限制了私权的行使，即自然人、法人或者其他组织为了自身生产经营活动的需要，可以使用臆造标志、任意标志、暗示性标志、描述性标志以及通用名称等作为商业活动的标识。然而只有在特定情形下，国家公权力才会干涉相关商业标识的使用，而这应属于“公序良俗”所规制的范畴。

“知识产权制度自身的功能，主要在于分配符号财产的利益，而不是社会公共事务，因此其性质属于私法”[3]，而“公序良俗，谓维持吾人社会的共同生活应遵守之一般规范”[4]。即使是私权的行使，亦不能以损害社会公众共同生活的一般利益为代价，破坏既定的社会公众所信守的一般规范，否则

---

〔1〕 参见国家工商行政管理总局商标局、商标评审委员会编纂的《商标审查及审理标准》（2017年修订），第21页。

〔2〕 国家工商行政管理总局商标局编著：《〈中华人民共和国商标法〉释义》，中国工商出版社2003年版，第57页。

〔3〕 李琛：《论知识产权法的体系化》，北京大学出版社2005年版，第144页。

〔4〕 史尚宽：《民法总论》，中国政法大学出版社2000年版，第40页。

将带来社会整体利益的下降，因此商标法在多处对此予以了相应规定〔1〕。

既然从目的解读上标志具有“其他不良影响”不得作为商标使用，是通过“公序良俗”对私权的限制，则“公序良俗”的解读就决定了在认知标志是否具有“其他不良影响”时的准确性。“公序系以规范社会外部秩序为基础，而良俗则以规范社会公众内心观念为依托”〔2〕，然而无论是社会外部秩序或是社会公众的内心观念必然会受到时间、空间的影响。此种被赋予道德化的法律评价，也将使法律层面上结论的确定具有更大的操作难度，需要更多的参考因素来降低基于个体的“偏好”对其判定结论的影响。

“人在创造他自己法律的时候，命定地在其中贯注了他的想象、信仰、好恶、情感和偏见”〔3〕，正是由于公序良俗自身含义的界定会随着不同时代的法律理念、道德标准、社会环境、人文特征呈现不同形态，以及伴随不同地区或国家的社会理念、人文环境、文化传统呈现地域性的表现，因此公序良俗自身在时空纵横二个纬度上表现形式均呈现各自的特点〔4〕。

虽然从目的解读上，确定了标志具有“其他不良影响”源自“公序良俗”原则在商标法上对私权的限制，但是因“公序良俗”自身的“不易确定性”，导致在具体标志的认定时应当更加审慎，也直接影响着在对标志是否具有“其他不良影响”时，诸如判断主体、判断程度、判断基准、判断因素以及证明方式等方面的界定，相关内容在下文具体的判定规则部分将展开分析。

（三）标志具有“其他不良影响”含义的体系解读

法律规范中具体语义的理解，不仅可以从文义、目的上进行解读，而且从该条款所在整个部门法的逻辑关系上，亦可以进行相应的分析，从而确保该条款可以得出符合具体部门法上文体系的含义。

关于《商标法》第10条第1款第8项所规定的标志具有“其他不良影响”的体系认知，出现过不同的界定。其中北京市一中院将标志具有“其他不良影响”的规定作为《商标法》第10条第1款的兜底条款进行理解，认为

〔1〕《商标法》第10条及第44条中“其他不正当手段”取得注册的等规定，均系对标志损害“公序良俗”予以的规制。

〔2〕北京市高级人民法院知识产权审判庭编著：《商标授权确权的司法审查》，中国法制出版社2014年版，第18页。

〔3〕梁治平编：《法律的文化解释》，生活·读书·新知三联书店1994年版，第54页。

〔4〕北京市高级人民法院知识产权审判庭编著：《商标授权确权的司法审查》，中国法制出版社2014年版，第18页。

该部分规定是并行于《商标法》第10条第1款所例示性明确列举的其他情形之外的兜底性规定。[1] 对此认知，最高人民法院并未予以采纳，而是明确表示“其他不良影响”的规定并非第10条第1款的兜底条款。[2]

对此本文认为，首先标志具有“其他不良影响”从其上下文所处的条款位置分析，其处于《商标法》第10条第1款之中，而该款所具体列举的八种标志不得作为商标使用的情形属于各自独立、完整适用的情形，并不存在上下文之间的概括性规定或兜底性规定；其次，从标志具有“其他不良影响”的前后文语境分析，基于对上文的文义解读，此中的“其他”是相对于“有害于社会主义道德风尚”而言，并非是基于《商标法》第10条第1款的1至7项而言；最后，虽然该条款从目的解读上是“公序良俗”原则对私权的限制，但是《商标法》中并非仅有该条款一处进行了相应规定，所以无须通过将“其他不良影响”解读为《商标法》第10条第1款的兜底性规定，方可解决“公序良俗”原则具体“落地”的担忧。

基于上述分析，标志具有“其他不良影响”在体系解读下仅为相对于“有害于社会主义道德风尚”之外的情形，而并非能将《商标法》第10条第1款所规定的所有情形均涵盖收容。

二、标志具有“其他不良影响”的历史演变及域外规定的启示

在就标志具有“其他不良影响”的含义进行相关解读后，为了能够更加准确界定该条款规定的适用情形，有必要从其演变的历史进程上对该条款进行认知与梳理，从而明确在具体的适用过程中所出现的分歧并非均来源于规定的高度概括性，亦存在基于条款演变所沉积的“固有认知”。同时，通过“他山之石”的具体规定，给予我国司法认定在适用该条款时的相关启示。

（一）标志具有“其他不良影响”的历史演变及其对适用规则的影响

法律问题的阐释不能脱离条款自身的历史演变，只有在时间维度上对修订过程的充分认知，才能明晰具体条款适用规则的“前世”，并结合当前的社会状况分析“今生”的得失所在，从而形成“先见”，即对具体条款适用规则的“未来”做好合理、科学的规划，这也是为何要对标志具有“其他不良

---

〔1〕 参见北京市一中院民事审判第五庭课题组（执笔人饶亚东、蒋利玮）：《商标法第10条第1款第8项“其他不良影响”的理解和适用》，载《知识产权审判指导》2010年第2辑。

〔2〕 孔祥俊、夏君丽、周云川：《〈关于审理商标授权确权行政案件若干问题的意见〉的理解与适用》，载《人民司法》2010年第11期。

影响”条款的历史演变进行梳理的初衷。

1. 标志具有“其他不良影响”的历史演变过程

1963 年 4 月 10 日，国务院公布的《商标管理条例》第 5 条首次从规范的层面明确，在政治上具有“不良影响”的文字或图形不得作为商标予以使用。此后，1982 年正式颁布的《商标法》第 8 条第 9 项规定，有害于社会主义道德风尚或者有其他不良影响的文字、图形不得作为商标使用。随后，1993 年修正的《商标法》第 8 条相较于 1982 年《商标法》该部分条款文字上并未进行修改，同时该法第 27 条第 1 款规定，已经注册的商标，违反本法第八条规定的，或者是以欺骗手段或者其他不正当手段取得注册的，由商标局撤销该注册商标；其他单位或者个人可以请求商标评审委员会裁定撤销该注册商标。与此同时，1993 年发布的《商标法实施细则》第 25 条将违反诚实信用原则，以复制、模仿、翻译等方式，将他人已为公众熟知的商标进行注册的，和侵犯他人合法的在先权利进行注册的等行为均认定为构成 1993 年《商标法》第 27 条第 1 款所规定的其他不正当手段取得注册的情形。而后，2001 年和 2013 年修正的《商标法》第 10 条第 1 款第 8 项均规定标志具有“其他不良影响”的，不得作为商标使用。

通过自 1963 年至 2013 年对我国商标法律规范的大致梳理，可以发现关于标志具有“其他不良影响”的规定最先仅限于在“政治”领域之中，而后为“有害于社会主义道德风尚”之外有损我国公共秩序和公众利益的情形，并且曾将具有“其他不良影响”与以其他不正当手段取得注册所规制的情形并行作为撤销的事由，甚至将违背诚实信用原则抢注公众熟知的商标和损害在先合法权利均规定为“以其他不正当手段”所适用的情形，最后到 2001 年之后标志具有“其他不良影响”的规定趋于稳定。

基于上述标志具有“其他不良影响”历史演变的过程，对规范的“固有认知”和“历史沉淀”必然会在一定程度上影响具体适用规则的判定。

2. 标志具有“其他不良影响”的历史演变对适用规则的影响

商标授权确权的行政裁决直至 2001 年《商标法》修订之后，才适用司法终局制，此前均是采取行政终局制，即行政机关作出的行政行为不具有可诉性，也就导致了商标授权、确权行政案件的标准以“行政为主导”。特别是 1993 年修正的《商标法》第 27 条将“其他不良影响”与“以其他不正当手段取得注册”并列规定为商标确权程序的实体条款，而后 1993 年《商标法实施细则》第 25 条又将违背诚实信用原则与损害他人合法在先权利等情形均列为“以其他不正手段取得注册”所规定的范畴，直接影响了在认定标志具有“其他不良影响”时，将违背诚实信用原则或损害他人合法在先权利等抢注行为，纳入到标志具有“其他不良影响”所规制的范畴。

在郭晶晶与商标评审委员会商标申请驳回复审行政纠纷案中[1]，二审法院认为，相关公众熟知郭晶晶是我国著名的跳水运动员，而申请商标由汉字“郭晶晶”构成，其与郭晶晶的姓名相同，申请商标使用在服装、游泳衣等商品上易使相关公众认为申请商标所标示的商品与郭晶晶有关联，从而误导公众，产生不良影响，不应予以注册使用。原审法院及商标评审委员会对此认定正确。

上述案例就是通过《商标法》第 10 条第 1 款第 8 项所规定的标志具有“其他不良影响”，就涉案申请他人合法在先姓名为商标的注册行为予以的规制。在一定时期以来，为了提高商标的审查效率，及时制止商标恶意抢注对我国商标注册秩序的负面影响，标志具有“其他不良影响”的条款兼具了标志本身含义具有违背公序良俗的情形，和商标申请注册行为本身违背诚实信用原则损害私权的情形，将该条款的适用情形予以了“外扩性”。这其中就该条款适用规则的认知，在一定程度上受到了 1993 年修正的《商标法》及其实施细则的影响。

在通过一定时期司法审判对商标授权、确权行政案件经验的积累后，最高人民法院于 2010 年 4 月 20 日发布的《最高人民法院关于审理商标授权确权行政案件若干问题的意见》第 3 条规定，人民法院在审查判断有关标志是否构成具有其他不良影响的情形时，应当考虑该标志或者其构成要素是否可能对我国政治、经济、文化、宗教、民族等社会公共利益和公共秩序产生消极、负面影响。如果有关标志的注册仅损害特定民事权益，由于商标法已经另行规定了救济方式和相应程序，不宜认定其属于具有其他不良影响的情形。通过上述文件的司法精神的指引，标志具有“其他不良影响”的认定仅限就标志本身含义进行判断，而不再将申请注册行为划归到该条款所适用的范畴之列，并且就损害特定民事合法权益的情形也排除在外。

在盐城市艾斯特体育器材有限公司与商标评审委员会、邓亚萍商标争议行政纠纷案中[2]，二审法院认为，争议商标由汉字“亚平”及图构成，该商

---

[1] 参见北京市高院（2010）高行终字第 766 号行政判决书。
[2] 参见北京市高院（2011）高行终字第 168 号行政判决书。

标标志本身具有一定的显著性。争议商标核定使用的商品为第 28 类乒乓球拍，该商标标志中的文字部分“亚平”的发音与“邓亚萍”相近似，相关公众可能会认为争议商标核定使用的商品与邓亚萍存在某种关联，但这种后果不会对我国政治、经济、文化、宗教、民族等社会公共利益和公共秩序产生消极、负面影响。争议商标的注册仅仅涉及是否损害邓亚萍本人的民事权益的问题，属于特定的民事权益，并不涉及社会公共利益或公共秩序，故不应适用《商标法》第 10 条第 1 款第 8 项的规定。

争议商标

因此，标志具有“其他不良影响”条款历史的演变，折射了不同时期下对该条款法律适用上的认知变化。就法律规范的解释而言，必然会因不同时期就法律整体认知的“重塑与修正”产生一定差异，时代的司法者也会因时空的差异就法律规范的适用给出最符合“当下社会整体评价”的判定。

（二）标志具有“其他不良影响”的域外规定及其启示

我国的知识产权法律制度来源于域外的相关法律规定，也是履行所参加国际条约的承诺义务。在对我国知识产权相关制度进行研究时，除了应当关注自身法律规范的历史演变过程以及现实社会状况等因素外，对域外相关法律制度的研究也必不可少，将有助于相关问题解决路径的设计，带来有益的启示。

1. 标志具有“其他不良影响”域外法律的相关规定

综观世界各国、各地区商标法的相关规定，鲜有如我国《商标法》所规定的标志具有“其他不良影响”的表述方式，但是均将标志违背公序良俗的情形作为了商标不予注册的事由。该类情形之所以在各国、各地区商标法中均予以了体现，与国际条约的相关规定密不可分。

“《保护工业产权巴黎公约》（简称巴黎公约）第 6 条之五（商标：在本联盟一个成员国内注过册的商标在本联盟其他成员国内所受的保护）部分的第 2 款第 3 项规定，违反道德或公共秩序，尤其是具有欺骗公众的性质的商标可以拒绝注册或无效。这一点应理解为，除非所违反的商标立法规定本身就是有关公共秩序的，否则不能仅仅因为一个商标不符合商标立法的某一项规定，即认为该商标违反公共秩序。”〔1〕我国在加入巴黎公约时并未对上述条款声明保留，而上述条款所规定情形恰恰是商标原样保护原则的例外，也就是巴黎公约的各成员国均将违反本国公序良俗的情形作为拒绝注册或无效的情形之一。

基于巴黎公约上述的规定，各国、各地区商标法也将标志不应违反公序良俗作为独立条款予以明确规定。如“《法国知识产权法典》第七卷制造、商业及服务商标和其他显著标记的第 L. 711—3 条 b）中就规定，违反公共秩序或社会公德，或被法律禁止使用的标记不得作为商标或商标的一个部分”〔2〕；“《日本商标法》第 4 条第 1 款第 7 项规定，可能损害公序良俗的商标不能取得商标注册”〔3〕；“《英国商标法》第 3 条驳回注册的绝对理由第（3）部分规定，一个商标不符合公众政策，或有违于道德准则应不予注册”〔4〕；《美国兰汉姆（商标）法》第 1052 条（a）款规定，商标包含不道德、欺骗或诽谤性内容的，应当驳回其注册。〔5〕同时，我国台湾地区“商标法”第 30 条第 7 项也规定了，妨害公共秩序或善良风俗的不得作为商标注册。

2. 域外相关法律规定的启示

诚如上文所列举的，虽然各国、各地区并未将标志具有“其他不良影响”直接予以规定，但是根据对“其他不良影响”的解读，其实则也是对标志违背公序良俗具体情形之一的体现，因此域外相关法律的规定对我国适用标志具有“其他不良影响”的认定也具有一定的启示，具体可以体现在以下三个方面：

首先，基于巴黎公约的相关规定，并非标志构成了商标法其他条款规定时即属于违背公序良俗的情形，在其他条款已经明确规制的情形下，不应任

〔1〕 董葆霖主编：《中国百年商标法律集成》，中国工商出版社 2014 年版，第 1345 页。

〔2〕 中国人民大学知识产权教学与研究中心、中国人民大学知识产权学院《十二国商标法》翻译组译：《十二国商标法》，清华大学出版社 2013 年版，第 50 页。

〔3〕 中国人民大学知识产权教学与研究中心、中国人民大学知识产权学院《十二国商标法》翻译组译：《十二国商标法》，清华大学出版社 2013 年版，第 237 页。

〔4〕 中国人民大学知识产权教学与研究中心、中国人民大学知识产权学院《十二国商标法》翻译组译：《十二国商标法》，清华大学出版社 2013 年版，第 414 页。

〔5〕 中国人民大学知识产权教学与研究中心、中国人民大学知识产权学院《十二国商标法》翻译组译：《十二国商标法》，清华大学出版社 2013 年版，第 483 页。

意扩大标志违背公序良俗的适用范围，同理可知，标志具有“其他不良影响”的认定与其他条款的适用并无必然联系与判断关系。

其次，基于法国、美国等国的相关规定，在判断标志是否违背公序良俗时，既包括标志整体上具有所规定的情形，也包括其组成部分违背公序良俗的情形，由此就标志是否具有“其他不良影响”的判断，可以是标志整体上，也可以是其组成要素上具有相关含义。

最后，基于日本等国的相关规定，判断标志是否违背公序良俗时，是或然性标准，即具有可能性，而不以客观实际上是否造成了损害后果为前提，因此标志是否具有“其他不良影响”的判断是以可能对社会公共秩序或公共利益产生负面、消极影响为前提，而无须客观实际发生。

基于对我国商标法标志具有“其他不良影响”自身历史演变与域外相关法律制度的梳理，总结出其对该项规定法律适用的影响以及日后合理适用的启示，必然会对下文具体判定规则的探索产生益处。

在就基本含义与历史脉络进行详尽分析后，本文也将结合具体案例通过类型化的概括，发现在具体认定中的“共性与个性”。

三、标志具有“其他不良影响”类型化认定的“共性与个性”

“法律归类最大的意义，就在于同类事物可以适用同样的规范”[1]，同时不同的事物在法律上也会得到不同的评价。简言之就是实现社会公众对司法裁判结论的公平性预期，即相同性的事物得出相同性的结论，不同性的事物得出差异性的结论。

虽然标志具有“其他不良影响”在含义上具有共通性，即按照《商标授权确权案件的若干规定》第 5 条第 1 款的规定，商标标志或者其构成要素可能对我国社会公共利益和公共秩序产生消极、负面影响的，可以认定其属于《商标法》第 10 条第 1 款第 8 项规定的“其他不良影响”。然而，就社会公共利益和公共秩序而言，按照具体领域的划分，包括了政治、军事、经济、文化、宗教、民族等，该条款在上述领域中的判定规则是否存在“共同”的属性，以及在“共同”之外是否存在归属于各自领域的特质，即“个性”，是通过现行商标法及其法规，或者相关司法解释无法直接获知的答案，需要通过司法实践中案例的分析予以探寻，下文将就此问题展开研究。

---

〔1〕 李琛：《论知识产权法的体系化》，北京大学出版社 2005 年版，第 120 页。

（一）标志具有“其他不良影响”的“共同性”

标志具有“其他不良影响”虽然涵盖了政治、军事、经济、文化、宗教、民族等领域，但是并非相关领域均系独立运行，自成认定体系的。由于该情形最终均系回归至《商标法》第10条第1款第8项所规制的范畴之内，因此不同领域中“其他不良影响”的认定依然存在内在的“共同性”。

1. 标志具有“其他不良影响”应当采取审查“一致性”的标准

因为标志具有“其他不良影响”是违背公序良俗的具体体现情形之一，其对社会公共秩序和公共利益的损害不言而喻，并且基于法律应当确保社会公众的平等性要求，亦不宜形成差别化待遇，因此应当避免采取“变动不居”的认定规则，使社会公众无所适从。

在盖璞（国际商标）公司与国家工商行政管理总局商标评审委员会商标驳回行政纠纷再审案中[1]，最高法院再审认为，《商标法》第10条第1款第8项是对标志本身能否作为商标注册的一种适格性评价。商标作为一种符号化的表达方式，其所传递和表达的信息不能有悖于社会公共利益或公共秩序，否则即应禁止这种表达方式的传播。本案中，申请商标为“蓋璞内衣”，指定使用在第25类服装等商品上，商标评审委员会就此将使用申请商标的结果易导致消费者误认误购作为具有不良社会影响的理解，既与不良影响条款的规范对象和立法本义不符，亦不适当地扩大了该条款的适用范围，应予纠正。而且，商评委在本案中系适用《商标法》第10条第1款第8项规定对申请商标予以驳回，该条款是对申请商标是否有碍社会公序良俗的价值判断。相对于损害特定民事主体利益的禁止商标注册的相对理由条款而言，绝对理由条款的个案衡量空间应当受到严格限制，对是否有害于社会公共利益和公共秩序进行判断的裁量尺度更不应变动不居。据此，商评委有违审查标准一致性及同案同判的公平原则，损害了行政相对人合理的期待利益。

2. 标志具有“其他不良影响”应当排除对私权损害的情形

标志具有“其他不良影响”是对公序良俗原则的违背，就违反诚实信用原则损害他人民事权利的情形，因为仅就对个体合法权益的损害，不应上升为社会公众利益所要规制的范畴。关于是否应当将个体合法权益划归至“其他不良影响”所规制的范畴之内，在司法实践中也存在从分歧到统一的认识过程。

---

〔1〕 参见最高法院（2016）最高法行再7号行政判决书。

在“哈里·波特”系列商标异议复审案中，商标评审委员会、北京市一中院和北京市高院均认为，他人未经权利人允许注册“哈里·波特”等商标“违反了诚实信用的公序良俗”从而具有“其他不良影响”〔1〕。而在“邦德007BOND”商标异议复审案中，虽然北京市一中院认为“邦德007BOND”商标的注册申请“违反了诚实信用的公序良俗”从而具有“其他不良影响”，但北京市高院认为该情形不构成“其他不良影响”所规定情形，而是侵犯他人在先权利〔2〕。

关于是否应当将违背诚实信用原则损害私权的情形纳入至“其他不良影响”所调整的范围，最高法院明确指出，“如果有关标志的注册仅损害特定民事权益，比如对他人驰名商标的抢注等，由于商标法已经另行规定了救济方式和相应程序，划定了明确的法律界限，不宜认定其属于具有其他不良影响的情形；如果商标法的其他规定均无法调整，则属于法律未禁止的范畴”〔3〕。据此，该问题的纷争告一段落，就损害特定民事权益的情形不属于标志具有“其他不良影响”所规制的范畴之列。

3. 标志具有“其他不良影响”不应将使用规模及知名度作为考量因素

若根据在案证据，足以证明标志本身含义已经具有“其他不良影响”的，则该标志在市场运营中的实际使用规模及知名度等不能作为排除“其他不良影响”的认定因素，即《商标法》第10条第1款系对标志禁止作为商标使用情形的规制，故该标志的使用规模及知名度等情形不在考量范畴之内。

在上海城隍珠宝有限公司（以下简称“城隍公司”）与商标评审委员会、上海豫园旅游商城股份有限公司（以下简称“豫园公司”）商标争议行政纠纷案中〔4〕，二审法院认为，虽然争议商标“城隍”具有“护城河”等含义，但除此之外，“城隍”也被用来指代道教的特定神灵。而且，根据豫园公司提交的《道教大辞典》《中国城隍信仰》《佛道与阴阳：新加坡城隍庙与城隍信仰研究》等证据以及城隍公司提交的《辞海》《道教神灵谱系简论》等证据的记载，“城隍”作为道教神灵有较为悠久的历史，且系与百姓生活联系比较密切的神灵。在此情形下，将“城隍”作为商标加以使用，将对信奉

〔1〕参见北京市高院（2011）高行终字第529、539、541号行政判决书。

〔2〕参见北京市高院（2011）高行终字第347号行政判决书。

〔3〕最高人民法院知识产权审判庭编：《最高人民法院知识产权司法解释理解与适用》（最新增订版），中国法制出版社2016年版，第233页。

〔4〕参见北京市高院（2014）高行终字第485号行政判决书。

道教的相关公众的宗教感情产生伤害，并对社会公共利益和公共秩序产生消极、负面的影响。因此，争议商标的注册使用违反了《商标法》第10条第1款第8项的规定，依法应予撤销。在商标授权确权行政案件中，虽然应当考虑相关商业标志的市场知名度，尊重相关公众已在客观上将相关商业标志区别开来的市场实际，注重维护已经形成和稳定的市场秩序，但这种对市场客观实际的尊重不应违背《商标法》的禁止性规定。在争议商标违反《商标法》第10条第1款第8项的情况下，即使争议商标经使用具有了较高知名度甚至曾被商标局认定为驰名商标，也不应因此而损害法律规定的严肃性和确定性。因此，城隍公司关于争议商标经长期使用建立了较高的市场声誉并形成了相关公众群体因而应予维持的上诉理由缺乏法律依据。

4. 标志具有“其他不良影响”可以规制抢注公众人物姓名的情形

《商标授权确权案件的若干规定》第5条第2款规定，将政治、经济、文化、宗教、民族等领域公众人物姓名等申请注册为商标，属于前款所指的“其他不良影响”。然而，上述司法解释所界定的公众人物应当系对我国社会公共利益、民生国策等产生公共效应的自然人主体，不应包括基于在特定领域的知名度而具有自身经济价值的民事主体。此时，若诉争商标的注册系对特定领域中公众人物自身经济利益的侵害，则应属对特定民事权益的损害，不宜纳入到公序良俗所涵盖的范畴之内。

在迈克尔·杰弗里·乔丹与商标评审委员会、乔丹体育股份有限公司商标争议行政纠纷案中[1]，最高法院再审认为，争议商标“乔丹”不存在可能对我国政治、经济、文化、宗教、民族等社会公共利益和公共秩序产生消极、负面影响的情形。因此，争议商标的注册未违反《商标法》第10条第1款第8项所规定的情形。

在上述案例中，虽然最高法院保护了作为NBA知名篮球明星迈克尔·杰弗里·乔丹的姓名权，但是并未基于其特定领域中的影响力所辐射的经济价值，即认定争议商标构成“其他不良影响”的情形，而是通过损害特定民事权益的条款予以了规制。

在王东海与商标评审委员会商标申请驳回复审行政纠纷案中[2]，二审法院认为，申请商标为“莫言”文字商标，与我国首位获得诺贝尔文学奖的作

---

〔1〕 参见最高法院（2016）最高法行再27号行政判决书。

〔2〕 参见北京市高院（2015）高行（知）终字第3061号行政判决书。

家“莫言”笔名相同。莫言获得诺贝尔文学奖后，其“莫言”两字就与诺贝尔文学奖建立直接联系。诺贝尔文学奖是举世公认的世界文坛最重要、最权威、最受人瞩目的一个奖项，莫言获得诺贝尔文学奖意味着莫言的艺术成就得到国际文学界的普遍认可，当然也对我国文化领域产生重大影响。在未经莫言本人同意或经其许可的情况下，他人以“莫言”作为商标注册，必然会对我国文化领域的社会公共利益和公共秩序产生消极、负面影响。

在上述案例中，体现了若公众人物的姓名已经在我国政治、经济、文化、宗教、民族等领域内产生了社会广泛影响，则对前述人物姓名的抢注行为不再属于侵害特定民事权益的范畴，而是可以通过违背公序良俗原则予以制止。

综上，标志具有“其他不良影响”跨越不同领域之间，具有上述所归纳的四个方面的“共性”，下文将从具体领域进行分析，找寻其中类型化中的“个性”。

（二）标志具有“其他不良影响”类型化“个性”的归纳

在就标志具有“其他不良影响”跨越类别的“共同性”进行梳理后，具体到政治、军事、经济、文化、宗教、民族等领域而言，亦存在属于该领域所特有的认定规则上的“个性”，应当予以充分认知。

1. 在政治、军事领域的严格保护规则

在上文对标志具有“其他不良影响”的演变历史进行介绍时，在法律规范性文件中首次规定“不良影响”即是针对政治领域作出的，并且考虑到政治、军事领域对我国国民生活、社会秩序的稳定以及国家安全等方面的重要性，就该领域中关于标志是否具有“其他不良影响”的判定应当采取严格保护的规则，并且应与时代的社会背景相联系，将有可能与社会政治、军事相联系的文字、图形均作为具有“其他不良影响”的情形予以认定。

在“习礼”商标不予注册异议复审行政纠纷案中[1]，二审法院认为，判断商标标志是否具有“其他不良影响”，应当根据在案证据，并结合当前我国政治、经济、文化、民族、宗教等发展的现实状况以及所处的特定历史时期，以是否可能会造成消极、负面的影响后果为依据进行认定。本案中，诉争商标由汉字“习礼”构成，考虑到我国政治、经济、文化的发展现状，容易产生不良的社会影响，其申请注册构成了《商标法》第10条第1款第8项所规定情形。

---

〔1〕 参见北京市高院（2018）京行终4719号行政判决书。

在“军柴”商标申请驳回复审行政纠纷案中[1]，二审法院认为，本案中，诉争商标为纯汉字“军柴”，公众容易将其理解为军人的别称，将其作为商标注册、使用，易产生不良影响。

2. 在宗教领域的盖然性对应规则

基于我国历史的发展传统，宗教信仰一直以来在我国各个历史时期发挥着重要的作用，商标授权确权行政案件中对宗教的尊重亦应当予以体现。在判断标志本身是否会对宗教产生消极、负面的影响时，可以采取盖然性对应规则，而不必苛求标志本身的含义与宗教含义产生唯一对应关系。

（1）标志本身是否具有宗教含义并不以“官方文献”记载为限。

判断文字或图形等标志是否具有宗教含义，不能仅以官方记载为准，应当结合我国宗教文化的传播方式等因素，若该标志已被宗教机构或广大宗教人士认知为具有宗教含义的，应当认定该标志构成“其他不良影响”。

在山东万佳建材有限公司与商标评审委员会、泰山石膏股份有限公司商标争议行政纠纷案中[2]，最高法院再审认为，如果某标志具有宗教含义，不论相关公众是否能够普遍认知，该标志是否已经使用并具有一定知名度，通常可以认为该标志的注册有害于宗教感情、宗教信仰或者民间信仰，具有不良影响。判断“泰山大帝”是否系道教神灵的称谓，是否具有宗教含义，不仅需考量本案当事人所提交的相关证据，也需考量相关宗教机构人士的认知以及道教在中国民间信众广泛的历史渊源和社会现实。首先，虽然当事人提交的大部分证据，也即二审法院认定的官方记载未记载“东岳大帝”或“泰山神”称为“泰山大帝”，但有部分书籍、新闻报道和论文中提及“东岳大帝”或“泰山神”称为“泰山大帝”。其次，泰安市民族与宗教事务局、泰安市道教协会也出具说明证明“泰山大帝”系道教神灵的称谓，他们的认知本身即是相关宗教机构人士的认知。最后，道教是我国具有悠久历史传统的一种宗教，在漫长的历史过程中，道教信众广泛，有关记载道教的书籍、杂志、报道众多，因此，关于道教神灵的称谓也难言仅限于国家官方记载。故，即便二审法院认定的官方记载未记载“泰山大帝”为“泰山神”或“东岳大帝”，“泰山大帝”不是“东岳大帝”或“泰山神”称谓的唯一对应，但相关证据和宗教界机构人士的认知表明，“泰山大帝”均指向“泰山神”或“东岳

[1] 参见北京市高院（2017）京行终3530号行政判决书。

[2] 参加最高法院（2016）最高法行再21号行政判决书。

大帝”，而不是指向其他道教神灵，“泰山大帝”的称谓系客观存在，具有宗教含义。

（2）标志的图形部分与宗教机构高度近似的应当认定具有不良影响。

若诉争商标的图形部分与宗教机构的外形图案存在高度相似时，容易使社会公众在看到诉争商标时即联系到该机构，亦会损害宗教情感，故构成“其他不良影响”所规定的情形。

在成都国酿食品股份有限公司与商标评审委员会商标申请驳回复审行政纠纷案中〔1〕，二审法院认为，诉争商标为庙宇图形与中文文字“海会寺”组合而成。其中，“海会寺”系山西省晋城市阳城县主要寺庙之一，且图形部分在整体视觉效果和构图上与寺庙实景高度相似，相关公众容易将其识别为海会寺本身。因此将寺庙名称与寺庙实景高度相似的图案作为商标使用，可能会对我国宗教情感产生消极、负面影响。

诉争商标

（3）标志的外文部分具有宗教含义的不应核准注册。

根据我国公众的一般认知习惯，若标志中的外文部分能够独立识别且具有宗教含义的，应当认定标志的构成要素具有“其他不良影响”，不应予以核准注册。

在多特瑞控股有限责任公司与商标评审委员会商标申请驳回复审行政纠纷案中〔2〕，二审法院认为，诉争商标由字母“DigestZen”组合而成，其中因“Digest”和“Zen”首字母均为大写形式，故中国公众在识别诉争商标时会

〔1〕 参见北京市高院（2017）京行终 1829 号行政判决书。

〔2〕 参见北京市高院（2018）京行终 1341 号行政判决书。

将其认知为由“Digest”和“Zen”独立的二部分组合而成，根据中国公众对外文的一般认知能力以及《中英佛教词典》的记载，其中“Digest”可以翻译为消化、理解、领悟，“Zen”可以翻译为“禅”的含义，由此诉争商标容易被翻译为“领悟禅宗”，从而与佛教产生紧密联系，故将与“禅”形成稳定对应关系的“Zen”作为诉争商标的构成部分进行注册、使用，可能会对相关宗教产生消极、负面的影响，属于《商标法》第10条第1款第8项所规定情形。

DigestZen

诉争商标

3. 在文化领域的功能性拓展与审批排除规则

文化具有多元化、时代性的特点，其与社会公众的意识形态、观念思维的发展与变化密切相关，因此在判断标志是否在文化领域中具有“其他不良影响”时，不能墨守成规、故步自封，应当结合社会时代的背景对社会公众的认知程度与方式作出“开放性”的判断。既要避免过于严苛，亦不能损害社会主义核心价值观所蕴含的对我国传统优秀文化的传承。

（1）商标在文化领域中功能性拓展对“其他不良影响”判定的考量。

商标除了标识商品来源的基本功能外，“其还具有其他一些功能，尽管现有的归纳不尽一致，但按照通常的说法，商标还具有质量保障（guarantee of quality）、广告等功能”[1]。在此基础上，消费者在对商标进行认知时，其文字信息所承载的文化教育的传播功能对青少年的影响亦不能予以忽视。特别是在青少年处于自身文化教育培养的阶段，商标标志中规范使用汉字，对于我国广大青少年正确认知中华传统文化具有积极的引导效应。因此，不能简单地排除商标除标识商品来源以外的其他功能，若标志存在不规范使用汉语的情形，应当认定会对我国文化产生消极、负面的影响，构成“其他不良影响”所规定的情形。

在光向纵横（北京）文化传播有限公司（以下简称“光向纵横公司”）

〔1〕 孔祥俊：《商标与不正当竞争法：原理和判例》，法律出版社2009年版，第44页。

与商标评审委员会商标申请驳回复审行政纠纷案中[1]，二审法院认为，诉争商标中包含的“簋府神宫”属于对成语“鬼斧神工”的不规范使用。虽光向纵横公司提交了其创设诉争商标的证据，且诉争商标除该不规范成语外还包含设计独特的图形部分，但相关公众仍会将诉争商标标志与相应成语产生联系。此种对成语不规范使用的商标标志若大量广泛使用，容易对我国的语言文字的规范使用产生消极、负面影响，不利于我国语言历史文化的传承及国家文化建设的发展，具有不良影响。

诉争商标

（2）经审批通过的作品名称可以作为排除“其他不良影响”的判定要件。

文化的地域性不言而喻，因不同地域文字使用与表达的习惯差异，在我国域外地区所形成的作品名称并不能当然认为其具备商标应有的构成要件，即使该作品已经在我国文化市场上发行、流通，若将作品名称申请注册为商标，仍应当对其是否具有“其他不良影响”予以审查。然而，若该作品系经我国文化主管机关进行审批后获准发行的，则可以作为该作品名称本身不具有“其他不良影响”的排除要件。

在“绯闻女孩”商标申请驳回复审行政纠纷案中[2]，二审法院认为，诉争商标其中的“绯闻”的含义为“桃色传闻”，而“桃色传闻”的含义为“形容跟不正当的男女关系有关的事情”。因此，诉争商标“绯闻女孩”的含

〔1〕 参见北京市高院（2016）京行终 5293 号行政判决书。

〔2〕 参见北京市高院（2016）京行终 5260 号行政判决书。

义有违中国的公序良俗，也与中国的传统文化相冲突，可能对中国的社会公共利益和公共秩序产生消极、负面的影响，不得作为商标使用。华纳兄弟娱乐公司提交的电视剧《绯闻女孩/Gossip Girl》播放、宣传及知名度等方面的证据，不能作为诉争商标获准注册理由。

上述案例系以诉争商标本身构成要素的含义对标志是否具有“不良影响”予以的判定，在因诉争商标已经有违中国传统文化的情况下，认定其不应予以核准注册。

在“夺魂之镰”商标申请驳回复审行政纠纷案中[1]，二审法院认为，诉争商标的含义并未超过公众的接受和容忍标准，结合暴雪公司运营的包含申请商标文字的游戏已经被中华人民共和国国家新闻出版广电总局审批通过的事实以及暴雪公司对该游戏进行的商业宣传和市场表现，可以认定申请商标使用在计算机游戏光盘等商品上，不会导致相关公众产生不良的社会影响。同样，在“植物大战僵尸”商标申请驳回复审行政纠纷案中[2]，最高法院再审认为，从诉争商标标志本身的内容来看，植物大战僵尸电子游戏系开发商独创完成，游戏名称亦系其独创，在该游戏之前并无约定俗成的含义，该游戏使用的上述文字表述本身系中立性词组，其对应的游戏形象也并非暴力恐怖。相反，由于该款游戏知名度高，其中植物和僵尸形象均具有卡通色彩，已被广泛用于少年儿童的图书和玩具等产品上。从另一个角度证明了该标识的使用并不违反出版规定，未产生有害于社会善良风俗的不良影响。

在上述两个案例中，法院均未认定涉案的诉争商标构成“其他不良影响”，除了从标志本身的含义进行分析外，亦考虑了相关标志作为作品名称已然经过行政机关审批，并出版发行的事实，从而间接印证了诉争商标本身不具有有害于社会善良风俗的情形。

（3）标志不应具有贬损特定人群的含义。

诚如上文所述，商标除了具有标识商品来源的基本功能外，其自身还具有多重功能，特别是在其构成要素中，不应通过直接或间接描述性的词汇，贬损特定人群，进而对我国社会主义核心价值观内涵的文化产生消极、负面的影响。

---

〔1〕 参见北京市高院（2016）京行终121号行政判决书。

〔2〕 参见最高法院（2018）最高法行再89号行政判决书。

在“金融八卦女”商标申请驳回复审行政案中[1]，二审法院认为，在考虑标志是否可以作为商标使用时，除了应当考虑商标作为广义商业标识的经济功能外，其对于政治、文化、宗教、民族等方面的影响亦不能忽视，商标所承载的多重功能决定了在判断标志可否作为商标进行使用时，应当进行多方面的考量。同时，认定的标准应当以社会公众的普遍认知水平和能力为限，而且应注意在不同语境下中文文字所传递基本信息的差异。本案中，“金融”系指货币流通和信用活动以及与之相联系的经济活动的总称；“八卦”不仅具有我国古代占卜的八种符号的含义，还具有指代“流言蜚语”“闲言碎语”或从非正式渠道获取各类消息的含义；“女”为指向特定性别或人群。由此，整体考虑诉争商标标志各部分组成的含义，我国公众更易将诉争商标理解为通过“流言蜚语”“闲言碎语”或非正式渠道等方式散播各类金融消息的女性，具有不良影响。

4. 在经济领域的包容性发展规则

在市场经济环境中，应当在一定程度上对于具有真实使用意图，且所提供商品或服务自身并无损社会公共秩序和公共利益的商业标识给予相对包容性发展的空间，市场经济无论是从参与主体、参与方式或是经营种类等方面，均是呈现百家争鸣之势。在此基础上，若标志本身仅为在经济领域中所产生的影响，可以适度予以开放性的接受。

在“中华英才网”商标申请驳回复审行政纠纷案中[2]，二审法院认为，由于具有“其他不良影响”属于标志不得作为商标使用的禁止性规定，直接限定了市场经营者选择商业标志区分商品或者服务来源的范围，因此，除非违反法律法规和司法解释的明确规定或其基本宗旨，否则在一般情况下，应当秉持较为宽松温和的审查标准，尊重市场经营者在商业标志选择方面的自主权，既引导市场经营者选择积极向上、符合社会主义核心价值观的标志区分其商品或服务来源，又坚持实践是检验真理的唯一标准，适当包容有一定争议但并不违反法律法规和司法解释基本宗旨的标志。在特定标志是否具有“其他不良影响”的认定过程中，要充分考虑该标志在使用过程中所取得的实际效果，尊重客观实际，避免主观臆断。本案中，申请商标由中文“中华英才网”构成，该标志整体上并不存在对我国政治、经济、文化、宗教、民族

---

〔1〕 参见北京市高院（2017）京行终 2994 号行政判决书。

〔2〕 参见北京市高院（2018）京行终 1065 号行政判决书。

等社会公共利益和公共秩序产生消极、负面影响的可能；从该标志的构成要素看，虽然包含了“中华”字样，但申请商标亦未将“中华”二字突出使用，且“中华英才”本身具有相对固定而明确的含义，社会公众通常不会将其与我国的国家名称联系在一起。因此，无论是从申请商标标志整体看，还是从其构成要素看，申请商标的注册和使用均不属于对我国国家名称滥用的情形，不宜将其认定为具有“其他不良影响”的标志。同时，从申请商标的实际使用情况看，申请商标自 1997 年起即已投入实际的商业使用，在 20 多年的实际使用过程中，申请商标并未出现对社会公共利益和公共秩序产生消极、负面影响的情形。

经过对司法实践中相关案例的梳理，本文从政治、军事、宗教、文化、经济等领域归纳了在认定标志具有“其他不良影响”的“个性化”特质，实现在具体领域中类型化的认知，进而确保认定结论的科学性。

下文将基于标志具有“其他不良影响”的资深含义、历史演变、域外经验和司法判例，总结、归纳出其具体的判定规则，从而实现对该问题的理性分析。

四、标志具有“其他不良影响”的判定规则

“规律不是指过去与现在已经出现的事实，而是针对‘可能出现’的事态而言的。这样我们便进入了一个深不可测的领域，因为我们只能观察事实，却永远不可能‘观察’可能出现的情况。”[1] 正是基于标志具有“其他不良影响”系禁止作为商标使用的绝对情形进行的界定，故应避免因判定主体、时间、地域、知识背景等因素的差异，不当扩大其认定范围，进而限缩商业运营中经营者自由表达和创造的空间；亦应避免不当缩小认定范围，致使可能对我国政治、经济、文化、宗教、民族等社会公共利益和公共秩序产生消极、负面影响的标志被获准注册，因此对商标标志或者其构成要素是否具有“其他不良影响”进行认定时，应当采取审慎、严格的认定方式，其判定规则可以从以下六方面进行归纳。

（一）判断主体应为社会公众

诉争商标标志或者其构成要素是否属于“其他不良影响”情形的判断主体应当为“社会公众”。因上述条款系针对相关标志禁止作为商标使用的绝对情形予以的规定，以相关标志可能损害社会公共利益和公共秩序为前提，从

[1] ［德］汉斯·波塞尔:《科学：什么是科学》，李文潮译，上海三联书店 2002 年版，第 54 页。

保护“公序良俗”的视角出发，故对此问题的判断主体应回归社会公众，而非以诉争商标指定使用的商品或者服务的“相关公众”为判断主体，否则所得出判断结论容易“以偏概全”，影响对社会公共利益和公共秩序的保护。

“申请商标注册的标志是否属于损害公共利益或者违背国际礼让的标志，判断主体为一般社会公众，无须考虑所使用的商品或者服务类别，也无须考虑其注册或者使用是否存在导致相关公众对商品或者服务来源发生混淆的可能性。”〔1〕

（二）判断时间应以申请注册日为原则

在审查判断商标标志或者其构成要素是否具有“其他不良影响”的情形时，一般应当以诉争商标申请注册时的事实状态为准，但是若申请时不属于上述情形，在核准注册时涉案商标已经具有“其他不良影响”的，考虑到为避免对我国政治、经济、文化、宗教、民族等社会公共利益和公共秩序产生消极、负面影响，故仍可以认定涉案商标构成《商标法》第10条第1款第8项所规定情形。

然而，随着社会文化生活与经济活动的丰富与多样，社会公众对语言文字使用习惯、方式等内容的改变，可能存在特定标志被赋予其他为社会公众广泛认知含义的情形，此时应当从平衡诉争商标权利人基于信赖利益已经取得商标专用权的合法权利与社会公共利益、公共秩序之间的关系视角出发，通常情况下不宜任意对法律明确规定的合法民事权利因认知的改变采取否定的判断结论，区分商标授权和确权程序的制度差异。

在商标确权行政纠纷中，除非存在维持商标合法注册明显违背“公序良俗”的情形，一般情况下不宜将形成于诉争商标核准注册日后的审查时的事实状态，作为评价诉争商标是否具有“其他不良影响”的事实依据进行认定。

（三）判断程度采取“或然性”标准

在审查判断商标标志或者其构成要素是否具有“其他不良影响”的情形时，是社会公众对诉争商标可能认知结论的事实推定，而非绝对唯一性的对应关系。

因为不同的社会群体，基于生活、工作、学习背景、成长环境等因素的个体差异，会对相同标志因各自的认知标准、习惯与预设心理差异产生不同结论，不应将局限于特定时间、特定地域、特定心理预期的群体的认知结论，

〔1〕 李扬：《商标法基本原理》，法律出版社2018年版，第38页。

作为辐射社会公众的普遍认知的根据。

社会公众的世界观、价值观和人生观仍然是以真、善、美为依归，不应将特定群体的猎奇、恶搞、另类认知作为诉争商标是否具有“不良影响”的事实推定的依据。

（四）判断基准采取“文义”优先规则

在审查判断商标标志或者其构成要素是否具有“其他不良影响”的情形时，应当以其“文义解释”即“固有含义”优先进行判断。如上文所述，对涉案商标标志或者其构成要素含义的理解，应当以我国公众一般认知为基准，即以辞典、工具书、具有普世意义的正式官方出版物或者能够为公众广泛接触的具有“公信力”的信息载体等所确定的内容为准。

避免将基于特定场合、语境等外部性因素设置形成的差异，并通过杜撰、加工、演绎、联想等方式，所得出的非通常含义负载于涉案商标标志或者其构成要素之上，进而不当限缩了属于商业运营中经营者自由表达的创造空间。另一方面亦不利于对我国社会主义道德文化的积极、正向指引，反而可能会满足特定社会群体博取注意力和提升关注度的猎奇心理。

（五）诉争商标申请注册的主观意图、使用方式等可以作为判断的参考因素

在审查判断商标标志或者其构成要素是否具有“其他不良影响”的情形时，可以通过诉争商标申请注册的主体、主观意图、使用方式及其指定使用的商品或者服务，更为客观地判断诉争商标的使用是否可能对我国社会公共利益和公共秩序产生消极、负面的影响。

因为若诉争商标本身含义存在一定认知分歧的情况下，为了得出更加符合社会公众普遍认知的结论，可以通过参考因素形成“高度盖然性”的内心确认，例如将特定经济领域的公众人物姓名申请注册为商标时，可能会因申请注册主体的差异，而导致是否具有“其他不良影响”认定结论的不同。

（六）应由主张标志具有“其他不良影响”的主体承担证明责任

在审查判断商标标志或者其构成要素是否具有“其他不良影响”的情形时，一般应当由主张诉争商标具有“其他不良影响”的当事人承担举证证明责任。

既然在判断标志具体含义时以“文义解释”为优先，则应当由主张其具体含义的主体提交辞典、工具书等予以证明，但是若诉争商标本身的含义基于生活常识已经能够形成普遍认知的，则经过充分说明亦可以予以接受。然

而，应当避免在诉争商标本身含义存在不确定性或者并未形成普遍认知的情况下，仅凭特定群体的心理预设，即赋予诉争商标特定含义。

五、小结

本文以“其他不良影响”的概念为切入点，通过全面梳理该制度的历史由来，在借鉴域外司法经验的基础上，通过“本土化”案例的筛选、分析，发现其中的“共异性”，归纳出具体的判定规则，为具有高度抽象性的《商标法》第10条第1款第8项规定的适用提供更加精确的司法视角。然而，由于对该问题的认知有待不断深入与演进，文中不妥之处望予指正。

（初审人：施小雪）

应向何处的“著名商标”

——从商标概念的法教义学分析出发*

汪　源** 　何洪全***

摘　要：“著名商标”是由地方立法构筑起来的概念。从商标法体系观察，一方面在文义解释和实证领域无法将其与驰名商标区分，另一方面在功能意义上扰乱人们对商标功能的理解。“著名商标”是一个孤立、虚假的商标概念，无法被法教义学解释为“商标”。各地出台“著名商标”立法的目的是好的，目的不应因为路径错误而一并被否定。以行政奖励代替作为行政许可的“著名商标”，除了能够实现“著名商标”的愿望外，兼具有理论和实践上的合理性。

关键词：著名商标　法教义学分析　行政奖励　行政许可

---

* 本文受2017年北京市社会科学基金项目“网络侵权的平台责任研究”(17FXB014)、2017年广西社科基金项目“广西公共资源交易监管法治化研究”(17BFX001) 支持。

** 汪源，中国政法大学民商经济法学院2016级博士研究生，西班牙庞培法布拉大学访问学者 (100088)。

*** 何洪全，广西大学法学院宪法学与行政法学硕士研究生，广西大学法律援助中心研究人员 (530004)。

2017年5月，108名法科学子齐聚上海，建议在全国范围内开展对各地“著名商标”进行立法规范研究。[1] 笔者也在该会议上撰文指出，地方政府认定著名商标行为本质为行政许可行为，需受到行政法中“信赖保护”原则之限制。对行政相对人，即商标专有权人而言，倘若行政机关事后要撤回或者取消著名商标认定，可能会给行政相对人带来较大商业上的不利，这种不利所产生的损失可能需要行政机关承担一定的信赖保护责任。对行政相关人，即对普通消费者而言。商标权利人进行商标宣传的时候，著名商标可视为政府为商标权利人背书。如果消费者基于对政府的信赖而信赖这样的商标，但是该商标所代表的产品却存在质量问题，消费者可不可以追究行政机关的责任？地方政府为了当地经济发展，认定著名商标，但也因此需承担庞大的信赖保护责任。此举对于地方政府而言是否利大于弊，有待进一步研究探讨。[2]

同年6月，时任国家工商总局局长的张茅同志，发文呼吁各地方政府全面暂停“著名商标”认定。[3] 2018年2月8日全国人大法工委向各地方人大常委会发送督办函督促各地方废止现有的“著名商标”认定规范。2018年5月多地“著名商标”认定规范相继废止。至此，关于“著名商标”地方立法的存废之争基本尘埃落定。究往事之源，作后事之师，在“著名商标”制度退出历史舞台的前夕，需要进一步地思考的是，各地方政府本着发展地区经济的目的为何却导致“著名商标”谬误？不容否认的是“著名商标”制度的施行确实达成了部分其预设的积极目的和效果，对于这些目的和效果如何承接，是需要探讨的问题。后“著名商标时代”不能以“市场自决”四字了之。如何更好地发挥政府作用，仍有待进一步思辨与探讨。

一、曲解与误读——“著名商标”定义的法教义学分析

教义（Dogma）一词，来源于古希腊语，最初指的是“固定的想法”“指示”“有拘束力的原理”等意义。经过几千年漫长历史发展，到近代随着自然启蒙运动的兴起，历史学家将“教义学”这一概念正式引入法学之中，并使

---

〔1〕 参见孙迪：《一封出自108位知识产权研究生之手的信，凭何撬动了完善商标立法的杠杆》，载https://mp.weixin.qq.com/s/qTFBnsmaXIWmrC9M5LTAjA，最后访问日期：2018年4月28日。

〔2〕 参见汪源、李付雷：《综合考量 平衡效率》，载《中国知识产权报》2017年5月26日，第8版。

〔3〕 参见张茅：《提高认识澄清误区，积极实施商标品牌战略》，载《人民日报》2017年6月27日，第10版。

这一术语日益流行。发展至今，法教义学已形成了一种法学学科内部独有的方法论体系。[1]

对于法教义学，我们至少可以从如下几个层面进行概括：①在思维上，法教义学这种方法论要求将任何个别法律判断都建立在一般性权威命题的基础之上。②在具体运用方法上，法教义学要求对现行实在法进行解释、建构与体系化。这其中，对法的解释取向于实在法的客观意义；对法的建构，尤其是借助于法律概念的建构，旨在从先前思维上孤立的部分中重构出整个法律制度；对法的体系化，则根据某个单一的理念来阐释和塑造整个法秩序。[2]③在功能意义上，法教义学最首要的功能是认识功能，即能够帮助人们借助法学概念来认识作为对象的法律现象，从中发现和分析法律问题。继而，因为法教义学尊重经过检验的可以接受的信条和规范，减轻了法律论证负担，从而简化了信息的传导，提高了法律文本的“可传授性”。并最终为法学者超越不同时间阶段的稳定的法学理解与法学论证方式和规则，避免任何形式的无理法学提问与讨论。总之，法教义学为实现法律生活关系确立统一的概念，建立法律概念和法条解释规则，并限定法学的诉说方式和方法。[3]

从现有法学体系出发，商标的概念通常被定义为：是一种能够使得消费者基于其而判断特定商品的生产者或服务的提供者的符号。[4]《中华人民共和国商标法》（以下简称《商标法》）第 8 条规定：“任何能够将自然人、法人或者其他组织的商品与他人的商品区别开的标志”可以作为商标，但是对其进行了公共利益上的限制。联合国贸易与发展会议将商标界定为快速传递商品信息的一种区分工具。[5]《保护工业产权的巴黎公约》第 5 条 C（2）则规定，虽各国形式不同，但不失显著性者，于商标之保护不予减损。我国最高人民法院通过一系列的公报案例对此也有解释。显著性主要包括如下两方面

---

〔1〕 雷磊：《什么是法教义学？—— 基于 19 世纪以后德国学说史的简要考察》，载《法制与社会发展》2018 年第 4 期，第 119~123 页。

〔2〕 雷磊：《法教义学与法治：法教义学的治理意义》，载《法学研究》2018 年第 5 期，第 58~75 页。

〔3〕 参见舒国滢：《法哲学沉思录》，北京大学出版社 2010 年版，第 38~39 页。

〔4〕 国家知识产权局编：《品牌与商标》，知识产权出版社 2013 年版，第 4 页。

〔5〕 参见联合国贸易与发展会议、国际贸易和可持续发展中心编：《Trips 协定与发展：资料读本》，中国商务出版社 2013 年版，第 252 页。

含义：其一，显著性是识别商品来源的显著性。[1] 其二，生活中无固有、原有意义之独特性。[2] 在“识别”与“显著”二者语义上，司法案例中会无意地作为近义词或同义词使用。实际上显著性与商标的识别性之间是本质与现象的关系。[3] 由于不同于生活中一般事物的显著性，而获得了商标所标志物与一般物品的区别以及其他商品的区别。可见，商标的本质是具有显著性的能区别商品的标志。

在了解商标本质的基础上观察“著名商标”，将有助于我们对该概念的谬误进行剖析。从文义解释领域进行观察：汉语结构的“著名商标”一词属于典型的偏正结构，“著名”一词是中心词“商标”的修饰词。显然“著名商标”从属于“商标”概念的范畴，这决定对了“著名商标”进行法教义学解释的内涵与外延只能等于或小于“商标”的概念与内涵，而决不能大于。

从实证法领域观察，“著名商标”主要存在于省级地方性法规，实证法层面的“著名商标”是指：在本省行政区域内，在市场上享有较高声誉，为相关公众所熟知，并依照本省“著名商标”规范予以认定的注册商标。[4] 根据笔者统计，曾有 24 个省、直辖市、自治区通过地方性法规对“著名商标”及其配套制度进行了规定。笔者在对上述省、直辖市、自治区认定“著名商标”的地方性法规进行分析后可知，“著名商标”需同时具备以下三项要件：其

〔1〕 参见最高人民法院公报案例《尚杜·拉菲特罗兹施德民用公司诉深圳市金鸿德贸易有限公司等侵犯商标专用权、不正当竞争纠纷二审案》（2011）湘高法民三终字第 55 号。

〔2〕 参见最高人民法院指导案例 82 号《王碎永诉深圳歌力思服饰股份有限公司、杭州银泰世纪百货有限公司侵害商标权纠纷案》（2013）浙知终字第 222 号。

〔3〕 孔祥俊：《论商标的区别性、显著性与显著特征》，载《现代法学》2016 第 6 期，第 63～64 页。

〔4〕 参见《吉林省著名商标认定和保护条例》第 2 条、《辽宁省著名商标认定和保护办法》第 2 条、《海南省著名商标认定和管理办法》第 2 条、《贵州省著名商标认定和保护办法》第 2 条、《江苏省著名商标认定和保护办法》第 2 条、《青海省著名商标认定和保护办法》第 2 条、《福建省著名商标认定、管理和保护办法》第 2 条、《江西省著名商标认定和保护办法》第 2 条、《河南省著名商标认定和保护办法》第 2 条、《山东省著名商标认定和保护办法》第 2 条、《山东省著名商标认定和保护办法》第 2 条、《云南省著名商标认定和保护办法》第 2 条、《新疆维吾尔自治区著名商标认定和保护办法》第 2 条、《宁夏回族自治区著名商标认定和保护办法》第 2 条、《内蒙古自治区著名商标认定和保护办法》第 2 条、《广西壮族自治区著名商标认定和保护办法》第 2 条、《上海市著名商标认定和保护办法》第 2 条、《天津市著名商标认定和保护办法》第 2 条、《重庆市著名商标认定和保护条例》第 2 条、《安徽省著名商标认定和保护条例》第 2 条、《湖北省著名商标认定和促进条例》第 2 条、《甘肃省著名商标认定和保护条例》第 2 条、《四川省著名商标认定和保护条例》第 2 条、《河北省著名商标认定和保护办法》第 2 条。

一，区域要件。“著名商标”申请人住所或者商品服务所在地必须在本省行政区域内。行政区域外的申请人不能申请该商标。其二，声誉要件。必须在市场中具有较高知名度，为公众熟知的商标才能申请成为“著名商标”。其三，形式要件。申请认定“著名商标”需以注册商标为前提。

若单从文义表述层面考察，“著名商标”的内涵与外延并未超出商标概念范畴，对其进行解释是似乎可以融入我国目前的商标法律体系，并未违反法教义学的体系化要求。但是进一步从“著名商标”与“驰名商标”的关系进行研究，将帮助我们发现“著名商标”定义存在的谬误。

根据《商标法》第13条之规定，驰名商标指的是为相关公众所熟知的商标。在汉语语义上“驰名”与“著名”系近义词，且“著名商标”定义中也包含了“被公众熟知”的声誉要素。从定义上看，“著名商标”与驰名商标的含义相近或相同。但在我国《商标法》《商标法实施条例》和WIPO中译本与《巴黎公约》中均未出现过“著名商标”概念。“著名商标”没有对应的英译名称，有人称之为“famous trademark”。〔1〕虽然“驰名商标”在法律上固定英译为“Well-Know Trademark”，但是“famous trademark”在英语国家中的含义等同于《巴黎公约》中的“Well-Know Trademark”，〔2〕即“驰名商标”。只不过当使用“famous”一词的时候，意在强调商标的显著性。诚然，法言法语是法律人约定俗成的一种特定语言。“著名商标”概念是由地方规范建构而成，在法律规范中并无相关用语。从法律语言和概念的使用度看，在市场享有较高声誉、为公众所熟知的商标是驰名商标，该严谨的法学概念已然确定。“著名商标”概念中声誉要素的界定在语义上无法同驰名商标区分。

而相较于“著名商标”与其他相关概念的语义之辨，更应当引起我们注意的是创设“著名商标”概念所造成的商标功能在整个法律体系中的紊乱问题。

二、初衷与实效——“著名商标”功能的法教义学分析

（一）创设著名商标初衷为提高当地经济水平

事实上，各地为增强本区域内的企业竞争力与美誉度，地方政府寄予“著名商标”诸多目的与功能。总结可知，地方立法中“著名商标”主要具

〔1〕储敏：《地方政府实施商标战略的省思》，载《法学杂志》2012年第2期，第80页。

〔2〕王清：《关于著名与知名商标行政特殊保护制度的冷思考（上）》，载《电子知识产权》2009年第9期，第16~17页。

有如下预设目的与功能：

第一，提高本地区产品的知名度和市场竞争能力，促进经济发展。如《江苏省著名商标认定和保护办法》第1条规定："为规范江苏省著名商标认定工作，保护江苏省著名商标所有人的合法权益，提高本省产品的知名度和市场竞争能力，促进经济发展，根据《中华人民共和国商标法》《中华人民共和国商标法实施细则》等有关法律、法规，结合本省实际，制定本办法。"其他地方的"著名商标"立法亦大体如此。

第二，保障与显示商品和服务质量优劣等级，为消费者消费活动提出一定指引。如《河北省著名商标认定和保护办法》第6条规定："各级人民政府应当鼓励企业、事业单位和个体工商户提高商品质量和商标信誉，创立著名商标。"

第三，授予荣誉称号，进行精神和物质奖励。如《山西省著名商标认定和保护办法》（现已失效）第6条规定："县级以上人民政府应当安排专项资金，鼓励商标所有人提高商标知名度，培育著名商标，对著名商标所有人给予表彰、奖励"，第17条规定对"著名商标"奖励的费用"列入省财政预算予以保障"。

第四，提高保护标准，发挥跨类别商标保护之功能。据笔者统计，我国超过三分之一的省级地方立法中明确了"著名商标"跨类别保护的效力。[1]如《广东省著名商标认定和管理暂行办法》（现已失效）第31条[2]、《天津市著名商标认定和保护办法》（现已失效）第21条[3]等。并且，各地都规定只有本行政区域内的注册商标持有人才能申请本区域的"著名商标"，允许标

---

〔1〕 参见《安徽省著名商标认定和保护条例》第22条、《河北省著名商标认定和保护办法》第22条、《河南省著名商标认定和保护办法》第17条、《广西壮族自治区著名商标认定和保护办法》第22条、《内蒙古自治区著名商标认定和保护办法》第20条、《宁夏回族自治区著名商标认定和保护办法》第20条、《重庆市著名商标认定和保护条例》第22条、《四川省著名商标认定和保护条例》第20条、《湖北省著名商标认定和促进条例》第22条、《湖南省著名商标认定与保护办法》第11条、《上海市著名商标认定和保护办法》第22条、《上海市著名商标认定和保护办法》第22条、《江西省著名商标认定和保护办法》第17条、《西藏自治区著名商标认定与管理暂行办法》第20条。

〔2〕 《广东省著名商标认定和管理暂行办法》第31条：虽不同行业，但足以引起公众误认或者暗示其与著名商标所有人存在某种联系，并可能对著名商标所有人的合法权益造成损害的，企业登记主管机关不予受理。"或者参照驰名商标适用跨类别保护。

〔3〕 《天津市著名商标认定和保护办法》（现已失效）第21条：被认定为天津市著名商标的，其商标所有人要求被作为驰名商标予以保护时，工商行政管理部门应当提供相关业务指导和服务。

明行政区域名称，如《河北省著名商标认定和保护条例》第24条规定：“可以依法向省工商行政管理部门申请冠用‘河北’字样的企业名称。”《新疆维吾尔自治区著名商标认定和保护办法》第15条：“著名商标所有人可以在其核定使用的商品及其包装、装潢、说明或者广告宣传、展览等活动中使用‘新疆著名商标’字样。”

（二）“著名商标”在功能意义上无法融入商标概念体系

如前所述，根据商标的定义与《商标法》第8条规定，我们知道，商标制度的初衷与最主要功能为区别功能，即通过商标对商品或服务的来源进行识别[1]。换言之，通过商标提高民事主体在民商事活动中的搜寻效率，降低社会整体运行成本，是近代以来商标法制度的正当性基础所在。就这一问题，近来国内已有学者发现并指出“著名商标”不具备商标正当性基础，是“著名商标”应当被废止的根本原因。[2]

但更进一步观察，笔者认为“著名商标”所反映出的本质问题在于：“著名商标”突破了商标的功能范畴，作为子概念的“著名商标”无法与母概念“商标”在法教义学的方法下实现体系化的有效解释。换言之，地方政府主导下的“著名商标”从功能意义角度进行解读，突破了商标功能的可解释空间。这种突破主要表现在，“著名商标”被地方政府人为赋予了“促进经济发展、保障商品质量、表彰商标注册人”等商标这一严格法学概念中并不具备的功能。虽然，近年来有部分学者认为，商标同时具有保障商品和服务质量的功能[3]。但事实上，商标并不必然担保优异的质量，商标所真正担保的是“一致性”(consistency)。质言之，如果消费者不喜欢某种商标的产品，它始终标有同一商标的事实也使消费者的拒绝购买成为可能。反之，感到满意的消费者也就可能再次选择所钟情的产品[4]。就此问题，田村善之教授也认为：“品质保障功能是可以被识别功能所吸收，退一步说，即便把品质保障机能理解为商标法独立保护的法益，也不过是附加在出所识别机能之上不太大的一

---

〔1〕 See C. Seville, *EU Intellectual Property Law and Policy*, Edward Elgar Press, 2009, pp. 210-211.

〔2〕 参见蒋舸：《从地方著名商标制度的废除看商标法理论的规范评价意义》，载《现代法学》2018年第4期，第111~114页。

〔3〕 王迁：《知识产权法教程》，中国人民大学出版社2016年版，第93页；黄勤南编：《新编知识产权法教程》，中国政法大学出版社1995年版，第50页。

〔4〕 参见余俊：《商标功能辨析》，载《知识产权》2009年第6期，第77~78页。

部分。"〔1〕 作为严格法教义学下的概念，“商标”功能有且只有一个——识别功能。

在功能意义上，地方政府创设的“著名商标”体系与我国业已形成的商标法体系错位，并产生了较大冲突。“著名商标”徒有商标之名，却超越商标之实，导致“著名商标”在功能意义上无论进行何种法教义学解释均无法融入现有商标概念体系。这也使得“著名商标”与“商标”二者之间的逻辑关系呈现为交集关系，而非“子母概念”间应当呈现的包含与被包含的逻辑关系。虽然，商标法体系或者说商标法的调整范围随历史进程在不断扩张是不争的事实。但从商标概念扩张的逻辑层次进行解读，其正确顺序也应当对“商标”母概念首先进行扩张解释，再对该范式下的各类子概念进行扩张解释，绝非相反顺序。也正因如此，“著名商标”与“驰名商标”在功能意义上相近，却无法被解释为“驰名商标”。《商标法》第三次修改后，使“驰名商标”与“商标”二者之间严格遵守了子母概念间的解释逻辑，即子概念之内涵与外延决不能逾越母概念。《商标法》在确认了驰名商标跨类别的高水平保护的同时，遵循了事实认定、被动认定、个案认定，且禁止将被认定为驰名商标的事实用于商业宣传。这意味着，在司法保护中某一商标被认定为驰名商标只代表了其可享有较高程度保护，但绝不可逾越母概念“商标”的功能范围，即代表高水平的产品质量。聪明的罗马人早在两千多年前就告诉了我们：“任何一个概念在法律上都是危险的。”古老的法谚中更是有云：“法律规定未设区别者，吾人亦不得加以区别。"〔2〕 在创设“著名商标”这一概念体系时，各地方政府未具备应有的体系化思维，导致“著名商标”成为一个孤立的、甚至是虚假的商标概念存在于我国法律体系之中，扰乱了人们对商标功能的理解。“法律将容忍一种实际困难，而不能容忍不一致性或逻辑上的谬误。"〔3〕 综上，笔者认为：“著名商标”无法在法教义学下被解释为“商标”，即“著名商标”并非“商标”，才是“著名商标”应当得到废止的根本性原因。

---

〔1〕 参见［日］田村善之：《田村善之论知识产权》，李扬等译，中国人民大学出版社 2013 年版，第 168 页。

〔2〕 拉丁原文为：Ubilex non distinguit，necnosdistinguerededebemus. 参见郑玉波：《法谚》（一）法律出版社 2007 年版，第 29 页。

〔3〕［美］E. 博登海默：《法理学：法律哲学与法律方法》，邓正来译，中国政法大学出版社 2017 年版，第 262 页。

三、“著名商标”向何处去——“著名商标”替代方案的合理化设计

现有研究中，已有较多学者指出了“著名商标”在商标法理论上的非正当性，[1] 但缘何“著名商标”迟迟未能废止？甚至在国家工商总局叫停后，仍有地方颁行了新的“著名商标”规范。[2] 回归现实层面观察，“著名商标”对于地方政府而言不仅表现为“法律”问题，更是一个“治理”问题。质言之，促进本行政区域内的经济发展仍然是地方政府首要行政管理目的。废止“著名商标”后，地方政府与本地优势经济品牌该何去何从？除了“废止”之外，从国家立法和法院审判层面提出的解决方案不仅超出地方政府行政权力所及，也难以及时回应公共管理和服务的现实需求。可见，地方政府向我们提出了更高的论证要求，即不仅要“捍卫法律体系性”，还要寻求如何在法治政府前提下实现“良善治理”。

2016 年 6 月，《国务院办公厅关于发挥品牌引领作用推动供需结构升级的意见》（国办发〔2016〕44 号）决定设立“中国品牌日”，意见中指出“以发挥品牌引领作用为切入点，充分发挥市场决定性作用、企业主体作用、政府推动作用和社会参与作用，围绕优化政策法规环境、提高企业综合竞争力”。地方政府以创设“著名商标”为手段，希冀达致提高企业竞争力、打造良好市场竞争氛围等治理目的本无可厚非。这种思路具体表现为：①提高本地区产品的知名度和市场竞争能力，促进经济发展。通过“著名商标”的利益诱导，影响商标持有人的生产经营行为，使之符合本行政区域的经济发展需要。②进行精神和物质奖励。“著名商标”具有荣誉称号的特征，获得“著名商标”许可的相对人，同时也会获得精神和物质奖励。③显示商品和服务质量优劣等级，为消费者消费活动提供一定指引和保障。

在对“著名商标”制度进行批判的同时，我们也应认识到：目的不应当因为路径错误从而一并被否定，而应进一步思考，为实现前述目的如何进行更为审慎的法治化设计。就此问题，笔者认为应当建立健全国家品牌激励制度，明确制度定位，从法律效力上界定该制度的权力边界，并以此为基础进行相应的制度设计。

---

〔1〕 参见金多才：《对我国著名商标保护制度研究的反思》，载《河南社会科学》2012 年第 10 期；王清：《关于著名与知名商标行政特殊保护制度的冷思考（下）》，载《电子知识产权》2009 年第 10 期；怀晓红：《法外施恩当休矣——从“著名商标享受驰名商标同等保护”说开去》，载《电子知识产权》2005 年第 12 期。

〔2〕 参见《山西省著名商标认定和保护办法》（现已失效），该办法 2017 年 9 月 1 日起施行。

（一）行政奖励：国家品牌激励制度的制度定位

准确的制度定位是制度设计的起点，是国家品牌激励制度区别于“著名商标”认定制度的关键。“著名商标”认定行为满足行政许可的本质特征和外部特征，设定以商标的知名度为内容的行政许可，却不能充分承担和履行相应的信赖利益保护责任，在设定和实施上都不符合法治政府有限性和责任性的要求。〔1〕

国家品牌激励制度应当定位为行政奖励。在合法性上，行政奖励可以由行政机关在职权范围内通过规范性文件设立，而行政许可的设立则受到法律保留原则的严格约束。行政奖励是指“行政机关对为国家和社会作出重大贡献的行政相对人，给予物质和精神鼓励的行政行为”。〔2〕行政奖励与行政许可、行政给付等授益性行政行为有严格的区别，必须予以明确的界定。否则，在国家品牌激励制度的实践中将非常容易把赋予权利的行政奖励与行政许可混淆，〔3〕把财物性行政奖励与行政给付混淆，进而变成第二个“著名商标”许可。

第一，赋予权利的行政奖励与行政许可。一般而言，行政许可具有行政奖励的部分特征，如都是授益性行政行为、都具有申请—审查—颁发的程序。需要辨明的是行政奖励所赋予的“权利”是否包括行政许可赋予相对人的“权利”？如果不是，则二者的区别在哪里？“‘权利’这一术语易被不加区别地用以涵盖案件中的特权、权力或豁免，而非表达最严格意义上之权利。”〔4〕在“权利”“特权”“权力”“豁免”“无权利”“义务”“无权力”“责任”八个基本法律概念中，“权利”与“义务”相关，与“无权利”相反；“特权”与“无权利”相关，与“义务”相反。行政奖励赋予相对人的是“权利”即请求权；而行政许可赋予相对人的是“特权”即自由。“称某特权不

---

〔1〕 参见何洪全：《停止认定“著名商标”的实证分析——以行政法“信赖保护原则”为视角》，载《黑龙江省政法干部管理学院学报》2018年第5期，第30~32页。

〔2〕 朱维究、王成栋主编：《一般行政法原理》，高等教育出版社2004年版，第336页。

〔3〕 事实上，“著名商标”制度就存在着行政奖励的影子，甚至说行政奖励是“著名商标”制度的出发点之一。参见杨爱葵：《地方著名商标认定的法律性质研究》，载《学术探索》2013年第12期，第70页。

〔4〕 ［美］韦斯利·N. 霍菲尔德：《基本法律概念》，张书友编译，中国法制出版社2009年版，第28页。

过是对义务之否定时，当然表明此义务之内容或指向恰与上述特权相反。”[1] 许可并不是真正地赋予行政相对人以请求权，而是对一般禁止性法义务的解禁。举例以说明，你面前摆放着我享有所有权的一盘水果，我许可你吃，但是却将沙拉置于保险柜内让你吃不到。这并未侵犯你的任何“权利”。相反，如果你是水果的所有人，将其赠予我，而置于保险柜内让我吃不到，则侵犯了我的“权利”。这便是行政奖励与行政许可的区别，行政许可的指向对象是禁止性义务，而行政奖励的指向对象是请求权。

第二，财物性行政奖励与行政给付。财物性行政奖励与行政给付具有基本一致的外观，均是将特定的财产利益交付予行政相对人，均是授益性行政行为。但是，“行政奖励是一种单纯授予行政相对人权益的行政活动。”[2] 而行政给付则往往伴随着义务的负担。特别是行政给付的授益性和侵害性并非这么泾渭分明。例如对绝食人犯强制灌注食物、强制预防注射以及特定专业的公费大学生在毕业后要服从国家的就业分配等。此外，行政给付的目的一般是给予公民以“生存照顾”，而行政奖励则是鼓励先进。

可见，以行政奖励作为制度定位的国家品牌激励制度，可以在有效实现认定“著名商标”制度创设初衷的前提下，规避因“著名商标”制度作为行政许可所带来的普遍的负担性。

（二）公众参与：国家品牌激励制度的实施保障

国家品牌激励制度所进行的行政奖励是为了“表彰先进”。问题在于，“先进性”是一个不确定法律概念。纵使给出相应的裁量规则予以限制，但是在具体个案中仍然存在着很大的判断困难，因为这首先就是一个主观认识问题。[3] 跟一般的不确定法律概念不同，行政主体在该问题上并不享有充分的专业性。市场中的消费者对此才有较为充分的发言权。因此公众的参与必不可少。公众参与能保障国家品牌激励制度实施的公正性，防止偏袒、歧视，监督行政权力的运行。

其中需要注意的是：其一，事前信息公开是公众参与的基础。行政奖励的相关报名申请和审查等信息应当公布公开，让公众知晓。要禁止只对一部

---

〔1〕［美］韦斯利·N. 霍菲尔德：《基本法律概念》，张书友编译，中国法制出版社 2009 年版，第 33 页。

〔2〕周佑勇：《行政法原论》，北京大学出版社 2018 年版，第 315 页。

〔3〕［德］哈特穆特·毛雷尔：《德国行政法总论》，高家伟译，法律出版社 2001 年版，第 133 页。

分消费者或生产经营者公开消息，特别是通过小范围的发布报名信息以变相实现筛除竞争者的目的。其二，完善事中公众参与制度，主要有消费者意见调查制度和专家咨询制度。消费者意见调查制度是为了使得审核机关了解公众对某些品牌的整体态度、评价和反映，掌握特定生产经营者消费者认可度的一种公众参与方式。调查主体可以是行政机关的内部工作人员，也可以由行政机关委托社会机构进行调查。调查范围一般包括针对本行业内的生产经营者和消费者的询问、访谈，以及通过网络问卷、电话访谈、信函咨询等多种方式进行的大范围、大规模人群调查。专家咨询制度的目的在于借助专家的咨询论证，对应当进行奖励的生产经营者进行全方位的科学考察，以资助行政机关决策。通过专家选拔制度、完善专家库以实现专家结构的平衡性以及咨询过程的公开性。其三，完善事后信息公示，对奖励的内容、方式、时间、对象和依据等，除涉及国家秘密或商业隐私外，应当通过电视、报刊、网络等方式及时、客观、真实地向社会公示。

（三）技术性衔接：国家品牌激励制度的实施操作

我国商标分类数量众多，情况不同，条件各异，既不可能对所有商标进行整体评选并予以行政奖励，也不可能每个行业都进行评选奖励。因而行政奖励的范围是相对的。那么，国家品牌激励制度设计中的技术性问题是：由谁来实施行政奖励？对哪些范围的品牌进行奖励？奖励的形式是什么？

第一，国家品牌激励制度可以由国家知识产权局（以下简称“国知局”）规范、指导和实施。2018年国家机构改革后，根据中央编办的“三定”方案，国知局将与版权局、商标局业务合并，新成立的国知局将负责实施创造、保护和运用的管理政策和制度，促进知识产权的运用，建立知识产权公共服务体系和网络信息平台。由国知局实施国家品牌激励制度有利于统一、规范全国各地、各层次、各类品牌激励制度。如中央电视台曾于2016年推出“国家品牌计划”，对国家经济命脉性企业以及中小型企业经过筛选审核后，提供低价或公益广告激励。然而，随着该计划发展后期，对公民生命健康会造成严重危害的“鸿茅药酒”[1] 曾两度入选“国家品牌计划”。在这背后凸显的问题是国家品牌激励制度指导和实施主体的缺失。中央电视台既无权以“国家”的名义宣称进行品牌激励，也没有足够的中立性和专业性对申请人进行

〔1〕《国家药品监督管理局新闻发言人就鸿茅药酒有关情况回答记者提问》，载国家药品监督管理局：http：//cnda. cfda. gov. cn/WS04/CL2052/227779. html，最后访问日期：2018年5月28日。

甄别和审核，无法摆脱利益驱动而本着公共利益的目的去实施品牌激励活动。而大部制改革后的国知局则具有相应的行政权力和专业性，规范和指导地方各级行政机关以及国字号企事业单位以“国家”或其他官方名义实施的品牌激励项目，保障国家品牌激励制度的制度定位准确性以及专业性。此外，在行政管理层面，国知局实施专利行政奖励制度已经有 19 年的历史，期间积累的经验和管理知识可以运用到品牌激励制度中去。

第二，国家品牌激励制度的范围应当是相对的。国办发〔2016〕44 号文指出，品牌引领着供给结构和供给需求的升级转型方向。换言之，国家品牌激励制度范围应当以“推动中国制造向中国创造转变、中国速度向中国质量转变、中国产品向中国品牌转变”为目标指向。从第一、第二、第三产业来看，国家品牌激励制度的范围主要有：①名优特农产品；②国家战略支柱性或核心制造业；③涉及广泛民生需求的制造业；④高新技术研发制造行业；⑤文创产业；⑥培育扶助专项：贫困地区或新农村产业和互联网技术中小型企业。

第三，国家品牌激励制度的奖励形式可以是多样的。国知局和地方各级行政机关，可以根据有关行政法规范的规定，向相对人提供：①精神性奖励，主要表现为授予荣誉称号，如“国家品牌项目金奖”“质量信得过品牌”“金口碑单位”等。②物质性奖励，主要是奖金和奖品奖励。③优惠性奖励，如广告时段优惠、产业园区进驻优惠等。

结　论

目前，全面废止地方政府主导的“著名商标”认定制度已成定局。反思之余，我们亦应当积极探索政府在品牌建设上应当发挥的积极作用。“著名商标”的良善治理目的，不应当因为达成手段的瑕疵，从而一并丢弃到“历史的废纸篓”中。前事不忘，后事之师。笔者认为，定性为行政奖励的“国家品牌激励制度”是可供考虑的实现“著名商标”制度初衷的合理性替代性方案之一。诚然，新制度的构建仍需要谨慎行事。如何将逻辑的针线在商标法规范与行政治理需求之间来回穿梭，是我等学人在“著名商标”制度被彻底废止后仍应当继续思索与探寻的问题。

（初审人：邵昱飞）

股权的内在结构与限制转让的边界

朱慎独*

摘　要：对限制股权转让的边界进行讨论，涉及股权的利益基础与价值导向两方面。如果将股权理解为一项仅保护个人利益的权利，公司易因股东类型的差异而无法建立稳定的闭锁关系和有效的内部协作机制。旧有的理论诉诸股权中不可限制的固有权利划定股权限制的边界，这一观点忽略了多元化的公司环境与股东诉求的双向结合。股权应被视为以个人利益为基础，但以集体善为价值导向的权利，即通过促进公司关系的建构而实现股东群体利益的权利。股权的内在结构既解释了通过该权利产生的商业实践的广泛性，也标识了权利的边界，股权转让限制亦在其中。

关键词：股权结构　利益理论　转让限制　合理审查

一、序言

（一）问题引入

公司章程或者股东协议对股权转让的限制是否存在边界是一个严峻的问题。一方面，合理的股权转让限制能够促进公司目标的实现，使股东的互信关系和一致行动成为可能，法律应当为市场参与者提供足够的选择以开

---

* 朱慎独，男，中国政法大学法学院2018级硕士研究生（100088）。

展多元化的商业实践；另一方面，不合理的限制可能源于欺诈、压迫、智识的客观不足而使个人和公司都遭受严重损失，法律应当尽可能识别这些负面元素并辅助建立有价值的公司治理关系。〔1〕学界长期以来关注对优先购买权的效率优化，〔2〕但由于该权利仅约束股权转让的对象，却不能阻止转让本身的发生，对合伙型公司、家族企业、现金流不足以及股东退出会造成公司财产损失的其他情况均非良策。〔3〕《中华人民共和国公司法》（以下简称《公司法》）第71条第4款授权公司章程对转让限制可另行规定，但对该许可的具体范围并未施加明确的限制，这是否意味着在优先购买权不能适应公司需求的场合，禁止股东转让股权，要求股权转让必须得到特定人的同意，或者赋予公司任意回购权均是有效的？

国内的研究部分依赖股权中的“固有权”为股权限制划定边界，使某些类型化的措施因过度限制个人权益而无效，〔4〕与之相似但存在区别的是将股权定义为财产权，进而以财产权的转让性规则对抗不合理的转让限制。〔5〕然而两者面临的共同难题是，无法解释国际范围内司法判决对严厉股权限制措施的区分化态度，也不能解释各国的合伙、非上市公司、上市公司等广泛商事组织在成员权利安排上的极端情况。换言之，两者均是无差别性（undis-

---

〔1〕 近期富有影响力的案例参见最高人民法院指导性案例96号：宋文军诉西安市大华餐饮有限公司股东资格确认纠纷案。进一步观察国内法院对待不同股权转让限制措施的分歧态度参见杨信：《有限责任公司股权转让限制问题研究》，中国社会科学出版社2017年版，第192~198页。

〔2〕 较为新近的代表作参见王军：《实践重塑规则：有限公司股权转让限制规范检讨》，载《中国政法大学学报》2017年第6期。参见葛伟军：《股东优先购买权的新近发展与规则解析：兼议〈公司法司法解释四〉》，载《中国政法大学学报》2018年第4期。参见张其鉴：《我国股权转让限制模式的立法溯源与偏差校正——兼评〈公司法司法解释四〉第16~22条》，载《现代法学》2018年第4期。参见王湘淳：《公司对外转让限制规则：阐释与再造——〈中华人民共和国公司法〉第七十一条之研究》，载《大连理工大学学报（社会科学版）》2018年第6期。

〔3〕 关于不同类型转让限制的经济理性与公司法立法模式的取舍在特拉华州公司法历次修改过程中讨论甚多，See Robert L. Reed，“Section 202 of the Delaware Corporation Law—Per Se Rules for Stock Transfer Restrictions”，*Boston College Law Review*，Volume 9.

〔4〕 参见施天涛：《公司法论》，法律出版社2018年版，第284页。参见李建伟：《公司法学》，中国人民大学出版社2018年版，第249~250页。参见梅慎实、张涛、周艳飞：《公司章程对股权转让限制的界限与司法审查》，载《公司法评论》2012年第1辑。

〔5〕 参见黄晓林：《日本非公开公司股权转让制度立法理念解析——股权转让自由原则的实现》，载《日本问题研究》2013年第2期。参见邓峰：《普通公司法》，中国人民大学出版社2009年版，第375~376页。参见范建、王建文：《公司法》，法律出版社2015年版，第303~308页。参见刘俊海：《现代公司法》，法律出版社2015年版，第466页。

criminating）的或低识别性的，它们无法回答股权转让制度必须处理的问题——采取何种标准评价股权转让措施效力以及为何采取该种标准。尽管学界亦能参考外来法律实践提出“合理性审查”的概念，但其对于合理性的基础、内涵及层次并未深入研究，而缺乏实质论证的审查概念并不足以应对实践难题。必须看到，合理性的标准与股权的证成和行使是一体两面的，对股权的理解决定了何种股权制度是合乎制度理性的。因此公司法领域迫切需要一种融贯的理论，从而在诠释股权性质的同时，为之划定界限。[1]

（二）本文思路

股权转让限制尽管是通过章程或者股东协议进行的，却并非外部限制，而属股东对权利的自主行使，故而股权转让限制也属于股东权利内容。这会产生两个层次的问题：第一层次上是股东决定股权内容的边界，即是否存在凭股东意志不可决定或变更的转让限制；第二层次上是股东行使股权的边界，即是否存在限制股东任意行使章程所载条款之权利的规则。全面地回答股权在内容和行使上的边界才能完整地呈现股权转让限制的意义。首先，笔者将检视股权的财产权命题，“固有权命题”也将被包含在内，并指出两种理论在前提上的共同错误以及可取之处；其次，笔者将以股权产生所依据的“组织缔约权”为前提，说明股权的利益基础、价值导向与具体内容；最后，笔者将结合上述内容，诠释由股权的利益、价值共同决定的权利边界，并以之作为基础构建多层次的合理性审查原则。

二、门槛式批判：股权的财产权命题

将《公司法》第71条第4款理解为“公司章程在股权转让限制上有无限的权利”会遭遇一项门槛式的反对，即股东在公司中的股权是个人财产并应当按照财产权的方式予以规制。由于传统财产权理论表明财产的转让性是实现其价值的必要属性，对财产权进行严格的转让限制应当被严格审查，甚至否认其效力，股权的转让限制也应当遵守该逻辑。与之类似的观点在国内研究中亦不少见。[2] 该命题实际上可以包容“股权固有权”的主张，因为股权中固有权的部分也被认为是基于对个人经济收益和意志自由的重视，但固有权的存在意味着任何对股权的转让性、收益性等权能进行严格限制的措施都

---

〔1〕 事实上股权转让限制的研究存在多个层次上的问题，本文针对的是“自愿转让中的股权限制边界”，至于该措施的效力是否及于非自愿转让以及多大程度上能够排除强制执行，不在本文范围内。

〔2〕 见第457页注释4、5。

无差别地无效。相较而言财产权命题并非绝对，后者以功利性的公共效率为主，容许在利益衡量之下进行灵活变通。然而财产权命题并非中国法体系的产物，无论是成文法还是普通法意义上的财产法在我国法律体系中都并非直接存在。如果一个社会未对财产权寄予特殊的内涵，那么主张股权是财产权多少是令人困惑的，为此首先有必要考察该命题在原社会环境中的意义，然后在共有的话语体系中判断它是否表达了国内学者所欲之概念。

（一）基于财产权命题美国公司法实践

早期美国公司法实践因为财产权命题的介入在股权转让限制的效力认定上展示出巨大的不确定性。20世纪30年代至50年代，*Lawson v. Household Finance Corp* ，*Greene v. E. H. Rollins &Sons*，*Inc*，*Tracey v. Franklin* 三个重要案例确定了对股权转让限制进行审查的基本原则。首先，整体上公共政策（public policy）以及普通法传统严格禁止对股权转让施加不合理的限制措施，该类措施的合理性取决于是否有利于促进公司的福利或公司目标，因此财产权命题实际上是衡量特定措施对公司的效用是否足以对抗支持财产自由转让的传统司法观。〔1〕该时期对于股权转让的限制普遍存在被“推定为不合理”的风险。其次，“合理性”不仅需要符合感性常识，还需要符合商业理性的要求，法院在早期案例的发展中竭力表明，即使在股东共同对限制措施表示同意时也仍然需要理性的目的，而不能仅出于某些无法解释的欲求（unexplained desire）或直觉使股权转让性受限。〔2〕最后，即使是相同的措施在不同的公司关系中也会出现不同的效力认定，股权转让限制措施的实际效果需要结合该公司的运营情况予以综合判断。这一规则的出现标识了美国财产法传统与公司法需求的矛盾，由于公司法明确规定了股权属于个人财产，其必须承受法律传统对个人财产的观点；但作为公司治理机制的关键，股权必须具有较高的灵活性和合同特征，这使得法院在判断股权究竟是财产权还是合同性权利（contractual right）上出现困难。〔3〕霍姆斯大法官便明确强调了公司与合伙的相似性，主张股权是形成商业中的个人关系的工具，〔4〕妥协式的合理性审查

---

〔1〕 See Lawson v. Household Finance Corp. , 152 A. 723 (1930); Greene v. E. H. Rollins & Sons Co. , 22 Del. Ch. 394, 2 A. 2d 249, 25 (1938).

〔2〕 See Tracey v. Franklin, 67 A. 2d 56 (1949).

〔3〕 Dennis P. Coates, “Share Transfer and Transmission Restrictions in the Close Corporation”, 3 *U. Brit. Colum. L. Rev.* 96 (1969).

〔4〕 See Barrett v. King, 181 Mass. 476, 479, 63 N. E. 934, 935 (1902).

由此成为缓和司法困境的工具。

虽然法院对转让限制措施的普遍敌意使得早期股权转让限制的效力极不稳定,〔1〕但合理性审查仍然内在地承诺了公司构建经营结构的广泛可能性,从而使得法院在公司类型多元化的过程中能适时地扩张限制措施的效力边界。重大改变发生在 1967 年特拉华州公司法修改以后，其 202 条表明股权转让措施除绝对禁止（simple prohibition）外不再要求必须具有合理性，这引起了合理性测试的存废之争。*Joslin* 案在既有的 *St. Louis Union Trust Co. v. Merrill Lynch, Pierce, Fenner& Smith, Inc.* 的基础上，认定特拉华州公司法已预设了广泛的股权转让限制的合理性，从而去除普通法传统对合理性含混不清的要求，法院因此不再对之进行合理性审查。〔2〕但更为主流的案例进程并未激进至此，以 *Grynberg* 案为始的一系列案件仍然立足 Lawson-Greene-Tracey 的结论并维持合理性测试的必要性，并认为法律规定仅仅是将合理与否的责任从法院的能动审查转移到了当事人举证过程中。〔3〕该观点得到了特拉华州法院的肯定。〔4〕而在 *Armour* 案中，法院虽然在厘清判决历史的基础上支持并发展了 *Grynberg* 案件的结论，但进一步主张尽管合理性审查仍然存在，此外法院应当尊重市场参与者的选择而不应将法院的意见过度施加于公司,〔5〕判决明确表达了特拉华州法院对转让限制的宽容态度，并得到了延续。除特拉华州以外，印第安纳州具有影响力的案件 *F. B. I. Farms, Inc. v. Moore* 案也显示出类似倾向。法院虽然坚持合理性审查，但认同了该家族企业组合同意限制、公司回购权、股东优先购买权等多种形式的转让程序。值得注意的是，法院对合理性的认定具有鲜明的形式特点，仅认为在欺诈、胁迫等情况下制定的限制措施不具有合理性，并将审查合理性的考虑要素局限于当时的客观情况，不允许以后续的公司发展为否定章程效力的根据。〔6〕同时，法院也维持了印

---

〔1〕 早期美国法院对股权转让限制的敌意首先源自特定的金融行业背景，最高法院认为银行机构通过限制债务人股权转让为自己创设“秘密留置权”并损害其他债权人的投资安全。See First Nat'l Bank v. Lanier, 78 U. S. (11 Wall.) 369 (1871). See also William H. Painter, "Stock Transfer Restrictions: Continuing Uncertainties and a Legislative Proposal", *Villanova Law Review*, Vol. 6, Issue 1, pp. 48-68.

〔2〕 See Joslin v. Shareholder Servs. Group, 948 F. Supp. 627 (1996).

〔3〕 See Grynberg v. Burke, 378 A. 2d 139, 378 A. 2d 13 (1977).

〔4〕 SeeMitchell Assocs. v. Mitchell, 1980 Del. Ch. LEXIS 562 (1979); Capano v. Wilmington Country Club, 2001 Del. Ch. LEXIS 127 (2001); Agranoff v. Miller, 1999 Del. Ch. LEXIS 78 (1999).

〔5〕 See Capital Group Cos. v. Armour, 2005 Del. Ch. LEXIS 38 (2005).

〔6〕 See F. B. I. Farms, Inc. v. Moore, 798 N. E. 2d 440 (2003).

第安纳州在 *Cressy* 中对公司异化形态的肯定，即使治理结构并不必然符合对于公司的一般假设，法院也支持公司根据自身经营关系的特征设定章程条款，[1] 并表现出对“合伙型公司”（incorporated partnership）的认同。

透过判例的发展不难发现，虽然存在严格程度的差异，但法院一以贯之的财产权命题其实包含一项对“理性”与“理由”的要求。它主张对股权进行转让上的限制必须展示一定程度的理由，而不能仅凭“意志”决定制度的效力，这一点也是合理性审查的核心旨意。但这会导致三个难题：其一，如果按照“是否有利于实现公司目标”作为审查标准，“公司目标”与“如何才是合理地促进公司目标”却是不清晰的，因此作为原则缺乏足够的指导力，也不能为解决本土问题提供直接答案；其二，并非所有权利都需要展示理由，准确地说众多私权利都因“意思自治”原理的存在免于出示理由，但股权制度却普遍被认为应当具有合理性，无论参考域外实践还是解决国内问题都需要为这种权利的特征提供解释；其三，在不能为合理性提供实质性的论证之前，将财产权作为合理性的来源会导致制度效力的模糊。以之作为本土股权理论的基础也会存在内在缺陷。

（二）基于合伙原则的英国公司法实践

与美国不同，英国公司法虽然也规定股权的个人财产属性，其历史渊源却使其依赖于合伙规制甚多。首先，公司制度在英国的普遍适用受到早期特许体制的阻碍，使得英国现代公司的发展与合伙的灵活运用密不可分。在1844年以前公司设立以特许为必要，商人借助信托与合同建立的协议契约公司在法律上仍为合伙。尽管1844年法案允许以登记方式成立公司，但其目的仅为从行政上对公司与合伙进行区分管理，故并未赋予公司有限责任的保护。直到1855年法案与1856年合股公司法案（Joint Stock Companies Act）实施，现代英国公司的公示性有限责任才得以完成。[2] 有限责任在英国商事组织的长期缺失使得公司与合伙的运营均依赖于成员间的共同信赖与烦琐的财产协议，具有深厚的合伙根基。其次，直至1907年有限合伙法案（Limited Partnership Act）才被引入，在此之前合伙企业为取得有限责任保护不得不以公司形式进行合伙事业的开展，因此出现了大量合伙型公司（incorporated partner-

〔1〕 See Cressy v. Shannon Continental Corp., 177 Ind. App. 224 (1978).

〔2〕 See Gower, "Some Contrasts Between British And American Corporation Law", 69 *HARV. L. REV.* 1369, (1956).

ship)。*Salomon v. A. Salomon and Co.* 案的判决进一步支持了一人公司与小型家族企业的可能性，冲击了政府以公司制度的各项条件区分合伙与公司组织样态的意图。[1] 虽然在公众公司层面上合伙规制确实不敷使用，但私人公司与合伙之间几无边界之分，各类组织核心治理关系中对成员信赖和多元化合同条款的需求也被最大限度地承认。该理念同样影响到对股权转让限制措施的司法宽容，英国将股权/股份视为公司宪章的产物，并因此重视其合同性质，[2] 从法律上明确承认了公司在成员关系上的封闭需求。

英国公司法上存在多项制度分担成员限制的任务，除赋予公司限制权以外，还在公司机关配置上直接授权董事拒绝登记新股东的权力，但两者均呈现出收拢趋势。尽管以明文形式确定股权应当按照公司程序转让，但 *Weston* 案将之理解为仅仅允许公司以章程决定转让的具体程序，但仍将独立的一般性转让权留给股东。[3] *Re Hafner* 案维持了这一观点，并明确判定章程不得授权董事完全拒绝成员转让股权的权力，法院据此支持了一项公司成员转让股权的“固有的一般性权利”。[4] 当然由于法院同时承诺了公司制定限制程序的广泛权利，并在实践发展中支持股权限制措施并不违反财产永恒性（perpetuities），[5] 公司章程限制转让的边界仍然广泛。除无限制的绝对禁止外，合理行使的同意限制与一定范围内的禁止转让并不被认为剥夺股东的转让权。

相较而言，董事拒绝登记之权力在控制成员的流动上起到更为重要的角色，也受到了更审慎的司法审查。虽然模范公司法规定董事享有不必出示理由的绝对裁量权以拒绝登记股权转让情况，但该权力仍然属于董事权力并受到信义义务的制约，董事必须善意地为公司整体利益行使拒绝权。现代爱尔兰公司法在该要点上的权威案件完整地呈现了法院对拒绝权的观点[6]：①董事拒绝权的行使必须参考公司章程的各项内容予以评估；②如果章程选择采用法律文本内容，董事因此将拥有最为不受约束的拒绝权；[7] ③法律允许董

---

[1] [1897] A. C. 22 (1896).

[2] See Commissioners of Inland Revenue v. Crossman, [1937] A. C. 26 (1936); Borland's Trustee v. Steel Bros. & Co., [1901] 1 Ch. 279 (1900).

[3] See Re Smith, Knight & Co. (1868) LR 4 Ch App 20.

[4] See Re Hafner [1943] IR 426.

[5] See AG for Ireland v. Jameson [1904] IR 644.

[6] See Banfi Ltd. v. Moran et al. [2006] IEHC 257, Laffoy J.

[7] See Re Smith and Fawcett Ltd. [1942] 1 Ch 304.

事在行使拒绝权时不出示理由，即使后续出示理由也不受限于曾经出示过的理由；[1] ④董事的拒绝权仍须受信义义务的制约，因此存在足够的证据表明董事未正确行使权利时法院可以审查信义义务的方式干预董事的行为，该举证责任归于提起诉讼之成员；[2] ⑤转让股权的权利并非仅以普通法为基础，若董事以压迫性或漠视成员利益的方式行使权力，该成员有权提起诉讼。

上述引证表明，两国公司法并未在结果上产生质的差别，反而会面临同样的困境。即使出发点不同，英国公司实践仍然会包容类似合理性审查的部分，对成员的限制无论是通过章程还是董事拒绝权，均会被法院要求在特定情况下出示理由。英国与美国的法律实践呈现出一致性，尽管路径不同，但两国都试图在尊重与司法干涉之间取得理性的平衡。同样两者也存在类似的模糊之处，由于缺乏对股权进行审查的实质论证，“财产权”不得不以一种含混的方式作为合理性的基础，使得合理性的标准始终缺乏清晰的界定。即使司法判决以公司目标为核心构建了看似统一的判准，但内在却是依据不明的自由裁量权，在股权转让纠纷中保留财产权命题的意义已经衰减为在公司自治的意志体系中置入最低限度的理性。如此股权之财产权命题的本土化需要重新审视，一方面它传达了对于股权之运行进行审查的直觉，但另一方面它并未准确指出这种直觉的来源，也就不能充分支撑完整的股权转让审查制度的建立，对此仅仅引入一些类型化的判例成果虽然有益，但却无法系统性地给出任何具体的结论。

三、消解财产权命题的路径

通过对同样存在过财产权命题的域外公司法实践进行描述，笔者意在说明将股权认定为财产权尚不足以导出任何具体的结论，因为“财产权”概念的模糊与空虚难以提供适当的指导。现代财产权概念的多维度性既可能解构财产权的实质内容，又可能将一切有价值的权利均纳入财产权。[3] 若将财产权理解为财产法中的“权利束”，那么它更多是一种识别权利的方式，而非实质判断；若将财产权视为“一切价值性权利的总和”，那么它是否能为股权限制提供指导取决于其中的一般性规则能否适用于股权。而“转让性”是否能

---

〔1〕 See Village Cay Marine Ltd. v. Ackland [1998] 2 BCLC 327.

〔2〕 See Re Hafner [1943] IR 426.

〔3〕 See Thomas C. Grey, “The Disintegration of Property”, *Ethics*, *Economics and the Law of Property*, Vol. 22, pp. 69-85.

够成为价值性权利的共性却是值得质疑；若将财产权放置于政治哲学或法哲学范围中看待则会导致概念体系的严重错位，抽象的财产分配、个人自主虽然强调国家的道德责任或社会分配机制，但显然不可适用于每一种法律权利。因此公共效率、保护个人收益等能否证成股权转让限制的边界需要具体讨论，以免继受外来法律理念之负担。

（一）股权、财产权与公共效率

财产权应当具有不可剥夺之转让性并应将该性质类推于股权，这一观点首先立足于公共效率，由于对公共效率的促进是财产权得以证成的重要考虑，否定该类考虑与股权的相关性便至关重要。以下将检视财产权促进公共效率的提升存在多种可能性，并探讨这些情况是否可适用于股权，主要包括激励保养和改进财产、激励工作、激励商品交换〔1〕。

1. 保养和改进财产原则

在描述限制股权的公共政策时，路易斯安那州法院认为限制转让会导致财产的退化（deterioration）并阻止其价值提升，相反所有者会因为无法从未来可期的转让中获得足够的收益而倾向于过度使用财产，从而降低社会福利。〔2〕这在传统财产权的证成中极为重要，对于一切生产性（productive）财产，无论其公有或私有，假定无限的转让链条都可以激励权利人提升财产价值，促进物用。〔3〕然而将明显属于动产与不动产的原则适用于股权会造成两个基础困难：首先，股权不具有生产价值，因此无法以改进动产或不动产的方式实现主动增长。股权的价值于依赖公司整体财产、经营关系等，个别股东即使行使权利亦无法决定公司的行为。换言之，股权的价值是寄生性的，决定股权价值的是管理者运营公司的成果，股东在此过程中虽非无可作为，却不能独立地施加影响。即使在自由转让的情况下，股东也根本不具有能够提升股权价值的能力。因此将用于提升财产价值的效率原则适用于根本不具

〔1〕 关于财产权的法律经济学分析表明其合理性存在于激励工作、保养和改进财产、商品流通、免除为保护财产不受侵夺等方面，具体参见［美］斯蒂文·沙维尔：《法律经济分析的基础理论》，赵海怡、史册、宁静波译，中国人民大学出版社2013年版，第11~20页。

〔2〕 See 34 La. Ann. 557 (1882). 尽管强调公共政策对财产权的影响，但美国法院极少正面描述公共政策的具体内容，本案中路易斯安那州法院将传统财产的保养和提升价值作为权利的内在要求，具有典型性。

〔3〕 ［美］斯蒂文·沙维尔：《法律经济分析的基础理论》，赵海怡、史册、宁静波译，中国人民大学出版社2013年版，第15~16页。

有生产性且难以为所有权人提升的股权并不合理[1]。其次，即使股权转让受限制，股权的价值也可能被提升。股权的三项传统权能——通过投票方式参与公司经营，通过分红方式获取投资收益，通过剩余索取权在清算后获得收益——并不会因为转让受限而遭到影响，股东仍可按照章程规定获得权益。管理者运营公司的能力也不会因此受到削弱，股权价值仍然会与公司财产价值的提升保持同步。公司成员制度中真正的经济价值既不在于股东所获得的权益，也不在于其持有的份额，而是公司财产本身。[2] 因此真正应当受到公共效率原则规制的应当是公司财产而非寄生性的股权，强调股权的流通性反而有损于大量闭锁公司的经营效率。

2. 激励工作原则

尽管在提升财产价值方面，社会效率并不直接和股权相关，但由于股权价值和社会效率均以管理者的行为为中介点，当管理者与股东身份重合时，社会效率却可能因为管理者的工作激励不足被降低，若管理者无法通过转让股权实现公司价值提升带来的利润，其经营公司的激励会被降低，公司财产也似乎因此无法实现最大化的维护和提升。但这一主张恰恰忽略了股权限制措施和管理者激励措施的多样性。对于仅限制转让对象但不限制转让本身的优先购买权及其延伸结构，管理者仍然能通过同等条件下的对内转让或者公平的价格计算条款获得足够的收益，[3] 这类限制措施并不对管理者的激励产生影响。对于导致转让行为本身受限的同意限制（consent restraint）或完全禁止（absolute prohibition），除转让获益以外的其他激励措施仍然能促进管理者经营公司财产的效率，如在家族企业或者股东关系良好的公司中，获益的主要来源是公司的各类分红措施以及在公司经营权上的补偿而非转让股权。这也表明公司关系具有代替性，转让股权的利益虽然重要，但它只是达成成员预期利益的工具之一，并能够通过条款互换以代替性的方式实现，对严厉限

---

〔1〕 See Thomas J. Jr. Andre, "Restrictions on the Transfer of Shares: A Search for a Public Policy", 53 *Tul. L. Rev.* 776 (1978-1979).

〔2〕 See L. Simes, *Public Policy and the Dead Hand* 40-43 (1955). Also see *Restatement of Property* 2130-31, Introductory Note (1944).

〔3〕 在股权转让的价格条款上可能存在与市场价值相差巨大的情形，如要求退休股东低价回售股权，或赋予公司其他股东在法定继承情形中的低价购买权等。即使不存在额外补偿条款，美国法院也极少因为价格差距认定该类条款无效，事实上相较于优先购买权，同意限制或禁止转让的一项主要优势在于无需公司或其他股东支付高额资金，因此如果承认公司在价格条款上较高的自由度，严格对待股权转让的意义将进一步减少。

制表示同意的股东往往对互惠式的约束有积极需求并认识到自己将是最终的受益者，单凭股权转让的受限程度根本无法判断股东与管理者的激励情况。因此股权限制不必然导致公司管理者的工作激励降低，甚至可能帮助管理者在稳定预期中得以更优地完成经营目标。

3. 激励商品交换原则

区别于对财产价值维持和提升的关注，一般性的商品交换原则强调以激励有益的财产转让的方式实现个人和社会效用的双重优化。[1] 自由的财产转让——即贸易的益处——直接体现在促进参与者的效用，转让总是在出让人与受让人均认为对价足够合理的情况下发生，并倾向于使财产的利用最大化。此外，自由交易的权利也使得劳动分工成为可能，从而为使用高效加工生产方式的现代公司提供市场环境。由于高效的生产总是得益于产业的专业化和协作化，而产品生产之后的产品分配便不可能是最优的，只有自由流转能使个体在多元化消费的预期上实现生产的最优。类似地，这也与股权的性质相差甚远。一方面，股权交易中被实现的个人效用是双重性的，股权的效用不仅影响转让股东和受让人，还被处于协作环境中的其他股东所重视。尽管股东无法自身独立地对股权价值产生影响，但自由交易的股权与受限制的股权之区别却能对集体行动和股东协作之信赖基础产生影响。另一方面，自由的股权转让也无法直接促进产业分工的效率，这不仅是出于股权价值的寄生性，还因为股权的行使极度依赖于成员关系的具体内容，股权交易并不能使股权的功能更好地实现，反而会造成公司僵局的隐患。

（二）股权与固有个人利益

区别于从公共效率与社会福利方面强调股权的转让性，另一种观点主张截然不同的利益损失，它主要诉诸转让性对股东个人福祉之重要性：①即使在良好的公司关系中，失去转让性的股权也会使股东无法实现其市场价值；②股东可能因为谈判能力的弱势或持股比例的不足无法从公司中获得任何回报，若对股权再施加转让限制，则会使股东处于毫无价值的法律关系中。[2]

首先，该观点与公共效率无关。“固有权”旨在为股东保留最低限度的退

---

〔1〕［美］斯蒂文·沙维尔：《法律经济分析的基础理论》，赵海怡、史册、宁静波译，中国人民大学出版社 2013 年版，第 17 页。

〔2〕［美］斯蒂文·沙维尔：《法律经济分析的基础理论》，赵海怡、史册、宁静波译，中国人民大学出版社 2013 年版。

出权，并且该退出权与投资回收相联系从而确保股东在任何情况下均能以保全一定程度收益的方式退出公司。然而在一般意义上并不存在支持保全性收益的效率原则，后者的目的在于确保财产是以有效率的方式存在于共同体中，而非对个别投资提供特殊保护，因此固有权不可能以公共效率为基础。

其次，该观点与商事交易的多元性不一致。若将固有权建立在保护私人利益的基础上将不得不面对一项传统的反对意见——个人总是愿意程度性地行使权利以适应法律关系基础的变化。股权限制措施的多样性与公司目标层级的多样性是一致的，后者不仅源于股东类型和商业价值的差异，更与不同的社会样态、地域文化相关，而作为股权转让限制基础模型的优先购买权、同意限制和禁止转让都能在辅助具体的公司目标上具有特定的理性意义。优先购买权适用性最广，能够为股东提供无视公司经营状况的退出权；同意限制适用于公司创立初期缺乏现金流或者股东退出会带来核心资产流失的情况；禁止转让在保护成员结构上则具有更稳定的效力。除此之外转让限制还能贡献其他理性，如在家族企业或者其他熟人公司中，事前君子的态度并非普遍情形，通过接受苛刻的退出限制表达对合作关系的认同感并使股东信赖成为可能，即使表面上不符合一般的经济考虑，但从实现公司合作的角度而言该行为并非不合理，否认当事人均自愿接受的非经济条款将面对诸多类似的困境。要言之，限制转让的复杂性与具体的公司情境难以分离，支持固有的转让权却会使限制股权转让的方式局限于优先购买权类型，它虽然适应于存在两权分离的有限公司，却与任何对成员关系和企业文化形态具有特殊需求的公司格格不入。

最后，该观点回避而非解决了股权转让限制必须处理的难题——公司关系的总体价值和公司关系对个别股东价值的差异。必须承认，由章程和协议构建的公司关系对个别股东的价值是不同的，股权转让限制即使能够促进公司整体利益的实现或产生互惠性的股东群体利益，也仍然可能对个别股东而言是不重要的。举例而言，在被推定为合理的优先购买权之下，股东在公司中受到压迫、欺诈、不信任而被边缘化的情形也难以避免。坚持股权固有之转让权虽然包含了“对个别股东受排斥与压迫的关切”，并意识到该关切与“该公司关系对其他股东仍然具有重要价值”之间的冲突，但却以“为股东提供退出权”的策略回避了对这一问题的讨论，而不试图为之提供充足的法律分析。其结果是股权限制和退出权的结构、利益基础、边界等都未有深入的理解，无价值的公司关系并未受到规制，有价值者却因法律对包括股权转让限制在内的章程条款效力的模糊态度出现构建难题。固有转让权的存在以令人困惑的方式指出了隐藏于股权转让限制、个别投资者利益与公司整体利益的交界处的基本问题——即如何在公司法中安置个人利益、公司自治与家长制关切。对此提供模糊的“合理性测试”制度尚有不足，关键是使合理性的具体内涵清晰，从而为公司和个人提供确定的行动指导。

四、股权的内在结构：利益基础与价值导向

股权作为财产权的命题无论从公共效率还是从个人利益的角度都不能合理地阐释章程限制转让的边界，也不能为现有的商业实践提供说明。但通过对财产权命题的分析，若干关于股权的重要线索得以清晰化：①股权的价值寄生于公司财产的价值；②确实存在一种具有直觉吸引力的观点，反对承认公司章程具有无限的权利，并否认股东能够以意志将自己置于极端的转让限制中；③股权限制的合理性取决于公司关系，包括股东类型和公司目标等。为此，需要提供一种融贯的理论将这些线索予以串联，并确定它们在该理论中的地位。

（一）股权的来源性权利

在判断股权的属性之前，一个容易被忽略的问题是——股权内容的有效性能够从权利自身得出吗？股权的存在状态可以被描述、被归纳，它的现象可以被捕捉并作为制度分析的起点，但内在上却难以自我证成。效力虽然未必是阶层式传递的，但追问一项权利的效力基础总是要超越该权利本身，考察它的生成机制中包含的种种要素。如今尽管就股权的性质、特征等存在有分量的讨论，对于公司之组织合同也有精到的归纳，但是该种讨论仍未有意识地对股权的生成机制展开讨论，也无法为分析股权内容的边界提供帮助。这或许是因为试图从证成的角度分析股权的内容或原则存在严峻的挑战。

首先需要承认，股权并非基础权利或核心权利。虽然法律对于股权的内容、行使方式、转让程序等均有框架性的规定，但股权在具体公司关系中的实在内容是其他法律行为的产物而非由法律直接规定，在较高程度上它仍然受到当事人意志的影响。因此可以想象，股权在其内容上受到其他权利行使的影响，这种权利在发生顺序上位于股权之前，能够决定股权等结构、限制、行使规制等各项特征，并且其自身应具备可证成性从而无须诉诸其他权利。这一思考方式表面上可能不够严谨，但本文希望此举所表达的观点能够被清晰地理解，那就是在论证股权的结构、内容限度之类的问题时，必须要从股权的外部观察，关注那些与股权的生成有关的考虑。至于这些考虑以何种方

式予以呈现则是自由的，重要的是这些特殊考虑就是权利的“来源”，它们方能回答股权的众多根本问题。

而构建一项全新的、待证成的来源性权利的优势在于——若不如此，对来源的探索可能会与其他法律权利混淆，从而使来源的内容被误解。股权的来源性权利既可能是某种法律权利，也可能是尚待研究的应然权利或道德权利。但具体讨论过程中股权与债权等既有权利的相似性可能使得对股权结构的讨论简单地参照之，从而将“意思自治”等原则直接适用于股权，这会使得对股权深刻原理的讨论失去严肃性。尽管股权与债权存在诸多共性，在自身构建上两者均依赖于来源性权利，并且也都容纳高度的意思自治要素，但这并不表明股权在来源权利的认定上可以全盘参照民法基础理论，更不表明承认在来源上与债权的相似性会使其与债权等同。〔1〕这不仅是因为民法基础原则自身的不融贯性，更是因为股权处于公司法的组织合同之中，在表达个体意思的同时，它还实现了建构公司框架、创造成员身份的特殊功能，并促进个人利益向无限存续的组织利益的有序转化。因此，本文暂时将该种权利认定为“股权的来源性权利”，并认为探究股权的内在结构必须探究来源性权利的内容。后者的内容就决定了股权的利益基础与价值导向，继而决定了股权转让制度的边界。

确定来源的方向可以从股权财产权命题的若干线索着手。其一，股权价值的寄生性表明股权的实现方式以公司整体运营为基础，而非个人意志；其二，股权在直觉上与个人利益的关联则表明该权利本质上仍然以个人为出发点，或者至少包含对个人的关注；其三，股权的产生也离不开“合意”这一

---

〔1〕 虽然并未在其他文献中明确出现对股权进行来源性权利的探讨，但实际上针对股权的讨论一直以类似的逻辑在进行。国内早年关于股权性质的讨论不得不脱离传统权利，将之定义为独立权利类型，并从股东与公司的关系中具体探寻其特征，其理由其实也在于“传统权利”总是倾向“传统法律权利”而非“道德权利”。因而容易直接承担现有的具体法律权利的体系负担，从而使股权的公司化特征被忽略。然而放弃对股权性质的直接定义而具体分析股权每一权能的效力固然对解决问题富有实益，却仍然会在“股权内容的边界”这类问题上陷入困境，股东群体的意志与股权初始内容的关系太过密切，几乎不可能离开“合意”这一必要形式解决股权内容的有效性。在此情况下，虽然不少学者有意识地以其他利益论证股权的边界及行使方式，但只依靠对股东利益诉求的模糊的考虑仍然会使思考结果不完整，只关注“合意”的个人性和“股东利益”的个体性无法回答对股权的许多直觉性假设。参见赵旭东：《商法学》，高等教育出版社 2015 年版，第 148 页。参见李东方：《公司法学》，中国政法大学出版社 2016 年版，第 281~283 页。参见刘俊海：《现代公司法》，法律出版社 2015 年版，第 277~288 页。最近对于股权性质进行讨论的文章体现出部分从来源研究股权的方式，参见周游：《股权的利益结构及其分离实现机制》，载《北方法学》2018 年第 3 期。

过程，它与“合同”自然地共享某些特征。这也就不难理解为何“组织合同”的提出与股权具有高度的一致性。[1] 然而组织合同只是产生股权的形式，拘泥于组织合同难免落入“现象归纳”的循环中，即停留于描述股权的存在状态，但不能为之提供理由方面的实质论证。尽管如此，组织合同的观点仍然提供了重要的思考方向，那就是组织合同是来源性权利与股权的中介角色，或者说组织合同是来源性权利行使的过程。一方面，来源性权利与组织合同存在联系，这就意味着它与“合同”存在联系，因此首先是一种“缔约权”；另一方面，它在适用环境、目标、重要性上区别于民事合同之缔约权，乃是以构建组织共同体为内容的缔约权。为便于展开分析，本文暂将此定义为“组织缔约权”，该权利即股权的来源，它的结构为股权的内容和边界同时提供了基础。

（二）组织缔约权：利益基础与价值导向

1. 组织缔约权的个人利益基础

拉兹的权利利益理论能够为分析组织缔约权的内容提供不错的起点。拉兹是在利益、权利与义务的关系中把握权利的一般证成方式的，他认为权利首先是基于重大利益的，同时还是要求他人负担特定义务的规范性基础（the normative ground）。基于这一考虑，他提出下述命题：当且仅当X能够拥有权利，且其他事情相等，X的福祉（well-being）的某个方面，是将他人置于某个义务之下的充分理由时，X拥有某个权利。[2]

拉兹的权利命题呈现了权利的规范性结构，该结构有助于理解组织缔约权的第一个，也是所有缔约权最基础的特征——个人性。缔约权总是由“与他人形成联系之利益证成的”，[3] 组织缔约权则是通过“个人凭借自由意志与他人形成公司关系之利益”证成的，但是该利益的具体内容既可能是工具性的也可能是内在的。工具性利益意味着建构或加入公司关系的利益并非是该行为本身带来的，而是由此可能实现的其他利益，代表性的观点指向潜在的功利性结果，如进入公司关系能够使权利人获得经济收益，提升市场参与者的协商与合作能力、责任意识等；内在利益则关注因缔约而形成之关系本

---

〔1〕 国内对组织合同和组织法的理解，可参见蒋大兴：《公司法中的合同空间——从契约法到组织法的逻辑》，载《法学》2017年第4期。

〔2〕 See Joseph Raz, *The Morality of Freedom*, Oxford University Press 1988, pp. 122-124.

〔3〕 see Joseph Raz, *The Morality of Freedom*, Oxford University Press 1988, p. 126.

身的价值，这就强调由个人通过缔约将自己置于某种公司关系中本身是重要的，而无论该选择是否能促进其他利益。[1]

一般地，组织缔约权所处的商业环境决定该权利是为个人的功利效用服务的，尽管存在非营利性的公司目标，但长期以来关于公司营利性的讨论仍然表明公司典型的特征是作为市场参与者获得收益，不同的股权限制安排也是基于公司或者股东自身获利的考虑。但这并不意味着实现个人功利性利益的方式是单一的。现代公司的发展也体现出对治理关系的强烈需求，公司不仅是一个效用函数，如何建立良好的治理关系和成员协作机制是所有公司面临的客观问题，为此公司内部生产、分配制度的效率和成员的信赖、互惠、声誉机制都是不可或缺的。[2] 尽管不必夸大公司关系的内在价值，但至少对于部分公司而言公司文化、成员的价值共享等都具有独特价值并构成一种路径偏好，在功利目标的实现上被认为是不可或缺的。因此，组织缔约权的个人利益基础尽管仍应当以功利性为着眼点，却不必一概地排除权利人为实现功利性目标采取“直观上的非功利性行为”。换言之，缔约权是由与他人形成联系的利益证成的，该利益主要以工具性的方式导向功利效用。缔约权的范围即以形成足以实现功利效用的关系为限，客观上不能实现该目标的选择则不在权利内容之内，对包含这些不良选择的股权转让限制进行合意是无效的；但公司关系的工具价值还能够包容许多间接的工具性要素，因此权利的范围还包括“虽然自身不能直接产生功利效益，但却因其独特价值而与功利效益实现有关联的制度选择”，具体案件中某些不具有直接经济理性的股权转让限制可以由此一定程度地被正当化。

然而，尽管确定了与利益基础相一致的缔约行为能够得到权利式的保护，但具体行为是否向个人贡献了该种利益却是难以判断的。若赋予个人过多的利益判断权，那么极度不合理的股权制度必然出现；但若过分侵夺个人的利益判断，股权制度就无法灵活地服务于市场参与者的需求。此即拉兹的权利理论中隐藏的第二个特征：对自主的尊重。[3] 权利概念总是包含不同程度的自主性，在公司法的语境中这表明不仅与他人建立公司关系的利益是值得保

---

〔1〕 关于拉兹的两组基础价值，see Joseph Raz, *The Morality of Freedom*, Oxford University Press 1988, p. 64.

〔2〕 See Bob Tricker, *Corporate Governance*, *Principles*, *Policies and Practices*, Oxford University Press 2012, pp. 18-26.

〔3〕 范立波：《权利的内在道德与做错事的权利》，载《华东政法大学学报》2016年第3期。

护的，由股东来控制权利义务关系的生成也有重大利益，这主要体现在股东的自我激励和对情况进行判断的信息优势上。比如，股东可以基于即时信息、对成员理性程度、价值观念、财产能力等方面的直接理解，作出是否在股权转让制度上进行妥协以维持合作关系的判断。因此，由股东保有对“行为是否实现了组织缔约权所标识的利益”的判断权，就在阻断外部干涉的同时，也赋予其程度性地行使权利的可能性。在该界限内公司对股权转让制度的安排不仅是多样的，更是稳定的，但也极可能造成严重的权利不对称，导致股东的利益无法被实现，股权转让限制的边界就以寄生性的方式存在于这种冲突中。

2. 组织缔约权的集体价值导向

对组织缔约权个人利益基础的分析致力于表明该权利的基本内容，但组织缔约权不同于个人缔约权，它并非在孤立两造之间实现合意，而是在网格化的成员之间进行系统性妥协并建立永续的协作机制。[1] 由组织性延伸出的永久性和公示性还使得缔约权具有了外部性，从而在价值导向上与“集体善”[2] 产生内在联系。组织缔约权尽管以个人利益为根基，却因组织性而使其结构容纳了更多涉他权重，这一点导致了组织缔约权利益的实现形式比一般缔约权更加复杂，也导致股权比债权的法律关系更广泛。

第一，缔约权之组织性。组织缔约权的首要特征在于其目的，相较于民法之缔约权，它旨在创造以共同协作为核心的永续的公司关系，而非以消灭为目标的债权关系，其方式是在团体之内进行更为多维的妥协，直至章程与协议足以体现多数成员的意志。因此虽以个人利益为基础，但它并非是以具体、单一的给付内容实现利益，而是以建构有价值的公司关系达成利益的共享，股东并不能依据个人的投资者角色主张固有的收益和投票权，他只能依据公司规则所明确的成员权利主张分享共同经营的成果，这也是股权价值寄

〔1〕 参见史佳欣：《公司合约的形成机理及本质定性》，载王延川主编：《公司法上的合约》，法律出版社 2011 年版，第 92 页。

〔2〕 拉兹定义了公共善与集体善，后者是前者的一种特殊情况。公共善（public good）指该种善带来的利益不受任何人的分配意志控制，每个人都作为潜在受益者自然地获益。集体善（collective good）则是公共善中的固有部分（inherent public good），集体善不仅不会受他人分配意志的影响，而且永远不会受该种影响，而另外存在一些可能随着技术进步等可能转而受他人分配影响的公共善则是局限性的公共善（contingent public good）。本文意在表明股权作为组织缔约权的产物也具有集体善的成分，这是通过公司作为社会实体的地位实现的。See Joseph Raz, *The Morality of Freedom*, Oxford University Press 1988, p. 147.

生性的源头。当然，承认组织缔约权的实践方式是个人利益向组织利益转化并不抹杀前者的基础地位，也不表明这一过程是任意的，该权利的组织性特征仍然会受到多方面的限制。

第二，缔约权之互惠性。公司制度未必在内容上对所有股东均实质平等，但它仍然具有实质与形式上的互惠性，从而能够缓解股东间的共同协作问题。实质的互惠是成员权利义务关系补偿性的体现。所谓补偿性是民事合同在公司法中的拓展，即虽然在个别章程条款或股东协议的得失上存在成员的差异，但完整的成员权利义务通常会因为利益转移而得到补偿，因而股东在公司中的地位仍然可能是对等的，这一特征也存在于股权转让制度中。形式的互惠则与信赖相联系，强化了公司契约义务的重要性。在公司经营过程中行动是相互影响的，个人所采取的行动会构成他人行动的理由，这既能促进协作，也会反向地造成协作困难。章程与股东间协议的重要性即在于能够通过明示同意的规则，为股东共同行为提供最低程度的信赖预期，因此频繁的司法干预对组织合同会造成不同于民事合同的隐患。而股权转让限制边界之模糊性便给予了股东主张公司关系中的部分条款无效，从而规避互惠性义务的机会，基于既有规则的期待可能落空，成为对其他股东合作的严峻挑战。

第三，组织缔约权的行使具有显著的涉他性。此处涉他性属狭义概念，不包括对公司现有成员的影响，而注重组织缔约权行使对外部第三人的影响。缔约行为都会对相对人或者较小范围内的第三人产生效果，但对真正广泛的外部群体的干涉属组织缔约权独有，通过组织缔约权形成的公司关系并不限于相对人之间，而是作为法律认可的“实体”发挥其在现代市场中的基础作用。股东团体以共同创造公司并自主经营的方式实现个人利益，但也为潜在的第三人提供加入与自身相适应之公司并提升自我福祉的可能性；但更重要的是，公示化的公司结构激发了自由市场中的公司制度竞争，在为社会经济形态提供制度供给的同时也为市场参与者提供了制度超越的方向。因此组织缔约权的价值是趋向于集体善的（collective good），由公司制度不同的组合形成所构成的多元化的公司类型并不止于促进普遍个人利益的实现，更使得相互竞争且不相容的价值在市场中共存成为可能。组织缔约权与自由市场这一集体善相辅相成，该权利本身预设了自由市场作为信息交流、协商惯例形成、识别低效率制度等集体善的价值前提，失去此价值尽管不会使得该权利消亡，却会使股东与公司之间的自由关系不再具有如此的重要性。[1] 在公司法的共识中，它至少会导致股东与公司自由关系的自主性受到显著的减损，这自然会使得建立少数化的公司结构不具有法律上的重要性。股权转让之边界因而不仅受到个人利益的基础性影响，还会因对该权利集体价值导向的重视得到扩张，下文将结合组织缔约权的完整结构对此进行说明。

（三）安置合理性审查：公司自治的裂缝

组织缔约权的结构可延展为基础和价值导向两个部分，前者侧重于该权利作为个人利益的载体，后者侧重于该权利的组织性质以及与集体善的关联，两者共同决定了股权转让制度的内容与其边界。具体来说，股权转让制度以股东个人利益为其基础，以共享公司运营成果为实现利益之方式，其边界在于是否能在“客观无法实现个人利益之转让限制”与“组织缔约权之自主领域”之间划定边界，以及如何实现这一工作。

至此的分析表明，股权转让制度之从属性使得从内容上确定客观不利于公司目的的制度要素难以实现。组织缔约权的对象并非单一条款，而是完整的组织合同，股权转让制度在其中处于从属地位，旨在促进主要的、实体的成员关系之构建，包括股东类型、共享价值、公司目标等在内的公司成员关

[1] 传统的自由诸权利虽然是以个人利益为根基的，但却同样与公共善甚至集体善相关联，否则它们既不会具有如此重要的地位，也不会以如今的内容出现。这并非否定权利的个人性，也不是表明个人利益应当为其他利益牺牲，而是主张至少要对个人权利与公共善之间的内在联系予以认可，并客观地构建后者对前者的影响。See Joseph Raz, *The Morality of Freedom*, Oxford University Press 1988, pp. 185-188.

系决定了股权转让制度的内容，并为看似不合理的举措提供补偿性条款。[1]这就使得忽略其对实现公司整体运作的意义，一概地判断孤立条款的效力不具有合理性。因此组织缔约权的技术和实质特征决定了合理性审查的必要性，对该权利内在结构价值之重视既扩张了权利行使的自主性，增强了公司股权转让限制的选择可能性，也同时要求对可能带来的权利侵蚀加以约束，这就是股权制度需要展示其“理由”的独特原因。

首先，组织缔约权的自主性扩张了股权转让限制的边界，这体现为：①集体善的价值扩张了公司目标。公司目标是以层级结构存在，即使假定终极目标为营利，对于如何达成该终极目标公司仍然会保有复杂的目标层次，次级目标的价值依附于终极目标并以后者作为自身之衡量标准。集体善的价值表明，公司制度、价值、目标结构相互竞争的自由市场能够使市场参与者最大限度地获利，具体形式便是容许多元的、少数化的制度尝试，因此公司目标层级结构的边界应当被扩张，不仅应容许在终极目标上差异化的公司制度，更应容许在目标结构的规划上少数化和冲突性的商业实践。②个人利益

---

〔1〕 从美国公司判例来看，现代公司在安排股权转让措施，甚至上市公司的核心成员控制时，均不依赖单一的手段，而是采用多种基础模型复合的方式，故而优先购买权，同意限制，禁止转让只是基础条款，根据三种根本特性进行组合、延伸才是现代公司的章程实践。由于每一种基础模型都在公司法发展中有存在空间，也就相对地具有不同功能，复合式的章程限制条款不仅是为了降低司法审查风险，还是为了通过不同类型的转让限制满足不同内部受让人的需求。具体而言，当成员身份对公司经营有极为重要时，自由的股权转让就是不可接受的；当公司与其他股东资金能力欠缺时，必须通过购买才能阻止股权转让的制度与自由转让不存在差别；当公司营业所依赖之资产会因股东退出而流失时，比优先购买权更为严格的措施将是必要的；更容易被忽略的是，公司内部的合作关系在成为经济关系前首先是人际关系，它需要视具体合作对象的差异性而变化，某些表面不理性的规则能够塑造公司文化或特定的经营氛围，以使不同个体间的合作成为可能，如合伙型公司与家族企业、熟人公司中采用的同意限制或一定期间内的禁止转让条款。更极端的情况下，公司完全可能因为成员非理性的情感、信念等而采用不合理的章程条款，然而考虑公司作为风险事业的本质，这一行为却未必是盲目的，它仍然有助于实现公司目标，甚至可能是妥协的唯一方式。关于这些基础模型的经济意义，See Bernard F. Cataldo, “Stock Transfer Restrictions and the Closed Corporation”, 37 *Va. L. Rev.* 229 (1951). See Edwin J. Bradley, “Stock Transfer Restrictions and Buy-Sell Agreements”, 1969 *U. Ill. L. F.* 139 (1969). See F. Hodge O'Neal, “Close Corporations: Existing Legislation and Recommended Reform”, 33 *Bus. Law.* 873 (1978). See F. Hodge O'Neal, “Restrictions on Transfer of Stock in Closely Held Corporations: Planning and Drafting”, 65 *Harv. L. Rev.* 773 (1952). See Thomas J. Jr. Andre, “Restrictions on the Transfer of Shares: A Search for a Public Policy”, 53 *Tul. L. Rev.* 776 (1978-1979). See also Stephen J. Leacock, “Share Transfer Restrictions in Close Corporations as Mechanisms for Intelligible Corporate Outcomes”, 3 *Faulkner L. Rev.* 109 (2011).

的权利基础扩张了股权转让服务于公司目标的方式。组织缔约权实现个人利益的方式的理性是复杂的、包容性的，股权制度的安排无须以直接的经济理性实现对公司目标的促进，还可以间接方式达成，这就使得宽容某些“非直接经济理性”的章程条款可以被辩护。③由此，不仅以实现特殊公司目标为意旨的股权转让限制应当被最大限度地合法化，以非直观经济理性的路径实现合法公司目标的股权转让限制同样应被保护，这就总体要求赋予公司法上之组织缔约权以尽可能多的自主空间。

其次，这一制度需求使权利内部产生冲突，进而使股权转让限制的效力存在认定困难。一方面，无论缔约权的个人利益基础还是集体善的价值导向均不支持无限的缔约自由，也即不否认存在某些无法促进个人福祉和市场发展的制度要素。因此在个人客观无法通过加入特定公司制度增进自身利益或其利益为其他利益考量所胜出时不存在缔约权，这些制度要素也不会增进公共福利，反而可能导致规模性的经济损失。另一方面，权利的自主性会在权利实践内部留下一个规范性裂缝，导致拉兹所指出的权利实践的不对称性，亦即“某一权利的价值、该权利被给予的重要性，或权利应被遵守的严格程度，在很多情况下，与权利对于权利所有者的价值相比并不相称”〔1〕，从而侵蚀权利的功能。换言之，“自主”或“自由”虽然是利益实现的重要路径，但并非权利之利益基础本身。过度夸大股权之自主功能会导致公司利益判断范围不合理的扩张，加剧股东缔结无价值的章程或协议内容的可能性。现实中的法律纠纷正是当事人智识不足或公司情况的变化，使得股权转让限制以极不合理的方式损害股东利益，甚至对制度市场的竞争产生恶性效应，阻碍良性制度的形成。股权转让限制之边界绝非财产权转让性或个人固有权的产物，而是组织缔约权自身结构的构成要素，并且该边界的存在与权利的自主性不仅是相容的，更是共同源自对个人利益和集体善的关切。

以组织缔约权为来源构建的股权制度理论并非意志化的权利理论，它承认存在不合理的股权转让制度不仅无法促进公司目标实现，更会降低市场参与者的潜在利益，从而损害权利所服务之公司自治的双重价值。对这些价值的重视并不意味着应对显著败坏其意旨的行为保持沉默，而是要求审慎地对权利行使进行规制。尽管部分情况下以法院的判断代替当事人之意志在经济

---

〔1〕 See Joseph Raz, *Ethics in the Public Domain: Essays in the Morality of Law and Politics*, Oxford University Press 1994, p. 45.

和道德上确非良策，但承认权利的多元实践不意味着对于“什么是符合权利价值的实践”完全不存在任何客观共识，否则对重大利益与价值的关怀将随着过度意志化的制度观念而受到损失。在个案中的股权转让限制无法实现权利所预设之价值时，应当部分地容许合理性审查的存在，在组织缔约权中划定相对稳定的和可供审查的实践领域。总结之，合理性审查的植入是在组织缔约权行使的技术和实质特征上对其弊端进行缓解的产物，并主要源自公司自治价值本身的局限，这与以固有退出权或财产权命题为内核的合理性审查截然不同。

五、限制转让的边界：基准与方式

（一）合理性审查的基准：对公司目标之两阶从属性

至今为止的探讨意在指出“股权转让不存在一概的结论，只能赋予法院合理性审查权”这一观点的建设性和模糊性。广义的公司自治、商事实践等确实对合理性审查提出了要求，但重要的问题正是“合理性”的具体内容，这取决于从组织缔约权的结构到公司自治价值的准确描述等一系列实质利益论证的细节，否则合理性审查不过是法院任意的裁量借口，并不能对公司法空白之处提供足够的指导。

合理性要求是组织缔约权结构的必然结果，因此它的内容也是由后者决定的。组织缔约权的行使方式表明该权利的利益基础虽然是个人性的，但该个人利益并非通过固有的权利予以实现，而是以建立有价值的公司关系的方式实现的；组织缔约权的价值导向表明该权利的重要性也与集体善存在内在关联，允许股东自由行使缔约权建立不同的公司不仅是为了灵活地实现其个人利益，还是因为该过程为社会提供了多元的公司类型并强化了自由市场的基础。这两点尽管侧重点有别，却都指向了组织缔约权的主要行使规则——即通过创造“合理的具有差异性的公司”为市场参与者提供商业可能性，尤其是为少数人的商业理念保留空间。因此，审查合理性的基准不应是从个人视角，而应立足于公司视角。公司作为组织缔约权的焦点决定了股权转让限制措施合理性的内容——是否有利于公司合法目标的实现。这与以财产权为标准的审查方式区别首先在于缺乏对个人损益的直接关注，取而代之的是对公司制度理性的考察，只要特定的限制对促进公司合法目的有意义即可，并且无须要求其是最符合理性的。首先，对公司目标的界定控制了合理性审查的核心，美国公司法判例不断出现的对“合理公司目标、公司福利”与“单纯的、无法言明的直觉”间的纠结亦是该部分的重要内容，容后详述；其次，将合理性审查定义于公司目标之上意味着对股权转让限制之独立性的否认，并使其呈现出两阶从属性，合理性审查就是判断特定制度是否以该方式促进公司目标。

一阶从属性前文已有提及，它表明任何公司制度的效力审查标准从属于公司目标，而无法在内容上孤立地决定其合理性，对其进行审查必须考虑对公司目标的促进。而二阶从属性却是股权转让制度独特之处，它表明股权转让制度的效力审查标准从属于其他公司制度。包括限制转让在内的股权转让制度只是用以维持公司规则中“决定内部关系的主体部分”之运作，其品性仅止于为主体规则贡献预期利益，对之寄予超过此程度的期待不仅是不适当的，更是不可行的。自由转让与优先购买权并不能在实现公司目标上更优先于其他个性化措施，它们唯一的优点仍然是为股东提供反悔权，从而整体性地回避“如何在制度上构建有价值的公司关系”这一主体问题，后者主要涉及股东压迫、欺诈等规则。因此特定制度的合理与否取决于“是否促进了有助于公司目标实现的主体规则的运作”。在此基础上，合理性审查才可以进行框架式的构建。

（二）排除性审查方式

1. 形式瑕疵及其补正

章程作为意思表示的加总产物虽然不能直接适用民法规则，但却可借鉴其原理。相较于内容上的实质审查，形式审查在公司法中更具有普遍性，这也是对个人商业判断自主性的尊重。印第安纳州法院明确支持将形式瑕疵认定为不合理限制：首先，因欺诈、胁迫而成立的股权转让限制应当无效，该情况的权利限制在任何意义上都不符合组织缔约权的结构要求，它并非自主的体现。但是该种无效不仅应当是个别股东的主张权，而且也只有受欺诈与胁迫影响的股东可得主张，其无效的结果并非章程条款的全面无效，仅是对个别股东而言不再有约束力。形式瑕疵与内容的判断是分离的，前者虽然因损害个人利益不能被视为缔约权的行使，但公司制度本身未必存在实质瑕疵，在促进其他成员利益与集体善上仍然是效力完满的。当然，形式瑕疵可能由于股东在公司经营中的行为被治愈，如持续参与投票、获取分红等，此时则无须认定该限制不合理。其次，对于模糊性条款，即在内容解释上存在分歧的条款，应当以有利于实现公司目标的方式进行解释，此为缔约权之组织性应有之义。但更为重要的模糊性条款并非体现在文义的模糊上，而是文义的缺乏上。股权转让限制总是以赋予其他股东或公司某种权利的方式实现的，如股东优先购买权、董事同意权、公司回购权等，当不存在进一步约定时这些权利的行使似乎是任意的，甚至 Bradly 认为考虑到股东对源自章程之权利的理解，限制股权转让的权利应当严格限定于字面含义。[1] 然而组织性缔约权并未支持股东进入任何公司关系中，作为权利基础的利益应当以福祉的概念加以理解，公司自治本身应当致力于构建有价值的关系，而理性与赋予行动理由的能力是其必然要义，因此任意性的权利行使方式——亦即滥用权利——本就与组织缔约权的结构不相符合。易言之，通过组织缔约权形成的公司关系自然包含“合理行使权利”的原则，即使在文义不予强调的场合，法院仍应对该形式瑕疵予以补正。

2. 实质瑕疵之一：中立条款

股权转让限制效力的紧张性体现在合理性审查和权利自主/公司自治之间的平衡，两者均致力于保护组织缔约权所服务之利益。绝对的实质性个案审查会破坏自主的价值，因此针对内容的合理性审查仍然是自我限制的。由于审查的目的在于规制客观无价值的股权转让条款，因此对于中立性的转让限制原则上推定为合理，仅在例外情况对以中立性表征出现的限制条款进行审查，这主要包括两种情况：

第一，退出权。该类限制并不阻止股权转让本身，仅是控制转让的对象，并作为公司法标准模板的一部分出现。值得注意的是，是否存在退出权需要结合章程统合观察，对于虽然以同意限制或禁止转让等形式出现，但公司或其他股东负有指定买受人或自行购买义务者，仍为退出权。但对于虽然以退出权形式出现，行使程序却过于冗长或存在苛刻计价条款以至于损害股东退出权益等情况，仍然需要进行审查。

第二，补偿条款。对严格股权转让限制的担忧无非出于对过度剥夺股东利益的担忧，然而在章程中存在补偿条款，甚至股东自愿接受限制以取得在公司参与、分红、与其他股东关系中的优势地位时，该限制则只是利益在公司内部进行转化的中介，仅在补偿条款本身违反强制性规定情形下方需进行审查。

3. 实质瑕疵之二：阻碍公司目的

对于退出权与补偿条款以外的股权转让限制进行实质审查主要关注其对

---

〔1〕 See Edwin J. Bradley, “Stock Transfer Restrictions and Buy-Sell Agreements”, 1969 *U. Ill. L. F.* 139 (1969).

公司目标的实现，这一过程需要把握何谓合法公司目标，以及何谓促进目标实现。首先，合法公司目标应当是多元的甚至相互竞争的，因此认定公司目标仍然是反向列举式的。除违反强制性规定以外，公司目标至少需要为股东行为提供理性指导，因而不可以同义反复的方式主张公司目标，亦即目标必须不与限制股权转让行为之直接结果重叠。故而控制股权结构、阻止股东退出、防止现金流减少等不可作为可获得辩护之公司目标，同样限制成员退出的"单纯情感"亦不可作为目标，需要有除限制转让之效果以外的诉求作为目标。这会区分在制度上建设有内在价值的公司关系与单纯情感动机，前者诸如构建公司文化、塑造公司共享价值，仍然对公司经营具有独立的促进作用，而后者仅为非理性的朴素观念，并无明确的目标意识，需在个案中细致把握。同时，公司目标无须局限于终极目标，以目标层次结构中的任何部分作为构建股权转让限制的理由均属合理。既然承认公司的起点、成员各不相同，接受其以不同的策略和进程实现营利分数当然。

其次，具体股权转让限制对公司目标的促进方式同样是多元的，法院进行审查无须要求该路径满足特定理性要求，仅需对当事人而言存在一定程度的客观合理性即可。然而合理性仍然应当是客观的，这就排除了基于当事人主观认识得出的合理结论，因此确为对其自主判断的否认。但要认识到，在给定合理公司目标的情况下，不合理的方式并不能帮助股东实现该目标，认定其无效不会对其长期利益产生损害，仅会使其产生意志挫败的心理损失。目标、方式与理由是一致的，对某种股权转让限制措施的接受并非单纯基于"意志"，尽管承认意志在权利行使中占有重要地位，但合理性审查存在之必要性恰恰表明"意志"无法完全产生或代替"理由"，章程的特定安排正是基于"能够实现共同目标"这一理由才为股东所重视。因此在股权转让限制客观上无法合理地促进公司目标的实现时，法院应当否认其效力，此时强调股东意志的重要性将会使权利的行使产生与其结构相违背的结果，也不会增进股东之福祉，公司自治在任何意义上都不支持股东意志的绝对性，这也是公司法的独立性。

结　论

对股权内在结构的讨论，可以澄清关于股权转让限制边界的两个错误观点：其一，股权作为财产权应当有基于公共效率的固有转让权；其二，股权作为财产权应当有基于个人收益的固有转让权。这两种观点都无法解释股权的实践需求。股权是组织缔约权的延伸，后者在结构上以个人利益为基础，但以集体善为价值导向，这决定了股东是以构建有价值的公司关系增进福祉，并促进自由市场中潜在参与者的利益。但主张无限的缔约自由会在权利实践内部留下裂缝，客观上无价值的转让限制就寄生于该裂缝中。如果频繁地以此方式行使权利，又缺乏经由利益论证与说服来改进《公司法》规则意愿与能力，其结构将既无益于股东，也无益于市场，组织缔约权的实践会因为失去内在结构的支持而自我挫败。合理性审查标识了通过权利之利益基础与价值导向划定其边界的可能性，在实质上无法促进公司目标实现之处，即为限制转让之边界。

（初审人：申依妮）

从资管新规的角度看托管人制度：法律地位、职能及完善

王钊阳*

摘　要：为有效保护投资人合法权益，在制度层面实现资管产品“卖者尽职，买者自负”，离不开引入托管人受托保管财产，监督管理人投资运作。目前，我国托管人制度中存在托管人法律地位模糊，托管财产分离不清晰，托管人独立性缺失与信义义务抽象化的问题。因此，在资管产品的基础法律关系缺少统一法律制度顶层设计的情况下，可以通过以下方式完善托管人制度：明确信义法律关系为资管产品的基本法律关系，托管人的法律地位是受信人，并且通过金融实践与金融监管的有机互动，逐步充实信义义务的具体范式，增强托管人法律地位独立性，优化费用激励机制。

关键词：资管新规托管人　信义法律关系　信义义务　代理成本

一、背景问题及研究进路

2018年中国人民银行、中国银行保险监督管理委员会、中国证券监督管理委员会、国家外汇管理局联合发布

---

* 王钊阳，男，中国政法大学民商经济法学院民商法专业2018级博士研究生（100088）。

了《关于规范金融机构资产管理业务的指导意见》（以下简称“资管新规”）明确了资管产品主要业务品种，主要包括银行理财、信托投资、证券资管计划、保险资管计划等以接受投资者委托，受托管理投资者财产的金融产品。同时规定所有资管产品在没有法律、行政法规例外规定的情况下，应当由具有托管资质的第三方机构独立托管其资产。〔1〕

截至2019年，我国托管人制度已走过26个年头。〔2〕随着我国金融市场快速发展，陆续出现了银行理财、信托投资计划、证券投资基金、私募基金等金融产品，监管部门均要求应当在资管产品的治理结构中引入托管人（信托投资计划中称“保管人”），监督管理人的投资运作。众所周知，国家颁布资管新规的目的是为了化解系统性金融风险、规范资管市场、打破刚性兑付及保护投资者利益。从保护投资者利益的角度看，资管产品应以完善产品治理结构为先，建立完善的托管人制度，不断向投资者传递“卖者尽责、买者自负”的理念。无论是华安基金事件，〔3〕还是上海阜兴事件都因托管人“托而不管”导致管理人侵害投资人利益的事件频发，因此实践当中托管人的制度运作存在的问题应当引起我们的注意。

本文第二部分以《中华人民共和国信托法》为主要分析框架，探讨目前托管人法律地位的问题。实践中，我国资管产品复杂的权利义务设计异化其基础法律关系，从而产生了信托关系与委托代理关系之争。〔4〕这种争议表明了理论与实践之间出现了脱节，也就是托管人在部分资管产品中的法律地位与信托法之规定无法对应，笔者尝试通过英美法系中信义法律关系观察托管人的法律地位实际情况。第三部分尝试通过分析托管人的保管职责与监督职责中的缺陷，尝试发现托管人监督缺乏独立性及信义义务抽象化背后的原因。结论部分主要从如何规定托管人的法律地位，如何增强托管人独立性，如何完善信义义务几个方面寻找解决的问题出路。

---

〔1〕《关于规范金融机构资产管理业务的指导意见》第14条。

〔2〕1993年，在中国人民银行上海分行发布《上海市人民币证券投资信托基金暂行管理办法》中首次对基金的托管作出初步规定。

〔3〕刘桑：《论投资基金托管人制度的完善》，载《政治与法律》2009年第7期。

〔4〕参见吴弘、徐振：《投资基金的法理基础辨析》，载《政治与法律》2009年第7期；潘修平、王卫国：《商业银行理财产品若干法律问题探讨》，载《现代法学》2009年第4期；胡云祥：《商业银行理财产品性质与理财行为矛盾分析》，载《上海金融》2006年第9期；陈学文：《理财产品的法律关系分析及监管建议》，载《长沙铁道学院学报（社会科学版）》2011年第3期等。综述性的研究，参见郭强主编：《中国资产管理：法律和监管的路径》，中国政法大学出版社2015年版，第1~35页。

二、托管人法律地位之缺陷

投资人、管理人及托管人之间的法律关系决定了托管人的法律地位，[1] 也是资管产品运行的法律基础。实践中，资管产品的设计、运作、收益分配都体现着市场机制与法律规范的有机结合，而后者主要由民商法规范（其中主要包括合同法、信托法、证券投资基金法等）、金融监管政策[2]及行业指导规范三部分内容组成。民商法规范主要影响资管产品的架构设计、市场参与主体之间的法律关系与权利义务分配；金融监管政策主要规制金融服务提供者的业务内容与行为边界，其目的在于维护金融秩序的稳定和保护投资人的合法权益；行业指导规范主要规范金融服务提供者在某一业务品种中具体的操作规范与行为准则。

资管新规要求在资管业务中加入托管人，[3] 其法律地位的定性直接关系到责任的分担。例如，在证券投资基金中托管人与管理人一并为共同受托人，双方需要向投资人承担连带责任。但其他资管产品并未规定托管人的法律地位，与管理人的责任分担也就不甚明确。

（一）我国托管人法律地位辨析

以投资人与管理人之间的法律关系划分，我国资管产品分为信托模式与契约模式。信托模式下资管产品的基本法律关系为信托法律关系，典型业务品种为信托投资计划与证券投资基金，基本法律关系均以立法形式确定。[4] 其他均为契约模式下的资管产品，因未有特别法对基本法律关系进行定性，一般认为基本是委托代理关系，托管人的法律地位被视作委托代理关系中的代理人。我国学界一直对托管人法律地位的认定存有争议。有学者认为，不同于大多数银行仅为保管代理人，我国托管人处于共同受托人地位，应当承担信托责任。[5] 也有学者认为，在目前我国的法律制度框架中，即使托管人与管理人所签订的托管协议被纳入资管合同中，也不意味着构成信托法意义

---

〔1〕 梁清华：《论我国私募基金托管人制度的重构》，载《暨南学报（哲学社会科学版）》2014 年第 9 期。

〔2〕 刘燕：《大资管“上位法”之究问》，载《清华金融评论》2018 年第 4 期。

〔3〕 《关于规范金融机构资产管理业务的指导意见》第 14 条。

〔4〕 《信托公司集合资金信托计划管理办法》第 1 条；《中华人民共和国证券投资基金法》第 2 条。

〔5〕 蔡云红：《我国基金托管人制度的法律问题与完善建议》，载《证券市场导报》2011 年第 7 期。

上的共同受托人。[1] 还有学者认为，在证券投资基金中，非但不应当认定基金管理人与托管人构成共同受托人，更不能要求他们对外承担共同受托人应当承担的连带责任。[2] 但是笔者认为无论是何种模式的观点，都不能将某一既有理论或法律规定强加于特定业务模式当中。

1. 信托模式下托管人法律地位质疑

根据全国人大法工委的解释，证券投资基金中托管人的法律地位是信托法律关系中的受托人。[3] 但是，从学理上来看每一个信托的基本法律构造都需要有信托当事人（委托人、受托人、受益人）[4] 和信托财产。[5]

第一，托管人不是信托当事人。在我国，信托的设立主要由信托合同、遗嘱、法律或行政法规规定的书面形式确定。在证券投资基金实践中，基金管理合同由基金管理人与基金份额持有人两方签署。托管合同由基金管理人与基金托管人直接签订，基金份额持有人并不加入其中。其实践依据来自于《证券投资基金托管业务管理办法》之规定，托管人应当与基金管理人签订托管协议。[6] 基金管理合同由基金份额持有人与基金管理人两方签订，基金托管人的确定为资产管理合同中的约定条款，同时不对托管人的权利义务进行任何形式的说明。因此，在托管人未与基金份额持有人签订任何形式信托文件的实践背景下，他们之间并未建立直接的法律关系，因此通过简单的规定认为托管人是信托当事人是不恰当的。

第二，托管人不在名义上拥有托管财产的所有权。判断一个信托是否生效的依据是信托财产是否从委托人名下转移至受托人名下成为其独立财产。有学者认为托管人为受托人的原因之一就在于托管人在名义上拥有信托财产所有权，[7] 也就是说投资人将自己的合法财产转移至托管人名下成为其独立

---

[1] 胡伟：《论证券投资基金中基金管理人与基金托管人之间的法律关系——以我国〈证券投资基金法〉为视角》，载《云南大学学报（法学版）》2009 年第 3 期。

[2] 洪艳蓉：《究竟如何界定阜兴私募事件中商业银行的托管责任?》，载 http://mini.eastday.com/mobile/180905212430125.html#，最后访问时间：2018 年 10 月 18 日。

[3] 李飞主编：《证券投资基金法释义》，法律出版社 2013 年版，第 9 页。

[4] 《中华人民共和国信托法》第 1 条、第 2 条及第 3 条。

[5] 《中华人民共和国信托法》第 7 条。

[6] 《证券投资基金托管业务管理办法》第 16 条。

[7] 参见闫海、刘顺利：《独立与制衡：证券投资基金托管人法律地位的重构》，载《浙江金融》2012 年第 6 期；梁清华：《论我国私募基金托管人制度的重构》，载《暨南学报（哲学社会科学版）》2014 年第 9 期。

财产。其原因在于许多学者以货币资金“占有即所有”判断货币资金的所有权人，而委托人可以基于债权请求权向受托人主张返还。[1] 但是，近些年来已经有学者提出“在存款货币已成为普遍的支付结算方式的背景下，民商法学的理论不能停留在传统的以实物货币形态为中心的场景驻足不前，将实物货币规则用于存款货币之上从而遮蔽存款货币权属”。[2] 在广东省国际信托投资公司破产案中，广东省高级人民法院认为股民在金融机构缴存保证金的行为属于委托行为，金融机构并不拥有保证金的所有权及使用权，对保证金的占有仅为代管。[3] 司法实践中，司法机关也逐步确立对专户财产的保护制度。例如，2008年我国最高人民法院、最高人民检察院、公安部、中国证监会联合颁布的《关于查询、冻结、扣划、证券和证券交易结算资金有关问题的通知》中指出，客户在证券公司的交收账户内存放的资金不得冻结、扣划。笔者认为，资管产品托管人保管的是管理人开立的财产专户，而非一般储蓄账户或自有账户。资管新规要求对托管人的财产分别管理、分别记账，其本质是要求投资人的资产要与其他投资人资产相区别，与管理人的固有财产相区别，与托管人的固有财产相区别。因此，托管财产对于托管人来说仅代为保管，而非其所有，并不享有所有权。

综上所述，即便在证券投资基金中以法定形式明确托管人在信托模式下为共同受托人的法律地位，也无法从学理上解释其为基金份额持有人的受托人，反而造成理论与实践之间的混乱。

2. 契约模式下委托代理关系的质疑

在没有特别法规定的前提下，资管产品的基础法律关系是基于契约建立的委托代理关系。其制度依据来自于中国银行业协会颁布的《商业银行托管业务指引》第3条明确规定，“托管”是为解决委托代理关系中代理成本问题的制度安排。司法实践中，最高人民法院也曾认为委托理财属于全权代理，

---

〔1〕 参见梁慧星、陈华彬：《物权法》（第6版），法律出版社2016年版，第208页；刘保玉：《论货币所有权流转的一般规则及其例外》，载《山东审判》2007年第3期；张庆麟：《论货币的物权特征》，载《法学评论》2004年第5期。

〔2〕 朱晓喆：《存款货币的权利归属与返还请求权——反思民法上货币“占有即所有”法则的司法运用》，载《法学研究》2018年第2期。

〔3〕 最高人民法院公报：《广东省国际信托投资公司破产案》，载 http：//gongbao. court. gov. cn/Details/bba0bd0d46cb19999c24e15b160713. html，最后访问日期：2018年11月21日。

因为托管资产的所有权并未有效转移，对其信托的认定不符合监管体制。[1] 委托代理关系的建立来源于《中华人民共和国合同法》（以下简称《合同法》）下的法律行为，资管产品的当事人各方依据《合同法》自愿协商各自之间的权利义务关系。尽管有学者主张虽然契约模式下资管产品的基础法律关系为委托代理关系，但是可以在产品的治理结构中模拟出信托关系。[2] 例如，事务管理类信托计划中，虽然委托人将信托财产委托给了信托公司，但是信托财产运作主要以委托人向受托人出具指令的形式实现，受托人无权自主管理信托财产，最终造成委托财产仍由委托人间接控制，并不独立于委托人。[3] 可是如此模拟必然破坏信托法对信托当事人、信托财产、信托行为和信托目的的客观要求，[4] 甚至无法解释被模拟"信托"当中各项要素的基本内涵。

3. 托管人法律地位的另一种选择——信义法律关系中的受信人

通过下表观察可知，不管资管产品的业务模式如何变化，规范性法律文件都对托管人的核心义务作出的制度安排都存在着一定的共性。

业务品种	文件名称	文件要求
银行理财	商业银行理财业务监督管理办法	（1）理财产品财产不能归入托管人自有财产，不能归入破产财产，不能抵消债权债务。[5] （2）托管人应当诚实守信、勤勉尽职。[6]

---

〔1〕 高民尚：《审理证券、期货、国债市场中委托理财案件的若干法律问题》，载《人民司法》2006年第6期。

〔2〕 刘燕、楼建波：《企业并购中的资管计划——以SPV为中心的法律分析框架》，载《清华法学》2016年第6期。

〔3〕 刘燕、楼建波：《企业并购中的资管计划——以SPV为中心的法律分析框架》，载《清华法学》2016年第6期。

〔4〕 周小明：《信托制度：法理与实务》，中国法制出版社2012年版，第44页。

〔5〕 《商业银行理财业务监督管理办法》第4条、第5条。

〔6〕 《商业银行理财业务监督管理办法》第6条。

续表

业务品种	文件名称	文件要求
信托理财	商业银行托管业务指引	商业银行开办托管业务应当诚实守信、勤勉尽责。〔1〕
证券定向资管计划	证券公司定向资产管理业务实施细则	托管人应当保证托管资产与自有资产及不同客户的资产相互独立，托管资产不属于破产财产或者清算财产。〔2〕
	商业银行托管业务指引	商业银行开办托管业务应当诚实守信、勤勉尽责。〔3〕
证券集合资管计划	证券公司集合资产管理业务实施细则	托管人应当保证托管资产与自有资产及不同客户的资产相互独立，托管资产不属于破产财产或者清算财产。〔4〕
	商业银行托管业务指引	商业银行开办托管业务应当诚实守信、勤勉尽责。〔5〕

其共性之处表现在以下两个方面：其一，托管财产拥有独立性；其二，托管人应当诚实守信、勤勉尽职。在我国，无论是《公司法》，还是资管产品的监管规则，均对董事高管或托管人作出诚实守信和忠实勤勉的要求。从英美法系的信托理论来看，信托法被看作是包括代理法、公司法、合伙法等在内的信义法的范式。〔6〕只要一方法律主体对另一方法律主体的事务或者商业活动享有信赖的利益，就认为存在衡平法下的信义法律关系。因受信人（Fiduciary）处于一种相对优势地位，受益人（Beneficiary）与之对应处于相对弱

〔1〕《商业银行托管业务指引》第 4 条。

〔2〕《证券公司定向资产管理业务实施细则》第 18 条。

〔3〕《商业银行托管业务指引》第 4 条。

〔4〕《证券公司集合资产管理业务实施细则》第 6 条。

〔5〕《商业银行托管业务指引》第 4 条。

〔6〕赵廉慧：《论信义义务》，第三届两岸信托法制学术研讨会论文集，第 64 页。

势的地位，这种关系实质上是特定法律主体之间一种不平等的法律关系。[1]受信人的优势地位大多反映在委托代理关系中信息对不对称与利益冲突的处理上。在受信人已尽信义义务的前提下，其法律行为所产生的法律后果都应当被受益人接受。有学者认为，资管产品的内部治理结构符合信托模式时可以视为信托，符合委托代理模式时可以应定为委托代理。如果确实无法套用前两种模式时，可以认定为中间形态。[2] 笔者认为，诚实守信和忠实勤勉是一种信义义务在中国语境下抽象的法律表达。在托管人法律地位无法满足信托法与合同法规定的条件下，可以尝试将托管人的法律地位纳入信义法律关系调整，更多的强调托管人积极主动的对投资人财产的安全保管与对管理人管理行为的有效监督，不应简单地将其纳入某一既定模式或法律关系之中。

（二）域外托管人（custodian/depositary）的法律地位考察

美国的托管人（custodian）制度发源于《1940 年投资公司法》（Investment Company Act of 1940）。20 世纪 30 年代，美国的金融市场因投资公司一手操作的内幕交易最终造成投资者巨大的经济损失。随即在 1935 年美国国会要求美国证券交易监督委员会（U. S. Securities and Exchange Commission, SEC）对投资公司的监管问题进行全面的调查，着重考察了投资公司的投资策略、内部运作及公司治理。最终，SEC 出具的《投资基金研究调查报告》认为，投资者的损失是因为投资公司运作过程中没有以股东利益为核心，而是以与其相关的关联人利益为重点，发起人没有履行信义义务等原因造成的。[3] 也就是这份报告奠定了《1940 年投资公司法》的基础。该法的内容并没有直接规定托管人的法律地位，只规定了托管人的托管职责，主要包括托管人是持有基金资产的人、[4] 投资或证券账户的托管要求等。同时该法在第 36 条之“信义义务的违反”中，明确规定“如果托管人从事或将要从事任何构成违反信义义务的，涉及个人不当行为或做法将会面临永久性或者暂时性禁止以托管人身份行事”。

---

〔1〕 陈学文：《商业银行非保本理财业务的投资者法律保护——以英美法系国家的“信义义务”为借鉴》，载《政治与法律》2012 年第 7 期。

〔2〕 缪因知：《资产管理内部的法律关系之定性：回顾与前瞻》，载《法学家》2018 年第 3 期。

〔3〕 中国证券监督管理委员会组织编译：《美国〈1940 年投资公司法〉及相关证券交易委员会规则与规章》，法律出版社 2015 年版，第 1 页。

〔4〕 中国证券监督管理委员会组织编译：《美国〈1940 年投资公司法〉及相关证券交易委员会规则与规章》，法律出版社 2015 年版，第 581 页。

接下来将观察的视角转移至欧洲，为有效应对次贷危机产生的不良影响，欧洲议会和理事会颁布了《另类投资基金管理人指令》（Alternative Investment Fund Managers Directive，AIFMD），标志着对冲基金、私募基金等资管产品将处于欧盟的统一监管之中 。在托管人（depositary）章节，规定托管人应当诚实、公平、专业、独立地为另类投资基金和另类投资基金投资者的利益履行职责，对未能按照上述《指令》履行义务的，托管人应当向基金或基金投资者承担责任。

通过域外对比考察可知，无论是投资公司还是另类投资基金，投资人与托管人法律关系都被视为为信义法律关系。托管人的法律地位一般被认定为受信人，将信义义务 、竞业禁止、诚实、公平、专业、独立的履行职责等内容明确为托管人向投资人承担的一种普遍义务，均在强调托管人接受托管后需要向投资人所承担的职责。

（三）小结

当前因托管人与投资人之间发生的诉讼争议，部分原因来自于托管人法律地位混乱。将其界定为信托关系中的受托人，明显缺乏必要的理论与法律依据。将其绝对的界定为委托代理关系中的受托人，就有可能违背资管新规的制度安排。[1] 资管产品的业务模式千变万化，主要包括债权投资、股权投资、合伙等。不管业务模式如何变化，在某一特定业务模式中投资人都会面临管理人的代理成本的问题。为有效解决资管产品中存在的代理成本问题，我国监管机构通过引入托管人制度以保护投资人资产、监督管理人的投资行为。尽管托管人法律地位的确定无法完全对应信托或委托代理的法律构成要件，但监管规则无一例外的要求托管人应尽诚实守信和忠实勤勉的义务。托管人义务的核心在于执业中对投资人的诚实守信、忠实勤勉。法律应当以意欲实现的目的为前提，以核心法律义务为准绳来调整托管人的法律地位，而不应当预先规定托管人的法律地位。因此，可以考虑将其规范为信义法律关系中的受信人，为资管产品的业务模式变化预留一定的调整空间。

三、托管人职责之缺陷

经过梳理资管新规、各业务品种的监管规则及行业指导规范，托管人的职责主要由保管与监督两方面组成。其中主要包括保管托管财产安全、分别

---

〔1〕 缪因知：《资产管理内部的法律关系之定性：回顾与前瞻》，载《法学家》2018 年第 3 期。

建账、执行投资指令、完善信息披露、资料保存、监督与报告等职责。[1] 因此，笔者将以前述两项职责为切入点对托管人的职责之缺陷进行分析。

（一）保管职责缺陷分析

我国法律要求托管人应当保证托管财产的独立与完整，这与国际证监会组织（IOSCO）发布的《证券监管目标和原则》第 25 条之要求基本一致。IOSCO 认为，监管部门应当对投资产品的法律形式和结构以及客户资产的隔离与保护做出规定，以使得客户资产与基金、基金管理人及顾问的财产相分离。[2] 对托管人职责作出安全保护和资产隔离的要求在于清晰区分投资人托管资产与托管人的自有资产，不同资管产品之间投资人的托管资产，可以避免托管人在破产清算时用投资人的资产清偿托管人的债务。

实践中，管理人会为每个资产管理项目单独开立财产专户以满足监管规则中分别建账的管理要求。但是根据中国人民银行的要求，开立银行账户需要以管理人名称开立。[3] 每一个项目的财产管理专户的名称也是以管理人的名称开立。每一个管理人名下都有数量庞大的财产管理专户，从外观上观察并无法区分财产管理专户在不同项目之间的归属，也无法有效区分管理人自有账户与财产专户。实践中，时常发生司法机关执行公务时直接查封财产专户的情形，其原因就在于管理人的自有账户与财产专户在外观上无法有效区分，甚至在中国人民银行的账户系统中也无法区别，因此很难说这样托管可以实现对投资人资产的完整保护。反观美国，在《联邦规章汇编》（Commodity and Securities Exchange）“商品和证券交易”编目中对证券托管的物理要求作出了更加具体的规定，“托管的证券和投资应当随时与其他人的证券和投资各自相隔离，并被以无论是通过物理上观察，或者通过检查托管的纪律，均可以被清晰地辨认出是该注册管理公司的财产的方式做记号。对该证券和投资在物理上的隔离和做记号的方式，可以将他们分别放入标有该注册管理投资公司的名称的容器，或对该证券或投资贴标牌或标签的方式完成。”同样，

---

〔1〕 梳理自《关于规范金融机构资产管理业务的指导意见》《商业银行理财业务监督管理办法》《信托公司集合资金信托计划管理办法》《证券公司集合资产管理业务实施细则》《证券公司定向资产管理业务实施细则》《证券公司客户资产管理业务管理办法》《证券投资基金法》《证券投资基金托管业务管理办法》《公开募集证券投资基金运作指引第 2 号——基金中基金指引》《保险资金运用管理办法》《关于规范保险资产托管业务的通知》及《商业银行托管业务指引》。

〔2〕 Objectives and Principles of Securities Regulation & 25.

〔3〕 《人民币银行结算账户管理办法》第 3 条。

在欧盟《另类投资基金管理人指令》（Alternative Investment Fund Managers Directive）中也在要求所开立的托管账户可以清楚地辨认出上述金融工具所属的另类投资基金。由此可知，托管的财产不但应当满足相互隔离的要求，更得使相互隔离的财产可以通过物理上的观察或监管检查获得清晰的辨认，这是在我国与托管人相关的法律规则或行业指导规范中所忽视的。

（二）托管人的监督权行使缺位

1. 没有独立性的监督权

在资管业务统一监管的大背景中，有效保护投资人合法权益离不开有效降低因信息不对称产生的代理成本。代理成本概念的首创者系美国学者，在股权分散且集体行动成本很高的情况下，公司管理者多半是无法控制的代理人，其自利行为损害了股东利益，产生了很大的代理成本。[1] 此时两位美国学者所讲的“代理成本”仅指在公司治理中，作为代理人的管理层利用职务上的优势地位损害作为委托人之股东的利益的成本。随着社会的发展，代理成本的概念、内涵及外延不再局限于公司治理，[2] 逐渐扩张至合伙、基金治理、证券经纪等商事行为当中。[3] 代理人工作的复杂性越来越大，在处理具体事务中享有的自由裁量权越来越大，[4] 委托人付出的监督成本也越来越多。[5]

在资管业务的内部治理结构当中，管理人因其优势地位拥有远多于投资人的项目信息，而投资人对管理人披露的有限信息又有比较高的核实成本，在这种情况下管理人就有动因实施机会主义行为侵害投资人利益。比如不完整履行法定或合同约定义务、虚假披露业务信息、随意变更资金用途等。因此，为了保证管理人忠实勤勉地为投资人管理资产，在资管业务的治理结构中赋予托管人以监督权制衡管理人的投资运作行为。但是在实践中，托管人对管理人的监督效果并不理想，主要原因在于托管人在治理结构中是管理人的服务提供者，从商业逻辑上观察无法独立行使监督权。分析如下：

第一，托管人行使监督权受管理人制约。理论上看，托管费的支付来源

---

〔1〕［美］阿道夫·A. 伯利、［美］加德纳·C. 米恩斯：《现代公司与私有财产》，甘华鸣、罗锐韧、蔡如海译，商务印书馆2005年版，第33~36页。

〔2〕罗培新：《论商事裁判的代理成本分析进路》，载《法学》2015年第5期。

〔3〕赵廉慧：《论信义义务》，第三届两岸信托法制学术研讨会论文集，第64页。

〔4〕赵廉慧：《论信义义务》，第三届两岸信托法制学术研讨会论文集，第64页。

〔5〕罗培新：《公司道德的法律化：以代理成本为视角》，载《中国法学》2014年第5期。

于投资人委托的财产及收益，但是费用的支付由管理人依照托管协议的约定从投资人的托管财产中扣划。实践中，托管人的选聘与撤换完全由管理人决定，在某种程度上还是托管人的“老板”。托管业务是商业银行重点竞争的业务品种，托管收入与托管规模已成为托管人外部竞争与内部考核的重要指标。在被管理人任免权“挟持”的情况下，托管人在商业判断中自然很难做到忠实勤勉地行使监督权审查管理人的投资运作行为，反而造成制度上设计的监督权在实践中的缺位。

第二，托管人与管理人之间不公平的责任分配机制。资管业务中，证券投资基金的治理结构是信托模式，基金管理人与基金托管人一并是基金份额持有人的共同受托人，当任一受托人因故意或过失处理信托事务造成信托财产损失的，其他受托人应当承担连带责任。[1] 笔者做以下三方面假设：①当托管人行使监督权针对合规管理行为时，则托管人可能向管理人承担违约责任并丧失未来的商业合作机会。②当托管人针对违规管理行为但不行使监督权时，一种情况是与管理人一道向投资人承担连带赔偿责任，托管人丧失未来的商业合作机会；一种情况是违规管理行为没有造成损失，也不被发现，双方就可以保持良好的合作关系。③当托管人发现违规的管理行为并行使监督权时，管理人承担赔偿责任并丧失未来商业合作机会。从静态博弈模型的角度思考，在现有的责任分配机制之下，托管人在积极服从管理人的投资指令所能获取的经济利益远大于积极行使监督监督权，最终将丧失独立性变为管理人的附庸。

2. 托管人信义义务抽象化——以托管人争议讼案为分析视角

案情介绍：2016 年 12 月，上诉人（一审原告）孙某某以被上诉人农行越城支行在托管“百泰股权投资基金”过程中存在重大过错，放任并主动采取违规行为致使侵犯上诉人合法权益为由诉至法院。二审庭审中，上诉人孙某某认为：①托管账户的资金用途仅限于股权投资，但在实际基金运作过程中被上诉人擅自改变资金用途，将 900 万元投资款用于购买设备及兼并收购；②被上诉人没有对托管账户资金使用情况尽到审慎的监督审查义务，只对交易文件进行表面审查，未对其进行合法合规的实质性审查。因被上诉人未对涉及股权交易的文件进行实质审查导致股权投资基金从未取得投资标的公司的股权。被上诉人农行越城支行答辩称：①对外投资也属于股权投资的范畴，

〔1〕 李飞主编：《中华人民共和国证券投资基金法释义》，法律出版社 2013 年版，第 9 页。

股权投资不以股权转让为限，也可以是兼并收购；②被上诉人划付资金严格依据合伙企业决议文件及银行预留印章，遵循银行划款内控程序，已尽托管人的监督义务。最终二审法院判定，被上诉人已尽源于法律规定、合同约定以及诚实信用原则所产生的监督、管理和保障义务，不存在没有尽到相应义务的倾向，也不存在侵犯孙某某财产权的行为。

争议焦点及裁判观点：本案争议问题的核心焦点即在于托管人对“绍兴百泰投资基金”的监管应当是形式监督还是实质监督，监督权行使的依据是基于合同约定之义务，还是基于受信人的信义义务。很明显，当下司法实践中认定托管人行使监督权为形式监督，是一种依据合同条款约定所赋予的监督权。法院一方面确认托管人明知“绍兴百泰投资基金”未经备案，仍继续托管违规。但另一方面法院仍然认为尽托管人的义务仅系依据托管协议对合伙企业托管账户进行形式上的审慎托管，对基金的资质没有实质审查义务。法院认为托管人提交的证据材料已经说明托管人是完全按照交易文件的约定条款审查监督融资人提交的用款材料，在按照约定程序审查合格的基础上方才对资金进行划转，已尽到忠实勤勉的托管义务要求。同时法院在判决中进一步指出，“除了形式审查之外，还需进一步进行实质审查，于约定无据，亦系过分苛责被上诉人的义务。不少金融投资项目常以‘银行托管’作为吸引眼球、增加信用之卖点，银行托管确也具有一定的保障资金安全功能，但因托管银行多为单纯履行形式审查之义务，故银行托管并不能完全为投资项目的资金安全‘背书’。作为投资者应审核托管协议内容，了解托管银行‘托管’内涵，综合考虑投资项目的投资范围、收益回报、风险控制、市场形势等因素，审慎作出投资决策。”〔1〕

通过搜索证监会、银保监会网站，目前我国金融监管执法过程中，没有一例针对托管人的行政处罚。搜索司法文书裁判网，也未见在司法审判中有一例托管纠纷有关的败诉案例。大资管背景下强化托管人对管理人的实质性监督已是大势所趋，但是仍未见一例针对托管人监督权行使的行政处罚或败诉案例，原因主要在于将合同义务等同于托管人已诚实守信、忠实勤勉的履行监督职责。尽管我们将信义义务表述为诚实守信与忠实勤勉，但是这两组概念并不能给予托管人在行使监督权方面一些具体的指引，司法机关也无法

〔1〕 孙梓园、中国农业银行股份有限公司绍兴越城支行侵权责任纠纷二审民事判决书［（2016）浙06民终4190号］。

将忠实勤勉作为裁判依据应用于具体的司法审判实践之中。同时托管人审查职责定位仅限于依据法律规定及合同约定，形式审查管理人投资运作行为的合法性，并不对交易背景的真实性、投资策略等事项进行实质性审查。司法机关在审判过程中也仅关注托管人的审查行为是否符合合同约定，并未关注托管人消极不作为的行为是否可能对投资人造成损失。这也给信义法律关系中的托管人留下了更多意思自治的空间。虽然资产管理业务高度专业化，即便投资者多为拥有一定投资经验的高净值客户或专业的机构投资人，也只可能对常规的事项进行规定，无法穷尽资产管理运作过程中所有可能发生的事情。以上海“阜兴系”跑路为例，有的托管银行案发后方才前往收款公司进行用款真实性的核实工作，才发现其为空壳公司；有的托管银行划款时核查资金用途真实性，在个别项目上向个人账户周转资金；甚至有的项目还出现在合同约定的资金募集期里投资款“随进随出”的现象。浦发银行既为阜兴集团提供股票质押融资，又做托管银行，进而构成严重的利益冲突。前述行为即便是符合现行法律规定或当事人之间的合同约定，但是托管人失职的行为明显与法律所规定的忠实勤勉相冲突，也是对信义义务的违反。

（三）小结

我国法律法规对托管人的保管职责做了明确细致的规定，但是仍然未能使不同资管项目的托管专户在外观上进行区分。实践中，已经出现了一些案例因司法机关无法从外观上区分托管人的自有账户与财产专户及不同资管项目之间的财产专户，最终造成错误扣划、冻结的情况。因此，为保护投资者合法权益，在重新建构保管职责时有必要通过监管规则明确财产专户的户名区分问题。

我国尝试建立托管人监督管理人的投资运作行为的制度保护投资人合法权益，降低资管产品运作中的代理成本。在实践过程中，托管人受到管理人的制约非但没能有效行使监督权，反而丧失监督独立性沦为管理人的附庸，最终导致监督权的行使大多流于形式。同时，不公平的责任分配机制使得托管人在责任承担与商业机会选择之间更加倾向听命于管理人的投资指令，进一步加深托管人托而不管的客观现实。有关托管人对受信义务的规定多为诚实守信、忠实勤勉的抽象表述，这就导致在业务操作中托管人大多形式监督管理人的投资运作，司法审判中也因缺乏明确的裁判依据判决认定托管人不应实质监督管理人行为，最终造成资管治理结构中的监管真空的情形。

四、结论及建议

从金融实践来看，资管产品的基础法律关系应当是信托法律关系，资管新规中要求禁止刚性兑付，强化管理人与托管人的信义义务，“卖者尽责、买者自负”，禁止资金池等原则从本质上看都来源于信托法基本原理。[1] 任何资管业务存在代理成本问题，在业务操作过程中，投资人无法完全知晓业务操作的每一个细节，管理人也可以虚假陈述或选择性披露业务信息，利用双方不对称的法律地位侵害投资人合法权益。目前资管业务只有信托和证券投资基金以立法的形式明确为信托模式，其他资管产品的上位法尚不明确。

第一，明确托管人法律地位为信义法律关系中的受信人。资管新规颁布后，目前立法除证券投资基金以立法形式明确托管人的法律地位为受托人外，其他资管业务的托管人法律地位并未明确规定。因此，如果将信托法明确为规制资管业务的上位法，是否应当与证券投资基金一样明确托管人以受托人之法律地位。笔者认为大可不必如此，生搬硬套信托构成要件赋予托管人以受托人地位，非但不会对产品治理结构产生积极的影响，反而可能造成业务操作与司法实践的无所适从。在英美法系国家，因商事信托的复杂性与特殊性大多通过制定受信人法明确其信义义务，保护投资者合法权益，例如美国的《谨慎投资人法》、英国的《受托人投资法》等。[2] 此处我们应当明白，信托制度的核心在于信义义务，即便不赋予托管人受托人的法律地位，也可以将其定位为信托保管人或信义法律关系中的受信人。因此，我们应当吸取英美国家之立法所长，不再强制规定托管人的法律地位，而是赋予其受信人的法律地位，使之在不同的业务模式中均可立足。

第二，规范托管人的信义义务应当不断充实信义义务的具体范式。托管人信义义务的完善应当以充实忠实勤勉规则的核心内涵为前提。托管人单纯履行合同义务不是最高行为标准，而是底线，最终应当以是否诚实守信、忠实勤勉的保管投资人资产、监督管理人的投资运作行为作为判断标准。在合同义务中，只需要缔约者履行合同条款即可。信义法律关系的建构离不开信义义务。在没有信义义务的约束下，托管人可以天然地为自己最大力利益行事，不必为投资人考虑合同条款约定之外的利益。但是在信义义务的约束下，

---

〔1〕 王涌：《让资产管理行业回归大信托的格局》，载《清华金融评论》2018年第1期。

〔2〕 李飞主编：《中华人民共和国证券投资基金法释义》，法律出版社2013年版，第9页。

托管人应当本着诚实守信与忠实勤勉的标准行事，必须使投资人的利益优先于托管人、管理人或第三方的利益，不能使自己的利益与托管人、管理人及第三方的利益发生冲突。当下司法裁判中对托管人职责要求仅满足监管部门合规性及合同约定的要求，对资产管理人投资运作行为的监督仅为形式审查，无疑最终使信义义务的要求流于形式，也与资管新规的监管精神相违背的。但是，目前立法只对信义义务做抽象性的描述，并未做具体的要求导致托管人在行使监督权时无所适从，法院司法裁判时没有依据。笔者认为，在微观层面无法确定信义义务的具体内容之前，应该在中观层面明确信义义务的具体内涵，即托管人应当避免个人利益和信义义务之间产生冲突，也不能从其作为受信任人的角色中获取任何未获授权的利益。同时金融监管部门应当并整合资源，根据业务操作中的实际问题及投资者的有效反馈，通过监管机构、金融产品服务商及投资人之间的有机互动，不断充实、细化信义义务的具体范式。最终提升托管人的履职能力，降低投资人的代理成本，让资产管理业务回归本源。

第三，强化托管人独立性。托管人独立性的丧失源于选任由管理人控制和责任分配机制不公平，应以增强托管人选任与解聘的独立性为核心，重构托管人与管理人之间的责任分配机制。实践中，应当将托管人加入投资人与管理人之间的资产管理合同当中形成三方法律关系，在资产管理合同当中明确托管人与投资人之间特定的权力义务关系。一方面可以在实质上投资人与托管人之间形成信义法律关系，另一方面也体现出投资人对托管人选任的影响，增强托管人监督管理人的独立性。平衡管理人与托管人之间的责任分配机制可以通过域外立法例观察借鉴，归纳欧盟关于投资基金存管人的免责事由可知，可以从以下三方面的规范托管人的免责事由：①存管行为符合法律规定；②托管人已向投资人揭示风险；③合同条款约定免责。〔1〕因此，托管人免责条款的预先设定也是强化托管人独立性的一种选择。

第四，优化托管人的激励机制。目前我国法律规定和金融实践中，托管人是否尽职尽责地监督管理人的投资管理行为无法影响其托管费的收取。在托管人法律地位模糊，责任分担不清的背景下，这也是造成托管人缺乏内在驱动力尽职履行监督职责的直接原因。反观发达国家的证券投资基金的监管

---

〔1〕 中国证券监督管理委员会：《欧盟另类投资基金管理人指令》（中英文对照本），法律出版社2013年版，第109页。

规则已关注到管理人与其他金融产品服务商之间的利益平衡问题。在欧洲，《另类投资基金管理人指令》要求保荐人、初始贷款人及托管人保有不低于5%的净经济利益。[1] 笔者认为，只有在投资人与托管人形成利益共同体之后，方能直接激励托管人尽职尽责为投资人利益服务，因为保护投资人利益就是提高收入的有效方式之一。

（初审人：申依妮）

---

〔1〕 中国证券监督管理委员会：《欧盟另类投资基金管理人指令》（中英文对照本），法律出版社2013年版，第89页。

论股东优先购买权“同等条件”的认定规则*

衣小慧**

摘　要：鉴于我国公司法对股东优先购买权的规定过于抽象、概括，尤其在股东优先购买权的“同等条件”认定方面，法律都没有进行详细的规定，导致在实践中产生一些“同案不同判”或“合法不合理”的情况。因此，本文将从股东优先购买权“同等条件”认定中存在的诸多问题出发，结合国内外的各种学说，探讨如何在现有的法律与司法解释规定的基础之上进行解释，并运用这些既有的规定，使其在实践运用中更为便利。

首先，就目前有限责任公司股东优先购买权“同等条件”的规定进行了基本的理论阐释，明确其基本内涵与存在的争议。不难发现的是，虽然一些问题经过《最高人民法院关于适用〈中华人民共和国公司法〉若干问题的规定（四）》得到了进一步的明确或者减少了实践争议，但仍有不少问题并没有随着新的司法解释的出台而得以解决。其次，本文结合现有的理论，并对比国内外的

---

* 本文系2018年中国政法大学博士研究生创新实践项目“浅议股东优先购买权‘同等条件’的认定规则”的阶段性研究成果。

** 衣小慧，女，中国政法大学民商经济法学院民商法学专业2018级博士研究生（100088）。

立法例对“同等条件”的认定进一步细化到价格、付款条件与数量条件等方面，并提出了“合同复制说”与“价格形成”的参照。最后，股东优先购买权涉及的主体包括转让人，受让人与其他股东，股东优先购买权的不正当行使很有可能造成其他股东利益的损失或者损害有限公司的人合性。因此，本文针对“同等条件”认定规则中几个需要实践中亟待不断解释完善的问题，在梳理现有理论的基础之上，逐步提出相应的解决办法，以期将股东的优先购买权“同等条件”的认定规则更好地运用于实践。

关键词： 有限责任公司　股东优先购买权　同等条件　认定规则

一、问题的提出

（一）股东优先购买权“同等条件”概述

有限责任公司是我国最为重要的公司形式之一，在我国市场经济的发展中占据重要的地位。在有限责任公司相关的制度中，广受学者讨论之一的即为股权转让时原股东的优先购买权。现行《中华人民共和国公司法》（以下简称《公司法》）第71条第3款确认了这一股东权利：“经股东同意转让的股权，在同等条件下，其他股东有优先购买权……”〔1〕 有限责任公司是由数量有限的股东共同出资、各自以其出资额为限对公司的债务承担责任，由此观之，有限责任公司的最大特征除了股东对公司债务责任承担的有限性，还包括人员数量上的有限性，也即学界称之为的有限责任公司的人合性，这也是有限责任公司有别于股份有限公司的一大之处。人员数量的有限导致有限责任公司具有一定的封闭性，在股东人员的组成上具有一定的稳定性，从而保证有限责任公司运营的稳定性。基于此法理的考量，各国公司法在股东转让股权时，为了最大程度维护有限责任公司运行的稳定性，维持封闭性与人合性的特征，都规定了原股东对拟转让股权享有优先购买权。

但是基于公平正义的考量，立法需要对股东的优先股买权进行一定的限制，此即法律规定的“同等条件”，是优先购买权行使的基础。有限责任公司股东行使优先购买权的前提是在原股东与股东之外的第三人给出的条件同等时，原股东才可以行使优先购买权。该“同等条件”包括股权转让合同中会出现的一系列交易条件，如转让的价款、价款的支付方式、支付时间以及另外的相关的条件。故而，有限责任公司股东行使优先购买权的关键问题，便

〔1〕 参见《中华人民共和国公司法》第71条第3款的规定。

是在于如何合理、精确地对“同等条件”进行确定，这也是困扰立法、学界与司法实务界的一大难点问题。股权交易的条件如果仅仅包含交易的价款，则在价款价值的认定上存在一定可以衡量的标准，“同等条件”的确定也有一定的技术标准。但是股权转让合同之中不可能仅包含转让价款这一条件，还包括价款支付的方式，一次性支付或分期支付、现金支付或劳务支付等，有时在转让的条件还包括人身性条件，这些复杂的条件相互交织，使得“同等条件”的确定存在诸多困难。确定与衡量的标准不一，并且对此法律尚无明确的规定，要求法律统一股权转让合同的条件形式或者对所有的条件予以确定统一的标准，明显不具有可行性，因而这就更增加了“同等条件”确定的难度。学界对此的讨论从有限责任公司股东优先购买权产生就争议不断，重点就在于对“同等条件”的确定，究竟采用何种标准确立“同等条件”，迄今为止存在几种理论，并仍有进一步探讨的余地。

从本质上说，有限责任公司股东的优先购买权是一种基于社员身份资格而享有的权利，它并不能独立于股东身份与地位而单独存在，不能被随意处分。公司的原始股东往往是家族中的亲朋好友，他们往往不愿使其他不熟知的人加入，并且审查新加入的股东的身份与资信状况又会增加不必要的成本。为防止发生投资风险，考虑到有限责任公司的特质和维持公司内部的平衡，股东优先购买权正是使股东转让股权时受到限制的一大例证。

（二）我国股东优先购买权“同等条件”认定中存在的问题

我国立法对公司股东的优先购买权进行了规定，但是该规定不论是在从立法论的角度考量，还是从司法实践的角度分析，都存在一定的问题。本文在此对其进行简单的剖析，并从分析得出的问题的角度切入，试图探寻出可以在一定程度上合理克服这些问题的方法建议。

现行《公司法》及其司法解释在对有限责任公司股东优先购买权的规定上还存在一定程度的模糊性。法条只笼统地规定了“同等条件”下股东的优先购买权，并没有对该“同等条件”给予实际操作上的具体指导，对于“同等条件”的认定在司法实践中给予了法官较大的自由裁量权。而“同等条件”往往也是司法实践中产生股权转让纠纷的重要案由之一，在涉及股权转让中有限责任公司股东优先购买权的纠纷中，争议双方争议的焦点往往在于对“同等条件”的判断上，这也成为法院审理此类案件的关键所在。关于对“同等条件”的判定，法官的主观因素在各案件中的影响较大，在认定中拥有幅度较大的自由裁量权。在《最高人民法院关于适用〈中华人民共和国公司法〉

若干问题的规定》（以下简称《〈公司法〉司法解释四》）出台之前，我国立法虽然确定了有限责任公司股东的优先购买权，但是并未对“同等条件”进行更加详细明确的规定，导致在司法审判实践中对于“同等条件”的判定，缺乏规范性文件的指导。《〈公司法〉司法解释四》的出台在一定程度上缓解了这种尴尬的局面，其规定，“同等条件”的认定应当综合股权的数量、价格、支付方式及期限。显然，该司法解释的规定着力于对“同等条件”的判定提供一个相对准确的判定标准，这对于法院审理案件可以起到一定的指导作用，但我们不可否认的是，该规定还是较为模糊，并不能为法院在实际的有限责任公司股东优先购买权的争议中提供一个清晰的确定标准。对实践中发生的股东优先购买权案件进行分析后发现，法院在裁判文书中，对“同等条件”如何确定、确定的标准为何，进行详尽分析的仅是少数。《公司法》及其司法解释是法院在审理此类案件时的主要法律依据，所以在这些规范性文件中不对此进行明确的规定时，不仅使得法院在审理案件时缺少明确的规范依据上的指导，同时也使当事人在进行有限责任公司股权转让时，对“同等条件”的先期预判会出现困难，从而难以对自己的行为产生合理预期。社会生活是复杂多变的，实践中股权转让合同的内容多种多样，条件的设定没有统一的标准，这也为法律没有明确规定“同等条件”的确定标准提供了实践上的注脚。法律需要对法官的裁判提供立法上的指导，但是司法实践的不确定性又使得这种指导存在较大的技术难题，因而是应当在立法时对“同等条件”进行合理、明确的规定，保证确定性的同时兼顾到条款的灵活性与弹性，还是对“同等条件”进行硬性的规定？这是一个需要理论研究与实证分析结合问题。在目前针对“同等条件”立法尚具有一定模糊性的情况下，如何在动态复杂的社会环境条件之下寻求合理的立法模式，这是亟需破解的难题。

二、“同等条件”认定的理论探讨和立法现状

前文已经论及，在有限责任公司股东的优先购买权中，最为关键的问题是“同等条件”的确定。即优先购买的行使并不是毫无条件的，立法需要为此种法定的优先权设定一定的限制条件，故厘清“同等条件”十分重要。但原股东在股权转让中只能获得交易顺位上的优先，而不能获得交易条件上的优惠。“同等条件”的设定体现了法律在保障有限责任公司人合性的同时，也兼顾到了股东自由转让其财产获得收益的权利以及第三方受让人公平交易的权利。

（一）“同等条件”的理论探讨

我国《公司法》第 71 条在保护有限责任公司股东的优先购买权的同时规定了“在相同的条件下”这一前提。《〈公司法〉司法解释四》[1] 虽然对其做了进一步的规定，但具体适用条件仍然较为模糊。“同等条件”这一限制是为了兼顾优先购买权股东和出让股东双方的利益。但关于如何确定“同等条件”，立法却没有给出具体的认定内容，在实践中经常会出现“出让方和第三方早已串通虚高的价格来逼迫优先购买权股东不得不放弃权利，或者相反情况，优先购买权股东与第三方串通来使出让股东利益受损”[2]。为了避免这样的情况发生，学界也是各抒己见，目前主流的观点主要有以下三种：

第一，绝对同等条件说。优先购买权的股东给出的条件必须与出让方和第三人之间的约定一模一样，否则就达不到绝对一致的条件。这样的说法未免太过于苛刻，因为约定的条件都需要在转股协议书上形成书面形式，既然协议都已达成，拥有优先购买权的原股东根本就没法介入到他们双方的协商中，并且每一方都有不一样的状况，因而在实际中的可操作性不强。另外，倘若出现上述的虚抬价格等故意行为，损害原股东的优先购买权，此时完全按照绝对一致的条件说来对“同等条件”进行认定，对于享有优先购买权的股东来说，这种条件就是一种枷锁，该权利也形同虚设，会极大程度上破坏公司的人合性。

第二，相对同等条件说。即一定程度上没有前述“绝对一致”的条件那么苛刻，它规定了购买条件的范围，只要条件较第三方提出的或者相当，或者更加优厚，就可视为“同等条件”。[3] 表面上看相对条件一致是放宽了条件，但是何为“更为优厚”的条件，其到底应该包括哪些判断的标准，这也是尚需进一步明确的地方。有学者认为这些判定要素应当包含转让的数量、转让价格、以何种方式转让、以何种方式支付、何时履行等，一些要素譬如转让多少、价格条件是一致的，另外的其他要素比如时间、方式上的细微差别，因不会对同等条件的认定起到实质性的影响，所以依然可以视为“同等条件”。虽然该种观点将条件认定的要素进行了分类，针对不同的条件也设置

---

〔1〕《〈公司法〉司法解释四》第 18 条规定，《公司法》第 71 条第 3 款所称的“同等条件”，应当综合股权的数量、价格、支付方式及期限等因素确定。

〔2〕陈立斌主编：《股权转让纠纷》（第 3 版），法律出版社 2015 年版，第 119 页。

〔3〕徐尚豪、单明：《优先购买权制度研究》，中国法制出版社 2006 年版，第 328~329 页。

了相应的影响程度分级，但是对于不同类的约定，这些要素的重要性却不尽一致，所以这种判断标准的范围宽泛且带有很强的主观性，很难拿捏适度，从而会给司法实践带来困扰，导致各地判例的标准差距较大。

第三，折中说。这种观点首先确定出转股合同的实质性核心条款，若合同主体就核心条款已经达成合意，则其他条件可以根据具体情况进行粗略对比，不必要求严格意义上的完全相同。核心条款是涉及双方核心利益的重要条款，通常包括转股多少，转股价格、支付时间、何种形式履约、是否附条件支付等事项。有学者将股权转让合同的条款进行分类，基本上可以包括两种类型：一类是有关支付款项的价格类因素，另一类是辅助合约履行的价格之外的条件，股权转让合同通常要同时涵盖这两类条款的内容。然而，掺杂着很多感性的、法律等对规范性文件难以事先预料的因素在内，合同约定的内容往往比法律规定的情形更加多元化；加之合同主体的多元性，导致合同条款对于当事人的重要程度也不同，所以法律不能对任何合同要素做出核心与否、重要程度大小的事先判断，这种判断应当留待司法实践中法官来进行。并且“折中说”在众多的条款之中仅仅关注到同价格有关的一些核心要素，而忽视了一些同价格无关的“非实质条件”，这也是该学说的不足之处之一。

（二）“同等条件”的立法现状

我国刚公布的《〈公司法〉司法解释四》中明确了“同等条件”的认定应当综合考虑转让股权交易的各种因素。《法国民法典》第815条规定：“享有优先购买权的股东若要行使该权利，那么行权价和在何种情况下可以行权应当比照转让方股东和其他第三人商议的结果。”[1] 换句话说，“同等条件”应当包括转让价格和转让条件。我国有关该权利的“折中说”正是参考了上述法国法律对于该条件的相关规定。《德国民法典》第505条的规定类似于上述《法国民法典》中的规定：“优先购买权人若要行权，双方间的约定要同转让方和第三人间的约定。”这是对优先购买权人“同等条件”的概括性规定。但是在该部法典的第507条、第508条、第509条也为该条款的行使留有余地：“①该转让约定，附有从给付义务，该义务一定要履行，若实在无法履行，则可用其他方式替换，比如支付现金等，两者都行不通，那么优先购买权人不能行权。②买卖标的是某物品的一部分，即便是与第三方约定的是支付全部的价款从转让人手中受让全部的标的物，享有优先购买权的人也可以

〔1〕 马育民译：《法国民法典》，北京大学出版社1982年版，第236页。

选择仅支付部分价款，将转让合同的标的确定为整个标的物的部分。相反，假如标的物本来是按照不同部分出让的，转入方有权利让优先购买人购买所有标的，优先购买人拒绝的，此时的优先购买权就会被限制。③若出让人和受让人之间有延迟支付的约定，这个约定同样适用于优先购买权人，出让人可以视情况让优先购买权人作出担保”〔1〕。同时，《德国民法典》也规定了不得行使优先购买权的情况，比如涉及司法的强制程序等。《德国民法典》中关于价格和条件的规定等同于约定的条款，类似于我国的“绝对同等说”，显然，这有很大的缺陷。《德国民法典》似乎也意识到了此类问题，对预料到或许会影响成交价格成交方式等因素的规定制定了补充条款，这一点我国可以予以参考借鉴。

三、同等条件认定的参照

“同等条件”的立法初衷之一是为了保证公司股东法定优先权的行使不对出让人的权利造成损害，由此需要解决的问题便是如何确定“同等条件”的认定标准。但立法并没有确立具体的认定规则，而实践中常常产生一系列损害有关当事人利益的情形，诸如，股权转让人与第三人恶意串通，对股权转让合同的价格进行虚报高价的约定，导致享有优先购买权的股东不能行使优先购买权；或者原公司股东滥用权利，利用立法规定的漏洞，对存在特殊交易利益的转让人与第三方之间的交易进行排除，损害股权转让方的合法利益，〔2〕所以，对于同等条件的认定，在现行法律及其司法解释没有作出明确规定的情况下，可以参照有类似规定的规范性文件确定的标准来进行确定，以此为“同等条件”的认定提供便利。

（一）“合同复制说”的参照

“合同复制说”认为“同等条件”之“同等”，是由转让人与受让人签订的合同为参照标准的，后一合同是对前一合同的复制。这种学说源于《德国民法典》中对“同等条件”的规定，依据《德国民法典》的规定，享有优先购买权的股东与股权转让股东之间签订的合同，与股权转让股东与受让人之间签订的协议应当完全相同，〔3〕即股东若是进行法定优先顺位权的行使，也

〔1〕［德］迪特尔·梅迪库斯：《德国民法总论》，邵建东译，法律出版社2013年版，第183页。

〔2〕参见陈立斌主编：《股权转让纠纷》（第3版），法律出版社2015年版，第119页。

〔3〕参见［德］迪特尔·梅迪库斯：《德国债法分论》，杜景林、卢谌译，法律出版社2007年版，第131页。

必须在等待转让人与第三人之间转让合同签订完成、股权转让的条件确立之后才具有行使优先购买权的基础，若无此先前合同，则优先购买权人与转让人之间的后一合同无从参照，无法达到“同等条件”。而对于“复制”的程度，学界对此进行了一些讨论。认为前后两个合同不必在所有交易条款上完全一致，仅需在影响合同订立的主要条款上一致即可，如合同标的、数量、价款等，对此可以参照我国《合同法》第30条确定的合同的主要条款进行确定。[1]

实践中，持“合同复制说”的学者认为“同等条件”的必要因素是“转让人与第三人签署转让协议”，因而“同等条件”只有等到转让人与第三方受让人达成合意、股权转让合同已经签订时，才能够具体确定。有人据此认为，在有限责任公司股权转让中，并不是享有优先购买权的股东直接与转让股东就股权转让的相关适宜进行协商，而是欲对股权进行转让的股东与拟购买该股权的第三方进行协商，就转让的相关条件达成一致，对“同等条件”的前提进行确定，此时原公司的股东才能基于此条件判断其是否需要行使优先购买权。这种观点不仅在理论界得以呼应，在司法实践中，也有法院的判决对此进行了采用，认为有限责任公司股东在行使优先购买权条件下，必要的参照要素是股权转让人已经与受让人已经形成的合意……在受让方的身份未进行披露之前，股权转让方与受让人之间签订的合同并未公开，原股东行使优先购买权借以参照的条件尚未公布，权利不存在享有的条件。由此观之，如果股权转让的受让方不确定，优先购买权也就没有行使的空间了，因为“同等条件”并不成就。[2]

虽然“合同复制说”可以用来确定优先购买权成就的时间点，对于“同等条件”的判断也确立了相对明确的标准，但是笔者认为“合同复制说”在实践中存在如下困境：其一，优先购买权人在股权转让人与第三人签订合同之前无法介入其中，只能消极等待，优先购买权人“不能”且“不用”付出任何谈判成本，打击优先购买权人的积极性的同时，也会损害商事交易过程中的便捷与效率，同时迫使优先购买权人“攫取他人谈判成果”，势必造成不好的社会影响。其二，转让股东容易陷入“一物二卖”的尴尬境地。因为股

---

〔1〕《合同法》第30条规定，有关合同标的、数量、质量、价款或者报酬、履行期限、履行地点和方式、违约责任和解决争议方法等的变更，是对要约内容的实质性变更。

〔2〕参见丁祥明、李晴、冯月琴与瞿斐建优先认购权纠纷再审审理民事判决书［（2012）民抗字第31号］。

权转让人已与第三人签署转让合同，若优先购买权人主张优先购买权，则转让人必然对第三人负有违约责任，在浪费社会资源的同时，也会增加转让人的转让成本。其三，但凡优先购买权人主张行使权利，第三人的谈判付出的时间和精力将徒劳无功。综上，“合同复制说”对三方利益均有所损害，并且给社会效率带来影响，同时增加社会成本，因此应当摒弃这一模式。

（二）价格条件的参照

基于“合同复制说”存在的弊端，有学者提出了“价格条件”这一参照条件。持此种观点的学者认为，对于“同等条件”的确定，不应当在欲转让股权的股东已经同第三方签订股权转让之后，在股权转让合同签订之前，优先购买权的“同等条件”就可予以确定，并依据此“同等条件”参照，对原股东以及第三方提出的条件进行比较。学者据此进一步认为，同样是作为买受人，即便原股东享有优先购买权，其也应当参与到股权买卖的竞争中去，与非股东的第三方共同对其欲购买的价格在同等情况下进行竞价，在公平的竞争环境中对股权的转让条件，尤其是股权转让的价格进行确定，以此使得欲转让股权的股东的利益达到最大化。采用此种一同竞价的方式还可以避免在“合同复制说”观点下，转让股东已经与第三方签订合同，但原股东欲行使优先购买权，从而使转让股权的股东对第三人可能承担违约责任的风险。将非公司股东的第三人与享有优先购买权的股东置于平等出价的地位，节约了签约资源，也在一定程度上保障了第三人的利益。

笔者认为，“价格条件”为同等条件的核心要件，结合实践中的案例来看，只有在拍卖程序中，才能得出最符合市场规律的股权转让价格。如2007年的“银华基金股权拍卖案”中，原股东同其他竞价者一起参加了拍卖，最终该股权溢价50倍，被非股东竞买人竞得；再如2007年的“博时基金股权拍卖案”，为了凸显原股东的优先购买权，拍卖程序分为了两个步骤，第一步是非股东竞价人参与拍卖，这一步中非股东竞价人最高出价为45.6亿元；第二步让原股东和第一步中竞价优胜者再次进行拍卖，最终博时基金的老股东以63.2亿元的价格取得了股权。最高院出台的司法解释中对博时基金采用的此种拍卖模式予以了认可。[1] 因此，笔者认同营造股权竞价机制的观点，一

---

〔1〕 最高人民法院在《关于人民法院民事执行中拍卖、变卖财产的规定》第16条第1款也可以表明这一态度：拍卖过程中，有最高应价时，优先购买权人可以表示以该最高价买受，如无更高应价，则拍归优先购买权人；如有更高应价，而优先购买权人不作表示的，则拍归该应价最高的竞买人。

方面转让人能够获得最大利益的同时，第三方也可获得公平交易的权利；另一方面在“同等条件”下原股东仍能取得股权，股东的优先购买权也不至于被架空。除此之外，存在争议的是“价高者得”原则。有学者指出，在“价高者得”的规则中，对比出价的高低是该规则适用的重点，而有限责任公司股东的法定优先权，强调的是在共用的标准之下的优先购买，如果忽视了该“同等条件”而采用“价高者得”的购买模式，实际上是否定了该权利的核心要件，而在“价高者得”的竞价机制中，实际上是不存在购买股权条件上的平等的。[1] 然而，正如在“合同复制说”中提及的存在问题一样，不将享有优先购买权的股东纳入到股权购买的竞价机制中，便很难在非股东的第三方、股权转让人以及享有优先购买权的股东之间形成一种利益兼顾、风险平衡的格局，而“同等条件”的设立就是致力于达到这种利益平衡的局面。竞合机制的运用作为一种拍卖形式，能够有效地兼顾多方利益，另外，在竞价机制之中，第三人公平交易的利益也得到了充分保护，其后可以通过加价以最终取得股权，不至于出现本文案例中欲加价而不能的情况。通过引入其他股东参与竞买形成价格形成机制，形成一个类似自由流通的交易市场，使股权转让的股东利益达到最大化。

但是，也有些学者反对上述价格形成机制，认为股东优先购买权的立法目的在于保障公司的人合性特征，人合性特征关系得到有限责任公司的信赖和合作关系，如果破坏了公司的人合性特征，对于有些封闭公司来说，甚至可能将面临无法生存和发展的窘境。但是，一味地追求有限责任公司的人合性而忽视了经济社会的股东的商业利益这一最本质的特征，未免有失偏颇。首先，任何制度都是双刃剑，在市场经济高速发展了30多年的今天，片面强调原公司股东的利益，限制股权自由流通，限制第三人的公平交易权，将对社会经济的发展造成一定的阻碍；其次，有限责任公司并非传统意义上的“闭锁公司”，许多学者对《公司法》的理解似乎只侧重了“有限责任公司”的人合性特征，而忽视了其还有资合性特征。典型的人合性公司如合伙企业，因为其更加看重人本身的属性，因此是采用无限责任制度。另外，有限责任公司的出资也采取了严苛的查验模式，对出资的真实性和完整性均有严格要求。2013年《公司法》的修改，只是取消了对最低出资比例和出资期限的要求，放松了对公司设立阶段的出资管制，并未否定资本维持和资本不变原则。

---

〔1〕 王福祥：《论优先购买权》，载《法制与社会发展》1995年第2期，第41页。

修改后的《公司法》仍然要求公司在设立时股本确定，所有发行股份必须已经全部被股东认购，资本确定原则仍然存在。有学者认为，我国《公司法》仍然要求有限责任公司遵守“资本三原则”，《公司法》同样重视有限责任公司的资合性特征。[1]

四、同等条件的具体认定

（一）同等的价格

股东转让其股权无疑是为了收回投资，因此，股权转让价格是“同等条件”中最核心的要素，同样对于股东行使优先购买权时的主要考量因素，也是价格因素。相比于价格要素的核心地位，转让方式、转让期限等其他要素都是为实现价格要素而设定的。

不同于股份有限公司，有限责任公司的股权并没有可以流通的公开交易市场，而是处于相对封闭的环境中，因此难以确定其所持股权的公允价值，确定的股权转让价格一般为当事人谈判的结果。倘若当事人在股权转让合同中的约定仅仅是一个价格，而不存在其他特殊因素时，则对“同等条件”的判断以及优先购买权的行使不存在任何困难。但这是一种理想化的股权转让模式，实践中往往并非如此，实务中存在着大量价格条款附加其他因素的情况，如某投资公司转让股东与第三人约定以 2 元价格转让股权，同时约定受让人承担部分公司债务[2]，此种情况下，就不能单纯以价格条款来认定“同等条件”，如何判定这些价格条款中的附加条件，笔者认为可以从以下三个方面予以考量：

第一，何种因素可以折算为价格因素。股权转让合同约定的价格是股权价值的体现，因为价格作为一种可以衡量的价值，如果股权转让合同中约定的所有条件均可折算为价格因素，则“同等条件”也就相对确定。价格的一个重要特征之一是可量化，因此股权转让合同中约定的，除价格之外的条件是否可以折算为价格因素，就必须确定其是否具有可量化性。在一般的交易观念中，经济往来的因素是可以量化的，如股权转让合同的非股东第三人曾无息借款于股权转让人，该借款利息是可以计入股权转让的价格中的。在这

---

[1] 刘燕：《重构“禁止抽逃出资”规则的公司法理基础》，载《中国法学》2015 年第 4 期，第 181～205 页。

[2] 《上海盛华企业投资发展有限公司诉倪鸣等股权转让纠纷上诉案》，载《公司股权指导案例与审判依据》编写组编：《公司股权指导案例与审判依据》，法律出版社 2008 年版，第 206 页。

种情况下，如果享有优先购买权的股东主张行使优先购买权，则股权转让方有权将该借款的利息计算至转让合同的附加利益中去，但是否行使计算入内应当留于股权转让人自行决定。[1]

第二，如何进行价格因素的折算。意思自治作为民事行为的核心要素，因此对于非价格因素向价格因素的折算，应当由当事人自由决定，只要当事人之间能够达成意思一致即可。如果股权转让合同双方当事人未能就股权转让的相关条件达成一致，便可以采用对股权交易价格加以市场因素进行确定。采用以市场价格为标准的折算方法，可以较为公允地确定股权交易合同的条件所反映的价值，在一定程度上可以避免股权转让人与非股东第三方恶意串通损害原股东的优先购买权的风险。值得讨论的是股权转让合同的签订与优先购买权的行使之间会存在一定的时间差，即便很短，这个时间差也会导致股权交易的公允价格发生变化，此时应当以何时间点的市场价值确定股权的公允价值是一个关乎各方利益的问题。不管是以合同订立时的价格为准，还是以优先购买权可以行使时的价格为准，市场行情的变化总会影响到被转让股权价格的确定。如果以合同签订时的市场价格为准，当优先购买权可以行使时市场价格下降，公司股东则不会主张优先购买权，原股权转让合同得以履行；一旦价格上涨，公司诉讼主张以低于此时市场价格的条件购买股权，主动权均掌握在享有预先购买权的股东手中，非股东第三方的权益得不到有效的保障，权益有遭受风险之虞。反之，以可以行使优先购买权时的价格为准亦然，当市场价格上涨，享有该权利的股东将不会使权利实现，原有的股权转让合同得以继续履行，各方当事人之间的利益格局不会发生变动；而当市场价格下降时，享有优先购买权的股东可以主张行使优先购买权，此时股权的交易价格较之前签订的股权转让合同有所降低，该损失视为是市场交易的风险所在，同时非股东的第三方可以获得高于此时股权市场价格的原价款返还，其利益没有遭受损失。在此前后利益格局中，利益受损的是股权转让人，可将其受损的利益堪当作是惩罚。最后，如果对于交易的股权不存在公允价值，可以由双方共同协商或者由法院指定中介机构对交易的股权价格进行评估，以确立股权转让合同的公允价款。

第三，如何判断较高价格。股权转让合同中，合同价款可以由当事人的

---

〔1〕 参见关倩、王燕：《论股权优先购买权与股权自由处分权的对抗》，载《人民司法》2012年第11期，第80页。

自由约定，即便双方以高于市场价格的条件进行交易，法律通常也没有必要进行干涉。但是如果合同当事人故意虚抬股权的交易价格，对享有法定优先权的主体合法权益造成损害，则这种行为是被法律所禁止的。如何判断股权交易价格明显不合理偏高，可以采用对交易股权进行价值评估的方法来确定是否偏高，并要求股权转让合同的受让人对其提供担保。如果股权的价值不高，可以要求股权受让人对股权转让合同的交易价款提供全额担保；但当交易的股权价格过高时，则应要求股权转让合同的受让人出具第三方担保机构开出的担保证明。

（二）同等的付款条件

对于“同等条件”的确定，不仅需要考虑转让股权的价款，还需考虑价款支付所设定的条件，付款条件主要包括价款支付的方式以及价款支付的时间。首先，在价款支付的方式方面，现今的交易习惯主要有一次性支付以及分期支付两种方式。在一次性支付方式中，股权转让人所承担的风险较低，因为随着付款周期的延长与市场情况的变化，股权转让合同的受让人不能如期支付价款的风险会随之增加，股权转让人利益受到损害的可能性也越来越大。由此可见付款方式的选择，对于股权转让人来说有着重要影响。其次在交易价款的支付时间方面，对于转让公司股权的股东来说，其转让股权的目的多种多样，既可能是单纯地为了退出该公司，也可能是出于周转资金的需要，但是不论何种目的，及时收回投资都对股权转让人有着重要的影响，也是其主要的目的所在。因此股权转让合同的受让人何时取得合同价款对其有重要的影响，尤其资金的期限利益也蕴含其中。如果在股权转让中，非股东的受让人与股权转让股东约定在10天之内付清价款，而享有优先购买权的股东与股权转让股东约定在半年内支付同样的价款，即便价款相同，股权转让人也失去了股权转让对价资金的期限利益，故不能称优先购买权的行使是在“同等条件”下进行的。

另外，有观点认为在股权转让价款支付方面，还有一个需要考虑的问题是非股东受让人与原公司股东受让人两者的信誉问题。信誉能力是影响转让对价能否顺利支付的重要因素，如果享有优先购买权的股东信誉较差，其行使权利仅仅是为了对股东向外转让股权的行为进行阻拦，甚至是恶意损害股权转让人的利益，此时，享有优先购买权的股东的信誉状况便成为需要纳入考量范围的因素。但是对于个人信誉的考量，不是一个完全客观的标准，其具有较强的主观性，加之其中难以考量的经济因素，就此产生的问题便是如何将这种信誉因素折算为价格因素，将其纳入“同等条件”的考察范围。但在实际的操作中，往往难以对其进行衡量，因此应将其舍去。

（三）同等的数量条件

在股权转让的股东与非股东受让人签订股权转让合同之后，股权转让的数量也随之明晰，上述所知，转让条件对股东的优先购买权的行使前提——“同等条件”的确认有非常重要的参考价值，另外对股权转让的价格、价款支付的条件作出确定之后，另一个对“同等条件”的确定有重要影响的就是股权转让合同交易的标的数量。享有优先购买权的股东在行使优先购买权时，对于拟受让的股权数量，是否必须与非股东受让人拟受让的股权数量一致？是否允许享有优先购买权的股东仅购买非股东受让人拟受让股权的一部分？换言之，有限责任公司股东的优先购买权是否可以部分行使？这一直以来就是备受理论界争议的问题。从我国《公司法》第71条的规定来看，并不能找到可以解答此问题的答案，在相关的司法解释以及法规等规范性文件中也没有针对性的规定，因而学界以及司法实践中对此争议较大，理论界有两种观点值得探讨，即肯定说与否定说。

持肯定说观点的学者理由有二：一是《公司法》及其司法解释是私法体系的内容，“法无明文规定即自由”是私法的重要精神，也是保护民商事主体自由权利的重要原则。由于《公司法》及其司法解释并未对有限责任公司股东部分行使优先购买权的行为作出禁止，即可理解为这种行为是符合私法自治原则的，司法实务中不应予以禁止。二是在民法体系中，将物划分为可分物与不可分物，其划分标准是分离后是否会影响物的功能的实现。股权是虚拟之物，股东享有的股权可以在保证最小单元完整的情况下进行切分，股东选择转让其持有的部分股权就是该原理。那么在保证技术允许的情况下，享有优先购买权的股东仅是购买其转让的其中部分股权，在法律上是被允许的，并不存在实施障碍。[1]

与此持相反观点的是否定说认为，享有优先购买权的股东不可以部分行使优先购买权，其论据主要有：一方面，“法无明文规定即自由”是私法领域不可否认的原则，但是否所有民商事领域的规范性文件都必然适用该原则是一个需要区分情况对待的问题。《公司法》及其司法解释，规范的是民商事主体之间的关系，属于私法领域的立法，但是《公司法》及其司法解释发挥的

[1] 李建伟：《公司法学》（第2版），中国人民大学出版社2008年版，第320页。

另一个重要的作用即对股份有限公司以及有限责任公司的设立、运行以及解散进行规范管理，从而维护社会主义市场经济秩序，保护交易安全，提高市场效率，是典型的具有公法色彩的私法。我国《公司法》所规定的股东优先购买权，采用一种法定的受让人顺位制度来对股东对外转让股权的行为进行某种程度的约束，其权利性质是一种程序性权利，该程序性权利是不能由当事人随意变动的，法律规定的条件必须予以遵守。因而对于具有特殊公法性质的《公司法》及其司法解释规定的优先责任公司股东的优先购买权，并不能采用“法无明文规定即自由”的说法[1]。另一方面，股东拥有公司的股权意味着享有对公司的诸多权利，尤其当交易标的股权数目已达到取得公司控制权的情况时，部分行使与全部行使优先购买权产生的法律效果完全是不同的。因此当非股东受让人基于取得公司控制权的角度欲购买转让的股权时，这时股权是不可分割的。

笔者认为，肯定说与否定说观点的差异在于其立足保护的权益不同。肯定说支持享有优先购买权的主体可以部分行使权利，即将选择的权利交予公司的原股东，实际上是偏重保护原股东利益考量的结果。如果坚持采用肯定说的观点就是对非股东第三人的利益造成忽视，产生利益失衡的结果。而否定说则更多考虑非股东第三人以及股权转让人的利益，从股权交易标的对受让人以及公司具有的重要影响入手。但是即便是股权转让股东欲转让的股权已经达到了控制公司的程度，该标的也并非不可分，因为依据《公司法》第71条第1款的规定，有限责任公司股东对内转让股权时，不论欲转让的股权是否已经达到了可以对公司进行控制的程度，都是可以进分部分转让的。对外转让不可分的立场显然站不住脚。实践中出现的问题是多种多样也是难以预测的，应当由法官在具体案件中针对案情进行具体分析，选取适当的方案加以解决。

（四）实质条件与非实质条件认定

由于实践中存在各式各样的交易形式，买受人开出对价的形式也可以多种多样，如有限责任公司的出资方式包括知识产权、金钱等多种类型。“绝对同等说”不够灵活，除了货币这种一般等价物之外，其他的对价方式的价值是很难衡量的。非股东受让人的出价与股东受让人的出价不可能实现绝对的

---

〔1〕 伍坚：《股东优先购买权制度之比较研究》，载顾功耘：《公司法律评论》，上海人民出版社2005年版，第36~49页。

同等，因而绝对同等说在实际的操作中并不具有可行性。而“相对同等说”的范围也同样难以确认，正如学者认为，若合同主条件相同（如支付价格相同），但从条件不同（支付方式），按照“相对同等”说不能判断此情形是否达到“同等条件”[1]。“相对同等说”会使法官自由裁量权过大，造成大量“同案不同判”的现象。相比前两种学说，“折中说”虽然更加合理，考虑了价格、支付期限等合同主要条款，却未考量一些真实存在的同价格无关的、但是却同样对合同交易条件的确定起着重要作用的“非实质条件”，故也存在一定的弊端，不应予以采纳。

尽管股权交易合同中会规定不同的交易条件，但是其中最为重要的条件还是股权的交易价格。实践中往往并不要求享有优先购买权的股东与股权转让方签订的合同和非股东一方签订的合同条件完全相同，此时《德国民法典》中的立法技术具有参考意义，即不仅对确定“同等条件”的一般考量情形进行规定，还针对实践中可能出现的特殊情况，进行一定的变通规定，采用“一般加特殊”的立法模式。故而本文认为，对于“同等条件”的确定，立法可将其确定标准分为一般情况下的“实质条件”和特殊情况下的“非实质条件”：实质条件针对的是普通的、具有一般性的交易，当股权转让合同的双方当事人对合同的交易条件都未做特别的约定，仅仅是设定了普通股权交易中的价款、数量、价款的支付时间与支付方式等，就可以适用该实质要件的确定标准；非实质条件则是指转让股东与受让人间的股权转让协议中的特殊约定，如债务承担、从给付义务等。对待实质条件，应按照股权转让协议的内容履行，遵守绝对同等条件；而对待非实质条件，股权转让人对非股东第三人进行的承诺已经根据具体情况进行价值方面的量化，灵活分析。[2] 对于“非实质条件”的设定可参考以下标准：一方面，如果对将已经签订对合同的交易条件进行更改，是否会因此增加股权转让交易双方当事人的履行成本；另一方面，如果交易条件变化，股权的流通是否会因此发生困难。[3]

实质条件作为必备要素，直接对比即可。而对于非实质条件，则需要进一步区分以下两种情况：

---

[1] 古锡麟、李洪堂：《股权转让若干审判实务问题》，载王保树主编：《实践中的公司法》，社会科学文献出版社2008年版，第51页。

[2] 毛亚敏主编：《公司法》，浙江大学出版社2008年版，第131页。

[3] 虞政平、丁俊峰：《股东优先购买权制度探析——以司法裁判为关注焦点》，载“第二届公司法司法适用高端论坛”论文集，北京，2012年5月。

第一，可以用交易价格来衡量的因素。此种情形下，交易条件虽然不是一般买卖合同中的条件，但也有可量化的特点，可以间接地用价格表示其价值。简言之，可折算其经济往来因素的价值，如若第三人在股权转让协议里承诺免费提供劳务，则可以把该劳务岗位的工资价格计入股权转让总价当中。此处可以比照我国《公司法》第 27 条的规定[1]。若非实质条件中涉及的条件可以折算成货币，则可把该条件转换为实质条件来确认是否达到“同等条件”。把不可量化的非实质条件转化为可量化的实质条件，同时兼顾了公司的人合性特征与转让人获取最大利益的需求。另外，转化价格的确认不能过分严苛，不然会造成转让人与第三人恶意架空优先购买权人权利的情况，此处可以参照《合同法》第 62 条之规定[2]。有学者提出，“对于一些特定之物，虽然表面上看来“可量化”，实质上该物只由第三人拥有，别无二家，转让人希望股权转让的对价是该特定之物，这种情况下优先购买权人应不能行使优先购买权。”[3] 笔者认为，若该看法中的“特定物”经评估确实具有唯一性，可以将其归类至“不可用交易价格衡量的因素”中，具体解决办法将在下文中进一步阐述。

第二，不可用交易价格来衡量的因素。股权转让合同中，不仅仅只包含货币或者可以用货币计量的各种具有财产性物的价值条件，还可能包括一些人身性的条件。在股权转让合同中，这些非理性的人身性条件没有可计量的价格，有学者认为“人身关系不能成为股权转让的‘同等条件’，因为其没有可比性，不是市场化的公允交易，不符合市场规律”[4]。即认为不可计量的人身关系容易成为转让人与第三人规避股东优先购买权的路径，因此应杜绝股权转让合同的对价之中出现非理性因素。笔者认为，完全禁止股权转让合同中附加人身性条件是不符合法理的。首先，股权是转让人的私有财产，转让人有充分的、不带任何瑕疵的处分权，就算转让人赠与其股权，法律也不

---

[1] 《公司法》第 27 条：股东可以用货币出资，也可以用实物、知识产权、土地使用权等可以用货币估价并可以依法转让的非货币财产作价出资。

[2] 《合同法》第 62 条：价款或者报酬不明确的，按照订立合同时履行地的市场价格履行；依法应当执行政府定价或者政府指导价的，按照规定履行。

[3] 闫荣涛：《论有限公司股东行使优先购买权的同等条件》，载《公民与法（法学）》2011 年第 4 期，第 50 页。

[4] 罗培新：《抑制股权转让代理成本的法律构造》，载《中国社会科学》2013 年第 7 期，第 143 页。

应有所阻拦；其次，我国在唐宋时期就已经出现的亲族优先购买权、地邻优先购买权等制度，以人身因素为对价的需求自古有之，法律不能无视其实际需求，把制度限定在一个框架里。但是，以过多不确定的非理性因素作为对价，又会产生“同等条件”的认定困难，进而影响股东优先购买权的行使。另外，如果股权转让条件中包含人身性的因素，阻碍了转让人实现其人身关系，以及特定之物等特殊目的，转让人在和优先购买权人签订股权转让协议之前可以反悔。

五、结语

虽然新颁行的《〈公司法〉司法解释四》中对有限责任公司中股东行使优先购买权予以进一步相对明确的规定，但是对于各种权利行使的细节要件，尤其是优先购买权中的“同等条件“认定问题，立法还是存在模糊之处。实践中因立法不明确而导致“同案不同判”的现象及侧重于保障优先购买权人利益、不能很好地兼顾多方利益的状况都尚未得到彻底解决。

本文以最新司法解释为切入点，结合实践中的状况，对目前股东优先购买权制度中“同等条件”认定的问题进行了梳理，并在国内外学说、实践经验的基础之上，提出了一些新的见解。首先，“同等条件”的确定标准应该在区分实质条件和非实质条件的基础上区别对待，实质条件及可量化的非实质条件可直接折价对比，对于不可量化的非实质条件在不被禁止的同时，也不把其作为同等条件的对价。其次，应建立同等条件下的股权转让对价协商机制。“同等条件”的参照标准不再采用“合同复制说”，行使优先购买权的前提——“同等条件”的参照标准不应当是一个静态的条件，而应当是一个动态的、各方协调、博弈而产生的要素系统。通过引入其他股东参与竞买形成价格形成机制，形成一个类似自由流通的交易市场，促进“同等条件”的形成，股权转让价格合理，在保障第三人公平交易权利的同时，优先购买权人也无实质上的损失。

（初审人：梁伟亮）

论董事勤勉义务的判断与归责

张小洁*

摘　要：我国《公司法》等立法上对于董事职权的界定采自由主义，同时对董事行使职权时进行限制的勤勉义务规定也极为抽象，导致董事行使职权的边界缺乏明确的限定，留下了司法适用的空白。勤勉义务虽然极为抽象无法一一列举，但可以在鼓励董事正当经营与保护公司利益平衡的基础上进行类型化的尝试。对于董事勤勉义务的内容，应当关注董事行为的合理性，以董事已善尽决议作出时一般合理之尝试为已足。董事勤勉义务的归责，则应当警惕仅从结果主义出发而归责，仍然应当将董事行使职权的过程作为主要的归责基础。

关键词：董事勤勉义务　类型化　判断标准　归责基础

根据《中华人民共和国公司法》（以下简称《公司法》）第147条之规定，勤勉义务与忠实义务并列为董事的两大法定义务。近些年，随着中国市场经济日益完善，中国公司现代化进程日益加快，司法实践出现大量债权人、公司或公司股东诉请公司董事承担为原则，对董

---

* 张小洁，女，中国政法大学民商经济法学院民商法学专业2016级博士研究生（100088）。

事勤勉义务的界定和考量在司法实践中争议较大，法律适用存在困难，亟需深入统计、研究和界定，以统一裁判标准。

一、董事勤勉义务定义及行为类型化

（一）董事勤勉义务之定义

从汉语语义来看，“勤勉”是一个很难界定的词语，一般理解为努力、勤劳不懈。《荀子·富国》：“奸邪不作，盗贼不起，化善者勤勉矣。”《清史稿·允礽传》：“臣当益加勤勉，谨保终始。”

董事勤勉义务，或“善良管理人的注意义务”、“善管义务”（大陆法系）、“注意义务”（英美法系），在美国《示范商业公司法》第8.30条中对其做了如下规制：①董事会的每位成员在履行其董事义务时，应当本着a.诚信；b.以其合理相信符合公司最佳利益的方式而行为。②董事会成员或董事会委员会的成员在知悉与其履行决策功能有关的信息时，或者在履行其监督功能而施加注意时，应尽到一个处于相同位置的普通人在类似情形下所合理相信适当的注意。[1] 从上述规定可知，美国的《示范商业公司法》对于董事勤勉义务的定义与判断，侧重于董事对于公司利益的关注，及其对于其行为的诚信与合理注意。即董事在参与公司的经营决策与管理过程，应当依照其自身的能力、经验、素养等，尽最大努力保证公司利益最大化，且不应当存在由于其不诚信的行为或未尽注意义务所致，使得董事的具体行为违背公司利益最大化原则的情形。如结合董事自身的能力、经验，其可以但未能保障公司的利益，或在参与公司经营决策过程中，故意或过失的放任损害公司利益或公司利益未能实现最大化的情形发生或继续乃至故意为之（包括作为或不作为），即可认为董事可能还不符合勤勉义务的具体要求。

关于公司法意义上的董事勤勉义务的学理讨论在我国早已有之，立法上对该义务的具体含义却一直未进行明确。有学者曾就董事的勤勉义务做出定义，认为董事在为董事行为时与公司系委托或代理关系，故董事的勤勉义务是指“负有认真谨慎地管理本公司事务的义务，在大陆法系国家或地区基于委任契约或代理理论，此种董事对公司负有‘善良管理人的注意’，又被简称‘善管义务’”[2]。其他学者对于董事勤勉义务的定义所差无几，均认为该等义务应着重于董事主观上的善意及一定界限范围内的注意，该等界限即为董

---

〔1〕 28U. S. C. MBCA §8.30.（1984）.

〔2〕 参见赵旭东主编：《境外公司法专题概览》，人民法院出版社2006年版，第278页。

事受其自身学识、能力、经验等限制而所可能实现的注意义务。[1]

值得注意的是，虽然《公司法》并未给勤勉义务做出一个明确的定义，但我国2016年度修订的《上市公司章程指引》第98条对于哪类行为可被包含在董事的勤勉义务中，做出了明确的界定。其认为，董事的勤勉行为应涵盖确保公司商业行为符合法律、行政法规、政策规定、平等对待股东、及时了解公司经营状况、定期签署书面报告并确保报告真实准确、如实向监事会提供情况和资料等方面。[2] 从该指引的具体内容来看，董事的勤勉义务，主要体现在通过董事自身能力等方面以保证公司商事活动的合规性，以及要求董事对公司经营管理等情况应当知悉和掌握，以保证公司商业行为是在综合、全面考虑下做出并持续运作。

需要注意的是，考虑《公司法》第147条对于忠实义务、勤勉义务的并列表述，有必要就董事的忠实义务与勤勉义务进行一定区分。《公司法》第148条对于董事的忠实义务的类型进行了列举式规定，即对于董事的忠实义务，主要侧重于董事的个人利益不应当与公司利益相悖，不得以损害公司利益为代价获取董事个人利益，强调董事行为的主观目的性的善意，在构成上，忠实义务多为故意行为，系以积极行为表现。[3] 而勤勉义务则更强调董事行为的主观注意与尽责，重在董事在做出相关行为的过程中，如在参与公司生产经营决策中，判断其是否运用自身综合能力维系公司最大利益。具体的判

---

〔1〕 参见刘敬伟：《董事勤勉义务判断标准比较研究》，载《当代法学》2007年第9期，第148页；蔡元庆：《董事的经营责任研究》，法律出版社2006年版，第179~187页。

〔2〕 《上市公司章程指引》第98条对于哪类行为可被包含在董事的勤勉义务中，明确规定包含以下方面：①应谨慎、认真、勤勉地行使公司赋予的权利，以保证公司的商业行为符合国家法律、行政法规以及国家各项经济政策的要求，商业活动不超过营业执照规定的业务范围。②应公平对待所有股东。③及时了解公司业务经营管理状况。④应当对公司定期报告签署书面确认意见。保证公司所披露的信息真实、准确、完整。⑤应当如实向监事会提供有关情况和资料，不得妨碍监事会或者监事行使职权。⑥法律、行政法规、部门规章及本章程规定的其他勤勉义务。同时，该指引亦明确，公司可根据具体情况在章程中增加对本公司董事勤勉义务的具体要求。

〔3〕 《公司法》第148条第1款对于董事的忠实义务的类型列举规定："董事、高级管理人员不得有下列行为：①挪用公司资金；②将公司资金以其个人名义或者以其他个人名义开立账户存储；③违反公司章程的规定，未经股东会、股东大会或者董事会同意，将公司资金借贷给他人或者以公司财产为他人提供担保；④违反公司章程的规定或者未经股东会、股东大会同意，与本公司订立合同或者进行交易；⑤未经股东会或者股东大会同意，利用职务便利为自己或者他人谋取属于公司的商业机会，自营或者为他人经营与所任职公司同类的业务；⑥接受他人与公司交易的佣金归为己有；⑦擅自披露公司秘密；⑧违反对公司忠实义务的其他行为"。

断需要依据其是否尽职和尽职的程度及范围进行判断其是否履行勤勉义务。在行为上，多为过失行为导致怠于履行勤勉义务，系以消极不作为的形式表现。

（二）关于董事勤勉义务的类型化

1.“行为”与“知悉”

从董事行为角度，对于董事勤勉义务的类型，主要包括两个方面：其一为对公司商业行为所采取各项合理措施，以保障其合规性；其二为对公司生产经营决策程序充分知悉及了解，以保证决策的合理性。上述两类型均包括了对于董事主观上是否故意或过失为或不为某一行为等全方位的判断。在董事勤勉义务提出的初期，基本将董事的勤勉义务限定在董事行为方面的合理性，董事须举证证明其行动具有实质性的合理性，从而举证证明已尽勤勉义务。而对于“知悉”——勤勉这一类型，其重要意义在于董事对特定行为的免责，特别是在一些复杂、专业的商业决策合理性审查方面，董事可以通过已经正常履行了公司章程中规定的决策程序而证明已尽勤勉义务，从而免责。[1]

2. 决策勤勉与监督勤勉

现代公司制企业中，董事职责一般包括经营决策和经营监督两个方面。相应的，董事勤勉义务的范围也应分为两个方面：一是在生产经营活动前的决策勤勉，二是生产经营活动中及此后的监督勤勉。

所谓决策勤勉，具体包含三点：一是判断勤勉。董事在决定公司进行商业活动之前，都应当全面判断整个市场经济的形势、拟参与的商业活动的情况，收集有效的信息使其经济活动尽可能的有价值，实现公司利益。二是分析勤勉。董事不能只是进行简单的信息收集，还应当对收集的信息做必要的全面的筛选分析，实现公司的能力、实际情况与拟参与商业活动相匹配，使得最终形成有效信息用于公司决策。三是谨慎决策。这是决策勤勉最重要的部分，董事之前的工作都是为了这一部分，在董事依据其自身能力、水平、经验等综合判断当前形势、公司实际情况，分析公司参与该商业活动的可行性后，董事只有做出谨慎的决策，经理及员工才会依照计划具体实行，公司才能够正常运营。即在于通过董事的行为使得公司的利益最大化——这是董事个人和公司整体追求的最终目标，也是董事勤勉义务的应有之意。

---

〔1〕 See Janet Dine, *Company Law* 213, 4th ed., Palgrave, 2001.

所谓监督勤勉，具体而言包括两个方面：一是对公司商业活动的行为、结果等持续全面实施、关注、监督。董事作出决策后，即开始正式启动商业活动的具体行为，由于目前市场经济形势日益变化，公司进行商业活动的相关行为也日益复杂，持续时间较久，董事的勤勉义务应是一个持续的履行过程。二是董事应当对其他董事、经理层以及员工等的行为实施监督，即在董事完成决策后，公司各级人员即各自按照计划、安排全面推进公司的商业活动。但各级人员基于各种主客观原因，往往在实际履行过程中，存在实际履行与董事决策计划相背离的情况，此时，就需要董事履行勤勉义务，使得各方各司其职，保证公司商业活动的顺利进行。如董事不履行监视行为，即构成对监督勤勉义务的违反，这是一种不作为的违法行为。

关于董事履行监督勤勉义务的标准，在20世纪60—90年代，由于美国的判例法国家体例，美国相关法院已创设和确定两个著名的规则：一个是1963年Graham案所确立的Red Flags规则，董事不负有调查或者搜寻出错误行为的义务，除非存在可引起合理怀疑的情形，该规则在美国盛行30多年，为董事勤勉义务的范围划定了界限。[1] 在该规则下，董事的注意义务并非是要求董事时刻为核查公司各项商业活动及公司具体工作人员的各项行为采取积极措施，董事不对公司全部错误的商业行为承担责任，而仅根据其自身能力、经验、知识所可识别的部分情形在公司的商业活动中，对引起或值得合理怀疑的部分履行勤勉义务。另一个是re Caremark International Inc. 案所确立的“监督失灵”规则，[2] 即董事负有确保在公司内部建立一个信息系统，以确保董事能顺畅地知悉公司生产经营的相关信息，若未建立该机制，或存在持续、系统性的失灵，则可认为董事欠缺诚信，并构成勤勉义务的违反。[3] 该规则是强调董事的主动性和预先作为，即应当通过其自身能力、知识、经验等保证公司商事活动在一定限度内进行的可持续性，即应当对公司的相关经营决策信息予以掌握，以保证董事的能力、知识、经验被充分应用于公司的商业行为中，避免董事对公司经营决策参与过低或董事的行为是在对公司经营决策片面了解下做出的。上述规则被美国判例所确认后，经过不断完善，成为美国法院判断董事勤勉监督义务履行情况的主导性规则。

---

〔1〕 See *Graham v. Allis-Chalmers Mfg. Co.* , 188 A. 2d 125, 1963 (Del. LEXIS 127, 41 Del. Ch. 78).

〔2〕 See *In re Caremark Int'l*, 698 A. 2d 959, 1996 (Del. Ch. LEXIS 125).

〔3〕 参见任自力：《公司董事的勤勉义务探析》，载《人民司法》2007年第5期，第34页。

关于董事勤勉监督义务的另一个问题是其与监事会的监督作用之间的关系与区分。监事会是对董事和高级管理人员的经营管理行为进行监督的常设机构，主要作用在于它代表全体股东对公司的经营管理进行监督，行使监督职能，是公司的专职监督机构。从《公司法》第 51 条关于监事会的产生原则及禁止董事、高级管理人员担任监事的规定可知[1]，董事的监督勤勉义务，在于决策的有效掌控以避免其失灵状态，是对公司生产经营行为的具体把控，而监事会设立目的，系对包括董事在内的相关人员的违法行为进行监督。由于监事会的组成人员经常系小股东委派或直接参与，而公司董事多数席位、高级管理人员则多为控股股东委派或选择，故监事会职能主要在于小股东以监督公司董事、其他高级管理人员的形式参与公司日常生产经营和管理，保护小股东合法权益。董事的监督勤勉义务，与监事会的监督义务，侧重点并不相同，后者的监督范围包括对前者的监督。

二、董事勤勉义务的判断标准

（一）比较法上的董事勤勉义务标准

剖析各国规定，董事勤勉义务的判断标准各不相同，具体体现在勤勉程度的要求上，大体可分为以下四种类型：

一是宽松的一般勤勉标准，以美国为代表。在美国，呈上所述，其《示范商业公司法》对于董事勤勉义务作出了明确的定义，并不以公司损失或损害结果的发生作为认定董事违反勤勉义务的充分条件，董事仅需达到“处于相同位置的普通人在类似情形下所合理相信适当的注意”即可。该等普通人的“合理相信”注意，还明确提出了“适当”这一限制，即董事仅需站在普通人的角度履行注意义务，即使存在一定过失或疏忽，只要该过失或疏忽可被解释为“适当”或具有合理性，董事的行为即不构成对勤勉义务的违反。从立法意图上，可理解为任何公司参与生产经营等商业活动中，都存在风险，对风险和利益的判断难免会有失误。一般情况下，部分条件可保护董事免于承担一般过失行为的赔偿责任，即董事只需要对公司事务尽到一般勤勉义务、不存在重大过失行为，就无须对公司的损失承担任何赔偿责任。目前按照美

〔1〕《公司法》第 51 条第 2 款规定：监事会应当包括股东代表和适当比例的公司职工代表，其中职工代表的比例不得低于三分之一，具体比例由公司章程规定。监事会中的职工代表由公司职工通过职工代表大会、职工大会或者其他形式民主选举产生。第 4 款规定：董事、高级管理人员不得兼任监事。

国《示范商业公司法》及各州公司法规定，公司可以通过章程规定免除董事重大过失，但未违反忠实义务行为的部分甚至全部赔偿责任，以鼓励董事积极决策，促使公司积极参与商业活动，避免董事因规避勤勉义务，而在进行分析、决策等行为上过于保守。

二是以英国为典型的一般勤勉标准。在英国，尽到普通谨慎人的合理注意义务是董事勤勉与否的主要标准，根据具体情况又有所不同，其侧重于“合理性”的强调与判断，该等注意义务的判断标准略高于上述宽松标准。

三是严格勤勉标准，以德国、法国为代表。严格勤勉，是相对于上述一般勤勉而言的。在此种勤勉标准下，但凡存在危及公司利益的行为，无论出于故意或过失，董事都应当承担因此而产生的责任。部分学者认为我国公司法采取的就是这一标准，但此处存在争议。[1]

四是折中的严格勤勉标准，以日本为代表。此类勤勉标准介于上述一般勤勉与严格勤勉之间，也是对注意标准的强调，但追求标准的适度性。[2]

以上四类公司董事勤勉义务的判断标准，反映各国公司法法理对董事勤勉义务的判断标准宽严有别。总体来说，以美国标准最为宽松，而德国、法国标准最为严格。对于董事勤勉义务宽严口径的选择，将直接决定董事是否违反勤勉义务以及相关责任的承担。

（二）我国违反董事勤勉义务的构成要件

关于我国董事勤勉义务的标准，有学者认为，根据我国现有《公司法》对于董事勤勉义务的相关规定，董事违反勤勉义务的构成要件一般应包括以下四个方面：①董事实施了违反勤勉义务行为；②主观上存在过失；③公司遭受损失；④董事相关行为与公司损失之间存在因果关系。针对①而言，包括董事实施的可能违反勤勉义务的积极行为和消极行为。[3] 事实上，此构成要件较为原则，与各类法律中判断各项行为是否构成或不构成的判断标准与构成要件基本相同，均是从主观故意、客观行为、损害结果及其因果关系四个方面进行综合论述，且要求四要件齐备，缺少其中任何一个，都不构成董事违反勤勉义务。此外还有学者从董事勤勉义务合理解释角度予以说明董事

---

〔1〕 参见任自力：《公司董事的勤勉义务标准研究》，载《中国法学》2008 年第 6 期，第 83 页。

〔2〕 参见［日］《日本公司法典》，崔延花译，中国政法大学出版社 2006 年版，第 157、198、199 页。

〔3〕 周林彬、官欣荣：《〈公司法〉第 148 条第 1 款“勤勉义务”规定的司法裁判标准探析》，载清华大学商法研究中心、王保树编：《商事法论集》（第 21 卷），法律出版社 2012 年版，第 475 页。

行为的保护，即在如下条件下可不被认定为董事存在怠于履行勤勉义务的情形：①董事、高管人员的行为限于对公司事务作出判断的场合，且不违反公司章程授权的范围。②董事、高管人员遵守了对公司的忠实义务，决策判断的事项中不掺杂个人利益和其个人存在密切关联关系的他人的利益，公司的资源、财产、机会不会被董事利用谋取自己的利益或者他人的利益；董事心存善意是指董事行为的目的和动机都是为了公司的利益。③依当时情形看，董事获取的信息在作出商业判断时是被认为充分正确和准确的。④董事有足够理由认为其当时的判断符合公司的最大利益。⑤董事在作出判断时不存在重大过失。〔1〕但事实上，该等条件在实际适用中也存在较大的主观判断因素。例如，董事如何证明其在进行董事行为时是为公司利益选择，如何证明其当时的判断符合公司的最大利益等，在董事承担该等举证责任时，客观上举证存在较大难度，且法官的主观判断的影响较大，并不稳定。

从上述我国学者董事勤勉义务构成要件的理解来看，我国学者对于董事勤勉义务的宽严口径问题，似认为应当从严理解，即不但要看客观上是否造成了一定后果，同时也要看主观上是否存在重大过失等过错。

笔者则认为，从勤勉义务的制度目的而言，更应当侧重于强调相关行为的实施以及董事存在主观过失，而非一定需要达到损失的程度，即公司损失这一结果不应视为董事违反勤勉义务的必要构成要件，主要理由在于两者的规范基础不同。具体而言，从我国现有法律规定的立法意图来看，根据我国《公司法》第149条关于公司高级职员违反法律规定给公司造成损失的赔偿责任的规定和第147条公司高级职员的忠实、勤勉义务的规定的内容分属两个独立的法律条文〔2〕，二者对于董事的要求侧重并不相同，勤勉义务与忠实义务相并列，系独立的法定义务；而董事违反法律规定导致公司损失的赔偿责任，系独立的法定赔偿责任，强调的是后果。而两者的侧重并不相同，不能基于《公司法》第149条的规定，而增加董事违反勤勉义务的判断条件，将损害结果的发生作为违反勤勉义务的充分条件。实际上，是否怠于履行勤勉义务与是否应承担损失赔偿责任，二者判断标准并不相同。从一定意义上而

---

〔1〕 甘培忠：《公司监督机制的利益相关者与核心结构——由中国公司法规定的监督机制观察》，载《当代法学》2006年第5期，第24页。

〔2〕 《公司法》第147条第1款规定：董事、监事、高级管理人员应当遵守法律、行政法规和公司章程，对公司负有忠实义务和勤勉义务。第149条规定：董事、监事、高级管理人员执行公司职务时违反法律、行政法规或者公司章程的规定，给公司造成损失的，应当承担赔偿责任。

言，董事的勤勉义务，更类似于一种道德责任，即从道德的角度对董事进行约束，董事受其内心的善意对其行为进行内在约束。该理解也是对于赔偿责任的区别判断下作出。

（三）我国董事勤勉义务的判断标准

部分学者认为，我国《公司法》关于董事勤勉标准的规定属于典型的严格勤勉标准，其依据为《公司法》第 149 条关于“董事、监事、高级管理人员执行公司职务时违反法律、行政法规或者公司章程的规定，给公司造成损失的，应当承担赔偿责任”的规定。[1] 但正如笔者上文指出，该赔偿责任与勤勉义务的判断并非一一对应。且从该法条本身解释，无论故意、过失，无论过失轻重，只要是给公司造成损失的，就视为违反勤勉义务，需要承担相应责任。此处的立法意图在于，在当前中国社会主义市场经济这一特殊国情的经济背景下，依据权利义务相对等的基本原则，促使董事在行使手中权力时能够谨慎收敛，并在违反勤勉义务时能够得到相应的处罚和处理。这有利于有效阻止董事的不当行为，但是有时也会打击了董事对于生产经营活动决策的积极性。事实上，勤勉义务更类似于道德责任，受董事内心善意的约束，无需以须果为条件；而该条赔偿责任，系独立的法定责任规定，包括但不限于董事违反勤勉义务的情形，并非针对董事违反法定义务所产生的赔偿责任。由于董事违反勤勉义务，该等行为即使并未导致实际损失，仍可对董事由于其违反法定义务而追究其责任，该等责任可在公司章程中或董事监管条例等予以具体约定。

此外，从我国实际情况出发，对于董事“勤勉”的判断标准，应高于一般人。基于权利义务平衡的原则，董事他在职权上享有更多的权利，他更有能力去履行一般人无法履行的义务。由于勤勉义务多体现在公司的生产经营活动过程中而非结果上，同时考虑到不同的董事在决策能力和信息分析能力上会存在一定的差别，所以不宜用统一的标准来规定，这不利于调动董事参与公司商事活动的积极性，也阻碍了公司在整个经济活动中的正常发展。“完善董事勤勉义务的关键与难点在于找到对董事问责和经营判断的平衡点：一方面，当董事违反了其勤勉义务，须有明确的制度可依循以追究其责任；另一方面，我们也必须避免股东滥讼，因为这会导致董事为了明哲保身而采取

---

〔1〕 参见何尧德：《现代公司民事责任制度研究——以股东和经营管理者为重心》，法律出版社 2011 年版，第 199 页。

过于保守的经济策略而令公司错失商机。"〔1〕 但在市场经济稳步运行的今天，应当对我国董事勤勉义务的严格责任原则作一定的改善，使其更好地适应市场经济的发展，既要鼓励董事的积极性，又要避免其不负责任的现象发生，要在立法与司法的适用上达到二者的平衡。

需要说明的是，考虑到忠实义务已在我国公司法中予以类型化，而勤勉义务的判断存在模糊之处，故在一定条件下，二者能够互相影响与补充，"如果董事存在违反忠实义务的可能性时，考虑到证据等方面的问题，在无法认定董事违反忠实义务的情况下，对勤勉义务之判断可提升标准"〔2〕，对于已经确认构成一般过失但又无法纳入《公司法》第147条所规定的违反忠实义务的范围时，可将其引入"勤勉义务"的范畴以追究责任。也就是说，将勤勉义务作为忠实义务的补充，二者互相补正予以适用。

三、董事勤勉义务在我国的司法实践标准

虽然学界对董事勤勉义务的讨论由来已久，但实际在过去很长一段时间内，董事勤勉义务几乎并未应用于司法实践中。"Joseph Bishop 教授1985年宣称，如果要找到真正的董事注意义务的案件，无异于大海捞针；而且几乎没有过原告成功的注意义务案例。John Coffee 教授在其1984年的论文中亦称注意义务是一个遥远而鲜为人知的存在。"〔3〕 时至今日，对于董事勤勉义务的直接论述，直接援引《公司法》第147条第1款关于董事勤勉义务的规定进行判决的司法案例，仍属少数，多集中在行政法领域，从证券法与公司法相对应角度予以阐述。〔4〕 相关的民事案件则极为少见，多集中在损害公司债权人利益责任纠纷、损害股东利益责任纠纷领域。

（一）行政法及公司法关于董事勤勉义务的对应判断

在行政法领域，一般认为虽然董事勤勉义务系指向公司而言，但由于公司在资本市场进行商事活动而面向二级市场不特定投资主体及审批机构时，

---

〔1〕 参见赵骏：《董事勤勉义务研究：从域外理论到中国实践——以行为法经济学为视角》，载《浙江学刊》2013年第2期，第135页。

〔2〕 参见叶金强：《董事违反勤勉义务判断标准的具体化》，载《比较法研究》2018年第6期，第79页。

〔3〕 See John C. Coffee, Jr., "Litigation and Corporate Governance: An Essay on Steering between Scylla and Charybdis", *52 Geo. Wash. L. Rev 789*, 796 (1984).

〔4〕 参见罗培新、李剑、赵颖洁：《我国公司高管勤勉义务之司法裁量的实证分析》，载《证券法苑》2010年第2期，第372页。

董事的勤勉义务亦应面向到审批机构、投资主体，二者相互对应。[1]

北京市高级人民法院在（2017）京行终3225号案例中曾对此有所涉及并进行论述。该案中，原告胡某为某上市公司的董事，被告为中国证券监督管理委员会。2016年7月5日，中国证监会作出（2016）84号行政处罚决定书，由于丹东欣泰电气股份有限公司（以下简称“欣泰电气”）首次公开发行股票并在创业板上市申请文件中相关财务数据存在虚假记载，而胡某为欣泰电气董事，属于该欣泰电器虚假记载等违法事项的直接责任人员，一并予以行政处罚。在申请行政复议无果后，胡某在北京市第一中级人民法院提起诉讼。一审法院经审理认为，根据《公司法》第147条第1款及第48条关于董事会的议事方式和表决程序的规定[2]，董事应当对董事会的决议承担责任。董事会是公司的经营决策机构，董事在董事会的相关决议上签字，即表明其参与了公司的决策并对该决策承担法律责任。如果董事主张其不应承担责任，即应提供相反证据证明自己已经尽到了勤勉义务。在胡某未提供任何证据证明其已尽到勤勉义务的情况下，应当认定其已违反该等法定义务。一审法院认为胡某的行为构成对董事勤勉义务的违反，应当承担相应责任。胡某不服一审判决，向北京市高级人民法院提起上诉。北京高院首先对于证券法与公司法关于董事勤勉义务的对应问题，做出了明确确认，《公司法》第147条第1款确实规定了董事、监事、高级管理人员对其所在公司的忠实和勤勉义务，但当公司申请发行新股的时候，则该忠实和勤勉义务不仅面向其所在公司，也包括经由公司申请上市而面向证券监管机构和不特定市场主体。因此，在公司申请IPO过程中，将董事的勤勉义务作为在证券发行审核过程中，董事是否尽到勤勉尽责义务的判断标准，也并无不当。

就董事勤勉义务标准的论述中，北京高院承认法律对公司董事的勤勉义务规定较为原则，没有相应的细化标准。其认为要准确界定董事对董事会决议承担的责任，既要严格，又要严而有度，既不能让董事承担无限责任，如只要董事会决议违反法律法规的规定就推定董事未尽勤勉尽责义务；也不能让董事责任虚置导致董事只享有权利而不承担义务，因此判断董事的勤勉义

---

〔1〕 参见张红、石一峰：《上市公司董事勤勉义务的司法裁判标准》，载《东方法学》2013年第1期，第112页。

〔2〕 《公司法》第48条第2款规定：董事会应当对所议事项的决定作成会议记录，出席会议的董事应当在会议记录上签名。

务应当采取适度标准。即董事应当善意、合理、审慎履责，尽到处于相似位置上的普通谨慎的人在相同或类似情况下所需要的注意义务，而且当董事会决议违反法律法规规定的时候，董事如果认为自己尽到了勤勉尽责义务，应当就自己善意、合理、审慎地履行职责承担相应的举证责任。即一方面论证了关于董事勤勉义务的适度标准的具体判断，另一方面也明确董事是否尽到勤勉义务的举证责任，应当由董事自行承担。最终北京高院据此认定胡某的行为违反董事勤勉义务，中国证券监督管理委员会作出行政处罚并无不当。

需要说明的是，本案一审法院曾特别说明，胡某作为外部董事，外部董事的职责更侧重于对公司经营活动的监督。虽然外部董事一般不直接参与公司的具体经营，但仍然应当具备公司管理所需的必备专业知识，充分了解公司的经营状况，并基于自己的独立判断履行职责。即外部董事相较于内部董事而言，基于其特别的能力、经验等，其勤勉义务的考察更侧重于对公司经营活动的监督，董事并不因其外部董事的身份而在勤勉义务上有所免责。

（二）民商事诉讼领域关于董事勤勉义务的实践判断

在民商事诉讼领域，对于董事勤勉义务的判断尚未形成成熟、一致的裁判规则，由目前可以公开检索到的部分案例可见，法官具有较大的自由裁量权。

在广东省深圳市中级人民法院审理的（2014）深中法涉外终字第 36 号损害公司债权人利益责任纠纷一案中，由于某公司在进行增资时，某股东未履行出资义务。随后该公司债权人就与公司的债务纠纷提起诉讼，一并诉求该公司未足额出资股东在未足额出资范围内承担补充赔偿责任。同时，由于该公司董事并未向未完全履行出资义务的股东履行过催缴义务，故其存在怠于履行勤勉义务的情形，一并诉求该董事就涉案债务承担补充赔偿责任。一审法院依据《公司法》第 147 条第 1 款的规定，认为在公司增加注册资本时，董事、高级管理人员负有向股东催收资本的义务，该义务属于董事勤勉义务的应有之意，股东在公司增资时未履行或者未全面履行出资义务，股东在公司增资时未履行或者未全面履行出资义务，公司债权人请求董事或其他高级管理人员未尽《公司法》第 147 条第 1 款规定的勤勉义务而承担相应责任的，由于该公司董事未能证明其已向足额出资的股东履行过催缴的义务，也没有证据证明其曾有向有关机关要求对未足额履行增资义务的股东的行为进行查处，故该董事存在怠于履行勤勉义务的情形，依法应当承担相应的责任，对未足额出资股东在该案中所确定的债务承担补充赔偿责任。故该董事存在怠于履行勤勉义务的情形，依法应当承担相应的责任，对未足额出资股东在本案中所确定的债务承担补充赔偿责任。涉案董事不服一审判决提起上诉，二审法院对于董事的勤勉义务理解与一审法院形成巨大差异。二审法院认为董事勤勉义务要求董事负有以善良管理人的注意来处理公司事务的义务。勤勉义务要求董事履职时应以一定标准管理公司，否则应承担相应法律责任。现代经济活动的复杂性，难以判断董事在经营决策时是否尽到了合理谨慎的注意义务，同时董事的勤勉义务具有主观性，所谓“合理”“勤勉”的界定并不明确。经营活动具有风险性，决定了不能把所有的经营不利后果，都归结于董事未尽勤勉义务。即二审法院对于董事勤勉义务的认定更为保守，仅能在法律明确规定的范围内进行适用规则。其认为《公司法》对于董事勤勉义务的规定仅局限于两项——《公司法》第 112 条第 3 款及第 149 条的规定，[1] 除此之外，法律并未赋予其对董事怠于履行其他勤勉义务进行归责的权利。最终二审法院对一审法院的判决结果进行了改判。

另外，在广东省深圳市中级人民法院（2015）深中法破初字第 8 号民事判决中，该法院认为董事承担勤勉义务的范围，与董事会的职责范围相一致，进而对董事勤勉义务的判断范围进行了扩大，上述追缴股东出资义务，也被视为董事履行勤勉义务的范围。但该法院亦强调，即使认定董事怠于履行勤勉义务，并非一定意味着其需要承担赔偿责任，具体需以损失及因果关系等因素综合判断。而广东省高级人民法院的二审判决则仅从董事行为与公司损失之间因果关系的角度进行判断，完全回避了董事勤勉义务的范围。

（三）小结

可见，在因董事违反勤勉义务而引发的案件中，我国法院确立了“处于相似位置上的普通谨慎的人在相同或类似情况下”的标准，这一标准将司法判断置于事后判断的位置，司法判断不宜擅自将自身的判断标准直接代入对董事勤勉义务履行的判断，而是先行引入假想的“相似位置上的普通人”，再由法官判断董事履职是否达到该标准；在勤勉义务的程度上，并没有采取严格按照我国《公司法》第 147 条语义上的严格责任标准，而是考虑董事在履行勤勉义务时的主、客观各种因素的总体情况，进行判断。而在判断董事勤

[1] 《公司法》第 112 条第 3 款规定：董事应当对董事会的决议承担责任。董事会的决议违反法律、行政法规或者公司章程、股东大会决议，致使公司遭受严重损失的，参与决议的董事对公司负赔偿责任。但经证明在表决时曾表明异议并记载于会议记录的，该董事可以免除责任。

勉义务的对象上，不仅仅考察损害结果，更加注意董事履行勤勉义务的过程，特别是董事是否对于履行勤勉义务，尽到了相应标准下的努力和尝试，并由此作为董事可能的免责基础。

四、结论

关于董事的勤勉义务，目前各国的相关法律规定及判断标准各有不同。我国《公司法》的模糊性规定，导致在司法实践中，不同法院的审理思路存在较大差距。[1] 相对保守的法院倾向于严格在法律规定范围内予以适用，法律并未明确某一行为属于董事怠于履行勤勉义务的，不能扩大认定，即“法无禁止即允许”；而部分法院则结合经济形势、公司商事活动的实际角度予以分析，对董事勤勉义务进行综合判断与认定。笔者认为，董事的勤勉义务应当在立法层面上予以类型化，且侧重于对其善意、理性的关注，应保证其在参与商事活动中，能够利用自身知识、能力对公司商事活动进行全面的把握与监督，保证公司利益的优先性，但从结果而言，损失承担与违反法定义务不能混为一谈，无须以给公司造成损失为前提。

（初审人：吕志轩）

〔1〕 参见王建文、许飞剑：《公司高管勤勉义务判断标准的构造：外国经验与中国方案》，载《南京社会科学》2012年第9期，第110页。

先行赔付的逻辑起点与制度展开
——以证券法修订为背景

陈明克*

摘　要：证券虚假陈述责任纠纷中，投资者难以及时有效获得赔付。先行赔付目的在于暂时搁置责任划分，将赔偿程序提前，其本质是一种便利投资者获得经济赔偿的替代性制度安排。因而，先行赔付制度具有解决证券纠纷的优越性、规范保荐机构的约束性以及稳定证券市场的功能性。但从目前实践来看，先行赔付制度实施仍存在公平性欠缺、赔付协议强制力较弱、事后追偿存在障碍等问题。对于先行赔付制度的完善，首先，应当明确先行赔付的启动程序、确保方案的公开听证与讨论、限定先行赔付的期限，进而实现程序约束；其次，证监会应当合理引导制定包括赔付对象和范围在内的赔付方案；再次，做好先行赔付与民事诉讼的衔接，充分利用行政和解程序加强先行赔付协议的执行力；最后，保障先行赔付主体的追偿权。

关键词：先行赔付　虚假陈述　保荐机构　证券法修订

---

*　陈明克，男，中国政法大学民商经济法学院民商法学专业2018级博士研究生（100088）。

近年来，先行赔付在证券市场逐渐由理念转化为制度，成为证券行业监管者、经营者以及投资者普遍关心的话题。“万福生科案”引出的保荐机构先行赔付问题持续发酵，并引起广泛讨论。2013 年，该案当事人上市公司万福生科（湖南）农业开发股份有限公司（以下简称“万福生科”）因在上市文件、财务报告造假被中国证券监督管理委员会（以下简称“证监会”）退市处罚。为弥补万福生科虚假陈述造成的投资者损失，平安证券有限责任公司（以下简称“平安证券”）作为保荐机构支付 3 亿元设立“万福生科虚假陈述事件投资者利益补偿专项基金”，弥补投资者损失并寻求和解。2017 年提请全国人大常委会审议的《中华人民共和国证券法（修订二审稿）》明确对投资者予以专章保护，并以“先行赔付”作为重要保护措施。早在 2015 年，证监会就首次提出建立保荐机构先行赔付制度，旨在落实证券中介机构的责任，强化中介机构监管。之后，证监会发布《公开发行证券的公司信息披露内容与格式准则第 1 号——招股说明书（2015 年修订）》（以下称《招股说明书》)，该文件规定，“保荐人承诺因其为发行人首次公开发行股票制作、出具的文件有虚假记载、误导性陈述或者重大遗漏，给投资者造成损失的，将先行赔偿投资者损失”。由此可见，在证券公开募集和上市的文件中，做出先行赔付之承诺将成为保荐机构的一项“准强制性”义务。[1] 但从实践来看，先行赔付的适用范围、赔偿标准、赔偿对象、先行赔付后续追偿等细节问题尚不明确。特别是，2016 年发生的“欣泰电气案”，保荐机构兴业证券迟迟未能提出先行赔付方案，引发市场担心，先行赔付制度的效果也引发思考。为此，引入并完善我国证券市场先行赔付制度势在必行。尤其是，正在修订的《中华人民共和国证券法》（以下简称《证券法》）尤为关注投资者保护问题，监管机构也下大力气着力从顶层设计到具体制度方面为投资者保护提供法治保障。因而在此背景下，我们关于先行赔付制度的探讨更具实践意义。既能够为投资者保护政策提供注脚，也能够进一步理顺证券市场主体的法律关系，构建健康有序的证券市场环境提供制度支撑。

一、证券市场先行赔付制度的引入逻辑

先行赔付，又被称为先期赔付，它是指证券市场发生欺诈发行等严重违法行为，在发行人、上市公司等责任主体尚未赔偿情况下，由保荐机构等连

---

〔1〕 郭雳：《证券执法中的公共补偿——美国公平基金制度的探析与借鉴》，载《清华法学》2018 年第 6 期，第 75 页。

带责任主体对投资者的损失先行赔偿，而后由保荐机构再向发行人、上市公司追偿的制度。先行赔付制度本质上是一种便利投资者获得经济赔偿的替代性制度安排。〔1〕因而，该制度核心目的就在于保护投资者。那么，其制度渊源和设计也必然围绕投资者保护而展开。应当说，先行赔付制度开创了投资者保护的新路径，〔2〕将其引入证券市场也存在逻辑必然性。

（一）先行赔付制度的金融政策属性

证券市场先行赔付制度本质上属于保护投资者的金融政策，其核心宗旨在于便利投资者求偿。自2008年金融危机以来，各国金融法律普遍发生价值转向，金融消费者或者投资者保护成为立法的急迫任务。同时，金融理论文献也表明，保护投资者（中小投资者）利益是稳定和促进金融市场安全发展的关键，〔3〕对于资本市场的健康发展至关重要。比如，美国于2010年出台《多德-弗兰克华尔街改革和消费者保护法》，英国于2012年出台《金融服务法案》。这些立法的重要目标在于从设置专门的监管机构、创设新的监管工具等方面对金融消费者或投资者予以更高层次的保护。这种立法理念的转变，既体现了监管层面对金融市场安全的管护，也反映了传统金融纠纷诉讼解决途径的被动和低效。那么在传统机制低效的情况下，寻求替代机制成为必然。因此，创新金融消费者保护方式，推动金融纠纷多元化解决成为金融政策当仁不让的任务。先行赔付制度就是在这一背景下酝酿产生的。

目前而言，虽然先行赔付制度尚未成为立法的明确要求，但是在监管层已形成共识。早在2013年，国务院办公厅就发布《关于进一步加强资本市场中小投资者合法权益保护工作的意见》（以下简称《意见》），要求监管部门“督促违规或者涉案当事人主动赔偿投资者”。但是这一意见并未提供投资者以可行的赔偿途径，对虚假陈述行为缺乏有效约束。2018年两会期间，时任证监会主席刘士余在关于《关于延长授权国务院在实施股票发行注册制改革

---

〔1〕 2016年1月22日，中国证监会召开新闻发布会，发布“关于IPO新规中保荐机构的先行赔付问题”等四项内容。证监会新闻发言人张晓军针对记者的相关提问进行了回答。参见《2016年1月22日新闻发布会》，载 http://www.csrc.gov.cn/pub/newsite/zjhxwfb/xwfbh/201601/t20160122_290132.html，最后访问日期：2019年1月10日。

〔2〕 张东昌：《证券市场先行赔付制度的法律构造——以投资者保护基金为中心》，载《证券市场导报》2015年第2期，第65页。

〔3〕 McLean, R. D., T. Zhang, M. Zhao, “Why Does the Law Matter? Investor Protection and Its Effects on Investment, Finance, and Growth”, *The Journal of Finance*, Vol. 67, 2012, pp. 313-350.

中调整适用〈中华人民共和国证券法〉有关规定期限的决定（草案）》的说明中也明确提出要探索试行欺诈发行的“先行赔付”制度。如果说2013年的《意见》仅仅是一种呼声，那么今天的“先行赔付”制度建立的脚步声已经越来越近。虽然目前《证券法》正在修改，但对投资者予以专章保护也已成共识。其中的先行赔付制度就是保护投资者的重要手段。除此之外，最高人民法院、中国证券监督管理委员会联合发布的《关于在全国部分地区开展证券期货纠纷多元化解机制试点工作的通知》中也提倡证券期货纠纷多元化解，探索证券纠纷先行赔付和诉讼的对接机制。综合来看，无论是中央政府还是监管部门，抑或司法机关，都认识到为投资者提供便捷有效的救济途径的重要性。由此可见，先行赔付制度已然成为保护投资者的重要金融政策手段，而这也依赖于它所具备的优越的制度功能。

（二）先行赔付制度保护投资者的制度功能

1. 先行赔付制度具有解决证券纠纷的优越性

先期赔付制度的优越性通过与诉讼方式相比而得以体现。〔1〕由上市公司欺诈发行等违法行为引起的纠纷通常仅能通过诉讼途径解决。但是诉讼途径在程序设置、参加方式等方面存在诸多障碍，影响投资者权利救济。就程序设置而言，人民法院要求投资者提起虚假陈述证券民事赔偿诉讼，必须提交行政机关对虚假陈述行为人做出的行政处罚决定或者公告。〔2〕虽然伴随立案登记制改革，上述要求不再作为实质起诉要件，但实际诉讼过程中，“行政处罚决定或公告”还是作为重要的证据被采用。这就意味着，行政机关执法成为诉讼程序的隐性前置程序，由此必然导致诉讼途径解决纠纷的冗长和复杂。再加上行政程序还面临着决定、复议救济等周期复杂问题，这势必影响诉讼方式的便捷性，增加投资者救济成本。就参加方式而言，投资者可以选择单独诉讼或者共同诉讼的方式。一方面，投资者单独诉讼和共同诉讼的存在浪费了司法资源；另一方面，共同诉讼又会导致中小投资者产生搭便车现象，怠于行使权利。〔3〕除此之外，在共同诉讼中未能及时参加权利登记的投资者可能因未及时行使诉讼权利，超过诉讼时效，其权利无法得到有效保护。

---

〔1〕 陈洁：《证券市场先期赔付制度的引入及适用》，载《法律适用》2015年第8期，第26页。

〔2〕 参见《最高人民法院关于审理证券市场因虚假陈述引发的民事赔偿案件的若干规定》第6条。

〔3〕 郭锋：《从大庆联谊股东诉讼案谈中国证券民事赔偿制度的构建》，载《法学杂志》2006年第1期，第153页。

与诉讼方式相比，先行赔付制度的优点较为明显。顾名思义，“先行”指的是在人民法院作出裁判之前，或者在证监会及派出机构作出行政处罚之前。由此可见，投资者获得先行赔付不会经历复杂冗长的诉讼或行政程序。先行赔付的实现有赖于保荐机构和投资者自愿协商并实现和解，因而不需要严格的证据、复杂的程序，降低了程序成本，既能保护投资者权利，也适当照顾了保荐人利益。总之，先行赔付制度成本低、效果好、方便快捷，相比诉讼等方式，能够较好地保护投资者利益。[1]

2. 先行赔付制度具有规范保荐机构的约束性

保荐制度是由保荐机构依法推荐公司上市并在相应期限内对其进行持续监督的制度。从内容看，保荐机构承担上市前“尽职推荐”和上市后“持续督导”职责。[2] 所谓“保”指的是保荐机构应当保证上市过程公司申请文件、证券发行文件的真实可靠，确保信息披露合法、合规。而所谓“荐”则是指保荐机构推荐发行人发行上市证券。由此可见，“保”是“荐”的基础。保证信息真实是保荐机构的首要义务。但从实践来看，保荐机构利益与发行人具有一致性，因而在保荐过程中，“只荐不保”的情况非常普遍，由此必然使证券市场面临虚假陈述等违法问题，投资者利益面临巨大风险。共同利益也就意味着共同责任，保荐机构因虚假陈述给投资者造成损失的，也应当承担赔偿责任。但在现行赔偿制度下，诉讼方式的问题同样造成保荐机构赔偿不及时，实际削弱了法律责任对保荐机构的责任约束。先行赔付制度改变了保荐机构赔偿责任的实现方式，推动赔偿由“幕后”走向“前台”，便利了投资者获得赔偿。更为重要的是，先行赔付制度使得保荐机构赔偿责任落实的更为到位，由此督促保荐机构在承诺保证发行人信息真实性方面更为审慎，避免出现“只荐不保”现象。因此，先行赔付制度还具有规范保荐机构行为的约束性功能。

3. 先行赔付制度具备稳定证券市场的功能性

证券市场具备“风险社会”的特征，在风险与安全的摇摆中，信息充当了博弈的工具。而在发行人存在虚假陈述的情况下，无疑使证券市场累积了

〔1〕 段丙华：《先行赔付证券投资者的法律逻辑及其制度实现》，载《证券市场导报》2017 年第 8 期，第 6 页。

〔2〕 张晓东：《IPO 保荐机构主动担责与投资者利益保护》，载《中国工业经济》2017 年第 2 期，第 81 页。

风险，一旦虚假陈述行为被查处，累积风险将迅速转化为实实在在的破坏力量，并且伴随投资者恐慌心理，风险将波及整个证券市场，导致危机出现。因此，如何有效遏制风险蔓延是治理发行虚假陈述行为的重要课题。对此，先行赔付制度具备稳定证券市场的功能。其功能发挥体现在以下两个方面：其一，先行赔付制度能够高效实现投资者赔付，迅速弥补投资者损失，从而避免风险的蔓延。因为，现行赔偿制度需要经历复杂的诉讼程序，缺乏及时性和稳定性，因而，投资者对能否获得赔偿缺乏信心。由于长时间无法解决纠纷，发行人、保荐机构的正常经营也会受到风险影响无法正常展开，因而风险无法有效排解。其二，先行赔付制度还能为保荐机构树立诚信信誉。因为，作出先行赔付承诺的保荐机构势必在审查发行人信息时力求真实可靠，避免虚假陈述行为的发生。同时在发生虚假陈述行为后，保荐机构积极寻求和解，对投资者进行赔偿，也会让投资者感受到保荐机构的经营能力。因此，在先行赔付制度的安排下，证券市场风险得到有效控制。

（三）先行赔付制度克服连带责任承担的困境

证券发行虚假陈述中的民事责任类型多样，主体复杂。因而，投资者求偿时可能面临复杂的法律关系。发行责任、保荐责任以及中介责任对投资者而言更是难以区分的命题。比如，根据《证券法》第69条，发行人、上市公司是虚假陈述的当然责任主体，发行人、上市公司的董事、监事、高级管理人员和其他直接责任人员以及保荐人、承销的证券公司，以及发行人、上市公司的控股股东、实际控制人承担连带赔偿责任。但是该种责任系属不真正连带责任，[1] 各责任主体承担责任的条件也有所不同，更因导致损害发生的原因差异而可能存在不同主体间的追偿问题。在这种情况下，投资者的自力救济极有可能面临各责任主体的相互推诿，只能选择将全部责任主体诉至法院。事实上，法院对于这类专业性强、证据复杂、人数众多的证券纠纷，也很难做到高效审理和执行。显然，现有的投资者保护措施较为薄弱。先行赔付制度则在传统的连带责任理论基础上衍生出来，与连带责任既有联系也有区别。最为重要的是，它能够克服连带责任承担的上述困境。易言之，保荐机构如承担先行赔付义务，则无须讨论其与他人之间是否存在连带责任，是否存在过错。因而这一系列复杂的法律问题可先予回避，保荐机构因契约义务或者法定义务而直接向投资者承担赔偿义务。

---

〔1〕 杨立新：《论不真正连带责任类型体系及规则》，载《当代法学》2012年第3期，第59页。

二、先行赔付制度的实证分析

（一）“万福生科案”中的先行赔付

万福生科于2011年在创业板上市，2012年9月19日因“虚假陈述”被证监会立案调查。作为万福生科保荐机构的平安证券发布公告，设立投资者利益补偿专项基金，对投资者损失进行先行赔付。平安证券公布的先行赔付方案要点如下：[1]

1. 赔付范围

基金赔付投资者由于万福生科虚假陈述而产生的损失。该损失区别于投资者因市场风险产生的损失，因而投资者于2012年9月15日之前卖出万福生科股票或于2013年3月2日之后买入万福生科股票所产生的投资损失不属于基金的补偿范围。其中，2012年9月15日是万福生科发布《被立案稽查公告》日期，2013年3月2日则是万福生科2008年至2011年虚假陈述事实被揭露日期。赔付范围仅限于适格投资者，万福生科虚假陈述责任人不属于适格投资者。

2. 损失的计算

基金赔付的投资者损失应当是因虚假陈述而产生的直接损失，该损失=投资差额损失+投资差额损失部分的佣金和印花税+资金利息。其中，投资者基于股东身份获得的红利、红股、公积金转增所得的股份以及投资者持股期间出资购买的配股、增发股和转配股等收益与投资者损失间不冲抵。

3. 赔付方式

首先，平安证券出资2亿元成立“万福生科虚假陈述事件投资者利益补偿专项基金”，由中国证券投资者保护基金有限责任公司担任基金管理人。其次，投资者既可以向人民法院提起诉讼，要求责任人赔偿其应有损失，也可以按照平安证券公告的赔付方案参与获赔。但是，一旦投资者与平安证券达成和解，接受其先行赔付，那么投资者则放弃了向虚假陈述责任人再行要求赔偿的权利。最后，实施“先偿后追”，平安证券保留向虚假陈述责任人及其他连带责任人进行追偿的权利，并且保留对其自身因虚假陈述遭受的损失请求赔偿的权利。

---

〔1〕 参见《平安证券有限责任公司关于设立万福生科虚假陈述事件投资者利益补偿专项基金的公告》。

（二）“欣泰电气案”中的先行赔付

2016年7月7日，证监会对丹东欣泰电气股份有限公司（以下简称“欣泰电气”）作出《行政处罚决定书》及《市场禁入决定书》，欣泰电气因上市虚假陈述遭受行政处罚，并被强制退市。由于欣泰电气对证监会提起了行政诉讼，直至2017年6月9日，保荐机构兴业证券才公布先行赔付方案。兴业证券公布的先行赔付方案要点如下：[1]

1. 赔付范围

具体而言，先行赔付的范围包括一级市场适格投资者新股投资损失、二级市场适格投资者交易损失和二级市场适格投资者持股退市损失。上述赔付范围确定的时间点包括虚假陈述实施日期（2014年1月15日），即欣泰电气于该日公布《首次公开发行股票并在创业板上市招股说明书》；虚假陈述第一次更正日（2015年11月27日），即欣泰电气《关于对以前年度重大会计差错更正与追溯调整的公告》发布日；虚假陈述第二次更正日（2015年12月10日），即欣泰电气《关于2015年半年度财务报告会计差错更正的公告》发布日。其中，在后两个时间点，欣泰电气对自己的虚假陈述行为进行了充分披露。

2. 损失计算

赔付方案区分了一级市场和二级市场损失。其中，在一级市场，投资者的新股投资损失对市场风险因素引起的损失并不扣减，但是股票权益分派、公积金转增股本、配股增发等情况需要作除权除息处理。在二级市场，损失赔付应扣减市场风险引起的损失。投资者持股期间基于股东身份取得的收益，包括红利、红股、公积金转增所得的股份以及投资者持股期间出资购买的配股、增发股和转配股，不冲抵其赔付金额。

3. 赔付方式

兴业证券出资5.5亿元设立“欣泰电气欺诈发行先行赔付专项基金”。兴业证券与适格投资者自愿达成先行赔付协议。如因各种原因，投资者未能接受先行赔付方案，仍可通过调解、仲裁以及诉讼方式维护自身权利。

两起先行赔付案例具有一定的共通性，先行赔付已初步显示出其优越性，对推动构建完善资本市场投资者损失赔偿制度具有现实的积极意义。其一，保荐机构都作为先行赔付的义务人承担了相应的责任。这表明，保荐机构虽

---

〔1〕 参见《兴业证券关于设立欣泰电气欺诈发行先行赔付专项基金的公告》。

无法定义务和约定义务，但却承担了相应的赔付责任。这需要在理论上予以合理解释。其二，保荐机构的赔付先于虚假陈述民事纠纷的司法程序，因而先行赔付的实践应当做到“先”才具备制度价值。其三，两起案例中，投资者面临多种选择，是选择向保荐机构求偿，还是诉诸民事赔偿程序，仍然面临许多问题。下面就这些问题再作进一步梳理。

（三）先行赔付制度的实施问题

虽然平安证券、兴业证券先后公布先行赔付方案，但仍存在诸多争议之处。尤其是《招股说明书》虽规定了保荐人先行赔付责任，但关于先行赔付的实施条款和规则未作进一步说明。这也进一步加剧了实践中先行赔付制度的实施分歧。

1. 先行赔付的公平性问题

一方面，先行赔付搁置了因证券发行虚假陈述产生的民事责任划分难题，以较为便捷的方式减少投资者陷入讼争的时间和金钱成本，具备效率价值。〔1〕但另一方面，先行赔付方案由保荐机构单方制定，赔付方案的透明性、公信性和公平性易受质疑。〔2〕先行赔付仍然存在公平性缺失的隐忧。〔3〕其一，先行赔付方案制定缺乏公开透明的程序。保荐机构往往面临数量较多的投资者。由于存在沟通成本，投资者几乎无法参与先行赔付方案的制定。先行赔付方案本质上属于保荐机构与投资者试图订立的合同文本，但程序的缺失造成先行赔付方案沦为格式条款，投资者利益无法正常表达。其二，先行赔付方案缺乏明确的标准。先行赔付的对象、范围、额度等问题缺乏明确规定和强制性标准，这也导致实践中存在不同的做法。比如，“欣泰电气案”中兴业证券要求扣除系统风险损失，而在之前的“万福生科案”中均未考虑系统风险扣除问题。如此一来，虽然接受先行赔付对投资者而言系属自愿，但其仍缺乏预期，无法事先评估其风险与收益。其三，投资者接受先行赔付与寻求司法救济存在一定冲突。目前已知的保荐机构先行赔付方案均要求投资者放弃司法救济。但在先行赔付完全生效且执行前，投资者的选择权不宜剥夺。一方面，投资者可能对赔付方案存在理解、评估过程，因而难免对赔

〔1〕 赵万一主编：《证券市场投资者利益保护法律制度研究》，法律出版社 2013 年版，第 223 页。

〔2〕 田春雷、朱珊珊：《论证券市场先行赔付法律制度的完善》，载郭锋主编：《证券法律评论》（2018 年卷），中国法制出版社 2018 年版，第 374 页。

〔3〕 赵吟：《证券市场先行赔付的理论疏解与规则进路》，载《中南大学学报（社会科学版）》2018 年第 3 期，第 30 页。

付方案产生误解，违背其真实意思表示。另一方面，也可能存在保荐机构违约的风险。因此，应当在先行赔付和司法救济之间建立有效连接，而非绝对的“二选一”。除此之外，投资者对虚假陈述的其他责任人能否再行提起诉讼也是问题之一，因为，其他责任可能并未加入先行赔付协议，投资者诉权仍未丧失，因而可能会诱发投机行为。[1]

2. 先行赔付协议的强制力问题

先行赔付制度能否实现提高效率、保护投资者的效果，关键在于其是否具备“刚性”并具有实施的强制力。[2] 在制度“刚性”方面，先行赔付仍有较大缺陷。先行赔付目前仍是一种在诉讼程序外与先行赔付人就赔偿事宜自行达成和解的行为。[3] 其一，目前先行赔付制度仅规定在证监会发布的规范性文件（《招股说明书》）中，仅仅是对保荐机构的业务要求而尚未上升为普遍性的法律义务。比如，先行赔付在何种条件下启动，在多长期限内完成？类似程序规定的缺乏使得保荐机构可能怠于履行义务，或者赔付期限过长从而降低了该制度的效率价值。在“欣泰电气案”中，兴业证券在欣泰电气被披露虚假陈述及遭受行政处罚后迟迟不启动先行赔付程序，时间长达一年之久。在未提出民事赔偿请求的情况下，投资者诉讼时效利益受到损害。其二，先行赔付协议缺乏强制执行力。先行赔付协议生效后难免存在保荐机构不履行赔付义务的违约情形。投资者则需要再行提起诉讼，请求保荐机构履行先行赔付义务，请求虚假陈述民事责任主体承担赔偿责任。如此一来，先行赔付制度不仅未发挥便利投资者求偿的功能，还徒增成本。这一制度困境症结就在于先行赔付协议尚不具备强制执行力，投资者仅能通过诉诸民事赔偿程序寻求救济。

3. 先行赔付的事后追偿问题

保荐机构履行先行赔付义务意味着代表虚假陈述责任方对投资者予以赔偿。但是虚假陈述责任方各主体间的责任如何划分则并未明确。因而导致保荐机构的事后追偿产生不确定性，进而影响其履行先行赔付义务的积极性。其一，法律并未规定虚假陈述责任方内部责任划分。根据《证券法》第69条

---

〔1〕 姚一凡：《保荐人先行赔付制度的解读与反思》，载《金融法苑》2018年卷，第64页。

〔2〕 杨城：《论我国虚假陈述民事责任主体的困境与创新》，载《证券市场导报》2017年第7期，第77页。

〔3〕 巩海滨、王旭：《证券市场先行赔付制度研究》，载《财经法学》2018年第6期，第149页。

规定，发行人、上市公司，发行人、上市公司的控股股东、实际控制人、董事、监事和高管，证券承销商、保荐机构都可能承担虚假陈述赔偿责任。除发行人、上市公司外，其他主体承担过错责任。那么保荐机构履行先行赔付义务后就会面临追偿难题。①无法明确责任主体，除发行人、上市公司外，其他主体是否存在过错？甚至，保荐机构本身是否应当承担责任？②如果保荐机构存在过错，与连带责任人如何划分内部责任？这些问题的存在决定了保荐机构向谁追偿以及如何追偿。其二，追偿面临现实不能的客观困难。实施虚假陈述的发行人、上市公司可能已经退市甚至破产，存在大量的债务。保荐机构履行先行赔付义务后，其追偿权可能落空。例如，"万福生科案"中，平安证券虽事先声明保留对万福生科及其他责任方的追偿权，但很可能因万福生科不具备偿付能力而不了了之。

三、先行赔付制度的优化完善

究其本质，先行赔付具有担保虚假陈述主体履行赔付责任的功能，因而从这一点来看，它具备连带责任的属性。比如陈洁教授认为，在履行先行赔付责任的连带责任人中，鉴于保荐人在发行过程的基本职责及其偿付能力，所以，先行赔付制度可以明确先由保荐人负责。但从另一方面讲，先行赔付责任涉及保荐人与虚假陈述责任人以及投资者的利益调整，因而需要明确的法律适用规则。目前依靠实践推动的先行赔付显然已经遇到制度瓶颈，需要在证券法的修订过程中给予充分解释和回应。

（一）加强先行赔付程序约束

先行赔付的制度目的虽倾向于投资者保护，但这一目的的实现仍有很长的路要走。尤其是缺乏程序约束导致何时启动，如何实施，以及完成期限等问题仍然模糊不清。为此，笔者认为应当从以下三个方面加强先行赔付的程序约束性，实现以期限保证效率、以公开促进公正的效果。其一，明确先行赔付的启动程序。先行赔付的启动程序实际就是要解决一个"先"的问题，也即如何做到及时高效的切入证券虚假陈述责任纠纷，维护投资者利益。先行赔付"先于"诉讼程序已无疑问，这也是该制度的比较优势。那么先行赔付是否先于行政处罚决定则存在疑问。从有限的实践做法来看，在"万福生科案"中，平安证券先于行政处罚决定而启动先行赔付，而"欣泰电气案"中，兴业证券的先行赔付则晚于行政处罚决定一年有余。先行赔付是保荐机构基于虚假陈述事实而自愿作出的承诺，因而它不必依赖行政处罚决定对虚假陈述的证实。况且，从调查到作出处罚决定需要经过较长期限。行政处罚决定不应当成为先行赔付的前置程序，否则徒增时间成本。因此，《证券法》修订中可以明确：先行赔付在发行人自行承认信息披露违法违规或监管部门启动稽查程序且有一定的结论时即可启动。[1] 其二，确保方案的公开听证与讨论。虽然投资者基于自愿决定是否接受先行赔付，但没有投资者的民主参与也无法保证先行赔付方案的可接受性。从保证先行赔付的实施效果来看，保荐机构应当及时公布方案并通过听证程序采集投资者意见。也可以将赔付方案交行政主管部门审查备案，确保赔付方案公平合理，避免出现明显剥夺投资者权益的条款。其三，限定先行赔付的期限。如果先行赔付从启动到实现最终赔付期限过长，不仅投资者权益得不到有效保护，还可能波及整个证券市场，使投资者丧失信心。而且在先行赔付协议中，投资者已放弃对发行人、上市公司的诉权，一旦保荐机构不予赔付或者迟延赔付，投资者可能还会丧失诉讼时效利益。因而，先行赔付制度的效率价值必须通过严格的期限约束才能实现。

（二）合理引导先行赔付方案的制定

赔付方案如何制定，并非先行赔付制度的特有问题，而是证券发行虚假陈述民事赔偿在先行赔付问题中的延伸。《最高人民法院关于审理证券市场因虚假陈述引发的民事赔偿案件的若干规定》（以下简称《虚假陈述民事赔偿规定》）关于证券发行虚假陈述如何进行民事赔偿有具体规定，这可以作为先行赔付方案设计的标准。但不得不说，先行赔付方案本身基于双方当事人的自愿而产生，是否适合以强制性规则作出具体要求？况且，《虚假陈述民事赔偿规定》本身在赔付范围和赔付对象等方面就存在争议。因而，如何合理引导证券保荐机构制定先行赔付方案既面临制度弹性的约束，又面临方案设计的难题。对此，证监会可通过发布先行赔付方案标准或者示范文本等方式引导保荐机构草拟具体方案。具体而言，关于赔付范围，主要界定哪些时间段买入或持股的投资者因卖出证券产生亏损，重在时间界定；而赔付对象则在于确定哪些投资者属于适格的投资者，重在投资者界定。[2] 《虚假陈述民事赔偿规定》第18条明确了虚假陈述实施日、揭露日以及更正日等日期的法律意义，在虚假陈述实施日以后买入，且在揭露日或更正日前未卖出之投资者才符合赔偿要求。需要进一步说明的是，实践中，虚假陈述揭露行为不但包括

---

[1] 陈洁：《科创板注册制的实施机制与风险防范》，载《法学》2019年第1期，第159页。

[2] 曹中铭：《先行赔付不能仅限于适格投资者》，载《上海证券报》2016年9月1日，第8版。

全国性媒体的揭露报道，还包括上市公司被立案调查公告、处罚事先告知书公告、收到处罚决定公告、上市公司的自我揭示等，这些行为都有可能被认定是揭露行为。关于赔付对象应当确立“适格投资者”规则，将机构投资者以及具有利害关系的投资者排除在外，这在美国、中国香港地区等也是通行做法。〔1〕

（三）赋予先行赔付协议强制执行力

先行赔付协议属于当事人自愿达成的意思，本质属于契约，不具有当然的法律确认力和强制执行力，因而也存在保荐机构拒不履行或迟延履行的情形。如此一来，先行赔付制度的效果将大打折扣。因而如果通过制度安排使先行赔付协议具备强制执行力则是确保制度效果的重要内容。一方面，可做好先行赔付与民事诉讼的衔接。先行赔付制度具备效率价值，这也意味着如果投资者就先行赔付协议争议再行提起诉讼将导致制度的效率价值落空。但当事人不参与诉讼，先行赔付协议也无法被人民法院确认效力。对此，可行的办法是通过人民调解组织的参与，或者建立证券纠纷调解组织，将先行赔付协议交由调解组织确认其和解效力。如有迟延或拒绝履行之情形，当事人可直接申请人民法院强制执行。另一方面，也可充分利用行政和解程序加强先行赔付协议的执行力。行政和解区别于诉讼和解，按照证监会 2015 年发布的《行政和解试点实施办法》，行政和解指的是证监会在对公民、法人或者其他组织涉嫌违反证券法律、行政法规和相关监管规定行为进行调查执法的过程中，根据行政相对人的申请，与其就改正涉嫌违法行为、消除涉嫌违法行为不良后果、交纳行政和解金等达成行政和解协议，并据此终止调查执法程序的行为。证券行政和解可以解决受损投资者补偿的现实诉求。〔2〕而执行先行赔付协议就是行政相对人寻求行政和解的重要条件。为此，执行先行赔付协议成为保荐机构等主体避免被行政处罚的重要约束条件。先行赔付协议的执行力得以加强。

（四）保障先行赔付主体的追偿权

先行赔付制度旨在搁置责任主体间的赔偿责任划分问题，由保荐机构先

---

〔1〕 黎四奇：《对我国证券投资者保护基金制度之检讨与反思》，载《现代法学》2008 年第 1 期，第 161 页。

〔2〕 窦鹏娟：《论证券行政和解的正当性及其制度功能》，载郭锋主编：《证券法律评论》（2015 年卷），中国法制出版社 2015 年版，第 240 页。

行赔付。但最终的赔偿责任还是应当落到法定义务人身上。保障追偿权既是激励保荐机构履行先行赔付义务的重要保障，也是公平划分虚假陈述民事责任的重要前提。首先，明确保荐机构事后追偿是一种代位求偿权。保荐机构代替虚假陈述连带责任人履行赔偿责任后取得代替投资者主张债权的权利。也即，保荐机构因履行先行赔付义务而获得追偿权。其次，允许先行赔付主体通过意思自治的方式获得追偿权的相应担保。实践中，为保障追偿权的实现，保荐机构往往要求上市公司控股股东、董事、监事、高管以及他们间接持股公司共同承担先行赔付责任或者要求后者作为追偿权的追索对象。这虽然有逃避先行赔付责任的嫌疑，但对于保护投资者利益，以及激发保荐机构先行赔付的积极性同样存在正面作用。最后，适当提高保荐机构追偿权的受偿顺序。因为在揭露虚假陈述事实后，上市公司不仅可能被退市，而且还面临破产的风险。一旦破产，保荐机构的追偿权几无实现可能。因此，适当提高保荐机构追偿权的受偿顺序也是希望保荐机构在履行了保护投资者的责任后能够获得较为公平的回报。

先行赔付制度事关投资者保护，《证券法》修订应当着眼于从先行赔付制度的具体程序、赔付方案以及和诉讼程序的衔接等方面做出规定。首先，应当明确先行赔付的启动程序、确保方案的公开听证与讨论、限定先行赔付的期限，进而实现程序约束；其次，证监会应当合理引导制定包括赔付对象和范围在内的赔付方案；再次，做好先行赔付与民事诉讼的衔接，充分利用行政和解程序加强先行赔付协议的执行力；最后，通过制度保障先行赔付义务人的追偿权。

（初审人：周宇）

论经济法的宪法性

陈　潇*

摘　要：体系思维和宪法视野对于当今的经济法研究来说十分重要。秉承这一思维重新审视近代以来的经济秩序和法律体系变革，可以发现宪法引领的国家机制始终与经济发展同在，沿此路径可以探知经济法与宪法不仅仅是上下级位阶和职能具体化的关系，还存在特殊的密切联系。在此基础上，对现实中的市场监管法和宏观调控法进行进一步分析，可以揭示出经济法实际承担了宪法应有的配置社会权利的职能。因此，经济法很大程度上具备宪法性的特征。运用这一结论可以恰当地回答改革发展中的"良性违宪"以及经济法的独立性等理论问题。

关键词：经济法　宪法　宪法性

引　言

放眼当今世界，各国日益致力于实现高质量的发展，不仅持续关注经济结构的转型升级，而且愈发重视社会的全面进步和法治的昌明。面对日益复杂严峻的发展问题，唯有倚赖体系化的法治手段方可加以妥善应对。要打

---

* 陈潇，男，中国政法大学民商经济法学院经济法学专业 2018 级硕士研究生（100088）。

造完善的法律体系，就要秉承系统思维，首先要维持各部门法的独立性，揭示各自独特的职责和功能；在此基础上方可理顺诸法之间关系，进而实现各部门法的协调一致。近二十年来，我国经济法学者进行了不懈的努力，成功证明了经济法的独立性，并形成了若干重要共识〔1〕，逐渐为经济法在法律体系中巩固了立身之本。在这些研究的推进过程中，经济法尤为注重外部关系的厘清，通过与民商法、行政法等法律部门开展激烈的论争，经济法划清了独立存在的界限，也因此找到了诸法合作的基础。

在比较研究中我们还应当意识到，如果经济法能更好地发现自身与宪法之关系，就能从更高层面和更广视野中定位好自身。对此，学界已进行过相关探索。例如，有论者指出了二者作用领域和职能的共通之处，即二者均具有经济性〔2〕；有论者针对宪法条文开展分析，借此找到经济法的宪法基础〔3〕；有论者则关注法律效力位阶的形式性，认为经济法是对宪法的具体落实，同时二者应当相互适应和协调〔4〕等。这些研究虽各有其道理，但一定程度上总给人以“片面”和“静止”之感。盖因以上观点预设了一个前提，即近代宪法改革与经济法生成两种现象各自分别产生，而后再将二者的关系进行分析和厘定。这恐怕难以深刻揭示这种关系背后的必然因素，更未能揭示出经济法实质承担的特殊职能。这样的认识路径是经济法研究中宪法思维和体系思维不足的表现。其实，宪法的改革与经济法的生成在相似的历史背景中经由人为推动发展，呈现的是一种相互交融、互为因果的关系，经济法也因此具备了某种宪法的属性。目前对这一属性的研究尚相对欠缺。鉴于对二者共有的经济性已进行过颇多讨论；且我国《宪法》第 15 条作为经济法和经济体制宪法基础，其意义也无需赘言。故本文致力于证明：经济法生成和宪法变迁是同一历史过程的一体两面，宪法改革的目标与手段之间存在矛盾，这一矛盾使得经济法在产生和发展过程中实质承担了宪法的部分职能，因而经济法具备某种宪法性。秉承这一观点，本文还将指出，“良性违宪”问题的

---

〔1〕 邱本：《论经济法的共识》，载《现代法学》2013 年第 4 期，第 18~23 页。

〔2〕 张守文：《宪法与经济法关系的“经济性”分析》，载《法学论坛》2013 年第 3 期，第 5~11 页。

〔3〕 李玉虎：《宏观调控权的宪法依据与中国实践》，载《经济法研究》2013 年第 00 期，第 19~34 页。

〔4〕 赵崇麟：《经济法与宪法的协调发展相关分析》，载《法制与社会》2016 年第 31 期，第 73~74 页。

实质是国家与市场的再平衡，以及经济法不会因为具有宪法性而丧失在法律体系中的独立地位。

一、宪法变迁视角下的经济法生成

关于近现代社会结构的形成，学界存在一个共识，即“二元对立”格局的产生——私人领域逐渐“摆脱”政治国家而获得独立，在此基础上形成市民社会与国家、市场与政府、私法与公法体系的对峙格局。然而，在审视历史时如果只看到这些“二元”之间的对立，难免会认同这一结论：自由资本主义的形成是蓬勃的市场经济“逼退”了国家机制的结果，“小政府”是一种消极被动状态，宪法只是对这一自由放任秩序的确认。实际上，如果转换视角来对宪法秩序下的权利（力）状态进行重新审视，就能更好地看清宪法秩序与经济法生成的源流，更清楚地把握经济法诞生所蕴含的宪法因素。

（一）被动放弃还是主动选择：自由资本主义时代的国家与经济

传统观点认为，在启蒙哲学和古典自由主义经济学的指引之下，个人从黑暗的中世纪中解放出来，人的尊严和理性得以重新发现，个体享有广泛的权利和自由；政府作为“必要的恶”，是社会契约的产物，其权力应当被高度限制，没有人民的授权它不可贸然采取任何行动[1]。如此看来，情况似乎是国家机制日渐孱弱，在社会和市场面前节节败退，最终被迫接受垂拱而治的结局，于是市场经济就这样自然地产生和成熟了。顺着这样的逻辑推演，难免会认为后世经济法的产生发展与宪法改革是两条线（尽管是颇有交缠的两条线），在分析二者关系时便会采用某种被动和割裂的视角。但如果看到历史上由来已久的二者的互动关系，体察政府在面对市场经济时的主动性和能动性，则可以更宏观、更辩证地看待宪法秩序与经济法生成之关系。

“自由”注定代表“自发”吗？答案是否定的。自由资本主义并非来自市场的自发和自觉，近代以来的经济发展始终伴随着国家的身影。不难想象，如果没有对产权、契约、专利的承认和保护，自由市场经济只会在垄断时代到来之前更早地陷入崩溃。而这些基本的市场交易规则的任意性背后，都需要倚仗政府强制力提供信用支持。在无政府状态下，人们不能免除财富遭受他人侵夺的恐惧，也无法保证人人自觉履行合同，这无疑会导致市场运行的

---

〔1〕 例如有观点认为人类在市场与国家关系主导权的竞争中抛弃了国家机制，而选择了自愿协作的市场方法。参见王显勇：《论经济法的宪法基础》，载《湖南大学学报（社会科学版）》2006 年第 3 期，第 137~144 页。

基本环节——生产和交换均难以开展。法国1795年《人和公民的权利与义务宣言》指出“维护财产权是整个社会秩序的基础”，该主张便强调了维护私权蕴含着市场经济运行的最基本前提。弗莱堡学派的领袖瓦尔特·欧肯对经济秩序的认识更具启发性。他主张经济秩序分为“生成的”和“设立的”两种〔1〕，前者的代表是中世纪城市经济，而近代资本主义经济则被归为后者。中世纪的城市经济活动“通常是一方面由习惯法、另一方面由行会规则来严格调控”〔2〕，这样的习惯法及行会规则对应的经济秩序就是其所说“生成的”经济秩序。而很多观点认为自由经济亦属于“生成的”的秩序，事实却恰恰相反。

在国民经济的舞台上，国家是始终在场的。近代私法的三大支柱“所有权绝对”“契约自由”“过错责任”以及由此出现的竞争经济，均源自人为的主观建构，是政府对民商事规则进行构造、确认和捍卫的结果，是对重商主义管制秩序做出的重新安排。“小政府”与其说是国家机制的抛弃，毋宁说是国家主动选择了相对收缩的范围开展活动。这种秩序安排是一种广义的干预，只不过体现为消极的行为而已。在此背景下，宪法是价值选择的结果而非对现实的默认。这决定了对这一历史进程的研究态度应当是规范的（normative）而非实证的（positive）。

秉承这样的立场才能更好地看到此后经济法在法律体系中应有的地位以及经济法与宪法的独特联系。运用马克思主义的国家和社会理论也可对此进行相应说明。马克思从整个社会内部的矛盾运动中揭示了国家产生的必然性，国家产生于私有制下私人利益与社会利益的冲突之中，在社会不能完全自行控制自身的运行过程的时期，必须由作为社会普遍利益的代表的国家来进行协调〔3〕。可以说，随着商品经济的产生和发展，国家与经济运行是同在的，国家机制采取行动不论积极与否、形态如何，都是一种必然。只不过在自由资本主义阶段，此种干预的尺度表现为由私法主导，在生产力释放和自由竞争的程度达到峰值之前，宪法仅需对国家施加克制便足以实现对经济秩序的初步打造。然而，随着历史进入社会化大生产的时代，宪法以及整个法律体系就面临着转型的压力。

---

〔1〕［德］瓦尔特·欧肯：《国民经济学基础》，左大培译，商务印书馆2010年版，第91页。

〔2〕［美］伯尔曼：《法律与革命：西方法律传统的形成》，贺卫方等译，中国大百科全书出版社1993年版，第390页。

〔3〕荣剑：《马克思的国家和社会理论》，载《中国社会科学》2001年第3期，第25~34页。

（二）宪法改革与经济法生成的实质

历经上百年的蓬勃发展，资本主义世界逐渐繁荣，人们似乎相信新的生产关系可以永远引领生产力水平向着理想状态迈进。然而，在这一理想状态到来之前，新的阻滞因素却出现了：垄断压制竞争、工人境况恶化、消费者权益得不到保障等新的社会问题浮出水面。为应对这些问题，近代法律体系开始嬗递，经济法开始生成，宪法也逐渐向经济宪法转型。对于这一时代背景以往已有颇多论述[1]，在此不再赘述。

令论者颇费心思的是这些变化的起点何在，以及诸多变化间的关系如何。需要注意的是，如果将这些变化分别加以考察，而后再试图建立联系，则犯了“只见树木不见森林”的错误，未能切中肯綮。比如有观点主张宪法的率先变革推动了包括经济法在内的诸法变革[2]。其实，将这些变化的现象放到更长久的历史长河中去，秉承前文所述视角，就能看到经济法的生成与宪法改革实际上是同一历史进程的两个方面，须臾不可分割。

人类社会是一个精密的物质体系，在没有外力介入的情况下会自动达到某种均衡。前述中世纪的经济秩序就是这样一种自发均衡的状态。对于均衡状态的变化，有这样一个表述：“在一个平衡体系中，若改变影响平衡的一个条件，平衡会向减弱这种改变的方向移动。”[3] 也就是说，这种自发均衡的经济秩序被人为改变的条件（即前述“生成的秩序”）所打破，这种建构会使经济均衡向理想状态的方向（完全自由竞争）移动；但在达到完全状态之前，这种移动不可避免地被某种新的因素（垄断和不正当竞争）抑制，此时就需要介入新的条件（新形态的国家干预）加以推进。这样，在消极的国家干预遭遇瓶颈之时，以宪法改革为引领、以经济法生成为标志，整个法律体系的变迁的帷幕在19世纪末20世纪初徐徐拉开。

“生成的”自由资本主义经济虽然静水深流，却是人类史上空前的秩序形态，因而其产生的阻滞因素——垄断和不正当竞争——也是前所未有的。曾

[1] 对此，可参见李东方：《近代法律体系的局限性与经济法的生成》，载《现代法学》1999年第4期，第15~18页。

[2] 廖呈钱：《经济法基本范畴的宪法基础——以经济法起源与现代宪法理念为视角》，载《温州大学学报（社会科学版）》2015年第4期，第49~54页。

[3] 该表述即“勒夏特列原理”或称“化学平衡移动原理”，其更抽象的说法为“承受外加限制条件的系统具有反抗外加限制条件改变的能力”。这一原理由法国化学家勒夏特列发现，最初运用在可逆化学反应中，后被证明适用于一切平衡体系，因而具有哲学上的意义。

经的国家与市场二元对立、此消彼长的态势从市场内部被攻破，私人权利的不当行使诱发的负外部性日益显现，不断膨胀的强势私主体对市场“竭泽而渔”，“过去被推入到私人领域的冲突现在进入了公共领域，公共领域逐渐成为一个利益调解的场所”[1]。市场终于不可避免地走向了自我抑制。

春江水暖鸭先知，虽然市场经济出现故步自封的态势，但最先的抗争也正出自市场经济内部，由此催生的经济法为法律体系的转型发出了先声。19 世纪末，面对托拉斯垄断行为的愈演愈烈，工人罢工和农民联盟运动兴起，他们展开了积极的经济斗争和政治斗争[2]，反托拉斯逐渐形成社会共识，最终在法律文件上确认下来，《谢尔曼法》于 1890 年诞生。《谢尔曼法》像一面旗帜，它象征国家机制将开始以积极姿态介入市场、限制膨胀的私权。可见，反垄断法因防止市场自我伤害而生，其响应了社会的诉求，自出生起就代表了某种家父主义，这让经济法生来具备了区别于传统法律的独特因素。

在同一时代，宪法开始致力于对整个社会治理结构进行更新。学界普遍认为 1919 年德国《魏玛宪法》是现代宪法诞生的标志，其现代性就体现在对“所有权绝对”色彩的弱化，以社会整体利益限制私人所有权的运用，使得近代宪法中曾固守的自由主义为社会公益所驾驭[3]。这同样是在为经济社会的发展扫除旧障碍、设立新规则。以之为先驱，宪法经济化、“政治国家”向“经济国家”转变、国家经济职能扩张，成为宪法 20 世纪的主要趋势[4]。

将二者结合来看，会发现二者其实都是作为上层建筑的法律体系对于解放经济基础的回应，二者互为表里、不可分割。美国“经济法”[5] 与宪法的互动对这种共变关系体现得尤为明显，值得在此加以详细考察。

众所周知，美国联邦政府于大萧条时期将凯恩斯主义作为指导思想，为挽救经济展开了大规模的经济干预，即所谓“罗斯福新政”。但是新政的推行并非一蹴而就，而是经历了艰难的合宪化过程。秉承保守主义的美国最高法

---

〔1〕 汪晖、陈燕谷：《文化与公共性》，生活·读书·新知三联书店 2005 年版，第 40 页。

〔2〕 付亚琼：《〈谢尔曼法〉诞生的社会背景》，载《沧桑》2011 年第 2 期，第 32~33 页。

〔3〕 参见《魏玛宪法》第 153 条、第 156 条、第 165 条，三条分别规定了限制所有权、公用征收和劳动者权利的内容。

〔4〕 冯果：《宪法秩序下的经济法法权结构探究》，载《甘肃社会科学》2008 年第 4 期，第 209~212 页。

〔5〕 众所周知，美国并不存在作为部门法的“经济法”一说，在此处论述中暂时采广义的“经济法”，即包括一切政府干预市场的法治化手段。

院分别于1935年和1936年宣判新政的支柱《全国工业复兴法》《农业调整法》违宪，致使新政受到重挫。随着经济危机日益加深，罗斯福越发认为“存在问题的不是宪法，而是最高法院的五位或六位大法官”[1]。于是，他在1937年毅然推行“填塞法院计划（Court-packing plan）”，试图改组最高法院。虽然这一努力宣告失败，但公众对于重振经济的诉求终于促使最高法院做出改变，中间派大法官逐渐转向支持自由派，以1937年《瓦格纳法》被裁决合宪为标志，最高法院放弃传统的放任主义，允许联邦政府承担调控经济的责任。需要我们后人反思的是：新政真的违宪吗？固然与干预相伴而生的是行政权扩张，这必须引起分权体制的戒备，但是国家干预经济的最终目的原本被排除在宪法精神之外吗？显然，美国国父们之所以在宪法中对于国家权力保持高度警惕，是因为在当时的历史条件下国家采取消极的干预方式更能促进资本主义经济的繁荣；随着历史的发展，国家干预的“工具箱”应当有所调整，但宪法所蕴含的增进社会福祉的价值始终未曾改变。因此，新政的推行过程与其说是自由派之于保守派的政治胜利，不如说是宪法的合目的性之于形式性的胜利，是“国家始终与经济同在”之于落后经济秩序的胜利，甚至一定程度上可以说是自然法之于实证分析主义的胜利。固执己见的最高法院并不能代表宪法的应有之义，所以罗斯福指出：宪法值得人们敬畏，“不是因为它有多么的古老，而是因为它常用常新”[2]。此言虽然有将宪法工具化之嫌，但指出了一点：宪法在形式上是分配权利与权力并将其固化为一种秩序，但根本目的是使国家机制服务于人民福祉。美国的总统与最高法院的较量揭示出经济法的产生与发展是一个宪法的公平与正义价值重新发现与重新解释的过程。

可见，这一时期的法律变迁是一个有机的体系，其实质是法律体系对于建立全新经济秩序的响应。片面地寻找一个起点然后线性地进行推演并不符合历史的逻辑，且容易造成研究中的困扰（后文会有所分析）。须知，经济法生成与宪法的变迁其实是一体两面：社会矛盾的激化呼吁建立全新的经济秩序，要求实现更高水平的公平正义，这决定了国家要为经济权力赋能（empowerment）；宪法要在二元治理结构中的边界上展拓空间，于是将公民基本权

---

〔1〕 Jeff Shesol, *Supreme power: Franklin Roosevelt vs. the Supreme Court* 230, N. Y.: W. W. Norton & Company, 2010.

〔2〕 Jeff Shesol, *Supreme power: Franklin Roosevelt vs. the Supreme Court* 518, N. Y.: W. W. Norton & Company, 2010.

利界定得更为精细，尤其将尊重他人权利和社会整体利益作为私权受到宪法保护的前提，避免私权的膨胀，为新形态的国家介入留下了空间；国家经济权力在经济法的规范之下逐渐生长，在公与私“一退”与“一进”的双重作用力中，以经济法为代表的第三法域逐渐发展壮大。截取任何一部分出发进行分析都会陷入片面视角，从更宏观的视角观之则可以慢慢达成共识。

二、经济法职能中的宪法因素

上文已经证明，经济法与宪法的互动由来已久，在近代特殊历史环境下社会对国家干预的质量提出了更高要求，国家干预的形态和主动性发生了变化，宪法改革与经济法产生发展是相互交融的过程。应当进一步察觉到，在此种历史背景下诞生的经济法，其对于宪法已经不是纯粹的“上令下从”，它所承担的独特使命不能简单地使用传统上的“下位法服从上位法”“承担将宪法具体化的功能”来表述，否则无法揭示二者关系的深层特性。可以说，经济法已经具有相当程度的“宪法性”：概括地看，经济法已经实际承担了现代宪法的部分职能，这使其明显区别于其他部门法；具体来说，经济法体系的两大组成部分——市场监管法和宏观调控法——均彰显着宪法的因素。

（一）经济法对宪法职能的实质承担

在前文所述的历史条件下，二元格局的活力逐渐衰竭，日渐蜕变为一种阻碍生产发展的旧秩序。新的法律体系要适应经济的发展，就要赋予国家新的职权（function）：宪法为了给经济发展进一步扫除障碍，要在严格避免国家对市场关系伤害的基础上，消除市场关系内部出现的互相伤害的因素。这就要求国家既要保证基本的市场交易规则，又要主动干预，同时这种干预具有精准而灵活的进退尺度。这一尺度蕴含着对国家权力的“松”与“紧”的微妙调节，体现着现代宪法转型和升级的目标，要求宪法对于权利与权力进行全新的分配。故而可以将这种职能或特性称之为“宪法性”。

但同时，为了保持宪法作为“母法”的特性——抽象性和权威性——国家对于经济秩序的介入不能事无巨细地体现在宪法中，否则会造成宪法理念的混乱，加大宪法实施的难度。在精准灵活与抽象权威的双重要求之间，传统的法律体系出现了空隙，这一空隙为经济法的生长留下了空间、为国家与市场的交互设置了通道、为经济体制的精准调整保留了张力。权利与权力不再是纯粹的此消彼长，而是在此处交汇融合。国家经由法治化的规范轨道渗入经济运行的内部，这一轨道就是经济法。经济法作用的对象不再局限于传统法律调整的市场本身或国家机制本身，而是作用于国家干预过程中的权利与权力，因而经济法在相当程度上被赋予了“宪法性”。

相较之下，其他部门法就显得难堪重任。民商法起初仅具备调整市场内部关系的功能，面对“阻滞因素”，民商法也付出了自己的努力。其方法是引入无过错责任、强制缔约、情势变更原则等内容，试图限制意思自治，让私有权的公共属性尽量彰显，借以解决交易的外部性问题。但民商法的尴尬处境在于，对公共利益摄入过多会令意思自治在不当的范围内受到约束，其自身的原本属性就会因此变得模糊，所以改革如果成功反倒会是一种“失败”，这令民商法陷入“特修斯之船”〔1〕的悖论；更重要的是，其无法从根本上解决为国家介入设置通道的问题。所以民商法自身无法独立承担起塑造经济新秩序的职能。

对于行政法，若是看清其应有的程序法定位，则也能断定其改革发展并未超出传统宪法对它的要求。以美国为例，虽然美国不存在“经济法”的说法，政府干预始终与行政法紧密关联，但 1946 年国会通过《行政程序法》，明确规定行政权的程序定位——行政机关在立法授权下行使管理职权，并受到程序约束和司法审查；此后，美国行政法历经新公共管理、新公共服务运动的洗礼，逐渐放松政府对经济领域的管制。所以，虽然美国的经济与行政往往熔于一炉，但在面对这一过程时我们应当作出国家干预的实体与程序的区分，作出“经济法”与“经济法律规范”的区分。行政法依旧承担着通过正当程序来保障国家干预顺利进行的角色，其势力范围仍然在国家机制的内部，并不涉及干预的实体内容。因此行政法仍然只是传统宪法职能的具化。在我国如果忽视这一点，就会导致将主动权过多地赋予国家机关，面临行政权重新扩张的危险。“经济行政法”“管理行政法”的概念就是这一错误的表现。

经济法的定位则与二者显著不同：经济法本身就是现代宪法秩序的一部分。这一次的“生成的”秩序不同以往，是对历史秩序的否定之否定：经济法规范了私权利但并未回到全面管制的老路，规范了公权力却又突破了二元

---

〔1〕 特修斯之船（The Ship of Theseus）是一个著名的哲学命题，最早可以追溯到古希腊哲学家普鲁塔克。其大意是：一艘船不断地更换坏掉的船板，直到所有船板彻底更换一遍，那么最终更换过所有船板的船究竟是不是原来的特修斯之船？这一命题常用来表述人工物在经历变化时能否保持自身同一性。对此，可参见刘振：《论特修斯之船问题及其解决——对 E. J. 劳连续历史解释方案的批判》，载《自然辩证法研究》2015 年第 7 期，第 9~14 页。

结构的束缚[1]，同时为国家介入留下了充分的权变空间，这些都是宪法建构之下经济法积极履责带来的结果。可以预见到，以经济法的活跃为标志的法律体系变革将在相当的历史时期内引领经济的转型发展。

所以说，经济法的产生伴随着现代宪法某种程度上“心有余而力不足”：宪法注意到市场内部出现的阻滞自身发展的因素，意识到这一局限无法由市场自身所克服，遂将其纳入到宪法范畴；而这一要求本身不能由宪法直接加以适用，且实践证明这一要求具有“非传统性”[2]，必须经由一个新兴的法律部门加以规范化，转化为对经济活动各方权利（力）义务的配置，这一法律部门只能是经济法。因此从宪法秩序的角度观之，经济法是法律体系中划定的特殊领域，是最为能动的组成部分，是现代宪法职能的自然延伸。将视角转入经济法体系内部考察，能够更清晰地把握这一特点。下文将通过考察经济法对于经济权力与经济权利进行各有侧重的“规范”，具体地分析经济法的宪法性之所在。

（二）市场监管法对基本权利行使范围的修正

市场经济是实践证明目前最为有效的资源配置方式，但市场经济的高效顺畅运行并不是建立了产权和交易制度之后就一劳永逸的，它仍然需要外在因素的适时介入为其扫除障碍。这一障碍来自自由竞争秩序不可避免的异化。自由竞争是市场经济的根本价值，市场监管法是经济法诞生的先声，它正是为了促进和维持公平、自由、正当的市场竞争而存在。市场监管法的角色某种程度上类似于“医生”或“啄木鸟”，其是在为一个天然健康的肌体进行针对性治疗。虽然有这样一个明确的核心价值，但其视角微观、针对性强、涉及面广、作用力直接，因此市场监管法的范畴似乎给人以“琐碎”“松散”之感——竞争法直接服务于维护竞争秩序；其他如消费者权益保护法、广告法、产品质量法等，服务、服从于竞争法。但市场监管法仅仅停留在“头痛医头、脚痛医脚”的层次吗？其实不然。这些散布于市场经济各个领域的法律，不仅都捍卫着竞争的价值，更凝结着宪法性、影响着公民基本权利，并最终传导至法律体系的根本层面。

市场监管法为了平衡各方利益、保障经济自由，对于私主体的规范恰恰

---

〔1〕 显然此处的两个“规范”具有不同的意味，前者侧重于对传统“私权神圣”的一种约束（regulation），后者则强调对政府既授权又限制的状态（normalization）。

〔2〕 参见张守文：《论经济法的现代性》，载《中国法学》2000年第5期，第56~64页。

大面积地采用了限制经济自由的方式。这些限制似乎是“琐碎”“松散”的，但大量规范的累积使其性质发生了嬗变，展现出了基本权利限制的属性。如反垄断法对于低价倾销的严格禁止限制了交易自由和购买自由；禁止限制竞争的经营者集中的背后是限制财产的处置和运营；对市场准入的普遍规定限制了经营者的营业自由；而针对日益普遍的公司活动，更是有学者指出，由于股份公司中所有权与控制权的分离，社会化的公司逐渐成为国家的附属物，从事市场监管的政府更像是某种财富分配的管理者，对于公司财产的制约是一种对个人人格和自由的保护〔1〕。宪法是分配社会权利并规范其运用行为的根本法〔2〕，这些对私权的限制职能本应在宪法层面进行设置。但受制于瞬息万变的现代市场经济，宪法难以即时和具体地加以运用，因此市场监管法实质代履行了宪法对经济权利重新分配的职能。

为什么说这种对权利的限制是独特的？相较于民法中的违约责任和侵权责任，经济法的规定更具备整体性和长远性，其针对不特定多数而非在个别的市场主体之间科以义务；况且前文已述，尽可能使私权得以最大化实现才是民法的任务，民法上的责任只是扩张私权的手段。相较于刑法，刑法仅代表公民义务的底线，其也不具有事前主动调整的功能。所以说市场监管法更具有宪法上的意义，它以宏观广泛的视角致力于经济自由和经济发展的目标，更符合宪法的精神实质。

此外，市场监管法还涉及基本权利受到私主体侵害时的宪法效力问题。诚然，宪法需要保障公民基本权利，但传统上宪法只是通过规定国家与公民关系的方法来实现的。在私主体侵害其他私主体的基本权利时，国家为何要采取行动？这一问题可用国家保护义务理论加以解释。该理论认为，既然宪法规定基本权利的最根本目的是真正实现公民的自由与平等，那么当公民基本权利遭到私法主体的侵害时，国家有义务采取积极有效的保护措施〔3〕。居于强势地位的市场主体采用限制竞争或不正当竞争的手段进行交易，并非一种个别的侵权，而是对市场交易制度的根本冲击，从根本上侵犯了其他经营

〔1〕 ［美］阿道夫·A. 伯利、［美］加德纳·C. 米恩斯：《现代公司与私有财产》，甘华鸣、罗锐韧、蔡如海译，商务印书馆2005年版，第37~41页。

〔2〕 童之伟：《论宪法概念的重新界定》，载《法学评论》1994年第4期，第1~5页。该文认为，社会权利关系是政治社会最普遍、最基本的社会关系，社会权利由社会成员的权利和国家权力两个基本方面构成。

〔3〕 陈征：《基本权利的国家保护义务功能》，载《法学研究》2008年第1期，第51~60页。

者的营业自由以及消费者、劳动者的人格权。此时个体只有通过国家的积极介入才能够充分实现其基本权利，只有国家出面才能协调相互冲突的经济利益。但作为国家代表的宪法不具有含括全部实践活动的涵摄力，此时国家保护义务的实现逐渐倚赖新型的非司法保护方式，即经由经济法的轨道赋予行政机关准司法权和自由裁量权，并以行政法对其行使程序加以严格限制。

所以说，市场监管法体现了现代宪法介入经济的必要性和可行性。在我国，由于宪法不具有直接的司法适用效力，而经济上基本权利的保障诉求又日益强烈，从这个角度上说，经济法是比行政法更动态、更全新的“小宪法”，经济法的完善是推动宪法现实应用的新路径。

（三）宏观调控法对国家权力的规范和分配

如果说市场监管法是国家直接渗入每一个市场关系内部的法律化结果，那么宏观调控法则是通过对市场关系的全局变量进行间接调节的规范化过程。前文已经述及从20世纪绵延至今的宪法改革趋势，即从以限权为特征的政治宪法向以利益协调为特征的经济宪法的演变，那么宏观调控就是国家协调利益行为的具象化，其涉及的是政府动用财政、税收、货币等手段对国民经济全局进行的干预，是“作为国家主权或更为具体的管辖权的组成部分……同样是整个国民总体的一项重要权力”[1]，其作用力更加广泛和深远。有学者甚至主张这是一种区别于立法权、行政权、司法权的“第四种权力”[2]。这种权力是否构成独立的权力形态尚可商榷，但该观点至少说明了宏观调控权的重要性和基础性。从另一个角度看，宏观经济秩序是一种公共物品，任何经济主体均可从良好的经济秩序中获益，显然只有国家才能承担提供这一公共物品的重任。所以，在社会尚不足以实现自我管理的当下，宏观调控与其说是国家的一种权力，不如说是国家的一项义务。因此，作为规范社会权利的根本法，宪法无疑应当将宏观调控权的行使纳入自身范畴。

但宪法对宏观调控权进行规范又存在不小的难度：政府宏观调控的工具和手段极度丰富和灵活，经济形势的判断又无比专业和复杂，人们往往仅能大致预估经济的趋势和可能性，甚至政府很多时候会主动使用试点和“试错法”来推行经济政策；即便在经济学界，宏观经济学大多数时候也只能采用

---

〔1〕 张守文：《宏观调控权的法律解析》，载《北京大学学报（哲学社会科学版）》2001年第3期，第123~131页。

〔2〕 陈云良：《国家调节权：第四种权力形态》，载《现代法学》2007年第6期，第15~22页。

归纳和经验而非演绎的研究方法。希求宪法对宏观调控权进行恰当限制是一种不切实际的“宪法迷信”。在这里，宪法再次遭遇了目的与手段的矛盾，这一矛盾只能由经济法相机抉择、能动地加以法治化解决。于是经济法便又义不容辞地承担了宪法的职能。比如，我国《中国人民银行法》《对外贸易法》《中小企业促进法》《税收征收管理法》等均开宗明义，在立法宗旨部分揭示或蕴含了自身的职能，即规范调控行为、保障受控主体权益，以此完善宏观调控体系、促进经济健康发展[1]。尤其值得一提的是《税收征收管理法》，该法规定，税收的开征、停征以及减税、免税、退税、补税必须依法进行，任何机关、单位和个人不得违反[2]。在我国现行《宪法》对税收法定原则尚付阙如的情况下，这一规定使该原则在经济法中得到了体现[3]，将本应在宪法中严格限制的一项权力在经济法层面得到了弥补，经济法的宪法性可见一斑。固然这种代履行略有僭越之嫌，但这也反映出我国市场经济尚不成熟的现实，相较于资本主义国家，我国的政府与市场关系有更多的部分需要相机而动、灵活调整。当然，在宏观经济法对政府与市场边界进行探索之后，应当将基本共识及时传导到宪法之中，这也是经济法的使命所在。

除此之外，为了实现宏观调控对经济结构的调节和对基本权利的保护，宪法对国家权力结构进行理性设计也是题中应有之义，这主要包括立法、行政和司法权力的水平分配以及中央和地方权力的纵向分配两个方面。前一项工作宪法尚且足以完成，因为虽然行政权不断呈现扩大趋势，宪法仍可对其施加抽象和一般的控制；但后一项工作却在挑战着宪法的涵摄力，因为央地间的权力需要根据经济形势持续博弈和调整。央地关系这一难题在中国的国家治理中可谓古已有之。西汉名臣贾谊在其《治安策》中就指出“欲天下之治安，莫若众建诸侯而少其力。力少则易以使义，国小则无邪心”；后来中央集权的加强贯穿了整个中国封建社会的进程；毛泽东在《论十大关系》中也将中央与地方的关系列为社会主义建设中需要正确处理的矛盾之一。而立足当前，随着改革的不断深入，特别是分税制的实行和土地财政的出现，中央与地方之间的关系日益演变为不同经济主体之间的竞争关系。这种竞争关系

---

〔1〕 分别参见《中国人民银行法》第1条、《对外贸易法》第1条、《中小企业促进法》第1条和《税收征收管理法》第1条。

〔2〕 参见《税收征收管理法》第3条。

〔3〕 张守文：《论税收法定主义》，载《法学研究》1996年第6期，第57~65页。

固然促进了地方积极性的高涨，构成了制度创新的重要源泉，但也出现了“政令不出中南海”的尴尬。为了保证政令统一和权力的顺畅运转，应当探求建立一种明确划分和协调央地关系的法律制度，避免中央与地方之间、地方与地方之间纠纷的产生。显然，这又属于宪法职能，但必须交由经济法来行使。在宏观调控法的建构中应当赋予地方政府相对独立的调控权，使其对辖区内涉及整体国民经济的事务进行管理；而关乎国民经济的总量平衡和整体结构的方面则应当由中央保留，如财税政策、货币政策、汇率政策以及各行政区划之间经济关系的协调等。经济法的宪法性在央地的宏观调控权配置中得以再度彰显。

三、对“良性违宪”和经济法独立性问题的回应

前文分别从历史源流和现实职能两方面分析了经济法与宪法的特殊关系，着重论证了经济法在很大程度上具备的宪法性特征。应当强调的是，经济法的宪法性体现的是经济法与宪法的辩证关系，我们在审视这一关系时既不能将二者割裂开来，同时也要注重它们各自的独立和完整性。如若不然，就会徒增理论上的烦恼：若看到对立而忽略统一，便只会关注宪法的刻板和经济法的僭越，致使“违宪”的争议挥之不去；而如果强调统一却忽视了对立，则会为无谓的“经济法的独立性”之争增添新的素材。恰当地把握经济法的宪法性能让我们更好地领会法律体系的和谐与有机，亦能对前述两个理论争议进行妥善有效的回应。下文即对此进行说明。

（一）改革发展中的“良性违宪”

不同于前文所述传统市场经济国家的法律体系变迁，中国作为转型国家在改革发展中面临的宪法问题更为复杂，经济法也承担着更为重大的使命。我国宪法发展的步伐总是滞后于经济体制改革，1982年以来的若干次宪法修正案均在现实改革发生之后对其进行承认和适应，这似乎凸显出我国宪法缺少预见性和稳定性。随着依法治国的推进和社会民主法治意识的增强，学界对于我国宪法的这一演变进程进行了经年累月的深刻反思，“良性违宪”问题在20世纪90年代中期引起激烈讨论[1]，余波一直蔓延到21世纪初，甚至至

---

〔1〕 这场论辩由郝铁川教授发起，其1996年发表《论良性违宪》，认为中国出现了不少看似违宪但实际上符合历史发展趋势的事件，这些事例“虽然违背了当时的宪法条文，但符合人民的根本利益，因而可称之为良性违宪”。童之伟教授针锋相对，在《“良性违宪”不宜肯定——对郝铁川同志有关主张的不同看法》中提出“良性违宪”同“恶性违宪”没有实质差别，同样必须追究违宪责任，“对于改革中出现的新问题，可以经过法定程序以宪法修正案的形式解决，不可期望法外解决”。后来众多论者包括韩大元、张千帆、曦中、刘旺洪等纷纷加入论战，提出相关主张。

今仍时有争鸣[1]。本文注意到，在揭示了经济法的宪法性之后，对“良性违宪”问题可以作出深入和通顺的解释。

“良性违宪”问题无疑在经济法和经济政策之中体现得最为明显，这是因为我国现行宪法脱胎于管制经济时代，市场经济仍有待培育，国家权力的色彩仍然十分浓厚；加之我国独特的制度设计使得国家对于国民经济的介入更为广泛和深刻，在自下而上的改革试点和自上而下的经济法（经济政策）推进过程中对相对传统的宪法框架的突破尤为显著。经过梳理可以发现，“良性违宪”的支持派与反对派的论争焦点在于宪法的稳定性与适应性的优先性，显然双方均未从法律体系演变的宏观角度触及我国宪法变迁的实质。须知，“良性违宪”的背后不仅是宪法的稳定性不适应快速的改革发展的问题，更是国家与市场如何突破旧体制、达到新平衡的矛盾。

应当指出，我国的宪法与经济法的演变进程与资本主义国家恰好相反，即呈现一种国家权力从全面管制中不断退出并探索更高质量干预的过程，这一过程可以用“公法私法化”来形容[2]。但我们仍然可以看出国家与市场二者共同承担着推进经济改革历史大潮的使命。回顾四十年的改革历程，诸如家庭联产承包责任制改革、分税制改革、经济特区的设立等举措，均领先于宪法体制改革，在当时无疑是与宪法条文相违背的。但实践证明这些改革措施成了推动经济发展的典范。如果囿于宪法文本的要求，动辄为经济法和经济政策扣上“违宪”的帽子，或者恪守法定程序先行修改宪法，无疑是一种削足适履的表现。要深刻把握住四十年来的体制改革这一大背景，揭示中国宪法的转型目标，并看到经济法内含的宪法性，明晰二者的相通之处，如此便可以发现这些貌似“违宪”行为的内在合宪性。

需要强调的是，这样的解读不是主张“人治高于法治”，也不是自然地把价值评判置于法律文本之上，而是强调重视法律规范所蕴含的精神实质及其所体现的社会力量。在作出宪法理论的选择时，美国学者提出，究竟采规范本位（text-based approach）抑或价值本位（practice-based approach），宜考虑

---

〔1〕 如解永照、何晓斌：《“改革于法有据”的争论及其破解——基于良性违宪的思考》，载《理论探索》2015年第4期，第113~118页；钱大军、薛爱昌：《繁华与无序：法律体系建构的中国模式之检讨》，载《法律科学》2016年第1期，第16~27页。

〔2〕 中国和西方经济法的生成往往用“公法私法化”和“私法公法化”的“殊途同归”来描述。对此，可见王卫国、李东方：《经济法学》（第2版），中国政法大学出版社2013年版，第4页。

三个“共同评价标准（shared evaluative criterion）”[1]。该观点颇具基础性意义，值得在此处借鉴。其提出的三个标准分别是：维护法治，促进政治民主，能够通过尊重个人权利而推动实质正义。很显然，经济法就是为以法治手段规范权利与权力而生，随着我国法治进程的推进，这一趋势会更加明显；而经济民主会促进政治民主，原因前文已述，经济法源于对社会力量的承认，经济权力与经济权利在经济法的领域中交融增长，国家的干预、市场的反馈都通过经济法通道得以双向交流，社会对于新秩序的需求最终通过经济法的通道反映到宪法的本体，这显然为政治民主开创了路径；而实质正义更是毋庸赘言，经济法的核心理念就是克服民商法对于主体的抽象识别，以不平等求得实质正义。所以说，将视角投向经济法与宪法的共变之中，就能求得经济法与宪法的最大公约数，“良性违宪”问题便迎刃而解。

当然，秉承价值本位的评判之时我们也不能忽略宪法形式上的根本法地位，以免导致“宪法虚无主义”。虽说改革发展和法律体系变革不能受缚于旧秩序下的宪法文本，但宪法也应当尽量避免频繁的滞后和修改以图保障自身权威。宪法的改革方向应当是使条文更加精粹切要，重在规定权利保障和权力行使的底线、凝聚改革发展的共识。借此使得经济法的宪法性更加彰显，将适应改革形势的重任交由经济法，为经济法释放更多空间和活力。

（二）经济法独立性的再反思

在当代中国，经济法学界总是面临一个颇为独特的困扰——经济法是否具有独立性？中国经济法似乎总是在接受来自各种角度的刁钻质疑，经济法学者不得不反复地廓清这一点，耗用了颇多心力。在本文提出经济法的宪法性特征之后，显然不得不再度面对这个很可能出现的问题：既然经济法和宪法的关系如此密切，经济法是否可以被吸收到宪法的范畴中去，或者至少将经济法总论并入宪法和行政法、将分论并入商法和民法的特别法当中[2]？经济法的独立性关乎经济法的生死存亡乃至中国未来改革发展的方向，不论怎样重申都不为过。因此对于这一可能的新问题有必要作出说明。

---

〔1〕 Richard H. Fallon, Jr, “How to Choose a Constitutional Theory”, *California Law Review*, Vol. 87, 549 (1999).

〔2〕 实际上已经有学者提出类似的方案，参见吴越：《经济法思维的宪法指向——兼论经济法学的历史命运》，载《法学论坛》2013年第3期，第19~26页。该文主张，经济法不应当是社会本位法，而应当关注基本经济权利，故经济法学朝着宪法的方向转型是历史的必然，否则只会成为改革的阻碍者或消极应对者角色。

如果说“良性违宪”之争只看到经济法与宪法的对立而忽视了统一，那么假借经济法的宪法性否定其独立性则恰好陷入相反的误区。要正确回答这一问题，根本上还是要看到经济法承担宪法职能所具有的独特性，其背后仍然是新的经济秩序之中权利与权力如何定位的问题。

将经济法并入宪法的观点可以说是初窥门径但未能登堂入室，故难免偏离轨道。诚然，经济法与宪法都具有“限政”的职能，也都致力于现代国家经济职能的扩展。但是二者的定位全然不同。如果用湖泊的构造作一类比，大型湖泊的主体部分往往远离河流，故水体更新速度慢；而其靠近河流的部分往往会形成若干小型区域，这些小湖与河水交流频繁、更新速度快，并最终将水流导入大湖。如果将瞬息万变的市场视作河流，宪法则如同大湖，只有静水深流才能发挥涵养水源的功能。要避免水流过快造成大湖萎缩，就要让大湖经过小湖的过渡完成水体更新；小湖确实服务于大湖但终究是独立的一部分。经由这个类比，可以更形象地了解经济法所处的地位和权利权力交融发展的功能，也就是说宪法要适应经济形势，必须经由某个法律部门实现政府与市场的互动，将宪法的要求转化为对经济活动各方权利（力）义务的配置，同时将社会和市场的要求传导至宪法之中；但经济法终究是法律体系中独立的构造，而非宪法和其他部门法的内在组成。

因为功能有所类似就试图将二者混同，这仍然是体系思维不足的表现。这种错误思维实际上就是否认近代法律体系的局限性，就是将确认公民积极自由、保障经济权利、维护市场秩序的全部职能均事无巨细地授予了宪法和行政法。这无疑为国家渲染了过多主观色彩，将经济法降格为国家管理经济的工具。从这方面看，上述谬误本质上与“经济行政法”的错误是一样的，对此学界早已有过颇多批评[1]。重申经济法独立性的共识，对正确处理两者关系和加强经济干预法治化非常之必要和重要。

结 论

实现每个人自由而全面的发展是人类社会的终极目标，在向着这个目标分阶段迈进时社会应当采取不同的结构形态，以求充分释放全社会蕴藏的潜能。近代以来，为了突破中世纪的桎梏，经济发展和社会的跃升呈现越来越

---

〔1〕 如薛克鹏：《经济行政法理论探源——经济法语境下的经济行政法》，载《当代法学》2013 年第 5 期，第 123～130 页；刘文华：《中国经济法“干预论”之批判》，载《首都师范大学学报（社会科学版）》2017 年第 6 期，第 61～66 页。

显著的人为性，国家干预始终与经济发展同在，干预的表现形式也因时而变、随事而制。在个性解放和自由意志作为社会主要诉求的年代，宪法保持对国家权力的克制即可引爆经济的增长；当市场的自我抑制成为发展中的主要矛盾时，宪法遂让国家“宝刀出鞘”；但“出鞘”到什么程度以免“锋芒毕露”，宪法不可能事必躬亲，于是这种需求撬动了经济法的生成以及整个法律体系的变革；经济法承担起宪法的应有之责而具备了宪法性，又凭借广泛的接触面成为兼容国家与市场的第三空间；宪法与经济法始终是法律体系适应社会发展的同一过程的两个方面。

这便是本文试图理顺的逻辑。这一逻辑可以容纳很多争论，包括经济法的生成与发展、近现代宪法的改革、部门法之间的独立与联系、宪法思维与体系思维，等等。

从经济法的宪法性到近代法律体系变迁，再到整个20世纪法哲学的社会化进程，都展现出社会对发展质量的要求日益提高、社会自我治理能力不断增强，也反映出社会整体的权力逐渐增长的过程。这一过程看似是国家职能扩展和公民权利收缩，但实际上国家的干预权力日益反映着社会需求并最终为社会所掌握——我们甚至可以从中体察某种共产主义的趋势。

本文还提及人类社会的发展有如化学反应平衡的移动。纵观近代以来的经济史，人为介入的因素总是在“过”与“不及”之间摆动，但摆幅显然正在趋于平稳，这代表着国家干预在经济法的规范之下变得日益精准和有效。当今各国对经济的干预已经进入了精雕细琢的阶段，中国的经济法更应当注重精耕细作。具备系统思维，把握经济法的宪法性，让经济法大显身手，这对当今的改革发展和依法治国来说极其重要。

（初审人：梁伟亮）

国际法研究

武装冲突所致环境损害责任研究

孙世民*

摘　要：“与武装冲突有关的环境保护”问题已经被列入了联合国国际法委员会工作方案当中。这意味着，环境的独立价值和内在价值已经受到国际社会的关注。然而，委员会当前的研究重点尚停留在国际法主体具有在武装冲突中保护环境的国际法上的义务方面，还没有深入到武装冲突所致环境损害的责任这个问题当中。关于这个问题，应当注意的是在武装冲突中造成广泛、长期或严重环境损害的国际法主体应当承担相应的国际法律责任，这种责任具有相关国际条约和国际习惯等国际法渊源方面的依据。关于武装冲突所致环境损害责任的法律属性问题，该责任属于国际法律责任且不同于跨界损害责任。国家、个人乃至国际组织等国际法主体都有可能承担武装冲突所致环境损害责任，并且存在实现该责任的相关机构。

关键词：武装冲突　环境损害　国家责任法　国际环境法

武装冲突是指国家之间、国家与其他政治实体之间或

---

*　孙世民，男，中国政法大学国际法学院国际法学专业 2016 级博士研究生（100088）。

其他政治实体之间的武力对抗。〔1〕 纵观历史，人类社会发展的每一个时期都伴随着不同规模的武装冲突与战争。可以说，自从有了初民社会，就有了武装冲突与战争。〔2〕 而且使用细菌、病毒武器，尤其是利用现代高科技武器如核武器、生化武器以及利用尖端技术如空间武器技术和环境控制技术等等对环境造成的破坏和损害是极其严重的。〔3〕 不仅如此，无论是国际性武装冲突，还是非国际性武装冲突，都可能会造成环境损害。环境在每一次武装冲突当中都是受害者。〔4〕 因此，国际法主体应当承担在武装冲突中造成环境损害的国际法律责任，这样才能更好地实现人类社会的可持续发展。

一、国际法委员会的研究进展

有鉴于武装冲突对自然环境所造成的严重破坏，2011年联合国国际法委员会（后文简称“委员会”）首次决定将“与武装冲突有关的环境保护”列入其长期工作方案当中。2013年，委员会决定将“与武装冲突有关的环境保护”专题列入其工作方案当中，并为此任命了专题特别报告员。迄今为止，委员会一共收到并审议了该特别报告员所提交的三份报告。2017年，由于该特别报告员不再担任委员会委员，委员会因而设立了新的专题工作组，该工作组侧重于审议有关本专题今后的前进方向，随后委员会任命了新的专题特别报告员。直到2018年，委员会发布的最新年度报告中继续讨论了与武装冲突有关的环境保护的具体内容，并且提及了新任专题特别报告员的第一份报告以及相关评注内容。

关于该问题的前任专题特别报告员分别在2014年、2015年和2016年向委员会提交了三份报告，三份报告的主要内容是：第一份报告中不含任何原则草案和需要采取的具体措施，主要是对适用于武装冲突前采取的环境保护预防措施的概括性和一般性的介绍；第二份报告中的重点是找出对“与武装冲突有关的环境保护”问题具有直接相关性的现有的具体规则；第三份报告中的重点是确定冲突后局势中适用的规则，其涵盖了关于武装冲突之后环境评估和审查以及修复措施的内容。在这三次报告中，特别报告员将“与武装冲突有关的环境保护”具体分为武装冲突之前、期间和之后三个时间段内的

---

〔1〕 周忠海主编：《国际法》（第3版），中国政法大学出版社2017年版，第381页。

〔2〕 本文认为，“武装冲突”与“战争”在本质上是相同的，因而不加以区别。

〔3〕 林灿铃：《国际环境法》（修订版），人民出版社2011年版，第534页。

〔4〕 Patricia J. West, “Earth: The Gulf War's Silent Victim”, in *Year-book of Science and the Future*, Encyclopedia Britannica Inc., 1993, p. 55.

原则和措施，并力图在研究中实现对这三个时间段的全面覆盖。特别报告员认为，三次报告共同完成了对武装冲突之前、期间和之后的国际法规则的梳理，但这三个时间阶段并没有明确的界限，三次报告组合在一起才有实际意义。不仅如此，特别报告员提出，当前人们已经认识到，单独通过武装冲突法已经不能解决与之相关的环境保护问题，为了实现在武装冲突中保护环境的目的，就需要与国际环境法、国际刑法等学科相互交流和借鉴。[1]

关于该问题的新任专题特别报告员于2018年向委员会提交了第一份报告。该报告重点关注的是占领局势下的环境保护问题，讨论了武装冲突法、国际人权法和国际环境法之间的互补性，并提出了占领局势下的环境保护三项基本原则。概括来说，这三项基本原则的具体内容分别是：其一，占领国在管理被占领土的过程中应当考虑环境因素，并且应当尊重被占领土的环境保护立法；其二，占领国应当可持续地使用被占领土的自然资源，并且要将对环境的损害降到最低；其三，占领国应当确保其在被占领土上的活动不对另一国的环境或者国家管辖范围以外的地区造成重大损害。值得注意的是，在这份报告当中，特别报告员尤其提到占领国管理被占领土应当是为了被占人民的利益，而不是该占领国的利益。2018年的这份报告成为继前三份报告之后的有关武装冲突时期的环境保护第四部分的内容，体现了新任特别报告员最新的工作进展。不仅如此，在这份报告当中，特别报告员提出将在下一次报告中具体讨论与武装冲突有关的环境损害所涉责任和赔偿责任有关的问题。委员会也表示将在未来继续讨论该报告中所关注的问题。[2]

迄今为止，委员会暂时通过的《有关武装冲突时期的环境保护原则草案》（后文简称《草案》）的主要条款是前任特别报告员三份报告中所涉及的具体问题，暂时还没有通过现任特别报告员现有第一份报告中所涉及的具体问题。从整体上看，现有《草案》主要是关于适用于武装冲突之前、期间以及之后环境保护的原则问题。《草案》具体规定了其适用范围是武装冲突之前、期间和之后的环境保护问题，宗旨是预防武装冲突造成的环境损害、减少武装冲突期间对环境的损害以及进行造成损害之后的环境修复和补救工作，规定了国家在武装冲突中具有保护环境的义务，国家应当采取一切有效的措施，例如采取环境影响评估、划定保护区等形式，以避免自然环境受到广泛、长期

〔1〕 Protection of the environment in relation to armed conflict, Chapter X, UN A/71/10, pp. 300-305.

〔2〕 Protection of the environment in relation to armed conflict, Chapter IX, UN A/73/10, pp. 240-243.

和严重的损害。该《草案》内容强调了在武装冲突中区分原则、相称性原则、军事必要性规则和预防措施原则的重要性，禁止为了报复而对自然环境进行攻击，规定了在武装冲突结束之后，各方应当进行战后环境评估，共同协商被损害环境的恢复和赔偿问题，并发挥有关国际组织在这个问题上的作用，还具体规定了战争遗留物、海上战争遗留物的处理和其他信息获取和共享机制。简言之，《草案》对于武装冲突之前的环境保护侧重于准备和预防，对于武装冲突期间的环境保护侧重于限制军事手段和武器装备的使用，对于武装冲突之后的环境保护则侧重于赔偿、重建和恢复。

总而言之，委员会的工作表明，在与武装冲突有关的环境保护方面已经出现了一些相关的国际法律规则，这些法律规则主要是关于国家具有在武装冲突中保护环境的国际法义务。但是显而易见，目前缺乏一套实现这些规则的执行机制。这表明，应当明确国家对在武装冲突过程中造成的环境损害承担责任的机制，国家在武装冲突当中由于造成环境损害而应当承担的国际法律责任就是武装冲突所致环境损害责任。然而，纵览委员会的最新研究成果，其中并没有关于武装冲突所致环境损害责任的全面和详细的研究。关于责任的研究内容只在特别报告员的报告当中出现了国家应当承担有关责任的原则性规定，新任特别报告员在报告中也提到未来会加强相关问题研究，而几经修改暂时通过的《草案》中也并没有关于责任承担的内容。因此，可以预见的是，对于这种责任机制的研究将是委员会未来研究的重点内容之一，这也是本文所要解决的主要问题。简言之，本文将要具体解决这种责任机制的产生和发展、法律属性以及如何实现等问题，以推动委员会这项研究的进步与发展。

二、武装冲突所致环境损害责任的产生和发展

国际条约、国际习惯和一般法律原则共同构成了国际环境法的渊源。此外，国际组织宣言和决议、司法判例和著名学说也在国际环境法渊源当中具有特别重大的地位。[1] 它们共同构成了国际法中与武装冲突有关的环境保护的法律体系。特别报告员在报告中也提及了相关方面的内容，准确研判这些内容对于明晰武装冲突所致环境损害责任的产生和发展具有重要的意义。

（一）20世纪70年代之前

武装冲突所致环境损害责任的国际立法最早是从20世纪70年代之前对

---

〔1〕 林灿铃：《国际环境法》（修订版），人民出版社2011年版，第118页。

受武装冲突威胁环境的间接保护开始的。这种间接保护以 1907 年《陆战法规和惯例公约》(即 1907 年《海牙第四公约》，后文简称《海牙公约》) 和 1949 年《关于战时保护平民的日内瓦公约》(后文简称《日内瓦公约》) 为代表。例如，《海牙公约》中规定了在军事活动中伤害对方的手段不是无限制的，除非迫不得已，不得毁灭和没收敌人的财产；[1] 又如，《日内瓦公约》中规定的是，如果不存在绝对的必要性，占领国不得对被占领国的动产和不动产进行任何破坏行动，也不允许对这些财产进行大规模的破坏。[2]

从总体上看，这两部国际条约主要规定的是交战各国在进行战争与武装冲突时的权利和义务，并对交战双方所使用的作战手段和方法作出了一定的限制。虽然这些国际条约尚停留在对财物的保护当中，但是事实上存在将环境中的一些因素，例如森林、湖泊、河流等解释为财物的可能性，从而对环境当中的这些具体要素进行间接的保护。在这种间接保护的基础之上，违反这些国际条约的行为就可以成为国际不法行为，因而承担在武装冲突损害环境的国家责任。

(二) 20 世纪 70 年代之后

随着人类逐渐认识到保护全球生态环境的重要性，20 世纪 70 年代之后，越来越多的国际条约开始对环境进行直接的保护，而不再将其作为人类财产的一部分。这些国际条约主要有 1976 年 12 月 10 日《禁止为军事或任何其他敌对目的使用改变环境技术的公约》(后文简称《公约》)、1977 年 6 月 8 日《1949 年 8 月 12 日日内瓦四公约关于保护国际性武装冲突受难者的附加议定书》(后文简称《第一附加议定书》) 以及 1998 年 7 月 17 日的《国际刑事法院罗马规约》(后文简称《规约》) 等。这些国际条约一方面体现了对受到武装冲突威胁的环境的直接保护，另一方面体现了对环境的独立价值和内在价值的尊重。这种国际立法中的进步对于研判武装冲突所致环境损害责任具有

---

[1] Article 23 (g) of Hague IV: "destroy or seize the enemy's property, unless such destruction or seizure be imperatively demanded by the necessities of war".

[2] Article 53 of Geneva Convention (IV) relative to the Protection of Civilian Persons in Time of War, 12 August 1949, UNTS, vol. 75, No. 973. (hereinafter: Geneva IV): "Any destruction by the Occupying Power of real or personal property belonging individually or collectively to private persons, or to the State, or to other public authorities, or to social or cooperative organizations, is prohibited, except where such destruction is rendered absolutely necessary by military operations." Article 147 of Geneva IV: "Grave breaches to which the preceding Article relates shall be...extensive destruction and appropriation of property, not justified by military necessity and carried out unlawfully and wantonly".

重要的意义。

这种重要意义具体表现在：首先，《公约》是第一个在武装冲突法律中通过限制使用改变环境技术而保护环境的国际条约。[1]《公约》受美国在越南战争中使用落叶剂等化学武器对环境造成严重损害的影响，将武装冲突造成的环境损害认定为一个严肃的问题。[2]《公约》第1条明确将为军事或任何其他敌对目的而使用改变环境技术的行为视为非法行为，并鼓励缔约国确保其他国家或者组织不再进行此类活动，避免对环境造成广泛、长期或严重的损害。[3] 其次，《第一附加议定书》是一个明确规定环境内容的武装冲突国际条约，是在知晓《公约》文本的情况下协商并通过的。[4] 其在第35条第3款和第55条分别规定了禁止在战争中使用对自然环境造成广泛、长期和严重损害的作战方法和手段的基本原则以及禁止使用因对环境造成严重破坏而损及居民健康和生存的作战方法和手段以及禁止以报复的名义攻击自然环境的内容。[5] 最后，《规约》在第8条第2款第b项（iv）条中纳入了武装冲突时期的环境保护条款。该条规定，在武装冲突当中造成广泛、长期和严重的

---

〔1〕 A. Roberts, "The Environmental Consequences of War: Legal, Economic, and Scientific Perspectives", in J. E. Austin and C. E. Bruch ed., Cambridge University Press, 2000, p. 47.

〔2〕 Karen Hulme, *War Torn Environment: Interpreting the Legal Threshold*, Martinus Nijhoff Publishers, 2004, p. 4.

〔3〕 Article 1 of Convention on the Prohibition of Military or Any Other Hostile Use of Environmental Modification Techniques: "...not to engage in military or any other hostile use of environmental modification techniques having widespread, long-lasting or severe effects as the means of destruction, damage or injury to any other State Party."

〔4〕 Waldemar A. Solf, Article 55: Protection of the natural environment, in New Rules for Victims of Armed Conflict : Commentaries on the Two 1977 Protocols Additional to the Geneva Conventions of 1949, 347 (Michael Bothe, Karl Josef Partsch, and Waldemar A. Solf ed., Martinus Nijhoff Publishers 1982).

〔5〕 Article 35 of Protocol Additional to the Geneva Convention of 12 August 1949 and relating to the Protection of Victims of International Armed Conflict : "It is prohibited to employ methods or means of warfare which are intended, or may be expected, to cause widespread, long-time and severe damage to the natural environment." Article 55 of Protocol Additional to the Geneva Convention of 12 August 1949 and relating to the Protection of Victims ofInternational Armed Conflict, Protection of the natural environment : 1. Care shall be taken in warfare to protect the natural environment against widespread, long-time and severe damage. This protection includes a prohibition of the use of methods or means of warfare which are intended or may be expected to cause such damage to the natural environment and thereby to prejudice the health or survival of the population.

环境损害的个人可能构成战争罪，进而需要承担国际刑事责任。[1]

（三）广泛、长期或严重环境损害的认定标准

这些关于武装冲突所致环境损害的国际环境法表明，国际法主体具有在战争与武装冲突期间保护人类生存环境的国际法义务，国际法主体应当避免使用环境致变技术和武器对敌方自然环境造成的不良影响，否则就应当承担由此所引起的国家责任。但并不是所有不良影响都应当承担国家责任，因为任何在战争与武装冲突中使用武器或其他军事技术的行为都可能会对环境造成程度不一的不良影响，例如环境污染或者破坏等，而只有那些在武装冲突期间造成广泛、长期或严重的环境损害的行为才是国际法应当禁止的行为，这也体现了武装冲突所致环境损害责任的发展。

显然，"广泛、长期或严重"的环境损害是《公约》中的明确规定。而之所以应当采用《公约》中的"广泛、长期或严重"损害作为认定国际法主体承担武装冲突所致环境损害责任的标准，而不采用《第一议定书》和《规约》中的"广泛、长期和严重"损害作为认定的标准，在于"广泛、长期或严重"的认定标准比"广泛、长期和严重"的认定标准低，[2] 后一种标准需要同时满足三个条件，这就使得应当承担责任的范围变得狭窄，增加了承担责任的难度，使得现实当中难以实现这种标准。[3] 而实际上同时满足这三个要求的情况是十分少见的，这就使得原本难以认定的环境损害责任变得更加难以认定，最终使得关于责任的规定成为一纸具文。而至于时间的具体长度、空间的实际范围和严重范围等内容，则应当结合现实发生的实际情况进行认定。

概言之，禁止在武装冲突和战争中造成广泛、长期或严重的环境损害以及禁止单纯为了报复而攻击对方的自然环境的军事活动已经成了国际法主体的法定义务。国际法主体如果违背了这种法定义务，就应当承担由于进行武装冲突而造成环境损害所产生的国际法律责任。这种责任就是国际法主体应

---

〔1〕《国际刑事法院罗马规约》第8条第2款第b项（iv）："故意发动攻击，明知这种攻击将附带造成平民伤亡或破坏民用物体或致使自然环境遭受广泛、长期和严重的破坏，其程度与预期得到的具体和直接的整体军事利益相比显然是过分的。"

〔2〕C. D. Stone, "The Environment in Wartime: An Overview, in The Environmental Consequences of War", inJ. E. Austin and C. E. Bruch ed., Cambridge University Press, 2000, p. 21.

〔3〕M. Bothe, C. Bruch, J. Diamond, D. Jensen, "International Law Protecting the Environment During Armed Conflict: Gaps and Opportunities", 92 *International Review of the Red Cross*, 569, 575 (2010).

当承担的武装冲突所致环境损害责任。不仅如此，武装冲突所致环境损害责任因为具有国际法上的依据而成为一种国际法律责任，并不是国际政治责任或者国际道义责任，这种责任具有严格的法律属性。

三、武装冲突所致环境损害责任的法律属性

目前，国际社会尚未对武装冲突所致环境损害责任问题给予足够的重视。虽然国际法委员会的研究已经对这个问题有了初步的研究成果，新任特别报告员也在2018年的报告中表示将在未来对这个问题进行具体的关注，但这仍然不足以完全解决这个问题。国际法主体应当承担因武装冲突所造成的环境损害责任，这是国家责任理论在与武装冲突有关的环境保护中的具体体现。所谓国家责任，是指国际法主体为其国际不法行为或损害行为所应承担的国际法律责任。[1] 由此可见，国家责任的产生，既可能是由于损害行为，即国际法不加禁止的行为，也可能是由于国际不法行为，其中包括国际罪行。产生于前者的国家责任又被称为跨界损害责任，产生于后者的国家责任则属于传统国家责任的范畴。国家责任不仅是“国家”的责任，更包含了所有国际法主体的责任。这是因为在早期国际法中国家是国际法上的唯一主体，国家责任就是国际法主体的法律责任。而随着国际法的不断发展，虽然国家已经不再是国际法的唯一主体，[2] 但是国家责任作为一个术语却被沿用了下来，继续用以指代国际法主体的国际法律责任。这些内容是明确武装冲突所致环境损害责任法律属性的基本理论前提。

（一）合法武力行为所致环境损害

众所周知，不得使用武力或者武力相威胁是国际法的一项基本原则，包括《国际联盟盟约》《巴黎非战公约》《联合国宪章》《欧洲国际军事法庭宪章》等在内的一系列国际条约对该原则的确立起到了重要的作用。而根据《联合国宪章》，该原则存在两个例外情况：一种情况是国家面对武力入侵时进行的自卫，另一种情况是联合国集体安全体制下的武力使用，即国家使用

[1] 周忠海主编：《国际法》（第3版），中国政法大学出版社2017年版，第89页。

[2] 林灿铃：《荆斋论法——全球法治之我见》，学苑出版社2011年版，第46~53页。

武力得到了联合国安理会的授权。[1] 这表明只有在这两种情况下进行战争和武装冲突是被国际法所允许的。这两个例外的产生一方面是为了肯定国家在面对武力入侵时能够捍卫自己的领土完整和主权，另一方面是为了使联合国安理会能够更好地履行维护社会和平与稳定的国际法义务。

虽然使用武力的行为在符合《联合国宪章》所明确规定的这两种例外情况时具有合法性，但这并不意味着在合法使用武力的过程中造成广泛、长期或严重环境损害的行为也符合国际法的要求。这是因为，《公约》《第一附加议定书》等国际条约明确规定了在战争与武装冲突中应当避免对环境造成损害，同时这个规定并没有区分合法进行的战争和非法进行的战争。不仅如此，即使是合法地使用武力的行为，也应当遵守国际法中的区分原则和比例原则，即应当区分军事目标和非军事目标并最大限度地减少对包括环境在内的非军事目标的损害，尤其是不应当为实施报复行为而对环境进行严重的污染和破坏。这就表明，即使是在合法使用武力进行武装冲突的过程中造成严重环境损害结果的行为也是被国际法所禁止的行为，该行为因而属于一种国际不法行为。该行为的主体应当承担由此种不法行为产生的国家责任和后果。

（二）非法武力行为所致环境损害

作为国家主权平等原则的直接引申和切实保障，不得使用武力或者武力威胁的国际法基本原则是与《联合国宪章》规定的集体安全体制以及国家的自卫权完全一致的。[2] 基于不得使用武力或者武力威胁的国际法基本原则，既不是国家的自卫行为也不属于获得安理会授权的武力行为实际上就是一种违反国际法的行为。不仅如此，这种非法使用武力的行为还违反了和平解决国际争端的国际法原则。因此，使用武力的行为本质上属于国际不法行为。而在实施这种国际不法行为的过程当中，造成环境损害的具体行为则更属于被国际法所禁止的不法行为。这是因为，一种具有不法性的前行为在一般情况下所产生的后行为也具有不法性。具体到非法武力行为所致的环境损害中，

---

〔1〕《联合国宪章》第 42 条：安全理事会如认为第 41 条所规定之办法为不足或已经证明为不足时，得采取必要之空海陆军行动，以维持或恢复国际和平及安全。此项行动得包括联合国会员国之空海陆军示威、封锁及其他军事举动。《联合国宪章》第 51 条：联合国任何会员国受武力攻击时，在安全理事会采取必要办法，以维持国际和平及安全以前，本宪章不得认为禁止行使单独或集体自卫之自然权利。会员国因行使此项自卫权而采取之办法，应立向安全理事会报告，此项办法于任何方面不得影响该会按照本宪章随时采取其所认为必要行动之权责，以维持或恢复国际和平及安全。

〔2〕周忠海主编：《国际法》（第 3 版），中国政法大学出版社 2017 年版，第 46 页。

破坏或者污染环境的行为也是一种国际不法行为。在这种情况下，武装冲突所致环境损害责任在本质上是一种国际不法行为所产生的责任，因而就属于传统国家责任的范畴。

正因如此，武装冲突所致环境损害责任的构成应当从传统国家责任的客观和主观两个方面的构成要件进行认定，即武装冲突所致环境损害责任的成立必须具备客观和主观两个方面的要件，这两个要件作为武装冲突所致环境损害责任产生的两个必备基本条件不可或缺：客观方面，武装冲突所致环境损害的行为违背了国际义务，这种义务来源于前述国际环境法的规定，主要是在战争与武装冲突中保护环境的注意义务和不以报复为目的实施破坏或者污染环境行为的义务；主观方面，这种在武装冲突中造成环境损害的国际不法行为可归因于国家而被视为该国的国家行为，判断的标准是国际法。显然，国家发动或者参与战争的行为是为了自身的国家利益，是由代表国家的机关发动的行为，这种在由国家发动的武装冲突或者战争中发生的造成环境损害的行为就是国家的行为。显而易见，武装冲突所致环境损害责任是一种法律责任，它不同于道义责任或者政治责任，它是国际法主体因违反国际法的行为而需要承担的国际法律责任。因此，研究如何实现这种国际法律责任就具有十分重要的意义，而对此国际法委员会目前还没有完备的研究成果，后文将对此进行具体的阐释。

（三）武装冲突所致环境损害责任不属于跨界损害责任

正因为武装冲突致环境损害行为是一种被国际法所禁止的行为，因而为此所需要承担的责任就具有法律属性。但是具有法律属性的武装冲突所致环境损害责任不同于同样具有法律属性的跨界损害责任。这是因为，无论是由合法武力行为还是由非法武力行为产生的环境损害都不是国际法所允许的。因此，无论是在合法武装冲突中造成的环境损害还是在非法武装冲突中造成的环境损害都不同于跨界损害。这是因为，“跨界损害”指的是国家管辖或控制下的活动造成该国管辖或控制范围以外的其他国家领土或其管辖或控制范围以及“公域环境”的损害。其主要是人的行为造成的有形的、物质的和数量的、严重的损害后果，并且这种形式的损害后果跨越了所在国的国界，对国界外的国家或者公域环境造成了损害。引发跨界损害的行为主体所应当承担的是一种国际法不加禁止行为而产生的赔偿责任，即跨界损害责任，这种跨界损害责任的法律基础是严格责任。[1]

通过前文对武装冲突所致环境损害相关国际环境法理论的梳理可以发现，在一般情况下，以战争而不是和平的方式解决国际争端已经被国际法所禁止，发动武装冲突已经属于违反国际法的行为，虽然存在两种例外的情况，但是在武装冲突中造成环境损害的行为是被国际法所禁止的，属于不法行为。这表明，武装冲突所致环境损害责任在性质上不同于跨界损害责任。因为跨界损害责任又被称为"国际法不加禁止的行为所产生的损害性后果的国际责任"，其产生的前提是国际法不加禁止的行为。然而，无论是在合法的武装冲突还是非法的武装冲突中造成环境损害的行为都是被国际法所禁止的。因此，武装冲突所致环境损害责任是一种国际不法行为产生的责任，而跨界损害责任是一种国际法不加禁止行为产生的损害责任，显然两者存在本质的不同。正因如此，武装冲突所致环境损害责任属于不法行为所产生的国家责任，赔偿也就不是承担这种责任的唯一形式。这意味着，武装冲突所致环境损害责任应当存在多种实现方式和途径。

四、武装冲突所致环境损害责任的实现

由于在战争与武装冲突当中造成广泛、长期或严重的环境损害的行为在本质上属于违反国际法的行为，因而武装冲突所致环境损害责任实际上属于传统国家责任的范畴。在此基础之上，承担这种传统国家责任的形式无外乎：终止不法行为并保证不再重犯、恢复原状、赔偿、补偿、满足、限制主权和刑事制裁，等等。主要承担这种责任的主体包括国家、个人和国际组织。为了使得这些国际法主体真正承担武装冲突所致环境损害责任，就需要从国家承担责任的实现、个人承担国际刑事责任的实现以及国际组织承担责任的实现等几个方面进行研究和分析。

（一）国家承担责任的实现

根据前文所述的国际条约和国际习惯等国际环境法渊源的规定，国家负有在战争与武装冲突中保护环境的国际法义务，违背这项义务就需要承担相应的国家责任。目前，实现这种国家责任的机构和方式主要有：

1. 联合国安理会

根据《联合国宪章》，联合国安理会是联合国维护和平与安全的主要机关，由此赋予了安理会在武装冲突当中对破坏环境行为进行规制的职能。例

[1] 林灿铃：《跨界损害的归责与赔偿研究》，中国政法大学出版社 2014 年版，第 7 页。

如，1991 年安理会通过了第 687 号决议，决定成立赔偿委员会，负责处理伊拉克在海湾战争之后对科威特的赔偿问题，主要是负责处理因伊拉克入侵科威特而对外国政府、国民和企业产生的直接损失的赔偿问题。[1] 该决议还决定设立一个基金，以支付损失、损害和因伊拉克入侵和占领科威特直接损害的赔偿，并成立一个赔偿委员会负责经管和管理该基金。目前，该赔偿委员会已经支付了 481 亿美元的赔偿，这其中就包括对伊拉克破坏科威特油井所造成环境破坏的赔偿。[2] 该事例对于未来安理会继续确保国际法主体承担因武装冲突所致环境损害的国际法律责任具有重要的实践意义和导向意义，因为其表明通过安理会可以要求国家承担因在战争与武装冲突当中造成环境损害的国际法律责任。

2. 国际法院

根据《联合国宪章》，国际法院为联合国的主要司法机关，其职权包括诉讼管辖权和咨询管辖权。[3] 1993 年，国际法院设立一个由 7 人组成的环境事务庭，主要负责与国际环境保护有关的案件，这体现了国际法院对于国际环境保护问题的重视以及对于其自身职能完善的关注。[4] 不仅如此，在 1996 年“国际法是否允许在任何情况下威胁和使用核武器的咨询意见”当中，国际法院认为使用核武器会构成环境损害。因此，尽管没有禁止使用核武器的具体条款，但是各国在使用核武器以追求军事目的的过程中，应当考虑到环境因素。[5] 而在 2005 年“关于在刚果境内的军事行动案”一案中，国际法院认为没有证据表明乌干达实施了掠夺、抢占和盗采刚果民主共和国自然资

[1] Security Council Resolution 687, UN Doc S/Res/687 (1991).

[2] Report of United Nations Compensation Commission, UNCC Doc PR/2019/1.

[3] 《联合国宪章》第 92 条：“国际法院为联合国之主要司法机关，应依所附规约执行其职务。该项规约系以国际常设法院之规约为根据并为本宪章之构成部分”。第 93 条：“①联合国各会员国为国际法院规约之当然当事国。②非联合国会员国之国家得为国际法院规约当事国之条件，应由大会经安全理事会之建议就个别情形决定之。”第 96 条：“①大会或安全理事会对于任何法律问题得请国际法院发表咨询意见。②联合国其他机关及个种专门机关，对于其工作范围内之任何法律问题，得随时以大会之授权，请求国际法院发表咨询意见。”

[4] Annual Report of the International Court of Justice (1992-1993), Chapter I, p. 1.

[5] Legality of the Threat or Use of Nuclear Weapons, Advisory Opinion, ICJ Reports 1996, 66. 原文为：“States must take the environment into account when deciding on what is necessary and proportionate in pursuing legitimate military objectives.”

源的行为。[1] 由此可以预见的是，国际法院未来在武装冲突所致环境损害责任案件的审理中将会发挥更加重要的作用，可以成为实现武装冲突所致环境损害责任的机构。

（二）个人承担国际刑事责任的实现

《第一附加议定书》中对国际性武装冲突中可能导致个人刑事责任的严重破坏公约行为和其他严重违反国际人道法的行为进行了详尽的规定。《日内瓦四公约关于保护非国际性武装冲突受难者的附加议定书》（1977 年 6 月 8 日颁布）为在非国际性武装冲突领域打击有罪不罚的现象扫清了法律上的障碍，而这在非国际性武装冲突频频发生的今日是非常重要的。除了这两个议定书之外，现有的国际法律实践也不断证明，个人应当对在武装冲突中所造成的严重的环境损害承担国际刑事责任。

1. 国际刑事法院

《规约》在关于战争罪的第 8 条第 2 款第 b 项（iv）条中，把发动战争并使自然环境遭受广泛、长期和严重的破坏的行为认定是国际罪行。[2] 对此，有学者认为，《规约》在关于战争罪条款中加入破坏环境的犯罪行为是“第一个生态中心主义的破坏环境型战争罪（environmental war crime）”。[3] 而根据《规约》第 25 条中确定的个人刑事责任原则，国际刑事法院的管辖权仅限于个人，任何国家、国际组织和法人均不受国际刑事法院的管辖。这些规定表明，国际刑事法院可以对符合管辖条件的个人判处有期徒刑、无期徒刑、罚金或没收直接或者间接通过该犯罪行为而取得的收益、财产和资产。虽然现实中尚未出现适用这些条款处置在武装冲突中造成严重环境损害个人的具体案例，但是《规约》的这些规定无疑表明了个人在武装冲突中对所造成环境损害的严重后果是可以承担相应国际刑事责任的。

---

〔1〕 张颖军：《国际不法行为责任条款的具体运用探析——从 2005 年国际法院〈关于在刚果境内的军事行动案〉为例》，载《广东广播电视大学学报》2010 年第 3 期，第 56 页。

〔2〕 Article 8（2）（b）（iv）of The Rome Statute of the International Criminal Court，UNTS. vol. 2187，No. 38544：“Intentionally launching an attack in the knowledge that such attack will cause incidental loss of life or injury to civilians or damage to civilian objects or widespread, long-term and severe damage to the natural environment which would be clearly excessive in relation to the concrete and direct overall military advantage anticipated.”

〔3〕 Lawrence Jessica，Heller Kevin，“The First Ecocentric Environmental War Crime：The Limits of Article 8（2）（b）（iv）of the Rome Statute”，20 *Georgetown International Environmental Law Review*，61（2007）.

2. 国内法院

虽然并不是所有的国家都签署了《规约》，但是这并不意味着非缔约国的个人不会对在武装冲突中所造成的严重的环境损害承担国际刑事责任。国家可以通过国内立法的方式确立这种国际刑事责任，一些国家的国内法律已经将在武装冲突中破坏环境的行为规定为犯罪行为。例如，西班牙将在武装冲突情况下使用或命令使用违禁的或旨在造成不必要痛苦或过度伤害，或者旨在或可合理地预期会造成对自然环境过度、持久和严重损害从而影响到民众健康或生存的作战方法或手段的行为规定为犯罪行为；又如，奥地利刑法将明知会对自然环境造成广泛、长期和严重损害的情况下在武装冲突中发动攻击也规定为犯罪。因此，通过国内立法赋予国内法院管辖武装冲突所致的环境损害案件、使个人承担相应国际刑事责任也是可能的，这种方式的效率更高，从而有利于武装冲突各方更好地保护环境。

（三）其他国际法主体承担责任的实现

虽然在特别报告员的报告和国际法委员会的《草案》中并没有关于国际组织等其他国际法主体是否应当承担以及如何承担在武装冲突当中造成严重环境损害责任的有关内容，但是这些国际法主体也有可能在所进行的武装冲突中造成环境损害。例如，1999年北约对南斯拉夫位于多瑙河东岸的工厂进行了大规模轰炸，轰炸造成大量有毒化学物质泄漏到多瑙河中，虽然南斯拉夫在2000年向国际法院提交的文件中描述了这次轰炸所产生的严重环境破坏，但因为国际法院囿于管辖权争议的原因并没有实质审理这起案件，因此北约是否有责任以及如何追究其责任也没有得到确定。[1]

事实上，国际组织等其他国际法主体是具有国际法人格的国际法主体，也应当对其在武装冲突当中所造成的环境损害承担责任。承担责任的具体方式包括赔偿因军事行动造成的环境损失、参与到战后生态环境修复的过程中等。而对在武装冲突中造成严重环境损害的在国际组织和正在争取独立的民族中发挥重要作用的国家和个人，还可以比照前文所述的国家责任和个人刑事责任的内容，承担全面的因武装冲突所致环境损害的国际组织责任。由此可见，国际组织和正在争取独立的民族等国际法主体所承担的武装冲突所致环境损害的责任可能是国家责任和个人国际刑事责任的结合。

---

〔1〕 Case Concerning Legality of Use of Force (Yugoslavia vs Belgium, Canada, France, Germany, Italy, Netherlands, Portugal and United Kingdom), ICJ reports 1999.

五、结语

2016年5月，联合国环境大会通过了“关于保护受武装冲突影响地区环境的决议”，强调在任何时候都应当保护环境，尤其是在武装冲突中。大会还呼吁全体会员国尊重和遵守在武装冲突中保护环境的国际法律规范，并采取一切措施确保这些国际法律规范能够被实现。2016年8月，联合国环境规划署再次呼吁各国应当加强武装冲突中的环境保护工作，并表示将继续向受武装冲突影响国家和处于冲突后局势国家提供更多的援助。[1] 这表明，未来国际环境法的发展应当更加关注对武装冲突中各方行为的直接约束，以避免严重环境损害的产生。而使国际法主体承担武装冲突所致环境损害责任不仅是保护环境的需要，还是实现人类社会可持续发展的需要。

虽然通过战争的方式解决国际争端的行为已经被国际法所明确禁止，但是在可以预见的未来，战争与武装冲突仍然会伴随人类社会的发展而不断出现。战争与武装冲突不仅会对社会经济产生严重的破坏，更会对人类的生存环境造成极大的损害。战争与武装冲突是国际法所禁止的，不仅应当从武器和军事手段对其进行规制，更应当从保护人类共同生存环境的角度提高进行武装冲突的门槛，从而从保护人类环境的角度防止或者减少武装冲突对人类的威胁和破坏。因此，国际法有必要也应当要求因为进行战争与武装冲突而造成长期、广泛或严重环境损害的国际法主体承担国际法律责任，这种国际法律责任本质上属于不同于跨界损害责任的国际法律责任。此外，国际社会当前已经出现了使国家、个人或者国际组织承担武装冲突所致环境损害责任的国际或者国内机构。这些机构对于实现武装冲突所致环境损害责任具有重要的意义，在未来应当发挥重要的作用。

（初审人：吕点点）

[1] Protection of the environment in areas affected by armed conflict, UNEP/EA. 2 /Res. 15.

中国在投资仲裁中应如何处理条约签署国与投资者母国的双重身份

谢南希 *

摘　要：近年来随着我国对外签订大量双边投资协定、大幅度扩大投资规模，我国投资者在投资仲裁案件中的参与度日益增加，我国一方面作为条约的缔约国在条约的解释和适用方面具有重大利益，另一方面作为本国投资者的母国肩负着保护其对外投资的重任，这种双重身份使我国在投资仲裁案件中应当采取怎样的立场？应当围绕这种双重身份对 ICSID 的规则和实践进行梳理，并结合 NAFTA、AUSFTA 等其他规则总结投资仲裁制度向更多投资者母国参与和控制的趋势，深入研究我国作为投资者母国参与 ICSID 的背景和实践。我国作为资本输出大国和大量 BITs 的缔约国，应区分作为 BITs 签署国可能被别国投资者起诉的立场和作为投资者母国需要维护本国投资者利益的立场，总的来说应以长远利益优先，坚持条约签署国在条约解释和适用方面的保守立场，整体考虑母国自身利益，个案考虑投资者利益。

关键词：投资者母国　条约签署国　非争端当事方

---

*　谢南希，中国政法大学国际法学院国际法学专业 2017 级博士研究生（100088）。

引 言

国际投资争端解决中心（International Center for the Settlement of Investment Disputes，简称 ICSID）直接受理投资者与东道国之间的投资争端，外国投资者可以以条约为基础向东道国发起仲裁，笔者注意到投资者和东道国作为争端当事方不论在规则还是实践层面都是关注的核心，然而关于投资者母国在 ICSID 案件中角色和地位的研究却为数不多，这主要是因为投资仲裁制度设计的本意就是去政治化〔1〕，排除投资者母国的参与〔2〕，近期的实践和规则修订显示，投资者母国在投资仲裁案件中的角色和重要程度发生了一定的变化。《ICSID 公约》（The Convention on the Settlement of Investment Disputes between States and Nationals of Other States）明确规定投资者母国的参与仅限于第 27 条第 1 款下在败诉的东道国未遵守或不履行裁决的情况下为其国民提供外交保护，第 27 条第 2 款下的非正式外交互动，以及在《仲裁规则》规则 37 条下作为非争端当事方（non-disputing party）〔3〕提交意见，在条约解释的范围内为仲裁庭提供协助，但事实上，投资者母国并不满足于这些规定情形，在实践中还以其他方式参与到投资仲裁程序中来或在案外发表意见，比如以照会的形式提交意见，或在案后发表单方声明。这些案件引发了一系列问题，如投资者母国作为非争端当事方所采取的方式和主张分别是什么、投资者母国在整个 ICSID 框架中处于怎样的地位、仲裁庭如何衡量他们的立场和意见、他们的参与对案件结果造成了怎样的影响以及他们的意见是否推动仲裁庭作出了偏向本国投资者或东道国的决定。

此外，我国面向海外的大规模投资和对外签订的大量双边投资协定（Bilateral Investment Treaties，简称 BITs）大大增加了我国投资者使用 ICSID 程序的可能性，我国同时具备了 BITs 签署国和投资者母国的双重身份，针对在投资仲裁案件中应当如何处理这种双重身份问题的研究具有重大的现实意义。

---

〔1〕 Ibrahim F. I. Shihata, "Towards a Greater Depoliticization of Investment Disputes: The Roles of ICSID and MIGA", 1 (1) *ICSID Review - Foreign Investment Law Journal* 1, 1-25 (1986).

〔2〕 Antonio R. Parra, *The History of ICSID* 26 (OUP 2012); Aron Broches, *Selected Essays: World Bank, ICSID, and Other Subjects of Private and Public International Law* 163, Martinus Nijhoff Publishers, 1995; Christian Tomuschat, "Expert Opinion on the Construction of Article VII (April 24, 2012)", p. 17, in *Republic of Ecuador v. United States of America*, PCA Case No. 2012-5.

〔3〕 也称法庭之友（*amicus curiae*），指投资仲裁案件中除争端当事方外的个人或实体，在案件中具有一定的利益，通过提供不同的意见和角度来协助仲裁庭作出决策。

作为对外投资大国，我国自 2013 年起开始大力推进“一带一路”战略[1]，考虑到“一带一路”沿线国家风险问题突出，我国投资者很有可能成为投资争端的当事人，在这些案件中我国作为投资者母国应当采取何种立场值得考究。另外，我国签署的 BITs[2] 中绝大部分都指向了 ICSID 投资仲裁[3]，我国作为条约签署国对于这些条约的统一解释和适用应如何维护也成为一个问题。笔者围绕我国作为投资者母国以往对于我国投资者发起的投资仲裁程序持怎样的态度和立场、其他资本输出国的处理方式以及他们的经验对我国来说具有哪些参考意义等问题对投资者母国参与投资仲裁的现有案件进行梳理，试图从实证主义研究的角度反映投资者母国的参与现状，最后结合实践经验，对我国参与投资仲裁的立场提出建议。

一、投资者母国在 ICSID 框架下的定位和实践

《ICSID 公约》的规定主要是针对投资者和东道国，只有非常少的条文提到了投资者母国以及它们可以参与程序的方式，比如第 27 条规定了在特定情况下才能行使的外交保护以及非正式的外交互动，2006 年《仲裁规则》规则 37 条规定了作为非争端当事方提交意见，在条约解释问题的范围内为仲裁庭提供协助[4]，除此之外，在实际案件中还存在其他方式，如在案后提交单方声明，总的来说，投资者母国参与案件的态度和进入程序的阶段都有所差异。

（一）投资者母国仅能在特定条件下行使外交保护

《ICSID 公约》第 27 条第 1 款规定投资者母国对于投资者和东道国根据《ICSID 公约》已同意交付或已交付仲裁的争端不得行使外交保护，除非东道国不遵守或不履行裁决。可见 ICSID 并不完全排除投资者母国的参与，只是对参与方式以及条件加以严格限制而已。根据公约起草的相关记录，公约的起草者认为放弃外交保护是启动 ICSID 仲裁的交换条件（*quid pro quo*），因为行使外交保护是属于国家的权利并且当时大部分的成员国都认为私人不能通

---

[1] 参见国家发展改革委、外交部、商务部于 2015 年 3 月 28 日联合发布的名为《推动共建丝绸之路经济带和 21 世纪海上丝绸之路的愿景与行动》文件。

[2] 截止到日前，我国签署的 BITs 一共 145 个，其中 109 个处于生效状态，21 个尚未生效，15 个已终止。见 UNCTAD 国际投资条约数据库。

[3] 我国 93 个 BITs 选择 ICSID 仲裁。见 ICSID 双边投资协定数据库。

[4] Gabrielle Kaufmann-Kohler, “Chapter 15. Non-Disputing State Submissions in Investment Arbitration: Resurgence of Diplomatic Protection?”, in *Diplomatic and Judicial Means of Dispute Settlement* 307, 326 (Laurence Boisson de Chazournes, Marcelo Kohen & Jorge E. Viñuales eds., Brill | Nijhoff 2012).

过合同放弃这种属于其母国的权利，最理想的方法就是在国际法层面规定投资者母国放弃行使外交保护〔1〕，以防止在ICSID仲裁外还有与之平行的外交保护程序〔2〕。目前，投资仲裁已经替代了外交保护这种传统的争端解决机制。〔3〕

此外，ICSID尽可能排除投资者母国行使外交保护也是考虑到了外交保护本身制度的特征，如行使外交保护所需具备的一系列法律要件以及母国的政治考量所带来的不确定性。投资者母国行使外交保护在习惯国际法下还需要满足其他条件，包括受害性人须持续具有保护国的实际国籍、保护国国民的权利遭到所在国家的非法侵害以及受害人已用尽当地救济。除了这些法律要件，母国的政治考量更具有决定性，母国决定是否给予外交保护的权利不在于受到非法侵害的个人或公司，而完全在于他们政府的自由裁量。〔4〕

由于行使外交保护的决定权在母国政府手中且在政治上具有高度不确定性，ICSID规则为投资者和东道国双边都提供了便利，一方面投资者不再受由母国主导的外交保护的限制，另一方面东道国则避免了投资者母国行使外交保护这种政治手段的搅扰。〔5〕作为保护国民的传统手段，外交保护的使用在《ICSID公约》框架下受到了严格的限制，目前的规则仅允许投资者母国在投资者或东道国根据《ICSID公约》已同意交付或已交付仲裁的前提下，东道国不遵守或不履行裁决的时候行使外交保护，这种基础性的制度规则设计为投资仲裁留出空间，使投资者绕开其母国直接起诉东道国成为可能。

---

〔1〕 Aron Broches, "The convention and diplomatic protection " (136), in *Collected Courses of the Hague Academy of International Law* 374 (The Hague Academy of International Law 1972).

〔2〕 Wolfgang Alschner, "Chapter 12: The Return of the Home State and the Rise of 'Embedded' Investor-State Arbitration", in *The State and Investor-State Arbitration* 192, 206 (Shaheeza Lalani & Rodrigo Polanco eds., Brill 2015).

〔3〕 Gabrielle Kaufmann-Kohler, "Chapter 15. Non-Disputing State Submissions in Investment Arbitration: Resurgence of Diplomatic Protection?", in *Diplomatic and Judicial Means of Dispute Settlement* 307, 307 (Laurence Boisson de Chazournes, Marcelo Kohen & Jorge E. Viñuales eds., Brill | Nijhoff 2012).

〔4〕 Christoph Schreuer, "Article 27", 12 (1) *ICSID Review - Foreign Investment Law Journal* 205, 206 (1997); Christoph Schreuer, "Part II Orders and Families of International Adjudicative Bodies, Ch. 14 Investment Arbitration", in *The Oxford Handbook of International Adjudication* 295, 296 (Cesare P. R. Romano et al. eds., OUP 2013).

〔5〕 August Reinisch, Loretta Malintoppi, "Part III Procedural Issues, Ch. 18 Methods of Dispute Resolution", in *The Oxford Handbook of International Investment Law* 692, 701 (Peter T. Muchlinski, Federico Ortino & Christoph Schreuer eds., OUP 2008).

（二）投资者母国可以与争端当事国进行非正式的外交互动

《ICSID 公约》第 27 条第 2 款明确将促进争端解决的国家间非正式的外交互动（informal diplomatic exchanges）排除在外交保护范围外，根据公约起草的记录，包括英国在内的发达国家提出一定的非正式的外交协助可能有利于争端的解决，大多数国家最后都予以支持，认为第 2 款中的非正式外交互动旨在防止对规则进行过于严格的解释，并不构成第 1 款外交保护的例外，ICSID 因此允许非正式的外交接触〔1〕。在 Pac Rim v. El Salvador 案中，仲裁庭明确区别了外交保护和投资者母国可以采取的其他外交方式。该案中萨尔瓦多共和国政府拒绝向美国投资者所有的萨尔瓦多矿业公司 Pacific Rim 发放其金矿开采项目所必需的采矿许可证，声称该项目在萨尔瓦多北部地区的开采过程中使用化学制品，存在环境问题，Pacific Rim 公司认为萨尔瓦多政府的行为构成间接征收，违反了公平公正待遇、国民待遇以及最惠国待遇，于是根据《中美洲自由贸易协定》（The Dominican Republic-Central America-United States Free Trade Agreement，简称 CAFTA）和萨尔瓦多《投资法》发起了 ICSID 仲裁。在关于利益拒绝条款的讨论中，申请人 Pacific Rim 公司认为自己受到了歧视，因为萨尔瓦多政府拒绝的通知发出时间太晚，使自己的母国美国错失了在 CAFTA 第 20.4 条下发起国家间磋商程序的机会，导致自己利益受损。〔2〕在口头陈述中，被申请人萨尔瓦多政府认为如果美国愿意与其进行磋商，那么这将构成外交保护，己方无权反对。〔3〕

该案仲裁庭最终肯定了《ICSID 公约》第 27 条项下外交保护与非正式外交互动的区别，并将这种区别与联合国国际法委员会《外交保护条款草案》第 16 条中外交保护与国家可以采取的其他行动和程序之间的区别进行了类比，认为 CAFTA 第 18.3 条中的信息请求和第 20.4 条中的国家间磋商程序不构成外交保护〔4〕。除此之外，值得注意的是，本案中美国作为投资者母国以非争端当事方的身份提交了意见，这种参与方式作为法律程序的一部分，与外交保护这种由投资者母国完全自由裁量发起的政治行为截然不同，外交保

---

〔1〕 Christoph Schreuer, "Article 27", 12 (1) *ICSID Review - Foreign Investment Law Journal* 205, 223 (1997).

〔2〕 *Pac Rim Cayman LLC v. Republic of El Salvador* (ICSID Case No. ARB/09/12), Decision on The Respondent's Jurisdictional Objections, p. 11.

〔3〕 *Ibid.*, p. 9.

〔4〕 *Ibid.*, p. 25.

护的概念不宜过度延伸到涵盖投资者母国其他参与方式的程度[1]。

在ICSID案件中，除《ICSID公约》外，还涉及大量多边或双边贸易投资协定，在这些协定中可能也包含缔约国在争议中可采取的行动或程序，如谈判、协商或提出信息请求等。随着老一代投资协定的现代化和更新[2]，投资者母国可能在新一代协定下呈现出更多样的参与方式，这将进一步丰富《ICSID公约》第27条第2款项下非正式外交互动的实践和内涵。

（三）投资者母国可以非争端当事方的身份提交意见或发表单方声明

ICSID的2006年《仲裁规则》的规则37条第2款新增非争端当事方参加程序的规定，仲裁庭可以在咨询双方当事人后允许非争端当事方加入程序，非争端当事方可在争端事项范围内向仲裁庭提交书面意见，仲裁庭应当结合其他事项综合衡量：其一，他们的意见是否通过带来不同的视角，如不同于争端当事方的知识或见解，以协助仲裁庭决定事实或法律问题；其二，他们的意见是否解决了在争端范围内的事项；其三，非争端当事方是否在程序中具有重大利益。[3] 仲裁庭还应保证非争端当事方的意见不会影响程序且不得给任何一方当事人带来不合理的负担或不公平的偏见，同时双方当事人有机会对这些书面意见提出自己的意见。[4] 因ICSID允许非争端当事方参与，国家、欧盟委员会、非政府组织和个人等都曾向ICSID仲裁庭提交过书面意见，就条约解释和公共利益等事项发表意见[5]。

ICSID案件中第一起投资者母国参加案件并在条约解释方面为仲裁庭提供协助的是Aguas del Tunari v. Bolivia案，该案仲裁庭要求荷兰政府就《荷兰与玻利维亚BIT》的解释问题提供信息，仲裁庭最终认定荷兰政府并没有提供有利于条约解释的信息，也没有明确BIT的适用问题[6]。根据世界银行投资法

---

〔1〕 Wolfgang Alschner, "Chapter 12: The Return of the Home State and the Rise of 'Embedded' Investor-State Arbitration", in *The State and Investor-State Arbitration* 192, 206 (Shaheeza Lalani & Rodrigo Polanco eds., Brill 2015).

〔2〕 UNCTAD, *Phase 2 of IIA Reform: Modernizing the Existing Stock of Old-Generation Treaties*, Issue 2, pp. 1-23 (2017).

〔3〕 ICSID Rules of Procedure for Arbitration Proceedings (amended in 2006), Rule 37 (2).

〔4〕 *Ibid.*

〔5〕 周园：《国际投资仲裁中法庭之友制度的新发展》，载《东方法学》2015年第4期，第91~92页。

〔6〕 *Aguas del Tunari S. A. v. Republic of Bolivia* (ICSID Case No. ARB/02/3), Decision on Respondent's Objections to Jurisdiction, pp. 530-532.

律顾问 Eloïse Obadia 的观察，到目前为止，还没有证据证明非争端当事方对仲裁庭的决策起到了真正的帮助作用。〔1〕

除了参与涉及己方条约的案件，投资者母国还可以在不相关案件中对其他国家间投资条约的解释问题表达意见。在 Siemens v. Argentina 案中，德国投资者认为阿根廷为了建立移民控制系统而终止、解除合同的行为令其蒙受损失，根据《德国与阿根廷 BIT》提起了仲裁，但与此案并不直接相关的美国政府声称此案可能影响其他几个本国投资者诉阿根廷的案件，于是直接援引了《仲裁规则》的规则 37 条第 2 款，请求以法庭之友的身份就《ICSID 公约》第 53 和 54 条裁决执行的解释问题表达意见〔2〕。

投资者母国甚至还可以在案件结束后发表单方声明，说明己方在条约解释和适用上的立场。SGS v. Pakistan 案中，作为投资者的母国，瑞士政府认为仲裁庭对《瑞士与巴基斯坦 BIT》第 11 条保护伞条款的解释过于狭窄，在案后特地向 ICISD 秘书处提交了单方声明，阐明己方在订立 BIT 时的意图以及对仲裁庭不当解释的看法。本案其中的一个争议点是瑞士和巴基斯坦于订立 BIT 时是否认为在第 11 条保护伞条款下国家违反与投资者之间的合同构成违反 BIT，仲裁庭在论述双方缔约国在订立 BIT 时的意图时仅听取了东道国巴基斯坦的意见，而巴基斯坦认为不存在这种意图，主张东道国违反合同不构成违反 BIT，而另一方申请人 SGS 并没有代表瑞士政府发言，也没有提出具体、明确的证据，基于此，仲裁庭认为缺乏明确且有说服力的证据来表明瑞士和巴基斯坦订立 BIT 时的确存在这种意图〔3〕，于是对第 11 条保护伞条款作出了狭义的解释，认为保护伞条款不允许申请人因东道国违反合同而提出权利请求，最后驳回了瑞士投资者基于本条提出的巴基斯坦政府因违反合同进而违反 BIT 的请求。

瑞士政府在案后通过声明表示强烈反对，声称既然仲裁庭认为起草 BIT

〔1〕 Eloïse Obadia, "Extension of Proceedings Beyond the Original Parties: Non-Disputing Party Participation in Investment Arbitration", 22 (2) *ICSID Review - Foreign Investment Law Journal* 349, 379 (2007).

〔2〕 *Siemens A. G. v. Argentine Republic* (ICSID Case No. ARB/02/8), Submission by the United States of America to the ad hoc Annulment Committee regarding Arts. 53 and 54, p. 1.

〔3〕 *SGS Société Générale de Surveillance S. A. v. Islamic Republic of Pakistan* (ICSID Case No. ARB/01/13), Decision of the Tribunal on Objections to Jurisdiction, p. 367. 本案中，瑞士投资者与巴基斯坦政府订立了装船前检验合同，但巴基斯坦政府拒绝向投资者付款，并试图终止合同中关于在巴基斯坦境内清关和控制程序的服务条款。

时缔约国的意图十分重要，为何当时没有向瑞士政府询问其对 BIT 的评论和意见。另外，瑞士政府还认为仲裁庭最后作出的关于 BIT 第 11 条保护伞条款的解释违背了瑞士政府缔结该 BIT 时的初衷，不仅与其他国家 BIT 中类似条款的含义不同，还缺乏学理上的支撑[1]。

因瑞士政府的这个声明是在案后发表的，所以未对仲裁庭的决策产生任何影响，但该案的仲裁庭在对条约进行解释和适用的过程中排除了投资者母国的参与，忽视了投资者母国在贸易投资协定解释和适用方面的重大利益，导致仲裁庭对保护伞条款的狭义解读引发了各方批评。此案之后，投资者母国在条约解释和适用过程的参与问题引发了广泛的评论，仲裁庭应如何衡量投资者母国和东道国就条约提出的解释意见也成为问题。

为了避免 SGS 案中出现的情况，联合国贸易和发展会议（United Nations Conference on Trade and Development，简称 UNCTAD）认为以后仲裁庭在条约解释过程中应当邀请双方缔约国的参与[2]。对于非争端当事方的投资者母国，有可能是资本输出国欲保护本国投资者，也有可能是资本输入国想尽可能避免其签署的国际投资协定被错误解读，以防止这种错误解读在效果上限制本身的政策空间。[3] 而对于作为争端方的东道国而言，签署国际投资协定、鼓励投资进入的同时也将自己放在了可能被诉的位置，对于条约的解读同样具有重大利益。因此，对于仲裁庭而言，不论是投资者母国还是东道国就条约解释和适用提交的意见或声明，仲裁庭都应当谨慎对待[4]，因为这种针对条约解释的单方意见都是为己方利益服务的，很有可能是国家为了让仲裁庭支持自己的主张而试图影响仲裁庭的决策[5]。

二、ICSID 到 NAFTA、AUSFTA 的发展趋势：投资者母国更多地参与控制

1965 年《ICSID 公约》打破了 20 世纪国与国之间直接对抗的传统，允许投资者可以根据条约直接向东道国提起仲裁，主张权利，而投资者母国被排

---

〔1〕 Emmanuel Gaillard, "Investment Treaty Arbitration and Jurisdiction Over Contract Claims – the SGS Cases Considered", in *International Investment Law and Arbitration: Leading Cases from the ICSID, NAFTA, Bilateral Treaties and Customary International Law* 325, 341 (Todd Weiler ed., Cameron May Ltd. 2005).

〔2〕 UNCTAD, *Interpretations of IIAs: What States Can Do*, No. 3, 2011, p. 15.

〔3〕 Jean E Kalicki & Anna Joubin-Bret, *Reshaping the Investor-State Dispute Settlement System: Journeys for the 21st Century* 108 (Brill Nijhoff 2015).

〔4〕 David D. Caron et al. (eds.), *Practising Virtue: Inside International Arbitration* 576 (OUP 2015).

〔5〕 Christoph Schreuer, "Diversity and Harmonization of Treaty Interpretation in Investment Arbitration", 2 *Transnational Dispute Management 1*, 18 (2006).

除在外，只有在第 27 条第 1 款项下败诉方不履行裁决的情况下才能行使外交保护或提起国际要求。随着国际经济局势的改变，20 世纪末的《北美自由贸易协议》（North American Free Trade Agreement，简称 NAFTA）和 21 世纪初的《美澳自由贸易协议》（The Australia-United States Free Trade Agreement，简称 AUSFTA）改变了策略，分别在不同程度上提高了投资者母国参与程序的地位和话语权。

（一）从 ICSID 到 NAFTA

在 20 世纪之前的殖民主义和帝国主义时期，外交保护是保护投资者和投资的主要方式，随着 19 世纪末和 20 世纪初世界经济全球化的进程，外交保护已经不再能够满足投资的规模和投资者的需要。[1] 特别是二战之后，大批殖民地国家宣布独立并加入联合国，世界银行下的国际金融公司和国际开发协会相继成立，为了更好地解决发展中国家域外融资、国内投资限制众多以及投资存在的巨大政治风险等问题，国际社会提出了多个促进私人对外投资的多边方案，在这样的大背景下，由于外交保护受政治和其他因素考量的影响，往往不能有助于解决眼前的投资争端[2]，联合国开始转向仲裁[3]，意在建立一个国际仲裁实体，外国投资者可直接与东道国解决争端，而不再需要寻求其母国政府的支持，让政府代表其进行诉讼。[4] ICSID 应时而生，通过为投资争端提供一个中立的解决机制[5]，在投资者和东道国之间建立起信

---

〔1〕 Andrew Newcombe, Lluís Paradell, *Law and Practice of Investment Treaties: Standards of Treatment* 2-14 (Kluwer Law International 2009).

〔2〕 从商业的角度来说，投资者自己可能并不愿意其母国行使外交保护，特别是在投资者还要继续在东道国从事商业行为或需要继续与东道国保持经济关系的情况下。See Peter Muchlinski, "The Diplomatic Protection of Foreign Investors: A Tale of Judicial Caution", in *International Investment Law for the 21st Century: Essays in Honour of Christoph Schreuer* 341, 341-362 (Christina Binder, Ursula Kriebaum, August Reinisch & Stephan Wittich eds., OUP 2009).

〔3〕 当时仲裁发展得非常好，1958 年《承认及执行外国仲裁裁决公约》开放签署，同年联合国国际法委员会推出的《仲裁程序示范法》也通过了，另外，国际商会仲裁院和常设仲裁法庭当时也都在往投资者与东道国投资争端解决的方向发展。

〔4〕 Antonio R. Parra, *The History of ICSID* 11-17 (OUP 2012).

〔5〕 Carolyn Lamm, Chiara Giorgetti, Mairee Uran-Bidegain, "Chapter Three: International Center for Settlement of Investment Disputes", in *The Rules, Practice, and Jurisprudence of International Courts and Tribunals* 77, 78 (Chiara Giorgetti ed., Martinus Nijhoff Publishers 2012).

任，刺激了大量国际上的私人资本流入那些吸引外资的国家[1]。

值得注意的是，学者 Wolfgang Alschner 注意到投资仲裁领域近年来经历了重大的转变，传统上高度私法化、排除投资者母国参与的投资仲裁正在走向“嵌入式”投资仲裁（embedded investor-state arbitration），其中不仅保留了投资者和东道国之间直接对抗的传统特点，并且越来越多地把这种对抗“嵌入”条约签署国（包括投资者母国）更多参与和控制的大背景中。[2] 他认为这种“嵌入式”投资仲裁的转变始于 1992 年的 NAFTA，为了增强投资者母国在仲裁程序中的参与程度，NAFTA 引入了以下四种母国参与程序的方式：其一，非争端当事方干预机制（第 1128 条）；其二，条约签署方对条约的权威解释（第 1131 条第 2 款）；其三，事实问题的反致（第 2103 条第 6 款和第 1415 条）；其四，国家间仲裁（第 2008 条）。[3]

NAFTA 的规定标志着投资者母国参与投资仲裁案件的程度明显提高，相当于将投资仲裁“嵌入”进了一个国家间控制系统（inter-state control system），投资仲裁开始从偏向于商事仲裁的一侧向具有国际公法裁判性质的方向移动，同时具备国际公法和国际私法的双重因素。[4] 这种趋势在接下来 21 世纪美国与澳大利亚签订的自由贸易协议中得到了确认，投资者母国参与投资争端案件的方式直接回归到公法性质的争议解决，即国家间争端解决。

（二）从 NAFTA 到 AUSFTA

与 NAFTA 相比，2004 年的美澳自由贸易协议（简称 AUSFTA）走得更远，AUSFTA 直接在投资章节放弃了传统的投资者与东道国争端解决条款，而选择采用了统一的国际公法性质的争端解决——国家间争端解决。根据 AUSFTA 第 11.16.2 条，任何一方条约签署国，不论是东道国还是投资者母国，都可按照第 21 章规定的国家间争端解决程序提交争议事项。[5] AUSFTA 之所以不设投资者与东道国争端解决条款是因为美澳开放的经济环境、相似的法

---

〔1〕 “Report of the Executive Directors on the Convention on the Settlement of Investment Disputes between States and Nationals of Other States”, in *The History of ICSID* 410, 411-412 (Antonio R. Parra, OUP 2012).

〔2〕 Wolfgang Alschner, “Chapter 12: The Return of the Home State and the Rise of ‘Embedded’ Investor-State Arbitration”, in *The State and Investor-State Arbitration* 192, 194 (Shaheeza Lalani & Rodrigo Polanco eds., Brill 2015).

〔3〕 *Ibid.*, p. 197.

〔4〕 *Ibid.*, pp. 194-195.

〔5〕 Art. 11. 16. 2 of AUSFTA.

律体系以及投资者对双方法律体系的信任[1]，确保了投资者可以通过国内法庭获得足够的保护[2]。

由于AUSFTA中的国家间争端解决机制几乎又回到了外交保护的老路上——受到损失的投资者在用尽东道国国内救济后说服母国政府代表其提起诉讼，有的观点认为美国和澳大利亚在AUSFTA中抛弃NAFTA下投资者与东道国争端解决条款的传统是之前两国国内反对NAFTA的一种“反弹”（blowback），并在美国贸易协定争端解决部分的谈判立场上开启了先例[3]。NAFTA和AUSFTA对于投资争端解决问题在谈判立场上的分裂，为目前正在进行的第二轮NAFTA谈判以及美国未来面向其他国家和地区的贸易谈判，增加了更多的不确定因素，但是从投资者母国的角度来说，AUSFTA重新使投资者母国回归到了国家间争端解决机制中以当事人身份直接参与程序的核心地位。

在NAFTA框架中，投资者母国可以高度参与投资者与东道国投资仲裁案件的规定以及AUSFTA直接给予投资者母国争端当事方的身份参与程序的做法，打破了传统投资仲裁将投资者母国排除在投资争端外的格局，形成了投资者母国“重返”投资争端解决领域的相关法律规则和实践，为未来区域性贸易协定和双边投资协定谈判中的争端解决条款谈判提供了更多范例。但鉴于现行有效的2369个BITs中绝大多数都指向ICSID[4]，ICSID框架下投资者母国有限地参与接下来将仍然是主流。

（三）投资者母国积极介入投资仲裁案件的原因与立场分析

作为条约的签署方，投资者母国在条约的解释和适用方面具有重大利益，但第27条下规定的如此低的参与程度与投资者母国作为条约签署方的利益明显不符，这也是近年来在其他国际投资条约下母国慢慢以其他方式参与到投资仲裁程序中来，“重返”[5]投资仲裁的原因之一。投资者母国在条约解释

---

[1] Australian Government Department of Foreign Affairs and Trade, *Australia-United States Free Trade Agreement: Guide to the Agreement*, 2004, p. 121.

[2] 钟立国:《从NAFTA到AUSFTA：区域贸易协定争端解决机制的晚近发展及其对两岸经济合作框架协议的启示》，载《时代法学》2009年第6期，第45页。

[3] Ann Capling, Kim Richard Nossal, “Blowback: Investor-State Dispute Mechanisms in International Trade Agreements”, 19 (2) *Governance: An International Journal of Policy, Administration and Institutions* 151, 151-172 (2006).

[4] 见UNCTAD国际投资条约数据库和ICSID双边投资协定数据库。

[5] Jose E. Alvarez, “The Return of the State”, 20 (2) *Minnesota Journal of International Law* 223, 223-264 (2011).

和适用方面的利益主要体现在三个方面：其一，就特定 BIT 而言，投资者母国和东道国作为签署国，在涉及该 BIT 的事项上，两国都可能成为投资仲裁案件中的被告，面临被诉的风险，若能与东道国立场保持一致并积极参与程序、阐明自身立场将有利于控制风险；其二，在投资者母国对外签署的所有 BITs 范围内，根据禁止反言原则（estoppel），投资者母国在特定 BIT 上的立场可能影响该国与其他国家签署的 BITs 的解释和适用；其三，从投资者母国对外合作和自身条约体系的角度考虑，根据国际投资条约的相关政治经济学理论和分析，投资者母国在系列案件中的条约解释问题上保持稳定统一的立场表明其在某些领域和事务上的倾向，可降低该国在国际合作中的交易成本〔1〕，同时有效避免国际争端，有利于本国建立更透明稳定且可预见的条约体系。笔者接下来仅就第一点和第二点进行具体说明。

在与东道国立场保持一致方面，NAFTA 案件统计显示，目前大部分投资者母国都选择在条约解释问题上支持东道国。根据国际投资仲裁专家 Gabrielle Kaufmann-Kohler 教授 2011 年的统计，投资者母国以非争端当事方的身份参与 NAFTA 案件并发表评论的一共 19 件，其中在 17 件中投资者母国都支持了东道国，只有在 2 件中投资者母国支持了本国投资者，而且在这 2 件案件中，投资者母国仅在某些事项上支持本国投资者，在条约解释的问题上仍然支持东道国。〔2〕投资者母国之所以更倾向于支持东道国而不是本国投资者的原因在于 NAFTA 各成员国都可能成为被申请人，在条约执行方面存在长期利益，因此各方为了保证条约的解释长期处于平衡状态，都更倾向于保守地维护自身立场，而不是在个案中支持本国投资者。〔3〕

此外，投资者母国受禁止反言原则限制，该原则要求当事方言行一致，不出尔反尔，若相对方因善意信赖当事方的误导陈述遭受损害可能引发索

---

〔1〕 王鹏：《国际投资协定的政治经济学：一项研究议程》，载《2015 年中国国际法学会学术年会论文集》，广州，2015 年 5 月，第 14 页。

〔2〕 Gabrielle Kaufmann-Kohler, "Chapter 15. Non-Disputing State Submissions in Investment Arbitration: Resurgence of Diplomatic Protection?", in *Diplomatic and Judicial Means of Dispute Settlement* 307, 314 (Laurence Boisson de Chazournes et al. eds., Brill | Nijhoff 2012).

〔3〕 *Ibid.*, p. 315; Letter from Meg Kinnear (the then General Counsel in Canada's Trade Law Division) to the Tribunal, 1 October 2001, p. 4, in *Exhibit A of the Submission of the United States of America*, 31 July 2009, in *Chemtura Corporation v. Government of Canada* (UNCITRAL).

赔。[1] 该原则源自英美法系，在国际法语境下通常作为一般法律原则得以适用。根据国际法委员会特别报告员关于《习惯国际法的识别》第二次报告，随着习惯国际法的发展，政府的正式声明，包括各国在国内或国际法院和法庭（包括以法庭之友书状）表达的立场，以及包括照会在内的外交信函和行为，都构成确定习惯国际法规则和评估国家惯例时的重要依据。[2]

国家就条约的解释问题发布的政府声明、公告或照会，或向国际法院和法庭提交的诉状都属于该国国家实践的一部分，若对这些实践持有法律确信，那么该国则受其约束，以保护其他国家由此产生的合理信赖。国家使用统一的投资协定范本对外谈判在很大程度上保证了该国在条约立场和解释上的一致性，但这也使得该国不同投资协定的解释和适用之间互相影响牵连，在整体上密不可分。针对不同的投资协定，涉及同一类条款或问题，很有可能出现类比适用的情形，若案件事实、法律问题或投资协定条款类似，国家很可能受禁反言原则约束，不得作出与之前立场相抵触的条约解释，即便作出了前后不一致的解释，这样的解释很可能不被接受和认可。

三、中国作为投资者母国参与ICSID的背景和实践

我国对外投资日益增加，同时我国正大力推进"一带一路"战略，积极地鼓励中国企业走出去，中国企业向外发展的过程中在海外大量地建设产业园和工厂，资金流向各行各业，经过四年实施，海外投资已达到不可忽视的规模。在这样的大背景下，我国投资者对于国际争端解决机制，特别是投资仲裁的需求和参与度都在同步增加，我国作为投资者母国已开始涉足投资仲裁案件。

（一）我国和我国投资者涉足投资仲裁的背景

我国投资者在海外的大量投资加上签署的一系列BITs使我国很有可能作为投资者母国在投资仲裁中以非争端当事方的身份参与程序。目前，我国已成为资本输出大国，对外投资数额逐年增长，根据UNCTAD发布的《2017世界投资报告》，我国2016年对外投资飙升44%，达到1830亿美元，我国首次成为全球第二大对外投资国[3]，特别是"一带一路"战略实施之后，我国海

---

〔1〕 梁卓：《论禁止反言在国际争端解决中的适用——基于对常设国际法院与国际法院判例的考察》，载解志勇主编：《法大研究生》（2015年第1辑），中国政法大学出版社2015年版，第46~59页。

〔2〕 Michael Wood, *Second Report on Identification of Customary International Law*, UN Doc. A/CN. 4/672, 22 May 2014, pp. 39-41.

〔3〕 UNCTAD, World Investment Report 2017, UNCTAD/WIR/2017, p. 14.

外投资开始出现规模性增长。

表1　中国对"一带一路"沿线国家的直接投资[1]

（单位：亿美元）

2013年	2014年	2015年	2016年	2017年	2018年
131.7	144.6	189.3	153.4	143.6	156.4

根据中国出口信用保险公司2016年发布的《国家风险分析报告》，"一带一路"沿线国家在国家风险和主权信用风险这两个指标上差异巨大[2]，我国海外投资在有的高风险国家（如伊朗、叙利亚、阿富汗）已经出现过失败的先例[3]，鉴于我国海外投资存在的大量风险，我国投资者很有可能在争端发生时使用投资仲裁来维护权益。另外，根据UNCTAD最新数据，截止到2019年3月21日，我国现行有效的BITs共计109个，这些BITs将为我国投资者发起投资仲裁以保护自身利益提供了法律基础，我国作为投资者母国在这些BITs的解释和适用方面应当有所立场，通过适当方式参与投资仲裁，在规则适用层面发挥影响力。

（二）我国作为投资者母国参与ICSID的实践

截止到2019年3月21日，我国投资者参与ICSID仲裁的案件共6件[4]，其中于2017年启动的Sanum v. Laos[5]案较为特别，该案最新的公开记录显示仲裁庭于2018年年底发布组织庭审的程序令[6]，但在此案之前，当事双方已经在别的仲裁程序中交锋了。在之前的仲裁程序中，我国政府作为投资

〔1〕 参见商务部：《中国对外投资合作发展报告2017》，第124页；商务部对外投资和经济合作司定期发布的《我国对"一带一路"沿线国家投资合作情况》。

〔2〕 参见中国出口信用保险公司编著：《国家风险分析报告2016》，中国金融出版社2016年版。

〔3〕 参见正点国际中国事业部于2017年2月7日名为《深入解读"一带一路"沿线国家主要投资风险及应对策略》的报道中关于"一带一路"沿线中国海外投资十大失败案例的总结；参见国务院新闻办公室于2017年5月8日名为《新闻办就中央企业参与"一带一路"共建情况举行发布会》的报道。

〔4〕 其中2件已结案，分别是平安诉比利时案和谢业深诉秘鲁案，4件正在审理，分别是北京城建诉也门案、渣打银行诉坦桑尼亚案、Sanum公司诉老挝案、渣打银行诉坦桑尼亚电力供应公司案。

〔5〕 *Sanum Investments Limited v. Lao People's Democratic Republic*（ICSID Case No. ADHOC/17/1）.

〔6〕 该案的具体程序进程见ICSID案件系统。

者母国在仲裁结束后的裁决撤销程序中向新加坡法院出具照会，支持被申请人老挝（东道国）关于《中国与老挝 BIT》（简称《中老 BIT》）不适用于澳门的主张[1]。该案的仲裁庭裁定 BIT 适用于澳门，老挝而后向新加坡高等法院申请撤销裁决，我国政府应老挝政府的请求就 BIT 是否适用于澳门、进而能否为澳门投资者援引的问题出具了两封照会，明确了在原则上中央政府签署的 BIT 不适用澳门，澳门政府可以在中央政府的授权范围内自行与其他国家地区签订投资协定，因此本案中的 BIT 不适用澳门。[2] 新加坡高等法院认为这封照会是中老两国就 BIT 解释达成的“嗣后协议”，对于认定 BIT 不适用于澳门具有实质性作用，但是新加坡上诉法院最后推翻了高等法院的判决，认为这两封照会不具有相关性和受理性，不能事后援引一个国家的国内法来为不履行条约辩解，这种“嗣后协议”不具有溯及力。[3]

案件结束后，我国外交部即刻对外宣称新加坡法院关于《中老 BIT》适用于澳门特别行政区的认定是错误的。[4] 尽管新加坡法院 2016 年的判决并没有采用我国作为投资者母国和 BIT 签署国关于 BIT 适用的立场，但是我国仍有可能在 2017 年当事方重新启动的 ICSID 程序中有所参与。

另外，笔者注意到我国的仲裁机构——中国国际经济贸易仲裁委员会借鉴 ICSID、国际商会仲裁院、瑞典斯德哥尔摩商会仲裁院等机构的经验发布了自己的《国际投资争端仲裁规则（试行）》[5]，这是我国仲裁机构首次颁布的投资仲裁规则，其中第 44 条第 1 款明确规定当事人之外的投资条约缔约方（即投资者母国）可以就条约的解释提交书面意见，该条标志着我国仲裁机构对于投资者母国更多参与投资仲裁的认可。

四、结论和建议

投资者母国在投资仲裁案件中的双重身份及其在相关条约的解释和适用方面具有的重大利益在近期 ICSID 最新一轮规则修订中备受关注，并出现在了具体条文中——2006 年版《ICSID 仲裁规则》的修订草案明确新增非争议

---

〔1〕 *Sanum Investments Ltd. v. Government of the Lao People's Democratic Republic* ([2016] SGCA 57), Civil Appeals No. 139 and 167 of 2015 and Summons No. 2 of 2016 (29 September 2016), p. 49.

〔2〕 *Ibid.*

〔3〕 *Ibid.*, pp. 51-52.

〔4〕 参见外交部于 2016 年 10 月 21 日名为《外交部发言人华春莹主持例行记者会》的报道。

〔5〕 参见中国国际经济贸易仲裁委员会于 2017 年 9 月 25 日发布的名为“贸仲委《投资仲裁规则》说明及规则文本”的报道。

缔约方就条约的适用或解释提出书面意见的规定，根据该修订草案第 49 条，希望在争端范围内就其他事项提出书面意见的非争议缔约方，需要根据第 48 条的规定申请成为非争议方〔1〕。根据修订工作组报告，该条受现代投资条约实践的启发，非争议国家和区域性经济或一体化组织也有权就条约解释和适用提交评论，由于老一代条约没有这样的条款，投资者和仲裁庭有时需要条约另一个缔约方的视角来保证完整地理解条约条款和相关问题。〔2〕该条为投资者母国参与仲裁程序并评论条约提供了渠道，反映了迄今的实践。

鉴于投资者母国在相关条约的解释和适用方面具有重大利益，《ICSID 公约》《仲裁规则》和实践已经为投资者母国的参与提供并指明了多种路径，主要包括特定情况下可以行使外交保护、非正式外交互动、提交非争端当事方意见以及发表单方声明等。近年来，投资仲裁开始从传统的投资者与东道国争端解决机制向"嵌入式"投资仲裁发展，即越来越多地把投资者与东道国的对抗"嵌入"条约签署国（包括投资者母国）更多参与和控制的大背景中。作为资本输出大国和大量 BITs 的缔约国，我国应当充分利用参与投资仲裁的现有渠道，积极参与到相关条约解释和适用的核心讨论中去，根据自身条约签署国和投资者母国的双重身份，区分作为 BITs 签署国可能被别国投资者起诉的立场以及作为投资者母国需要维护本国投资者利益的立场，笔者认为我国作为投资者母国，应以长远利益优先，坚持条约签署国在条约解释和适用方面的保守立场，整体考虑母国自身利益，个案考虑投资者利益。

（初审人：吕点点）

〔1〕 ICSID 秘书处：《国际投资争端解决中心规则的修订草案——主要变更概要》（第 1 卷），2018 年 8 月 2 日，第 12~13 页。

〔2〕 ICSID Secretariat, *Proposals for Amendment of the ICSID Rules - Working Paper*, Vol. 3, 2 August 2018, p. 218.

论仲裁规则的强制效力

——以快速仲裁规则为视角

王林叶*

摘　要：为提高国际商事仲裁的效率，降低成本，各大仲裁机构纷纷制定了快速仲裁规则以满足这一现实需求。新加坡国际仲裁中心首先赋予其快速仲裁规则的独任仲裁员条款以强制效力，随后这一规则被国际商会仲裁院引用。目前，尚未出现与快速仲裁规则强制适用独任仲裁员条款相近的仲裁规则设计，应当从快速仲裁规则的视角，明确仲裁规则的性质定位，对仲裁规则强制效力的存在基础、合理性以及实现路径进行分析，论述仲裁规则的强制效力在国际商事仲裁中的地位。

关键词：国际商事仲裁　快速仲裁规则　强制效力　意思自治

在国际商事争议解决领域，由于与传统跨国诉讼相比所具备的专业性、保密性、灵活性和高效性，国际商事仲裁深受争议各方当事人的青睐。然而近年来，国际商事仲裁蓬勃发展的同时，也逐渐暴露出自身的缺陷与问题。伴随着日益频繁的国际商事交往，国际商事争议案

---

* 王林叶，女，中国政法大学国际法学院国际法学专业 2017 级博士研究生（100088）。

件的数量和类型急剧增多，这导致国际商事仲裁的程序规则与案件在实践中的对接困境尤为凸显，因而产生诸多案件的裁判周期较长的现象。裁判周期的延长不仅会增加当事人选择仲裁解决争议的时间和资金成本，也会使国际商事仲裁的高效性优势难以得到充分发挥，阻碍国际商事仲裁制度的整体发展。

仲裁活动的开展离不开程序规则的指引和约束，因此，国际商事仲裁制度要得到长足发展，就必须不断完善和改进相关的程序规则设计，以满足现实争议解决的需求。仲裁规则是适用于仲裁的软法。[1] 一般而言，在不违反特定仲裁法强制性规定的情况下，仲裁规则可对仲裁活动的其他事项进行灵活规定，其任意性较强。随着提高国际商事仲裁效率的呼声日益高涨，为高效解决国际商事争议和吸引更多当事人，各大常设仲裁机构纷纷进行改革，不断通过对自身仲裁规则的修改和创新来满足当事人的不同需求，其中最为典型的就是快速仲裁程序规则的产生。目前，有多家仲裁机构制定了快速仲裁规则，其中，新加坡国际商事仲裁中心（Singapore International Arbitration Center，以下简称SIAC）和国际商会仲裁院（The ICC International Court of Arbitration，以下简称ICC）均明确规定，一旦快速仲裁规则被决定适用，即使双方当事人在其达成的仲裁协议中就仲裁庭的组成另有约定，也必须由独任仲裁员对案件进行裁判，也就是说，快速仲裁规则的适用优先于当事人仲裁协议的其他约定。

与任意性较强的一般仲裁规则不同，快速仲裁规则明确限制了当事人的自主权，因此引发了广泛讨论和诸多质疑，焦点主要集中在快速仲裁规则中独任仲裁员条款的强制适用是否赋予了仲裁机构过大的权力，而这是否构成对仲裁双方当事人意思自治的违反。笔者认为，以上现象的出现有其发展的必然性，反映出仲裁规则的效力被强化的客观事实，明确赋予仲裁规则以强制效力具有一定合理性。就国际商事仲裁而言，仲裁规则既可由当事人自行约定，也可由常设仲裁机构或其所属商会制定或者由国际组织制定，根据所研究的问题，本文所论述的具有强制效力的仲裁规则限定为由常设仲裁机构或其所属商会制定的仲裁规则。

---

〔1〕 参见刘德：《浅谈软法在国际民商事纠纷解决中的应用》，载《法制与社会》2018年第33期，第7~9页。

一、仲裁规则的性质定位

当事人达成的仲裁协议、选择适用的仲裁规则以及相关国家的仲裁法是国际商事仲裁解决争议需要依靠的三大要素，三者相互关联，为确保仲裁的顺利进行发挥作用。其中，仲裁协议代表着当事人将争议提交仲裁的意愿，决定了仲裁的管辖权等一系列关键问题。仲裁法明确了当事人权利和仲裁庭权力的界限，对仲裁进行监督和协助，并最终保障合法仲裁裁决的承认和执行。被争议双方当事人选择适用的仲裁规则也有着至关重要的地位和作用，它不仅是当事人进行仲裁活动的专业指引，是仲裁机构管理仲裁活动的主要依据，更是仲裁裁决得到司法机关承认和执行的重要审查依据。在讨论仲裁规则的强制效力问题之前，首先需要厘清仲裁规则与仲裁法和仲裁协议的关系，明确仲裁规则的性质定位。

（一）直接规范和支配仲裁的管理性程序规则

仲裁法与仲裁规则都起着规范仲裁活动的作用，二者既有紧密的联系又有着明显的区别。一国的仲裁法是由国家立法机关所制定的程序性法律规范，规定了进行仲裁活动要遵循的最低程序要求，并最终依托国家强制力来保障仲裁当事人的程序性权利。在内容和适用范围层面，仲裁法规范着仲裁活动的各个阶段，一般包含仲裁协议的订立、仲裁程序的进行、仲裁裁决的撤销和仲裁裁决的执行等，也就是说从当事人决定以仲裁解决商事争议开始，由此产生的程序法律关系便受到仲裁法的调整。在法律效力层面，几乎所有国家的仲裁法对在该国境内进行的仲裁具有法律约束力，[1] 这种约束力不以当事人的选择和同意为前提。为充分尊重仲裁当事人的意思自治，一般除了涉及国家公共秩序或法律基本原则而被设定为强制性规范的事项之外，各国往往允许当事人对仲裁其他事项进行另行约定或者赋予仲裁庭一定的自由裁量权。[2] 这种赋予当事人另行约定的权利或仲裁庭的自由裁量权限的规范即为任意性规范，在仲裁法中占绝大多数，但这类规定应当被理解为在仲裁法规制范围内的一种法定授权，是被法律认可的意思自治，而非契约意义上的自由选择权。因此，除仲裁法的明确规定外，当事人或者仲裁庭不得对特定事项进行任意排除。而对于仲裁法未提及的事项，虽有意思自治作为仲裁基本

---

〔1〕 韩健：《现代国际商事仲裁法的理论与实践》（修订本），法律出版社2000年版，第261页。

〔2〕 韩健：《现代国际商事仲裁法的理论与实践》（修订本），法律出版社2000年版，第262~263页。

原则的支撑，亦不能当然地认定为当事人或仲裁庭对此具有绝对的自由选择权。

相应地，仲裁规则由常设仲裁机构制定，主要规范和协调仲裁机构、仲裁庭与当事人之间的关系，其体现的是仲裁机构对仲裁的管理权，〔1〕用以确保仲裁程序的顺利进行，解决当事人之间的争议。在当事人达成了将争议提交仲裁的合意之后，才产生选择仲裁机构的问题，因此在内容和适用范围层面，仲裁规则主要对当事人向仲裁机构提交仲裁申请至仲裁裁决作出的这一阶段内的程序事项进行规定，各项规则往往比仲裁法的规定更加具体细化。在法律效力层面，仲裁规则是常设仲裁机构所制定的既定规则，直接面向仲裁的当事人，在经仲裁当事人合意选择之后即对其产生约束效力。

一国的仲裁机构在制定其仲裁规则时一般会依据或参照该国仲裁法和诉讼法的有关规定，仲裁规则不可避免地受到仲裁法的影响。仲裁机构在制定仲裁规则时，为提高自身竞争力，一方面会考虑其仲裁规则的灵活性而不会完全与仲裁法所有规定保持一致，另一方面则会尽量避免其仲裁规则与仲裁法的强制性规定产生冲突，为适用排除障碍。在仲裁规则的适用方面，当事人有权自由选择仲裁应当适用的仲裁规则是为世界各国所普遍接受的原则，国际商事仲裁的当事人则比国内仲裁的当事人拥有更多选择和自由，他们所能选择的仲裁规则不必拘泥于仲裁地法的限制。〔2〕

对于仲裁规则和仲裁法的适用顺序，有观点认为，仲裁法是仲裁规则的重要补充，在仲裁规则未能对争议事项作出规定时，可以通过相关国家的国内法加以补充和完善。〔3〕笔者认为，这一观点立足于现代国际商事仲裁的当事人意思自治本位思想，明确了当事人选择的仲裁规则具有优先适用地位，即仲裁法要保持适度的包容性，充分尊重当事人的意思自治，仅在必要时对当事人意思自治的不足进行补充，但这种补充并非唯一，只是诸多补充的方式之一。即便如此，当事人所选择的仲裁规则也不得与同时支配仲裁的仲裁法的强制性规定有所抵触。根据一般国际商事仲裁实践，若当事人选择的仲裁规则与仲裁地国仲裁法的强制性规定相抵触，则仲裁法的强制性规定优先

〔1〕 参见刘晓红、冯硕：《论国际商事仲裁中机构管理权与意思自治的冲突与协调——以快速仲裁程序中强制条款的适用为视角》，载《上海政法学院学报》2018 年第 5 期，第 1～13 页。

〔2〕 参见谢新胜：《国际商事仲裁程序法的适用》，中国检察出版社 2009 年版，第 165 页。

〔3〕 参见赵秀文：《论仲裁规则的性质及其与仲裁法之间的关系》，载《河北法学》2008 年第 6 期，第 41～45 页。

适用。仲裁规则的效力位阶虽不及法律，但应当认识到，只要在不违反仲裁法强制性规定的情况下，仲裁规则在被当事人选择后将直接作为仲裁的程序规则优先适用，仅在遇有仲裁规则未明确规定的事项时可以仲裁法的相关任意性规则作为补充，因此，与仲裁法相比，仲裁规则体现出对仲裁程序更为直接的规范与支配作用。

（二）以当事人合意为依托的契约性程序规则

仲裁协议与仲裁规则最大的共同点是均具有契约性，但二者的契约性有着较为明显的层级区别。

仲裁协议是当事人合意将争议提交仲裁的协议，其建立在双方当事人自愿、平等、协商一致的基础上，其本质上属于一种特殊的合同。仲裁协议有效成立后，就对相关主体产生一定法律效力，任何一方当事人不得任意变更、解除已经生效的仲裁协议。仲裁协议排除了法院对争议的管辖权，构成仲裁机构受理仲裁案件的基础，授权仲裁庭审理和裁决仲裁案件的权力。当事人明确的仲裁意图是仲裁得以启动的基本前提，[1] 只有首先产生了将争议提交仲裁的合意，才会涉及后续选择哪一仲裁机构的仲裁规则作为仲裁程序的问题。实践中，某一仲裁机构的仲裁规则往往会作为当事人所达成的仲裁协议的重要条款组成部分而被选定，从而对特定当事人和他们之间的仲裁产生约束力。换言之，仲裁机构所制定的仲裁规则不会天然地对当事人以及仲裁产生任何约束力，必须要借助仲裁协议，也就是通过当事人的仲裁合意作为桥梁。

通过以上分析可知，在仲裁中，仲裁协议、仲裁规则与仲裁法分别具有不同的法律效力。随着国际商事仲裁的发展，仲裁规则的地位逐步得到提升，主要表现在可被争议当事人自主选择为直接引领仲裁的仲裁程序规则，这得益于仲裁法对国际商事仲裁的干预和控制力的有限性，但是仲裁规则的契约性又决定其只能在获得当事人合意授权后才能适用于仲裁并产生效力。因此，仲裁规则是本质以当事人合意为依托，同时显示出直接规范和支配仲裁作用的管理性程序规则。

二、仲裁规则强制效力的存在基础

仲裁规则被赋予强制效力，反映了目前仲裁机构强化仲裁管理权的强硬

---

〔1〕 池漫郊：《国际仲裁体制的若干问题及完善——基于中外仲裁规则的比较研究》，法律出版社 2014 年版，第 51 页。

态势，笔者认为，这种现象的产生并非凭空而来，而是有其存在的现实基础，即当事人意思自治的不断扩张与国际商事仲裁实践发展的共同作用。

（一）当事人意思自治的扩张

当事人意思自治是仲裁制度的首要原则，是仲裁制度赖以生存和发展的基石。当事人的意思自治作为一种张力渗透到仲裁自启动至裁决作出的全过程。〔1〕自仲裁制度产生以来，对当事人的意思自治的尊重与限制经历了完全自由时期、绝对限制时期和相对限制时期。〔2〕对于具有国际性的国际商事仲裁来说，仲裁是否应当受到仲裁地法律的规制一直是个关键问题。受到国际私法上“场所支配行为”原则的影响，传统国际商事仲裁观点倾向于绝对的“所在地”理论，认为仲裁的程序应当适用仲裁地法，以便仲裁地国对其境内的国际商事仲裁进行有效管控和监督。〔3〕这一理论之下，当事人的意思自治权受到绝对限制，这不仅不符合实际，还会阻碍仲裁制度发展。随着国际交往的不断扩大，当事人的自由意志不断得到加强并受到各国尊重，尤其是在1958年《纽约公约》这一重要国际性法律文件的支持与推动下，赋予仲裁当事人更广泛的仲裁自主权符合当前各国仲裁法律制度和司法实践发展的共同趋势，鼓励商事争议的当事人自主选择应当适用的仲裁程序规则，而不限于某一国的仲裁法。但是仲裁地国的法律仍对仲裁有强力的控制，这源于一国法律体系对仲裁采取的谨慎支持与适度监督态度。〔4〕基于此，多数学者的观点认为意思自治原则正处于相对限制时期，即意思自治不得损害社会公共利益，扩大意思自治的同时应保障国家利益和实现最低限度的公平，而这种最低限度的公平便通过国家仲裁立法的规制来实现。

与之相对的是，20世纪60年代以来逐步发展起来的“非国内化”理论。这一理论的代表人物之一保尔森（Jan Paulsson）认为，以当事人意思自治为基础，仲裁可以完全独立于仲裁地法进行，甚至不受任何特定国家国内法的

---

〔1〕 张科：《仲裁裁决若干问题思考——以当事人意思自治原则为视角》，载《法制与社会》2012年第25期，第290~291页。

〔2〕 彭云业、沈国琴：《论仲裁制度中当事人意思自治的扩与限》，载《法学评论》2001年第4期，第58~61页。

〔3〕 A. Redfen and M. Hunter, *Law and Practice of International Commercial Arbitration* 81 (4th ed., Thomson/Sweet &Maxwell 2004).

〔4〕 朱明宇：《仲裁非内国化理论之研究》，载《广西政法管理干部学院学报》2018年第3期，第115~121页。

支配和约束。〔1〕这一理论的出现挑战了仲裁地法在国际商事仲裁中的优势地位，在实践中也出现了支持这一理论的倾向。如ICC早在其1955年版仲裁规则的第16条中就作了以下规定：仲裁程序应当受到本规则管辖，本规则未作规定的，应适用当事人约定的程序法，如果当事人未进行约定的，则适用仲裁地国家的法律。其1975年版规则的第11条规定，仲裁员审理案件的程序应遵循本规则，本规则未作规定的，可依当事人约定的规则或者在当事人未确定时，依照仲裁员确定的规则，但当事人是否援引适用于仲裁的某一国的程序法，由其自行决定。其1998年版仲裁规则第19条则规定，仲裁庭审理案件的程序应遵循本规则，本规则未作规定的，受当事人约定的程序管辖，或当事人未约定时，受仲裁庭决定的规则管辖，但当事人是否援引适用于仲裁的某一国国内法中的程序规则在所不问。这一规定在ICC的2017年版仲裁规则中得到了沿用。

通过ICC对几版仲裁规则的修改可以发现，其自身的仲裁规则应当优先适用，对于未规定事项，首先由当事人约定的其他规则加以补充，其次由仲裁员在当事人未约定的情况下确定相关仲裁规则，而仲裁地法对仲裁程序的支配作用则在逐步下降。如今，虽然减少仲裁法对仲裁程序的控制是普遍趋势，但是大部分常设仲裁机构并未像ICC一样直接在其规则中明确仲裁规则与仲裁地法对仲裁程序的支配关系。目前仲裁规则的适用一般都要遵循仲裁地国家法律，但是在该国的仲裁法未对某一事项进行规定时，只要不违反本地公共秩序，那么仲裁规则是可以对该事项自行规定的，这是由于一国的仲裁法要保持法律的稳定性，再加之修改法律的过程比较漫长，因而往往难以适应国际商事仲裁瞬息万变的特点，但是灵活度较高、与仲裁结合更为密切的仲裁规则却能够弥补这一缺失。

"非国内化理论"使仲裁极大摆脱仲裁地法律控制，这一理论的发展推动了当事人意思自治的扩张。〔2〕仲裁地法的支配力量减弱，意味着仲裁规则的支配力量需要相应地加强。可以说，国际商事仲裁的发展就是对仲裁的外部控制力逐渐减弱，而仲裁内部自治力逐渐增强的过程，在这一过程中，仲裁

---

〔1〕 Jan Paulsson, "Delocation of International Commercial Arbitration When and Why it Matters", 32 *International and Comparative Law Quarterly* 53, 53 (1983).

〔2〕 常克非：《"非内国化仲裁"理论对仲裁的国籍识别的研究之影响》，载《法制与社会》2016年第31期，第5~6页。

机构通过当事人选定的仲裁规则对仲裁进行管理和规范，这一力量的强化正在逐步替代仲裁法的直接支配，因而仲裁规则效力得到扩张，具备强制效力成为可能。

（二）实践发展的需要

国际商事仲裁是实践性极强的领域，可以说，是实践推动了国际商事仲裁的不断发展。仲裁规则简便灵活，诉讼程序则复杂严格，一般而言，与诉讼程序相比，仲裁应比诉讼更为快捷高效，而当事人倾向于选择仲裁的主要原因就是认为仲裁的一裁终局能够大大减少时间消耗，避免累诉之苦。然而实践却不尽如人意，近年来，国际商事仲裁因效率低下而饱受诟病。早有学者批评道，仲裁所耗费的时间之长和所需费用之高与在一国法院进行诉讼并无区别。[1]

究其原因，主要是仲裁程序的开展过分强调当事人的自主选择权。由于当事人意思自治原则在国际商事仲裁中处于核心地位，从对仲裁协议效力和管辖权的异议、仲裁庭的组成到具体审理程序的安排，在仲裁程序的各个环节，都在极力保障当事人能够自由行使权利，无不彰显着意思自治的价值内涵。然而这种对当事人意思自治的保障却也为企图拖延仲裁程序的当事人制造了权利滥用的机会，一旦一方当事人恶意拖延仲裁程序，势必会造成仲裁效率低下，使另一方当事人遭受损失，仲裁的公平性也将无从谈起。

此外，随着商事仲裁影响力的不断扩大，当事人越来越倾向于以仲裁解决小额商事争议，这使仲裁案件的受理量和比例逐年上升，根据 ICC 在 2018 年出具的一份报告，2017 年，其所受理的标的额在 200 万美元以下的案件比例约为 31.7%。[2] 虽然 ICC 针对小额仲裁案件设计了快速程序规则，但其实施覆盖率并不理想，有关数据显示，到 2018 年，ICC 共接到 84 份快速程序规则适用申请，但最终仅有 25 个案件适用快速程序进行裁决，无法适用的主要原因是一方临时提出的快速程序适用请求未能获得另一方当事人的同意。[3] 事实上，大多适用快速程序的案件都在规定的时限内得到了妥善的解决，[4] 当事人意思自治的权利有时带来过度的谨慎和考虑，这对争议的高效解决产

〔1〕 See Christian Buhring-Uhle, *Arbitration and Mediation in International Business* 140~148 (2nd ed., Kluer Law International 2006).

〔2〕 See ICC Arbitration Annual Report 2018.

〔3〕 See ICC Dispute Resolution Bulletin 2018.

〔4〕 See ICC Dispute Resolution Bulletin 2018.

生了一定阻碍。

在保障公平的前提下提高国际商事仲裁的效率成为最迫切的任务，提高仲裁的效率，也是保障公平的方式之一。可以说，当事人意思自治所带来的弊端是仲裁规则的固有缺陷，而要克服这一缺陷就需要对当事人的意思自治加以合理地限制，这要求仲裁规则不能仅发挥程序指引作用，还要对不必要的、过度的、不适当的当事人意思自治进行删减、限制和矫正，发挥督促和导向作用。因而制定对当事人具有强制效力的仲裁规则用以约束仲裁当事人的行为有其必要性。

三、仲裁规则强制效力的合理性

快速仲裁规则是仲裁机构结合国际商事仲裁目前的发展状况，为提高仲裁的效率所进行的一次变革，而SIAC和ICC所规定的强制适用独任仲裁员条款更是大胆的尝试，其仲裁规则不允许当事人对这一条款进行任何形式的排除或变更适用引发了巨大争议。具有强制效力的快速程序规则已然是一个客观事实，这种仲裁规则强制效力的赋予似乎未能体现出法律层面的依据和授权，但同时也没有法律上的依据表明这种尝试不可为。公正和效率是国际商事仲裁的两个重要价值，对此，学者的观点主要有公平优先说、效率优先说和公平双重价值说三类。〔1〕对国际商事仲裁而言，其费用更低、速度更快、足够灵活并能够满足商业需求，〔2〕因此效率是国际商事仲裁的突出优势。然而，现实却是国际商事仲裁的效率低下，最终导致了费用过高等问题，这使国际商事仲裁的发展遭遇了严峻的挑战。〔3〕快速仲裁规则的制定初衷正是要解决仲裁效率低下这一突出问题，其最终效果如何有待实践的检验。同时，对当事人和仲裁裁决执行地来说，商事仲裁的公平性亦是不可或缺的，是仲裁的底线。就赋予该规则强制效力的这一设计而言，可以分别从效率与公平的价值取向入手，对其合理性进行理论分析。

（一）符合效率价值取向

快速仲裁规则，有些也称为简易程序规则，毋庸置疑，就是为了加快仲

---

〔1〕 石现明：《国际商事仲裁价值取向之检讨——以当事人的价值追求为视角》，载《学术论坛》2007年第9期，第133~139页。

〔2〕 Jefferey Waincymer, "Promoting Fairness and Efficiency of Procedures in International Commercial Arbitration", 3 *Contemp. Aisa Arb* 25, 43 (2010).

〔3〕 Evangelos Vassilakakis, *The Challenge of the Arbitrator and its Impact on the Functioning of the Arbitral Tribunal* 252 (Czechand Central European Yearbook for Arbitration 2014).

裁进程而制定的规则，用以保证仲裁能够在较短期限内以较低费用进行。仲裁机构制定快速仲裁规则的直接目的就是要提高仲裁的效率。快速仲裁规则一般都规定仲裁由独任仲裁员审理，这一规定的出发点在于国际商事仲裁实践中，选任仲裁员组成仲裁庭往往要耗费大量的时间，尤其是需要选任多个仲裁员的情况下。[1] 以三人仲裁庭这一普遍的仲裁庭组成方式为例，为保障当事人的意思自治，往往是由双方当事人各自指定一位仲裁员，然后再由两位仲裁员共同指定或者由仲裁机构来指定第三位仲裁员，这一过程难免因考虑多种因素而增加耗时。

有什么样的仲裁员就有什么样的仲裁，仲裁员对于仲裁的作用显而易见，仲裁员的个人素质和专业能力决定着案件实体争议的解决效果，仲裁员的品质将决定仲裁裁决的品质。[2] 当事人对仲裁员的选任总是会保持谨慎的态度，出于对己方利益的考虑，当事人不会轻易放弃边裁仲裁员的选任，因为在他们看来，由己方选任的仲裁员会具有一定倾向性，从而使其更具话语权。对一方当事人而言，另一方当事人所指定的边裁仲裁员往往容易存在偏见，这种情况下，共任仲裁员由于更具中立性，在仲裁中居于首席仲裁员地位，在仲裁庭无法达成一致意见时往往要进行最终的决定，仲裁的结果如何很大程度上取决于共任仲裁员，对保障各方当事人的利益具有重要作用。因此，由当事人分别选择一位仲裁员尚且容易实现，然而即便有明确的仲裁庭组成规则的指导，实践之中的当事人在选取共任仲裁员的问题上几乎无法保持合作态度，这使得共任仲裁员的选任普遍难以实现。[3] 共任仲裁员难以选定造成的困境直接影响了仲裁解决争议的效率，大量时间将耗费在前期仲裁庭的组成阶段。

事实上，独任仲裁员与多人仲裁庭中的共任仲裁员类似，要保持高度的中立性，对仲裁结果起决定性作用。在强制适用独任仲裁员的情况下，当事人无须再进行选任边裁仲裁员的考虑，积极合作共同选择独任仲裁员将是有利于争议解决的明智之举，即便是无法达成合意，仍可由仲裁机构根据实际情况来指定适当的仲裁员。因此，快速仲裁规则中独任仲裁员条款的强制适

---

〔1〕 参见邓杰：《商事仲裁改革国际潮流下的加速仲裁程序》，载《上海师范大学学报（哲学社会科学版）》2018 年第 6 期，第 89~95 页。

〔2〕 汪祖兴：《国际商会仲裁研究》，法律出版社 2005 年版，第 64 页。

〔3〕 汪祖兴：《当事人共任仲裁员不能之救济实践及完善》，载《中国法学》2012 年第 5 期，第 103~118 页。

用不仅省去了当事人各自选择边裁仲裁员需要的时间，还能够促使当事人选任仲裁员的心理产生变化，利于积极合作，从而提高仲裁效率，这一强制效率的赋予符合效率价值取向。

（二）无损公平价值取向

虽然效率是仲裁所要体现的首要价值，但其实现亦不得以牺牲公平为代价。快速仲裁规则的强制效力是否能够保障或者说不损公平是检验其合理性的重要方面。就独任仲裁员条款本身来看，虽然独任仲裁确实能够明显提高仲裁效率，但对于当事人来说，仲裁权力都集于独任仲裁员一身，一旦独任仲裁员的裁决显失公平，由于仲裁一裁终局性，当事人便只得承受损失。这样看来，赋予独任仲裁条款强制效力可能有损公平，给当事人造成无法挽回的后果。但应当同时认识到，是否会造成实质不公是一个事实问题，再完美的程序规则也无法绝对保障实质公平，但是却可以通过其他规则的补足降低风险概率。

仲裁员的资格正是为以上风险设置的第一道防线。能够在国际商事仲裁中胜任的仲裁员一般都具备很强的法律专业能力、语言能力，实践经验丰富，视野宽广。〔1〕对仲裁员的资格问题，仲裁规则均规定仲裁员必须始终保持其独立性和中立性，只有本身人品高尚，遵守专业道德才能有资格被选任为仲裁员，被选任之后，仲裁员也要在仲裁的整个过程中对可能影响其独立性和中立性的事项向当事人、仲裁机构进行持续性披露。此外，仲裁规则一般还规定了仲裁员的回避制度，赋予当事人随时对仲裁员可能具有的、影响其独立性与中立性的情形提出异议。强制适用独任仲裁员条款也必须要遵循有关仲裁员资格的规定，当事人依旧享有质疑仲裁员的权利，这些有效保障了仲裁的公平性。

实践中，当事人所承担的风险大小总是围绕着争议标的额。大多数仲裁机构在快速仲裁规则适用上，均以争议标的额作为重要参照标准，如SIAC在2016年仲裁规则中规定适用快速仲裁程序需标的额低于600万新币，〔2〕ICC在其2017年仲裁规则规定标的额应低于200万美元，〔3〕香港国际仲裁中心

---

〔1〕 参见［英］艾伦·雷德芬、马丁·亨特等：《国际商事仲裁法律与实践》（第4版），林一飞、宋连斌译，北京大学出版社2005年版，第207~212页。

〔2〕 See SIAC 2016 Arbitration Rules, Article 5.1.a.

〔3〕 See ICC 2017 Arbitration Rules, Article 30.2.a.

（Hong Kong International Arbitration Centre，以下简称 HKIAC）快速仲裁规则规定标的额应低于 2500 万港币。[1] 这表明，只有争议标的额比较小的案件才能达到快速仲裁规则的适用门槛。争议标的额具有可视性且最为直观，因而被作为将仲裁案件复杂程度量化的一个标准，虽然案件复杂程度并不一定总是与标的额的大小成正相关，但很难找到除争议标的额外能够被量化的标准，在仲裁规则中具体列举这些可视化标准也存在现实困难。诚然，争议标的额不能绝对代表当事人承担风险的程度，但却至少不会过多偏离这个标准，即使在快速仲裁中强制适用独任仲裁员制度造成了一些不公，由此造成的损失也未必会超出当事人的可接受范围。

仲裁规则的强制效力再强，归根结底，也无法突破契约性的限制，其强制效力只能是相对的。任何仲裁规则的适用都要以当事人的合意选择为基础，不能脱离当事人的授权而自动发生效力。快速仲裁规则也是如此，虽然其独任仲裁员条款具有强制效力，不允许任何形式的变更适用，但这并不妨碍当事人认为该规则有违公平而将整个快速仲裁规则排除在外的约定。以当事人合意为前提，再加之对仲裁员资格要求与争议标的额限制的双重保障，快速仲裁规则的这一强制效力并不必然损害公平价值取向。

通过上述分析，快速仲裁规则在独任仲裁员条款中所体现的强制效力不仅符合目前国际商事仲裁发展所追求的效率价值，而且不至于必然损害到仲裁的公平价值。因此，在规则设计层面，其对两种价值取向的权衡符合当下国际商事仲裁的现实需求，其合理性有一定说服力。

四、仲裁规则强制效力的实现路径

事实上，仲裁规则的强制效力只有在承认和执行阶段才能得到最终确认和落实，才称得上真正实现了强制效力。仲裁规则的强制效力要得到真正实现，需要经过两个关键阶段，一是被争议当事人在其仲裁协议中选定并适用，二是依照该规则作出的仲裁裁决得到了当事人的自觉履行或被相关司法机关予以承认和执行。

（一）当事人的选择适用

第一个阶段是仲裁规则强制效力实现的前提。如何令当事人接受仲裁规则的强制效力是仲裁机构必须要考虑的因素。当事人初步决定以仲裁解决争议之后，往往会对争议解决有一定预期，选择仲裁规则时，除了要看其是否

---

[1] See HKIAC 2013 Arbitration Rules, Article 41. 1. a.

精简高效外，最重要的是其是否能有效保护自身的利益，即是否能够符合前述的心理预期。实际运行中违反当事人心理预期的仲裁规则难以令人接受，因为这使当事人丧失了对仲裁的掌控力。仲裁规则只有具备足够的确定性，才能使当事人对仲裁进行合理预测，为当事人认可和接受。

HKIAC 仲裁规则规定，适用简易程序的案件应提交独任仲裁员，仲裁中心应当建议当事人将案件提交独任仲裁员，但仲裁协议约定为三位仲裁员并且当事人不同意对此更改的除外。〔1〕 2016 年，SIAC 通过修改仲裁规则确立了独任仲裁员条款的强制适用。〔2〕 未采用 HKIAC 的柔性规则方式，SIAC 的 2016 年规则表面看来似乎难以接受，但其同 HKIAC 规则一样具备客观确定性，足以使当事人比较清晰地预测到选择该仲裁规则的结果，这实际上既有利于当事人理解规则的强制效力，也不会构成对当事人意思自治的违反。面对确定的强制效力，当事人合意选择时必会经过深思熟虑和利益权衡，有关是否接受仲裁规则强制效力的分歧和异议将多集中于合意达成之前，这将有助于规则被选定后的顺利适用。

（二）快速仲裁裁决的履行或承认与执行

第二个阶段是仲裁规则强制效力实现的核心。仲裁裁决作出后，若当事人自觉履行了该裁决，则仲裁规则的强制效力便自然得到了实现，此情况不必再行讨论。比较复杂且易产生争议的仍是需要由司法机关对该种仲裁裁决进行承认和执行的情况，司法机关的态度在其中起着决定性作用。

依据有强制效力的仲裁规则而作出的仲裁裁决，难免会有违反当事人程序意思自治之嫌，其承认和执行的最大潜在阻碍是，司法机关可能援引《纽约公约》第 5 条第 1 款（d）项的规定，将其归入与仲裁庭的组成程序当事人仲裁协议的约定不符这一情形，从而拒绝承认和执行。一个最典型的例子就是 2017 年的来宝案〔3〕中，上海一中院拒绝承认和执行该仲裁裁决，所援引

〔1〕 See HKIAC 2013 Arbitration Rules, Article 42. 2. a.

〔2〕 See SIAC 2016 Arbitration Rules, Article 5. 3.

〔3〕 参见中华人民共和国上海市第一中级人民法院民事裁定书［（2016）沪 01 协外认 1 号］。该案是上海首例不予承认和执行外国仲裁裁决纠纷案件。来宝公司和信泰公司在其签订的合同中约定适用 SIAC 仲裁规则的同时约定由三名仲裁员组成仲裁庭。后双方发生纠纷，因案件标的低于 500 万新币，申请人来宝公司依据 SIAC 仲裁规则申请适用快速程序，被申请人信泰公司以其与申请人间存在多个关联合同为由反对快速程序的适用，并提出案件应依约定由三人仲裁庭审理，但 SIAC 主席并未采纳该抗辩，决定适用快速程序并由一名仲裁员独任仲裁。裁决作出后，来宝公司向上海市第一中级人民法院申请该仲裁裁决的承认和执行，该申请被驳回。

的正是前述理由。在国际商事仲裁中，当事人的仲裁协议与选定的仲裁规则均为承认和执行阶段审查仲裁裁决有效性的重要依据，若当事人选定了某一仲裁规则，同时做了与该规则相冲突的其他约定，以何者为准则需要依据合同解释方法进行分析和理解。当仲裁规则未明确其适用优先性时，往往要为当事人在仲裁协议中的其他约定让位，因为当事人选择仲裁机构制定的仲裁规则可以视为援引了一个由第三方提供的格式合同，因而为符合当事人意思自治原则的目的，仲裁协议中的其他约定应当视为对仲裁规则的变更适用。来宝案的情况正是如此，由于2013年的SIAC快速仲裁规则〔1〕并无确定的强制效力，虽适用快速程序，但应当依照当事人仲裁协议中的约定，以三人仲裁庭裁判，上海一中院认为此情况下适用独任仲裁庭制违反了当事人意思自治原则。

分歧产生的原因不仅有不同法域对仲裁制度的态度差异，还有由于仲裁规则语义和授权不明确而产生的不同理解。即便有《纽约公约》协调，司法机关在审查外国仲裁裁决时也多采用本国的习惯逻辑进行理解，新加坡的仲裁素来就有仲裁员独任裁判的传统，《新加坡国际仲裁法》的第9A条规定："虽然有《示范法》第10条第2款的规定，但当事人各方如未确定仲裁员人数，则应为一名仲裁员。"这也影响到SIAC对其仲裁规则制定的考虑，2013年SIAC仲裁规则第6.1条与2016年SIAC仲裁规则第9.1条均规定："除非当事人另有约定，否则，依据本规则进行的仲裁案件均应当指定一名独任仲裁员进行审理；……"为使依照其仲裁规则作出的仲裁裁决得到其他国家的承认与执行，SIAC明确了快速仲裁规则中独任仲裁员条款的强制效力，这使得他国的司法机关在进行相应审查时直面仲裁规则对当事人意思自治的限制作用，这虽不能保证该强制效力获得绝对认可，但至少避免了理解的歧义，为该类仲裁裁决获得承认和执行提供了可能。

一个不能发挥实效的仲裁规则无法起到简化程序、及时解纷的作用。无论是对当事人还是对承认与执行仲裁裁决的司法机关，仲裁规则的强制效力只有在具备确定性时，才有被二者同时认可并最终得以实现的可能性，才能发挥其提高国际商事仲裁效率的重要价值。

结　语

实践中的情况复杂多变，如何在保障公平的基础上提高国际商事仲裁的

---

〔1〕 See SIAC 2013 Arbitration Rules, Article 5.

效率将是长期存在的议题。快速仲裁规则的适用被赋予一定的强制效力，这既是理论发展的催生也是实践的需要。现有的快速仲裁规则设计基本能够协调好公平和效率这两个最主要的价值追求，其独任仲裁员条款的强制效力合理且必要。在仲裁规则强制力实现的路径上，规则内容的确定性将起到决定作用，这一方面能够加深当事人对仲裁规则的理解，产生合理预期，另一方面也为相关司法机关承认和执行仲裁裁决提供了比较明确的依据，有效防止理解分歧。

国际商事仲裁效率的提高要依靠多方面因素的综合作用，完备而精简的程序规则设计只是众多保障仲裁高效性的方式之一。就赋予仲裁规则强制效力的问题，目前仍缺乏足够的司法实践，这一做法虽未形成主流，也极具争议性，但已然在国际商事仲裁中占据一席之地。以这一创新性尝试为代表，对当事人意思自治进行合理的限制已成为国际商事仲裁发展不可阻挡的必然趋势。未来的国际商事仲裁将会对限制当事人的意思自治进行何种尝试尚不可知，但应当明确的是，无论限制为何，都要服务于当事人意思自治的合理有序运行，维护和谐的商事交易秩序。

（初审人：吕点点）

国际投资中 VIE 架构的涉外法律风险及监管研究

于华溢 *

摘　要：随着我国市场经济深入发展，以互联网行业为代表的新兴企业在资本市场上成为最瞩目的焦点。作为新兴企业在发展初期通常需要积极便捷的融资条件，然而，鉴于我国政府对外资的监管政策，部分新兴企业在国际融资市场通过搭建特殊途径以引进外资，其中比较普遍的手段就是搭建 VIE 架构体系来规避相关外资监管制度。但应注意到，VIE 模式虽然短期内在一定程度上给企业融资带来一定便利，但其中隐藏的法律和政策风险不能忽视。本文通过分析 VIE 架构的内涵、模式、架设原因以及一般内容，深入分析 VIE 架构存在的两大风险：合同违约风险和政策监管风险。通过梳理支付宝公司、华懋公司、安博公司几个典型案例，进一步分析我国政府对于实施 VIE 架构企业的监管态度以及司法实践倾向。在分析有关行政法规和部门规章后，监管部门虽然对 VIE 架构模式的运营会进一步加强监管，但考虑到 VIE 架构在现阶段的国内融资环境和资本监管背景下依然起到一定积极意义，VIE 架构短期内不会被彻底认

* 于华溢，男，中国政法大学国际法学院国际法学 2017 级博士研究生（100088）。

定无效。

关键词：VIE 架构　协议控制　外资监管　国家经济安全审查

一、前言

（一）VIE 架构的概念和特征

VIE（Variable Interest Entities），直译为“可变利益实体”，其最早出处是美国财务会计委员会用于财务审计时所使用的一个财务收支概念〔1〕。而放在我国商业资本市场的环境里，VIE 通常又被称为“协议控制”，是指中国境内设立的公司，其控制、收益、处分等权益并不在该公司名义股东的掌握之下，而是通过某些协议和合同的形式，由境外企业对该中国境内企业进行实际控制，借此来获得该企业的商业利益和利润。

VIE 架构的核心主体一般由三部分组成，即中国境内实体公司、中国境内外资子公司和境外融资母公司。这其中的模式是，境外融资母公司在中国境内全资投资成立境内外资子公司，并完全掌握其实际控制权；该子公司与境内实体公司即具体签署 VIE 协议的当事方，二者通过签订多个协议（而非股权持有）来搭建控制与被控制的关系；实体公司的日常经营利润，通过协议流向了外资子公司，并最终被境外融资公司掌握。通常意义上，对某个企业进行实际控制，一般通过较大比例地购买持有该企业的股权；但通过上述对于 VIE 架构概念和主体构成分析，VIE 架构是通过协议控制代替了股权控制，从而达到实际掌握境内经营实体企业的目的。

VIE 架构是由协议控制替代了股权控制，主要存在于境内外资子公司与境内实体公司之间。一般说来，当事双方签署的 VIE 架构协议一般包括以下内容：其一，通过签署公司运营管理协议，使得外资子公司实质控制实体公司的运营架构和持有资产；其二，通过办理借贷合同并签署股权质押协议，使得外资子公司间接获得实体公司被质押股权；其三，将股权中投票权和其他权属进行区分，由外资子公司安排输送给实体公司虽无股权但有投票权的

〔1〕 根据美国财务会计标准委员会（FASB）制定的 FIN46 条款的规定：承担可变利益实体主要风险和收益的“第一受益人”需要把可变利益实体的资产合并入自己的财务报表，作为表内资产加以披露。根据 FIN46 条款，凡是满足以下任意一条件的实体都应被视作 VIE，将其收益和损失状况并入“第一受益人”的资产负债表中：①风险股本很少，这个实体主要由外部投资支持，实体本身的股东只有很少的投票权；②实体公司的股东无法控制该公司；③实体公司中股东享受的投票权和股东享受的利益分成不成比例。

管理层成员；其四，通过签署服务供给协议，外资子公司以提供服务的名义获得实体公司的收益作为回偿；其五，通过签署认股合同，允许外资子公司在中国市场准入放开时，可以直接持有该实体公司股权。通过上述模式建立的商业合作关系，与传统的商法经济法理论全然不同，因为其并不是建立在股权基础上的控制管理关系，投票权与分红权等也随着协议的签署而重新进行分配。外资子公司可以在少掌握甚至不掌握境内经营实体公司股权的情况下，享有传统公司法理论中重要的运营权、表决权、收益权、处分权等。

（二）VIE 架构的设置原因

VIE 模式的架设过程复杂、成本支出高额、同时存在诸多的法律和政策风险，但在国内经济市场中还是有众多企业趋之若鹜，必然是因为其能带来极大的经济收益和资本成效。境内经营实体企业为进一步企业发展需要，需要通过融资吸引大量资金投入，但在以往，国内融资环境并不乐观：程序复杂、渠道不畅、监管手段众多等，这都制约了企业融资途径。在国内资本公开募集市场中，A 股上市门槛很高，新三板手续也较为复杂，对于资本体量并不大的某些新兴企业而言，很难公开募集资本上市。这就导致了这一部分的境内企业转向对外资的需求。

但境内企业在寻求外资进入从而扩大再生产的过程中，也面临诸多问题。一方面，我国境内企业在境外交易场所直接或间接上市也并不容易，不仅要满足境外交易场所要求，也需要接受国内监管部门监管。〔1〕另一方面，由于政策管制要求，某些行业不允许引进外资，如互联网网上服务、出版业、网

〔1〕 例如证监会在 1999 年发布的《关于企业申请境外上市有关问题的通知》中，就规定了企业境外上市的资产要求。该通知规定：境内企业赴境外直接上市要经过证监会审批，且满足净资产不少于 4 亿元人民币，过去一年税后利润不少于 6000 万人民币，并有增长潜力，按合理预期市盈率计算，筹资额不少于 5000 万美元，上市后每一次再融资亦需审批；而在 2013 年中国证监会正式发布《关于股份有限公司境外发行股票和上市申报文件及审核程序的监管指引》取消了原先的上市资产和利润要求以及前置审批。

络游戏等，导致从事该行业的企业不能直接引进外资，[1] 因此目前某些产业企业（尤其以新兴互联网公司为代表）往往通过采取 VIE 架构运营来间接获得境外融资。

二、VIE 架构的法律风险分析

VIE 架构是为了达到境外融资的目的，采取协议手段从而规避政府某些法律政策监管的企业结构体系，因此其在法律领域有一些含糊不清的问题，存在诸多的风险。VIE 架构包括以下几种风险：政策监管风险、合同违约风险、境外上市风险、外资并购风险、外汇管理风险、税收风险等，其中最主要的法律风险是合同违约风险和政策监管风险。

（一）VIE 架构的合同违约风险

VIE 架构中的当事方为了共同的商业利益最大化，而以协议或合同的形式商定了彼此之间的权益控制关系。合作初期由于当事方目标利益基本统一，尚不会发生矛盾；而一旦出现利益冲突或产生利益纠纷，双方难免会撕毁协议，指出合同的瑕疵来拒绝执行。例如在支付宝银行牌照案例中，为了支付宝能取得中国境内银行牌照，支付宝公司单方面撕毁了与国外投资者的 VIE 协议。[2] 该事件暴露出了协议控制的主要当事方一旦核心利益发生改变，则会出现撕毁之前协议的做法，对 VIE 架构带来诚信危机，甚至导致严重的经济后果。此时，经常会出现当事一方要求继续履行协议，而另一方申请协议无效的状况。

VIE 架构签署的协议通常被认为是合同双方意思自治的体现，但仔细分析 VIE 架构协议的核心内容，就会发现许多条款其实是在法律边缘游走：通

---

〔1〕 商务部《外商投资产业指导目录》（2011 年修订）规定："新闻网站、网络视听节目服务、互联网上网服务营业场所、互联网文化经营（音乐除外）"、"图书、报纸、期刊的出版业务"以及"音像制品和电子出版物的出版、制作业务"均属于禁止外商投资的行业。又如，新闻出版总署、国家版权局、全面"扫黄打非"工作小组办公室《关于贯彻落实国务院〈"三定"规定〉和中央编办有关解释，进一步加强网络游戏前置审批和进口网络游戏审批管理的通知》非常明确地指出：外商不得通过设立其他合资公司、签订相关协议或提供技术支持等间接方式实际控制和参与境内企业的网络游戏运营业务。此外包括《网络文化经营许可证》《互联网出版许可证》《信息网络传播视听节目许可证》《互联网新闻信息服务许可证》《广播电视节目制作经营许可证》等证照均不能由外商投资企业、中外合资企业、中外合作经营企业持有。

〔2〕 支付宝公司与雅虎公司曾经在境外融资谈判过程中签订了一系列 VIE 协议，但在之后，支付宝公司为了获得中国银行牌照，单方面终止了多项协议，以期逐步摆脱外资身份。而对于其违约行为，其母公司阿里巴巴公司采取经济补偿的方式对雅虎公司进行弥补。

过借款协议质押实体公司股权，可能涉及企业间拆借的法律问题；同时，协议中的股权质押往往不进行登记，这也违反了我国法律有关规定，日后会难以救济；外资子公司派驻的董事会成员并不具有股权，其投票表决有效性日后也会受到质疑；在以提供服务的方式转移实体公司利润协议中，可能存在外资子公司只支付了不对等的服务却获得了大量商业利润，导致显失公平的情况。

（二）VIE 架构的政策监管风险

VIE 架构存在规避一国法律监管、绕开其市场准入规定的制度性风险，因此国家监管机构对于涉及 VIE 架构的企业运营如何定性和进行监管，对于 VIE 架构的实际运行有着十分重要的指导意义。二十多年来，诸多国内互联网企业纷纷采取该模式寻求海外上市，而被禁止和否决的案例并不多见。但应注意的是，协议条文本身并无明显瑕疵，但其实质规避了现有法律制度，与融资上市监管、外汇监管、市场准入等规定相抵触，因此不可能不被政府监管部门的注意。正是这种不明确的监管，导致 VIE 架构合法性一直处于“灰箱状态”。而是否被政府机构定义为违法，取决于监管部门对其的监管态度和实施裁量权的范围。2011 年发布的《商务部实施外国投资者并购境内企业安全审查制度的规定》中规定了“不得以任何形式”规避“并购安全审查”。[1] 上述规定使得 VIE 架构在这些外资不被允许准入的市场中是一种非法模式，理论上应被取缔。但未明确涉及的产业中，合法还是非法的结论犹如达摩克利斯之剑坠坠欲落。

三、对于 VIE 架构的立法态度和司法实践

从新浪公司在美国利用 VIE 架构上市融资为肇始，到“BAT”（百度、阿里、腾讯）纷纷借助 VIE 海外上市，VIE 架构确实帮助了众多中国企业实现了资本的第一阶段积累。截至 2014 年 6 月 27 日在美上市（包括直接与间接上市两种模式）且未退市的中国企业共有 202 家，其中 84 家采用了 VIE 架构模式。[2] 在科学技术高速发展的大背景下，VIE 模式使外国的资本、技术、

---

〔1〕《商务部实施外国投资者并购境内企业安全审查制度的规定》第 9 条规定：对于外国投资者并购境内企业，应从交易的实质内容和实际影响来判断并购交易是否属于并购安全审查的范围；外国投资者不得以任何方式实质规避并购安全审查，包括但不限于代持、信托、多层次再投资、租赁、贷款、协议控制、境外交易等方式。

〔2〕刘纪鹏、林蔚然：《VIE 模式双重道德风险及监管建议》，载《证券市场导报》2015 年第 10 期，第 5 页。

管理经验不断涌入中国，推动了诸多中国自有的独立产业，大幅度地扩大了许多中国企业规模和提高了经营水平，对政府税收、企业盈利、投资者获利、消费者获益等多方面起到了积极作用，可以说当前 VIE 模式创造了一个多赢的格局。

在这个背景下，国内监管部门对于 VIE 架构的态度一直比较模糊，一方面在部分规章和通知中，禁止协议控制的手段来引入外资；另一方面由于其对经济发展的显著作用，尚无一个案例明确认定 VIE 架构绝对无效。但必须注意到，所谓法律监管灰色地带总是无法长久，究竟是经济模式有问题还是法律监管手段有瑕疵，虽然条分缕析困难重重，但在未来这是必然要解决的问题。

（一）我国立法机构对于 VIE 架构的立法态度

关于 VIE 架构的法律规范性内容，在我国立法文件中少之又少，在一部分部门规章中偶有所见。例如，2009 年由新闻出版总署、国家版权局、全国“扫黄打非”工作小组办公室颁布的《关于贯彻落实国务院〈“三定”规定〉和中央编办有关解释，进一步加强网络游戏前置审批和进口网络游戏审批管理的通知》中规定，外商不得通过设立其他合资公司、签订相关协议或提供技术支持等间接方式实际控制和参与境内企业的网络游戏运营业务。[1] 在该通知中，明确禁止了外商用签订协议等方式实际控制或参与中国境内网络游戏运营企业的事务。信息产业部 2006 年颁布的《关于加强外商投资经营增值电信业务管理的通知》中规定了禁止以“任何方式”在市场准入外产业对外资提供条件，[2] 这其中的“任何方式”根据文本解释，理应包括 VIE 协议控制；《商务部实施外国投资者并购境内企业安全审查制度的规定》中更是直接点明其对 VIE 架构的态度——明确将“协议控制”等词汇纳入监管范围之内。但应注意到，上述文件仅是一些指导性文件，充其量是部门规章，法律效力

---

〔1〕 新闻出版总署、国家版权局、全面“扫黄打非”工作小组办公室《关于贯彻落实国务院〈“三定”规定〉和中央编办有关解释，进一步加强网络游戏前置审批和进口网络游戏审批管理的通知》第 4 条：禁止外商以独资、合资、合作等方式在中国境内投资从事网络游戏运营服务。外商不得通过设立其他合资公司、签订相关协议或提供技术支持等间接方式实际控制和参与境内企业的网络游戏运营业务。

〔2〕 信息产业部《关于加强外商投资经营增值电信业务管理的通知》第 1 条第 2 款规定：境内电信公司不得以任何形式向外国投资者变相租借、转让、倒卖电信业务经营许可，也不得以任何形式为外国投资者在我国境内非法经营电信业务提供资源、场地、设施等条件。

并不很高，在目前的法律框架内，VIE 协议的合法性仍没有得到现行法律和行政法规的明确规定，因此 VIE 协议仍旧存在着效力待定的风险。[1]。

上述文件基本上属于“通知”“规定”等部门规章，法律效力多大有待商榷。近些年来，随着我国在经济贸易领域中的迅速发展，我国政府对于经济活动的监管态度也逐渐发生改变，一个显著变化就是由重视形式审查转向重视实质审查。2015 年公布的《中华人民共和国外国投资法（草案征求意见稿）》（以下简称《外国投资法（草案）》），对于企业的身份定义有了明显变化，对 VIE 架构有了一定的明确态度。《外国投资法（草案）》在确定投资性质时，引入了“实际控制”的概念和模式，并对“实际控制”的判断做出指导：一是明确外国投资的概念，将外国投资概念外延至外国投资者直接或者间接通过合同、信托等方式控制境内企业或者持有境内企业权益；二是明确控制标准，将“通过合同、信托等方式能够对该企业的经营、财务、人事或技术等施加决定性影响”确定为“控制”的标准之一。[2] 同时要注意的是，《外国投资法（草案）》在引入“实际控制”标准的基础上，又借鉴西方国家较为成熟的外资管理制度中的“身份标准”，用以判断外资准入问题，并明确了外国投资与中国投资者的判断标准。[3] 因而，《外国投资法（草案）》对外国投资领域有了较大和深刻的规范，对于“控制”的概念有别于以往的形式审查，更多的是关注外资是否在实质上加以控制，而不在意以何种形式。

但《外国投资法（草案）》由于种种原因蛰伏起来，而由 2019 年通过的《中华人民共和国外商投资法》（以下简称《外商投资法》）所取代。《外商投资法》对于投资的概念属于概括性描述，并没有明确提出“实际控制”“协议控制”等词汇。由于《外商投资法》的立法目的是建立一个替代原“外资三法”的一个基础性法律文件，因此许多概念并没有细化，比之《外国投资法（草案）》，概括性描述较多。但在《外商投资法》的法律行文中类比协议控制的概念，法条中“间接在中国境内进行投资活动”“其他类似权益”类

---

〔1〕 袁宁：《VIE 架构的法律风险及〈外国投资法（草案征求意见稿）〉对其可能造成的影响》，载《中国市场》2018 年第 9 期，第 84 页。

〔2〕 薛胜男：《论〈外国投资法（草案征求意见稿）〉对 VIE 架构企业的监管思路的变化》，载《法制与社会》2015 年第 16 期，第 254~256 页。

〔3〕 《中华人民共和国外国投资法（草案征求意见稿）》第 15 条第 1 款、第 18 条、第 19 条、第 25 条、第 26 条。

似的措辞，[1] 可以作为将“协议控制”作为外商投资行为之一进行扩大解释的依据。而如何从立法层面具体落实对协议控制的规范，具体细化措施标准有待国务院各部门根据实际情况进行细化和明确。

（二）我国司法机构对涉VIE架构协议的司法实践

我国现在虽有多个部门规章规定VIE架构的协议控制应被严格管理，甚至在某些行业内禁止使用，但由于我国尚无明确立法对协议控制概念进行规范，因此截至目前，我国尚没有一个司法判例认定VIE架构协议为合法或者非法，这让人不免得出“默认许可”的一种解读。但从中华人民共和国最高人民法院的两个类似VIE架构纠纷的司法案例中，可以一窥我国司法实践中对该类型协议的态度。

第一个案例是2012年我国最高人民法院对香港华懋集团旗下公司华懋金融服务公司通过签署委托投资协议，委托境内的中国中小企业投资有限公司代其持有民生银行股权的案例。[2] 最高人民法院判决双方之间协议因违反合同法规定，应属无效，其主要理由就是双方协议是“以合法形式掩盖非法目的”。[3] 虽然该案例中双方委托投资协议并不完全等同于协议控制，但其基本性质较为类似，因此VIE架构的协议也存在被司法裁决为无效的风险。

第二个案例是安博公司案件。[4] 涉案双方就协议控制产生纠纷，并要求法院判决VIE协议违反强制性规定而无效。经湖南省高院一审和最高院终审，两级法院的判决并没有直接回答涉案的VIE协议合法性问题，而是将其作为

---

〔1〕《中华人民共和国外商投资法》第2条：本法所称外商投资，是指外国的自然人、企业或者其他组织（以下称外国投资者）直接或者间接在中国境内进行的投资活动，包括下列情形……②外国投资者取得中国境内企业的股份、股权、财产份额或者其他类似权益……

〔2〕华懋公司为了规避境内资本的监管，通过协议委托中国中小企业投资有限公司代其持有民生银行股份。而2001年中小企业公司作为原告向华懋公司提起诉讼，要求确认其与华懋公司之间代持关系为借款合同关系。华懋公司对其提出反诉，提出双方关系为委托投资关系而非借款关系，要求解除与该中小企业公司的委托投资协议，并要求其交还所持有的民生银行股份与红利。

〔3〕最高人民法院在判决中指出，华懋公司间接投资民生银行的行为违反了金融管制的强制性规定。从双方签订和履行合同的整个过程可以看出，当事双方明知法律强制禁止规定，因此采取“委托投资”的方式，使得华懋公司的投资行为规避了强制禁止条款。该类行为属于民法中“以合法形式掩盖非法目的”的行为，因而所签署的协议应属无效。

〔4〕安博公司是境外安博教育控股公司根据VIE架构在我国境内设立的企业，其与境内亚兴公司签订了合作协议，用以转让境内经营获利。但之后，亚兴公司以安博公司是外资控制的VIE企业，该行为违反了《外商投资产业指导目录》（2007年修订）与《中外合作办学条例》中外资企业不能投资办学机构的规定，诉请法院判决双方协议无效。

一个涉及教育安全的行政事务进行处理。[1] 法院将认定 VIE 架构效力的重要规范性文件《外商投资目录》的性质定义为部门规章，而这一层级的规章并不属于行政法规的效力性强制规定，因而违背这些规章，并不意味着协议合同违反法律强制规定而无效。此外，在该案例中，司法机构认为《外商投资目录》只是确保教育行业的安全从而保障社会利益，涉案双方签署的协议，造成外资控制内资公司的事实只是单纯进行商业利润转移，并非意图规避法律侵害社会利益，因此不应以此认定协议无效。这样的阐述对于 VIE 架构与国家共同利益和国家安全之间的关系更加深入和实质化，几者之间关系的解读有了新的层次。

四、对 VIE 架构的监管建议

（一）司法部门应在违约纠纷中积极保障协议执行

VIE 架构中的协议存在合规性风险，境内实体企业与境外融资母公司之间可能存在违约风险，部分观点认为 VIE 协议可能因“以合法形式掩盖非法目的”而导致无效。但从实务界看来，在现行经济发展和监管制度背景下，VIE 架构可以说其“经济效益、机制创新”等积极意义远大于“法律规避”所损害的“法益”。目前来看，监管部门不可能直接宣布协议控制合法，但短期内也不会通过行政或司法手段认定其绝对违法，因为 VIE 架构对我国新兴企业的快速蓬勃发展确实起到很大的积极作用。在众多新兴行业的企业依靠 VIE 架构运营良好、收效显著的情况下，监管部门不宜在遇到协议纠纷时，断然地以这个理由而认定其合同无效，反而应尽可能地保障双方协议的有效性。因此，从政府监管角度看来，以某种默示的方式许可 VIE 架构存在和运行，并在合同争议中不轻易将其认定为无效，则对企业之间的经营合作稳定性会起到显著作用。

---

〔1〕 最高人民法院维持了湖南省高院的判决，其中几个判决理由对研究 VIE 结构意义重大：其一，不能以安博公司的注册资本金来源来判断安博公司是外资企业，股东权利委托与谁并不影响其企业性质；其二，亚兴公司对于交易对手是 VIE 企业的事实是知晓的，其意思是真实自由的表达的结果，并不存在侵害其权益的情况；其三，最高人民法院认定《外商投资产业指导目录》以及《商务部实施外国投资者并购境内企业安全审查制度的规定》属于部门规章，不属于法律、行政法规，因此合同不能因是否违反其规定而判断是否有效；其四，外资是以签订合同的方式控制民办学校，因为其没有直接参加学校的办学规划和教育管理，所以并不属于《中外合作办学条例》所规定的予以调整的范畴之一，亚兴公司认为合作协议危害社会公共利益，危害国家教育安全并不具有法律依据和事实依据；其五，亚兴公司是否能如约不受损失地得到投资收益不影响协议的有效性；其六，安博公司与境外公司之间的 VIE 结构的一系列合同不属于案件审理范围。

（二）完善我国国家经济安全审查制度

对VIE架构采取某种意义上的默示认可，并不意味着政府对外资介入敏感领域采取放任不管的态度。我国不断进行经济体制改革，打造更加开放的市场，其对于外资管理和市场准入长远看应该是一个逐步放开的过程。但开放不意味着不监管，监管手段和方式也应与时俱进。监管应该从行业准入审查逐步过渡到安全审查模式。VIE模式主要解决的是企业并购和融资问题，但反观我国现有的立法中，涉及并购融资安全的规定少之又少，2008年《中华人民共和国反垄断法》中的第31条规定了国家安全审查，[1] 但该法继续沿用了"国家安全"的概念，而没有针对经济社会生活提出"经济安全"的概念，因此不论在法理还是实践中，都存在很多不同。此外，在2002年国务院制定的《指导外商投资方向规定》中，[2] 对危害国家安全做了一般性的禁止性规定，并没有对禁止领域的内涵进行明确解读，外延也没有给出清晰的界定。这必然导致在经济领域中的安全审查机制易于规避、执法困难。

美国2007年的《外国投资与国家安全法》在具体操作层面对我国立法有一定借鉴意义。法案在1950年《国防产品法》的基础上增加了诸多新定义，例如"受管辖交易""外国政府控制的交易""国家安全""关键基础设施""关键技术"投资等，所有这些都被纳入了国家安全审查范畴，并规定由财政部领衔的跨部门机构美国外国投资委员会（CFIUS）负责这一审查。法案也详细规定了审查和调查程序、审查的考虑因素以及如何监控并减轻受管辖交易对国家安全的威胁。该法案还规定了总统在国家安全审查方面的职权，[3] 同时给予国会更大的监管发言权。如上所述，提高立法层级，扩大外资并购国家安全审查的范围，完善程序设置，增加重新审查程序和处罚措施，从而切实提高国家经济安全审查的力度和强度。

我国应该在国家经济安全审查领域中，综合各方面对外资审查的立法建

---

〔1〕《中华人民共和国反垄断法》第31条：对外资并购境内企业或者以其他方式参与经营者集中，涉及国家安全的，除依照本法规定进行经营者集中审查外，还应当按照国家有关规定进行国家安全审查。

〔2〕国务院《指导外商投资方向规定》第7条：属于下列情形之一的，列为禁止类外商投资项目：①危害国家安全或者损害社会公共利益的；②对环境造成污染损害，破坏自然资源或者损害人体健康的；③占用大量耕地，不利于保护、开发土地资源的；④危害军事设施安全和使用效能的；⑤运用我国特有工艺或者技术生产产品的；⑥法律、行政法规规定的其他情形。

〔3〕卢西奥：《中美对比：对外资的安全审查》，载 http：//cn. chinausfocus. com/finance-economy/20151029/721. html，最后访问日期：2018年11月12日。

议，制定具有高位阶的经济安全审查基本法，将散落在不同法律法规中所涉及的国家经济安全审查内容进行整合和优化，并细化条款使其具有可操作性。这样一方面切实保护国家利益，另一方面对企业活动有所预期，减少通知规章对经济活动的约束，提高法律的透明度。在制定过程中，也应采取谨慎态度，以免对吸引外资工作造成不必要的冲击，在“吸引外资，加强开放”和“保障国家经济安全”之间寻找有效的平衡点。

（三）搭建联动平台，加强国际监管合作

我国现有针对“外国投资”的监管机构为多头管理，除商务部作为主要国家机关外，尚有多个部门在自管领域中对外资准入进行不同标准的监管。由于 VIE 架构的企业在运营过程中涉及工商管理、税务征收、法律服务、外汇管理、国家安全审查等多个层面，任何一方的单独监管并不能取得理想效果。妥善的方式是建立由一个部门牵头而其他各部门相配合的联动机构，不仅可以以某一监管板块为重点，而且各个监管板块的主管部门可以进行协商或衔接监管，不仅能够避免监管重叠和监管冲突，也能保证监管实施具有更大的可行性、执行性。〔1〕我国监管部门应加强与境外证券监督管理机构的合作，从而进一步了解 VIE 架构的实际运营情况。VIE 架构一个重要目的是通过协议架构使得境内企业得以在境外融资平台上市，以便吸引投资，更多更快地募集资金。国内监管机构若与国外监管部门，如证券监督管理机构建立通道，构建信息交换机制，就能及时掌握境内运营实体公司的发展状况和动向，最快地判断其运营方式是否存在违反或逃避监管的情况，从而对于危害投资环境、社会利益、国家经济安全的行为进行及时、有效地预防、惩治和打击。

五、VIE 架构企业的未来展望

VIE 架构在资本市场潮流涌动方兴未艾，但这两年，随着中国国内以 A 股为代表的融资平台逐步降低门槛，大量海外上市的新兴企业逐步考虑回归国内资本市场。这与中国现阶段的繁荣资本环境，以及证监会放宽新兴产业 IPO 程序有关。2017 年 360 公司通过借壳回归 A 股，并在 2018 年 2 月 28 日

〔1〕 邢鑫一：《协议控制模式法律监管问题探析》，载《中国集体经济》2018 年第 6 期，第 117 页。

正式A股上市。[1] 2018年3月8日，富士康公司的IPO之路刷新了A股的新纪录：从披露招股书到成功过会仅用了36天。[2] 据报道，证监会发行部近日对相关券商做出指导，包括生物科技、云计算在内的四个行业中，如果有“独角兽”的企业客户，立即向发行部报告，符合相关规定者可以实行即报即审，不用排队，“两三个月就能审完”。[3] VIE架构毕竟是经济社会、法律体系发展到某个阶段的特定产物，VIE架构产生的根本原因是企业融资的需求与母国对外资进入国内市场的监管之间的矛盾。企业经济活动发展的显著特点是具有先发性和创新性，而法律制度的建设往往是事后的，因此市场经济活动的创新领先于法制规定的监管是正常的社会现象。对于VIE企业来说，随着国内融资市场的变化和宽松，融资渠道的拓宽和融资手段的简化，必然会降低新兴行业的企业对外资的需求，届时协议控制模式也必将发生变化，甚至是“去外资”的逆向变化。在此背景下，完善我国国家经济安全法制建设为当务之急，而对VIE架构是否有效无效的法律规定不宜早早出台盖棺定论。

（初审人：吕点点）

---

〔1〕《360正式回归A股，市值列A股13位》，载新浪财经：http：//finance. sina. com. cn/stock/gujiayidong/2018-02-28/doc-ifyrwsqk1059457. shtml，最后访问日期：2018年3月16日。

〔2〕崔启斌、刘凤茹、王飞：《富士康36天闪电过会，独角兽通道将开启》，载新浪科技：http：//tech. sina. com. cn/it/2018-03-09/doc-ifysaskh8862635. shtml，最后访问日期：2018年3月16日。

〔3〕朱邦凌：《独角兽IPO绿色通道利于新BATJ国内上市》，载第一财经：http：//www. yicai. com/news/5403036. html，最后访问日期：2018年3月16日。

信用证交单不符时买方拒付货款权利证成

王金根 *

摘　要：一旦信用证下卖方交单不符而被开证行合法拒付，买方便有权拒绝支付买卖合同价款。其原因有二：首先，信用证不仅仅是一种支付方式，同时也是一种融资方式。基于维护买方利用信用证融资目的，原则上一旦买卖双方约定信用证付款，即禁止信用证短路，即禁止卖方绕开开证行而直接向买方交单要求买方付款。尽管禁止信用证短路存有例外，但卖方交单不符而被开证行合法拒付显然不属于例外情形。其次，买卖双方约定采用信用证付款方式的，即意味着卖方在买卖合同下承担了更为严格的交单义务。如果卖方向开证行交单不符并被开证行合法拒付，其不符交单行为便构成买卖合同下的根本违约，买方自是有权解除合同并拒付货款。这一解释和信用证独立性原则并不冲突。因为信用证独立性是单向的，信用证独立于买卖合同，但买卖合同并不独立于信用证。而且，基于买方合同解除权优先于卖方补救权之规定，卖方不得主张《联合国国际货物销售合同公约》（以下简称“CISG”）第48条补救权。英美等

* 王金根，男，中国政法大学比较法学研究院比较民商法专业2016级博士研究生（100088）；泉州师范学院陈守仁商学院副教授（362000）。

国的判例与规定也佐证了前述观点的合理性。

关键词：交单不符　融资功能　禁止信用证短路　根本违约　信用证独立性　卖方补救权

一、问题的提出

由于买卖双方当事人之间缺乏信任，相当部分国际货物买卖合同的付款方式采用信用证。在信用证付款方式下，买方有义务按照买卖合同的规定按时开立出符合合同要求的信用证，而卖方则有义务向开证行提交信用证所要求的相符单据，以便获得开证行付款。如果开证行审核卖方所交付单据与信用证严格相符，开证行便会且有义务支付信用证款项。据统计，在卖方首次交单中，存在多达70%的单据与信用证不符。[1] 此时如果卖方仍有时间，其还可修改不符单据并在信用证所规定期限内再次交单。[2] 然而，终究还是存在卖方交单不符，而信用证有效期已过，开证行不再承担信用证项下款项支付义务之情形。[3] 于此情形，部分卖方便回头转向买方，要求买方支付信用证项下款项。问题是，此时买方是否有义务支付款项？对此，我国有若干判例结论是肯定的，即买方仍有义务向卖方支付款项，而不得因卖方信用证下交单不符而解除合同。

案例一，在中国国际经济贸易仲裁委员会裁决的一起案件中，提单签发日期原本应是1998，结果却错填成了1999，开证行据此拒付。卖方提请仲裁，要求买方付款。仲裁庭指出，该时间错误纯属打字错误，系轻微错误，并不因此使得卖方构成根本违约，自然买方也就无权拒付。[4]

案例二，在中国国际经济贸易仲裁委员会仲裁的另一案“天然橡胶买卖合同争议仲裁案”（1998年9月21日）中，信用证要求提交五份正本发票，开证行据此不符点拒付后，卖方向仲裁机构提起仲裁，要求买方付款，仲裁庭经审理后也是认为，“申请人交付的单据虽与信用证不符，但其了解不符点后，及时补寄了五份正本发票，申请人虽有违约行为，但不构成根本违约，

〔1〕 UCP 600 Introduction.

〔2〕 See Bayerische Vereinsbank AG v. National Bank of Pakistan [1997] 1 Lloyd's Rep 59, 67. See also ICC Official Opinions R13; R241; R324; R328; TA 408; TA 609; and DOCDEX Decision No. 282.

〔3〕 阎之大：《UCP 600解读与例证》，中国商务出版社2007年版，第77~78页。

〔4〕 CLOUT case No. 808 [China International Economic & TradeArbitration Commission, People's Republic of China, 4 June 1999].

被申请人不能以此为由而拒收货物和拒付货款，被申请人应当赔偿因此给申请人造成的损失。”〔1〕

案例三，在江苏省高级人民法院所审理的“沃斯特-阿尔卑斯（美国）贸易公司诉江苏省江阴市对外贸易公司购销合同纠纷案”中，〔2〕法院判决认为：“信用证条款属于当事人选择支付货款的一种方式，在信用证与单据之间存在瑕疵时，当事人应重新约定付款方式，不影响货物交接义务的履行。”在被告江阴外贸公司不服判决上诉最高法院后，最高法院同样判决认为：“即使信用证确实存在不符点，也只构成拒付信用证款的理由，并不构成买方拒收货物和最终拒付货款的理由。”

案例四，在最高人民法院审理的另一起“中国出口基地开发公司与中化日本有限公司等购销合同纠纷案”中，〔3〕最高法院维持一审判决认为：“中日公司在履行合同过程中，未能按照信用证协议的约定提交合格单据，从而导致信用证被拒付。对此，中日公司应承担中基七部的开证损失。本案中中日公司提交的单据不符合信用证的规定，并不构成对合同的根本性违约，中基公司不得以此为由解除合同，拒收货物，拒付货款。双方当事人可以选择其他付款方式解决货款结算问题，中日公司在履行了其购销合同项下的义务后仍有权获得货款。”

案例五，最高人民法院所审理的“青岛保税区翔鸢贸易有限责任公司与山东省诸城市对外贸易公司代理开立信用证协议纠纷案”中，〔4〕法院也是认为，“信用证仅是买卖合同的付款手段。即使翔鸢公司（实际买方）以不符点为由拒绝接受单证，但其并不能仅以提单未以200吨一张开立为由拒收货物，进而拒付货款。”

案例六，在青岛中级人民法院“FOUR ACE INT'L LIMITED（香港）诉青

---

〔1〕 中国国际经济贸易仲裁委员会编：《中国国际经济贸易仲裁裁决书选编（1995—2002）——货物买卖争议卷》，法律出版社2002年版，第170页。

〔2〕 江苏省高级人民法院（1995）苏经初字第72号；最高人民法院（1996）经终字第263号。当然，本案被告（上诉人）江阴市对外贸易公司之所以最终败诉，关键原因在于其已经提取货物。如果卖方交单不符开证行合法拒付，买方此时如果一方面拒收单据，另一方面却又提取货物，显然是侵犯了卖方对货物的所有权，构成侵权，同时也属不当得利。而且，也有理由认为买方已放弃主张单据不符解除合同权利，故此买方应按合同约定支付价款。但显然这是另外一个问题，本文在此不拟进一步展开阐述。

〔3〕 （1997）经终字第57号；江苏省高级人民法院（1995）苏经初字第53号。

〔4〕 （2003）民四终字第13号。

岛丰国包装材料有限公司国际货物买卖合同纠纷案”中，[1] 开证行以提单缺少一份为由拒付，卖方起诉买方要求买方付款。法院基于诚实信用原则判决认为，卖方就单据不符享有补救权，在卖方行使这一权利时，买方“有义务或者行使合法抗辩权从而及时发出通知解除合同，或者接受补救继续履行实现合同目的，而当消极不作为构成义务违反时则面临承担相应民事责任的不利后果。”从而应对卖方承担损害赔偿责任。

案例七，在上海市高级人民法院审理的“韩昌产业株式会社与中国西部矿业（香港）有限公司等买卖合同纠纷上诉案”中，[2] 一审认为，“原告第一批锌锭的装船日期虽然比信用证中确定的最迟装船日期 2007 年 1 月 6 日晚了一天，但这并不能成为被告韩昌株式会社解除合同的理由。依照《中华人民共和国合同法》第 94 条的规定，只有在当事人一方迟延履行债务或其他违约行为致使不能实现合同目的时，即一方当事人的违约行为已构成根本违约，对方当事人才能解除合同。法律确认根本违约的目的在于限制一方当事人在对方当事人违约后，滥用解除合同的权利。本案中，原告迟延装船 1 天，并没有使得被告韩昌株式会社的合同目的落空，原告的行为不构成根本违约。因此，被告韩昌株式会社不能要求解除合同，而只能请求原告承担迟延履行的违约责任。”二审维持一审判决。

从上述仲裁庭与法院判决的字里行间可以看出，之所以判决卖方在交单不符、开证行合法拒付情形下，买方不得拒付货款的背后逻辑在于：首先，信用证只是一种付款方式，而非付款本身。自然，买方不得仅因其已开立合格信用证而免除买卖合同下付款义务。其次，卖方信用证下交单不符并不必然构成买卖合同下的根本违约。从而，在买方无法证明卖方交单不符构成根本违约的情况下，其不得解除买卖合同，并必须支付买卖合同项下款项。最后，即使卖方信用证下交单不符构成违约，卖方依然可以根据 CISG 第 48 条主张对不符单据进行补救。实际上，上述仲裁庭与法院判决逻辑推理与结论深受我国严思忆教授观点影响。其认为，一旦单证不符，开证行对卖方之付款义务归于消灭，但并不因此即导致买方可在基础合同下拒收货物、解除合

---

〔1〕（2009）青民四初字第 2 号。

〔2〕（2010）沪高民二（商）终字第 78 号；上海市第二中级人民法院（2007）沪二中民五（商）初字第 130 号。

同权利，除非受益人构成根本违约。[1]

那么，上述逻辑是否成立？笔者对此持否定态度，认为法院与仲裁庭结论并不准确。[2] 以下拟分三部分对此展开论证。在第二部分，笔者试图论证，尽管信用证只是一种付款方式，而非付款本身，但一旦买卖双方约定采用信用证付款方式，则原则上卖方不得擅自绕开信用证而直接要求买方付款，此即禁止信用证短路原则，其根本目的在于保护无辜买方之利益。虽然存在禁止信用证短路之例外情形，但显然卖方交单不符而被开证行合法拒付，并非属于此例外情形。在第三部分，笔者首先以根本违约概念为中心，力图论证一旦买卖合同约定采用信用证付款，即意味着卖方在买卖合同下承担了提交严格相符单据的义务，卖方信用证下交单不符将构成对买卖合同的根本违约。从而买方可以解除合同并拒绝支付货款。此与信用证独立性原则并不冲突，因为信用证独立性具有单向性，即信用证独立于买卖合同，但买卖合同并不独立于信用证。在第四部分，则拟证明一旦信用证交单期限或有效期届满，卖方也无权在买卖合同下依据 CISG 第 48 条主张交单期限届满后的单据补救权。最后则是简要结论。

二、禁止信用证短路与买方利益保护

（一）付款方式 v. 付款本身

信用证究竟是付款本身还是一种付款方式，这在法律上具有重大实益。因为，如果信用证是付款本身，则意味着一旦买方开立合格信用证，买方即已经履行买卖合同下付款义务。而如果信用证只是一种付款方式，则意味着在信用证付款方式无法实现时，存在卖方直接向买方主张买卖合同下货款权利之可能。

那么，信用证是付款本身还是付款方式？笔者赞同前述法院观点认为，信用证只是一种付款方式，而非付款本身。其依据如下：

首先，一般而言，国内学者一般都将支付方式分为两类：一类是属于商

---

〔1〕 严思忆：《单证不符与合同的解除》，载《国际经贸消息》1996 年第 5 期。转引自王咏梅：《论信用证单据不符对买卖双方权利义务的影响》，载《安徽农业大学学报（社会科学版）》2005 年第 4 期，第 51~55 页。与严思忆先生观点相似者，可参见陈述：《单证不符与合同的解除》，载《对外经贸实务》1995 年第 10 期，第 15~16 页。

〔2〕 不同观点，可参见郭瑜：《国际贸易法》，北京大学出版社 2006 年版，第 370~371 页。当然，笔者所讨论之情形仅限于开证行“合法拒付”。如若开证行错误拒付或不当拒付，则意味着买方并未提供“可靠的付款保障”，自是构成基础买卖合同下之违约行为，从而应对卖方承担违约责任。

业信用的支付方式，即交易双方相互提供信用以清偿债权债务，常见的包括汇付和托收；而另一类则属于银行信用的支付方式，由银行提供信用来进行债权债务清偿，其典型代表是信用证。[1] 由此可见，按照国内学者观点，信用证只是一种支付方式、方法和途径而已，其规范的是怎么样将作为支付手段的货币或票据交到卖方手里。即使是国外学者，也明确持相同观点，如，Stephen. H. Van Houten 在《信用证与欺诈：一位修正主义者的视角》一文中便明确指出，信用证只是一种付款方式（conduit to payment），而并非付款本身（payment itself）。[2]

其次，CISG 第 54 条规定："买方支付价款的义务包括根据合同或任何有关法律和规章规定的步骤和手续，以便支付价款。"就此规定中的步骤和手续，王传丽教授等解释为：按照国际贸易实践，买方支付价款的手续包括买方向银行申请信用证等。并强调说，这些手续是买方付款的"前提和保证"。[3] 彼得·施莱希特里姆也认为，开立信用证是买方支付货款的"前提条件"。[4] 而 John O. Honnold 同样解释说，在信用证付款方式下开立信用证是买方支付货款所要求的"步骤"之一。[5]

而且，上述将信用证解释为买方支付货款的一个"步骤和手续"的观点，也得到了 CISG 起草秘书处的支持。根据 CISG 起草秘书处所撰写的 Commentary on the Draft Convention on Contracts for the International Sale of Goods 对第 50 条（即 CISG 第 54 条）的解释，所谓买方支付价款的步骤和手续包括申请开立信用证等，且，买方在第 50 条（即 CISG 第 54 条）中所承担的义务仅限于采取步骤并遵守手续，而无须承担确保卖方最终能够获得信用证项下货款义务。当然，根据第 49 条（也就是 CISG 第 53 条），买方有义务确保买卖合同项下货款得以支付。[6]

---

〔1〕 王传丽、史晓丽：《国际贸易法》，中国人民大学出版社 2009 年版，第 290 页。

〔2〕 Stephen. H. Van Houten, "Letters of Credit and Fraud: A Revisionist View", *in The Canadian Bar Review*, vol. 62, 1984, p. 374.

〔3〕 王传丽、史晓丽：《国际贸易法》，中国人民大学出版社 2009 年版，第 110 页。

〔4〕 [德] 彼得·施莱希特里姆：《〈联合国国际货物销售合同公约〉评释》，李慧妮编译，北京大学出版社 2006 年版，第 145 页。

〔5〕 John O. Honnold, *Uniform Law for International Sales*, 3rd edition, Kluwer Law International, 1999, p. 351.

〔6〕 Commentary on the Draft Convention on Contracts for the International Sale of Goods Prepared by the Secretariat ("Secretariat Commentary") (UN DOC. A/CONF. 97/5), Article 50.

最后，信用证并非付款本身而属付款方式的观点也为判例所承认，如在1840年美国宾夕法尼亚的一个古老判决中，法官曾判决认为："银行开立的信用证并非支付，而只是一种支付方式，凭借银行的可靠性或多或少地起到保障作用，而该保障的可靠性大小并不能影响其实质，它仅仅只是一种保障而已。"〔1〕丹宁勋爵对此解释说，"在卖方提交合格单据请求开证行偿付信用证项下款项而无法获得偿付时，其有权向买方提交单据并要求其支付货款。"〔2〕而在稍近一点的判例 Newman Industries Ltd. v. Indo - British Industries Ltd. (Govingdram Bros Ltd., Third Parties), Seller J. 亦认为："我并不认为有任何证据确立了，或者可得出任何推论认为，信用证下之汇票构成绝对之付款。我认为并没有任何理由可以否定原告（即卖方）……可以直接要求被告（即买方）支付货款。"〔3〕我国四川省高级人民法院所审理的"四川峨眉山进出口公司诉韩国新湖商社、第三人韩国农业协同组合中央会、第三人中国农业银行成都市总府支行信用证纠纷案"中，〔4〕法院也是认定，"原、被告之间最直接的法律关系是买卖合同，信用证是该合同中约定的'支付手段'。"四川省高级人民法院的该观点获得了我国最高人民法院的认同，最高法院在与该案有关的管辖权异议裁决中，〔5〕明确认定信用证只是"该合同中约定的支付手段"，"是基础交易中的一个结算方式"。

由此可见，无论是在学理、判例抑或是立法解释上，买方根据买卖合同规定申请开立信用证，只是买方支付货款的步骤和手续，或者说，只是买方支付货款的方式而已，其并非付款本身。买方有义务确保卖方在"提交相符单据后"能够从开证行处获得货款。

（二）禁止信用证短路及其原因

然而，应强调的是，并不是说因为信用证只是付款方式而非付款本身，就可当然地得出结论认为，任何情况下只要卖方无法从开证行处获得信用证项下款项，其便有权直接要求买方支付买卖合同项下货款，此即禁止信用证

〔1〕 Pennsylvania Bell v. Mors [1839] 5 Wharton 189, 203, cited from WJ Alan & Company Ltd v. El Nasr Export & Import Co. [1972] 2 Q. B. 189, 210.

〔2〕 WJ Alan & Company Ltd. v. El Nasr Export & Import Co. [1972] 2 Q. B. 189, 211.

〔3〕 Newman Industries Ltd. v. Indo-British Industries Ltd. [1956] 2 Lloyd's Rep 219, 236.

〔4〕 (1999) 川经初字第07号。

〔5〕 最高人民法院"韩国新湖商社诉四川省欧亚经贸总公司、韩国农业协同组合中央会、中国农业银行成都市总府支行信用证欺诈纠纷管辖权异议案"（2000）经终字第155号。

短路原则。按学者观点，只有在例外情况下，卖方才能绕开开证行直接要求买方支付买卖合同货款：①开证行自己无理由拒绝承付；②开证行受开证申请人唆使而无理拒付；③开证行在支付信用证项下款项前破产；④买方未付款赎单而擅自提取货物。〔1〕这几种例外为允许信用证短路之情形，具有一个共同的特征，即卖方无法获得信用证款项并非因其自身过错（如未提交相符单据）所导致，而是因为买方自身存在过错或未能雇佣一个可靠的付款银行。〔2〕

至于原则上禁止信用证短路的根本原因，在于在国际贸易实践中，信用证并不仅仅是支付方式，它同时还是一种重要的融资工具。国际贸易中的买卖双方当事人不仅可以利用信用证来顺利实现支付结算，他们还可以利用信用证获得多种形式的融资便利。〔3〕

从买方角度来看，首先，买方通过银行开立信用证本身，便是获得了银行融资。因为，开证行在开立信用证时，会根据买方的信用状况而在收取一定比例的（甚至是免收〔4〕）押金或者是其他类型的抵押、保证等担保之后，向卖方开立信用证，并承担信用证下第一性付款义务。只要卖方提交与信用证规定相符的单据，开证行便承担了绝对的付款义务。此后，开证行才将审查相符的单据提交买方，买方审核无误后付款赎单。从而，在信用证付款方式下，买方并不需要在订立合同时或者卖方交单时便准备好全部的货款金额，只有等到开证行向卖方付款获得全套相符单据后，买方才需向开证行付款赎单。从而有效减少了买方的资金占用。这等于是，开证行给予了买方一定期限、一定额度的授信业务。〔5〕

其次，当开证行付款审单相符并对卖方支付信用证项下款项后，买方还可以通过信托收据等方式来获得进一步融资。对此，一般操作程序是，在买方向开证行洽谈开证额度的同时，也向开证行申请相应的信托收据额度。在

〔1〕参见杨良宜：《信用证》，中国政法大学出版社1998年版，第92~94页。另参见莫世健：《国际商法》，中国法制出版社2004年版，第420~421页。

〔2〕参见杨良宜：《信用证》，中国政法大学出版社1998年版，第92~94页。

〔3〕参见梁琦编著：《国际结算》（第2版），高等教育出版社2009年版，第148~152页；吴百福、徐小薇主编：《进出口贸易实务教程》（第6版），格致出版社2010年版，第182~183页。

〔4〕参见吴百福、徐小薇主编：《进出口贸易实务教程》（第6版），格致出版社2010年版，第183页。

〔5〕参见梁琦编著：《国际结算》（第2版），高等教育出版社2009年版，第148页。

核定信托收据额度后，开证行对相符交单付款的同时，即凭买方签发的信托收据将信用证下单据以信用托管方式释放给买方。买方收到单据后，凭此提货进行加工、销售或转卖，并于规定时间内将收回的货款归还银行垫款。[1]

那么，如果允许违约之卖方随意规避信用证付款机制，而直接要求买方付款，必然会损害买方对信用证融资功能的利用。甚至是，可能买方本身资金实力一般，其订立买卖合同并选择以信用证方式付款，完全是期望利用信用证的付款兼融资功能，如果一旦卖方可以在交单不符而无法获得开证行付款时，绕过开证行直接要求买方付款，则必然从实质上损害买方利益，并让买方处于无法履行付款义务之尴尬境地。[2]

此外，从买方角度来讲，其为开立出符合买卖合同要求之信用证，必须能够从开证行处获得一定授信额度，并承担相对其他付款方式更为昂贵的手续费。而且，如果开证行认定其整体资信一般，还往往要求其预付一定额度的款项，比如是信用证总金额的 30%、50%等，或者是要求买方提供一定的抵押、保证等担保方式。从而，买方为能开立合格信用证，其实际上是付出了比其他付款方式更为高昂的成本。如果允许卖方绕开信用证付款机制而直接要求买方付款，则必然会徒使买方支付不必要的成本，甚至是冒着预付给开证行的款项无法或拖延收回的不利后果。

而且，也正是因为买方在信用证付款方式下付出了更为高昂的成本，其也应有权享有更高的期待，比如能从卖方与开证行处获得严格相符的单据。如果开证行所交付单据存在不符点，买方有权拒绝偿付开证行；如果卖方交付单据存在不符点，开证行询问买方是否放弃不符点时，买方有权拒绝放弃不符点。所以，当卖方直接向买方提交不符单据并要求买方付款时，买方也应同样有权去拒绝卖方的付款要求。加上，在信用证机制下卖方获得了更为安全的付款保障，我们要求卖方去承担更为严格的交单义务，也不为过。如此，方符合公平合理精神。

甚至，国际贸易中买方很有可能只是单纯的中间商，其与下游买家所签订之买卖合同同样采用信用证方式付款。从而，买方只有从卖方处获得与信用证严格相符的单据，其才能将该相符单据交付下游买家及相应开证行并获

---

〔1〕 参见梁琦编著:《国际结算》(第 2 版)，高等教育出版社 2009 年版，第 149 页。

〔2〕 See Paul Todd, *Bills of Lading and Bankers' Documentary Credits*, 4th edition, Informa, 2007, pp. 91-92.

得相应款项。如果允许卖方在提交不符单据之后直接绕过开证行而要求买方付款，则可能陷买方于无法获得其下游买家付款之境地。毕竟，从买方角度而言，其期望的是通过一连串买卖合同，顺利获得相应利益，而并非还要通过抗辩、争议甚至诉讼的方式从下游买家获得差价。

最后，一旦卖方单据存在不符，虽说并不绝对意味着卖方交付的货物会相应地存在问题，但如果允许卖方在无法从开证行处获得信用证款项后直接转向买方要求付款，则必将陷买方于被动。因为，单据存在问题，则有可能货物存在问题，而买方在见到单据时货物很可能仍在途中，即使是近洋运输，货物已经到港，但买方没有单据也无法提货并验货，从而确认货物是符合买卖合同要求。没有单据，买方无法验货；买方无法验货，则无法确认单据不符是否会影响到货物品质。如果此时法律严格要求买方必须先对所谓“不构成根本违约的不符单据”付款，再凭借不符单据提货验货，如有问题再行向卖方追究赔偿责任甚至解除合同，退回货款。则显然置买方利益于危险境地，并使得买卖双方利益显著失衡。毕竟，是卖方违约在先，法律却要买方先行付款，再行索赔或解除合同，是毫无道理的。

总而言之，尽管信用证只是一种付款方式，而非付款本身，但在卖方因交单不符而被开证行合法拒付时，仍不能随意允许卖方直接将单据提交买方要求买方付款。只有在卖方无法获得信用证项下款项是因为买方原因所导致或因买方未能雇佣“可靠付款银行”所导致时，才允许卖方直接向买方主张买卖合同下价款。

三、根本违约与信用证独立性

（一）交单不符构成根本违约

当然，除了前述原因外，笔者以为，一旦卖方交单不符而被开证行合法拒付的，卖方信用证下交单不符即构成买卖合同下之根本违约，买方有权据此解除合同并拒付货款。

CISG中，买方得以解除合同、拒付货款的法律依据在于第49条第（1）款。其规定：买方在以下情况下可以宣告合同无效：①卖方不履行其在合同或本公约中的任何义务，等于根本违反合同；②如果发生不交货的情况，卖方不在买方按照第47条第（1）款规定的额外时间内交付货物，或卖方声明他将不在所规定的时间内交付货物。”

鉴于卖方已经向开证行提交单据，只是单据不符而被拒付，其并不属于

"不交货"，故而买方无权依据 CISG 第 49 条第（1）款（b）项解除合同。[1] 那么，买方有权依据（a）项规定解除合同吗？

欲回答此问题，必须要解释何谓"根本违约"。对此，CISG 第 25 条规定：一方当事人违反合同的结果，如使另一方当事人蒙受损害，以致于实际上剥夺了他根据合同规定有权期待得到的东西，即为根本违反合同，除非违反合同一方并不预知而且一个同等资格、通情达理的人处于相同情况中也没有理由预知会发生这种结果。从该规定可知，欲证明根本违约，必须满足两项要件，一是违约方的违约行为给非违约方造成重大损害，以至于实际上剥夺了他根据合同规定有权期待得到的东西；二是违约方已预知或理应预知其违约行为会造成如此严重后果。其中，前一要件为客观要件，后者为主观要件。

据学者解释，判断违约方的违约行为是否给非违约方造成重大损害，以致于实际上剥夺了他根据合同有权期待得到的东西，应当考虑如下几项因素，如合同之具体条款、购买货物之目的等。[2]

买卖双方当事人可以在合同中明确规定哪些条款是合同的根本条款，各方当事人必须严格遵守，一旦违反，对方当事人即有权立即解除合同。这是合同自由原则的具体体现。[3] 国际统一私法协会所起草的国际商事合同通则（PICC）第 7.3.1（2）（b）条及欧洲合同法通则（PECL）第 8：103（a）条也均规定，如果合同明示或默示规定严格符合债务要求是合同的核心要素，而违约方却违反该债务要求，即构成根本违约。[4]

自然，如果买卖双方当事人在合同条款中明示或默示规定，卖方交付严

---

〔1〕 See Peter Schlechtriem, Ingeborg Schwenzer, *Commentary on the UN Convention on the International Sale of Goods* (CISG), 2nd (English) Edition, Oxford University Press, 2005, pp. 405–406.

〔2〕 CISG-AC Opinion No. 5 The Buyer's Right to Avoid the Contract in Case of Non-conforming Goods or Documents.

〔3〕 See Maartje Bijl, "Fundamental Breach in Documentary Sales Contracts: The Doctrine of Strict Compliance with the Underlying Sales Contract", *European Journal of Commercial Contract Law*, vol. 1, 2009, p. 26.

〔4〕 See Ole Lando, Hugh Beale, *Principles of European Contract Law* (Parts I & II), Kluwer Law International, 2000, p. 364: "Under PECL Article 8: 103 (a) the relevant factor is not the actual gravity of the breach but the agreement between the parties that strict adherence to the contract is essential and that any deviation from the obligation goes to the root of the contract so as to entitle the other party to be discharged from its obligations under the contract. This agreement may derive either from express or implied terms of the contract..." See also Unidroit Principles of International Commercial Contracts 2010, comments on Article 7. 3. 1.

格相符单据是其所承担的根本义务，一旦卖方未能严格履行该项义务，例如所交付单据存在不符点，即构成根本违约。〔1〕一旦当事人有此明确或默示约定，而卖方所交付之单据又偏离信用证与买卖合同之规定，卖方即不得根据CISG第25条主张其“并不预知而且一个同等资格、通情达理的人处于相同情况中也没有理由预知”其交单不符行为会给买方造成实质性损害。〔2〕

那么，我们是否能够认为，买卖合同当事人约定采用信用证付款，即确认了卖方交付与合同相符之单据构成合同的根本条款呢？笔者对此持肯定观点。〔3〕

因为，除另有约定外，买卖双方当事人一旦同意采用信用证付款，则以单证严格相符原则为核心的跟单信用证统一惯例（UCP）等有关惯例〔4〕即构成他们之间业已同意的惯例与原则，从而对双方当事人均有约束力。〔5〕

即使当事人未明确规定信用证的调整法律为跟单信用证统一惯例，除另有约定适用法律外，鉴于该惯例是当事人已知道或理应知道的惯例，加上在国际贸易中，UCP已为有关特定贸易所涉同类的当事人所广泛知道并为他们所经常遵守，则买方也可依据CISG第9条之规定〔6〕主张买卖合同各方当事

〔1〕 See Ole Lando, Hugh Beale, *Principles of European Contract Law* (Parts I & II), Kluwer Law International, 2000, p. 364. See also Ingeborg Schwenzer, "Avoidance of the Contract in Case of Non-conforming Goods" (Article 49 (1) (A) CISG), *Journal of Law and Commerce*, vol. 25, 2005-2006, p. 442: "This necessity of strict compliance of documents can be derived directly from Article 13 (a) UCP 500."

〔2〕 See Ingeborg Schwenzer, "The Danger of Domestic Preconceived Views with Respect to the Uniform Interpretation of the CISG: The Question of Avoidance in the Case of Non-Conforming Goods and Documents", *Victoria University Wellington Law Review*, vol. 36, 2005, p. 801.

〔3〕 See Ole Lando, Hugh Beale, *Principles of European Contract Law* (Parts I & II), Kluwer Law International, 2000, p. 364. See also Unidroit Principles of International Commercial Contracts 2010, comments on Article 7. 3. 1.

〔4〕 The UCP is utilized by bankers and commercial parties in more than 175 countries in trade finance. See http: //en. wikipedia. org/wiki/Uniform_Customs_and_Practice_for_Documentary_Credits, last visited in April 11, 2019.

〔5〕 See Djakhongir Saidov, *Remedies for a Documentary Breach*, *in Commercial Contract Law*: *Transatlantic Perspectives*, ed. by Larry A. DiMatteo et al., Cambridge University Press, 2013, p. 454.

〔6〕 CISG第9条规定：①双方当事人业已同意的任何惯例和他们之间确立的任何习惯做法，对双方当事人均有约束力。②除非另有协议，双方当事人应视为已默示地同意对他们的合同或合同的订立适用双方当事人已知道或理应知道的惯例，而这种惯例，在国际贸易上，已为有关特定贸易所涉同类合同的当事人所广泛知道并为他们所经常遵守。

人应受 UCP 之规范。[1] 而且，CISG 第 34 条明文规定：如果卖方有义务移交与货物有关的单据，他必须按照合同所规定的时间、地点和方式（form）移交这些单据。根据学者解释，该条规定实际上不仅强调了卖方应按合同约定交付单据，而且也应按惯例去交付单据。[2] 这里的惯例，在信用证付款方式下当然也就包含了 UCP。[3]

而单证严格相符原则是 UCP 等有关规范信用证付款的核心原则之一。[4] 从而，只要买卖双方当事人约定采用信用证付款，买卖双方也就应受到 UCP 所规定的单证严格相符原则的规范。[5] 而作为从事国际贸易之卖方，其选择采用信用证付款，必然应当预知且理应预知买方之期待，其事后自然不得借口"并不预知而且一个同等资格、通情达理的人处于相同情况中也没有理由预知"其交单不符行为会给买方造成如此严重性损害。

因此，我们有理由认为，一旦卖方交单不符而被开证行合法拒付，即构成买卖合同下之根本违约。买方有权据此而解除合同并拒付货款。[6]

实际上，前述结论也为 CISG 起草秘书处所支持。秘书处在 CISG 的 1978

---

〔1〕 最高人民法院《关于审理信用证纠纷案件若干问题的规定》的说明强调指出："……《跟单信用证统一惯例》是当前被世界各国司法界和银行界普遍接受的国际惯例……""信用证的独立抽象性原则和严格相符原则是信用证制度的两大基石……《规定》第 6 条第 1 款明确了信用证项下单证审查的'严格相符'标准，并非'实质相符'标准……这一标准是在充分考虑我国银行与实务界目前的信用证业务实践和我国金融市场的现状、参考国际标准银行实务以及借鉴其他国家司法实践经验的基础上确立起来的。"

〔2〕 See Peter Schlechtriem, Ingeborg Schwenzer, *Commentary on the UN Convention on the International Sale of Goods（CISG）*, 2nd（English）Edition, Oxford University Press, 2005, p. 404.

〔3〕 See Maartje Bijl, "Fundamental Breach in Documentary Sales Contracts: The Doctrine of Strict Compliance with the Underlying Sales Contract", *European Journal of Commercial Contract Law*, vol. 1, 2009, p. 26. See also William D. Hawland, Linda J. Rusch, Hawkland Uniform Commercial Code Series Article 2 Sales, § 2-308: 2 Delivery of documents: "The seller's tender of the documents is also generally governed by Sections 2-503, 2-504, 2-505, Part 5 of U. C. C. Article 4 (on documentary drafts), and by U. C. C. Article 5 on letters of credit (or other applicable letter of credit law), as the case may be."

〔4〕 UCP 600 Article 14；最高人民法院《关于审理信用证纠纷案件若干问题的规定》（法释〔2005〕13 号）第 5～7 条。See also Raymond Jack, et al., *Documentary Credits*, 3rd edition, Butterworths, 2001, pp. 182-188.

〔5〕 See Maartje Bijl, "Fundamental Breach in Documentary Sales Contracts: The Doctrine of Strict Compliance with the Underlying Sales Contract", *European Journal of Commercial Contract Law*, vol. 1, 2009, p. 26. See also CISG-AC Opinion No. 5 The buyer's right to avoid the contract in case of non-conforming goods or documents.

〔6〕 参见陈治东：《国际贸易法》，高等教育出版社 2009 年版，第 295～296 页。

年草案第45条（即CISG第49条）评论中明确指出："买方只有在根本违约的情况下才能解除合同的规则与CIF及其他单据交易之典型实践并不吻合。因为在单据交易中一般的原则是卖方所提交的单据必须与合同严格相符，如果单据存在不符，买方即有权拒绝接受单据，即使该单据不符实际并不严重。"〔1〕 Peter Huber教授也是认为，尽管将单据与货物区别对待缺乏理由，但从商业背景角度来解释合同的话，则在许多情况下，甚至是在大多数情形下会得出结论认为，单据上的任何不符都会构成根本违约。〔2〕

（二）信用证独立单向性

应指出的是，笔者前述结论是建立在UCP600所规定的严格相符原则适用于买卖合同的基础之上的。换言之，包括UCP600在内的信用证条款对买卖合同具有重大影响，他们本身便构成了买卖合同的一部分。

那么，这一观点是否与信用证独立性原则相冲突？在英国Shamsher Jute Mills v. Sethia London一案中，〔3〕 FOB合同卖方未能向开证行提交与信用证相符的单据，导致开证行拒付。Bingham法官认为，因为卖方未能获得信用证项下款项是由于其自身违约所导致，故而他也违反了基础买卖合同，从而，他无权要求买方付款，尽管并无证据表明卖方所交货物存在不符。〔4〕 实质上，Bingham法官的裁决逻辑是，包括严格相符原则在内的信用证条款构成了基础买卖合同条款的有机组成部分。从而，一旦卖方未能提交与信用证相符的单据，即构成了对基础买卖合同的根本违约，买方有权据此解除合同并拒付货款。该案判决后引发颇多争议，其中关键问题是，基于信用证独立性原则，为何开证行拒绝接受单据，即免除了买方买卖合同下的接收单据并支付价款义务？批评意见认为，Bingham法官的裁决有损信用证独立性原则。〔5〕

那么，Bingham法官的裁决是否真的有损信用证独立性原则呢？我们知道，独立性原则是信用证运行机制的核心之一，是信用证交易赖以存在的基

---

〔1〕 Commentary on the Draft Convention on Contracts for the International Sale of Goods Prepared by the Secretariat（"Secretariat Commentary"）（UN DOC. A/CONF. 97/5），Article 45.

〔2〕 See Peter Huber & Alastair Mullis, *The CISG: A New Textbook for Students and Practitioners*, Sellier European Law Publishers, 2007, pp. 232-233, 237.

〔3〕 Shamsher Jute Mills v. Sethia London [1987] 1 Lloyd's Rep. 388.

〔4〕 Shamsher Jute Mills v. Sethia London [1987] 1 Lloyd's Rep. 388, 392.

〔5〕 See A. G. Guest, *Benjamin's Sale of Goods*, 6th edition, Sweet & Maxwell, 2002, p. 1668.

础。[1] 信用证独立性在UCP600第4条有着明确规定，就性质而言，信用证与可能作为其依据的销售合同或其他合同，是“相互独立”的交易。即使信用证中提及该合同，银行亦与该合同完全无关，且不受其约束。

从该条规定来看，似乎是说买卖合同与信用证是彼此独立的，买卖合同不受信用证影响，信用证也不受买卖合同影响，即所谓“相互独立”。果如此，则必然意味着信用证的“单据严格相符”对买卖合同没有影响，卖方在信用证下有义务提交“严格相符单据”，并不意味着卖方同样要在买卖合同下提交“严格相符单据”。

那么，信用证与基础买卖合同真的“相互独立”吗？笔者以为，所谓信用证独立性原则，强调的是信用证独立于买卖合同，但买卖合同并不独立于信用证。这就是信用证独立原则的“单向性”。信用证独立原则的单向性意义在于，基础合同并不独立于信用证，相反，其会受到信用证条款的影响。[2]

至于信用证独立单向性的原因，首先，存在于UCP600第4条a款的措辞本身。从我国目前官方UCP600翻译版本来看，其措辞是：就性质而言，信用证与可能作为其依据的销售合同或其他合同，是相互独立的交易。然而，将此译文与原文对比显然可知，原文其实并没有“相互”这一措辞。[3] 原文仅仅强调的信用证是一个“独立的交易（separate transaction）”，至于独立于谁，则体现在后文“from *the sale or other contract* on which it may be based”，即独立于可能作为其开立基础的买卖合同或其他合同。该条规定自始至终都没有提到说买卖合同或其他合同也独立于信用证。这从a款接下来一句的措辞也可体现：“即使信用证中含有对此类合同的任何援引，银行也与该合同无关，且不受其约束。”该句措辞围绕的中心是“银行”对基础合同不关心，也不受基础合同约束。换言之，银行在信用证交易中只须理会信用证条款，其无须查看基础买卖合同条款。但该条规定并没有强调说买卖双方在买卖合同

---

〔1〕 See Raymond Jack, et al., *Documentary Credits*, 3rd edition, Butterworths, 2001, pp. 21-23. 另可参见阎之大：《UCP600解读与例证》，中国商务出版社2007年版，第43页。

〔2〕 陈治东教授在其所著《国际贸易法》中正确地指出，“‘信用证独立于合同’是适用于银行的原则；但是，在审视货物买卖合同法律问题时，应从买卖合同当事人的权利、义务关系来理解信用证对买卖合同的实质性影响。”（陈治东：《国际贸易法》，高等教育出版社2009年版，自序Ⅲ。）

〔3〕 刘郁武正确地指出，“信用证与基础合同‘相互’独立”是翻译上的错误。参见刘郁武：《信用证与买卖双方义务若干问题的探讨》，载梁慧星主编：《民商法论丛》（第9卷），法律出版社1998年版，第38页。

下也无须理会信用证条款。即便是a款最后一句“受益人在任何情况下不得利用银行之间或申请人与开证行之间的合同关系”。它强调的也仅是卖方（受益人）不得对“开证行”援引开证行与其他银行之间的或者是买方与开证行之间合同关系，从而迫使开证行支付信用证项下款项。而并未说卖方不得对“买方”援引卖方与开证行之间的信用证条款。[1] 实际上，我国法院在援引信用证独立性原则时，也早已注意到避免使用“相互独立”这一错误表述。例如，“最高人民法院《关于审理信用证纠纷案件若干问题的规定》的说明”便指出：本规定则明确了“信用证法律关系独立于基础交易关系”的原则。中国银行新疆分行诉新兴公司信用证交易纠纷案中，新疆维吾尔自治区高级人民法院判决在援引UCP500第3条a款规定时，也刻意注意措辞：“信用证是独立于其所基于的销售合同或其他合同以外的交易……”[2] 在“辽宁省纺织品进出口公司诉意大利圣保罗意米银行信用证结算纠纷案”中，北京市第二中级人民法院认为，“信用证是独立于买卖合同的文件……”[3] 在“江苏省西门控电器有限公司诉东亚银行有限公司信用证纠纷案”中，南京市中级人民法院认为，“根据UCP500第3条的规定，信用证系独立于基础合同关系之外的单证交易……”[4] “韩国晓星株式会社诉中国光大银行厦门支行信用证纠纷案”中，原审法院也是强调指出，“跟单信用证是独立于贸易或服务合同之外的合同。”[5]

其次，从信用证独立性产生背景来看，其主要目的有二：一是通过开证行为信用证下受益人/卖方提供确定的付款保障；二是保护银行利益，避免银行卷入其并不熟悉的基础交易，导致自身受损。[6] 基于此，只要卖方在信用证规定期限内交单相符，开证行便承担了绝对的付款义务，开证行此时不能也不应去擅自干涉或调查卖方对基础合同的履行情况。如果允许开证行任意去干涉基础合同的履行，则信用证为卖方提供确定付款保障的目的便无法有

---

〔1〕 参见阎之大：《UCP600解读与例证》，中国商务出版社2007年版，第45页。

〔2〕 《新疆维吾尔自治区高级人民法院1997年7月28日判决》，载《最高人民法院公报》1998年第1期。

〔3〕 北京第二中级人民法院民事判决书（1999）二中经初字第1636号。

〔4〕 江苏省南京市中级人民法院民事判决书（2003）宁民五初字第18号。

〔5〕 福建省高级人民法院民事判决书（2003）闽经终字第069号。

〔6〕 参见张锦源：《信用状理论与实务》，三民书局1988年版，第29~31页；阎之大：《UCP600解读与例证》，中国商务出版社2007年版，第43页；林建煌：《品读UCP600：跟单信用证统一惯例》，厦门大学出版社2008年版，第106~107页。

效实现。因此，可以说信用证独立性实源自于将信用证隔离开基础交易之需求。[1] 但从独立性产生原因来看，我们却看不出有将基础交易隔离开信用证的必要。

再次，从UCP600本身的性质来看，其本质上是国际商会银行委员会制定的规范银行信用证业务的产物。它起草的目的，是为了统一全球银行的信用证操作。它本质上是一项银行产品。[2] 故此，其措辞始终都是围绕着“银行”来，始终围绕着“银行”的权利、义务、免责等等。从而，它没有，不会，更不应该去干涉基础买卖合同是不是独立于信用证问题。

最后，信用证的开立及条款会对买卖合同具有重大影响，从而买卖合同根本不可能独立于信用证。该影响具体表现在：卖方在买卖合同下的交单时间、地点、交付单据类型等受到信用证的规范；[3] 信用证一经合法开立，买方在买卖合同下的付款义务便暂时中止；如果交单相符开证行付款，则意味着买方已顺利履行买卖合同下的付款义务；[4] 如果卖方交单相符但开证行非法拒付，则买方买卖合同下的付款义务便再度激活；[5] 卖方交单不符，开证行给予卖方拒付通知的，该不符通知同时构成了买方根据CISG第38条、第39条所应承担的单据不符通知；[6] 在信用证条款与买卖合同条款不一致时，甚至会构成信用证条款对买卖合同的修改，从而意味着信用证可以变更买卖

---

〔1〕 See Mahonia v. Chase, [2003] EWHC 1927 (Comm) 911, 926: The impregnability of letters of credit is a consequence of *the need to insulate them from the transaction* in relation to which they have been utilized as security. That is because they have a special function in international trade which *requires that their irrevocability should not be interfered with* unless a fraud defence can be clearly proved by the bank...

〔2〕 最高人民法院《关于审理信用证纠纷案件若干问题的规定》的说明中指出，“《跟单信用证统一惯例》以及国际商会制定的其他国际惯例……只是国际银行界的惯例……” See also Serguei A. Koudriachov, “The Application of the Letter of Credit Form of Payment in International Business Transactions”, 10 *Currents Int'l Trade Law Journal*, vol. 10, 2001, p. 40; Roy Goode, “Abstract Payment Undertakingsand the Rules of the Internationa Chamberof Commerce”, ST. *Louis University Law Journal*, vol. 39, 1995, pp. 25, 727; 林建煌：《品读UCP600：跟单信用证统一惯例》，厦门大学出版社2008年版，第2页。

〔3〕 Peter Schlechtriem, Ingeborg Schwenzer, *Commentary on the UN Convention on the International Sale of Goods (CISG)*, 2nd (English) Edition, Oxford University Press, 2005, pp. 404-405.

〔4〕 Michael Bridge, *The International Sale of Goods*, 3rd edition, Oxford University Press, 2013, p. 295.

〔5〕 Michael Bridge, *The International Sale of Goods*, 3rd edition, Oxford University Press, 2013, p. 295.

〔6〕 Peter Schlechtriem, Ingeborg Schwenzer, *Commentary on the UN Convention on the International Sale of Goods (CISG)*, 2nd (English) Edition, Oxford University Press, 2005, p. 406.

合同。[1]

实际上，我国法院以及仲裁机构也有多起判决明确确认了信用证条款可以构成对买卖合同的有效修改。例如，在中国国际经济仲裁贸易委员会仲裁的“水泥售货合同争议仲裁案裁决书（1998 年 1 月 20 日）”中，仲裁庭认为：“被申请人开立的信用证与合同约定有不符之处，但申请人在收到信用证后除对装运期提出修改意见外未提出其他异议，应视为双方通过信用证确认了对合同有关条款的变更……”[2] 在“菜籽油销售合同争议仲裁案裁决书（1999 年 8 月 24 日）”一案中，销售合同第 10 条明确规定，本争议合同项下的货款支付方式为自“提单签发日后 90 天”付款的远期信用证。而买方所开立的 037、038 号信用证都规定，“见票 90 天”付款。仲裁庭认为，“申请人对货款支付方式的改变未提出异议应视为双方已改变了合同的规定。”[3]

而在上海市第二中级人民法院所审理的“中国西部矿业（香港）有限公司与陕西富源国际商务有限公司、韩昌产业株式会社买卖合同纠纷案”中，[4] 法院也认为，两份《售货确认书》中约定的四批锌锭的交货时间分别为 2006 年 12 月、2007 年 1—3 月，但原告与被告韩昌株式会社通过信用证已将第一批锌锭的交货时间延迟至 2007 年 1 月 6 日，交易双方通过信用证达成合意直接对《售货确认书》中的交货时间进行了修改。在稍近的由河南省高级人民法院所审理的“阿拉伯石化产品国际贸易公司与河南东方华宇实业有限公司买卖合同纠纷上诉案”中，[5] 涉案买卖合同并未规定装船前质量检测义务应由谁承担。但买方随后开具的信用证却规定了装船前检测条款。法院据此判决认为，“销售合同并未约定应由谁履行涉案货物装船前的质量检验义务，在阿拉伯石化公司开具的号码为 ILC05-0900333 的信用证中，也未要求

---

〔1〕 Michael Bridge, *The International Sale of Goods*, 3rd edition, Oxford University Press, 2013, pp. 293-294. 另参见吴百福、徐小薇主编：《进出口贸易实务教程》（第 6 版），格致出版社 2010 年版，第 310 页。

〔2〕 中国国际经济贸易仲裁委员会编：《中国国际经济贸易仲裁裁决书选编（1995—2002）》（货物买卖争议卷），法律出版社 2002 年版，第 50 页。

〔3〕 中国国际经济贸易仲裁委员会编：《中国国际经济贸易仲裁裁决书选编（1995—2002）》（货物买卖争议卷），法律出版社 2002 年版，第 358 页。另可参见《靠垫买卖合同争议仲裁案裁决书（2000 年 9 月 29 日）案》，载中国国际经济贸易仲裁委员会编：《中国国际经济贸易仲裁裁决书选编（1995—2002）》（货物买卖争议卷），法律出版社 2002 年版，第 511 页。

〔4〕 （2007）沪二中民五（商）初字第 130 号。

〔5〕 （2013）豫法民三终字第 39 号。

东方华宇公司提供质量检验报告这一单据。根据该信用证第46A8条款的要求，阿拉伯石化公司明确要求东方华宇公司在出具已完成质量和数量满意检查的确认书时必须以编号为SGS-15502-85的SGS天津公司进行的装船前检测为基础，而该检测作为喀麦隆政府的强制性要求，由于其本身并不包括质量检测项目，必然导致东方华宇公司无法依据该检测作出确认已完成质量和数量满意检查的确认书，由于东方华宇公司在此次检测中仅为协助配合方，涉案货物未进行装船前质量检测的责任应由阿拉伯石化公司承担。"〔1〕从而确认了信用证条款可以填补基础买卖合同条款之效力。〔2〕

笔者以为，信用证条款可以有效地修改买卖合同相应条款也完全符合法律规定与买卖双方意图。因为从信用证开立过程来看，在买卖合同确定采用信用证付款后，买方基于买卖合同而向开证行提出开证申请，一旦开证行同意开立信用证，则开证行与买方之间达成了委托开证合同。随后开证行便根据该委托开证合同开立相应信用证。在此，开证行应严格按照开证委托书的指示行事，而不得偏离该指示。如果开证行未经买方同意而偏离该指示，即意味着开证行违约，应承担由此给买方造成的损害赔偿责任。故此，可以说开证行所开立的信用证是买方的真实意图体现。那么，在该信用证条款与买卖合同条款不一致的情况下，诸如信用证改变了买卖合同所规定的交单时间、单据要求、货物付运时间等，卖方可以违约为由追究买方违约责任，并要求

---

〔1〕 关于该案之评析，参见关晓海、何剑平：《信用证独立原则具有单向性——河南高院判决阿拉伯石化公司与河南东方华宇公司买卖合同纠纷案》，载《人民法院报》2014年4月3日，第6版。

〔2〕 实际上，信用证条款与买卖合同条款不一致时，会认为信用证条款修改了买卖合同条款，也为我国台湾地区法院所认同。如在台湾"高等法院"所审理的一起案件中，法院认为："惟信用状之签发乃国际贸易支付款项之工具，本质上虽与买卖契约或其他合约为分立各别之交易行为，然系争确认书系争生铁之规格及装船最后期限，曾经两造于系争生铁装船前协议修改，并修改信用状，此为两造所不争执，足见，两造就系争生铁之规格，除同意修改信用状外，亦含有同意修改系争确认书之意，此外，上诉人复无法就其所辩被迫同意修改信用状乙事，加以举证以实其说，是上诉人上开所辩，自难据采。准此，被上诉人主张两造协议依修改后之信用状货物规格作为交付系争生铁之履约条件，自属可采。"（台湾"高等法院"民事判决2008年度重上更㯳字第144号）而台湾"高等法院"在其所审理一起案件中也是认为，"㯳查欣井公司就原售货确认书所订货物之规格及装船最后期限，曾经两造于系争货物装船前修改协议，并修改相关信用状等情，并不争执，欣井公司既同意修改货物规格及装船期限，则修改后约定条款，即应取代原售货确认书之约定，是以湖南公司主张两造协议依修改后之信用状货物规格作为交付系争生铁之履约条件，自属可采。"（台湾"高等法院"民事判决2004年度重上字第448号）

买方修改信用证。[1] 当然，卖方的这一权利也完全可以放弃，即按照信用证条款去履行付运货物并交付单据义务。从而，也就意味着卖方明示或默示地同意了买方通过信用证条款来变更买卖合同的要约。[2] 如果我们固守买卖合同独立于信用证的观念，则必然会置卖方于尴尬境地，一方面卖方必须要提交与信用证相符的单据，方能顺利取得信用证款项；另一方面其又必须履行与信用证条款相冲突的买卖合同条款，否则买方可追究卖方违约责任。那卖方何所适从？原本条款冲突系由买方所造成，但该不利后果却要由无辜的卖方来承担？此显然不符合最朴实的公平观念，也违背了买卖双方明示或默示的真实意图。

因此，我们有理由认为，信用证独立于买卖合同，但买卖合同绝不会独立于信用证。[3] 实际上，这一观点也为美国 In re Bradlees Stores, Inc. 一案所支持。[4] 该案中，法院判决认为，尽管如上诉人所主张，信用证独立于基础合同，但根据马萨诸塞州法，我们可以将信用证与基础合同合起来作为一个合同进行审查……从而构成双方当事人对基础合同的完整理解。[5]

四、买方合同解除权与卖方补救权

（一）CISG 第 48 条卖方补救权

那么，卖方能否根据 CISG 第 48 条之规定，主张其享有合同期限届满后之补救权，从而，其有权在向开证行交单不符并被拒付后对不符单据进行补救，并直接向买方提交经补救之相符单据而获得买卖合同价款？这实际上也就是前述第二个仲裁庭裁决的理由之一：申请人交付的单据虽与信用证不符，但其了解不符点后，及时补寄了五份正本发票……

关于卖方补救权，CISG 在第 34 条、第 37 条及第 48 条有明文规定。其中，第 34 条涉及的是合同履行期限届满前单据补救权，第 37 条是合同期限

---

〔1〕 中国国际经济贸易仲裁委员会编：《中国国际经济贸易仲裁裁决书选编（1995—2002）》（货物买卖争议卷），法律出版社 2002 年版，第 453~454 页。

〔2〕 参见陈治东：《国际贸易法》，高等教育出版社 2009 年版，第 292 页。

〔3〕 参见江苏省高级人民法院“南京斯持楠工贸实业有限公司与 G&R Inc. 国际货物买卖合同纠纷上诉案”（2011）苏商外终字第 0042 号。该案一审法院正确地判决指出，“20081223 合同、2008 年 12 月 26 日形式发票，以及随后开立的 20081230 信用证和 20090227 信用证，共同构成了（买卖）合同的组成部分，（买卖）双方均应按约履行。”

〔4〕 In re Bradlees Stores, Inc., 313 B. R. 565 (S. D. N. Y. 2004).

〔5〕 In re Bradlees Stores, Inc., 313 B. R. 565, 576 (S. D. N. Y. 2004).

届满前货物补救权；第 48 条则涉及的是合同履行期限届满后的补救权，[1] 其规定："①在第 49 条的条件下，卖方即使在交货日期之后，仍可自付费用，对任何不履行义务做出补救，但这种补救不得造成不合理的迟延，也不得使买方遭受不合理的不便，或无法确定卖方是否将偿付买方预付的费用。但是，买方保留本公约所规定的要求损害赔偿的任何权利。②如果卖方要求买方表明他是否接受卖方履行义务，而买方不在一段合理时间内对此一要求做出答复，则卖方可以按其要求中所指明的时间履行义务。买方不得在该段时间内采取与卖方履行义务相抵触的任何补救办法。③卖方表明他将在某一特定时间内履行义务的通知，应视为包括根据上一款规定要买方表明决定的要求在内。④卖方按照本条第 2 款和第 3 款做出的要求或通知，必须在买方收到后，始生效力。"通说认为，该合同履行期限届满后补救权所补救之对象，并不限于货物，也包括单据。[2]

从而，在信用证付款方式下，卖方主张的逻辑便是，卖方有义务在信用证所规定之交单期限内（实际上也就是买卖合同交单期限）交付单据，一旦卖方在此交单期限内所交付单据不符，其仍可依据 CISG 第 48 条之规定对单据不符进行补救，并获得买方之付款。自然，买方也就无权以合同解除权对抗卖方付款请求权。

（二）买方解除权优于卖方补救权

欲回答卖方的上述主张是否合理，我们有必要对 CISG 第 48 条进行分析。从该条规定可知，其包含两层含义。其中第 2~4 款阐述的是卖方为确定买方是否接受卖方之补救而征询买方之意见，如果买方未能在合理期限内做出回应，即视为已经同意卖方之补救权。[3] 然而，从本文所阐述之情形而言，卖方显然是无法依据第 48 条第 2~4 款之规定主张补救权。因为，当卖方向开证行交单，开证行认定交单不符而拒付时，此时有可能（而且往往是）开证行业已征询买方是否同意放弃不符点之意见，如果买方同意放弃不符点，或是同意卖方进行补救，抑或是，卖方事后征询买方补救意见而买方同意的，当

---

〔1〕 关于 CISG 第 48 条卖方补救权具体论述，参见王金根：《CISG 第 48 条卖方补救权研究》，载《国际商务研究》2017 年第 2 期，第 55~65 页。

〔2〕 See Peter Schlechtriem, Ingeborg Schwenzer, *Commentory on the UN Convention on the Internatonal Sale of Goods* (*CISG*), 2nd (English) Edition, Oxford University Press, 2005, p. 564.

〔3〕 See Commentary on the Draft Convention on Contracts for the International Sale of Goods Prepared by the Secretariat ("Secretariat Commentary") (UN DOC. A/CONF. 97/5), Article 44.

事人之间也便不会就付款产生争议并诉诸法院或仲裁庭。实质上，往往是因为卖方主张补救，而买方不同意补救并主张解除合同拒付货款，才会导致争议之存在。

故此，卖方所能主张之补救权，便只有第48条第1款之规定。从该第1款之规定来看，卖方欲主张单据不符补救权，必须要满足如下几项条件：一是补救费用由卖方自行承担；二是补救不得造成不合理的迟延；三是补救不得给买方造成不合理的不便；四是如补救需买方预付部分费用，须给买方提供充分担保，让买方确信卖方将偿付买方之预付费用；除此之外，还有最后一项也是最重要的一项限制便是“在第49条的条件下”。〔1〕

最后这一个“在第49条的条件下”究竟是何意？就此问题，在CISG起草过程中便争议不断，直至今日。目前主流观点是认为，卖方之补救权受限于买方之合同解除权。从而，一旦买方根据第49条之规定解除合同，则卖方即丧失补救之权利。〔2〕然而，判断卖方之交单不符是否构成根本违约，主流观点又认为，应考虑卖方能够补救不符之可能性及意愿。如果卖方能够对不符单据进行补救且不会给买方造成不合理之不便或造成过分之迟延，则卖方之交单不符即不构成根本违约。〔3〕

就此笔者以为，首先应肯定买方之合同解除权优先于卖方之补救权。这是CISG第48条“在第49条的条件下”文义所欲传达的意思。其次，如果真允许卖方补救权优先于买方解除权，则必然会给买方造成能否解除合同之不确定性。而确定性或者说可预期性对买卖双方而言具有重要意义，这是他们采取相应行为的起点。

至于判断卖方交单不符是否构成根本违约时应考虑卖方补救意愿及可能

---

〔1〕 See Peter Huber, Alastair Mullis, *The CISG: A New Textbook for Students and Practitioners*, Sellier European Law Publishers, 2007, pp. 218-220.

〔2〕 Peter Schlechtriem, Ingeborg Schwenzer, *Commentory on the UN Convention on the Internatonal Sale of Goods (CISG)*, 2nd (English) Edition, Oxford University Press, 2005, p. 567. See also Franco Ferrari etc. ed., *The Draft UNCITRAL Digest and Beyond: Cases, Analysis and Unresolved Issues in the UN Sales Convention*, Sellier European Law Publishers, 2004, p. 709. As to the cases holding the same view, see Clout Case No. 90, Clout Case No. 2, Clout Case No. 165, Clout Case No. 235, Clout Case No. 304, etc.

〔3〕 See Peter Schlechtriem, Ingeborg Schwenzer, *Commentory on the UN Convention on the Internatonal Sale of Goods (CISG)*, 2nd (English) Edition, Oxford University Press, 2005, pp. 567-568. See also CISG Advisory Council Opinion No. 5. The buyer's right to avoid the contract in case of non-conforming goods or documents.

性，笔者并不赞同。[1] 因为，首先，从根本违约之主客观要件来看，很难得出结论认为，判断是否构成根本违约应考虑卖方对不符进行补救之可能性及意愿这一要件。[2] 其次，一旦认定该观点成立，则必然会造成“在第 49 条的条件下”这一要件落空。[3] 因为，凡是构成根本违约的，必定是不满足补救权要件，卖方不享有补救权之违约行为；只要卖方能够补救的，则绝不会构成根本违约，除非卖方拒绝补救。则买方合同解除权优先于卖方之补救权岂不是落空？最后，如果认定是否构成根本违约应考虑补救可能性，在某些情形会给买方造成难以弥补的损害。例如，在卖方交货存在严重不符后，卖方主张补救，但补救效果一般，并不完全符合合同约定的品质要求，但毕竟有所补救，导致违约后果不再严重，买方由此不享有合同解除权。[4] 然而在卖方交货至补救期间，货物价格不断下跌。此时，货物价格下跌损失将全部由买方自行承担，而如果其享有合同解除权的话，则完全可以通过合同解除而将货物价格下跌风险转回给卖方承担。[5]

总而言之，无论是基于 CISG 第 48 条的立法史，还是文义解释，符合立

---

〔1〕 参见王金根：《CISG 第 48 条卖方补救权研究》，载《国际商务研究》2017 年第 2 期，第 61 页。

〔2〕 学者在解释《国际商事合同通则》第 7.3.1 条（解除合同权）时，便指出在认定根本违约时，不必考虑违约方补救可能性，因为第 7.1.4 条明确规定违约方补救权优先于非违约方的合同解除权。具体参见 Stefan Vogenauer，Jan Kleinheisterkamp，*Commentary on the Unidroit Principles of International Commercial Contracts*（*PICC*），Oxford University Press，2009，pp. 825-826. 从该解释可以看出，在判定根本违约时，并不必然地要考虑违约方补救可能性。是否应当考虑，纯粹是解释角度与立场的问题。See also Aneta Spaic，*Interpreting Fundamental Breach*，*in International Sales Law*：*A Global Challenge*，ed. by Larry A. DiMatteo，Cambridge University Press，2014，p. 249：“Considering offers to cure the defect of goods is not explicitly provided as part of the definition of the concept of fundamental breach.”

〔3〕 See Michael Bridge，“Avoidance for Fundamental Breach of Contract under the UN Convention on the International Sale of Goods”，*International and Comparative Law Quarterly*，vol. 59，2010，p. 928：“It has nevertheless been argued that the nature of the test for fundamental breach allows account to be taken of the prospects of cure，so that these might prevent from being fundamental a breach that otherwise would have been fundamental. *If the argument is sound*，*it renders the provision in article* 48 *that it is* ‘［*S*］*ubject to Article* 49’ *a dead leter*（*emphasis added*）.”

〔4〕 See Commentary on the Draft Convention on Contracts for the International Sale of Goods Prepared by the Secretariat（“Secretariat Commentary”）（UN DOC. A/CONF. 97/5），Article 44：“Once the seller has remedied his failure to perform or has remedied it to the extent that it no longer constitutes a fundamental breach，the buyer may no longer declare the contract avoided.”

〔5〕 See Michael Bridge，“Avoidance for Fundamental Breach of Contract under the UN Convention on the International Sale of Goods”，*International and Comparative Law Quarterly*，vol. 59，2010，p. 929.

法本意之解读便是，卖方的补救权要受制于买方合同解除权。[1] 且买方是否享有合同解除权，不以卖方能否及是否愿意对不符进行补救为前提。

这和 PICC 的规定截然不同。PICC 明文规定债权人的合同解除权劣后于债务人补救权。一旦债务人主张补救权，即使债权人先发出合同解除通知，该解除通知暂不生效力。只有债务人事后补救不成功或拒绝补救，解除通知方才生效，并达到合同解除之目的。[2] 显然，我们无法用 PICC 之规定来解释 CISG 第 48 条“在第 49 条的条件下”之涵义。

从而，回到前述问题，一旦卖方交单不符导致开证行拒付，买方便有权以根本违约为由主张解除合同并拒付货款（实质上，开证行的拒付也就是买方的拒付），此时卖方无权对不符单据进行补救。[3]

五、结论

总而言之，一旦买卖双方当事人选定了信用证付款方式，即意味着卖方一方面享有更安全的付款保障，另一方面也承担了更为严格的交单义务；买方承担了更高的付款成本，但享受着更为强大的拒付权利。从而，如果卖方交单不符而被开证行拒付的，其无权直接向买方交单并要求买方支付货款。也即卖方信用证项下的交单不符，构成了买卖合同下的根本违约，买方可以解除合同并拒付货款。此时，卖方不享有 CISG 第 48 条所规定的补救权。此即禁止信用证短路原则。

---

〔1〕 See ICC Case No. 7531 of 1994: “If the seller is guilty of a fundamental breach, then he has no right to cure beyond the contract due date without the buyer’s consent.”

〔2〕 See Stefan Vogenauer, Jan Kleinheisterkamp, *Commentary on the Unidroit Principles of International Commercial Contracts (PICC)*, Oxford University Press, 2009, pp. 825–826.

〔3〕 See Ingeborg Schwenzer, “Avoidance of the Contract in Case of Non-conforming Goods” (Article 49 (1) (A) CISG), *Journal of Law and Commerce*, vol. 25, 2005–2006, pp. 440–441. In the section of “Documentary Sales Contract”, the author holds that the tender of clean documents is the essence of the contract. This implies the buyer’s right to reject any tender of non-conforming documents, irrespective of the goods’ actual conformity or non-conformity with the contract. “*However, the seller may cure any lack of conformity in the documents (emphasis added).*” But in the section of “Documentary Credits”, the author holds that the documents presented by the seller have to be “clean” in eevery respect. Otherwise, the buyer has the right to avoid the contract. And it doesn’ t mention any word about the seller’s right to cure non-conforming documents. Therefore, we can see that the author also holds the opinion that, in case the contract price is to be paid by letter of credit, the seller is not entitled to cure the non-conforming doucments in accordance with article 48 of CISG. See also Peter Huber, Alastair Mullis, *The CISG: A New Textbook for Students and Practitioners*, Sellier European Law Publishers, 2007, p. 234.

实际上，前述我国仲裁机关以及法院的一系列错误裁决与判决是遭到学者的批评的。例如，Djakhongir Saidov 便正确地指出，“仲裁庭不仅没有考虑到在解释根本违约时有必要将单据义务设定为严格相符这一更高标准，也没有去试图探究当事人约定信用证付款时是否可以推论出当事人意图将信用证中的严格相符标准引入到基础买卖合同当中。这些判决显然剥夺了买方在订立信用证付款方式时所意图获得的单据安全。尽管英国法也是推定信用证付款机制系属有条件付款，但该条件存在之目的是保障卖方免于遭受银行违约，而不是使得卖方能够绕开信用证所创设的单据安全。卖方信用证下的交单不符构成买卖合同下的拒绝履约（repudiation）。”〔1〕

当然，我国也有法院在判例中间接肯定了卖方信用证下交单不符时买方有权拒付货款。例如在广州海事法院所审理的“开证人农行深圳罗湖支行对外付款取得多式联运单据诉君皇公司未付款赎单提货返还货物或货款案”中，法院判决认为：“君皇公司向原告申请开证，约定君皇公司如接受单据，即应办理付款或承兑手续；如不接受单据，即办理拒付手续，形成了付款/承兑交单的双向对流条件。按正常交易程序，君皇公司……既然拒绝接受单据，就意味解除了贸易合同……”〔2〕

最后应指出的是，笔者上述结论也并非孤证，其实际上与英美等国判例立场完全一致。例如在英国普通法看来，卖方必须严格履行交单义务，一旦违反，买方即有权拒绝接受单据并解除合同，即使卖方交货本身没有问题。其目的在于为买方有效确定其具体立场，只要涉及卖方交单义务，那买方考虑的纯粹就是单据本身，并不需要去核查单据背后货物是否相符。〔3〕 典型判例如 Soprama SpA v. Marine & Animal By-Products Corporation〔4〕 与 Shamsher Jute Mills v. Sethia London〔5〕 等。

至于美国，UCC 第 2-325 条第（2）款规定：“向卖方提交正确之信用证

---

〔1〕 See Djakhongir Saidov, *Remedies for a Documentary Breach*, *in Commercial Contract Law*: *Transatlantic Perspectives*, ed. by Larry A. DiMatteo et. al, Cambridge University Press, 2013, p. 454.

〔2〕 案号不详，具体参见 http：//www. fsou. com/html/text/fnl/1174634/117463442_5. html，最后访问日期：2019 年 4 月 11 日。

〔3〕 See Djakhongir Saidov, *Remedies for a Documentary Breach*, *in Commercial Contract Law*: *Transatlantic Perspectives*, ed. by Larry A. DiMatteo et. al, Cambridge University Press, 2013, p. 452. See also Roy Goode, *Guide to the ICC Uniform Rules for Demand Guarantees*, ICC Publishing SA, 1992, p. 15.

〔4〕 Soprama SpA v. Marine & Animal By-Products Corporation [1966] 1 Lloyd's Rep 367.

〔5〕 Shamsher Jute Mills v. Sethia London [1987] 1 Lloyd's Rep. 388.

便中止买方之付款义务。如信用证被拒付，则卖方可给予买方合理之通知以直接要求买方付款。”从该款之规定来看，似乎是说，一旦卖方交单不符被开证行拒付，卖方便有权要求买方付款，只要给买方“合理通知”即可。然而，该条款意思果真如此吗？从UCC官方评注来看，显然并非如此简单。该条评注指出，“第（2）款之规定遵循了本编及第三编（第3-802条）有条件付款这一一般政策。在双方当事人之间，如果受益人正确交单（*duly* presents）但被拒付的话，则支票或其他短期票据并不是最终性付款。故此，信用证开立本身并不使得银行取代了买方承担付款义务……”〔1〕因此，该条款实际含义是，如果卖方交单相符但被开证行不当拒付或者开证行破产导致无法承付的，基于信用证有条件付款的属性，卖方有权要求买方付款，当然基于诚信原则，卖方应给予买方合理通知。但如果卖方交单不符，则其并无依据第2-325条主张买方付款的权利，也即买方有权拒付。〔2〕

另UCC第2-508条补救权评注进一步指出，卖方应具有基本的商业常识，特别是国际货物贸易中卖方应严格履行单据相符义务。一旦卖方未能履行该严格相符义务，其不得主张其有“合理理由相信”其不符单据是买方可接受的，从而主张其享有第2-508条所规定的补救权。〔3〕

（初审人：马腾）

---

〔1〕 See UCC §2-325 cmt. 1.

〔2〕 But see Seattle Iron & Metals Corp. v. Lin Xie, 71 UCC Rep. Serv. 2d (West) 635 (Wash. Ct. App. 2010)：该案法院判决认为不论基于何原因，受益人一旦信用证下被拒付，其便有权基于基础合同要求申请人支付价款。笔者认为，此案法院明显忽略了UCC第2-325条“正确（duly）”交单这一限定（See UCC §2-325 cmt. 1）.

〔3〕 See UCC Article 2-508 cmt. 2.

世界银行解决投资争端国际中心管辖权规则之适用研究

崔宇航*

摘　要：在对ICSID行使管辖权的三个前提条件及相关案例进行了深入分析后，笔者发现仲裁庭在根据个案情况作出管辖权裁决的同时，也形成了对某些问题的共识性裁决。而且ICSID通过在多个案件中对管辖条件的广义解释，使其拥有了更大的管辖范围和空间。对此，我国政府和企业应该高度重视，以便采取有效措施加以应对。

关键词：解决投资争端国际中心　ICSID　管辖权　投资者

一、问题的提出

为了促进私人投资者开展国际投资活动，世界银行执行董事会在1965年3月18日通过了《解决国家与他国国民间投资争端公约》（1966年10月14日生效，也称《华盛顿公约》，以下简称《公约》），〔1〕建立了解决一缔

---

* 崔宇航，女，中国政法大学国际法学院国际法学专业2015级博士研究生（100088）。

〔1〕 到2018年4月底，公约已有153个缔约国。我国在1993年2月6日成为该公约缔约国。

约国政府与其他缔约国国民之间投资争端的专门机构——“解决投资争端国际中心”（以下简称“ICSID”）。自成立以来，ICSID为解决各国的国际投资争端发挥了重要作用，收案量呈不断上升趋势，到2018年4月底，ICSID共受理了680起国际投资争端案件。[1] 在这些案件中，ICSID的管辖权直接涉及争端各方的经济利益和合法权利能否得到有效实现和保护。因为管辖权作为受理案件的基本依据和前提条件，对ICSID能否发挥作用居于首要地位。[2] 由此，笔者认为，ICSID是否对提交其解决的国际投资争端拥有管辖权已经成为争端各方争议的焦点之一。

ICSID管辖权的核心是管辖条件和管辖的排他性，体现在《公约》第25条至第27条的规定中。《公约》第25条第1款规定：“中心的管辖适用于缔约国（或缔约国向中心指定的该国任何组成部分或机构）和另一缔约国国民之间因投资而产生并经双方书面同意提交给中心的任何法律争议。当双方表示同意后，任何一方不得单方面撤销其同意意向。”可见，这一项规定囊括了ICSID管辖权的基本要件。

具体来说，根据上述规定，一项国际投资争议必须同时具备主体要件、客体要件和主观要件，才能提交ICSID管辖。鉴于管辖权问题的如此重要性，本文将ICSID的管辖权规则及其适用作为研究重点，旨在通过这一研究尤其是结合案件进行的实证研究，对ICSID管辖权规则及其适用规律进行解读，为作为投资东道国的我国政府和作为境外投资者的企业应对国际投资争端、完善中外投资协定争端解决规则提供参考和借鉴。

二、ICSID管辖的主体条件：对人管辖权问题

此处的“对人管辖权”即ICSID对哪些主体可以行使管辖权。《公约》第25条第1款和第2款规定，ICSID有权受理一缔约国（或其所属区域或机构）与另一缔约国国民直接因投资产生的任何法律争端，并且争端各方以书面形式同意将其争端提交ICSID解决。另一缔约国国民（National）是指在争端各方同意将争端提交ICSID调解或仲裁之日和争端解决请求登记之日具有作为争端另一方的缔约国之外的其他缔约国国籍的自然人，以及在争端各方同意

---

〔1〕 参见解决投资争端国际中心官方网站发布的信息，载https：//icsid. worldbank. org/en/Pages/cases/searchcases. aspx，最后访问日期：2018年5月4日。

〔2〕 Aron Broches，“The Experience of the International Centre for Settlement of Investment Disputes”，in *International Disputes：Avoidance and Settlement* 83（Seymour J Rubin and Richard W. Nelson eds.，Studies in Transnational Legal Policy 1985）.

将为争端提交ICSID调解或仲裁之日具有作为争端一方的缔约国之外的其他缔约国国籍的法人。

根据上述规定，《公约》旨在解决一缔约国政府与其他缔约国国民之间发生的投资争端，即国际投资争端。一缔约国政府与本国国民之间发生的投资争端不在ICSID的受理范围内，这类争端应该通过该缔约国的国内程序加以解决。[1] 因此，我们在讨论主体适格性时，主要从缔约国（或缔约国通知中心的该国任何组成部分或机构，也即其下属单位或机构）和他国国民两方面进行。在此重点分析以下两个问题。

（一）争端一方：缔约国“下属机构”的理解

在ICSID受理的Klöckner v. Cameroon案中，[2] SOCAME公司就不是为公共利益而设立的法人，但由于其本身是公共实体，仲裁庭就根据第25条有关“下属机构”的规定对该案行使了管辖权。从ICSID在本案中的取向来看，仲裁庭意在将“下属机构”的范围解释得更广泛，因此ICSID存在扩大自身管辖权的趋势。

关于《公约》第25条第1款和第3款所述“下属单位或机构（constituent subdivision or agency，合称‘公共实体’[3]）”应如何界定，是否包括非为公共利益而设立的法人（如Klöckner v. Cameroon案中的合资公司），这是一个很复杂的问题。《公约》本身对此并未下定义，从有关学者的著述看，虽然普遍认为应从宽掌握，但仍限于“公共实体”的范围。如G.R.德劳姆（Delaume）认为，根据该条规定，每一缔约国可把特定的自认为合格的公共实体指派到“中心”作为“中心”程序当事人，这种指派可构成这些实体具有“下属单位或机构”的证据和这些机构能够作出有效接受“中心”管辖同意的一个前提条件。[4] 另有人对这两个术语举例作了解释，认为“下属单位”可以包括联邦国家的州、不完全自治的从属国、自治城市，“机构”可以

[1] Christopher Schreuer, “Commentary on the ICSID Convention”, *ICSID Review - Foreign Investment Law Journal*, Volume 12, Issue 1, 59 (1997).

[2] *Klöckner Industrie-Anlagen GmbH and others v. United Republic of Cameroon and Société Camerounaise des Engrais*, ICSID Case No. ARB/81/2 (1983).

[3] 周成新：《国际投资争议的解决方法》，中国政法大学出版社1989年版，第175页。

[4] Georges R. Delaume, “ICSID Arbitration: Practical Considerations”, 1 *Journal of International Arbitration* 109 (1984).

包括最大范围的各种公共事体。[1] 从“中心”在 Klöckner v. Cameroon 一案中的取向来看，将“下属单位或机构”的范围放得更宽，“中心”存在扩大管辖权范围的倾向。

（二）外国投资者的隶属问题

根据《公约》规定，有资格接受中心管辖的投资者必须是另一缔约国国民，那么在国际投资实践中普遍存在的在缔约国境内设立公司开展经营活动的实体如果受到外国投资者的控制，该实体是属于东道国国民还是《公约》第25条所述的“另一缔约国国民”？

如果根据传统的法人国籍认定标准，该法律实体属于东道国国民。对于其与本国政府发生的投资争端，ICSID 不具有管辖权。但是，考虑到该东道国法律实体受到外国控制的特点，《公约》第25条第2款第2项作出例外规定，[2] 即法人作为另一缔约国国民，必须满足“在争议双方同意将争议交付调解或仲裁之日，具有作为争议一方的国家以外的某一缔约国国籍的任何法人，以及在上述日期具有作为争议一方的缔约国国籍的任何法人，而该法人因受外国控制，双方同意为了本公约的目的，应看作是另一缔约国国民”。

其中“外国控制”，是一个含混的概念，它的具体内涵《公约》未作规定，而由中心仲裁庭解释，因而给仲裁庭自由裁量留下了极大的余地。

不少中心仲裁案件对中心管辖权的异议主要是与具有东道国国籍而由外国人控制的法人资格有关。其中以下两个问题较为突出：

1. 是否需要明确约定的问题

即是否需要根据双方正规的明确的约定，判断双方已将具有东道国国籍但由外国控制的法人视为另一缔约国国民。

有两个仲裁案涉及此问题，一案是 Holiday Inns v. Morocco（1972）案。[3] 在该案中，一瑞士公司和一美国公司与摩洛哥政府在1966年签订了一份基本协议，规定由这两个母公司在摩洛哥设立一些子公司建设和经营四个旅馆，并规定如发生争议，则提交中心仲裁，但未明确指出，在摩洛哥成立的子公司因为是在母公司的“外国控制”之下，为了《公约》的目的而视

〔1〕 Sutherland, P. F., “The World Bank Convention on the Settlement of Investment Disputes”, in *International and Comparative Law Quarterly*, 28 (3), 333 (1979).

〔2〕 C. H. Schreuer, *The ICSID Convention: a Commentary* 301 (Cambridge, University Press, 2001).

〔3〕 *Holiday Inns S. A. and others v. Morocco*, ICSID Case No. ARB/72/1 (1972).

为另一缔约国国民。争议发生后，这两个母公司不仅以自己名义而且以其子公司名义提起仲裁程序。摩洛哥申辩道，既然它没有同意把这些子公司视为外国国民，仲裁庭对它们的请求就没有管辖权。

仲裁庭同意摩洛哥政府的主张，并指出：对第25条第2款第2项中例外的规定，“人们期待的是当事人自己应明确表示同意。这种协议因而应是正规地明示表达出来，只有在特定情况下能够排除其他解释时，才能接受默示的协议。”因此裁决只有母公司有资格而其子公司无资格参加中心仲裁。

另一案是Amco v. Indonesia (1981) 案。[1] 在该案中，一美国公司阿姆科亚洲公司在1968年向印度尼西亚政府投资委员会提交一份在印度尼西亚成立“外国商业公司”的申请书，其中含有将该外国商业公司与印度尼西亚政府之间的争议提交中心解决的条款。投资申请书获得批准后，阿姆科亚洲公司设立了一当地公司P.T. 阿姆科公司（即子公司），1972年，经印尼政府批准，母公司将其在P.T. 子公司中的股份90%转给了香港公司泛美公司。1980年印尼取消投资批准书，于是发生争议。1981年，阿姆科亚洲公司、香港泛美公司以及P.T. 阿姆科公司一同到中心提起仲裁程序。印尼政府对中心管辖权提出异议，异议之一是P.T. 阿姆科公司的资格问题。它以摩洛哥假日旅馆案为例主张，由申请人建立的当地子公司是印尼的公司，并未经当事人在协议中承认：为了《公约》第25条第2款第2项规定的目的，视其为另一缔约国国民，因此仲裁庭对子公司请求无管辖权。但仲裁庭未予采纳。它认为，第25条第2款第2项并不要求当事人之间协议以正规方式表达，“关于公约第25条第2款第2项最后一句的适用，所需要的是：①争议一方的法人是争议缔约国的国民；并且②经该缔约国认可，该法人因受外国人控制，双方同意把它作为外国法人看待。”

仲裁庭认为，本案已具备上述两个条件，因为投资申请书已提到建立“外国商业公司”，并由美国公司控制，而政府批准该申请书及其中的中心仲裁条款这一事实，就清楚地表明它是同意为了《公约》的目的，把这个外国商业公司作为另一缔约国国民看待。因此仲裁庭享有管辖权。

两案仲裁庭的决定似有分歧：前者主张当事人特别约定应以正规的明示的形式表示（即按照《公约》的句式表示），而后者则认为无需这种形式表示。由此也突显了中心管辖自由裁量范围之大。

---

[1] *Amco Asia Corporation and others v. Republic of Indonesia*, ICSID Case No. ARB/81/1 (1982).

2. “外国控制”的认定问题

《公约》对于争端主体国籍的认定标准和构成“外国控制”的具体情形没有作出进一步解释。对于争端各方应以何种方式“同意”将受到外国控制的东道国法律实体视为另一个缔约国国民，《公约》也没有作出说明。在这种情况下，ICSID仲裁庭拥有了充分的自由裁量权。鉴于《公约》旨在为东道国与其他缔约国国民之间的投资争端解决提供便利，ICSID仲裁庭对“外国控制”的解释比较灵活，没有统一标准，目的是尽可能通过行使管辖权解决投资争端。

在ICSID受理的Amco v. Indonesia（1981）和Société Ouest Africaine des Bétons Industriels v. Senegal（1982）两个案件中，仲裁庭均未否认控制人应是另一缔约国国民，不过在如何确定外国控制人即当地公司的母公司的国籍问题上，两案仲裁庭的意见有分歧。在前述的Amco v. Indonesia（1981）案中，[1] 仲裁庭认为，《公约》采用的是“古典的国籍概念”，即以成立地或公司所在地为标准确定公司的国籍，虽然当地公司由外国人控制时允许对这一规则有所例外，但对于确定控制该公司的外国控制人国籍的确定，则无此例外，只应根据古典标准确定。[2] 但在Société Ouest Africaine des Bétons Industriels v. Senegal（1982）案中，[3] 仲裁庭则主张可适用相反的规则。

在该案中，在塞内加尔成立的当地公司在同意中心管辖时，受一在非缔约国成立的母公司的直接控制，但该母公司财产完全受另一缔约国国民所控制。仲裁庭拒绝塞内加尔的抗辩，主张可以基于母公司股东的国籍对该案享有管辖权，即认为“外国控制人”的国籍可以依控制标准加以确定，当地公司可以间接地受另一缔约国国民控制。

该案主张实际上是与前述一些学者们认为对非东道国的法人的国籍，既可依成立地标准也可依控制标准加以确定以判断其是否为另一缔约国国民的主张相一致。

根据中心现有的判例情况，笔者认为中心奉行的“外国控制”原则有以下内涵：

---

〔1〕 *Amco Asia Corporation and others v. Republic of Indonesia*, ICSID Case No. ARB/81/1（1981）.

〔2〕 Georges R. Delaume, “ICSID Arbitration: Practical Considerations”, 1 *Journal of International Arbitration* 828（1984）.

〔3〕 *Société Ouest Africaine des Bétons Industriels v. Senegal*, ICSID Case No. ARB/82/1（1982）.

第一，中心判例所肯定的确定“外国控制”的标准有以下三个：

（1）股份比例与外国利益是确立“外国控制”的基本标准。

在ICSID实践中，仲裁庭通常将外国投资者直接拥有东道国法律实体的多数股权或投票权作为认定东道国法律实体受到外国控制的重要因素。如果一法律实体的控股股东拥有另一缔约国国籍，则该控股股东就是这一法律实体的外国控制者。[1] 在Klöckner v. Cameroon一案中，中心仲裁庭认为：中心管辖权不能及于任何具有争端当事国的缔约国国籍的法人的原则有一重要例外，即由于“外国控制”争端当事人业已同意，就本公约而言，将其视为他缔约国的国民。

本案中，由于克公司认购了索卡莫公司股本的51%股，索卡莫公司的大多数权益受“外国控制”，加上喀麦隆政府和索卡莫公司缔结的开发协议中订有中心仲裁条款这一事实本身就暗示了争端当事人双方在当时业已视索公司为一家外国控制的公司。故ICSID对该案具有管辖权。实践中，ICSID仲裁庭对“外国控制”的认定标准非常灵活，管理权、表决权、股权或其他任何合理情况都可以作为考虑因素。对于主张受到外国控制的一方，外国人的持股比例越小，就越应对股权之外的其他因素进行全面审查。[2] 通过考察管理权、投票权、持股比例或其他任何合理因素，分析是否存在“外国控制”的情形。[3]

（2）以母公司国籍为准。

在Amco v. Indonesia（1981）案中，仲裁庭根据母公司阿姆科公司的国籍而非根据子公司P. T. 阿姆科公司（在印尼境内）的国籍肯定了阿姆科公司受“外国控制”，从而确认自己对该案享有管辖权。

（3）以母公司股东的国籍为准。

在Société Ouest Africaine des Bétons Industriels v. Senegal（1982）案中，在塞内加尔成立的当地公司在同意中心管辖时，受一在非缔约国成立的母公司

---

〔1〕 *Liberian E. Timber Corp. v. Republic of Liberia*, ICSID Case No. ARB/83/2, Award of March 1986, 2 ICSID Reports 346 (1994); *Klöckner v. Republic of Cameroon*, 2 ICSID Reports 9 (1994).

〔2〕 *Vacuum Salt Products Ltd. v. Republic of Ghana*, ICSID Case No. ARB/92/1. Award 43, 44 (February 16, 1994); 4 ICSID Reports 346, 347.

〔3〕 C. F. Amerasinghe, "Jurisdiction Ratione Personae Under The Convention On The Setdement Of Investment Disputes Between States and Nationals of Other States", *Brit. Y. B. Int'l L.* 1974-1975, 227, 264-265.

直接控制，而该母公司则完全受另一缔约国国民控制。仲裁庭裁决依母公司股东的国籍对该案享有管辖权。

第二，“外国控制”可以是明示的，也可以是默示的。在上述 Holiday Inns v. Morocco（1972）案中，仲裁庭指出对于“外国控制”的认定，人们期待的是当事人自己应明确表示同意。这种协议因而应是正规地明示表达出来，只有在特定情况下，才能接受默示的协议。据此肯定了摩洛哥政府因没有明示同意把上述两个母公司之子公司视为外国国民而否认中心仲裁庭对两个子公司享有管辖权的申诉。而在阿姆科公司诉印尼一案中，中心判例又肯定了默示方式，它指出：因投资申请书提到建立“外国商业公司”，而印尼政府批准外国投资申请书的行为默示表明了它同意把该外国商业公司作为另一缔约国国民看待。

第三，外国控制可以是直接的，也可以是间接的。外国投资人直接控制公司的情况自是使“外国控制”原则无可争辩地被适用。而间接的控制，如 Société Ouest Africaine des Bétons Industriels v. Senegal（1982）案中的情况（以母公司股东的国籍为准，即间接控制），也为中心判例所肯定，成为中心管辖权成立的依据。可见，《公约》建立投资争端解决机制的目的是在东道国与外国投资者之间实现利益平衡，在满足东道国对外国投资者管理权的同时，为外国投资者提供投资争端解决方面的便利。[1]

由上可见，在“外来控制”这一问题上，存在着很大的弹性，中心仲裁庭总是利用这一原则寻找各种依据，以此扩大中心的管辖权。这种倾向应该引起广大发展中国家的注意与警惕。为了避免中心仲裁庭的随意解释，缔约国最好的方法是利用书面形式在法人国籍的确立问题上声明自己的态度。例如英国与孟加拉双边条约第 5 条：“在缔约一方境内根据现行法律组织或成立的，且在争端产生之前，其大多数股份由缔约另一方国民所拥有的公司，应根据《公约》第 25 条第 2 款第 2 项的规定，视为《公约》意义上的他缔约国国民。”这一点值得我国政府加以参考和借鉴，以便更好地应对涉及我国的国际投资争端。

三、ICSID 管辖的客体条件：对事管辖权

对事管辖权是指可以提交中心管辖的争议的性质必须符合的条件。依

---

〔1〕 *Société Ouest Africaine des Bétons Industriels v. Republic of Senegal*, ICSID Case No. ARB/82/1 (1994); 2 ICSID Reports 181, 182, 184.

《公约》第25条第1款的规定，提交中心仲裁的争议必须是直接因投资而产生的法律争议。可见，此处的争议须具备两个条件：一是争议必须是直接产生于投资，二是争议必须是法律争议。

（一）关于“投资”的认定

国际投资是国际资金流动的一种重要形式，是投资者为获得一定经济效益而将其资本投入国外的一种经济活动。[1] 对“投资”内涵和外延的界定关系到东道国对外来投资的管辖权，也是ICSID提供仲裁保护的判断标准。[2]《公约》并未明确规定投资的定义。

《公约》之所以这样规定，主要是因为各国在实践中对投资概念的理解不一，规定不同。如我国对外签订的双边投资条约中一般均给“投资”一词下定义。[3] 在此情况下强行统一投资的概念，不仅困难而且对《公约》的管辖不利。因为这可能使当事人不能把某些不属《公约》关于投资定义范围而他们却认为是投资的争议提交中心，以至于使得《公约》的适用范围大大地缩小。另外，既然《公约》规定中心管辖以当事人相互同意为基础，那么最好的办法是由当事人根据实际情况加以确定。这样就没有在《公约》中统一规定投资概念的必要了。因此，《公约》起草者放弃了意图在《公约》中设计一个普遍接受的关于投资的定义的努力，而规定“由当事人同意”这样一个根本要求。

《ICSID示范条款》作了示范性的列举：明显属于投资范畴的交易有贷款、股权出资和工业产权；明显不属于投资范畴的是普通的商业交易，如货物销售；许多情况介于两者之间，包括融资便利的设备销售、建筑契约、工业或其他合作形式的契约。[4] 同时，它告诫当事人：“为了消除含糊不清的解释，当事人最好在双方一致同意的文件中明确声明，为了《公约》的目的，他们之间的特定交易构成投资”。[5]

正因为《公约》对“投资”未作明确定义，给各国留下了解释的空间，同时也给中心对当事人提交争议是否为可受理的“投资”争议留下了解释的

〔1〕 余劲松主编：《国际投资法》（第2版），法律出版社2003年版，第1页。

〔2〕 *Fraport AG Frankfurt Airport Services Worldwide v. Republic of the Philippines* 案也采纳这一观点，ICSID Case No. ARB /03 / 25.

〔3〕 陈安主编：《国际经济法学》（第2版），北京大学出版社2001年版，第262~263页。

〔4〕 余劲松主编：《国际投资法》（第2版），法律出版社2003年版，第352页。

〔5〕 姚梅镇：《国际投资法教学参考资料选编》，武汉大学出版社1987年版，第63页。

空间，从而也就使得中心从“投资”入手扩大其管辖权成为了可能。

从实践的效果看来，无论是传统类型的投资还是现代类型的投资，无论是直接投资还是间接投资，包括一些特定的交易如交钥匙契约、工程契约、管理契约及技术契约等都纳入到了中心的管辖范围中。[1]

在中心受理的一则仲裁案件中，被告当事国主张修建高速公路的合同依其国内法属于履行服务的附属合同，不属于投资，因而有关的争议不属于中心管辖的“投资”争议。而仲裁庭认为，判断是否属于投资，应该根据是否存在钱财的支出、一定履行期间、风险因素以及对东道国经济的贡献等因素综合考虑，据此判定修建高速公路的合同属于投资的范畴。[2]

综上所述，把中心管辖的争议限于投资领域，是中心管辖的基本特点之一。而《公约》对投资作了广义上的解释，（以国际法原则为标准，而不是遵从国内法的规定）并使中心管辖随投资关系的发展和变化，不断扩大其受理的范围。

（二）争端法律性质的认定

《公约》第25条第1款中规定的“任何直接由投资产生的法律争端”为ICSID的对物管辖权提供了依据。其中，“法律争端”将ICSID管辖权限于可司法解决的有关法律权利义务的存在及其范围之内，例如，不履行合同义务或违反“稳定性”条款，协定的解释以及相关的赔偿问题等[3]。根据世界银行执行董事会的《关于〈解决国家与他国国民之间投资争端公约〉报告书》（以下简称《执行董事报告》）：“法律争端”仅仅将ICSID管辖权限于包括法律权利和义务的存在及其范围在内的可司法裁决的争端。

可见，《公约》允许当事人约定所提交的争议是法律争议。同时《公约》强调所谓法律争议必须是关于法律权利或义务的存在与否及其范围，或者是因违反法律义务而引起的赔偿的性质范围。[4] 此类争端通常不但涉及投资者位于东道国境内的财产权或契约权、对企业的控制权、外汇汇出权等问题，还涉及东道国对本国境内的外资企业的管理权和征收权，以及东道国对其自

〔1〕 曹建明、陈治东主编：《国际经济法专论》（第4卷），法律出版社2000年版，第223页。

〔2〕 E. Obadia, "ICSID, Investment Treaties and Arbitration: Current and Emerging Issues", 18 *News from ICSID* 14 (Autumn 2001).

〔3〕 Delaume, "ICSID Arbitration: Practical Considerations", *1 Journal of International Arbitration* 101, 116-117 (1984).

〔4〕 史晓丽主编：《国际投资法》，中国政法大学出版社2005年版，第288页。

然资源的控制权等主权权力和国民经济利益等问题。

对此德劳姆进一步指出：法律争议是关于当事人各自权利和义务，包括订立在投资协议之中和规定在该协议必须用的有关法律和法规之中的权利和义务的争议。比如：有关不履行（Non-Performance）的争议，包括基于不可抗力或类似事件原因引起的不履行争议；有关违反稳定条款的争议；有关解释协议或相关立法的争议；有关取消协议的争议，包括征收或国有化以及相关的补偿问题的争议。[1]

关于非法律争议的利益冲突的含义和可能包括的范围，J. T. 施米特认为，董事会的报告“无保留地排除在中心管辖之外的，是集中于东道国和投资者各自的与法律权利问题毫无关系的商业利益的冲突”。[2] G. R. 德劳姆列举两类争议通常不属于法律争议：一类是当事人之间的利益冲突，如有关于对整个协议或其中某些条款重开谈判的愿望的分歧；另一类是事实争议，如关于财务账目或事实调查的争议。但他同时指出，须对最后一种作某些限制：例如，当协议规定可以给予某些“艰难”条款或“最优惠投资者或东道国”条款对关系进行重新调整时，显然，有关实施这种条款的事实是否已存在的争议，具有法律意义，因为它最终将影响到履行或不履行的问题。可见，G. R. 德劳姆认为有关这类事实是否存在的争议可属法律争议范畴。

综上所述，把中心管辖的争端限定在法律争端的范围内，而不包括仅事实性的争端，其区分的关键标准即在于该争端是否存在着缔约双方当事人之间的法律权利与义务冲突。

四、ICSID 管辖的主观条件：“当事人同意”

《公约》第 25 条第 1 款将 ICSID 管辖权限于“须经双方书面同意提交给中心的投资争端”。ICSID 管辖权要件中的“同意”是“中心管辖权的基石”。[3]

主观要件是指中心对上述适格当事人之间的投资争议须以双方的主观同意才能享有管辖权。《公约》规定这种主观同意须以书面为之，双方已经表示

---

〔1〕 Delaume, “ICSID Arbitration: Practical Considerations”, 1 *Journal of International Arbitration* 116-17 (1984).

〔2〕 Schmidt, “Arbitration under the Auspices of the International Centrefor Settlementof Investment Disputes (ICSID): Implications of the Decision on Jurisdiction in Acoa Mineralsof Jamaica”, *Inc. v. Government of Jamaica*, 17 *HARV. INT'L L. J.* 98 (1976).

〔3〕 周成新：《国际投资争议的解决方法》，中国政法大学出版社 1989 年版，第 190 页。

同意，任何一方不得单方面撤销协议。

这一要件表明，中心管辖是自愿管辖而非强制管辖，即一国批准《公约》不等于同意接受中心管辖，而只是同意接受中心管辖的一个前提条件。缔约国是否同意中心管辖，纯属每一缔约国政策考虑的事情，每一缔约国有绝对自由的决定权。[1] 因此，当事人各方同意，是中心管辖的基石，是中心管辖三个要件中起决定性作用的要件，体现了《公约》的根本特性。[2]

（一）"同意"范围的解释问题

在Holiday Inns v. Morocco案中，假日酒店（Holiday Inns）与摩洛哥政府签订了一份投资协议，该投资协议中包含了投资争端解决的ICSID仲裁条款。根据双方的投资协议，摩洛哥政府有义务提供旅馆建设所需的资金。这一任务是通过摩洛哥的一家房贷机构与假日酒店设在摩洛哥的四个子公司之间的几个独立贷款合同来实施的。上述贷款合同是标准格式的摩洛哥合同，其中包含了指定摩洛哥法院审理的管辖选择条款，但并未涉及ICSID仲裁的问题。

因此，当双方因贷款合同产生争端而一方主张适用ICSID仲裁时，摩洛哥政府提出异议：当事人并未同意将因履行贷款合同所产生的争端提交仲裁解决。它请求仲裁庭遵守摩洛哥法院的要求，并放弃对上述贷款争端的管辖，尽管此时仲裁庭已经在审理当事人之间的核心争议。

仲裁庭拒绝了摩洛哥政府的请求。为了支持自己的观点，仲裁庭引用了国际商法中的三条基本原则：一是同一投资运作的整体一致性；二是尊重当事国的国家主权；三是原则上国际优于单纯的国内诉讼。[3]

根据上述第一条也是决定性的原则，仲裁庭解释道：我们应该把针对同一项投资的协议看作是基本合同，然后由该基本合同对当事人的权利义务作出规定，并根据该基本合同产生一些预期的后续相关协议，比如有关投资协议如何履行的规定。案中的贷款合同就属于上述由基本合同——投资协议产生的后续相关协议；尽管贷款合同是独立的协议，但它们仍然是整个投资协议的重要组成部分。因此，在仲裁庭依据基本的投资协议来解决争端时就不

---

〔1〕 Ibrahim F. I. Shihata, "Towards a Greater Depoliticization of Investment Disputes: The Roles of ICSID and MIGA", in *ICSID Review-Foreign Investment Law Journal* 4, Volume 1, Issue 1, 1 March 1986.

〔2〕 Sutherland, P. F., "The World Bank Convention on the Settlement of Investment Disputes", in *International and Comparative Law Quarterly*, 28 (3), 380 (1979).

〔3〕 Lalive, The First World Bank Arbitration (Holiday Inns v. Morocco) —Some Legal Problems 159 (British Yearbook of International Law 1980).

能漏掉对由贷款合同引起的权利义务纠纷的解决。

仲裁庭认为：尽管当事人有权指定摩洛哥法院作为完全由贷款合同引起的争端的管辖法院，这样做也体现了对摩洛哥国家主权的尊重，但是，当事人并不能因此就剥夺仲裁庭针对投资争端作出综合裁决的权利与责任，而在该综合裁决中有时就会涉及贷款合同的相关内容。最后，仲裁庭裁定：根据国际诉讼优先原则，如果摩洛哥法院和ICSID对提起的争端都有管辖权，则摩洛哥法院应该放弃管辖，或遵从仲裁庭的主张。这样，ICSID管辖权就延伸到了当事人一方提交的没有明示同意中心仲裁的附属争议上。

笔者认为，上述仲裁庭的相关解释有些牵强，当事人在基础协议中对ICSID管辖权的同意，不能随意延伸到当事人一方提交的没有明示同意“中心”仲裁的附属争议上。因为《公约》第25条第1款规定的ICSID管辖权要件中的“同意”是“中心”行使管辖权的基础，没有当事人双方的“同意”就没有“中心”的管辖权。

《公约》之所以如此强调“同意”要件的重要性，主要是因为“同意”体现了当事人的主观自由和意思自治，这也是一切合同的精髓和灵魂。因此，“同意”应该是具体的，而不能是含混和概括的；即当缔约双方仅“同意”将某部分争端提交“中心”仲裁解决时，是不能就此推断双方“同意”将另一部分争端也提交“中心”仲裁解决的；即使是文中提到的基础协议和附属协议也不能如此推断。

可见，一旦仲裁庭对于投资争端的客体管辖要件被满足，它将尽其所能来对该投资争端实施管辖权。换句话说，仲裁庭将不会因为当事人对于ICSID未满足管辖权的其他条件的争辩而轻易放弃管辖，特别是有关是否存在“书面同意”的问题。

（二）“书面同意”的解释问题

在Amco v. Indonesia（1981）一案中，尽管申请方三家公司的出诉资格均存在不同程度的可商榷之处，但是，仲裁庭对其适格性最终都予以认定。这里的关键，就是“仲裁条款”（即“同意”）的解释问题。

仲裁庭在讨论P. T. 阿姆科的出诉资格时说：“正如对其他任何公约一样，对仲裁公约，事实上，既不能作严格解释，又不能作广义或任意解释，而是应以能够找到和尊重双方共同意志的方法加以解释。这种方法只是对‘有约必守’这一基本原则的应用。的确，该原则对所有国内法和国际法制都是普遍适用的。再者，另一条普遍法律原则是，对任何公约，包括仲裁公约应作善意解释，也就是说，应认为双方期待其许诺的后果是合理和合法的。”[1]

在论及阿姆科（亚洲）公司出诉资格时又讲道：“本庭将重新考虑它所认为的关键问题，即双方的共同意志和真正意思。并牢记，这种意志和意思不能从对仲裁条款的‘严格’或‘任意’解释中推测出来，而只能依双方签订协议的一致愿望、《华盛顿公约》的目的和精神以及印度尼西亚的立法及行为来断定。”[2]

其他案件的仲裁庭也有类似观点。比如，在 SPP v. Egypt 案中，[3] 仲裁庭在裁断埃及 1971 年第 43 号法律第 8 条是否构成将投资争议交付“中心”解决的同意时，适用了法定解释的一般原则进行“客观与善意”的解释，[4] 并提及：“本庭必须考虑这一事实，即在 1971 年——埃及于该年成为《华盛顿公约》缔约方——埃及开始实行吸引外资的新经济政策。正如埃及所承认，第 43 号法律是这一‘经济开放政策’的法律宣示。”[5]

从这些论述可以看出：其一，仲裁庭在解释当事方同意时，没有探讨其依据应为国内法还是国际法，似乎是两者兼具；其二，仲裁庭总是若明若暗地认为《公约》可以作为解释依据；其三，在解释方法上，仲裁庭宣称既不接受严格解释方法，也不接受广义解释方法，而是进行客观与善意解释。

笔者认为，仲裁庭在解释当事方同意的依据上含糊其立场。既以国内法为依据，又以国际法为依据，在理论上站不住脚。能够导致《公约》上各种法律后果的同意，必须是一种已完成的同意。也就是说，尽管东道国表达其单方同意的形式有国内立法、国际条约、投资协议等文件，但作为“中心”管辖权确立基础的，必须有投资者的具体接受（同意），其实质是要在东道国与投资者之间达成一份仲裁协议。东道国与投资者之间的协议，包括仲裁协议，属于国内法上的协议，这已经被广大发展中国家的学者所证明和接受。[6] 因此，对同意的解释，应以国内法为依据。

有一种观点认为，在东道国以国内立法或投资协议表达其同意的情形下，

---

〔1〕 1 ICSID Reports 394 (1993).

〔2〕 1 ICSID Reports 398 (1993).

〔3〕 *Southern Pacific Properties (Middle East) Limited v. Arab Republic of Egypt*, ICSID Case No. ARB/84/3 (1984).

〔4〕 3 ICSID Reports 142-144 (1995).

〔5〕 3 ICSID Reports 158 (1995).

〔6〕 姚梅镇主编：《国际经济法概论》，武汉大学出版社 1989 年版，第 57~59 页。

依国内法解释当事人双方的同意似无疑义；但若东道国以国际条约（比如双边投资协定）表达其同意，则应依国际法解释之。然而笔者认为，后一情形仍改变不了一个事实，即所谓的“同意”，是东道国与外国私人当事方间的协议，国际条约中东道国的同意所框定的内容范围可由投资者加以限制或缩小。在这点上，国际条约的有关规定可作引证说明之用，但同意表达于国际条约之中这一事实，不能理解为须依国际法解释当事方的同意。另外，从传统上看，对外国投资活动的调整，包括东道国与外国投资者之间争议的解决，属于东道国国内法管辖的事项，当事方同意内容范围的不确定之处，应依国内法作出解释。

总之，主权国家订立“中心”仲裁条款是对其主权或一般国际法原则的限制，因此应对仲裁条款的“同意”作严格解释。故，对于“同意”的具体解释方法问题，在各种解释方法中，应该以客观解释为主，主观解释等其他解释方法为辅。[1]

结　论

随着我国经济活力的不断加强，外资的大量涌入，国际投资过程中出现争端是在所难免的。尽管中国并未正式向 ICSID 提交撤回保留的书面通知，但从 1998 年起，中国在签订双边投资条约时开始放宽对其管辖权的限制条件，允许“任何投资争端”被提交至 ICSID，中国与外国缔结的双边投资条约中基本开始放弃加入《公约》时的保留，并出现从有限的接受到完全同意的趋势。[2]

因此，一方面为了给外资的进入创造一个良好的国内环境，另一方面更是为了在解决投资争端时维护我国的国家主权、司法主权，进一步促进我国经济的健康快速发展，我国有必要清楚地了解《公约》的相关规定及 ICSID 在实践中的裁决立场，从而使《公约》和 ICSID 仲裁机制更好地为我所用。我国加入《公约》是为了有利于我国的外资引进，从而促进我国对外经济发展，但是决不能以损害我国的司法主权作为代价。我国应在借鉴 ICSDI 以往案例的基础上趋利避害，以便更好地应对涉及我国的国际投资争端。

（初审人：吕点点）

〔1〕 李浩培：《条约法概论》，法律出版社 1987 年版，第 426~427 页。

〔2〕 参见秦红嫚：《中国全面接受 ICSID 仲裁管辖权的思考》，载《商事仲裁》2016 年第 1 期，第 69 页。

交叉视野

青少年犯罪的学校影响因素研究述评

户雅琦*

摘　要：自 20 世纪 50 年代起，青少年犯罪领域中直接关注学校因素的理论逐渐发展起来，实证研究成果也随之丰硕，并可从学校功能与学校特征两个维度进行梳理。学校功能包括建立学校联结和培养社会技能两个方面。首先，学校联结与不同类型的青少年犯罪都呈现出稳定的负相关；对不良家庭依恋有一定的补偿作用；并可以作为学业成绩与越轨行为的中介变量。其次，反社会技能直接影响青少年犯罪行为，而亲社会技能可以有效减少个体的反社会选择。学校特征包括结构性特征和校园氛围两个方面，分别侧重于学校的外在固有特征和内在文化环境。除此之外，对神经生物学因素的关注和对家庭、学校与同伴交互作用的探索是本领域新的发展趋势。综上，加强对生物学因素的探讨、关注多因素的交互作用、对同伴影响分类讨论及尝试探索学校功能的替代性，是今后研究可以进一步推进的方向。

关键词：青少年犯罪　学校联结　社会技能　结构性特征　校园氛围

---

*　户雅琦，女，中国政法大学刑事司法学院刑法学专业 2015 级博士研究生（100088）。

心理学和社会学视域下所讨论的青少年犯罪与法学对此的严格界定稍有不同，前两者更加关注青少年犯罪行为的社会危害性，而对于其刑事违法性和应受惩罚性则多做模糊处理。又因青少年犯罪行为与青少年问题行为、青少年越轨行为有产生原因上的共通性和发展过程上的接续性，在心理学和社会学中，青少年犯罪往往与越轨行为、问题行为一并讨论，视为一个内涵广泛的现象。

个体的发展嵌入在社会组织之中，受到自身生物因素与外在环境的交互影响。而青少年时期是个体建立家庭以外的社会网络、形成自我身份同一性的过渡时期，个体同时嵌入家庭、学校、同伴团体三个不同的组织，社会关系变得相对复杂起来，个体的发展于是相应地面临着更多风险因素。青少年犯罪作为青少年时期的特殊现象，既是不良发展过程的严重结果之一，其犯罪行为本身也是一个持续的发展过程。在童年早期，家庭主导儿童的成长，是儿童习得行为规范的基础环境，到了童年晚期和青少年时期，个体不再局限于家庭，而是在与教师、同学以及其他学校工作人员的互动中成长与发展，学校成为主导个人发展的新环境。社会控制取向的年龄梯度理论断定,〔1〕社会联结的重要性具有年龄梯度差异：进入青春期后，学校环境将取代家庭成为影响青少年发展的核心因素。开始嵌入学校组织对个体来说意味着进入了新的发展阶段，其影响具有两面性。一方面，学校能够提供功能完整的组织环境、积极的价值观念和相对有效的监管，但另一方面相较于家庭，学校牺牲了更多对个体差异的关注，造成一部分学生环境融入困难。所以，学校生活可能会成为青少年发展的转机，也可能会成为新的风险。因此霍金斯（Hawkins）等人认为,〔2〕与家庭相比，学校才是青少年重要发展事件的主要发生地点，极大程度上影响着青少年反社会行为的形成。

一、青少年犯罪的学校相关理论回顾

对青少年犯罪问题中学校角色的直接关注，开始于 20 世纪 50 年代。早期控制理论家杰克逊·托比（Jackson Toby）比较了学校表现良好的青少年与表现较差的青少年的违法成本，分析认为前者不但要付出被处罚的代价，还

---

〔1〕 Sampson, Robert J., John H. Laub, "Life-Course Desisters? Trajectories of Crime Among Delinquent Boys Followed to Age 70", 41 *Criminology* 555, 592 (2003).

〔2〕 Hawkins, J. David, et al., "Understanding and Preventing Crime and Violence", in *Delinquency* 255, 312 (Springer Us 2003).

要额外（与后者相比）承担一种风险：丧失原本具有的选择更好职业的机会。托比进而提出了“遵从风险”（stakes in conformity）这一概念，认为学校表现良好的青少年会为了维持自己在职业选择中的既得优势而更不容易违法犯罪。但是，任何可以增加选择机会的社会资本、人力资本等都会促进“遵从”，学校表现在其中并不具备特殊性。因此这一时期的控制理论落脚于个人对未来规划的预期，并没有讨论个体所嵌入的社会组织本身的作用。1969年赫希出版的《青少年犯罪原因论》一书继承了“遵从投资”这一思想并进行发展，提出了社会控制理论，认为个体不想失去的除了既得优势之外更多的是与社会组织已建立的稳定联结，如与家庭的联结、与学校的联结、与同伴的联结等，而犯罪会破坏这种联结。因此，与诸如家庭、学校、同伴（非越轨同伴）等社会组织之间具有紧密联系的青少年实施犯罪的可能性较小。

社会控制理论自20世纪80年代开始注意到年龄阶段对不同社会联结重要性的影响，认为家庭联结对青少年的影响力度会随着年龄增长而减弱，学校联结的影响则会增强，到了青春期以后，学校将会取代家庭成为影响青少年成长的最为重要的环境。另外，同时期另一颇具影响的理论——社会学习理论把犯罪看作是后天习得的结果，从另一个侧面强调了作为青少年主要活动空间的学校的重要作用。

1976年，《通过仪式抵抗：战后英国的青年亚文化》一书的出版提出了青年亚文化一词，从青少年独特的生活风格和社会符号的角度解读了青少年越轨现象。亚文化理论批判标签理论和主流文化霸权，将青少年的越轨行为理解为与社会优势群体所制定的规则的不相容和反抗。亚文化理论后来衍生出反学校文化研究取向，[1] 认为青少年通过反抗教师、排斥成绩优异的同侪、贬低智力劳动等方式拒绝学校教育及其代表的主导文化。[2]

20世纪90年代，以生命历程理论为指导的一系列研究更加明确地开始关注学校因素对青少年犯罪的影响。以墨菲特（Moffitt）提出的“终生持续性

---

〔1〕 McGrew, Ken, “A Review of Class-Based Theories of Student Resistance in Education: Mapping the Origins and Influence of Learning to Labor by Paul Willis”, 81 *Review of Educational Research* 234, 266 (2011).

〔2〕 李淼、熊易寒：《青少年反学校文化理论反思与本土化诠释》，载《青年研究》2017年第1期，第57~65页。

犯罪人”和“青春期型犯罪人”为代表,[1] 终身持续性犯罪人本身具有一定的认知神经缺陷，这些个体在参与传统学校生活时存在困难，因而限制了其亲社会技能的发展且固化了反社会的行为模式；青春期型犯罪人不存在先天的认知神经缺陷，而是产生了“成熟鸿沟”，即在生理、心理还不成熟的青少年时期试图以成人的方式行为，学校则是他们第一个模仿成人的地方。

随着以上理论的发展，越来越多的研究者开始注意到学校在青少年犯罪行为形成过程中的重要乃至核心地位，并进行了一系列实证研究。这些研究关注的学校相关因素归纳起来基本可以分为两大类：①学校功能，主要包括学校联结和社会技能培养；②学校特征，主要包括学校的结构性特征（种族构成、师生人数比例、学校规模、学生的平均社会经济地位、地理位置）和校园氛围（管理风格、师生关系、价值观）。此外，近年来该领域开始深入探讨学校、家庭与同伴三者对青少年犯罪的作用差异，以及神经生物学变量与学校因素的交互作用。

二、学校功能与青少年犯罪

美国学者西奥多·舒尔茨（Theodore W. Schultz）从教育经济学的角度对学校功能进行了分析，认为学校的主要功能是培养和发现人的潜能，提高其社会适应能力。[2] 我国学者吴康宁教授则从社会学角度提出了学校组织的主要目的，即促进学生健康发展和社会结构和谐发展。[3] 可以看出，后者在前者的基础上进一步关注了学校的社会功能。在与青少年紧密相关的诸多学校因素中，社会技能培养是学校个人功能的体现，而形成稳定的学校联结则是学校社会功能（促进社会和谐发展）实现的重要途径。

（一）亲社会技能与反社会技能

社会发展模型指出,[4] 个体在不同的发展阶段会面临不同的风险因素，这些风险因素由特定的社会关系进行调节，然后使个体发展出不同的社会技

---

[1] Moffitt, Terrie E., “A Review of Research on The Taxonomy of Life-Course Persistent Versus Adolescence-Limited Antisocial Behavior”, in Nichols J. D. ed., *The Status of Criminological Theory*, vol. 15, 277-311 (2004).

[2] [美] 西奥多·舒尔茨:《教育的经济价值》，载张人杰主编:《国外教育社会学基本文选》，华东师范大学出版社2008年版，第262页。

[3] 吴康宁:《学校的社会角色: 期待，现实及选择——基于社会学的审视》，载《教育研究与实验》2005年第4期，第1页。

[4] Hawkins, J. David, et al., “Understanding and Preventing Crime and Violence”, in *Delinquency* 255, 299 (Springer Us 2003).

能。如西奥多·舒尔茨所说，学校的主要功能是培养和发现个人潜能，并提高个人对社会的适应能力，而社会技能的习得是提高社会适应能力的重要途径。其中，亲社会技能与反社会技能与青少年犯罪有着直接关联。形成亲社会技能是指个体发展出对他人和社会有益的行为，习得反社会技能则是指个体逐渐形成违反社会惯例和秩序、侵犯他人利益的行为倾向。

学校是青少年的主要学习场所，青少年将自身的发展嵌入学校环境中，不仅进行文化知识的学习，也在与学校成员和组织的互动中进行社会技能的学习。那些能够积极参与学校生活的儿童有机会实践更多的社会和学业技能并从中获得正反馈，从而与亲社会的教师和同辈群体建立更牢固的社会联结与依恋，学习到更多亲社会技能，更加认同和信任规则，进而减少了其反社会行为的发生。而那些学校适应不良的学生与同样具有反社会行为倾向的群体互动会增强其反社会技能，并获得反社会群体的正反馈，进而对反社会规则产生信念。

这种反社会行为的发展路径与墨菲特所描述的终生持续性犯罪人相契合。终生持续性犯罪人存在认知、语言、情绪、攻击性等方面的神经生物学缺陷，因此难以融入正常的学校生活。同时，难以久坐、注意力不集中等造成这些学生学业困难，无法与老师和其他亲社会同伴建立正向关系，进而阻碍了其亲社会技能的发展，使他们的行为局限于攻击与敌意行为，更容易与反社会同伴建立相互认同。司法系统对未成年人犯罪的介入通常难以达到理想的预防效果，[1] 一种解释就是，司法处置通常会伴随群体排斥，从而成为亲社会技能发展的多重不利条件之一，反而对青少年犯罪防治产生了消极影响。[2]

如前文所述，学校是个体在青少年发展阶段最主要的嵌入组织，是青少年形成稳定的同辈交往群体、发展社会交往技能最主要的环境，[3] 因而对个体亲社会品质的形成至关重要。与学校联结侧重于情感依恋和价值观内化不同，社会技能的获得强调学校通过培养和强化具体的符合社会期待的亲社会技能来减少学生的反社会选择。

---

〔1〕 Sampson, Robert J., John H. Laub, "Life-Course Desisters? Trajectories of Crime Among Delinquent Boys Followed to Age 70", 41 *Criminology* 555, 592 (2003).

〔2〕 高水红：《个人属性、群体排斥与国家支配——教育公平分析的三种路径》，载《教育研究与实验》2016年第6期，第3页。

〔3〕 Henry, Kimberly L., Michael D. Slater, "The Contextual Effect of School Attachment on Young Adolescents' Alcohol Use", 77 *Journal of school health* 67, 74 (2007).

（二）学校联结的保护作用

吴康宁教授特别指出了学校组织的社会功能，即学校有促进社会和谐发展的功能。促进社会和谐发展很重要的一个层面就是对学校中未成年人道德与行为的教育和规训。而学校的教育和规训能在多大程度上起作用，取决于学生对学校在认知上的认同和情感上的归属，也就是学校联结。

概括来讲，学校联结是指学生对自己与学校关系的认知以及与学校建立起的积极情感联系，也包括对传统学校生活的卷入程度，能够反映学生对学校的认同感与归属感。学校联结具有社会联结的一般性四要素，即依恋、承诺、投入和信念。其中学校依恋是学校联结的重要与首要内容，指学生对学校和学校成员的情感归属和积极评价。有些研究认为学校承诺包括对教育的期望、对学校规章制度的认可，学校投入则主要是指追求传统学业目标所付出的时间和精力，投入越多的人越担心失去先前的投入而不愿犯罪。但也有部分研究认为，学校承诺、学校投入与信念的边界并不十分清晰，学业投入和信念可以归纳为学校承诺的一部分。[1] 因此，在学校联结所包含的具体内容方面，只有学校依恋得到了实证研究较为一致的认同，有关学校联结与青少年犯罪的研究也多集中于学校依恋这一变量。美国“全国青少年健康纵向调查”[2] 以及雷斯尼克（Resnick）等人编制的学校联结量表，[3] 也都将学校依恋的主要内容即归属感和教师支持，作为了学校联结的核心维度。

从现象上来看，与学校建立起牢固联结的青少年更不愿违反学校的行为规范，并且会主动内化学校给出的目标与价值观念，从而降低了出现不良行为的可能性。从影响机制上来看，学校联结属于众多社会联结的重要部分，其作用过程必然遵循社会控制理论的内在逻辑。社会控制的实现过程可以归纳为三个阶段：第一个阶段，个体把自己置于某个组织（如家庭、学校、同伴团体等）之中，在衡量违反组织规范所付出的成本基础之上进行行为决策，这一时期的个体虽然能够使自己的行为符合组织规范，但在本质上仍然是迫于压力的被动服从；第二个阶段时，个体为了避免心理冲突而开始改变自己

---

〔1〕 殷颢文、贾林祥：《学校联结的研究现状与发展趋势》，载《心理科学》2014年第5期，第26页。

〔2〕 刘海涛：《学校联结研究：从美国“全国青少年健康纵向调查”到“温斯布雷德宣言”》，载《天津市教科院学报》2006年第3期，第55~59页。

〔3〕 Resnick, Michael D., et al., “Protecting Adolescents from Harm: Findings From the National Longitudinal Study on Adolescent Health”, 278 *Jama* 823, 832 (1997).

的态度，逐渐将组织的行为标准内化为道德标准；到了第三个阶段，个体最终能够主动地按照组织期待规训自己的行为，事实上，这时的个体已经转化成了组织压力的一部分。由此可见，组织规范在个体的犯罪决策中十分关键。由于学校规范往往具有价值积极、清晰明确、稳定一致等特征，因此我们可以认为，社会控制中的学校控制在减少青少年犯罪方面，比家庭控制与同伴群体更具优势。

实证研究也表明，社会联结中的其他联结如家庭联结对青少年犯罪行为的影响是多样的，而学校联结则相对稳定地表现出与青少年犯罪的负相关，[1] 可以看作是青少年犯罪较为良好的保护性因素。

另外，学校联结也可能作为学生成绩与越轨行为的中介变量出现。较早期的研究倾向于认为学业成绩较差的青少年通常会表现出更多的问题行为，[2] 但近年来研究者逐渐发现，能够预测青少年犯罪的是学习兴趣而不是学习成绩，[3] 学习兴趣通过增加学生对学校生活的投入和承诺加深学校联结，从而减少学生的问题行为。

三、学校特征与青少年犯罪

上文所提到的影响因素，不论是社会技能习得还是学校联结，虽然在本质上也是学校影响力的体现，但必须通过学生本身的表现和特征显现出来，属于学生个体特征层面的变量。学校特征则不同，其是学校层面的影响因素，不同于上文学生层面的影响因素，这些变量可以从学校组织本身的外部特征和内在特征上直接体现出来。学校的外部特征主要是指结构性特征，包括学校的种族构成、性别比例、学校规模、地理位置等，学校的内在特征主要是指学校内在的文化、精神环境和组织方式，[4] 表现为学校的校园氛围。

---

〔1〕 Yuksek, Durmus A., Ozgur Solakoglu, "The Relative Influence of Parental Attachment, Peer Attachment, School Attachment, and School Alienation on Delinquency Among High School Students in Turkey", 37 *Deviant Behavior* 723, 747 (2016).

〔2〕 李梅:《学业成绩，同伴交往与学生问题行为关系的研究——问题行为形成机制初探》，载《徐州师范大学学报》1997 年第 3 期，第 141~144 页。

〔3〕 赵军、祝平燕:《学校教育与未成年人犯罪经验研究——以可控变量为中心》，载《教育研究与实验》2010 年第 2 期，第 61~65 页。

〔4〕 周兴平:《教师和学校差异如何影响教师绩效工资实施效果——基于阶层线性模型 HLM 的实证分析》，载《教育科学》2013 年第 6 期，第 71~76 页。Payne, Allison Ann, Kelly Welch, "The Centrality of Schools in the Lifecourse: The Case for Focusing on School-Related Influences in Developmental Theory and Research", 37 *Deviant Behavior* 748, 760 (2016).

（一）学校的结构性特征与青少年犯罪

戈特弗里德森（Gottfredson）在1985年提出，学校师生的性别和种族结构对学生的越轨和犯罪行为会造成影响：男性学生、非裔学生、非裔老师的比例与学校中学生的越轨行为显著正相关。但这类研究显然忽略了性别角色期待所造成的行为模式差异，也没有考虑社会阶层的影响。首先，社会期待女性能够表现出较少的攻击性和较多的合作行为，因此女性的攻击行为通常会变得更加隐蔽而难以观察（如关系攻击行为），但这并不意味着女性实际的攻击行为一定少于男性。其次，在女性学生占多数的学校中，学生的越轨水平很可能被低估。另外，在研究者当时所处的社会环境下，种族与社会经济地位有着直接的关联，抛开社会经济地位对青少年犯罪的显著影响而简单谈论种族是不合适的。[1]

若控制社会经济地位的影响，有研究发现学校中的种族数目（而不是学生本人的种族类属）和学校规模对学生的越轨水平具有主效应。[2] 大规模的学校对学生参与学校活动的态度和行为有消极影响，小规模的学校则更加有利于改善学生的学校表现。[3] 除了学校规模之外，与之紧密相关的师生比也被证明是影响学生问题行为的重要因素：如果师生比悬殊，班级秩序则依赖于班级成员的平均自控能力，学生自控能力弱会导致不良的风气和观念传播速度加快。[4]

学校的地理位置也可以看作是学校的结构性特征之一。对青少年犯罪的时空分析显示，[5] 青少年犯罪在时间和空间上都存在显著的聚集效应：傍晚的工业区和商业区附近是青少年犯罪的高发地区，占样本总数的一半以上。

---

〔1〕 Wilcox, Pamela, Richard R. Clayton, "A Multilevel Analysis of School-Based Weapon Possession", 18 *Justice Quarterly* 509, 541 (2001).

〔2〕 Payne, Allison Ann, "A Multilevel Analysis of the Relationships Among Communal School Organization, Student Bonding, and Delinquency", 45 *Journal of Research in Crime and Delinquency* 429, 455 (2008).

〔3〕 叶庆娜、陈绍华：《小规模，大规模：哪个更优？——美国学校规模与中小学学业成绩关系的实证研究综述》，载《外国教育研究》2012年第3期，第44~53页。

〔4〕 傅维利、刘伟：《学校规模调控的依据与改进对策》，载《教育研究》2013年第1期，第44~52页。

〔5〕 谢建社、刘念、谢宇：《青少年犯罪的时空分析——来自广东省未成年人管教所的调查》，载《中国人口科学》2014年第3期，第115~125页。

这些“热点”地带和时间会成为青少年犯罪重要的环境诱因，[1] 是有针对性地开展监控和学校选址都必须考虑的因素。

（二）校园氛围与青少年犯罪

校园氛围是指学校中被成员体验并对其行为产生影响的相对持久而稳定的环境特征。[2] 结构性特征偏向于学校的外在固有特征，如性别与种族构成、学校规模、师生比例、地理位置等。校园氛围则偏向于学校内在的文化、精神环境、[3] 学校的管理风格等。有研究者指出，校园氛围作为青少年犯罪的风险因素之一，其影响是稳定而强烈的。[4] 不论是何种族，[5] 学生在有序的校园环境中都较少出现越轨、暴力和逃学，并具有较高的共情能力、学习兴趣、学业成就，能形成较为良好的学校联结。[6] 教师在相对有序的学校环境中任教，也会有更高的工作积极性和满意度，更少的离职和粗暴行为。[7]

具体来说，校规校纪内容清晰、奖惩分明、执行公正能有效减少学生的越轨行为。[8] 反之，学生如果不能准确预测自己的行为后果，或是惩罚过于

---

[1] Clarke, Ronald V., and Marcus Felson, "The Origins of the Routine Activity Approach and Situational Crime Prevention", 16 *The origins of American criminology: Advances in criminological theory* 245, 260 (2011). Braga, Anthony A., Andrew V. Papachristos, and David M. Hureau, "The Effects of Hot Spots Policing on Crime: An Updated Systematic Review and Meta-Analysis", 4 *Justice Quarterly* 633, 663 (2014).

[2] 鲍振宙等：《校园氛围与青少年学业成就的关系：一个有调节的中介模型》，载《心理发展与教育》2013 年第 1 期，第 61~70 页。

[3] Ma, Xin, Len L. Stewin, Deveda L. Mah, "Bullying in School: Nature, Effects and Remedies", 16 *Research papers in education* 247, 270 (2001).

[4] Lösel, Friedrich, David P. Farrington, "Direct Protective and Buffering Protective Factors in the Development of Youth Violence", 43 *American journal of preventive medicine* 8, 23 (2012).

[5] Payne, Allison Ann, Denise C. Gottfredson, Candace Kruttschnitt, *Girls, Schools, and Delinquency*, in *Delinquent Girls*, 146, 163 (Margaret Z. Philadelphia ed., Temple University Press 2009).

[6] Payne, Allison Ann, Denise C. Gottfredson, Gary D. Gottfredson, "Schools as communities: The Relationships Among Communal School Organization, Student Bonding, and School Disorder", 41 *Criminology* 749, 778 (2003). Phaneuf, S. W., "School security practices: Investigating Their Consequences on Student Fear, Bonding and School Climate" (*Doctoral dissertation* 2006).

[7] Payne, Allison Ann, Denise C. Gottfredson, Candace Kruttschnitt, "Girls, Schools, and Delinquency", in *Delinquent Girls*, 146, 160 (Margaret Z. Philadelphia ed., Temple University Press 2009).

[8] Gottfredson, Gary D., et al., "School Climate Predictors of School Disorder: Results From a National Study of Delinquency Prevention in Schools", 42 *Journal of research in crime and delinquency* 412, 444 (2005).

严厉，学生的越轨水平则会提高。[1] 研究表明，“零容忍”的惩罚会导致厌学、成绩下滑、逃课逃学，严重削弱学生的学校联结，进而从多方面增加学生的犯罪风险。[2]

四、学校、家庭与同伴对不同类型青少年犯罪的作用差异

综合已有研究，家庭联结和同伴联结对青少年犯罪并不具有稳定的保护作用，区分青少年越轨行为的不同类型则可以看出此两者与学校联结在作用上的差异。

首先，学校依恋始终能够显著减少逃学行为，家庭依恋仅在一部分研究中与逃学行为呈现负相关，而同伴依恋则并未表现出与逃学行为的显著关联。[3] 如图 1，考察三者的交互影响可以发现，家庭依恋的作用依赖于学校依恋的程度，即当学校依恋程度较高时，家庭依恋也可以在一定程度上减少逃学行为，但当学校依恋程度偏低时，家庭依恋反而显著提高了逃学的频率。

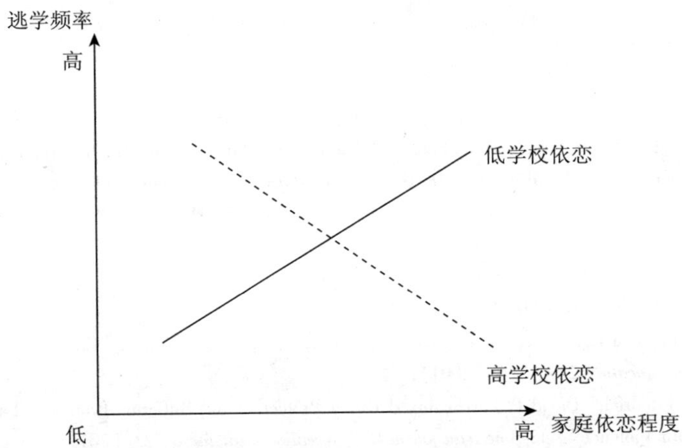

图 1　家庭依恋和学校依恋对逃学行为的影响

---

〔1〕 Skiba, Russell J., “Zero Tolerance, Zero Evidence: An Analysis of School Disciplinary Practice”, *Policy Research Report* (2000).

〔2〕 Moffitt, Terrie E., “A Review of Research on the Taxonomy of Life-Course Persistent versus Adolescence-Limited Antisocial Behavior”, in *The Status of Criminological Theory*, vol. 15, 277, 311 (Nichols J. D. ed., 2004).

〔3〕 Veenstra, René, et al., “Truancy in Late Elementary and Early Secondary Education: The Influence of Social Bonds and Self-Control—the TRAILS Study”, 34 *International Journal of Behavioral Development* 302, 310 (2010).

其次，学校依恋与青少年物质滥用呈负相关，家庭依恋和同伴依恋与青少年物质滥用无显著相关但调节学校依恋的作用。[1] 如图2所示，当家庭依恋或同伴依恋较弱时，学校依恋能够极大影响青少年的物质滥用程度；家庭依恋或同伴依恋较强时，学校依恋的作用会减弱。

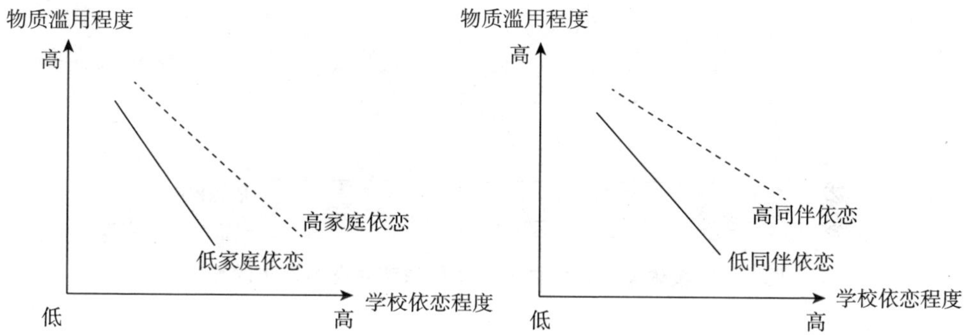

图2　家庭依恋和同伴依恋的调节作用

最后，对于身体攻击来说，学校依恋和家庭依恋具有显著的预防效果，同伴依恋则与身体攻击呈现出正相关。[2] 也就是说良好的学校依恋和家庭依恋可以减少身体攻击行为，而较强的同伴依恋会增加身体攻击行为。

---

〔1〕 Niyonsenga, Theophile, et al., "Social Support, Attachment, and Chronic Stress As Correlates of Latina Mother and Daughter Drug Use Behaviors", 21 *The American journal on addictions* 157, 167 (2012).

〔2〕 Yuksek, Durmus A., and Ozgur Solakoglu, "The Relative Influence of Parental Attachment, Peer Attachment, School Attachment, and School Alienation on Delinquency Among High School Students in Turkey", 37 *Deviant Behavior* 723, 747 (2016).

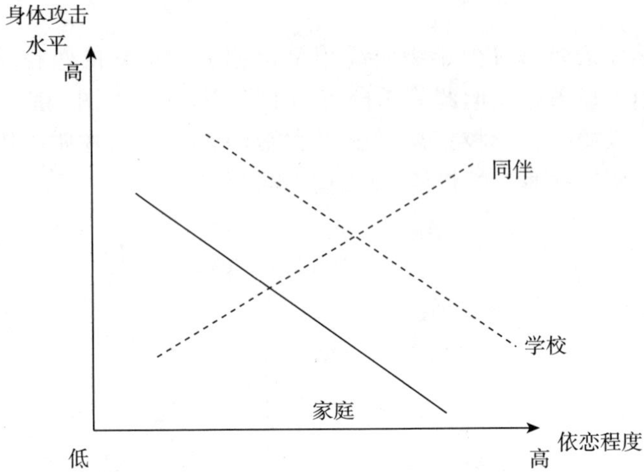

图3　学校依恋、家庭依恋与同伴依恋对身体攻击的影响

另外，学校联结对其他社会联结有一定程度的补偿作用。具体来讲，不良的家庭依恋虽然会减少学生参与学校传统活动的机会，但不必然会持续提高反社会行为出现的风险，只有当学校参与不足导致了学业失败和同伴拒绝时，反社会行为的发展才会进入恶性循环。[1] 反之，家庭依恋不良的青少年可以通过建立较为充分的学校联结，改变和对抗反社会行为的发展进程。一项针对中国留守儿童的研究发现，留守儿童的家庭孤独感与学校联结呈显著正相关，[2] 一个可能的解释就是，缺失家庭支持的留守儿童在试图向学校寻求情感归属与社会支持。还有实证研究显示，即使是对于已经显现出高犯罪风险的青少年（high-risk youth）来说，高程度的学校依恋也能够有效减少其越轨与反社会行为。[3]

---

〔1〕 Sampson, Robert J., John H. Laub, "Life-Course Desisters? Trajectories of Crime Among Delinquent Boys Followed to Age 70", 41*Criminology* 555, 592 (2003).

〔2〕 杨青、易礼兰、宋薇：《农村留守儿童孤独感与家庭亲密度、学校归属感的关系》，载《中国心理卫生杂志》2016年第3期，第197~201页。

〔3〕 Thornberry, Terence P., Marvin D. Krohn, "Applying Interactional Theory to the Explanation of Continuity and Change in Antisocial Behavior", 14*Integrated developmental and life-course theories of offending* 183, 209 (2005).

五、评价与展望

纵观青少年犯罪的学校影响因素研究可以看到，青少年犯罪与学校关系的研究呈现出功能因素取向与特征因素取向并行推进、校园氛围逐渐受到关注的发展过程：20 世纪 70 年代社会控制理论所聚焦的学校联结现在仍被重视，20 世纪 80 年代所提出的学校结构性因素也仍有新发展，2000 年之后对校园氛围这一组织文化环境的研究逐渐增多，进一步讨论了青少年犯罪与学校特征性因素之间的关系。随着理论和实证研究的发展，考察多变量、多因素之间的交互影响成为大的研究趋势，有研究开始深入讨论学校、家庭和同伴三者对青少年犯罪的交互影响，进而探讨家庭依恋在学校依恋与青少年犯罪之间的调节作用。[1] 除此之外，本领域还存在以下发展趋势和需求：

第一，在探讨学校因素对青少年犯罪之影响的同时引入神经生物学因素，综合考虑神经生物学变量与环境变量。青少年犯罪是一个相当复杂的行为，割裂地讨论神经生物基础或环境影响都不利于我们全面理解其形成与发展。之前有研究认为多巴胺 D4（DRD4）感受器对环境和犯罪的易感性非常关键。[2] 但新近的研究发现 DRD4-7R 等位基因缺失者对学校环境也同样敏感，基因变异对青少年犯罪来说并不具有主效应，但与学校依恋存在交互影响。另外，DRD2-A1 等位基因的携带者很容易受到学校环境的影响，DAT1-10R 的携带者与 9R 的携带者在消极的学校环境中表现相似，但在积极的学校环境中 10R 携带者表现显著优于后者。[3] 这些研究发现首先表明犯罪易感性具有与生俱来的生理基础，我们在对待这一结论时务必要保持谨慎的态度，避免陷入草率的解释而得出天生犯罪人这样的推论。具有神经生理基础的是个体对环境的易感性，也就是容易受到环境影响的程度，这个程度与犯罪没有必然的联系。此外，有关 9R 携带者与 10R 携带者的对比研究告诉我们，环境易感性并不是一成不变的，对于 10R 基因携带者来说，积极环境具有更高的影

---

[1] Yuksek, Durmus A., Ozgur Solakoglu, "The Relative Influence of Parental Attachment, Peer Attachment, School Attachment, and School Alienation on Delinquency Among High School Students in Turkey", 37 *Deviant Behavior* 723, 747 (2016).

[2] Boutwell, Brian B., Kevin M. Beaver, "A Biosocial Explanation of Delinquency Abstention", 1*Criminal Behaviour and Mental Healt* 59, 74 (2008). Olsson, Craig A., et al., "Gene-Environment Interaction in Problematic Substance use: Interaction Between DRD4 and Insecure Attachments", 18 *Addiction Biology* 717, 726 (2013).

[3] Fine, Adam, et al., "Relations Between Three Dopaminergic System Genes, School Attachment, and Adolescent Delinquency", 11 *Developmental psychology* 1893, 1900 (2016).

响效力。

第二，在探讨学校这一因素对青少年犯罪的影响时区分不同的犯罪类型。如前文所述，若将青少年的越轨行为进行分类讨论，则可发现家庭依恋、同伴依恋以及学校依恋对青少年的逃学、物质滥用、暴力和身体攻击等不同越轨行为所起到的作用是不同的。有研究显示，低学校依恋对吸烟、抑郁、自杀、暴力、物质滥用、过早的性行为、性滥交有突出影响。[1] 不仅如此，FBI的数据也显示，低水平的教育与一些特定犯罪类型有关：包括谋杀、强奸、机动车盗窃。[2] 不同的犯罪类型之间不论是行为特点还是犯罪动机都具有很大差异，笼统地将青少年犯罪作为单一现象和行为讨论显然是不合理的。因此，在讨论学校因素对青少年犯罪的影响时，对不同犯罪类型进行区分，不仅有助于发现学校、家庭与同伴依恋三者的作用差异，也是实现青少年犯罪分类预防的内在要求。

第三，关注学校环境的积极社交价值，强调对校内亲社会同伴群体与校外越轨同伴群体的区分讨论。同学无疑是学校成员的组成部分，是青少年的重要同伴，但同伴（同学）依恋是否属于学校联结的内容存在争议。有研究将同学支持作为与学校归属感平行的维度，[3] 也有研究者认为同伴关系在青少年的生活中具有特殊地位、代表着性质不同的社会关系，因此不应包括在学校联结的内容中。[4] 这两种观点本质上并不矛盾，之所以会产生分歧根源在于未将青少年同伴类型进行区分讨论。可以想见，学校内同伴群体共享学校提供的相同的行为规范、行为环境甚至行为内容，对这一群体的依恋和认同显然是学校联结的一部分，同样，对此类同伴群体的认同很可能本身就来自对学校的认同。然而，在青少年尤其是存在越轨行为的青少年的交往群体中，校外同伴是占有较大比重的交往对象。校外同伴群体一方面与校内同学群体争夺社会交往资源（如时间、精力、金钱等），降低青少年与校内亲社会

〔1〕 Bonny, Andrea E., et al., "School Disconnectedness: Identifying Adolescents at Risk", 5 *Pediatrics* 1017, 1021 (2000). Gottfredson, Denise C., David B. Wilson, Stacy Skroban Najaka, "School-Based Crime Prevention", 56 *Evidence-based crime prevention* 164, 164 (2002).

〔2〕 Milligan, Kevin, Enrico Moretti, and Philip Oreopoulos, "Does Education Improve Citizenship? Evidence From the United States and the United Kingdom", 88 *Journal of public Economics* 1667, 1695 (2004).

〔3〕 喻承甫等：《青少年感恩与问题行为的关系：学校联结的中介作用》，载《心理发展与教育》2011年第4期，第425~433页。

〔4〕 殷颢文、贾林祥：《学校联结的研究现状与发展趋势》，载《心理科学》2014年第5期，第26页。

同学群体的依恋程度，从而削弱学校联结；另一方面给个体带来不同于学校的新颖信息，成为诱发青少年犯罪的潜在风险。特别是交往逃学、辍学的青少年群体，已被证明与青少年犯罪具有显著的正相关。显然，同样是同伴交往，与校内群体的交往和与校外越轨群体的交往有明显的不同，前者与学校认同相互促进，校内同伴认同能强化青少年的学校认同，同样，随着学校认同的降低，校内同伴认同也会被弱化。而后者与学校认同相互抑制，对校外越轨群体的高水平认同会瓦解对学校的认同。因此，对于不同类型同伴的认同发生机制还有待进一步的讨论。

第四，是对逃学与辍学问题的探讨。部分研究显示，脱离学校无疑会提高青少年的犯罪风险。但曾经也有研究者明确提出，[1] 离开学校的原因才是最重要的：对于那些因为不喜欢或不适应学校环境而离校的青少年来说，失去学校监管的确会表现出与犯罪行为明显的关联；但若离校原因是家庭等其他客观困难，脱离学校则不会增加青少年犯罪的风险。这种不一致首先肯定了学校依恋在减少青少年犯罪方面的积极作用，其次向我们提出了一个更加宏观的新问题：对于预防青少年犯罪来说，除学校依恋之外的学校功能，如亲社会技能和观念的学习、文化知识的积累、学校监控等，是否可以被其他因素替代？这是之后的研究可以进一步推进的方向。

（初审人：陈奕帆）

---

〔1〕 Jarjoura, G. Roger, "Does Dropping Out of School Enhance Delinquent Involvement? Results From a Large-Scale National Probability Sample", 31 *Criminology* 149, 172 (1993).

中国古代监察制度的变迁、特征及启示

杨　联*

摘　要：作为维护与巩固皇权、制约官僚权力、协调中央与地方权力配置、打击官员腐败的重要封建政治制度设计，中国古代监察制度一直都是中国古代政治制度的重要组成部分。从萌芽到成熟完备，中国古代监察制度经历了起步、形成、强化和完备阶段，在其变迁中呈现出了依附性与独立性共存、分散性与集中性相继的特征。中国古代监察制度的发展变迁及特征对于现代监察制度的构建有着重要的启示，尤其是为目前正在进行的国家监察体制改革提供了丰富的经验教训。这既包含了值得我们借鉴的积极举措，如监察机构与监察权的统一整合，监察制度的法制化，监察官员的选任，监察机构的内部监督等；也包含了在改革的进程中我们应注意与避免的消极因素，如监督制度中的“人治”色彩与监察权边界模糊等问题。

关键词：古代监察制度　制度变迁　廉政建设

监察制度是中国古代政治制度的重要一环，在每个朝代都处于重要的地位，自萌芽起就一直是维护与巩固皇

---

*　杨联，中国政法大学博士研究生（100088）。

权、制约官僚权力、协调中央与地方权力配置、打击官员腐败的重要封建政治制度设计。西周时期，监察活动就已经出现，监察制度的逐步发展始于战国时期，随着封建君主专制的发展逐步强化，在封建皇权的顶峰明清时期随之完备。作为长期留存、演进的政治制度，中国古代监察制度的发展变迁及特征对于现代监察制度的构建有着重要的启示，一方面古代监察制度中的监察机构设置、监察官员选任和内部监督等积极举措可以给我们以借鉴，另一方面制度变迁中的消极因素可以给我们以历史教训。新中国成立以来，我国的监察制度经历了曲折的发展，随着时代的进步与政治环境的变化，监察制度不断经历变革，在这个过程中考察中国古代监察制度的变迁及其变迁中的特征，总结其所带来的启示，对于我国当前的监察制度构建与廉政建设有着重大的意义与价值。

一、从萌芽到成熟：历史维度中的中国古代监察制度

中国古代监察制度变迁问题的研究，一直都是学界的研究重点，而对于中国古代监察制度变迁的不同阶段也有着不同的划分，尤其是对于分裂时期的监察制度的考量，比如对于魏晋南北朝时期，有人认为此时的监察制度处于衰退状态，有人认为此时的监察制度是门阀化时代，也有人认为此时是监察制度的巩固时期。[1] 但是在不同的阶段划分中，几个重要阶段的划分却是一致的，即中国古代监察制度在秦汉时期起步，在隋唐时期形成，在宋朝转型并强化，最后在明清达到其成熟的顶峰。

（一）先秦及秦汉时期：中国古代监察制度起步阶段

早在战国时期，古代君主为巩固皇权、调控中央和地方政府及官僚权力、打击腐败，已经开始设立具有监察职能的官员，如执掌文献史籍的御史；各诸侯国也制定了相应的惩官条文，但没有形成专门的监察法律体系及机构制度。

监察制度的初步形成始于秦朝。秦始皇统一中国后，设立监察机构御史台，由御史大夫主管，与丞相、太尉同列三公，分管政务（丞相）、监察（御史）和军务（太尉）。但值得注意的是，御史台并不是专门的监察机构，仅为分权而设置；御史大夫相当于副丞相，由丞相任命，其相权大于监察权，在行使监察工作时可以直接向皇帝汇报。换言之，此时的监察制度还未从行政体系中独立。而在地方上，秦统一后设郡，每一郡都设置固定的监察人员。

---

〔1〕 贾玉英：《中国古代监察制度发展史》，人民出版社 2004 年版，第 3 页。

此外，《睡虎地秦简》中的《语书》有对于良吏、恶吏的监察官吏执法细则，这是监察法制化的重要一步。

汉朝继承并完善了秦朝的监察制度。东汉时期首次出现了“专任弹劾”的专职中央监察机构御史台，并设立专门谏官机构“侍中寺”，从此由御史和谏官两大系统构成的监察制度初步形成。汉武帝时期，监察制度进一步完善，除中央外，地方监察制度进一步改革，实行刺史出巡制，将地方分为十三个监察区域，工作方式由常驻式改为流动式，由此制定了被称为百代不易之良法的《刺史六条》。此外，汉朝时期出现了我国古代第一个专门性的监察法规，即《监御史九条》。在汉朝中国古代监察制度上实现了初步的制度化与法制化。

（二）魏晋南北朝及隋唐时期：中国古代监察制度形成阶段

魏晋南北朝时期，社会动荡，王朝更替频繁，强大的门阀势力使监察制度带有强烈的门阀政治色彩。〔1〕这一时期的监察制度虽然发展缓慢，但是仍然有所突破。汉朝时相对独立的御史台到了魏晋南北朝时期已经发展为完全独立的监察机构，由皇帝直接领导，监察官员的权势、地位都得到了提升，有权进行监察弹劾的官员等级有所提高；同时谏官机构日趋规范化，“侍中寺”被进一步发展为“门下省”，后从“门下省”又分出“集书省”，主管封驳的职能。在监察官选任制度上，南北朝也有一定的创新，南朝监察官选拔侧重于寒门庶族，北朝规定监察长官可自行选任御史。〔2〕

隋唐时期伴随着中央集权的加强，监察制度得以基本形成。隋朝虽历时较短，但隋文帝对原有的监察制度进行了一系列的改革，为进一步完善官僚系统，将监察机构的规模扩大，并取消御史直属官制度，使御史脱离了宫禁，提高了其独立性，并恢复了地方巡查制度。同时监察机构的职责更加清晰、明确，中央与地方的监察机构相分离，中央官吏由御史台负责监察，地方官吏则由司隶台和谒者台监察。

唐朝基本沿袭隋制，进一步确立并完善了御史、谏官、封驳并行的中国古代监察制度。唐朝将御史台作三院分置，下设“台院、殿院和察院”，职权

---

〔1〕 汤建华、宋晓辉：《中国古代监察制度的演变及借鉴意义》，载《求实》2002 年第 9 期，第 49~52 页。

〔2〕 黄树标、杨建生：《中国古代监察制度及其历史借鉴》，载《前沿》2005 年第 10 期，第 170~172 页。

也进一步扩大，从“分察尚书省六司”再到同时司职军事监察与司法监察。[1] 谏官系统初步完成制度化也是在唐朝，不同分工的谏官分属门下、中书两省，有散骑常侍、谏议大夫和补阙、拾遗之官等，对皇帝进行进谏与监察，也将社会下层以及官僚阶层的舆论监察与行政监察相结合。门下省审议封驳的制度也正式确立下来，由门下省执掌审议、封驳，监督朝廷的决策。在地方上，安史之乱之前，地方监察制度由御史台派出御史的定期性地方监察和中央派遣使臣的临时性监察组成；安史之乱之后，唐朝面临着重大的财政赤字，在原有御史监察之外，形成了以维护其赋税徭役改革为目的的复杂化地方监察制度，比如原本为了管理漕运的巡院逐渐有了监察州县官员的职能。此外，唐朝首次从法律上规定了监察机构的设置、职掌以及监察官的监察活动，官修的《唐律疏议》《唐六典》和《监察六法》等是中国古代监察制度法制化、规范的标志。[2]

（三）宋元时期：中国古代监察制度强化阶段

宋代是中国古代监察制度的强化时期，主要特点体现在因循唐制的基础上，逐渐出现了“台谏合一”的趋势。宋朝的御史台仍设“台院、殿院和察院”，但职权进一步扩大，监察御史也享有谏权，并且可直接上奏皇帝，并可“闻风奏谈”，无须核实，另规定每月必须弹劾一次，称之为“月课”。在监察官员的选拔上，宋朝也实行了改革，增加了亲属回避、职务回避以及地籍回避等制度。在地方上，宋代形成了固定的地方监察机构，由转运司、提点刑狱司、提举常平司所组成，同时创立了地方监察机构之间的互察制度。

中国古代监察制度经历宋朝的转型期之后，又在元朝得到了进一步强化，主要表现为“台谏合一”的实现。元朝采用重御史轻谏官的政策，进一步提高了御史台的地位，与中书省、枢密院比肩，谏官制度被取消，其职责并入御史台，至此形成了“台谏合一”的监察制度，同时元朝也没有专职的封驳机构与官员。在地方监察制度上，元朝进一步设立了行御史台制度，将全国分为二十二个监察区并设置监察官员常驻。此外，在监察立法上，元朝也有巨大突破，制定了较为完善的《宪台格例》，《宪台格例》中对各个级别的监

---

〔1〕 林志强、张旭日：《中国古代行政监察制度特征研究》，载《河南社会科学》2011 年第 3 期，第 194~196 页。

〔2〕 张国安：《论中国古代监察制度及其现代借鉴》，载《法学评论》2009 年第 2 期，第 149~153 页。

察部门的地位、职能做出了具体的规定，同时也对监察流程、纪律做出了详尽的解释说明。

（四）明清时期：中国古代监察制度完备阶段

中国古代监察制度经历了宋元时期的强化后，在明清时期已经十分严密且完备，御史、谏官、封驳合一，监察制度的发展跟随封建皇权达到巅峰。明朝废除丞相制度，并将御史台的台、殿、院职能合并，改为都察院，位列六部之一，负责监察百官，另设六科给事中，负责监察六部。六科给事中既监察六部又掌封驳，强化对于六部的监督的同时，也分割了都察院的职能，同时又对都察院给予一定的监察，避免其失职、违法。地方监察制度也得到进一步的加强，除与旧制类似的十三道监察御史外，还设立了各省提刑按察司以及督抚，三重监察网络十分严密。在立法方面，明代也制有《宪纲条例》。

清朝在监察制度上基本承袭了明朝设置，都察院、给事中等机构仍保留，职能不变。但在雍正时期，六科给事中成为都察院下属部门，简称为“科”，也是都察院最主要的监察机构。除六科给事中之外，主要负责监察地方官员的十五道是督察院另一个重要部门，其监察制度主要沿袭明制，最高监察官员为右都御史。至此，“科道合一”的监察体系已经十分完备。清朝出现了中国古代历史上最完备的监察法规《钦定台规》，内容涵盖了“训典”“宪纲”“六科”“各道”“五城”“稽查”“巡查”“通例”八大项，是中国古代监察体系发展巅峰的标志。[1]

二、中国古代监察制度变迁的脉络特征

从先秦萌芽到明清成熟，中国古代监察制度的变迁经历了不同的阶段，在每个阶段都有着其阶段性的标志特征。中国古代监察制度在起步阶段，监察权形成，监察机构初设，监察活动开始制度化；在形成阶段，监察权力上升，并分离出谏言权与封驳权，监察机构也随着权力分离而分立；在强化阶段，监察权开始集中，监察机构也开始合并；在完备阶段，监察权与监察机构完成合并，权力、地位上达到顶峰。而不同的朝代，监察制度还存在其时代特色。秦朝时期的监察权附属于相权，汉朝时期的御史台专职化与临时性的刺史出巡，魏晋时期的门阀特征，隋唐时期的御史台独立于宫禁、三院并

〔1〕 丁顺生：《中国古近代行政监察的发展与启示》，载《中国监察》2012年第13期，第46~47页。

立，宋元时期的“闻风奏谈”与“台谏合一”，明清时期的三院合并、六科给事中与“科道合一”。将中国古代监察制度的各个阶段放在一个变迁的过程中去考察，就会发现一些变迁趋势，比如监察机构与监察官员的权力越来越大，中央与地方监察机构的垂直管理，监察机构的独立性越来越大，监察官员的选拔越来越严格，监察方式越来越多样，等等。这些变迁趋势背后体现出两个脉络特征，一是依附性与独立性共存，二是分散性与集中性相继。

（一）依附性与独立性共存

中国古代监察制度变迁所呈现出的一个特征就是，在演变中其对皇权的依附性与机构和职权的独立性是共存的。中国古代监察制度的本质就是封建帝王统御臣民的政治工具，其监察职能的发挥要受到皇权和各种政治因素的制约。监察官员行使监察权，御史纠察百官，谏官劝谏皇帝，封驳官监督朝廷决策，都离不开皇权对其的保护。而监察官员发挥其职能的效力也直接取决于皇帝的个人意志。中国古代监察制度的职能更多地在于巩固皇权，依附于皇权，是皇权的附属。而在某些时候，监察制度还会受到最高行政官员的干预，成为权臣专权的工具。中国古代监察制度的依附性使监察职能发生异化，偏离其原本的初衷，实际上监察制度成为皇帝统御臣民与强化皇权的工具。

中国古代监察制度的独立性主要体现在其监察机构的独立性上。各个朝代的统治者对监察的重视使得中国古代监察制度不断得到强化，逐渐形成了一套在机构设置上相对独立于其他行政官僚机构的监察体系。秦朝时期，监察制度处于起步阶段，设立御史府，御史大夫与副丞相为同一人担任，权力上不仅从属与皇权，还从属于相权。自东汉起，建立了专职的监察机构御史台。隋唐之后，监察机构不仅脱离了宫禁直属官的性质，在机构设置上也越来越健全。到明清时期，都察院已经位属六部，在地位和职权上到达了顶峰。但是，监察机构与监察权的独立性是中央集权和君主专制发展的要求，这种独立性也只是相对的，根本上依然无法摆脱皇权的从属性，而在很多时候也无法摆脱最高行政官员与监察长官的控制。

（二）分散性与集中性相继

中国古代监察制度的集中性在其分散性发展之后，才走向成熟完备。隋唐时期是中国古代监察制度的分水岭，在这之前，监察制度的变迁体现为逐渐分离。这种分离首先体现在监察权上，谏言与封驳的权力从御史的监察权中分离出来，在唐朝形成了御史、谏言、封驳各执其职的监察体系。其次伴随着权力的分散，监察机构与监察官员的设置也是逐渐分离的，东汉分离出专职监察机构御史台，东晋又设立谏官与封驳官合一的门下省，到隋唐时期，御史台、谏院、门下省已经相互分离，职掌分明。唐之后，监察制度又开始沿着集中的趋势发展。宋朝出现了御史与谏官合并的趋势；元朝重视御史，不设谏官与封驳官；明清设都察院，将监察权彻底合一。中国古代监察制度的最主要目的是巩固与维护皇权对各级官僚的控制。将中国古代君主专制的变迁与监察制度的变迁两条脉络进行对比，我们会发现监察制度中的分散性与集中性是伴着随着君主专制的起伏变化而不断调整、完善的。中国古代皇权不是直线上升的，但从总的发展趋势看，皇权在不断得到巩固和加强，皇权越来越集中。[1] 所以，监察权与监察机构在唐朝以前具有分散性，在宋朝转型之后不断集中到皇权之下，而御史监察权作为皇权的授权，也不断地集中、扩大。而在明清时代，君主专制与中央集权达到了空前的程度，而这一时期监察制度向集中性的转化也最为显著，监察机构与监察权力都集中到了皇权直属的都察院。中国古代监察制度的分散性与集中性是中国古代政治传统中君主专制的体现，监察制度无论如何专业化、规范化都是为了中央集权政府维护其合法性。

三、积极举措与消极因素：中国古代监察制度的启示

随着时代和政治环境的不断变化，我国当代监察体制也暴露出职能履行的不足之处，主要表现在监察机构分散、独立性不足，监察力量相对弱化，监督对象覆盖范围不足等方面，为了适应新时代下反腐败工作与廉政建设的需要，针对监察体制的改革是势在必行的。党的十八大以来，国家监察体制改革已经成为一项重要的有机组成部分嵌入全面深化改革之中。

中国古代监察制度发展脉络清晰，渊远流长，无论是在制度设计、监察机构设置，还是在监察官员的选拔培养上，中国古代监察都形成了其完备的制度，并且在每个朝代的整顿吏治、惩治腐败上取得了一定的成效。但是由于监察制度是中国古代政治制度的一部分，是为了维护和巩固皇权而设置的，故有着其不可避免的历史局限性。总体而言中国古代监察制度并不能真正遏制官吏的腐败，甚至连监察机构内部的贪腐之风都难以抑制。但是从制度变迁中研究其发展阶段、分析其变迁特征，对我国现代监察制度的改革与完善

---

〔1〕 吴凤霞：《略论中国古代监察制度演变的几个特点》，载《廊坊师范学院学报》2006年第1期，第52~55页。

有着不可忽视的启示，国家监察体制改革也需要重视中国古代监察制度变迁中的积极举措与消极因素，一方面是监察权与机构的整合，监察制度法制化，监察官员选任和内部监督上的积极举措；另一方面是古代监察制度存在的消极因素，如古代监察制度中浓厚的“人治”色彩，监察权与行政权边界模糊。

（一）中国古代监察制度中的积极举措

1. 监察权与监察机构的统一整合

从中国古代监察机构设置的完备过程来看，各类监察权的统一与否是问题的关键。监察机构与监察权的整合、重排在中国古代监察制度的发展过程中发挥了重要作用，宋元时期的“台谏合一”以及明清时期的“科道合一”是围绕监察权统一的监察组织机构整合的典型。

隋唐时期，监察机构与谏官组织是两个独立机构，即所谓的台谏分立。御史台作为监察机构，主要通过对百官的违法行为进行监督、查办而行使监察权。谏官组织的监察权则通过“谏议”行使，不仅包括政事得失、百官善恶，也可对政策、制度、法律等提出建议，甚至可以监督规谏皇帝的行为。到了宋朝时期，谏官也享有监督权，台谏职权开始混乱，直至元代，谏官职责由御史兼任。“台谏合一”协调了各机构之间的职能，提高了监察机构的运行效率。

明朝时期，都察院作为中央监察部门，负责监察六部，为了对都察院进行监督，另设了六科给事中，与地方监察部门的十三道监察御史制度形成了“科道并立”的监察组织架构。至清朝雍正时期，六科并入都察院，全国划分为十五个区分别由十五道监察御史监察，至此，“科道合一”的监察体系走向成熟、完善。

在中国古代监察制度的变迁中，“台谏合一”实质上就是将分立的御史、谏言、封驳集中起来，将谏言权与封驳权重新纳入监察权，以形成强化御史权的单一性监察体系；而“科道合一”就是将分散的中央监察机构六科给事中和地方常设监察机构整合在都察院之中。“台谏合一”与“科道合一”都是监察权与监察机构在设置上的统一整合，一方面有利于皇权的集权统治，另一方面也统合了分散的监察力量，强化了监察权与监察机构的独立性。党的十八大以来的国家监察体制改革，改革思路中也体现出对监察权和监察机构的整合，这与中国古代监察制度的变迁不谋而合。国家监察体制改革之前，原有的承担监察职责的反腐败机构分散在政府及司法系统内，党委、行政和检察机关等均分散有监察职责的部门，并且职能设置模糊、缺乏独立性。在国家监察体制改革中，以往的监察组织机构职责被大面积横向整合，最明显的整合是将政府系统的监察、预防和检察院系统的反贪、反渎、预防等五个机构职责进行了整合。

2. 监察制度的法制化

中国古代监察制度的法制化是伴随着监察机构和监察权的演变而一同发展的，由简单的描述到复杂的体系，由地方法规到中央法规，由单行法规到完整的法典。[1] 注重监察立法是中国古代监察制度的重要特征，伴随着监察法的编纂，古代监察制度一直在制度化、法制化上稳步发展。早期中国古代的法典结构为“诸法合体”，虽然没有专门的监察法律，但是《秦律》《汉律》等都有监察相关的律条。我国历史上第一部监察专门法规是汉代颁布的《监御史九条》，至唐朝则有专门的行政法典《唐六典》发行。

宋代，监察法制化进一步发展，出现了专门针对监察官员的法条《考课令》，监察人员本身也在法律层面上受到监察，这是监察法制完善的一大进步，元朝也颁布了《设立宪台格例》作为监察总法规。至明清时期，监察立法进一步完善，明朝的《风宪总例》《出行事宜》和《按抚通例》以及清朝的《钦定台规》等，涵盖了监察工作的方方面面，其中《钦定台规》是中国封建历史上最完善的监察法规，明确规定了清朝监察机构的性质、地位、职权、责任以及管理等。

国家监察体制改革开展以来，监察制度法制化有了长足的进展。2018年3月11日，第十三届全国人民代表大会通过了《中华人民共和国宪法修正案》（以下简称《宪法修正案》），《宪法修正案》赋予了监察委员会以宪法地位；同年3月20日，《中华人民共和国监察法》（以下简称《监察法》）出台，规定了监察机关的职责权限、调查手段、监察程序等重要内容，是对国家监察体制的重大顶层设计。监察制度的法制化是一个复杂的系统性过程，中国古代监察制度的法制化对于目前的改革具有一定的借鉴意义。唐代以后，监察法规通过不断的编纂，逐步达到了监察法规的系统化，作为中国封建王朝最完善的监察法规——《钦定台规》共有八卷，分为总则与分则，在监察制度和监察程序上作了系统与详细的规范。此外，在中国古代监察法规中，除了制定中央层面的监察法规，还针对地方各级监察制定了相关的法规，如

---

[1] 张晋藩：《中国古代监察机关的权力地位与监察法》，载《国家行政学院学报》2016年第6期，第7~14页。

宋代有《御史台仪制》，还设有专门的监司巡历来规范州县监察。

3. 监察人员的选任

中国古代监察官员作为“风宪之官”“耳目之官”，是皇权的代表和延伸。顾炎武总结中国古代监察官员的特点是“人众、秩卑、权重、职广、位显”，因而，各个朝代的统治者都非常重视监察官的选任。明清时期是我国古代监察制度成熟的阶段，对监察官员的选拔也格外严格，《大明会典》和《明会要》中记载，明太祖强调选拔监察官员当“慎选贤良方正之人”，明成祖也曾强调“御史为朝廷耳目之寄，宜用有学识通达治体者”。[1]

中国古代监察制度中对于官员的选任往往要综合考察其德行，文化素养和工作经验。德行上，每个朝代都要求监察官员具有较高的政德，要刚正不阿、直言敢谏、不畏强权；文化素养上，中国古代官员要经历严格的科举考试，选拔出的官员往往博学多识、明于礼法；工作经验上，监察官员多为具备地方或者基层任职的经历，并有良好的从政业绩的官员。中国古代重视监察官员的选任，并制定了严格的标准与制度，这对于提高监察效能、规范监察秩序、优化监察环境、克服监察腐败有着重要的意义，中国古代监察制度中严格对监察机构官员的选任等思想对于我们建设一支高素质的现代监察队伍有着重要的借鉴价值。

4. 对于监察机构与监察官员的内部监督

对于监察机构与监察官员的监督往往有内部监督和异体监督两种模式，由于中国古代监察制度的局限性，对于监察机构及其官员的监督主要是内部监督，即通过监察机构之间和监察官员之间互相监督纠举的内部监督的模式。最高权力者通过设立专门的监察机关并由皇权直接授权而赋予其很高权力与地位，希望能够有效地监督官员、惩治贪腐，但是拥权过大的监察机构与官员往往从自身就开始腐败，助长和加剧了官场的贪腐之风，所以在各个发展阶段，监察制度中的内部监督都是被重视的。在汉朝，御史府、司隶校尉和丞相司直三者互不统属又互为纠督；在唐朝，负责纠察百官的御史台系统和负责劝谏过失的谏官系统各司其职，但相互之间均可提起纠弹；在宋朝，内部监督制度化的《监司互监法》中规定监察机构之间互相纠察，监察官员之

〔1〕 程遂营：《“二十四史”〈循吏〉〈酷吏〉列传与中国古代监察官的选任》，载《北方论丛》2001 年第 1 期，第 124~128 页。

间相互监督纠举。[1]

监察机构掌握着对政府公共权力和官员的监督职能，权力甚重；如不有效监督，也容易形成权力滥用。现代监察制度中要想避免“灯下黑”这个问题，监委机构就必须也处在被监督、被制约之下，其所受监督应该包括来自异体、外部与自身、内部两个维度上的监督，不能偏废。国家监察体制改革中设置的监察委员会是一个全新的国家机关，其行使的监察权必须接受监督和制约，必须加强对监察委员会自身权力的监督与制约，防止“超级机构”的出现，产生权力嬗变。目前针对监察委的监督主要有人大监督，司法监督，执政党的监督，社会和民众的监督，但是监察委自身的内部监督相对薄弱。中国古代监察制度中为了针对监督机构的腐败而采取了一些反腐措施，主要有两种形式：一是对监察官员重罚厚赏；二是监察机构之间和监察官员之间互相监督纠举。在内部监督的措施上，我们可以借鉴中国古代监察制度中内部监督的设计。

（二）中国古代监察制度中的消极因素

1. 古代监察制度中浓厚的“人治”色彩

中国古代监察制度的实质是封建皇权的依附性工具，具有浓厚的“人治”色彩，这使得监察职能在实际运用中发生异化，从惩治官吏的腐败异化为统御、平衡官僚势力的权力工具。由于对皇权的依附性所造成的“人治”色彩，中国古代监察制度的变迁体现在两个方面：一方面，自形成起每个朝代都很重视监察制度法制化，制定了详尽的监察法律法规，但是在具体的监察活动中，这些法律法规却往往形同虚设，因人废法、因人改法的现象在各个朝代屡见不鲜；另一方面，中国古代监察官员在行使监察权时逐渐摆脱高级别行政官员的干预，有着相对自由的弹劾权，但它不可能摆脱皇权的控制，御史、谏官和封驳官是不可能摆脱皇权控制的。

中国古代监察制度的实际运转效果往往具有不稳定性，充满了浓厚的“人治”色彩。究其根本原因就是古代监察制度的依附性与集中性，在中国古代政治制度中皇权是至高无上的，凌驾于一切之上，制度变迁中的调整往往体现了君主个人的意志。这就使得中国古代监察制度的独立性是相对的，实际运行中带有一定的随意性。遇到开明的君主，监察制度尚能较为正常地运

〔1〕 艾永明：《对中国古代监察制度利弊的理性分析》，载《河北学刊》2013年第4期，第154~159页。

转；但是遇到昏庸的君主，监察制度往往无法正常运行，监察官员无法展开正常的监察活动。在以皇权为一切目的的“人治”环境下，监察制度的功效不在于其机构设置、官员素质、法制制定，而在于君主自身的开明程度。

避免监察制度沦为“人治”工具是我们构建现代监察制度需要警惕的历史教训。在中国古代政治制度中，监察制度的“人治”色彩是由于最高统治者的权力无法被监督、被制约，这使得最高统治者的个人素质成为监察制度是否行之有效的最后保证。在现代监察制度的构建中，监察制度需要有必要的独立性的保证，而机构独立与权力独立也就必然要求在制度设计上有权力相互制约的安排，每一级行政或者国家管理体系中最高位者的权力必须被制约。中国古代监察体制的变迁足以说明，一个国家的监察体制要想真正发挥其监察职能，就必须在机构设置与权力设置上独立于其监察对象。监察机构与监察权一旦附属或依赖于其监察对象，沦为“人治”工具，监察必然会失效、失范。

2. 监察权与行政权边界模糊

中国古代监察权与行政权边界模糊，监察权形式上独立，但实质上经常与行政权混淆。由于监察机构在每个朝代都受到君主的重视，监察官员的监察权实质上是皇权授予的，封建社会中皇权至上使得监察官员被赋予的权力往往不至于纠察百官，这就导致监察权与行政权的边界模糊，监察活动与行政活动会相互干预。从《明史》中可以发现，对于监察官员规定的职责是非常复杂而全面的，中央监察层面不仅要“主察纠内外百司之官邪，或露章面劾，或封章奏劾”，还要“在内，两京刷卷、巡视京营、监临乡会试及武举、巡视光禄、巡视仓场、巡视内库、皇城、五城，轮值登闻鼓”；地方监察层面要“在外，巡按、清军，提督学校，巡盐茶马、巡漕、巡关、儹运、印马，屯田，师行则监军纪功，各以其事专监察”；巡视方面要做到“巡按则代天子巡狩，所按藩服大臣、府州县官，诸考察、举劾尤专。大事奏裁，小事立断”；此外还要负责祭祀、财政、内务、教育和人才选拔等，“诸祭祀坛场，省其墙宇祭器。存恤孤老，巡视仓库，查算钱粮，勉励学校，表扬善类，翦除豪蠹，以正风俗，振纲纪。”〔1〕通过明朝的具体规定，我们就可以发现古代监察官员的职权范围已经远远超出了监察权的范围，渗入行政权的范围。

〔1〕 艾永明：《对中国古代监察制度利弊的理性分析》，载《河北学刊》2013年第4期，第154~159页。

监察制度在实际运行中，监察机构既察官，又察事，不仅以官察事，而且以事察官。这样就很容易造成监察权与行政权之间的边界模糊，进而造成了监察与行政之间的相互干预、相互混淆。

现代监察制度的构建一定要警惕监察权与行政权边界模糊的问题，不能让监察与行政相互干预，相互渗透，要明晰边界，明确责权。此外，在监察制度内部，各部门的监管范围同样需要明晰。同时，对监察制度整体的权力范围以及内部的职能分工，除制度安排之外，还应该有相应的强制性法律规则，以消除权力越界滥用的制度隐患，从法律层面约束不规范实施监察权行为。

四、结语

中国古代政治制度中存在一个“集权”传统，既包括君主专制的横向集权，又包括大一统的纵向集权〔1〕，在这一政治传统的统辖之下，最高统治者通过不断完善中央和地方监察制度，经过多个阶段的发展变迁，形成了一套严格的维护封建皇权的监察体系。中国古代监察制度在变迁中体现出来的依附性与独立性共存、分散性与集中性相继的固有特征，尽管在整饬吏治、惩治腐败方面发挥了一定的积极作用，但是我们必须意识到中国古代监察制度与现代国家监察制度是不一样的，其固有特征决定了它是在封建君主直接领导下监视与控制百官、维护皇权专制的工具〔2〕。虽然其有着不可避免的历史局限性，但是我们可以从中国古代监察制度的变迁中学到丰富的经验教训。党的十八大以来，国家监察体制改革从展开到深入推进，是国家深入推进反腐败斗争、全面深化改革、推进国家治理体系和治理能力现代化的重要有机组成。而中国古代监察制度变迁的积极举措与消极因素对于这一具有深远意义的改革有着重要的启示。

〔1〕 杨阳、李筠：《现代化与近代以来中国政治发展的相关理论问题》，载《政法论坛》2007年第3期，第3~15页。

〔2〕 朱莲华、邱永明：《论中国古代监察制度的性质》，载《上海大学学报（社会科学版）》1996年第2期，第63~68页。